불교문학의 이해

불교문학의 이해

불교시대사

서 문

  일반적으로 문학의 발생(發生)과 기원(起源)에 대해서는 고대 민족 사이에 있었던 일, 즉 역사적·객관적 사실을 근거로 해서 어떻게 발생하였느냐 하는 점을 살피고자 할 경우에 고대에 관한 자료를 얻기 어렵기 때문에 문학의 기원이나 발생에 대해서는 오히려 현재의 의식에 의한 갖가지 동기에서 판단하여 주관적 그리고 심리적으로 추정하여 언급하고 있는 수준이라 하겠다. 또 문학의 종류에 있어서도 인간의 의식 발전의 단계에서부터 문학이 나왔다고 보는 관점에서는 서사문학(敍事文學)이 먼저 발생하여 전개된 것이라 보기도 하고 혹은 놀랍고 감탄하는 심정으로 노래하거나 말하는 감정이 문학의 기원이라 할 수가 있기에 서정문학(敍情文學)이 문학의 발생과 전개의 원동력이라고 보기도 한다.

  이렇게 주관적·심리적으로 문학의 발생을 생각해 볼 때에 자연과 부딪치는 데서 생겼다는 설, 모방(模倣)에서 생겼다는 설, 커다란 감동(感動)에서 생겼다는 설, 신앙(信仰)에서 생겼다는 설 등의 여러 가지

6

가 있게 되지만 그 어느 하나만으로 발생하는 것이 아니라 여러 가지가 기원이 되어 문학이 발생되었다고 할 것이다. 어떠하든지간에 고대 민족들의 생활에 입각해서 생각해 본다면 거기서 발생하여 전파되었던 문학은 문학 자체로서 독립되어 있던 것은 아니고 다른 문화 형상과 밀접하게 결부되어 생활하기 위한 실용적이고 실제적 목적을 위해서 발생하여 사용되었던 것임은 분명하다. 이러한 일반적 문학 성립의 바탕 위에서 각 종교의 발생과 함께 그 신앙에 밀접한 종교문학이 성립되고 전개되었으니 현재에 세계적인 넓이와 역사를 지니는 유수한 종교문학 가운데 가장 크게 꼽힐 수 있는 하나가 '불교문학'이다.

그러므로 '불교문학'이란 불교라고 하는 종교현상 또는 신앙의식을 대상으로 하여 문학적으로 구체화한 것이라고 할 수 있을 것이다. '불교문학'을 그 내용이나 성질에 따라서 대체로 크게 세 가지로 나누어 볼 수 있다. 그 하나는 처음부터 문학적인 가치 따위를 문제삼지 않고 오직 종교적 가치를 목적으로 삼아서 성립된 것이지만 그러나 거기에 저절로 문학적 가치가 부수적으로 수반되어진 것이니 본서의 '부록 불교학에서 살펴본 언어문학관'의 부분이 이 장르에 속할 것이다. 둘째는 종교적 가치와 문학적 가치가 함께 드러나 있는 것이니 '제3부 불교문학의 발달과 여러 장르'의 부분은 여기에 속할 것이며 그리고 셋째는 종교현상을 소재로 하여 문학적 요구에서 창작된 것, 즉 제작된 동기가 예술적이며 종교적 요소가 풍부하게 들어있는 것이니 '제4부 한국 불교문학의 감상편'의 부분이 아마도 이 장르에 속할 것이다.

현재 한국의 불교계에 불교문학을 전공하는 사람이 극히 드문 상황에서 고 김운학 박사의 '불교문학의 이론과 실제'가 간행된 이래로 그 분야의 뒤를 잇는 출판이 보이지 않기에 매우 섭섭하던 차에 이번에 서영애의 노작인 '불교문학의 이해'가 간행되어 한국의 불교문학 분야의 또하나의 디딤돌이 생겼음을 기뻐하면서 그의 청에 따라 책머리의 서문을 쓰는 바이며, 서영애는 일본 오오따니대학 대학원에서 불교학과 불교문학을 전공하고 박사학위를 취득하였으며 현재 대학에서 동양문화와 불교문학 등을 강의하고 있는 재원으로서 앞으로 더욱 학구(學究)에 정진 노력하여 좋은 연구 성과에 이르기를 바라 마지않는다.

불기 2546년 입춘 크게 좋은 날
동국대 사회교육원 교수 채 인 환

8

차 례

제1부

불교문학론의 개설

불교문학론의 개설

1. 불교예술과 불교문학

불교가 2,500여 년 전 인도에서 발생한 이후, 인도문화권을 넘어 세계의 다른 문화권으로 전파되면서 다양하게 변용하게 되었다. 그리고 불교의 근본 정신과 가치관도 그 지역과 시대에 맞게 변용되면서 발전해 왔다. 불교예술은 그러한 변용 중의 하나라고 말할 수 있다. 즉 불교문학, 불교음악, 불교미술, 불교건축, 불교무용 등은 바로 불교의 근본 정신과 가치관을 예술이라는 표현수단을 통하여 나타낸 것인 동시에 불교가 시대와 사회에 맞게 변용되고 유형화된 흔적을 보여주는 것이다.

그래서 불교예술사는 불교의 근본 정신이 역사적, 예술적으로 어떻게 표현되어 형상화되었는가를 살펴 볼 수 있는 분야이다. 불교예술은 바로 불교의 근본 정신과 종교적 심상(心象)을 다양한 예술적 형태미로 변용하여 나타낸 것들이다. 즉 불교예술은 무형적(無形的)인 불교의 절대정신과 종교적 가치를 예술의 유형적 아름다움으로 바꾸어 놓은 것이다.

이에 대하여 불교철학은 불교의 절대정신과 종교적 가치를 논리적으로 분석하여 철학적으로 개념화하고 체계화한 것이다. 즉 불교철학이 불교의 절대정신을 진(眞)으로 나타내려고 했다면 불교수행도는 불교의 정신과 가치를 바로 윤리적 선(善)의 영역 안에서 추구하여 형상화한 것이며, 불교예술은 불교의 절대정신과 가치를 예술미로 형상화한 것이다. 그래서 불교적 진선미(眞善美)는 불교철학, 불교수행도, 불교예술로 설명할 수 있다.

우리들이 불교예술을 통하여 불교의 종교적 숭고미(崇高美)와 예술적 미를 체험하는 경우를 자세히 살펴보면, 불교의 진선미는 의외로 동시적으로 섞여서 전달되고 나타나 있으며 또 그것을 함께 감상하는 경우가 많다. 다시 말하면 불교철학, 불교수행도, 불교예술의 진선미가 함께 전달되는 경우가 많다는 것이다. 그래서 불교적 아름다움과 윤리적 가치와 절대정신은 보통 함께 표상화되고 형상화되었다고 말할 수 있다. 또 불교적 예술작품에 불교적 진(眞)·선(善)·미(美)가 동시적으로 표현되어 있다고 말할 수 있다. 예컨대 보통 불교예술품을 만들 때나 감상할 때에 예술적 아름다움만을 고려하여 만들고 감상하는 것이 아니라, 불교적 절대정신과 윤리적 가치를 함께 고려하여 만들고 감상하고 있다는 것이다. 바꾸어 말하면 언제나 불교의 진선미가 하나로 융합되어 나타내고 전달됨을 자주 볼 수 있다.

우리들은 이러한 경험을 통하여 불교철학, 불교수행도, 불교예술의 구별이 학문적 분류에 지나지 않음을 알 수 있다. 즉 불교를 불교예술, 불교철학, 불교수행의 미학적·논리적·실천적으로 설명할 수 있으나 현실적으로 어떤 예술품을 감상할 때에 불교적 진선미를 함께 느낀다. 그래서 2,500여 년의 오랜 세월동안 불교적 절대정신과 윤리적 가치와 예술적 아름다움은 언제나 불교적 진선미를 형상화하여 전하고 있는 다양한 불교예술작품 등에 의해서 전달되어 왔다고 말할 수 있다.

그리고 처음에는 불교적 절대정신이 불교예술의 창조적 동기를 부여하였고, 그렇게 형상화된 불교예술품은 또 다른 예술 창조의 근원이 되고 자원이 되어 왔다고 말할 수 있다. 즉 과거의 불교예술은 항상 다음세대로 하여금 새로운 불교예술을 창조하게 하는 모태(母胎)가 되어왔다. 그리고 또 불교예술품은 다른 종교에도 영향을 주면서 불교가 전파된 여러 지역에서 새로운 문화적 환경을 조성하기도 하였다. 2,500여년 동안 불교예술은 바로 이러한 과정을 통하여 축적된 불교의 절대정신의 형상화와 형상미(形象美)의 보고(寶庫)였다고 말할 수 있다.

다음, 불교예술의 대표적 장르인 불교문학, 불교미술, 불교음악, 불교건축, 불교무용은 불교적 정신가치와 아름다움을 각 장르의 형태로 형상화한 것이다. 이러한 장르의 표현수단은 언어와 심상(心象), 선(線)과 색채(色彩), 음률(音律)과 리듬, 건축의 조형(造形)과 신체의 율동(律動) 등이다. 언어는 사회적 약속으로서 기호(記號)이지만 불교학적으로 말하면 인간의 가유적(假有的) 본질을 상징적으로 나타내는 것이다. 불교예술 가운데 불교문학은 그러한 언어기호와 문학적 심상을 통하여 불교의 절대 정신과 윤리적 가치를 형상화하고 있다. 그리고 독자들로 하여금 그 언어문학을 통하여 새로운 종교적 희열을 체험하게 하여 다시 새로운 문학적 이미지로 상상하게 만들고 있다. 그런데 불교철학도 언어기호를 통하여 불교적 절대정신을 나타낸다. 이처럼 언어문학의 광활한 쓰임과 상징성 때문에 불교문학은 다른 불교예술에 비하여 불교철학과 명확하게 구별되지 않는 점도 있다. 즉 불교문학은 불교적 진선미(眞善美)를 언어와 심상의 형상력으로 형상화하고 전달한다는 점에서 옛날부터 불교철학서와 잘 구별되지 않았다. 또 불교문학은 언어로 구성된 예술작품이기는 하지만 불교의 절대 정신을 철학적으로 분석하여 다루는 표현도구였기 때문에 잘 구별되지 않았다고 말할 수 있다. 그래서 불교문학은 다른 불교예술과 비교하여 불교사상에 대한 예술적 표현에서 특이도와 변별성이 강조되지 못하고 있다. 그리고 불교문학은 불교의 윤리적 예술적 진선미를 구별해서 나타내는 것이 아니라 대개는 불교의 절대정신과 가치를 종합적으로 심상화(心象化)하여 문예화하고 있다.

불교문학작품과 불교철학서를 조금 더 비교해 보면 불교문학과 불교철학은 표현방법과 내용이 서로 완전히 일치하지는 않지만 이들 사이에는 불교의 절대정신을 언어와 문자로 전달하고 있다는 점에서 불교미술, 불교음악, 불교건축, 불교무용 등의 다른 불교예술보다 더많은 유사성이 많다. 불교철학은 불교의 절대정신과 근본의(根本意)를 철학적으로 사유하여 개념화할 때에 주로 논리적 언어로 나타내고 있지만 불교문학은 그와 같이 논리적 언어와 철학적 사유로 불교의 절대정신과 근본의를 나타내는 것이 아니라 문학적 이미지와 감성적 언어표현으로 나타내고 있으며 또 때로는 비약적인 문학적 상상력으로 불교적 아름다움을 전달함으로써 그러한 불교의 정신을 전하고 있다. 그래서 불교적 절대정신을 표현하거나 재창조한다는 점에서 불교문학은 불교철학보다 그 범위와 표현방법이 더 넓고 깊다고 말할 수 있다. ·

그리고 현실적으로 불교의 전교와 포교에 있어 불교철학서와 불교문학작품의 효용도를 비교하여 보면 불교의 절대정신을 논리적 언어로 표현한 불교철학서보다 감성적 언어표현과 비약적 상상력으로 전달하는 불교문학작품이 더 효과적이고 더 큰 종교적 감동을 불러일으키고 있음을 자주 본다. 즉 오늘날에도 어려운 교학이나 철학서보다 불교문학이 불교의 절대정신을 더 강한 종교적 감동으로 반향시킴을 볼 수 있다.

예컨대 불교문학이나 불교철학은 언어로 불교의 절대정신을 표현하고 있는 점에서 양자를 구별하기 쉽지 않다. 또 근본적으로 불교문학에서 불교철학의 사변성(思辨性)을 완전히 분리할 수 없기에 불교문학작품 속에 불교철학의 사변성 등이 자연스럽게 함께 나타나고 있다고 말할 수 있다. 달리 말하면 불교문학의 밑바탕에 불교철학이 내재되어 흐르고 있기 때문에 불교문학과 불교철학은 언제나 함께 형상화되어 전달되고 있다고 말할 수 있다. 또 불교문학은 불교철학의 사유성과 논리성을 문학적 언어적 이미지로 다양하게 형상화하면서 불교인의 다양한 인생관과 불교의 시대정신 등을 그려내고 있다고 말할 수 있다.

그래서 불교문학의 연구는 불교철학을 연구하지 않고는 정확하게 설명할 수 없는 것이다. 즉 불교문학 작품 속에 흐르고 있는 불교철학적 의미와 깊이를 무시하고 불교문학의 아름다움을 완전하게 감상할 수 없는 것이다. 바꾸어 말하면 불교문학적 아름다움이 철학적 깊이 없이 단독으로 결정되지 않고 또 불교문학 속에 내재된 철학적 사변성만으로 작품의 결정도(決定度)가 결정되는 것이 아니기에 불교문학은 언제나 작품성과 함께 철학성을 동시에 갖추어 왔던 것이다. 간단히 말하면 불교문학작품에 담겨 있는 절대정신의 가치와 아름다움은 불교철학의 또 하나의 전달자로 역할하여 왔던 것이다.

그래서 불교문학은 철학적 사변성(思辨性)과 함께 문예적 기교와 언어적 상징성 등의 예술성을 중요시하고 있는 것이다. 절대적 가치와 같은 심오한 철학을 문학적 표현으로 효과적으로 전하고 있는 것이 불교문학이라고 말할 수 있다. 즉 불교철학은 대개 불교의 근본의(根本意)와 윤리적 가치만을 철학적으로 분석하고 강조할 뿐이지만, 불교문학은 그러한 근본의와 윤리적 가치를 문예화하고 표상화하는 데도 힘을 기울였던 것이다. 불교문학과 불교철학은 바로 이러한 차이가 있다.

실제로 불전을 살펴보아도 대부분의 내용은 문학적으로 표현되어 있다. 부처의 설법을 보아도 처음에는 산문으로 나타내다가 다시 그 내용을 요약하여 운문의 게송으로 반복하여 전달하고 있다. 이처럼 불전은 기본적으로 산문과 운문이라는 문학형태로 불교의 근본의를 전하고 있다. 즉 부처의 깨달음과 지혜를 언어문학으로 옮겨 전한 것이 불전 속의 불교이다. 그래서 초기 불교교단에서는 출가한 승려들에게 불교를 구분교(九分教)와 십이분교(十二分教)로 나누어 가르쳤다. 이 구분교와 십이분교는 주로 시와 문학적 형태로 분류한 것이다.

그리하여 불교철학이 불교적 절대정신을 논리적으로 분석하고 서술하는 것이라면 불교문학은 불교의 가치와 아름다움을 함께 형상화하여 전하는 불교예술의 장르라고 말할 수 있다. 또 불교예술은 불교를 예술미로 형상화하고 승화시킨다는 점에서 불교를 다양화시킨 것이라고 말할 수 있다. 불교예술의 모든 장르가 마찬가지이지만, 불교문학은 다른 장르에 비해서 불교철학과 구별하기가 더 어렵다. 반면에 불교미술, 불교음악, 불교건축, 불교무용은 불교문학보다 비교적 불교철학과 쉽게 구별되고 또 세상에 알려져 있다. 그리하여 불교문학은 불교미술, 불교음악, 불교건축 그리고 불교무용에 비하여 상대적으로 독립적 장르로서 널리 알려지지 못하였다. 그렇게 만든 가장 큰 요인은 언어문학의 추상성과 철학적 사변성(思辨性)이 불분명하였기 때문이다. 또 불교문학작품 속에 흐르고 있는 철학적 내용만을 분리해서 그것만이 불교라고 말할 수 없기 때문에, 불교문학이 불교예술의 다른 장르보다 불교철학과의 변별과 인지도가 상대적으로 뒤떨어졌다고 말할 수 있다.

불교문학이 언어문학을 통하여 불교의 절대정신과 근본의를 표현하고 전달한다면 불교미술은 선과 색채로, 불교음악은 음률과 리듬으로, 불교건축은 건축의 공간 형상화를 통하여 불교의 종교적 숭고미(崇高美)를 나타내고 있다. 즉 불교음악, 불교미술, 불교건축, 불교무용은 표현매체의 차이로 불교철학에서 논리적으로 분석하고 체계화하여 설명하는 절대정신을 쉽게 구상화하여 전하고 있다고 설명할 수 있다.

그러나 불교예술의 전반적인 형태와 현상들은 일차적으로 불전을 통하여 불교의 절대가치를 이해하고 예술적 형상으로 나타내고 있다. 그리고 불전의 대부분은 불교문학으로 형상화되어 있기에 불교문학은 불교예술문화의 기층(基層)이라고 말할 수 있다. 이렇게 말할 수 있는 것은 인간은 실제로 항상 언어를 통해서 내면적으로 인식하고 사고하며 의사소통을 하는 언어 사회적 존재이기 때문이다. 그러므로 음악과 미술로 그 무엇을 나타내고 형상화하였을 때보다 언어문학을 통하여 쉽게 서로를 이해한다. 즉 인간 사회 안에서는 언어 문자의 사용이 표현 전달의 면에서 선과 색채, 또 음률과 리듬보다도 보편성을 가진다는 것이다. 바꾸어 말하면 음악과 미술로 의사 전달하는 것보다 언어로 하는 것이 용이하고 또 보편화되어 있다고 말할 수 있다.

요약해서 말하면 우리들은 일상적으로 항상 사용하고 있는 언어로 불교의 절대정신과 철학의 형이상학성을 표현하고 전하고 있기에, 불교문학이 얼마나 중요한가를 잘 자각하지 못하고 있다. 바꾸어 말하면 불교문학이 불교예술의 다른 장르보다 얼마나 중요한 기층적 역할을 하고 있는가를 모르고 있다는 것이다.

그리고 또 지금까지 국문학계에서 불교문학에 대하여 연구하고 논의하여 왔기 때문에, 불교학계에서는 불교문학을 그리 많이 연구하지 않았으며, 단지 선문학(禪文學)이나 외국의 불교문학의 소개에만 그쳤다. 그러나 불교를 살펴보면, 불교문학은 본질적으로 불교와 불교예술의 기층이었음을 알 수 있기 때문에 앞으로 불교학의 분야에서도 불교문학론을 연구해야 할 것이다.

2. 불교문학의 개념 및 정의

과거부터 지금까지 불교문학자들이 내린 불교문학의 개념들을 정리하여 보면[1] 하나는 협의(狹義)의 불교문학론의 입장, 둘째는 광의(廣義)의 불교문학론의 입장[2]이 있다. 우선 협의의 불교문학론을 살펴보

---

1) 韓國佛敎文學硏究新書,《佛敎文學이란 무엇인가》1.
   《佛敎文學入門》2·3, 동화출판공사, 1991.
2) 金雲學,《佛敎文學의 理論》, 一志社, 1981.

면 한국문학사에서 불교사상의 영향을 받았다고 명확히 판단되는 순수한 한국 문학작품만을 한국 불교문학이라고 말하는 협의의 불교문학론이다. 우리 나라의 예를 들어보면 신라와 고려시대 승려들의 향가와 선승(禪僧)들의 오도송(悟道頌) 및 불교가사,[3] 조선초기의 《석보상절》, 《월인천강지곡》, 김시습의 《금오신화》, 조선 중기의 김만중의 《구운몽》, 근대의 이광수의 《이차돈의 死》, 《원효대사》, 《무명(無明)》과 그의 후기 시문학작품 가운데 불교시 그리고 김동인의 《등신불》, 조지훈의 《고사(古寺)》, 한용운의 《님의 침묵》, 《유신》, 그리고 현대에 와서는 불교교단과 승려에 관한 이야기를 직접적으로 이야기하거나 소재로 작품화한 것을 불교문학이라고 해석하는 것이 국문학계의 입장이다.

이러한 협의의 불교문학론은 현재 일본 · 중국의 불교문학사에서도 비슷하게 설명되고 있다. 즉 동아시아 각국에서 불교사상을 직접적으로 표현한 자국의 문학작품만을 불교문학이라고 정의하고 있는 경우이다.[4] 이 경우는 각국에서 자국인의 순수 문예창작품 가운데에 불교신앙을 가진 사람들이 불교사상들을 직접 표현한 문학작품만을 자국의 불교문학이라고 주장하는 견해이다. 이와 같은 불교문학론은 동아시아 각국의 국문학계의 입장으로서, 때로는 불교가 각국의 일반문학에 끼친 영향을 연구하는 경우도 있다. 즉 각국의 국문학계에서는 불교로서의

金雲學, 《신라불교문학연구》, 현암사, 1976.

김잉석, 〈불타와 불교문학〉, 《한국불교문학연구》, 동국대출판부, 1988.

M. Winternitz, 《History of Indian Literature》, Munshiram Manoharlai publishers, pvt. Ltd.1991.

인권환, 《한국불교문학연구》, 고려대출판부, 1999.

3) 이상보, 《한국불교가사전집》, 집문당, 1980.

김성배, 《한국불교가요의 연구》, 아세아문화사, 1983.

4) 渡邊貞麿外 編著, 《日本文學と佛敎思想》, 世界思想社, 1991.

高橋貞一, 《佛敎文學槪說》, 京都佛敎大學 佛敎大學通信敎育部, 1993.

加地哲也, 《中國佛敎文學硏究》, 同朋舍出版社, 1990.

불교문학을 연구하는 것이 아니고, 자국의 국문학에 많이 나타난 불교사상이나 아니면 불교가 일반 문학작품에 사상적으로 어떠한 영향을 주었나를 연구한 경우이다.

이러한 연구경향은 불교 안의 불교문학을 연구한 것이 아니고, 각국의 순수 문예작품에 영향을 끼친 불교 문학작품의 일부분과 그 영향사를 고찰한 것으로, 인도를 제외한 지역에 불교가 전파된 이후로 자국의 문학계에 문학적으로 변화되어 나타난 현상을 연구한 것이다. 그래서 협의의 불교문학의 연구경향은 불교가 인도 이외의 여러 나라에서 어떻게 그들 나라의 토착 문화와 습합화(褶合化)하는가를 또 그 과정을 설명하는 것으로서 의의가 있다고 평가할 수 있다.

광의의 불교문학론은 불교 내부의 필요에 의해서 제작되어 불교의식(佛敎儀式)에 널리 사용되고 있는 모든 것을 불교문학이라고 정의하는 경우이다. 즉 찬불가(讚佛歌), 기도문(祈禱文), 서간문(書簡文), 구법승(求法僧)들의 행적을 기록한 기행문, 제사(諸師)의 각종 설법 그리고 초발심(初發心)의 수행인들을 위하여 불교교리를 쉽게 설명한 교리집 또는 다른 종교인들에게 불교를 전교(傳敎)하거나 방어할 목적으로 쓰여진 각종 설법집과 설화집 그리고 또 다른 종교와 화해하고 타종교인들을 포용하기 위해서 만들어진 것으로서 궁극적으로는 불교의 높은 종교철학성을 널리 알리기 위해서 저술한 철학적 저서[5]와 문예물 전부를 불교문학이라고 보는 입장이다. 이 경우는 불교의 경율론(經律

---

5) 중국에서 불교가 뿌리를 내리는 초기에 나타난 노장사상(老莊思想)과의 결합화와 그 경향을 훗날 도안(道安, A.D. 312~385)에 의해서 그러한 경향을 격의불교(格義佛敎)로 배격되어졌던 것처럼, 중국의 전통사상인 도교와 유교에서도 그 무렵 불교를 많이 공격하였다. 그러나 모융(牟融, 3세기경)은 유·불·도교의 삼교(三敎)의 조화를 시도하려는 의도에서 《이혹론(理惑論)》을 편찬하여 불교를 비난하는 세속의 사람들에게 유불도의 삼교의 차이를 설명하면서 불교의 우수성을 밝히고, 나아가서는 불교의 진리를 명확하게 밝혀서 널리 전하려고 하고 있다.

論)의 삼장(三藏) 전부를 불교문학이라고 보는 입장이다. [6] 예컨대《법
화경(法華經)》·《아함경(阿含經)》·《대지도론(大智度論)》등의 경론
을 불교문학으로 보고, 더 나가서는 불교의례(佛敎儀禮)와 불교도들의
깊은 신앙심에 의해서 재창출된 각종 문예작품을 불교문학이라고 해석
하는 입장이다. 그래서 불교찬가와 불교설화 그리고 법어(法語) 등과
신자의 신앙생활을 예술적으로 나타내고 승화한 신앙작품들까지도 불
교문학이라고 해석하는 입장이다. [7]

그래서 이 경우에는 일차적으로 불전문학(佛傳文學)을 비롯하여 부
처의 역대 제자들의 각종 전기 이야기, 이차적으로는 고승들의 법어(法
語)와 각종 설경(說經), 불교시문(佛敎詩文), 석교가(釋敎歌), 사찰
(寺刹)의 연기설화(緣起說話), 불교기행문(佛敎紀行文), 불교극(佛
敎劇)을 거론할 수 있다. 그 다음으로 거론할 수 있는 것이 불교도들의
신앙생활에 관계된 문예창작물들이다.

이렇듯이 광의의 불교문학은 단순히 불교사상을 표현한 문학작품만
을 정의하는 것이 아니고 불교의식을 비롯하여 불교철학, 문학 그리고
역사를 종합적으로 형상화한 모든 것을 가리킨다. 그래서 이러한 시각
에서는 불교문학의 연구가 단순히 각국의 국문학사의 문제로만 그치는
것이 아니고 불교학과 불교문화사의 연구과제로 접근되어 진다. 그리
고 또 역대 고승들의 서간(書簡)과 깨달음의 소식을 알리는 시문과 법
어(法語)의 고찰을 통해서 불교교단의 교류와 당대 각 종파의 사상적
흐름을 간접적으로 살펴볼 수 있고, 승려들의 서간, 시문 등을 통하여
불교인들의 예술적 상상력과 표현력을 살펴볼 수 있으며, 사찰 창건의

---

6) 永井義憲,《日本佛敎文學硏究》, 豊島書房, 1990.
　　小野玄妙,《佛敎文學槪論》, 甲子社, 1990.
　　金雲學,《佛敎文學의 理論》, 一志社, 1985.
7) 筑土鈴寬,《宗敎文藝の硏究》, 同氏著作集 1, 河出書房.

연기설화를 통해서 불교교단의 역사와 그 외에 지역사회와의 교류와 함께 불교도들의 문화의식 등을 살펴볼 수 있다. 그래서 불교문학의 연구는 넓은 의미의 불교연구로서 불교사상의 연구와 함께 각국의 불교문화와 사회에 끼친 영향 등을 같이 연구해야 한다.

그리고 다음으로 불교문학의 개념과 관련해서 불교예술과 불교문학의 장르를 생각해 보고자 한다. 보통 불교음악이나 불교미술이 아름다운 선율(旋律)이나 색채와 선으로 불교의 정신과 가치를 형상화하듯이, 불교문학도 불교의 절대정신, 가치 그리고 아름다움을 주로 문학적 장르로 나타낸다. 그러나 불교라는 종교의 절대정신과 가치를 언어문학으로 형상화하여 직접적으로 강조한다는 점에서 불교음악과 불교미술보다 문학적 장르 형식을 무시할 수 없고 또 문학적 절대정신과도 괴리(乖離)해서 생각할 수 없다.

또 일반 예술의 장르는 표현하는 수단과 매체에 의해서 분류하고 있지만, 불교문학, 불교음악, 불교미술 등의 불교예술은 불교의 절대정신, 가치 그리고 불교적 아름다움을 일차적으로 중요시하고 있으며 표현방법은 이차적이라고 말할 수 있다. 간단히 말하면 불교의 절대정신을 형상화하는 방법의 차이에 의해서 불교문학, 불교음악, 불교미술 등으로 분류하였기에 일반 예술장르의 분류와는 조금 차이가 있다. 일반예술은 단지 표현방법(언어문학적 기법, 음악적 선율과 리듬, 미술적 색채와 선)만을 간별하여 분류할 수 있지만 불교예술은 일반 예술보다 장르의 범위가 포괄적이고 변동적이라고 말할 수 있다.

오늘날 언어문학작품을 서정시, 서사시, 희곡 등으로 분류하는 양식론(樣式論)은 서양에서 통용된 언어예술 작품의 분류이기에 불교예술론에서의 장르개념과는 조금 다르다. 왜냐하면 불교예술의 장르는 불교의 근본의와 절대정신을 어떻게 전달하느냐에 초점을 맞추어 분류하였고 또 시대마다 불교철학의 흐름이 조금씩 다르게 변하고 있기 때문이다. 그리고 불교예술 작품들 가운데 불교도들이 자신들의 신앙적 체험을 아름다운 선율이나 색채와 선 또는 언어문학으로 나타낸 것들도 많지만 개인적인 종교적 감동을 새로운 예술형식으로 담아내는 경우도 많다. 그래서 불교도들이 종교적 감동과 새로운 시심(詩心)을 언어문학으로 상징화하는 과정에서 제 이, 제 삼의 새로운 장르를 만들어 내기도 하였다. 예를 들어 불교시를 보면 불교의 절대적 가치를 깨우쳤을 때의 정신적 희열감, 법희열(法喜悅) 혹은 물아일체(物我一體)의 일여감(一如感) 등을 다양한 표현방법으로 표현한 경우가 많았다. 또 그러한 불교시 작품을 감상하는 후대(後代)의 불교도들은 시의 문학적 심상(心象)의 세계를 감상하면서 또 다시 새로운 종교적 감동과 종교적으로 승화된 체험을 다양하게 나타내는 경우가 있었다. 즉 불교문학은 종교적 체험을 언어예술작품으로 표현한 예술인 동시에 종교현상이기에 새로운 형태의 장르개념으로 해석해야 하는 것이다.

또 다른 예를 들어 설명하면 초기불교기에는 불교를 구분교(九分教), 또는 십이분교(十二分教)로 분류하여 시문학적 형태의 불교문학을 주로 학습하였다. 그 이후 대승불교기에는 산문 위주의 불교설화와 자타카 등이 발전하면서 동물우화와 비유설화 등이 불교의 교재와 전교용(傳教用)으로 많이 활용되었다. 즉 초기불교와 대승불교기에 철학적으로 조금 다르게 변화함에 따라서 불교문학도 조금씩 다르게 발전하게 되고 그 분류도 조금씩 달랐다. 또 불교가 세계 각국으로 전파되고 그 나라의 문화와 습화되는 과정에 또 다른 다양한 형태로 재창조되기도 하였다. 그래서 불교문학은 일반 언어문학작품의 장르적 분류와 조금 다르다고 말할 수 있다. 그리고 개개인 신앙적 체험이 다르고 불교의 절대정신을 다르게 해석하고 표현하는 과정에서 자연히 새로운 장르가 만들어지기도 하였다. 그래서 불교예술의 장르의 개념은 일반 문학의 장르의 개념과 분류에서 차이가 난다고 말할 수 있다.

이러한 모든 것을 감안해서 우리들은 불교문학을 우선 세 가지로 분류할 수 있다. 첫째, 문학적 가치가 아니라 종교적 가치만을 생각하여 제작한 불교문학이다. 여기에는 문학적 가치가 부수적으로 동반되는 경우이다. 둘째, 종교적 현상을 작품의 소재로 채택하여 문학적으로 해석하면서 창작하는 경우이다. 이 경우는 작품의 제작동기가 예술적인 것이다. 셋째, 종교적 가치와 문학적 가치를 똑같이 중요시한 불교문학이다. 여기서 종교적 가치이란 불교의 신앙의 가치로서 경우에 따라서는 편협한 종파적 교단의 가치도 중요한 가치기준으로도 적용되는 경우이다. 넓은 의미에서 위의 모두를 불교문학으로 정의해도 무방하지만 세 번째의 불교의 종교성과 문학성을 동시에 갖추고 있는 작품을 정의한 경우가 가장 이상적이라고 말할 수 있다. 왜냐하면 오늘날까지 회자되어 전해지고 있는 불교문학은 불교의 종교성과 세간의 문학성을 동시에 지니고 있는 언어작품이라고 말할 수 있기 때문이다. 여하튼 작품 속에 내포되어 있는 종교성과 문학성의 구분과 그 판단의 기준 등이 연구자에 의해서 아주 다르게 해석될 수 있기 때문에 이 문제 역시 간단히 정의하기에 어려운 점이 많지만 결론적으로 말해서 불교문학은 불교의 진리와 문학성이 하나로 융합되어 만들어진 경우의 문학이라고 말할 수 있다.

3. 불교문학론의 문제점

앞에서 각국의 불교문학자들이 정의한 불교문학을 크게 협의의 불교문학론과 광의의 불교문학론으로 나누어 살펴봤다. 따라서 현재 불교문학론의 이론분야에서도 협의와 광의의 불교문학론이 유행하고 있다고 말할 수 있다. 사실 한국에서는 불교문학론이란 전문적 용어는 최근까지 그다지 익숙하지 못한 용어이었고 또 논의하려고 할 때에는 불교적 지식이 필요한 전문분야였다.

그런데 불교미술과 불교음악이라는 용어는 불교문학에 비해서 비교적 일반에까지 널리 알려져 있다. 그래서 그런지 불교문학이란 용어를 거론할 때에 불교미술과 불교음악을 거론할 때보다 구체적으로 무엇을 말하고 그 범위가 어디까지인지를 분명히 밝히지 않고 논의하는 경우가 많았다. 즉 애매모호한 불교문학의 개념으로 논의하는 경우가 많았던 것이다. 그렇지만 불교미술과 불교음악 등의 불교예술 전반을 심도 있게 논의하려면 불교문학의 이해가 꼭 필요하다고 말할 수 있다. 왜냐하면 불교문학이 불교예술의 전체적 이론과 미학을 제공해 주고 있으며, 또 다른 불교예술의 주제와 소재를 제공해 준다고 말할 수 있기 때문이다. 그런데 불교미술과 불교음악은 그 나름대로 전문 영역을 넓히고 있는데 반하여 불교문학은 상대적으로 세간에서 널리 알려지지 못하고 있다. 불교문학이 그렇게 발전되지 못한 요인 중의 하나가 불교와 문학은 별개의 것이라고 생각하는 이원론적 단절론(斷切論) 때문이다. 이러한 발상은 불교를 오해한 데서 비롯된 것이라고 말할 수 있다. 불교는 출세간(出世間)의 것으로 세간으로부터 멀리 떨어진 별세계의 것이라고 생각하여 불교문학을 비롯하여 불교라는 종교도 세속의 모든 것을 부정하는 종교라고 이해하였기 때문이다. 그러나 알고 보면 불교라는 종교는 본질적으로 모든 성속(聖俗)을 초월하여 일원론적으로 수용하고 설명해주는 종교이다. 즉 불교는 세속과 승의(勝義) 혹은 불교와 문학을 이원적으로 분리하려는 망상과 오해를 근본적으로 불식시키는 가르침이다. 여기에 대해서는 부록에서 자세히 설명하였다.

다음의 문제점을 살펴보면 현재 중국, 한국, 일본에서는 자국의 언어로 창작되고 자국민이 애독하고 있는 불교 작품만을 불교문학이라고 주장하고 있다. 즉 현재 각국의 불교문학 연구의 경향은 근대적 국가관과 역사관이라는 사상적 흐름에서 자국의 문학만을 연구하는 좁은 범위의 불교문학론이라고 말할 수 있다. 그것은 결코 보편적 불교문학론도 아니고 광의의 불교문학의 연구도 아니다. 그런데도 지금까지 그러한 생각과 연구들이 불교문학의 근본을 알려주고 또 불교문학의 전체인 것으로 인식되어 왔고, 그렇게 연구된 작품과 연구물의 결과가 역으로 다시 불교문학의 범위와 정의에 주도적으로 영향을 미치는 형태가 반복되어 왔다. 오늘날도 그러한 상황이 계속 이어지고 있는데 이러한 왜곡된 경향과 인식의 오류는 불교문학에 대한 바른 이해와 연구로 이어지지 못하게 만든 상황적 요인이라고 말할 수 있다.

현재 한국의 불교문학론을 살펴보면 대개 자국의 언어로만 창작되고 애독되는 작품을 불교문학이라고 말하고 있다. 그러한 연구풍토가 계속되면 처음 불교문학을 연구하는 사람들이 협의의 불교문학론만을 생각하게 되어 자국의 작품연구에만 몰두하고 불교문학의 본질론과 불교학을 연구하지 않게 된다고 말할 수 있다. 바꾸어 말하면 협의의 불교문학론이 창작과 연구분야에 미치는 영향이 악순환적으로 반복되어 불교문학의 개념과 장르의 범위를 좁히고 또 다른 관념적 오류를 유도하게 된다고 말할 수 있다.

또 다른 문제를 살펴보면 광의의 불교문학론의 입장에서 불교의 모든 경전을 불교문학이라고 말할 때에 일반 문학가들은 경율론의 삼장 가운데에 어떠한 것을, 또 어디까지를 불교문학이라고 해야 하는가 등의 불교문학의 정의와 범위의 문제를 주로 들고 나오고 있다. 이런 경우에는 불교문학의 본질을 다시 검토해 보아야 한다고 생각한다. 그리고 인도의 불교경전이 각국의 언어로 다양하게 번역되면서 원전과 번역된 경전들과의 비교연구가 필요하게 된다. 또 번역경전의 영향으로 각국에서 새롭게 창작되는 작품과의 관계를 어떻게 연구하고 설정해야 하는가 등의 많은 문제가 대두된다. 그런데 과거의 많은 불교문학의 연구자들은 그러한 문제에 대하여 불교학과 비교문학의 연구분야에 미루어 왔다.

또 각국의 일반 문학연구자들은 불교학과 불교의 사상적 연구를 등한시하고 단지 문학적 가치만을 중요시하여, 주로 문학성이 풍부한 작품만을 연구하려 하였다. 그리고 서양의 근대문학의 연구방법론을 불교문학의 연구에 그대로 적용하기도 하였다. 즉 불교문학을 바로 이해하기 위해서는 불교학과 불교 안에서 불교문학을 어떻게 수용하고 해석하고 있는가를 먼저 정확하게 파악해야 하는데, 과거의 연구자들은 서양의 문예이론과 문학적 판단기준만으로 불교문학을 분석하였고, 또 그 개념정의를 막연하게 생각하였던 것이다. 바꾸어 말하면 불교문학이 근본적으로 무엇을 뜻하는가 라는 문제를 살펴보지 않고, 또 불교철학적 측면에서 사상적으로 연구하지 않고, 또 불교문학을 각국의 국문학의 일부분이라는 입장에서 해석하거나 혹은 불교와 문학을 분리하여 따로 연구하여 불교와 문학은 서로 이질적인 것이라고 해석하였던 것이다. 바로 이러한 문제점을 극복해야 하는 것이 앞으로 불교문학연구의 과제이다.

바꾸어 말하면 종래에는 불교문학을 연구할 때에 먼저 불교라는 종교 안에서 불교문학은 어떤 의미를 지니고 있고, 과거부터 어떻게 해석하고 있으며 또 동시에 불교철학에서 세간의 언어문학을 어떻게 해석하고 있는지를 파악하지 않고 불교문학을 그때 그때의 상황에 따라서 임의적으로 해석하였던 것이다. 즉 불교문학의 본질적 문제를 연구하지 않고 불교문학을 상황에 따라서 마음대로 해석하고, 그리고 때로는 불교와 문학은 전혀 별개의 것으로 나누어 버리는 오류를 범하여 왔던 것이다. 바로 이러한 점이 과거 불교문학연구에 있어서의 문제점이다.

불교문학 연구에 있어 또 하나의 문제점은 불문(佛門)의 세속문학에 대한 태도이다. 옛날부터 불문에서는 출가한 수행인들에게 세속의 문학작품을 읽거나 창작하는 일을 금기시해 왔다. 왜냐하면 《잡아함경》 등에 전하는 불망어계(不妄語戒)에 따라 출세간의 뜻을 배우는 승려가 세간의 일에 깊은 관심을 나타내거나 세속인들의 흥미와 세속의 잡다한 일들을 다루는 연애소설이나 시를 읽거나 또 그러한 소설이나 시를 스스로 창작하는 일 등은 출세간의를 깨우치려고 불도를 수행하는 사람에게는 도움이 되지 못하며 도리어 번뇌를 조장하는 것이라 하여 금기시해 왔기 때문이다.

이렇게 출가위주의 교단과 초기불교에서는 출가수행자의 수행을 위해서 엄격히 불망어의 계율을 강조하였던 것이 후대가 되면 상대적으로 세속의 언어 문학 창작 등을 금지시켰던 것이다. 그리고 또 초기불교기의 교단 장로들은 자신들의 수행과 깨달음이 부처의 수행과 깨달음과는 조금 다르다고 생각하였다. 즉 자신들이 현세에 수행해서 얻는 최고의 깨달음과 경지는 아라한(阿羅漢)의 수준으로서 부처와 같은 성스런 존재가 얻은 깨달음의 경지보다는 한 단계 낮은 것이라고 소박하게 생각하였다. 그러한 생각은 부처의 제자로서 스승을 존경하고 흠모하는 순수한 마음에서 자신들을 낮추어서 생각한 것이라고 해석할 수 있다. 그러나 이러한 생각이 교리로 체계화되고 다시 설명되면서 불교의 근본과는 다른 논리를 새로 만들어 갔던 것이다. 그리고 그렇게 만들어진 교리를 처음 배우는 수행자들 즉, 처음 불문에 출가한 수행자들에게 부처의 세계를 보통 인간과는 다른 별세계의 것으로 각인시키게 되었고 세속의 일과 불도를 이원적으로 분리하여 생각하게 만들었던 것이다. 그리하여 점점 출가수행자들에게 수행 이외의 세속의 문학작품을 읽거나 창작하는 일은 불도의 수행에 어긋나며 오히려 세속의 일에 집착하게 만들고 또 스스로 불필요한 장애를 만들어 수도의 삶을 복잡하게 하여 스스로 번뇌를 만드는 것이라고 가르쳤던 것이다. 즉 수행인들이 불도 이외의 문학을 창작하거나 문학작품을 읽어서 문학적 상상력을 불어넣는 것은 끊어버려야 할 번뇌를 새롭게 부추기는 것이라고 생각하여 문학을 불도의 장애라고 금기시시켰던 것이다. 바꾸어 말하면 현세에서 보통의 인간들도 부처와 똑같이 진리를 깨달을 수 있고 현재의 번뇌덩어리가 바로 큰 깨달음의 바탕이 된다는 대승불교의 공(空)의 가르침이 널리 알려지기 전에는 모두들 그렇게 오해하였던 것이다. 즉 대승불교가 부흥하기 이전에는 불도와 세속 일을 이원적으로 분리해서 생각하여 출가인이 세속의 문학에 관심을 가지는 것을 금기시했던 것이다. 이렇게 초기불교계에서는 불도의 정진을 우선적으로 강조한 일이 결과적으로 세속의 문학을 읽거나 창작하는 일을 금기시하게 만들었던 것이다.

그러나 불망어계(不妄語戒)이라는 계율의 깊은 뜻은 망어(妄語)에 대한 금지이지 진실함을 권장하고 표현한 언어 문학에 대한 금기는 아닌 것이다. 바꾸어 말하면 이 계율의 뜻은 진실하지 못한 언행(言行)을 단절시키고 진실한 여실어(如實語)와 그에 따른 표현과 실천을 금지시킨 것은 아니다. 즉 진실하지 못한 망어에 의해서 파생되는 많은 고통과 피해를 경고한 것이지 결코 진실한 도리를 표현하고 깊은 종교적 체험을 전하는 종교문학과 중생을 교화하는 가르침과 부처와 보살의 숭고한 삶을 나타낸 교화문학을 부정하는 것은 아니었다. 그렇기 때문에 단순하게 불망어계가 불교문학을 부정하고 세속의 문학을 부정한다고 단언할 수는 없는 것이다. 《잡아함경》 등에 전하는 불망어계는 오히려 불교의 진실을 적극적으로 실천하라는 의지를 나타내는 것이라고 해석할 수 있다.

기원 전후, 대승불교기에 재가신자를 배려한 새로운 교리해석 등이 많이 나오는데 그러한 교리 이야기를 살펴보면 당시 인도사회에 널리 알려진 세간의 각종 이야기를 각색하여 전한 경우가 많다. 즉 대승불교계에서는 새로운 시대정신으로서 대승불교의 정신을 널리 포교하려고 당시 재가신자들도 이미 알고 있는 흥미로운 각종 이야기를 불교적으로 각색하여 대승불교를 알렸던 것이다. 이러한 과정에 자타카와 같은 동물우화와 자기 희생적 정신과 중생구제를 최우선적으로 행하는 보살을 높이 칭송하는 보살담 이야기가 새롭게 많이 창작되기도 하였다. 즉 이 때에 재가신자를 위한 계몽의 이야기가 많이 창작되었다. 그래서 자연히 다양한 장르의 불교문학이 발전하게 되었던 것이다.

이러한 역사적 사실들을 보아도 불교와 문학이 각각 다른 것이라고 주장하는 생각들은 인식의 오류라는 것을 알 수 있다. 이러한 오해는 근본적으로 불교를 세속에 대한 출세간의 진리라고 이해하여 현실의 세간을 멀리하는 것에서 깨달음을 얻을 수 있다 라는 이원적 인식에 기인한다. 그러한 잘못된 이해로 불교를 세속으로부터 분리된 종교, 더러움에 대한 성스러운 것으로서 내세우기 시작하였던 것이다. 그러한 잘못된 인식 때문에 불교 교단 안에서 불전만을 신성시하고 절대시하면서 세속의 언어문학을 폄하하여 불교문학이라는 용어조차도 거부하였던 것이다.

또 이러한 것은 공사상의 잘못된 이해에서도 비롯된다고 설명할 수 있다. 대승불교도들 가운데서도 공사상을 오해하는 경우에는 세속과 불교를 이원적으로 이해하거나 문학과 불교를 이원적으로 분리하여 불교가 결코 불교문학일 수 없다고 말하는 것을 볼 수 있다. 그들의 그러한 생각 안에는 불교를 세속으로부터 멀리 떨어진 별세계의 것 혹은 특별한 것으로 이해하려는 경향이 있다. 그러한 생각은 '즉의 불도'의 연구를 통하여 고쳐질 수 있다. 우선 그러한 견해를 도식화하여 보면 다음과 같다.

불교 = 승의 = 종교 = 신 = 천상(天上) = 피안(彼岸) = 부처
$\updownarrow$ $\quad$ $\updownarrow$ $\quad$ $\updownarrow$ $\quad$ $\updownarrow$ $\quad$ $\updownarrow$ $\quad$ $\quad$ $\updownarrow$
문학 = 세속 = 예술 = 인간 = 지상(地上) = 차안(此岸) = 중생

위와 같은 이원적 인식은 부처와 중생, 더러운 것과 깨끗한 것, 또는 성(聖)과 속(俗)을 이원적 개념의 영역으로 분류한 것이며 불교와 문학을 다시 그러한 인식의 범주로 연역(演繹)한 데서 비롯된다. 즉 불교와 문학을 비롯하여 불교와 예술, 불교와 미술, 불교와 음악 등을 서로 상반되고 대립적으로 인식하는 경우라고 말할 수 있다. 간단히 말해서 모든 것을 이원적으로 분리해서 생각하는 이러한 인식은 오히려 불교의 근본을 왜곡시키는 것이라고 말할 수 있다. 그러한 생각의 밑바탕에는 언제나 성과 속은 개별적이고 이질적(異質的)이며 불교와 세속은 비연

속(非連續)적이라고 생각하는 오해가 깔려 있다.

현재 국문학계에서 주장하고 있는 협의의 불교문학론에 우선 이러한 점이 있다고 지적할 수 있다. 그리고 이러한 인식은 모든 것을 이원론적으로 보려는 서양의 종교 문화적 논리에서 기인한다고 말할 수 있다. 동양의 종교철학은 전통적으로 대상과 주체를 대립시키는 이원론적 인식론이 아니다. 오히려 동양의 종교철학은 모든 이원론적 인식을 통합하고 주객의 대립성을 초월하려는 경향이 있으며 또 직관을 중요시하는 일원론(一元論)적인 면이 강하다.

그래서 최근에 불교와 문학을 이원론적으로 인식하는 문학계의 경향은 서양의 종교학적 논리에 더 가까운 발상으로서 동양의 직관적 인식과 종합적인 이해와는 거리가 멀다고 말할 수 있다. 특히 불교는 동양의 대표적인 종교로서 모든 존재와 현상을 통합적으로 보도록 가르치며, 직관적이고 종합적으로 이해하도록 권장하고 그렇게 해명하고 있는 종교이다. 그런데 만약에 불교와 문학을 성과 속의 대립으로 이해하여 불교문학을 그렇게 설명한다면 불교를 인간세계로부터 멀리 분리하여 점점 이질적인 것으로 만들어 버리게 되는 것이라고 말할 수 있다. 불교의 근본의는 본래 성속(聖俗)을 대립하거나 분리시키는 것이 아니고 항상 즉일(卽一)적으로 통합하여 해명하는 데에 있다. 그래서 불교문학을 이원적 인식론으로 설명해서는 안 되는 것이다. 만약 불교와 문학을 성속의 이원적 인식론이나 대립적 관념론으로 설명한다면 불교의 근본을 왜곡시키는 것이라고 말할 수 있다.

불교학을 연구하여 보면 불교에서 세속문학을 어떻게 수용하였고 또 성속을 어떻게 초월하고 있는가를 자세히 살펴볼 수 있는데, 지금까지는 불교와 문학을 성속의 대립으로 인식함으로써 불교문학의 이해를 왜곡시키는 실수를 범하였다. 그래서 앞으로 불교문학의 가치를 바르게 평가하기 위해서는 반드시 먼저 불교의 근본의를 살펴보아야 한다. 또 올바르게 불교문학을 규명하기 위해서는 불교가 언어의 모든 현상을 어

떻게 이해하고 수용하고 있으며, 불교의 진실을 어떻게 설명하고 어떻
게 구현하고 있는가, 또 불교사적으로 세속의 언어문학과 불교의 진실
관을 어떻게 설정하고 설명하고 있는가 등의 문제로 살펴보아야 한다.
더 간단히 말하면 위의 도표에 나타난 문제는 불교학적 언어문학관과
진실론을 살펴봄으로써 풀릴 수 있는 문제들이다.

　오늘날 현대 국문학연구의 방법론을 살펴보면 대부분 그리스 철학과
문화론에 근거한 서양의 문예론이 주류를 이루고 있다. 그러나 연구대
상에 따라서 연구방법도 달라야 한다. 바꾸어 말하면 서양의 문예연구
방법론을 동양의 불교문학에도 똑같이 적용하거나, 중국 한문학의 연
구방법론으로 분석하려고 시도하니까 불교문학에 대한 바른 연구가 이
루어지지 못했고 또 동시에 불교문학론이 바로 정립되지 못하게 되었던
것이다. 즉 불교문학에 맞는 불교문학의 이론이 필요한데 기존의 연구
는 이원론적으로 분석하는 기독교 문학론과 중국 한문학의 이론으로 불
교문학을 분석하려고 하였기에 불교문학의 개념이 왜곡되고 바른 연구
를 이끌지 못했던 것이다. 그래서 앞으로는 불교문학의 바른 연구와 정
립을 위해서도 필수적으로 불교학의 연구가 선행되어야 한다.

　앞으로 불교문학에 대해서 논의할 때에 불교와 문학을 성속의 대립개
념으로 설정하거나 또는 연구자의 상황적 입장에 맞추어 임의적으로 해
석해서는 안 되고 불교의 본질적인 연구를 통해서 불교문학을 해석해야
한다. 또 주의해야 할 점은 오늘날 학문의 세분화와 계열화에 맞추어
불교와 문학을 분리하거나 다른 학문의 방법론을 적용하여 불교문학과
불교의 본질을 오도해서는 안 된다. 불교문학은 원래 부처와 보살이 중
생에게 진리를 설명하고 전하는 과정에 자연적으로 형성된 것이기에,
오늘날의 학문적 논리로 불교와 문학을 분리하여 논의할 수는 없다. 즉
불교문학은 불교라는 종교에서 보면 진리를 표현하고 전달하는 진실한
세속제(世俗諦)이다. 그 예로서 초기불교기에는 불교문학을 오늘날처
럼 분류하지 않고 불교를 구분교(九分教), 십이분교(十二分教)로 분

류하여 불교를 불교문학으로 교육시켰다. [8] 다시 말하면 불교문학을 그러한 분교(分敎)의 갈래 안에 넣어서 불교를 가르쳤던 것이다. 즉 일찍부터 불교계에서는 불교문학을 불교의 본질과 불교의 진실성을 효율적으로 전달하고 가르치는 방법으로 수용하였던 것이다. 그래서 초기불교기에는 출가한 수행자들의 수행과정에 반드시 불교문학을 넣어 가르쳤다. 이처럼 초기불교에서는 불교문학이 학수(學修)의 필수과목으로 되어 있었다. 그리하여 후대에 내려올수록 불전 안에는 불교문학이 더 많이 수용되어 전하게 되었던 것이다. 또 부처님의 전생 이야기를 포교용으로 만드는 과정에서 세속의 많은 문학작품과 표현방법을 받아들이고 또 다시 다른 부처와 보살의 이야기를 만들어 내었던 것이다. 현재의 대장경 가운데에 본연부(本緣部)의 이야기들은 바로 그렇게 새롭게 만들어진 이야기들이다. 그러한 이야기들은 불교교단에서 재가신자들을 가르칠 때에 그들의 근기에 맞게 대기설법(對機說法)으로 이야기를 새로 만들어 낸 것들이고, 또 인도사회의 전래동화와 설화 및 신화를 불교적으로 각색하여 불교의 진실의를 널리 전달하려고 만든 것들이며, 간단히 설명할 수 없는 불교 철학사상과 불교학적 논의 등을 짧은 시와 노래로 쉽게 전달하려고 하였던 것들이다. [9]

이러한 모든 것을 종합하여 생각해 보면 불교는 본질적으로 세속의 언어문학을 적극적으로 수용하여 불교의 가르침과 진실관을 표현하고 전달하였던 종교였음을 알 수 있다. 오늘날에도 전하고 있는 불교의 팔만사천의 법문을 보더라도 불교가 다른 종교에 비하여 꽤 많은 경전문학을 남겼다는 것을 알 수 있다.

불립문자(不立文字)를 표방하는 선불교에서도 많은 문학작품을 남기

---

8) 前田惠學, 《原始佛敎聖典の成立史硏究》, pp.188~207.
9) 干潟龍祥, 《本生經類の思想史的硏究》, 東洋文庫論叢 第35, 山喜房佛書林.

고 있다. 즉 선불교에서조차도 현실사회의 언어표현을 통하지 않고는 그 어떤 것도 전하지 못하고 그 어떤 생각에도 이르지 못하기에, 또 수행의 관문조차도 전하지 못하고 들어갈 수 없었기에 불립문자를 표방하면서도 독창적인 선문학(禪文學)을 많이 남겼던 것이다. 그리하여 선은 오히려 일상적인 언어표현의 범주에서 절대적 진리를 찾으려는 우리들의 어리석음을 깨우쳐주기 위해서 상식적 언어표현을 넘어선 기발한 언어표현으로 불교의 진실과 선사들의 깨달음의 경지를 나타내었던 것이다. 그래서 오늘날 선에 대하여 세간의 언어문자만을 부정하는 것이라고 단정하지 않는다. 선은 단지 세속의 상투적인 일상성의 진부함에 빠져서 불교의 진실의와 본지(本旨)를 모르는 우리들의 무지를 지적하고 있을 뿐이다. 즉 선은 오히려 인간들이 매너리즘에 빠져 무의식적으로 지나쳐 버리고 등한시하여 온 일상적 삶의 진리와 소중함을 끊임없이 일깨워주고 있다. 요컨대 선문학은 언어포현의 상투적 틀을 부수는 방법과 그러한 기발한 표현으로 불교문학의 중요성을 더 부각시키고 있는 것이다.

그래서 선불교를 고찰하면 할수록 어느 종파보다도 불교문학을 더 효율적으로 활용하고 있다고 말할 수 있다. 즉 선은 일상적 언어의 상투적 표현의 도식을 부수어서 공성의 근본을 전하고 있으며, 또 평상시의 생활에서 중요한 역할을 하고 있는 언어문학성을 적극적이고 효율적으로 활용하고 있다고 평가할 수 있다. 그러한 방법을 통하여 선은 불교의 진실이 바로 우리들의 삶 속에 있음을 역설적으로 말해주고 있는 것이다.

그렇기 때문에 불교와 문학을 분리하고 대립적으로 이해하려는 경향과 그러한 경향에 의해서 일어나는 모든 문제는 진실의와 언어표현과의 관계를 자세히 고찰함으로써 명확하게 풀린다고 말할 수 있다. 즉 불교의 진실의와 언어표현의 즉일적(卽一的) 관계성을 파악해야만 불교문학을 바로 이해할 수 있다고 말할 수 있다. 그래서 부록에서 불교학에

서 언어와 진실의 관계를 어떻게 보고 있는가를 설명하였다. 부록에서
는 불교학의 근간인 중관철학과 그 이후의 불교 철학사상 등을 통해서
불교의 근본의와 언어문학관을 살펴보았다. 즉 불교의 근본의의 고찰
을 통해서 불교문학의 본질성과 불교문학의 가치를 밝히려고 하였다.

제2부

인도의 고대 문화와 고전문학

인도의 고대 문화와 고전문학

1. 인도의 고대 문화

불교라는 종교는 그 교의(敎義)의 보편성과 심오한 철학성으로 인해서 오늘날 세계 4대 종교의 하나로서 아시아를 비롯하여 유럽, 남북아메리카에 이르기까지 널리 알려져 있다. 그러한 불교를 이해하기 위해서는 불교가 싹트고 성장한 인도사회의 역사와 문화의 고찰이 필요하다. 그래서 불교와 불교문학을 키우고 성장시킨 인도사회의 고대문화와 고전문학을 조금 살펴보고자 한다.

문화사적으로 보면 인도문화는 인더스 강 하류에 살던 선주민에 의하여 B.C. 3,000년경부터 시작되었고, 그 후 B.C. 1,500년에서 1,200년 무렵 서북쪽에서 아리야(Ārya) 인들이 흘러들어오게 된다. 즉 인도아리야 족이 인더스와 갠지스 강 유역으로 진출하면서 고대 인도사회는 선주제부족(先住諸部族)과 아리야 족이 섞여 정착하여 나아갔다. 그 아리야 족은 브라만교를 믿고 엄격한 계급제도를 적용하였는데, B.C. 6세기경에는 이에 대한 반동으로 만민평등을 주장하는 불교가 일어나게 되면서 인도사회는 통일왕조의 국가로 변하여 간다. 이러한 전환기의 사회적 분위기에서 출현한 통일왕조는 불교의 발전과 전파에도 큰 공헌하여, 불교가 인도 국내외로 널리 전파하게 된다. 그 결과 인도문화권이 오늘날 동남아시아와 중앙아시아에까지 확대되었던 것이다.

(1) 인더스 문명

현재의 인도는 지리적으로 크게 셋으로 나눌 수가 있다. 즉 서북지방의 인더스 강 유역과 동북지방의 갠지스 강 유역, 남부지방의 데칸 고원이 그것이다. 이 중 인도문명이 가장 먼저 일어난 곳은 인더스 강 유역으로, 이 지역은 농경생활에 편리한 평야지대로서 물이 풍부하다는 이점도 있었지만 주변의 다른 문명권과의 접촉이 유리한 지리적 조건도 갖추었다. 인더스 상류의 편잡 지방은 옛부터 중앙아시아와 중동지방을 왕래하는 교통의 요지에 위치하였을 뿐만 아니라, 그 하류지방은 페르시아만을 통하여 고대 오리엔트세계와 쉽게 왕래할 수 있었다.

이러한 인더스 문명이 세계에 알려진 것은 1920년대 발굴작업에서 비롯하였다. 특히 편잡 지방의 모헨조다로(Mohenjodaro)와 신드 지방의 하랍파(Harappa) 두 도시의 발굴로 인더스 강 유역에 적어도 B.C. 3,000~2,500년경에 고도의 문명이 꽃피고 있었음을 확인하게 되었다. 그런데 이 문명을 확인할 기록은 아직 발견되지 않고 있으며, 진흙과 활석으로 된 도장에 새겨진 상형문자만 발견되었으나 아직 해독하지 못하고 있는 상태이다. 따라서 구체적으로 어떤 인종 또는 민족이 이룩한 문명인지도 정확하지 않다. 현재까지는 인도의 원주민인 문다(Muṇḍa) 족과 드라비다인(Dravidian)이 세웠다고 하나 이것 역시 확실치 않다. 따라서 이 문명의 모습은 모헨조다로와 하랍파의 발굴로 나타난 유적만으로 유추하는 수밖에 없는 실정이다.

이 두 도시의 모습은 매우 흡사하다. 도시 성벽으로 둘러싸여 있고 시내에는 대규모의 공중목욕탕, 행정관서, 집회소, 시장, 일반주택 등 대소건물이 있었음을 볼 수 있다. 건축은 대개 벽돌로 되어 있고 2층 건물의 흔적도 있다. 시가지는 비교적 계획된 모습으로 포장된 도로와 하수도시설까지 갖추어져, 당시의 도시인들은 상당한 정도의 도시문명을 즐기고 있었음을 엿볼 수 있다.

유물은 또한 당시인의 생활모습을 보여주고 있다. 면제품과 모직은 당대인의 주된 의류였다. 남녀 모두 장신구를 사용하였는데, 금·은·상아·구리·옥·마노 등으로 장식된 띠, 코걸이, 귀걸이, 팔찌, 발찌, 가락지 등 실로 다양하다. 무문(無紋)·유문(有紋) 토기(土器)를 널리 사용하였음을 알 수 있고 동(銅), 청동제의 용기도 발견되고 있으나 일반화되었던 것 같지는 않다. 상아(象牙)로 된 바늘과 빗, 동, 청동제의 도끼, 끌, 면도날 등 생활용구를 널리 사용하였으나 아직 철기(鐵器)를 사용하였다는 증거는 없다. 또 바퀴 달린 손수레를 사용하였으며 주사위 같은 오락용구도 발견되었다.

밀, 보리, 면화 재배 등 큰 규모의 농경이 일반인에 의하여 이루어졌으며 물소, 코끼리, 양, 돼지, 개 등의 가축도 사육하였던 것으로 보여진다. 그리고 이들의 주식은 밀이었지만 그 외에 보리나 그들이 기른 가축의 고기를 먹고 살았던 것으로 유추된다. 또 수공업과 상업도 상당한 정도에 달하였으며 도공(陶工)·직공(織工)·석공(石工)·대장장이·금은세공기술자·상아세공인 등이 있어 그 기술은 상당한 경지에 이르러 도공은 바퀴를 만들고 가마벽돌을 구웠으며, 금속기술자는 제련술(製鍊術)과 합금술(合金術)을 익혔을 정도였다. 청동기의 사용은 도끼, 창, 철퇴, 사슬 등 무기의 제조를 촉진하였다고 생각되지만 칼, 활, 갑옷, 방패 등을 사용하였다는 흔적은 없다. 그리고 이 도시지역에 살던 사람은 다른 지역 사람들과 교역이 활발하였음을 엿볼 수 있다. 또 주석, 구리, 기타 희귀한 금속은 인도 밖에서 수입하였던 것으로 추측된다.

무엇보다도 이들의 종교생활은 확실치 않다. 그러나 남신과 여신의 조상(彫像)이 발견되는 것으로 보아서 쉬바(Śiva) 신앙의 원초적인 종교를 믿었다고 생각된다. 동시에 자연의 모든 사물에 신성을 인정하는 정령숭배(精靈崇拜)도 병행되었던 것 같다.

이러한 인더스 문명은 동시대에 서쪽에 꽃피었던 수메르 문명[10]의 영향을 받았던 것 같다. 왜냐하면 모헨조다로와 하랍파에서 발견된 많은 문장(紋章)과 소품(小品)이 동시대의 메소포타미아에서 발굴된 것과 유사점이 많기 때문이다. 물론 후기에 들어서는 이 두 문화가 서로 독자적인 성격이 강해지는 편이었지만 적어도 초기단계의 인더스 문명에 오리엔트의 영향이 강했다고 말할 수 있다.

이토록 상당한 수준에 이르렀던 인더스 문명은 B.C. 2,000~1,500년 사이에 사라지고 말았다. 그 원인이 아리야 인의 침입에 있다고 보는 학자도 있고, 대홍수설(大洪水說)을 주장하는 학자도 있지만, 그 반대로 수자원(水資源)의 고갈 때문이라고 설명하는 학자들도 있다. 즉 최근에 이집트의 피라미드와 나일 강의 관계를 연구하던 서양의 고고학계에서 인더스 강과 술레이만 산맥을 인공위성으로 촬영하던 중에 현재의 인더스 강의 위치와 조금 다른 지류(支流)의 인더스 강의 강맥(江脈)이 있었음을 발견하였다. 그것은 인더스 강 근처에서 발전한 펀잡 지방의 모헨조다로와 신드 지방의 하랍파의 두

---

10) 슈메르 문명은 현재 이라크의 바그다드에서 100㎞정도 남하(南下)한 남부 지역의 사막 한가운데서 발전한 문화이다. 이 문화는 밀재배에서 시작된 문화로서 문화사적으로 주목할만한 점은 길가메슈의 홍수에 관한 이야기와 현세 긍정적 인생관을 노래한 서사시, 찬가들이다. 그리고 그들이 사용한 문자가 슈메르(楔形, Cuneiform)문자이다. 슈메르인들이 사용한 설형문자는 3,500~3,000년경 앗시리아, 바빌로니아, 페르시아에서 사용되기도 하는데 처음에는 단어(單語) 문자로 사용하다가 철(綴)문자, 상형문자(象形文字)로도 병용(倂用)되었으며 점토판 목판에 예리한 철, 돌, 나무, 갈대줄기 등으로 V자형(字形)으로 새기거나 눌러서 나타낸 문자이다.

도시문화가 강물의 흐름의 변화로 더 이상 발전할 수 없었다는 것을 유추할 수 있게 한다. 그래서 두 도시 문화의 갑작스런 쇠퇴를 인더스 강의 흐름의 변화로 설명하였던 것이다. 그렇지만 그 어느 것도 확증할만한 구체적 종합적 과학적 증거를 내어놓지 못하고 있기 때문에, 어쨌든 현재까지는 인더스 강의 고대문명이 아직도 수수께끼로 남아 있다.

(2) 아리야 족과 브라흐마나 계급의 사회

인도아리야 인(Indo- Āryans)의 사회와 역사에 대해서 말할 수 있는 유일한 전거(典據)는 그들의 경전인 베다(Veda)[11]이다. 즉 이 베다의 내용은 아리야 족에 관한 역사와 문화를 보여주고 있다. 이 아리야 족

---

11) 베다(Veda)는 지식을 의미하지만 아리아인들이 전한 것으로 인도에서 가장 오래된 성전군들을 가리킨다. 신의 계시로 믿으면서 바라문교도들 사이에서 는 자신들의 정신생활을 지배하는 최고의 권위서로 정착되어 간다. 한 순간 에 전부 만들어진 것이 아니라 B.C. 12~13세기까지 서서히 조금씩 성립되 어 간다. 베다의 내용은 대부분 제사의식(祭祀儀式)에 관한 주법(呪法), 음 악, 제식(祭式)의 실태(實態)와 그에 따른 주석(注釋)으로 구성되어 있다. 그리고 제식에 참가하는 제관(祭官)의 직능(職能)에 따라서 공시적으로는 리그(Ṛg) · 사마(Sāma) · 야쥬르(Yajuṛ) · 아타르바(Atharva), 통시적(通 時的)으로는 상히타(Saṃhitā) · 브라흐만(Brāhmaṇa) · 아란야카 (Āraṇyaka) · 우파니샤드(Upaniṣad)로 분류하고 있다. 상히타 가운데 리그 베다가 가장 중요하다. 리그베다는 보통 신들에게 올리는 찬가(讚歌)로서 인도 종교사상의 연원으로 간주되고 있다. 아타르바 베다는 주법(呪法)과 각종 민간신앙을 전하고, 사마 베다는 제식의 음악을 전하고, 야쥬르 베다는 제식의 실태(實態)를 전해주고 있다. 다음 브라흐만은 제식만능(祭式萬能) 의 시대사상을 반영하는 주석문헌이다. 아란야카는 보통 삼림서(森林書)로 불리는데 아란야카가 나오는 시대부터 우빠니샤드가 성행하던 시대가 되면 철학을 논하는 철학자들이 많이 등장하여 인도철학사에 중요한 사상들이 등 장하기 시작한다.

은 B.C. 2,000년경부터 인도방면으로 이동하기 시작하여 500년 뒤에는 인더스 문명을 파괴하고 몇 차례의 파상적 이동을 통하여 B.C. 1,200년경에는 일단락 지은 것으로 보인다. 원래 아리야 족의 기원은 분명치가 않고 당시 이들을 문명의 단위나 인종으로 설명하기에는 난점이 있지만, 세계문화사적으로 설명하면 지금의 러시아 연방에 속하는 중앙아시아 나라들 가운데서 코카서스 지방에 머물고 있던 북방민족이 추위를 피하여 지금의 발칸 반도와 지중해의 크레타 섬을 거쳐서 서쪽의 유럽 쪽으로 흘러 들어간 무리가 있었고, 또 한편으로는 이란쪽으로 내려가 다시 남쪽으로 이동하여 인도로 흘러 들어간 무리와 또 그들의 무리 가운데 지금의 시리아 지방으로 간 수메르 계통의 유목민이 있었다고 보여진다. 그들 중에 인도쪽으로 들어간 유목민들은 농경민들보다 우수한 무기와 전술로 쉽사리 인더스 문명 지대를 점령하여 인도에서는 상당기간 문화적인 암흑기를 맞게 되었다고 보여진다.

그러나 아리야 족은 점차 인더스 강 계곡을 넘어서 동쪽과 남쪽으로 세력을 넓혀 나가 산림지대(山林地帶)에서 고립하여 생활하던 종족들에게 아리야 어를 전파하면서 문화적으로 동화시켜간 것으로 보인다. 이러한 영웅적인 정복시대가 지나고 농경 정착 시기에 들어서도 이들의 간헐적인 이동으로 그들 세력의 동남 방향으로의 진출은 여전히 계속되었다. 그러나 이 시대 아리야 인의 생활 역시 그렇게 뚜렷한 것은 아니었다. 즉 그들이 건설한 도시나 거주지 등에 관한 고고학적 발굴이 거의 없는 현재의 상태에서 리그 베다는 그때 그들의 생활모습을 부분적으로 전해 주고 있다.

리그 베다에 의하면 그들의 가정은 재산과 책임을 분담하는 사회였다고 추측된다. 가장은 아버지로 절대권을 가지고 있는 일부다처(一夫多妻)의 사회였고, 어머니는 주로 여자와 노예를 통솔하고 아내는 가사를 돌보며 아들을 낳아 대를 잇는 것이 중요한 임무로 되어 있었다.

마을은 여러 가정으로 구성되어, 족장과 세습적 관리들이 통치하였다. 부족장 위에는 왕이 있었는데 처음에는 선거제였으나 점차 세습제로 되어갔다. 그러나 주권은 별로 강하지 못하고 그의 가장 큰 임무는 제사를 주관하고 외적으로부터 부족을 보호하고 영역을 방어하는 것이었다. 또 계급 분화도 있어 노예, 자유민, 무사귀족(武士貴族 혹은 戰士貴族이라고 부르기도 함)도 있었다. 무사귀족은 그리스와 중동지방의 고대사회에서도 볼 수 있어서 이들 사회의 교류와 공통점을 생각할 수 있게 한다.

본래 아리야 족은 자연현상을 신격화하여 이를 찬미하고 숭배하는 습관이 있었다. 이와 같은 그들의 종교적 성향은 인도침입 후에 더욱 적극화하여 천지, 불, 물, 바람, 해, 번개 등을 숭배하였다. 도예(陶藝), 직예(織藝), 보석가공, 목공 등 공예활동도 있었고 전차(戰車)의 경기, 씨름, 춤, 음악을 즐기기도 했다. 도박도 성행하였던 것 같다. 왜냐하면 이를 한탄하는 글이 베다에 실려 있기 때문이다.

농경에는 소를 사용하였는데 이는 자산을 평가하는 기준이 되기도 하였다. 말로는 마차를 끌고 개를 길러 사냥에 사용하였다. 주곡은 밀이나 쌀이 아닌 보리였고, 또 우유와 버터 제조 기술이 발달하였고 육류는 잔치에만 사용하였다.

B.C. 900년에는 철기문화가 인도에 들어와 사회구조에 일대 변화를 가져왔다. 이러한 변화는 무사계급의 귀족 세력에 대한 평민의 상대적 독립성을 가져와 인도 북부지방을 중심으로 소규모의 독립적 세력이 많이 나타나게 된다. 그러면서 갠지스 강 유역에 중앙집권적 고대 통일국가가 성립되기까지 상당수의 정치적 독립세력이 생기게 된다.

철기도구의 사용에 따른 또 하나의 큰 변화는 아리야 인이 인도 중앙의 산림지대를 개척하면서 갠지스 강 유역쪽으로 뻗어갈 수 있었던 일이다. 쌀농사를 주로 하는 비옥한 갠지스 강 유역을 개척할 수 있었음은 인도사의 커다란 하나의 전환기였다. 쌀 농사는 상당한 수준의 관개(灌漑) 시설을 필요로 하였고 노동집약적인 작물이기 때문에 오늘날의 인도 농촌의 원형이 이때에 비롯하였다고 볼 수 있다.

　B.C. 800년경 갠지스 강 유역의 쌀농사는 인더스 강 유역보다 앞서 는 경제적 번영을 가져왔다. 그 결과로 정치적으로 변화를 가져와 몇 개의 직업적 관료와 직업군인에 의하여 유지되는 강력한 중앙집권적 고 대국가의 성장을 촉진하게 된다. 이는 원시적 부족국가가 난립했던 인 더스 강 유역의 정치 풍토와는 판이한 것이었다.

　그리하여 갠지스 강 유역으로 이동하여 정착한 아리야 족의 사회는 점차 그 구조가 복잡하여 갔다. 이러한 사회분화와 복잡화는 왕이 종 교, 군사, 정치의 모든 기능을 수행하기에 벅차게 만들었다. 그 결과 매우 종교적이었던 아리야 인 사회는 종교의식이 복잡화함에 따라 이를 맡을 전문적인 사제인 브라흐마나(Brāhmaṇa, 婆羅門) 계층의 발생을 보게 되었다. 이들 브라흐마나 계층은 왕이 정치적으로 혼란한 사회에 서 정치적 안정에 주력하며 한편 정복사업에 몰두하고 있는 틈을 타 베 다에 근거를 둔 브라흐마나교(Brahmanism, 婆羅門敎)를 체계화하고 그 종교, 제사의식을 제정하여 마침내 왕권에 앞서는 브라흐마나 제일 주의를 확립하기에 이르렀다.

　브라흐마나 사회의 특징은 브라흐마나 계층을 정점으로 하는 엄격한 신분제도였는데, 이를 카스트 제도(Caste-system, 四種姓)[12]라고 한 다. 사회계급은 어느 고대사회에서도 널리 퍼져 있었지만, 인도의 카 스트 제도같이 엄격하고 복잡한 제도는 일찍이 없었다. 사회발전에 따 라서 새로운 직업이 나타나고 그 직업은 다시 또 하나의 사회계층을 구 성하는 것은 당연하였으나, 인도의 계급제도가 다른 나라에 비하여 엄

---

12) 원래 'caste'라는 용어는 포르투갈 어로 혈통의 순수성을 뜻하는 것으로, 우 선 직업의 동일성 여부에 따라 분류하여 만든 사회계급이다. 브라흐만 다음 에 제2 계급은 크샤트리야(Kṣatriya)로 정치와 군사를 담당하고, 제3 계급 은 바이샤(Vaiśya)로 평민이었고, 슈드라(Śudra)는 노예로 가장 낮은 계급 이었다.

격하였던 것은 종교적 이유에서였다. 브라흐마나 계층은 종교의식에서의 청결성 때문에 스스로를 다른 계급과 엄격하게 구별하였던 것이다. 또 브라흐마나의 환생설(還生說)은 모든 사람이 영원히 네 계급으로 나뉘어 태어난다는 것을 브라흐만 계급 중심적 사고로 신학적으로 합리화시킨 셈이다. 이러한 상태에서 하층계급은 언제나 새로이 아리야 사회로 편입되는 지역 주민들로 편성되어, 서북쪽에서 인도로 들어온 아리야 인과는 문화적으로 뒤떨어지고 생활양식도 달랐으므로, 그들의 동질성을 더 강화하여 그들만의 생존의 안전을 찾을 필요가 있었다. 아리야 인들의 이러한 동질성의 고수는 상대적으로 다른 계층과 배타적 관계 속에 영속적인 상태로 굳어가게 되었다. 오늘날까지도 인도에는 약 3천 개의 카스트가 있다고 알려지고 있다. 또 각 계급의 의 · 식 · 주는 물론 언어와 행동양식이 서로 다르며 소속 카스트의 표시로서 남과 구별하도록 되어 있는 갖가지 양식을 전하고 있으며, 카스트간의 결혼이 금지된 것은 물론이었다. 이러한 계층 사이의 엄격성은 정치적, 영토적 행정기능의 중요성도 상대적으로 약화시켰다. 카스트 특유의 사회조직은 현대적 정치기구나 근대사회가 요구하는 새로운 계층, 예컨대 관료, 기업가, 군인 등에 부정적이고 배타적이다. 따라서 카스트 전통의 고수는 인도사회의 상대적인 안정유지에 기여한 바도 있지만 근대화에 큰 장애요인으로 작용하고 있다고 말할 수 있다.

물론 이러한 카스트 제도의 기원이 언제인지 정확히 알 수는 없으나, 다만 인더스 문명기에는 없었던 것이 확실하며, 아리야 인의 인도 내륙에로 정복하던 시기에 시작하여 B.C. 500년에는 현재에도 볼 수 있는 많은 수의 카스트가 인도의 사회조직으로 정착된 것으로 보인다.

아리얀 사회는 B.C. 600년경 그들이 갠지스 강 하류에 이르는 사이에 급속히 발전하게 된다. 농업생산이 풍부해지고 점차적으로 화폐경제와 상공업이 발달함에 따라 많은 도시가 나타나고 도시국가를 형성하여 간다. 이러한 도시국가는 서로 경쟁하면서 서서히 강국이 약소국을 병합하는 형태로 통일왕국의 길을 터놓게 되었다.

아리얀 사회의 이러한 모습이 그대로 베다 경전에 집약되어 있다. 브라흐마나 계급은 브라흐마나교의 경전인 베다의 연구에 몰두하여, 그로부터 신학, 철학, 윤리학, 논리학 등의 분화, 발전에 공헌하였다. 또 베다의 합창에 정확성을 기한 결과로 음성학, 문자학, 문법학 등도 부수적으로 나왔다. 신에 대한 제사와 농경생활의 필요에 따라 천문학, 역학(曆學), 수학 등의 학문적인 발달을 가져오기도 하였다. 고대인도의 문자인 브라흐미(Brahmi)와 산스크리트어(梵語, Sanskrit)는 브라흐마나 계층이 사용하는 언어로 굳어 갔고, 이에 대해 일반대중은 구어체 속어(俗語, Prakrite)를 사용하였다. 이 속어는 훗날 팔리어(Pāli)로 발전하여 불교와 자이나교 초기의 경전과 설법들이 이 팔리어로 쓰여졌다. 팔리어는 갠지스 강 유역, 스리랑카, 미얀마 등지로 전파되어 동남아시아의 여러 나라에 지금까지 전해지고 있다.

이 밖에도 인도에서 가장 오랜 법률서인《마누법전(Manu-smṛti)》, 종교백과사전인《브라흐마나(Brahmaṇa)》,《아란야까(Āraṇyaka, 森林書)》,《우파니샤드(Upaniṣad, 奧義書)》그리고 대서사시인《마하바라타(Mahābhārata)》와《라마야나(Rāmāyaṇa)》가 이때 나왔다.

다시 요약하면 B.C. 1,200년경에는 인도의 고전《리그베다(Ṛgveda)》가 형성되고 B.C. 1,000~800년경까지 인도의 서북지방에 살고있던 아리야 인들이 갠지스 강 중류 유역까지 남하하면서 인도 사회에 아리야 인들의 유목문화와 종교문화가 인도의 내륙지방까지 뿌리를 내린다. 그리하여 B.C. 800년 무렵부터는 제사장 계급인 브라흐마나의 문헌들이 많이 만들어지고 인도 철학사상의 주류는 베단타[13]의

---

13) 베단타(Vedānta)는 인도철학사의 주류를 이루는 사상체계를 가리킨다. 바다라야나(Bādarāyaṇa, B.C. 1세기)를 개조로 하여 B.C. 3세기경에 이 사상체계의 원류가 성립된다. 그후 A.D. 4세기 중반 무렵에 이 학파의 근본성전인

사상이 되어간다. 즉 B.C. 1,200년 무렵부터 《리그베다》,《브라흐마나》,《우파니샤드》 등을 통하여 아리야 인들의 종교문화와 제사의식(祭祀儀式) 등이 인도의 문학작품에 그대로 반영되어 나타난다.

그리고 인도사회에 있어 브라흐마나(婆羅門)들의 제사문화의 원류는 중앙아시아의 코카서스 지방에서 남하한 아리야 인들의 유목문화의 영향[14]과 함께 인도의 자연환경에 대한 인간의 본능적 두려움과 외경심에

브라흐마·수트라(Brahma-sūtra)가 오늘날의 형태로 편찬되었다. 브라흐만교 성전의 하나인 우파니샤드에 절대적인 권위를 부여하고 있지만 그 교리가 정돈되어 있지 않고 또 뒤섞여 서로 모순되는 구절과 교설을 통일화하여 체계화에 힘을 기울인 학파이다. 또 브라흐마·수트라는 우파니샤드의중심적 논제인 범(梵, brahman)의 연구에 집중되어 있는데 범을 이 세상의 생성·지속·귀멸(歸滅)의 근본요인으로서 설명하고 세계창조는 범의 자기전개이고 창조는 단순한 유희에 불과하지만 현상세계는 오랜 기간을 존속한 후에 다시 범에 귀멸한다고 설명하고 있다. 즉 개인들의 본체(本體)인 개아(個我, ātman)들은 범과 다르지 않고 범의 일부분이라고 보고 있다. 그리고 오랜 옛날부터 윤회하고 있다고 보았다. 또 범아일여(梵我一如)에 해탈한다고 생각하여 인생의 최고의 목표는 해탈이라고 보았다. 시대가 흐르면 이 학파는 상카라(Śaṅkara, A.D. 700~750)의 불이일원론파(不二一元論派, Advaitin)와 라마뉴자(Rāmānuja, A.D. 1017~1137)의 피한정자불이일원론(被限定者不二一元論) 등으로 전개된다. 나중에 이 학파는 불교를 비판해가면서도 서서히 불교의 교리를 받아들여 불교화되어 간다. 그러나 상카라는 그러한 경향을 비판하면서 자신들 학파의 본래의 모습으로 되돌리려고 한다. 그래서 결국 불교의 힌두화를 가져와 불교가 인도에서 설자리를 잃게 된다.

14) 종교형태학적으로 유목사회는 예로부터 하늘에서 비가 내리지 않으면 초목(草木)이 자라지 못하고 또 그리하여 양이나 말을 기르지 못하면 자신들도 살아갈 수 없기 때문에 그들은 하늘에 제사를 지내는 종교문화를 가졌다. 또 그들이 믿는 신은 하늘과 같이 인간 위에 군림하는 존재였다. 즉 신과 인간의 관계는 상하의 관계로서 신은 인간에게 은총과 벌을 내리는 존재이고 인간은 신으로부터 은총과 벌을 받는 수동적 위치의 존재였다. 그래서 인간은 비가 내리지 않아서 가축들을 기르지 못하여 살아가기 힘들 때에는 신으로부터 은총을 받기 위해서는 제식(祭式)과 주술(呪術)을 알고 있는 제관(祭官)을

서 나온 자연숭배적 신앙이 복합적으로 빚어낸 것이라고 생각된다.

그래서 고대 인도사회에서는 자연의 파괴력과 생산력을 신격화(神格化)하고, 다시 관념화하여 그러한 자연의 신들에게 은총을 계속 내려주기를 기원하는 제사를 올렸던 것이다. 그리고 신들에게 제사를 할 때에는 그들은 정성을 나타내기 위하여 자신의 재산인 가축을 바쳤으며 그러면서 신들에게 자신의 바램을 전하고 다시 신의 말씀과 은총을 그들에게 전달하는 중간적 존재가 필요하였다. 그들이 바로 제사장(祭司長) 계급인 바라문들이었다. 그런데 시대가 흘러갈수록 제사 그 자체는 바라문 계급의 교권을 확립하게 만들었고 바라문교의 특권과 권위를 내세우는 수단이 되어버렸다. 그때부터 바라문교의 제사의식은 전문화 세분화되어버린다. 그러한 기록들이 《쉬라우타-수트라(Śrauta-sūtra)》, 《그리흐야-수트라(Gṛhya-sūtra)》 등에 전하고 있다.

인도의 종교는 그렇게 처음에는 자연숭배 신앙에서 제사의식을 중요시하는 문화로 발전하면서 시대가 흘러갈수록 거대한 자연력(自然力)의 신격화(神格化)가 점점 인격신(人格神)으로 변하게 된다. 즉 제사장들의 특권이 강화될수록 인도사회는 점점 계급사회로 되면서 사람들의 직업과 출신에 따라서 신분이 복잡하게 분화되고 제도화되었던 것이다. 바꾸어 말하면 왕족 혹은 무사, 농민과 서민 그리고 노예 가운데서 모든 제사를 주관하던 제사장만이 최고의 권위를 누렸던 고대의 인도사회에서 제사장 계급은 천신(天神)에 대한 인간의 신으로서 모든 특권을 누렸다. 이렇게 불교가 탄생하기 이전의 인도사회는 제사장 계급인 바

통해서 목축하던 말이나 양을 신에게 희생양(犧牲洋)으로 받치고 제사하여야 인간들의 바램을 이루게 된다고 생각하였다. 이러한 것이 유목사회의 종교적형태의 특징이다. 그리고 고대인도에서 우주의 궁극적 원리로 간주했던 범(梵)이라는 용어의 원래의 뜻이 기도(祈禱) 혹은 기도에 담겨 있는 신비력, 또 제사의 힘으로 신으로 좌우하는 원동력을 의미한다는 것을 참고로 하면 인도의 종교의 근원을 어느 정도 알 수 있다고 생각된다.

라문들이 중심이 된 사회였다.

(3) 불교가 발생할 무렵의 인도사회

인도에서 확실한 역사시대가 시작된 것은 B.C. 6~5세기부터라고 말 할 수 있다. 왜냐하면 그 이전의 인도의 역사에 대하여서는 확실한 연대기가 없이 단지 베다에 전하는 내용과 전설을 통하여 추측할 뿐이기 때문이다. 인도사의 이러한 애매성은 석가모니와 자이나교의 창시자인 마하비라의 출현으로 정연한 모습을 갖추어 가기 시작한다.

당시 많은 도시국가(16국)들 가운데 북인도에서는 코살라(Kosala), 마가다(Magadha), 아반티(Avanti), 밤사(Vaṃsa) 등으로 통합되다가 이 4국은 마침내 석가모니 부처님의 제자인 마가다 국의 빔비사라(Bimbisāra)에 의하여 통일된다. 이 마가다 국의 정치적 구조는 브라흐마나 사회에 대한 다른 계층의 불만을 업고 또 불교와 자이나교 등의 새로운 종교운동에 힘입어 나타난 왕조였다. 즉 종교개혁 운동과 정치세력이 결합한 셈이다. 당시 브라흐마나교는 너무 형식화하여 대중종교로 발전하지 못하였고, 브라흐마나 승려들도 역시 지나치게 교조적이고 권위주의적이어서 대중의 지지를 잃게 되었던 것이다. 특히 브라흐마나 중심의 카스트 제도는 국가 사회의 균형적인 발전을 막는 요인으로 등장하게 되면서, 무사들은 물론 일반인도 이들에 반대하여 국가사회적으로 새로운 시대에 맞는 사상·종교 등이 필요하게 되었던 것이다. 그러한 노력 가운데 하나가 우파니샤드 철학(Upaniṣad)이다.

B.C. 800~600년 사이에의 우파니샤드 철학은 베다와 브라흐마나교에 그 기반을 두고 있지만, 고해(苦海)인 현실생활로부터 해방을 위해서 직접적인 신과의 관계를 보다 학문적·형이상학적 관점에서 조감하고 있다. 다르게 말하면 제사의식의 교의보다 지식적 철학적 사색을 더 중요시했다. 이 철학에 의하면 우주의 본체인 브라흐마나(梵)과 인

간 생명의 근원인 아트만(ātman, 個我)과는 동일하고 이 범아일여(梵我一如)의 사상을 철저히 실현함으로써, 죽은 뒤 윤회의 속박에서 해탈하여 불멸의 세계에 도달할 수 있다고 보았다. 또 이와 같은 영생을 얻는 방법은 현세적인 금욕과 고행을 통하여 가능하다고 하였다. 이 우파니샤드 철학의 고행사상과 타계에 대한 신비주의는 베다나 브라흐마나교의 사상과는 판이한 것으로서 신의 존재를 부정하고 인간 수양이 궁극적인 종교의 목표가 되었다. 이러한 우파니샤드 사상은 마침내 새로운 신흥종교에로 이어진다.

이와 같은 전환기의 사회 · 종교적 분위기 속에서 브라흐마나교에 반대하고 우파니샤드 철학에도 도전하는 새로운 종교운동이 계속 일어났다. 이것이 바로 불교와 자이나교 등의 육사외도(六師外道)[15]의 출현이다. 그 가운데 불교와 자이나교의 두 종교는 B.C. 6세기경에 일어났는데, 불교와 자이나교는 모두 유물주의(唯物主義)적인 상키야 학파(Sāṃkhya, 數論)의 교리에 영향을 받았다고 말 할 수 있다. 상키야 학파는 바라문교의 하나의 학파로서 우파니샤드의 아트만을 부정하고 윤회는 피할 수 있다고 생각하였다. 부처(Gotama Siddhārtha)[16]와 마하비라(Vardhamāṇa Mahāvīra)는 모두 당시의 종교개혁가로 다신교적인 힌두교와 브라흐마나의 권위를 부정하였다. 이들은 모두 업(業, Karma)과 현실세계는 악이므로 이로부터의 해탈을 주장하였다. 이들

---

15) B.C. 500~600년경 갠지스 강 유역의 마가다 지역을 중심으로 활약한 6 종류의 혁신적인 자유사상가를 가리키는 말이다. 전통적인 바라문교에서는 그들을 사문(śramāṇa, 沙門)이라고 불렀다. 그들은 다음과 같다. ① 도덕부 정론자(pūraṇa Kassapa), ② 숙명론적 자연론자(Makkhali Gosāla), ③ 쾌락론적 유물론자(Ajita Kesakambalim), ④ 무인론적(無因論的) 감각론자(感覺論者)(pakudha Kaccāyama), ⑤ 회의론적(懷疑論的) 불가지론자(不可知論者)(sañjaya Belaṭṭhiputta), ⑥ 자기제어설적(自己制禦說的) 자이나교(Nigaṇṭha Nātaputta).
16) 산스크리트어의 표기로는 Gautama Siddhārtha이다.

은 모두 크샤트리야 계층의 사람들로 그들의 종교관은 철학적이라기보다는 현실적으로 승려의 개입 없이 어떻게 도에 이르는가를 가르쳤다.

석가모니(Śākyamuni)는 B.C. 6~5세기경[17]에 태어난 카필라(Kapila)국의 왕자였다. 석가모니는 인간의 생·노·병·사에 깊은 회의를 느껴 출가하여 자유로운 사문의 길을 구도(求道)하던 중에 보리수 아래에서 크게 깨달아 부처가 되었다. 그는 금욕주의(禁慾主義)적 고행과 카스트를 부정하고 만민평등 사상을 주장하였으며, 인간이 마땅히 걸어가야할 길을 법으로 부르며 가르쳤다. 즉 무상(無常)·무아(無我)·공(空)·연기(緣起) 등을 법으로 설명하였고 그 실천방법으로 팔정도(八正道)를 가르쳤다. 그렇게 사성제(四聖諦)를 바르게 이해하고 실천하면 열반의 세계에 도달하여 생사윤회의 고뇌에서 해탈할 수 있다고 주장하였다.

마하비라가 자이나교를 만든 것은 B.C. 540~468년으로 추정된다. 그의 종교관은 대체로 인생을 고해로 생각하고 있었으며 본래의 자기(영혼)가 만든 수많은 업(業, Karaman)에 의해서 속박되어 있기 때문이라고 설명한다. 또 이 고통으로부터 해방되기 위하여서는 고행과 금욕의 실행이 가장 중요하다고 주장하였다. 그리하여 극단적인 금욕주의를 주장하고 철저한 불살생(不殺生)의 원칙을 강조하였다. 그 결과 구도자가 굶어 죽는 등 극단적인 사태까지 일어나는 예도 있었다. 현재 인도에서는 불교도는 거의 극소수이지만, 자이나교도는 인도의 서부 및 서남부 지방에 3백만 명 이상의 신도가 남아 있다. 그리고 자이나교도들은 자신들의 교리적 내용을 철저히 지키기 위해서 주로 상업과 기업에 종사하는 자들이 많다. 이것은 이들의 불살생의 계율과 금욕주의가 얼마나 철저하게 실행되었는가를 거꾸로 말해주고 있는 일이다.

---

17) B.C. 463~383년. B.C. 566~486년의 학설과 남방불전에 의한 B.C. 624~544년의 학설이 있다.

하여튼 B.C. 6~5세기 무렵에 신의 존재를 부정하는 무신론(無神論)적인 이 두 종교가 일어남으로써 인도는 정신문화사적으로 크나큰 전기를 마련하게 된다.

결론적으로 B.C. 6~5세기경은 그리스 문명과 아리안들의 종교문화 등이 혼합되어 인도의 갠지스 강 중류지역까지 전파되고 있었고 부족사회에서 전제군주 중심의 국가사회로 변하였고, 또 목축중심의 사회가 자유로운 농민과 상인의 사회로 변하고 있었던 시대였다. 또 조그마한 국가들은 다시 마가다 국이나 코살라 국과 같은 큰 나라에 흡수되고 통합되어 가면서 국왕들이 권위를 갖기 시작하였다. 그리고 나라간의 무역으로 부를 축적한 상인과 부유한 장자(長者, śreṣṭha)들이 사회적으로 많이 형성되기 시작하였던 시기였다. 이러한 변화는 그것에 걸맞는 새로운 사회질서와 윤리, 종교, 철학사상 등을 요구하였던 것이다.

이렇게 인도사회가 크게 변화함에 따라서 왕족과 무사가 많이 차지하는 크샤트리야 계급이 서서히 브라흐마나의 권위를 대신하는 경향이 나타나고 또 부유한 상인들도 크샤트리야에 대등한 실력과 권위를 가지게 되었다. 불교경전에 회자(膾炙)되고 있는 이야기, 즉 황금을 땅 위에 깔아서 국왕으로부터 요지의 땅을 매입한 다음에 기원정사(祇園精舍)를 세워서 석가모니에게 기증한 급고독(給孤獨) 장자의 이야기가 바로 당시의 인도사회의 변화를 잘 보여주는 예이다.

그리고 이전의 브라흐마나들의 삶의 형태는 처음 청소년 시대에 청정행을 닦은 뒤 결혼하여 가정을 이루고 또 자손의 번영을 위해 노력하다가 만년에 숲이나 성지 등을 유행(遊行)하는 삶의 패턴을 보였는데 B.C. 6~5세기에는 이와 같은 삶이 브라흐마나 출신자에게만 국한되지 않고 개인적으로 자유롭게 출가하여 유행하는 사문들이 많이 나타났다. 즉 이때부터 브라흐마나 이외에도 사문이라는 새로운 종교가와 사상가가 나타나기 시작하였다.

사문들은 브라흐마나 계급은 아니였지만 스스로 가정을 버리거나 독신을 고수하면서 고행과 명상에 몰두하였다. 그리고 그들의 노력과 명상에서 얻어진 종교사상은 당시 인도사회의 변화를 더욱 더 촉진시켰다. 석가모니도 그러한 사문들 중의 한 사람이었다. 당시는 불교도들 이외에도 뛰어난 사문들이 있어 수백 명의 제자를 거느리고 다니는 출가유행자(出家遊行者)의 집단이 많았다. 불경에 이야기되고 있는 육사외도가 바로 그러한 무리들이다.

이렇듯이 불교는 6~5세기 인도사회가 변화하는 과도기에 나타난 신흥종교 가운데 하나였다. 즉 불교는 고타마 싯달타가 인도사회의 2,500여 년 동안 쌓여온 복잡한 종교문화의 문제점을 발견하고 그 해결방법을 제시한 개혁적 종교라고 말할 수 있다. 즉 종교문화사적으로 말하면 불교는 인도사회의 종교문화가 산출한 산물이다. 또 불교는 6~5세기에 형성된 인도의 종교문화를 수용하면서 또 한편으로는 인도의 종교문화의 어떤 문제점을 나름대로 새롭게 개혁한 것이다.

(4) 통일국가 시대의 불교와 동서문화의 교류

불교와 자이나교는 바라문교 중심의 카스트 제도에 반대하여 일종의 새로운 자유를 요구하는 사회 · 정치운동이기도 하였다. 이는 과거 아리야인의 폐쇄적인 사회 전통 속에 새로운 활력을 불어넣기 위한 하나의 역사적 도전이었다. 그 결과 당시 정치적으로 강력한 왕들과 경제적으로 실력자들인 상인과 장자(長者)들은 이 개혁주의적인 종교를 채택하고 옹호함으로써 사상계의 변화와 함께 통일왕국의 실현이 가까워지게 하였다.

B.C. 5세기경 마가다 왕국은 갠지스 강 중류에서 세력을 확장하여 북부 인도를 지배하지만 1세기 후에는 다시 난다(Nanda) 왕국이 지배하게 된다. 그러나 이때 인도는 마케도니아의 알렉산더 대왕의 원정을 받게 되면서 간다라 지방의 수도를 옮기게 된다(B.C. 326년). 그리스

군대는 곧 인더스 강 서쪽으로 물러갔지만 그리스의 속주로 통치를 받기에 이른다. 그러나 알렉산더 왕의 인도 정벌은 잠깐 동안 이루어진 탓에 정치적으로 큰 영향을 미치지 못하였으나 동서문화의 교류라는 측면과 인도사에 결정적 연대를 산정(算定)할 수 있도록 하였다는 데 큰 뜻이 있다.

고대 인도의 통일은 B.C. 321년경 찬드라굽타(Chandragupta)가 건국한 마우리아 왕조(Maurya, 孔雀, B.C. 322~185)에 의하여 이루어졌다. 찬드라굽타는 난다왕국을 멸망시키고, 반그리이스의 감정을 이용하여 그리스 세력을 쉽게 인더스 강 유역으로부터 몰아내고 인더스 강과 갠지스 강을 잇는 인도의 대부분을 통일하기에 이른 것이다. 그런데 인도 통일의 완성은 찬드라굽타의 손자인 아쇼카 왕(Aśoka, 阿育, 재위기간, B.C. 268~232) 시대에 완성되었다. 그는 인도 남부의 일부분만 남기고 전 인도를 포함하는 정복제국을 이루었다. 그는 중앙집권제로 행정조직을 정비하여 각지에 석주(石柱)를 세워 행정명령을 새겨 시행하도록 하였다. 이 석주는 현재도 상당수가 남아있어 귀중한 사료(史料)가 되고 있다. 또한 경제적 기반을 튼튼하게 하고 농업 생산을 늘릴 목적으로 저수지, 수로(水路) 등을 마련하였으며, 물자수송과 군사적 목적을 위하여 전국에 도로망을 확장하였다.

그리고 아쇼카 왕의 업적 가운데 두드러진 것은 그의 문화사업이었다. 그는 정복사업에서 보였던 잔인성을 참회하는 뜻에서 불교를 믿고 이를 보호하고 포교하는데 전념하였다. 그는 부처의 가르침에 따라 자비로써 백성을 통치할 것을 결정하여 그의 선왕(先王)과 본인이 만든 엄격한 형벌규정을 완화하는 정책을 썼다. 또 그는 불교를 국가의 지도원리로 삼아 자비, 신앙, 선행, 반성, 존경, 예의 등과 백성이 지켜야 할 다른 덕목의 사항을 칙령(勅令)으로서 공시하였다. 의료시설과 빈민구제기관을 설치하여 백성의 복지를 도모하기도 하였다. 즉 사람과 가축을 위한 두 종류의 요양원을 세우게 하고, 약초와 과일나무를 재배하여 백성의 건강복지를 개선시켰다.

그는 스스로 불교와 관련된 유적지를 순례하고 보존에 힘쓰며, 또 각
지에 절과 탑을 세워 불교의 포교에 적극성을 보였다. 또 실론, 미얀
마, 간다라, 카쉬미르, 데칸, 이집트, 마케도니아 등지까지 불교의 포
교승(布敎僧)을 보내는 열성을 보였다. 스리랑카가 남방 상좌불교의
본고장으로 남은 것은 이때 아쇼카 왕의 역할에 힘입은 것이다. 그리고
왕은 불교경전의 정리에도 힘썼다. 부처의 가르침은 그의 사후, 제자
들에 의하여 여러 형태로 전해지다가 이를 정리하고자 이미 2차에 걸친
결집이 있었다. 아쇼카 왕은 제3회 결집을 파탈리푸트라에서 완성하
였는데 이 불경은 마가다 지방의 방언(고대 동인도의)으로 쓰여졌고[18]
후에 남방상좌불교의 기초를 이루게 된다.

이와 같은 아쇼카 왕의 흥불(興佛) 정책은 불교예술에도 놀라운 발전
의 계기를 마련해준다. 불교사원의 건축과 더불어 부처의 사리를 봉안
하기 위한 불탑의 건축이 유명하다. 《아쇼카 왕의 전기》에 의하면 왕은
불멸 후에 건립한 불사리탑 8개 중 7개의 탑을 열어서, 다시 불사리를
분배해서 인도 전국에 8만 4천 개의 탑으로 봉안하도록 했다고 전한
다. 이러한 사업은 훗날 인도에 불탑의 건립과 공양을 유행시키게 된
다. 현재까지 남아있는 인도 중부지방에 있는 산치의 탑은 당시 불교미
술의 웅장한 미도 함께 보여주고 있다. 이렇게 아쇼카 왕은 불교 발전
의 기초를 마련했고, 불교는 그에게 국가를 다스리는 법을 가르쳐 준
셈이 되었다. 나중에 그는 불교적 교리에 몰두하여 국가가 종교 때문에
존재하는 것으로까지 생각하기도 하였으며, 불교 이외에도 전통적 바

---

18) 스리랑카 섬의 역사서에 따르면 아쇼카 왕 시대의 결집 때 사용된 언어는 옛
   아반티(Avanti)의 수도였던 우제니(ujjenī)를 중심으로 한 서인도 지역의 방
   언이라고 전하고 있다. 즉 팔리(pāli)어적인 특색을 지닌 언어로 사용된 후에
   바닷길로 현재의 스리랑카에 전해졌다고 기록하고 있다.

라문교, 자이나교 등의 모든 종교를 평등하게 보호하였다.

B.C. 232년에 아쇼카 왕이 죽은 뒤 인도는 다시 분열의 혼란기를 맞게 된다. 이는 마우리아 왕조의 통일이 아직도 아리안 사회의 분열적인 촌락집단적인 성격을 완전히 극복하지 못하였다는 것을 말하는 것이다. 그후 마우리아 왕조는 B.C. 185년 마지막 왕이 암살된 뒤에 외적의 침입까지 겹쳐 급속도로 허물어지게 된다.

마우리아 왕국이 붕괴될 무렵(B.C. 190년)부터 인더스 강의 편잡 지방을 점령하여 인도왕 이라는 칭호까지 사용한 그리스의 왕들은 간다라 지방까지 점령하여 인도문화와 그리스·아랍문화를 융합하게 사회 분위기를 만들어 간다. 인도의 그리스 왕으로서 가장 공헌이 큰 사람은 메난드로스 왕(Menandros, B.C. 180~160)이다. 그는 나중에 불교에 귀의하였는데 그와 불교 포교승과의 대담한 기록이 불교경전으로 전하고 있다. 그의 불교에 대한 이해는 동양사상의 하나인 인도사상과 서양사상의 원천인 그리스 사상의 만남이라는 점에서 큰 의미가 있다고 말할 수 있다.

이 편잡 지방의 이 그리스 왕국은 훗날 중앙아시아에서 일어난 사카 왕조(Saka)에게 망하고, 이 사카 왕조(B.C. 185~72)는 B.C. 174년 중국 감숙성(甘肅省)에서 흉노족들에게 밀려 서쪽으로 이동한 대월씨(大月氏, Yueh-Chi)에게 망하게 된다. 대월씨는 다시 남쪽으로 이동하여, 박트리아 왕조를 멸망시킨다(B.C. 126년). 이 대월씨의 일족인 쿠샤나 족(Kuṣana)은 박트리아를 떠나 인도의 간다라 지방을 점령하게 된다. 그들은 다시 세력을 확장하여 신드 지방과 인도의 중앙지대까지 진출하여 쿠샤나 왕조를 열게 된다. 쿠샤나 왕조의 제3대 왕인 카니쉬카 왕(Kaniṣka, 재위기간, A.D. 129~152)은 즉위하여 간다라 지방을 중심으로 하여 서쪽으로 파르티아, 동쪽으로는 갠지스 강 유역, 서북으로 중앙아시아, 북으로는 중국의 후한(後漢)과 국경을 맞대고, 로마와도 사신의 왕래를 통한 활발한 무역활동을 하였다고 전한다.

쿠샤나 왕조는 그 영토적 범위로 보아도 인도, 오리엔트, 중국, 그리스, 로마 등 여러 문화가 서로 만나는 곳에 위치하게 됨으로써 동서문화 교류의 활성화에 결정적인 역할을 하게 된다. 그 중에도 특기할만한 일은 불교문화가 헬레니즘 문화의 영향을 받아서 불상에 그리스적 조형미를 나타내는 소위 간다라 미술의 유행이다. 이 간다라 풍의 불상(佛像) 제작법은 그 뒤 중국을 거쳐 한국과 일본에도 전파되어 그 유행을 볼 수 있다.

카니쉬카 왕은 문학과 예술의 후원자였으며, 불법을 보호하여, 그가 다스릴 동안에 수도인 페샤와르에는 아름다운 불교사원과 탑이 많이 세워졌고, 또 바스미트라(Vasumitra) 등의 고승들이 제 4회 불전결집도 시행하였다고 전하나 아직까지 그것이 역사적으로 명확하게 밝혀지지 못하고 있다. 그런데 유부(有部)의 교학의 발전 등을 관련해서 생각해 보면, 이 때에 결집이 이루어지지 않았는가 라고 추정된다. 그가 죽은 뒤 왕조는 쇠약하여 3세기 초에는 편잡 지방을 점령한 페르시아계 사산 왕조에게 망한다. 또 쿠샤나 왕조의 말년에는 불교에 대신하여 힌두교가 서서히 일반화되어 갔던 것으로 알려져 있다.

(5) 불교의 분파

불교는 석가모니가 입적한 뒤에 제자들이 제 1차 불전결집을 할 때부터 두 파로 나뉘었다는 설이 있다. 그러나 마우리아 왕조에서 쿠샤나 왕조에 이르는 동안 잡다한 문화와 다양한 종교적 성향을 가진 다른 민족들과 접촉하는 과정에서 불교 내의 분파적 변화는 불가피했다고 보여진다.

불교계는 석가모니가 죽은 뒤에 3차의 과정을 통해서 계율을 엄격히 존중하는 교조적인 성격이 강하게 되면서 출가수행자 개인만의 해탈을 강조하는 보수적이고 형식적 경향이 강하게 되어 갔다. 그러나 제 2차

불전결집 때부터 이러한 경향에 대하여 비판적인 세력이 나타나기 시작
하였다. 이러한 분파작용은 아쇼카 왕의 통제로 당대에는 크게 표면화
하지는 못하였다.[19] 그리고 아쇼카 왕 때에 이루어진 제3차 결집이 수
도인 파탈리푸트라에서 개최되면서 계율과 출가수행자 개인의 해탈을
주로 하는 보수적 입장이 고수되어 제3차 불전결집은 남방 상좌부불교
(소위 소승불교)를 정통화하는 선에서 막을 내렸다.

　그러나 진보적인 불교계측에서는 불교의 경전을 자유로이 해석할 수
있어야 하며 형식과 계율에 얽매여서는 안 된다고 보고, 출가수행자 자
신만의 해탈보다는 중생제도를 주장하였다. 이것이 곧 대승불교로 카
니쉬카 왕에 의한 제4차 불교결집 때에 그 기초가 확립되었다고 전한
다. 이는 여러 문화의 수용과 사회발전에 따라 불교의 폭넓은 포용성이
필요하였던 시대적 요구의 결과라고 생각한다. 그후 상좌부불교는 스
리랑카, 미얀마, 타이 등 동남아 방면으로 전파되고, 대승불교는 중
국, 한국, 일본 등 동북아시아 방면으로 전파되어 오늘에 이르고 있다.

　인도에서 불교 세력은 쿠샤나 왕조의 시대를 거치면서 약화되기 시작
한다. 그 대신 인도인은 남부지방에 뿌리를 내리고 있던 힌두교
(Hinduism)[20]를 널리 믿기 시작하여 현재에 이르고 있다. 역사적으로
힌두교는 베다 경전의 권위를 인정하면서 민간신앙과 신권(神權)을 인
정함으로써 아리야 인과 다른 민족이 모두 만족할 수 있는 교리의 생활
종교로 변화하였다고 말할 수 있다.

　1세기경부터 카스트 제도 밑에서 많은 신들은 창조의 신 브라흐마나
(Brahmā), 세계보호의 신 비슈누(Viṣṇu)와 파괴의 신 쉬바(śiva)로

---

19) 당시 불교교단이 분파적 경향으로 내분이 있었기에 아쇼카 왕은 교단의 분열
　을 경고하는 칙령을 여러 번 내렸다고 전한다.
20) 인도대륙에 전승되어 온 인도 민족의 종교로서, 특정의 종교, 교리, 교단을
　가리키지 않고 다양한 종류의 종교관념과 종교의례를 여기서 힌두교라고 사
　용한다.

집약되었다. 이는 일종의 일신교화(一神敎化) 과정에 상당하는 것으로 인도인들은 궁극적으로 이 신들을 구세주로 생각하고 현재생활의 어려움에서 구해줄 수 있는 대상으로 믿었다. 또 힌두교가 가지고 있는 윤회관(輪廻觀)은 실아설(實我說)에 근거한 관념으로써 부정적인 면도 있지만, 또 한편으로는 착한 현실생활을 하여서 다음 생애의 삶에서는 현재보다 높은 카스트로 태어날 수 있다는 소박한 믿음을 갖게 함으로써 모든 하층 카스트에 희망을 불어넣어 줄 수 있었다. 이렇듯이 고도의 형이상학적 요소와 미신적 요소가 섞인 힌두교는 불교를 제치고 모든 인도인의 종교가 될 수 있는 충분한 가능성을 가지고 있었다. 그리고 다음 세대의 굽타 왕조의 복고적 브라흐마나 보호정책은 힌두교 발전에 고무적인 요인으로 작용하였다고 말할 수 있다.

2. 인도의 고전문학

인도 고전문학은 브라흐마나 위주의 시대에서 종교와 제사 문화와 별개로 광대한 서사문학(敍事文學)이 형성되면서 나타나기 시작한다. 현재까지도 인도인들에게 널리 읽히고 있는 대서사시 《마하바라타》, 《라마야나》가 대표적이다. 이 두 서사시는 베다 이후의 작품으로 카스트 제도가 가장 엄격한 시기에 나왔다. 작품에 나타난 내용을 통하여 당시 사회는 상당한 혼란시기였다는 것을 알 수 있으며 그에 반작용으로서 많은 영웅담을 주로 담고 있다. 종교적인 성향에도 변화가 있어, 베다의 신 외에 점차 새로운 신들이 나타나기 시작하고, 우주는 창조와 파괴의 끊임없는 과정으로 운행되고 있다고 이해되기 시작하였다. 이 서사시의 세계는 고대인들의 이상상을 표현한 것으로 인간의 도덕성을 강조하는 동시에, 종교적인 분파주의적 경향도 현저하게 나타내고 있다.

《마하바라타》는 B.C. 10세기경의 역사적 사실로 추정되는 바라타 족
의 씨족간의 전쟁을 배경으로 그려진 대서사시이다. 이 《마하바라타》
는 전승되는 과정에 수 차례에 걸쳐 보완되고 첨가되어 현재는 10만여
송으로 되어 있다.

《라마야나》는 대다수의 인도인들이 가장 이상적인 인격의 소유자로
생각하고 있는 라마(Rāma) 왕의 이야기를 전하는 서사문학이다. 즉,
비운의 왕인 라마의 사랑과 전쟁으로 꾸며진, 그의 파란만장한 일대기
(一代記)이다. 《마하바라타》의 많은 에피소드 가운데 하나인 《바가바
드 기타(Bhagavad-gītā)》는 세계적으로 유명한 이야기이다. 《바가바드
기타》에 나오는 신과의 대화는 오늘날 인도인들이 자신들의 종교적 신
심(信心)이라고 말할 수 있을 정도로 이 작품의 표현을 많이 인용하고
있다. 그래서 《바가바드 기타》는 인도인의 정신문화의 기조를 이루고
있는 종교문학의 기둥으로서 보통 '신의 노래'라고 부르고 있으며, 작
품 속에 나오는 크리슈나가 비슈누 신의 화신(化神)이라고 하며, 오늘
날 비슈누교의 성전(聖典)으로 애송되고 있다. 또 이런 서사문학류와
함께 인도의 고전문학에서 빼놓을 수가 없는 것이 민간에 구전되어 전
하는 설화들이다. 민간설화들은 나중에 방대한 기록물로 정리되어 전
하는데 《푸라나(Purāṇa)》[21]라는 문헌에 잡다한 각종 설화와 전설 등이
정리되어 있다. 특히 비슈누 신(viṣṇu)에 관련된 자료가 많다.

이 이외에도 인도에는 각종 문헌학 문법학 언어학을 전하는 고전 문
헌들이 많은데 그 가운데 베다 문헌들을 비롯하여 고전문학을 정확히
기록하기 위해서 만든 정교한 문법학이 있다. 즉 인도 문법학의 꽃이라

---

21) 비슈누 신을 숭배하는 비슈누교의 성전의 명칭으로 현재는 전부 18권이다.
  인도종교사적으로 이때부터 비슈누 신을 시바 신과 견줄 정도로 최고의 신으
  로 이야기되고 있다. 그리고 종교성전의 사경(寫經)의 공덕을 높이 평가하고
  있다.

고 평가받고 있는 B.C. 5세기경의 파니니(pāṇini)의《아슈다디야디(Aṣṭādhyāyi)》가 전한다.

이러한 인도의 고전문학 작품에서는 인도인들의 인생에서 이상적 덕목으로 사랑(kāma)[22] · 재물(artha) · 도덕적 의무(dharma)의 세 가지를 든다. 그러다가 B.C. 6~5세기 인도사회가 변화하는 과도기에 즉 각종 신흥종교가 나온 이후에는 종교적 해탈(mokṣa)을 더해 인생의 황혼기에 정신적인 자유를 추구하는 모습을 보인다. 그래서 보통 인도인들은 성애(性愛)에 대해서는《카마 수트라(Kāma-sūtra)》, 재물에 대해서는《아르타 샤스트라(Artha-śāstra)》, 법에 대해서는《마누법전》, 해탈에 대해서는 각종 종교의 성전(聖典)을 보라고 말한다.

인도의 불교도들은 자신들만이 추구하는 해탈의 의미와 방법 등을 불교철학서에 남겼지만 때로는 모든 인도인들이 공통적으로 좋아하는 훌륭한 문학작품도 남겼다. 즉 마명(馬鳴, Aśvaghoṣa)의《불소행찬(佛所行讚, Buddhacarita)》,《단정한 난다(Saundarananda)》는 불교문학사적으로 높이 평가하고 있으며 인도 고전문학사에서도 높이 평가하고 있는 경우이다. 그의 희곡작품으로는《사리불국(śāriputraprakaraṇa)》이 전하고 있다. 이 경우는 불교문학이 바로 인도의 고전문학으로서도 높이 인정받는 경우이다. 이외에는 보통 불경에 나오는 불교 문학작품은 대개 인도의 고전문학의 형식과 표현법을 많이 수용하고 있다. 여기서는 인도의 고전문학을 전부 살펴볼 수는 없지만 불교문학에 영향을 준 인도의 대표적인 고전문학을 살펴보도록 한다.

---

22) 이 용어의 의미는 향락(享樂) 또는 성애(性愛)를 의미한다. 이 의미가 신격화하여 사랑의 신(愛神)으로 숭배되기도 하였다. 사랑의 신은 꽃으로 된 5개의 화살로 사람들의 마음에 쏘아서 사랑을 하게 하였으나, 나중에 시바신에 의해 불태워져 몸이 없어졌다고 이야기되고 있다.《불소행찬》에서는 이 Kāma를 Māra(魔)와 같다고 설명하고 있다.

(1) 마하바라타

산스크리트어로 쓰인 인도의 고전 문학작품 가운데 대표적인 서사시
이다. 전설에 따르면 이 작품은 뷔야샤(Vyāsa)라는 신선(神仙)이 직
접 썼다고 전하는데 그것은 객관적 신빙성이 없고 다른 신화와 전설처
럼 수세기에 걸쳐 수많은 사람들에 의해 쓰여진 것으로 추정된다.

현재에 전하는 이야기는 B.C. 10세기 이후에 수세기를 걸쳐 B.C. 4
세기경에 지금의 형태로 정리되었다. 작품의 형식은 전부 운문(韻文)
으로 된 18편의 10만송(頌, 쉴로카)[23]과 부록《하리밤샤(Harivaṃśa)》
의 이야기로 구성되어 있다.

마하바라타는 바라타(Bhārata) 종족(種族)의 전쟁을 이야기하는 대
서사시라는 뜻이지만, 이 서사시에 나오는 이야기의 역사적 배경은
B.C. 10세기경으로 당시 북인도의 지역에서 발생한 부족간의 갈등과
이웃나라간의 전쟁 등의 갖가지 역사적 사건들을 이야기 형식으로 전하
고 있다. 푸나 판의《마하바라타》[24]에 전하는 이야기를 개략적으로 살
펴보면 다음과 같다.

B.C. 10세기경 북인도 지역(지금의 델리 시 동북쪽 쿠루지방) 쿠루
족의 프라디빠 왕의 아들인 산타누는 젊었을 때에 어느 날 숲에서 아름
다운 미녀를 보고 매혹되어 그녀에게 즉시 청혼한다. 그녀는 왕자의 청
혼을 허락하면서 한 가지 조건을 제시한다. 자신이 무슨 일을 하더라도
묻거나 방해하지 말라고 한다. 산타누는 그녀에게 그것이 무엇이든지
약속을 지키겠다고 맹세한다. 그리하여 산타누와 그녀는 결혼을 하게
되고 그 후에 행복하게 잘 살게 되었다. 그리고 세월이 흘러서 산타누

---

23) 보통 하나의 쉴로카(śloka)는 16음절 2행으로 된 운문을 말한다.
24) *The Mahabharata Critically ed*, by V.S.Sukthankar & S.K. Bevalkar, Vol. 7
   (Poona, 1947).

왕자는 왕위를 계승하게 되었고 그녀는 그 동안 일곱 명의 아들을 낳았다. 그런데 그 동안 그녀는 아들을 낳을 때마다 늘 갠지스 강에 던져버린다. 산타누 왕은 자신이 그녀에게 일찍이 한 약속을 지키기 위해서, 그녀에게 아무런 말도 하지 않았고 또 왜 그런 행동을 하느냐고 묻지도 않았다. 왕은 그렇게 간난 아이들을 갠지스 강에 던져넣어 죽이는 행위를 저지하지 않다가, 여덟 번째 아들을 낳아서 또 다시 그 일을 저지르려고 하자 그때서야 왕은 처음으로 그녀의 행위를 만류하였다. 그러나 그녀는 그때에 처음으로 왕에게 자신이 갠지스 강의 여신이라고 밝히면서 여덟 번째 낳은 아들을 데리고 갠지스 강 속으로 사라진다. 산타누 왕은 자신의 행동을 후회하면서 갠지스 강 옆에서 그녀가 자신에게 되돌아올 것을 간청하며 용서를 빈다. 그 후에 갠지스 강의 여신은 왕의 그러한 간곡한 간청을 여러 번 듣고 나서야 여덟 번째의 아들만을 돌려보내 준다. 그 아이가 바로 비쉬마이다.

그러한 일이 있은 후에 세월이 흐르고 흐른 먼 훗날, 어느 날 산타누 왕은 야무나 강가를 외로이 거닐고 있었다. 그때에 아름다운 어부의 딸 세티야바티를 보고서 반하여 그녀의 아버지에게 청혼의 말을 한다. 그러나 어부는 자신의 딸이 왕과 결혼하여도 왕에게는 이미 왕자가 있기에 자신의 딸이 시집가서 아들을 낳는다고 해도 왕이 된다는 보장없다고 말하면서 왕과의 혼인을 허락할 수 없다고 말한다. 거절을 당한 왕은 왕궁으로 돌아와서 이 문제로 여러 날을 고민하게 된다. 왕의 아들인 비쉬마는 이 사실을 뒤늦게 알게 되면서 홀로 외로이 지내는 아버지를 위해서, 자신이 어부를 찾아가서 장차 어부의 딸이 낳은 아들이 왕이 될 수 있도록 하겠다고 말한다. 즉 그 약속을 자신이 지키겠다고 굳게 서약을 하고 어부의 딸을 궁전으로 데리고 온다. 그리고 비쉬마는 스스로 자신의 자손을 만들지 않겠다고 서약을 하며 평생 독신으로 살 것이라고 맹세를 한다. 그것을 들은 사람들은 그를 비쉬마(무서운 사람이라는 뜻임)라고 불렀다.

그리고 세월이 흘러서 산타누 왕과 어부의 딸 세티야바티 사이에서 치트랑가다와 비치드라바리야라는 두 아들이 태어난다. 그리고 그후에 산타누 왕이 죽는다. 비쉬마는 약속대로 세티야바티가 낳은 아들 중에 장남인 치트랑가다가 왕위에 올렸으나, 치트랑가다 왕은 자신의 힘을 너무 과신하여 이웃나라 간다르바 왕과 싸우다가 죽음을 맞이하게 된다. 그래서 비쉬마가 남은 비치드라바리야를 다시 왕위에 올린다. 그리고 비쉬마는 아우인 왕의 왕비를 얻으러 카시국으로 떠난다. 그곳의 왕이 개최한 사위고르기 행사에 나가서 세 명의 왕녀를 얻게 되는데, 장녀 암바(Amba)는 이미 사우뱌(Sauba) 왕의 처가 되기로 결정되어 있었기에, 비쉬마는 그녀를 내버려 두고 다른 두 왕녀, 암비카(Ambika)와 암바리카(Ambalika)를 데리고 와서 동생의 왕비로 삼기로 하였다. 그 후 7년 뒤에 비치드라바리야도 역시 요절하고 만다. 왕의 어머니인 세티야바티는 왕가(王家)의 존속을 위하여 비쉬마에게 죽은 왕의 처인 과부 두 사람을 그의 처로 받아드리도록 요청한다. 그러나 비쉬마는 자신은 그 옛날에 평생 독신으로 살 것을 서약하였다고 말하면서 그 제의를 거절한다. 그대신 그는 유명한 바라문을 초대하여 과부들에게 자손을 잉태할 수 있도록 하는 것이 어떻겠느냐고 조언을 한다. 그런 말을 듣고나서야 세티야바티는 비쉬마에게 그때까지 숨겨온 자신의 과거의 비밀을 고백하게 된다. 과거에 어느 날 그녀는 아버지의 명령을 따라서 야무나강을 건너갈 나룻배를 준비하고 있던 중에 바라샤라 라고 하는 선인(仙人)이 그곳을 지나다가 배에 올라탔는데, 선인은 그녀를 보자마자 순간적으로 욕정에 못이겨서 그녀를 탐하였다. 그 후에 그녀가 선인(仙人)인 뷔야사를 낳았다고 밝혔다.

그렇게 모든 것을 밝힌 세티야바티는 옛날 어부의 딸로 있을 때에 낳은 아들 뷔야사를 왕궁으로 불러들여서 죽은 왕의 과부들에게 자손을 잉태하도록 하라고 말한다. 그리고 그 자손들을 왕의 후손으로 삼으려고 한다. 뷔야사는 먼저 암비카의 침실로 갔다. 그녀는 뷔야사의 무서운 모습을 보고서 눈을 감았기에, 나중에 그녀가 낳은 아들이 눈이 먼 맹인이 되었다. 즉 그 맹인이 드리타라슈트라(Dhṛtaraṣṭra) 왕자이다. 그 다음에 뷔야사는 암바리카의 침실로 갔다. 암바리카는 뷔야사를 보고서 공포에 질려서 창백해 한 나머지 나중에 그녀가 낳은 아들도 창백(蒼白)하였다고 전한다. 즉 그 창백한 아이가 판두(창백하다는 뜻) 왕자이다. 그 후에도 세티야바티는 다시 암비카를 뷔야사에게 보내어 지내게 하였으나, 그녀는 뷔야사의 추함과 몸의 악취에 못이겨서 그녀의 하녀를 대신 보내게 된다. 하녀는 어쩔 수 없이 뷔야사를 시봉하면서 같이 살게 된다. 그 후에 그 하녀가 현자(賢者)인 비두라(vidura)를 낳게 된다. 하스티나푸라에 살고 있는 큰 아버지인 비쉬마는 이 두 왕자(드리타라슈트라 왕자와 판두 왕자)를 양육한 후에, 맹인인 드리타라슈트라의 처로 간다리를, 판두의 처로 쿤디(Kuntī)를 맞아들인다. 그런데 형은 맹인이었기 때문에 동생인 판두 왕자가 왕위를 계승하여 나라를 다스리게 되었다. 맹인의 처인 간다리는 결혼 후에 남편에게 충실할 것을 맹세하면서 자신의 두 눈을 천으로 덮어버린다. 그 후에 그녀는 임신을 하였지만, 2년간을 출산할 수 없었다. 그 사이에 판두의 처, 쿤디가 먼저 장남을 낳았다. 간다리가 자신의 배를 강하게 쳐도 쇠공과 같은 고기덩어리가 나왔다. 그러나 뷔야사의 지시에 따라서 그 고기덩어리를 백으로 나누어서 버터와 같은 상태의 유지(乳脂)를 가득 채운 용기의 한가운데 2년 동안을 보존하게 하였다. 그 결과로 두르요다나(Duryodhana)를 비롯하여 백 명의 아들들이 그 속에서 나왔다. 그들이 백명의 왕자들인 카우라바이다.

그런데 판두 왕에게는 판다바라고 불리우는 다섯 왕자가 생기게 되었다. 이 왕자를 낳은 모계(母系)의 혈족(血族)을 살펴보면 다음과 같다. 야두(Yadu)족의 족장 수라(Sura)에게는 바스디바라고 하는 아들과 프리타라는 딸이 있었다. 슈라는 프리타(pritha)를 형제인 쿤티 보샤(Kuntī Bhojā)의 양녀로 주었다. 그래서 그후로 그녀를 쿤디라고 부르게 되었다. 어느날 쿤디는 두르바사(Durvasa)의 신선을 만족시켰더니, 신선은 그녀에게 신들을 불러내는 주문(呪文)을 가르쳐 주었다. 그녀는 호기심이 나서 태양신을 불러 내었다. 태양신은 그녀에게 아들을 점지해 주었지만 그녀는 사람들의 눈을 무서워해서 태어난 아들을 강에 던져 버렸다. 그 아들을 왕의 어느 부하가 주워서 키웠다. 그 아이가 바로 용사 카르나이다. 그 후에 쿤티는 판두의 처가 되었다. 판두에게는 쿤티 외에도 마드리(Madrī)라는 처가 있었다. 어느 날 그는 사슴의 모습으로 변장하여 처와 몰래 정을 통하고 있던 은자(隱者)를 사슴이라고 오해하여 화살로 쏘았다. 은자는 죽어가면서 말하기를 '너도 처와 정을 통할 때에 죽을 것이다' 라고 주문을 외우면서 죽었다. 쿤티는 자식을 낳지 않을 것이라는 판두의 지시에 따랐에, 주문을 사용하여 다르마(Dharma) 신을 불러내어 아들을 얻게 되었다. 그것이 유디슈트라(Yudiṣṭra)였다. 그녀는 다시 바람의 신을 불러서 비마세나를 낳았다. 다시 계속하여 인드라(Indra) 신을 불러내어 아르쥬나(Arjuna)를 낳았다. 그녀는 또 남편의 요청에 의해서 마드리를 위해서도 신을 불러내었다. 마드리는 아슈빈의 쌍둥이신으로부터 나쿨라(Nakula)와 사하테바(Sahadeva)라고 하는 쌍둥이를 얻었다. 어느 날 판두는 자신의 처, 마드리와 정을 통하려고 하다가 은자의 예언대로 죽었다. 마드리는 쌍둥이를 쿤티에게 위탁하여 화장(火葬)하던 불더미에 들어갔다.

이렇게 판두 왕이 일찍 죽어버리게 되자, 어쩔 수없이 맹인인 형 드리타라슈트라가 왕위를 계승하게 되었다. 드리타라슈트라 왕은 자신의 아들들(Kaurava, Kuru 형제)과 먼저 죽은 동생 뱐듀 왕의 다섯 왕자들(paṇḍava, paṇḍu 5형제)을 평등히 키우면서 나라를 다스리고 있었다. 성자 바라드바자(Bharadvaja)의 아들 드로나는 무예에 뛰어났기에, 그를 쿠루 족의 무예사범으로 삼았다. 그런데 다섯 왕자들은 무예(武藝)와 재능이 카우라바들보다 뛰어나고 훌륭하였다. 그리하여 그 가운데 장남 유디슈트라가 드리타라슈트라 왕에 의하여 태자로 뽑혔다. 드리

타라슈트라 왕의 아들들인 카우라바의 100명의 왕자들은 그것을 질투
하여 빤듀 왕의 다섯 왕자들을 항상 박해하였다. 어느 날 왕자들은 사
범의 명령에 의해서 드리타라슈트라 왕의 앞에서 무예시합을 하였다.
판다바의 다섯 왕자들 가운데도 무예가 가장 뛰어난 아르쥬나가 탁월한
무예를 보이고 있을 때에 카르나(실은 아르쥬나 들의 형제: 쿤디가 태양
신으로부터 잉태한 아들)가 나타나서 아르쥬나에게 도전했다. 판두의
다섯 왕자를 질투하고 있던 두르요다나가 기뻐서 카르나와 영원한 우정
을 맹세했다. 그리고 그를 앙가나라의 왕으로 삼았다. 두르요다나도
판두의 아들들을 살해할 기회를 찾고 있었다. 그는 불에 잘타는 재료로
궁전을 짓게 하여 판바다들이 그곳에 살게하고 잠자고 있을 때에 불을
지르게 하였다. 그러나 그들은 비드라를 통해서 벌써 그 음모와 위기를
알아차리고 지하도를 통하여 피난하였다. 그러나 사람들은 그들이 불
타죽었다고 생각하고 있었다. 그때 그들은 한동안 몸을 감추기 위하여
남쪽으로 향하였다.

어느날 판찰라(pañcala) 국의 왕 드루파다(Drupada)는 딸 드라우파
디(Drupadī)를 위해서 사위를 고르는 행사를 행하였다. 드루파다는 강
한 화살의 궁(弓)을 만들도록 하고, 공중에 황금의 과녁을 설치하게 한
다. 그리고 그 강궁(强弓)으로 황금의 과녁을 명중시켜서 땅에 떨어뜨
리는 사람에게 자신의 딸을 주겠다고 널리 알린다. 그리하여 이웃 나라
의 여러 왕들이 그 시험에 도전하였지만 누구도 그 강궁(强弓)을 잡을
수도 없었고, 황금의 과녁을 맞출 수가 없었다. 그때 바라문의 복장으
로 변장하고 있던 아르쥬나가 등장해서 강궁(强弓)을 잡아당겨서 과녁
을 맞추어 떨어뜨렸다. 아르쥬나와 판바다들은 드라우파디를 얻고 나
서 어머니가 계신 곳으로 돌아왔다. 어머니에게 그동안 있은 일과 그
상으로 공주를 얻은 것까지 말씀 올리자 어머니는 보지도 않고 그냥 '모
두들 나누어 가지도록 하여라.' 라고 명하였다. 그리하여 드라우파디는
다섯 왕자의 공동의 처가 되어버렸다. 판다바는 드라우파디를 자신들

의 아내로 삼았다는 것을 알리기 위하여 큰 아버지 드리타라슈트라 왕이 계신 곳으로 가서 전하였다.

두르요다나와 카르나는 판다바들과 싸울 것을 계속 주장하였지만, 비쉬마와 드로나(Droṇa)의 충고에 의해서 드리타라슈트라는 판다바에게 왕국을 반으로 나누어 주었다. 그리하여 판다바들은 인드라프라스타(지금 델리 시)에 도읍을 정하고 그곳에 아주 아름다운 궁전을 짓고 나라를 통치하면 살았다. 카우라바들은 하스티나푸라(지금 델리 시 동북쪽)에서 각각 자신들의 나라를 세우고 그들도 평화롭게 살고 있었다고 전한다.

그런데 아르쥬나는 드라우파디와 결혼할 때의 규정을 어겼기에, 12년 동안 다른 나라 등으로 순례하여야 했다. 그 여행이 끝날 무렵에 그는 프라바사에서 크리슈나를 만난다. 크리슈나는 그를 환영하여 드바라카에 있는 자신의 집에 초대했다. 어느 날 아르쥬나는 크리슈나의 여동생 스바드라를 처음 보았다. 아르쥬나는 크리슈나의 조언에 따라서 그녀를 강탈하여 아내로 삼는다. 그리고 그녀와 함께 인드라프라스타에 귀국하였다. 드디어 스바드라는 아비마뉴라고 하는 아들을 낳았다.

그런데 판다바들은 인드라프라스타에 아름다운 궁전을 완공한 후에 이웃 나라의 왕들을 불러서 잔치를 하였는데, 초대받은 카우라바들의 장남인 두르요다나가 여러 가지 일로 창피를 당하고 다른 사람들로부터 조롱을 받게 되는 일이 일어난다. 그리고 인드라프라스타에서 나라를 다스리고 있었던 판다바의 명성이 카우라바들에 비해서 높았고 그들의 나라들도 더 번성하였기 때문에, 카우라바들의 제일 큰 형인 두르요다나가 더욱 시기하던 중에, 외숙부 샤쿠니의 조언을 받아서 판다바 가운데 장남인 유디슈트라를 도박과 같은 게임을 빠지도록 유혹하여 파멸하도록 일을 꾸민다. 두르요다나는 맹인인 아버지 노왕(老王)을 설득하여 집회를 열도록하여 그곳에 판다바들을 초청한다. 도박에 뛰어난 샤쿠니가 유디슈트라에게 왕국과 전재산을 걸도록 하여 승리한다. 이성을 잃은 유디슈트라는 계속 도박을 하여 형제들과 아름다운 왕비 드라우파디, 자기 자신마저 모두 잃어버린다. 그리하여 두르요다나의 동생인 도우후사사나는 드라우파디의 머리채를 집회장에 끌고가서 유디슈트라를 비롯하여 판다바들 모두가 노예가 되는 상황이 되었다고 전하면서, 드라우파디의 옷을 찢어버린다. 판다바의 비마는 울분을 참지 못하고 전투에서 도우후사사나의 가슴을 찢어서 그의 피를 마시겠다고 맹세를 한다. 또 드라우파디 면전에서 왼쪽 넓적다리까지를 노출하면서 비웃은 두르요다나에 대해서도 그의 왼쪽 넓적다리를 부수어 버릴 것을 맹세한다.

이러한 소란을 뒤늦게 알게 된 카우라바의 아버지인 노왕은 은혜를 베풀어서 드라우파디를 풀어주게 하고 드라우파디의 요청대로 판다바들이 노예가 되는 것만은 면하게 하고 재산을 돌려주라고 명령한다. 두르요다나의 형제들은 노왕의 명령에 불만을 품고 다시 유디슈트라에게 내기의 도박을 하자고 도전한다. 그리고 이번에는 패자가 12년간을 숲속에서 살아야하고 13년째에는 사람들에게 알려지지 않게 조용하게 살아야 한다고 조건을 덧붙인다. 유디슈트라도 명예를 찾고자 그 조건을 수용하고 다시 샤쿠니와 도전을 하였으나, 다시 패한다. 그대서 자신과 처, 형제들도 고행자의 신분으로 숲으로 출발한다. 그러나 늙은 쿤티는 비두라의 집에 남게된다. 그 대신 12년간 자신들의 나라를 떠나서 다른 나라를 떠돌며 유랑의 생활을 하게 된다. 그 동안 아르쥬나 는 형의 명령대로 인드라 신에게 무기를 입수하기 위하여 하말라야에 간다. 그곳에서 시바 신을 만나고 신으로부터 병기(兵器)를 얻게 된다. 또 다른 형제들은 숲에서 머물면서 성자(聖者)으로부터 도박으로 왕궁을 잃어버린 나라 왕의 이야기를 듣게 된다. 그리고 그들도 하말라야에 가서 아르쥬나를 만나게 된다.

그후 13년째가 되는 해에 우연히 판다바에게도 잃어버렸던 자신들의 나라와 국토를 회복할 수 있는 기회가 온다. 즉 판다바는 약속대로 13년째에 신분을 속이고 이웃나라 마쯔야 국왕 비라타 밑에서 고용인으로 지내고 있었는데, 그때에 마침 카우라바가 이 나라를 침입하여 큰 전쟁이 일어났다. 그 전쟁에서 판다바들은 카우라바들의 군대를 격퇴한다. 마쯔야 국왕은 그것을 칭찬하여 판다바들에게 그대들의 큰 소원을 들어준다고 약속한다. 판다바들은 그때에 마쯔야 국왕에게 자신들의 옛 왕국을 찾는 것이 소원이라고 말한다. 그래서 마쯔야 국왕은 판다바들의 정체를 알게 되고, 그 동안의 실례를 용서할 것을 말하면서, 자신의 딸 웃타라를 아르쥬나에게 주고, 유디슈트라에게 자신의 재산과 왕자들을 부탁하게 된다. 아르쥬나는 그 왕녀를 자신의 아들 아비마뉴의 처로 한다. 그리고 크리슈나는 13년의 망명생활이 끝이 났으니, 왕궁의 반을 다시 돌려줄 것을 제안한다. 그 제안에 대하여 카우라바들은 다시 싸울 것인가 아니면 평화롭게 할 것인가를 놓고 고민하던 끝에 두르요다나와 아르쥬나가 크리슈나에게 찾아가서 서로 도와달라고 한다. 그러자 크리슈나는 자신의 강대한 군대와 비전투요원으로 참가하는 자신 가운데 하나를 서로 택하라고 한다. 그런데 두르요다나는 강대한 군대를, 아르쥬나는 크리슈나를 선택한다. 그리하여 크리슈나는 아르쥬나의 시종인으로 그의 곁에 있게 된다. 그 후에 판다바와 카우라바들을 화해시키기 위해서 사절로서 두르요다나를 찾아간 크리슈나를 카르나 등과 함께 가두려고 한다. 그러나 크리슈나는 위대한 신으로 모습을 바꾸어 그 궁전을 빠져나온다. 그렇게 되자 양국은 물론이고 당시 양국의 동맹국들도 함께 쿠루크세트라(Krkṣetra)에서 18일간 걸쳐서 더 큰 전쟁을 치르게 된다. 그 격전에서 카우라바는 용사들이 모두 죽는 바람에 결정적으로 크게 패배하게 되고 두르요다나마저도 죽게 된다. 전쟁에 남은 사람은 판다바들과 크리슈나, 세티야키뿐이었다. 그렇게 판다바들은 큰 승리를 거두게 된다. 그 후에 유디슈트라는 자신의 옛 왕국에 돌아가서 성대한 승리의 의식을 개최하면서 왕위에 다시 오르고 평화롭게 살게된다. 그 이후에 맹인인 노왕(老王)은 15년 이상을 궁정에서 조용히 지내다가 간다리와 쿤티와 더불어 숲에 들어가서 은둔의 생활로 여생을 보내다가 우연한 산불에 의해서 죽었다고 전해진다. 그리고 판다바들도 그로부터 수십 년 이후에는 은퇴하여 숲에 들어가서 세상을 등지고 천상(天上)에 올라갔다는 전설이 전한다.

이러한 이야기는 줄거리의 일부분만을 요약한 것으로 본래의 이야기는 방대한 내용으로 인도사회의 문화 전반을 전하고 있다. 이 이야기의 주제를 어느 한 가지로 단정할 수없을 정도로 고대사회의 결혼과 신앙 등을 포함하여 종교문화의 여러 형태를 보여주고 있다. 그 가운데 가장 눈에 띄는 것은 갠지스 강의 여신이 자신의 일곱 명의 아들을 모두 강에 던져 넣은 행위와 여덟 번째 아들만 인간세계에로 다시 돌려보냈다는 에피소드이다. 이 이야기는 인도인들이 얼마나 갠지스 강을 신성시하고 생명의 근원으로 여기고 있는가를 또 그 강을 모든 생사(生死)의 분기점으로 여기고 있는 이유를 살펴볼 수 있다. 즉 갠지스 강의 여신과 같은 유일신(唯一神)에 대한 헌신적인 사랑과 믿음을 엿볼 수 있다. 그리고 이러한 신앙이 사회제도 안에서 사람들이 어떻게 행동하여야 하는가 등의 문제까지 발전하게 된다. 즉 당시 사람은 각자의 본분에 맞게 절제하며 살아가는 것과 유일신에 대한 절대적 귀의, 믿음을 충실히 지키며 살아가는 것이 인간의 최고의 덕목이라고 보고 있는 것이다. 《바가바드 기타》의 내용도 바로 그러한 가르침을 나타낸 것이다. 어찌하였든 지간에 《마하바라타》는 서북 인도라는 지역에서 펼쳐지는 쿠루 족의 운명을 통하여 인간이라는 존재가 얼마나 허무한 것임을 보여주는 작품이라고 말할 수 있다. 그리고 그 허무함 속에서도 작중 인물들은 자신들에게 부과된 가혹한 운명을 인내로 참아내거나 아니면 타오르는 불길과 같은 정열과 용기로 싸워 이겨내는 길밖에 없음을 보여주고 있다.

이 서사시 안에서 이야기되고 있는 많은 에피소드들은 인도의 고대국가 형성기에 일어난 실제의 각종 전쟁, 왕족들의 결혼이야기와 사랑과 갈등의 이야기를 전하고 있기 때문에 후대의 인도문학 작품에 많은 모 방작을 양산(量産)시킨다. 그래서 인도문학사적으로 가치가 매우 높 다. 그러한 에피소드 가운데서도 가장 유명한 것이 《나라 왕의 이야 기》·《사비트리의 이야기》·《바가바드 기타》 등이다. 불경에도 이러한 서사시의 에피소드들을 빈번하게 인용하고 있으며 또 비유적으로 표현 하는 다양한 수사법들을 많이 수용하고 있다.

(2) 바가바드 기타

《바가바드 기타(Bhagavad-gītā)》[25]는 '신의 노래'라는 뜻이고, 가장 오래된 원형은 대략 B.C. 2~1세기 무렵 고대 인도 어인 산스크리트어 로 쓰여졌다. 대서사시 《마하바라타》 제6권[26] 제23~40장에 편입되 어 있으며, 총 700송 18권으로 이루어져 있다.

그러므로 이 이야기는 《마하바라타》 제1~5권까지의 내용을 이해한 이후에 읽어야만 그 깊은 의미를 제대로 알 수 있다. 즉 《바가바드 기 타》는 《마하바라타》에 나오는 복잡한 인간사를 종교적 철학적 가르침을 통해 조감하고 있다. 그리고 《바가바드 기타》는 원래 크리슈나를 숭배 하는 바가바타(Bhagavata)파의 성전이었지만 그 파의 교주와 베다에 나오는 비수누 신을 동일시함으로써 한두교 안에 흡수되면서 인도사상 의 전반에 걸쳐 큰 영향을 끼치게 되었다. 그리하여 《바가바드 기타》는 모든 힌두교들의 공통의 성전이 된다.

《바가바드 기타》는 북인도의 쿠루크세트라에서 일어난 사촌 형제 사 이의 전쟁에 대해 회의를 품고 있는 주인공 아르쥬나에게 그의 마부이 자 의형(義兄)인 크리슈나가 격려하고 교사(敎唆)하는 내용이다. 즉

---

25) 이하에서는 줄여서 '기타'라고 한다.
26) *The Mahabharata Critically ed*, by V. S. Sukthankar & S. K. Bevalkar.

판두의 세 번째 왕자인 아르쥬나가 친족간의 전쟁에 임해서 전쟁의 악
(惡)을 생각하고 전의(戰意)를 상실하게 되자, 비슈누 신의 화신인 크
리슈나가 그를 격려하면서 행위의 결과를 유일신에게 맡기고 자기 본분
을 다해야 한다고 가르치는 내용이다. 그리고 이웃 나라의 전쟁 등 갖
가지 역사적 사건들을 이야기하면서 친족 사이의 갈등을 해결하기 위해
여러 가지 방법을 제시하고 있으며, 또 인도 요가의 종교적인 사색도
모두 전하고 있다. 즉《바가바드 기타》에는 불교를 포함하여 당시의 모
든 사상을 전하고 절충하는 태도를 취하고 있기 때문에 부분적으로는
교의의 일관성이 떨어지는 듯하다. 하지만 가장 큰 특징은 유일신(唯一
神)에 대한 헌신적인 사랑(bhakti)으로 절대귀의를 강조하는 가르침과
기존 사회제도 안에서 각자의 본분(本分, Svadharma)을 충실하게 수
행하라는 가르침이라 하겠다.

　이 이야기를 개략적으로 살펴보면 다음과 같다.《마하바라타》는 인도
라는 공간에서 펼쳐지는 한 종족의 운명을 통하여 인간이란 존재의 허
무함을 보여주는 작품이라 할 수 있다. 그리고 이 서사시의 인물들은
자신에게 주어진 가혹한 운명 속에서 인내로 참아 내거나 아니면 타오
르는 불길과 같은 정열과 용기로 싸워 이겨내는 길밖에 없음을 사실적
으로 보여주고 있다. 즉 가혹한 운명에 대하여 강한 의지를 가지고 자
신에 부여된 의무를 수행하는 모습을 통하여 그러한 것을 사색하게 한
다. 바꾸어 말하면《마하바라타》가 전반적으로 작중인물들에게 이 세
상에 태어났다는 것 자체가 하나의 주어진 운명이므로 자신에게 주어진
상황과 행위에 대하여 전심전력을 하는 모습이 필요하다고 가르치고 있
다. 이러한 것이《바가바드 기타》에서는 지고한 신의 노래로 전하고 있
다. 즉《바가바드 기타》의 가르침은 바로 그러한 내용을 종교적 신의 가
르침으로 승화시킨 것이라고 말할 수 있다.

　제1~2장에는 판두 족 군대와 쿠루 족 군대가 전쟁하려고 전장터에
대치하고 있을 때에 아르쥬나는 자신이 동족(同族)을 죽이는 전쟁을 왜

꼭 해야 하는가에 대하여 고민에 빠져 전쟁할 의욕을 상실하게 된다. 그러한 그에게 크리슈나가 싸워야 할 당위성을 말한다. 크리슈나는 인간의 주체인 개아(個我)는 불생불멸(不生不滅)하고 영원하다고 가르친다. 모든 인간의 몸에 있는 주체는 항상 죽는 것이 아니므로 만물에 대하여 한탄할 필요가 없다고 말한다(2, 12~30). [27] 그리고 크샤트리야의 본분은 정의를 위해 불의에 용감하게 맞서 싸우는 것이라고 말한다(2, 31~38). 계속해서 또 이것의 이론으로서 지성(知性, vijñāna, 2, 31~38)과, 실천으로서의 지성(vijñāna)을 설명하고 있다(2, 39). 그리하여 행위의 결과를 고려하지 말고 행위 그 자체를 목적으로 하여 열심히 할 것을 권하고 있다. 행위의 결과를 동기(動機)로 하지 않는 지성을 확립하는 것이 지성의 요가라고 부른다(2, 49). 즉 크리슈나는 지성의 확립이 중요하다고 가르치고 있다. 행위자가 지성을 확립하여 자신이 하는 행위의 결과를 먼저 염려하여 주저하는 것은 옳지 않으며, 행위의 결과를 고려하지 않고 그 행위에 전심전력하면 모든 것을 평등히 보는 최상의 경지에 도달할 수 있다고 가르치고 있다. 지성을 갖춘 현인(賢人)은 자신이 행하는 행위로부터 나오는 어떠한 결과에 얽매이지 않고 해탈하여 최고의 경지에 도달한다고 가르친다(2, 51). 그리고 지성이 확립하여 삼매(三昧)에 안주할 때에 모든 것을 평등히 보는 경지에 도달한 것이라고 가르치고 있다(2, 53). 그렇게 지성을 확립한 사람이 도달한 적정(寂靜)한 상태를 브라흐만의 경지라 부른다. 임종할 때라도 이 경지에 이르면 완전히 윤회로부터 해탈한다고 가르치고 있다.

　제3장에서는 아르쥬나는 크리슈나로부터 그러한 가르침을 듣고 왜

---

27) 《바가바드 기타》는 전체 18장으로 나누어 이야기되고 있다. 따라서 여기서 맨 앞의 숫자는 장(chapter)을 나타내고, 그 다음 숫자는 게송을 나타낸다. 예컨대 2, 12~30에서 2는 장을 나타내고, 12~30는 제12게송에서 30 게송까지라는 의미이다.

자신이 전투에 나섰는가 등의 의문을 생각한다(3. 1). 크리슈나는 다시 인간이 행위를 하지 않는다는 것은 있을 수 없다고 가르친다(3. 4). 즉 사람은 한 순간도 행위하지 않을 수 없다고 가르친다. 모든 사람은 프라크리티(Prakṛti, 근본원질 또는 물질적 원리)에서 비롯된 세 가지의 구나(tri-guṇa, 純質·激質·暗質이라는 세 가지의 구성요소)에 의해 거부할 수 없고(3. 5), 사람은 자신에게 주어진 정해져 있는 행위를 해야만 한다(3. 8)고 말하면서 크리슈나는 아르쥬나에게 집착을 버리고 '제사(祭祀, yajña)를 위한 행위'를 할 것을 권유한다(3. 9). 인간은 제사에 의해 신들의 영광을 번성하게 하고, 신은 인간에게 바라는 향락을 주며, 신들에게 제사를 하지 않고 신들로부터 은총을 바라는 자들은 도둑과 같다(3. 10~13)라고 설명하면서, 이처럼 제사의 중요성을 가르치고 있다.

그렇지만 《바가바드 기타》의 독창성에 대해 제4장 이후에서 나타난다고 할 수 있다. 즉 절대자인 최고신이 모든 행위의 본원임을 알고, 다시 인간의 모든 행위는 절대자에게 봉사하는 것이기에 마치 신들에게 제사를 지내는 것처럼 해야 한다고 가르치고 있다(4. 24와 4. 32와 5. 29와 18. 46). 이러한 형태로 크리슈나는 아르쥬나에게 1~18장까지 지성의 확립·행위의 초월·최고의 성취·지식의 제사(祭祀)[28]·행위의 요가[29] 등을 자세히 설명하여 준다. 그러면서 크리슈나는 아르쥬나에게 인간은 자기에 주어진 의무를 행하는 것이야말로 최고의 성취라고 가르친다.

보통 고대 인도의 종교적 문헌에서는 인간이 사회적 자신의 의무와 역할을 버리는 데서 해탈이 가능하다고 말하고 있지만, 《바가바드 기타》에서는 각자 자신에게 주어진 상황에서 어떤 행위의 결과를 염려하

---

28) 여기서 지식의 제사라는 것은 절대자에 관한 지식에 전념하는 행위이다. 9. 15와 18. 70에 설명되어 있다.
29) 제5장에 자세히 밝히고 있다.

거나 집착하지 말고 한마음으로 행하는 것이 종교적 행위와 같다고 말하고 있다. 그리고 그러한 자세로 자신의 의무를 충실히 행할 때에 최고의 궁극의 경지에 도달할 수 있다고 말하고 있다. 바꾸어 말하면 일반 사회에서 모든 인간들에게 그들 자신에게 주어진 역할, 의무 등을 수행하여 완수해 가면서도 최고의 경지에 도달할 수 있다고 가르쳐 주고 있는 것이다. 그래서 사회인은 결코 자신의 주어진 행위를 버려서는 안 된다고 강조하며, 또 행위의 초월에서 해탈을 얻을 수 있다고 강조하고 있는 것이다. 이러한 가르침이 《바가바드 기타》의 독창성이라고 말할 수 있다. 이러한 독특한 철학성 때문에 근세 인도 사상가들에게 정신적 지주가 되기도 하였다.

(3) 라마야나

이 이야기는 오랜 옛날부터 전해 내려온 고대인도의 각종 이야기들을 바탕으로 연대가 불분명한 발미키(Vālmīki)라는 사람이 편찬하였다고 알려져 있다. 2만 4천의 시구(詩句)의 카비야 문체로 산스크리트어로 된 대서사시이다. 일반적으로 인도의 고대 영웅 라마 왕에 대한 갖가지의 전설과 이야기가 정리된 것은 B.C. 5~3세기 무렵으로 알려지고 있다. 오늘날 전하는 총 7권의 작품은 A.D. 2세기 말엽에 정리되었고, 7권 가운데 2권은 인도의 각종 전래설화와 신화를 엮어 정리한 것이다.

인도인들은 고대 영웅인 라마 왕을 비슈누 신의 화현(化顯)이라고 생각하고 라마를 종교적 신으로까지 숭배하고 있다. 이야기의 줄거리를 보면 인도의 중부에 위치한 코살라 국의 수도 아요디야는 다샤라타 왕이 다스릴 때부터 발전하는데 그 무렵에 다샤라타 왕에게는 왕비가 셋이 있었다고 전한다. 세 왕비 가운데에 카우샬야 왕비는 라마, 카이케이 왕비는 바라타, 슈미트라 왕비는 락슈마나와 샤트루다나의 쌍둥이를 낳았다고 전한다. 그런데 카우샬야 왕비가 낳은 라마가 왕자들 가운데 가장 재능과 문무(文武)에 뛰어났다고 전한다.

그 후에 라마는 늠름한 청년으로 성장하면서 미틸라 국의 공주 시타(Sītā)를 아내로 맞이한다. 부왕은 아들들 가운데 라마가 재주도 뛰어나고 백성들의 신망도 높았기 때문에 라마를 태자로 삼으려고 결심한다. 그리하여 라마를 태자로 책봉하기 위해서 왕궁에서의 책봉식을 거행한다고 여러 나라에 널리 알리려고 한다. 그러나 카이케이 왕비는 왕의 그러한 결정에 대하여 이의를 제기하면서 자신이 낳은 왕자 바라타를 태자로 세워줄 것을 강력하게 간청한다. 그리하여 태자의 책봉식은 거행하지도 못하고 왕과 부인들 사이에서 많은 갈등이 일어난다. 그 후에 결국 카이케이 왕비는 왕으로부터 바라타를 태자로 세운다는 말을 듣고서 라마 왕자를 추방시키려 한다.

그 소식을 들은 라마는 아내인 시타와 동생 락슈마나를 데리고 숲으로 들어가 버린 뒤 나오지를 않는다. 부왕은 그 사실을 알고 비탄해하면서 병이 들어 죽어간다. 왕이 죽은 후에도 라마는 돌아오지 않는다.

그 후에도 라마는 14년 동안을 깊은 산림(山林)에서 지낸다. 바라타는 라마를 왕으로 모시기 위해서 숲으로 여러 차례 찾아갔으나 라마는 그와의 만남을 계속 거절한다. 그렇게 되자 바라타는 라마가 왕궁에서 사용하던 신발을 왕의 의자에 놓게 하고 라마가 왕궁으로 되돌아 올 때까지 신하들이 나라의 정무(政務)를 대신 돌보게 하였다. 왕궁에서 그렇게 하고 있는 가운데 라마는 숲 속에서 세상의 모든 악마를 물리치고 갖가지 무공(武功)을 세우고 있었다.

산림에서 라마는 그곳에 살고 있던 마왕(魔王)을 물리친다. 그 가운데 가장 어려운 격전이 랑카 섬(지금의 스리랑카 섬)의 지배자였던 마왕 라바나와의 싸움이었다. 라바나는 머리가 열 개가 되는 마왕으로서, 마리차에게 라마 왕자의 처인 시타를 잡아오도록 명령을 한다. 라바나는 갖가지의 감언(甘言)으로 시타를 유혹하지만 시타가 계속 거절을 하자 왕궁의 감옥에 가두도록 명령을 한다. 그리하여 시타는 랑카 섬의

라바나의 왕궁의 감옥에 갇히게 된다. 그런데 라마 왕자는 여행 중에 어려움에 처한 원숭이왕 수쿠리바를 도와주게 된다. 그 원숭이왕은 키슈칸다의 성(城)의 왕위를 되찾기 위해서 라마 왕자가 랑카 섬의 라바나마 왕으로부터 시타를 구하는 것을 도와준다. 그리하여 원숭이들의 도움으로 랑카 섬에 갇힌 시타도 무사한 것을 알게된 라마 왕자는 더욱 용기를 내어서 섬으로 건너간다. 라마 왕자는 원숭이들의 군대들의 도움으로 섬에 가서 라바나를 죽이고 시타를 구하여 온다. 시타는 랑카 섬의 지배자였던 라바나로부터 그동안 자신의 정조(貞操)를 지켜왔다는 것을 증명하기 위해서 불에 뛰어들어 간다. 그러나 불의 신, 아그니가 나타나서 그녀의 정조는 청정하고 순결하다는 것을 라마에게 대신 증명하여 준다. 그리하여 라마 왕자는 시타를 데리고 아요디아에 되돌아 온다. 국민들의 환영 속에서 라마 왕자는 드디어 왕위에 오르게 된다. 이 작품은 이외에도 라마의 영웅적인 무용담을 많이 전하고 있다. 중국·한국·일본 등에 전하는 《육바라밀경(六波羅蜜經)》에도 부분적으로 이런 이야기들이 실려 있다.

제3부

불교문학의 발달과 여러 장르

불교문학의 발달과 여러 장르

1. 불교의 언어

(1) 부처님의 설법 언어

인도는 예로부터 큰 나라로 통일된 역사보다는 많은 작은 나라들로 분열된 때가 많았고 또 인종적으로도 인도 서북지방에는 아리아계가 살고 있었고 동남지방에는 드라비다계가 살고 있음에 따라서 종교문화가 조금씩 달랐다. 그러한 이질적인 종교문화 안에서도 또 사람의 신분을 사람의 출생과 직업에 따라서 복잡하게 분류하는 카스트 제도가 있었다. 그리하여 보통 사람들은 자신의 직업과 출생의 신분에 따라서 활동하는 범위가 제한되있기에 자연히 사용하는 말도 여러 가지로 달랐다.

초기 불교사를 통하여 부처가 설법한 말과 불법(佛法)을 기록한 경전의 글에 대해서 살펴보면 석가모니는 현재 히말라야 산이 위치한 인도의 북쪽 지방(지금의 네팔) 타라이 분지에 세워진 조그마한 도시국가인 카필라성에서 석가 족의 왕자로 태어나셨다. 석가 족은 그 당시 같은 성(姓)을 가진 부족들로 구성된 촌락공동체의 조그마한 국가를 형성하고 있었다. [30) 또 그들이 거주하는 지역을 보통 룸비니라고 불렀다. [31)

그 후에 석가 국은 당시 인도 중부를 지배하고 있던 코살라 왕국의 종주권(宗主權) 밑에 속해있던 작은 나라들 가운데 하나였다고 추정되고 있기 때문에 먼저 석가모니가 석가 족의 토속적인 말과 코살라 국의 말도 사용하였으리라고 추측된다. 즉 석가모니가 초기에 설법할 때는 코살라 국과 석가 족의 말이었다고 추측된다.

그 후의 석가모니가 설법할 때 사용한 언어는 여러 가지로 생각할 수가 있다. 왜냐하면 부처님은 인도의 여러 나라를 유랑하면서 설법하였기 때문이다. 당시 인도중부에는 코살라 국[32) 이외에도 마가다 국[33)이 있었는데 불전 등에는 석가모니가 이들 나라에서 설법을 많이 하였다고 전해지고 있기 때문에 마가다어와 코살라어로 설법하였고, 마가다와

---

30) 塚本啓祥, 《佛敎史入門》, 第三文明社, pp.27~46. 현재 석가족에 대해서 명확하게 알려진 것은 없지만 아리아의 계통이 아닌 콜리족의 소국으로 추측되고 있다. 왜냐하면 비아리아계의 콜리족과 로-히니 강의 수리권(水利權)을 놓고 싸울 때에 그들 상호간에 아리야인의 규칙을 비교하면서 새로 그 규칙을 지키지 않았다 라는 기록을 남기고 있기에 오늘날 아리야인이 아닌 콜리족으로 추측되고 있다. 또 다른 일설에 의하면 석가족은 익슈바쿠의 후예라고도 추측하고 있다.

31) 塚本啓祥, 《佛敎史入門》, 第三文明社, pp.28~29. 《수타니파다》683, '아쇼카 왕 룸비니석주비문' 과 玄奘의 《大唐西域記》에 겁비나벌책탑국의 부분(大正大藏經 51卷, 902 b)에는 인도 연방의 웃다르 프라데쉬 바스티 지방의 듀르하에서 동북방향으로 8km (현재 네팔 국경내의 4km)에 위치한다고 기록되어 있다. 현재 네팔의 라이 지방에 룸비니이란 명칭이 남아있다.

32) 이 나라의 수도는 사위성(舍衛城, Śrāvastī)이었다.

33) 이 나라의 수도는 왕사성(王舍城, Rājagṛha)이었는데 오늘날 인도에서는 비하르주의 주청(州廳)이 있는 파트나에서 약 96km떨어진 지역에 위치한 곳으로 라즈기르로 부르고 있다. 석가모니가 가장 오래 거주하신 곳으로 이곳의 영취산과 죽림정사 등에서 많은 설법을 하셨다.

코살라 국의 지방 방언으로도 설법하였을 것으로 추측된다. 특히 마가다 국의 왕사성 주변 산악 지역을 중심으로 교화의 설법행을 많이 하였다고 전해지고 있기 때문에 마가다 지방의 방언과 동부지역의 인도 속어도 많이 사용되었으리라고 추측된다.

그리고 불교가 인도의 여러 지역으로 전파됨에 따라 인도의 다른 방언들도 사용되었을 것으로 추측되지만, 당시 인도에는 프라크리트어(Prakrit)라는 속어가 민중에 널리 사용되었던 것으로 알려져 있기에 불법(佛法)이 널리 전파되었을 때에 프라크리트어를 사용하였을 것으로 생각된다.

아리야 계통의 인종이 B.C. 14~8세기까지 서북 지역에서 인도의 남동쪽의 내륙으로 깊숙이 침투하여 이주하는 과정에서 그 일부는 원주민과 혼혈해서 아리야 ― 드라비다계라는 새로운 인종을 형성하게 된다. 그들은 아리야인의 전통적인 제사문화와 인도 선주민들의 종교문화와 언어 등도 혼합하여 새로운 형태의 생활관습과 문화를 만들어 간다. 이때 인도사회에 널리 사용한 언어가 프라크리트어라고 알려지고 있다. 그래서 석가모니가 설법할 때에 당시 일상적으로 사용한 민중들의 언어인 프라크리트어를 사용하였으리라고 추측하는 것이다

석가모니가 설법하면서 사용한 언어를 인도의 여러 지역의 방언과 민중의 속어인 프라크리트어라고 추측하는 또다른 이유는 다음과 같은 기록이 전해오고 있기 때문이다. 한역 경전에 전하는《오분율(五分律)》권26[34]을 보면 석가모니가 살아 계셨을 때에 한 사람의 비구가 찾아와서 부처님께 말하기를 불교교단에 들어온 사람들이 다양한 지역의 사람들이 들어오고, 심지어 하층 계급 출신자들도 출가한 경우가 많아지면서 그들이 승려가 되어서도 과거에 사용하는 말의 습관을 버리지 못하

---

34) 팔리어의 율장인 小品(Cullavagga) 제5에는 급고독장자의 이야기와 비구니 교단의 창립하게 된 이야기도 함께 전한다.

고 제각각 다른 말을 사용하고 있습니다. 그래서 부처님의 법을 전함에 있어 혹시 다르게 전할까 걱정이 된다고 말하면서 앞으로 부처님의 말씀과 설법을 전하는데 있어 품위 있고 고상한 신분들이 사용하는 인도의 언어로 통일하여 사용하도록 규율을 정하는 것이 옳지 않겠느냐고 여쭈었을 때에 부처님께서 그 비구에게 절대로 그렇게 해서는 안 된다고 말하시면서 만약에 억지로 부처의 설법을 높은 신분의 사람들이 사용하는 고상한 말로 전해야 한다고 규정하여 고친다면 누구든지 돌길라죄(突吉羅罪)를 범하게 된다고 경고하면서 앞으로 불법(佛法)을 전할 때는 언제나 듣는 중생들이 사용하는 평범한 언어로 전달해야 한다고 말씀하였다.

위의 부처님 말씀을 다시 생각해 보면 부처님의 말씀은 불법을 전하는데 있어 중요한 것은 진실을 표현하는 언어의 고상함에 있는 것이 아니고 진실한 의미를 전달하는 겸손한 마음과 진실된 실천에 있다는 것을 나타낸 것이다. 그래서 석가모니가 설법한 언어가 당시 어느 특정 지역의 또 계급이 높은 사람들이 사용하는 언어가 아니고 항상 가르침을 듣는 중생의 입장에서 그들이 쉽게 듣고 이해할 수 있는 언어였고, 또 모든 사람이 알아들을 수 있는 일상적인 구어체였을 것으로 추측하는 것이다.

팔리어는 프라크리트어에서 발전한 언어로서 훗날 남방상좌부 계통의 불교경전에 사용된다. 팔리어는 역사적으로 산스크리트어보다 훨씬 이전부터 널리 시용된 말에서 변형된 것으로 알려져 있기에 역사적으로 산스크리트어보다 더 오래된 고어(古語)라고 말할 수 있다. 이 팔리어는 구어체로서 문법적이지는 못하나 일상생활에서 널리 사용한 말이기에 고대 인도의 문화풍습 등을 언어학적으로 추적할 수 있는 자료이기도 하다.

팔리어는 오늘날에도 스리랑카에서 싱할리어(Sinhalese)로 사용되고 있는 언어이고, 태국, 미얀마, 캄보디아, 라오스 등에서도 각각 다른 서체(書體)로 쓰이고 있다. 오늘날 팔리어 성전연구회에서 발간하는 팔리어의 불경은 동남아시아의 각국에서 구송(口誦)되는 내용을 20세기 초 서양의 식민지통치자들이 로마자로 통일하여 발간한 것이다. 즉 현재의 팔리어 경전은 각국에서 전통적으로 암송하고 다른 서체로 기록된 것을 서양인들이 그 음을 그대로 로마자로 옮겨 놓은 것이다.

오늘날 학자들은 팔리어 성전을 연구할 때에 나라마다 조금씩 다르게 구송하고 있는 부분과 음운의 변화 및 그 의미의 변화와 차이를 분석하여 그들 나라마다 조금씩 다른 불교학적 의미, 해석 그리고 수용형태를 연구하고 있다.

그래서 또 오늘날 세계의 어느 나라의 글과 말로 불경을 번역하더라도 부처의 근본 정신을 전하는 것이면 어떤 언어로 쓰인 것이든 불교라고 말할 수 있다. 또 오늘날 우리들이 꼭 명심해야 할 점은 불교를 듣는 사람들이 쉽게 이해할 수 있는 말과 글로 전해야 한다는 것이다.

불경을 보면 제자들이 불법에 대해서 부처님에게 질문을 하였을 때에 부처님은 언제나 그들의 수준에 맞게 자세하고 쉽게 풀어서 대답하고 있다. 즉 석가모니는 제자들의 다양한 물음을 늘 그들이 이해하는 정도에 맞추어 동물의 우화나 비유담으로 가르치던가 아니면 임기응변 식으로 삶의 이야기로 설명하고 있다. 이렇듯이 석가모니는 불법을 항상 제자들의 지식과 이해의 정도에 따라 다르게 설명하여 전하고 있다. 그래서 부처님의 설법 언어는 당시 인도의 다양한 계층 사람들이 알아들을 수 있는 일상 언어인 구어체라고 추측하는 것이다.

또 석가모니의 설법 언어는 석가 족의 구어체와 당시 주로 활동하였던 마가다 국과 코살라 국의 구어체라고 추측된다. 또 상층(上層)의 특정한 계급의 우아한 문어체보다 구어체나 대화체라고 생각된다. 그리고 불전은 후세의 제자들에 의해 정리되었기에 불멸 후 초기에는 불제자들도 다양한 지역과 여러 출신 신분에서 사용하는 일상어로 전달하였을 것이라고 추측된다.

여하튼 불교는 불법을 듣고 배우는 사람들이 사용하는 언어로 전달되는 종교라고 말할 수 있다. 그런 의미에서 불교가 수세기에 걸쳐 세계의 여러 나라들로 전파되면서 그 나라의 언어로 다르게 번역되고 기록되어 전달되고 있었는데 바로 그러한 형태가 어쩌면 당연한 것일지도 모른다. 바꾸어 말하면 불교의 설법어(說法語)는 초기부터 세계어로 펼쳐지는 것을 목표로 하였던 같다. 그런 의미에서 한국불교문학 · 중국불교문학 · 일본불교문학이라는 분류는 오늘날 후대인의 인위적인 발상이라고 말할 수 있다.

(2) 불전의 언어

고대인도의 문자를 살펴보면 20세기 초에 지금의 파키스탄 지역에서 문자가 새겨진 돌비석이 발견되었는데 그 돌비석에서 확인된 문자가 고대인도의 문자, 즉 브라흐미(Brahmi)라는 문자였다. 브라흐미 문자는 현재까지 발견된 문자 가운데 가장 오래된 인도의 고대문자로 평가받고 있는데 이 문자가 인도의 남북으로 흩어져서 다양한 형태로 발전한다. 브라흐미 문자에서 떨어져 나와서 발전한 인도 서북부의 굽타류의 브라흐만(Brahma) 문자는 다시 산스크리트어의 서체(書體)인 데바나가리(Devanagari)를 만들어낸다. 현재의 산스크리트어의 서체인 데바나가리는 A.D. 10세기 경에 지금의 형태로 정리된 것이다.

고대 인도에 대표적으로 사용된 문어체인 산스크리트어는 흔히 범어(梵語)라고도 하는데 산스크리트어는 인도 · 유럽어 계통으로 문자학적으로는 북셈 계통의 최고의 문자인 페니키아 문자(Phoenician)에 그 연원(淵源)을 두고 있다. 페니키아 문자는 메소포다미아 문명 속에서 성장한 수메르 문자의 영향을 받아서 형성되는 데 페니키아 문자는 동서양을 왕래하던 당시의 페니키아 상인들을 통하여 전파된다. 페니키아 문자의 세계로의 전파는 지중해의 서쪽으로 가면 고대 그리스 문

자 · 고대 로마문자 · 영어로 발전하고 이집트의 문자에도 영향을 끼친
다. 또 B.C. 8세기 경에는 이란 · 파키스탄을 거쳐 인도에까지 전해지
면서 인도의 산스크리트어로 발전한다. [35)]

인도의 고전은 리그 베다의 문어체와 고대 인도 문법학자 파니니
(Pāṇini)가 정리한 산스크리트어로 기록되어 있다. 즉 고대 인도의 문
서나 기록들을 보면 보통 브라흐만 계급의 문어체나 산스크리트어로 되
어 있다. 리그 베다의 문어체는 역사적으로 B.C. 15세기경부터 사용한
것이지만 산스크리트어 문법은 B.C. 4세기에 파니니에 의해서 정리되
었다. 산스크리트어는 일상생활에 사용된 구어체가 아니고 문어체의
문법적인 언어이다. 그리고 수세기에 걸쳐 조금씩 개량되어 오늘날의
형태로 정착되었다.

그리고 불교경전에 사용된 산스크리트어는 고대 산스크리트어의 문
법과 약간 다르다. 즉 산스크리트어의 문법이라도 일괄적으로 똑같은
것이 아니고 시대에 따라서 조금씩 다르다. 불교의 경전에 사용된 산스
크리트어는 시대적으로 약간 후대의 것으로서 인도 많은 방언 등이 섞
여 있고 상당히 변화된 때의 산스크리트어이다. 즉 초기의 문법적 견고
함이 많이 흩트러진 때의 산스크리트어이다. 그래서 불전에 사용된 산
스크리트어의 문법은 고대 베다 및 인도 대서사시인 마하바라타와 라마
야나의 문법과도 조금 다르다.

그리고 인도 내륙의 마투라와 카쉬미르 지방이 전통적으로 고대(古
代) 때부터 브라흐만 문화의 중심지이었기 때문에 불교가 이 지방에 전
파되었을 때에 이 지역의 브라흐만교도들의 종교문헌처럼 불교도들도
불교를 암기하여 전하는 전통적 방법보다 문헌으로 남기려 하였다. 즉
마투라와 카쉬미르 지방에서 선불교를 산스크리트화하고, 최초로 문어
체로 기록되었을 것으로 추측하고 있다.

---

35) Monier Williams, *Sanskrit-English Dictionary,* Introduction.

그러나 초기 단계부터 완전한 산스크리트어를 사용하였다고 생각되기보다는 각종 속어가 섞여 있는 산스크리트어를 먼저 사용하였던 것으로 알려지고 있다. 보통 인도 고전에 쓰인 산스크리트어에 대하여 이 혼성어(混成語)를 불교혼성범어(佛敎混成梵語, Buddhistic hybrid sanskrit)라고 부른다. 그리하여 인도의 카쉬미르 지방에서 파키스탄과 중앙아시아를 거쳐 중국에 전해진 불전 가운데에 A.D. 2~11세기까지 한역된 불전들의 원본 가운데서 오래된 것일수록 속어와 혼성 산스크리트어가 많이 발견되고 있다. 그렇지만 A.D. 7~13세기에 티베트어로 번역된 불전 원본들의 경우에는 후기에 속하는 정제된 산스크리트어가 사용되었다고 전해지고 있다.

불멸 후 초기에는 석가모니께서 배우는 사람들의 말과 글로 법을 전하라는 지시를 남겼기 때문에 제자들은 불법을 일상의 말로 암기하여 외우고 다시 암송(暗誦)하여 전달하였다. 즉 남방불교의 상좌부에서는 불교를 전함에 있어 대부분 구승(口承) 위주였다. 그러면서 서서히 팔리어로 불전을 정리하면서 구어체와 함께 문어체로도 기록하게 되었다. 그리고 상좌불교가 인도의 마가다 국에서 서인도의 아반티 지방을 거쳐 스리랑카로 전파되었기 때문에 스리랑카에 전파된 이후에는 아반티 지방의 방언(파티이샤치)[36]이 남방불교의 성전어(聖典語)로서 자리잡게 되었다고 말할 수 있다.

결론적으로 말하면 팔리어는 언어 계통학적으로 인도유럽어족에 속하며 중기 인도아리야어 가운데서도 초기의 속어이다. 또 현존하는 팔리어 성전의 문헌을 통하여 말하면 팔리어는 프라크리트어 가운데 제일 중요한 언어의 하나이다. 이러한 팔리어가 어느 지역의 속어인지는 여

---

36) 옛날부터 언어학자들은 아반티 지방의 방언(파티이샤치)에는 마가다의 말을 발음하는데 방해하는 음운(音韻)들이 있다고 전하고 있다. 그만큼 두 지역의 방언에는 언어학적으로 큰 차이가 있었으나, 인도로부터 불교를 전한 말로서 중요시했기에 성전어로 계속 자리잡게 되었다고 보여진다.

러 학설이 있다.

① 전설상으로 마가다 국에서 발전했다고 하는 학설.

② 석가모니가 활약한 여러 지역에서 공용어로 되어있던 코살라어로부터 발전했다고 하는 학설.

③ 스리랑카 섬에 가까운 인도의 본토의 가랑가 지역의 언어라고 하는 학설.

④ 서인도의 우제니(ujjeni)어에서 기원한다고 하는 학설.

이 모두가 어느 것이라고 확정지을 수는 없으나, 상좌부 불교의 중심지인 우제니 지방의 승려들이 전통적으로 보존하였고, 그 후 비문 등에 전하는 자료 등으로 봐서 최종적으로 인도 서쪽 지역의 언어의 영향을 받고 그 언어적 문법적 특징을 지니는 언어로서 훗날 스리랑카에 전해졌다고 말할 수 있다.

예컨대 초기에는 구송 위주로 불교를 전하다가 처음으로 문자로 서사된 것은 B.C. 1세기였고 그 후에 불전의 범어화(梵語化, 산스크리트화)가 이루어졌으며 먼저 마투라와 카쉬미르 지방에서 불교가 기록될 때에 각종 속어와 혼성된 산스크리트어(불교혼성범어)가 널리 사용되다가 나중에 정제된 산스크리트어가 불교의 경전어로 사용되었을 것으로 추정된다.

다음으로 불교 경전에 대하여 설명하면 부처님의 '법등명(法燈明) 자등명(自燈明)'의 유언대로 불제자들은 법과 계율(vinaya)을 스승으로, 의지처로 생각하게 된다. 그리고 제자들은 부처님으로부터 들은 설법의 개요와 핵심을 정리한다. 그러면서 그것을 외우면서 계속 기억하기 쉬운 짧은 시나 문장으로 정리하게 된다. 즉 그들은 다시 그들의 제자에게 자신들의 외운 것을 전하였다. 그런데 100년 이상 세월이 지나면서, 그렇게 외워서 전하던 것을 성전(聖典)이라고 이름 붙여서 문자화(文字化)하기 시작하였다. 그리하여 그때부터 법을 전하는 경전이 중요시되면서 경(經)·율(律)·론(論)의 삼장(三藏)이 나오게 된다.

그 가운데 율과 경은 시대적으로 비교적 일찍 만들어지고 론은 그보다 후대에 제작되면서 구분교(九分敎)·십이분교(十二分敎)라는 문학형식[37]으로 불법을 정리하였다.

불교의 교법을 정리하는 과정을 살펴보면 몇 번에 걸친 경전의 결집 (경전편찬회의)을 통해 불전이 정리된다. 결집할 때에 주로 구송(口誦) 하는 형태에서 문어체로 서서히 전환되어 기록되었을 것으로 생각된다.

제1결집(王舍城結集)은 석가모니의 입멸 후인 B.C. 383년 왕사성에 서 오백 비구가 모여서 결집하였는데 그때에 가섭(伽葉)이 사회를 보고 우팔리가 율(律, Vinaya)을 아난이 법(法, Dharma)을 암송해서 참 석한 모든 사람들로부터 그 내용이 불설(佛說)임을 승인받고 기록했다 고 전한다. 대부분의 초기경전은 이 집회에서 승인을 받고 편찬되었다 고 전해지고 있지만 현존의 초기경전은 불멸 후 200~300년 사이에 정리되어졌던 것으로 추정된다. 오늘날 간혹 제1결집의 역사성을 의심 하는 학자도 있으나 이 집회에서 불교의 율과 법의 단편적 내용들이 최 초로 승인되어졌을 것으로 추측된다.

제2결집(毘舍離城結集)은 B.C. 283년에 바이샬리에서 칠백 명의 비 구가 모여 회의하면서 이루어졌다. 이 회의에서 바이샬리의 밧지족 출 신의 비구들이 열 가지의 사항을 제창하여 교단에서 그 열 가지의 일을 합법화시켜 줄 것을 주장하였다. 그러나 그들이 요청한 것이 허용되지 못하고 비법(非法)으로 단정되었다고 전한다. 《율장(律藏)》에는 그 후 의 문제에 대해서는 아무런 말을 전하지 않고 있지만, 남방불전의 《도

---

37) 구분교·십이분교는 부처가 설법한 것을 들은 불제자들이 문학적 장르로 분 류한 것이다.
즉 ① 경(經), ② 중송(重頌), ③ 기답(記答), ④ 게(偈), ⑤ 감흥게(感 興偈), ⑥ 여시어(如是語), ⑦ 본생화(本生話), ⑧ 교리문답(敎理問答), ⑨ 말회유법(未曾有法), ⑩ 인연담(因緣譚), ⑪ 과거세(過去世) 이야기, ⑫ 논의(論議).

왕통사(島王統史)》와《대왕통사(大王統史)》[38] 등에 의하면 이 문제를 비법화한 결정에 불만을 품은 비구들이 거의 1만 명이나 되었고 밧지족의 비구들과 함께 다른 결집을 결성하였다고 전한다. 즉 불교교단은 이때부터 보수파의 상좌부(上座部)와 진보파의 대중부(大衆部)가 분열되는 계기가 되었다.

제3결집(파탈리푸트라 결집)은 B.C. 236년 파탈리푸트라에서 이루어졌다. 스리랑카의 역사서에 의하면 아쇼카 왕이 목갈리풋다 팃사에게 불교교단의 분열과 혼란을 수습하도록 명령하였는데, 그들은 오히려 비정통파들을 추방하고 천명의 아라한(阿羅漢)만을 모아서《논사(論事, Kathavatthu)》를 편찬하였고 각 지역에 불교의 전도사를 파견하여 불교를 전파하였다고 전한다. 그리고 제4결집은 카니쉬카왕이 시행했다고 전한다. 이 카니쉬카왕은 설일체유부(說一切有部)에 귀의했기 때문에 이 때에 유부(有部)의 교학을 집대성하였다고 알려져 있다.

요컨대 오늘날까지 전하는 불전들은 석가모니가 입멸한 이후인 B.C. 383년의 오백결집(五百結集, 왕사성)과 B.C. 283년의 칠백결집(七百結集, 바이샬리)과 B.C. 236년의 파탈리푸트라에서의 결집을 통해서 불멸 후에 불제자들이 암송한 자신들을 기억을 정리하여 문자로 기록한 것이다. 즉 부처님의 가르침을 직접 듣고 배운 제자들이 백 년 정도의 세월에 모두 죽음을 맞이하였기에 그들의 제자들이 스승이 살아 계실 때에 석가모니의 말씀과 가르침을 정리해 둘 현실적 필요성을 느꼈던 것이다. 그리하여 그들의 스승들의 인가를 얻어 석가모니의 가르침을

---

38) 《島王統史(Dīpavaṃsa)》는 남전대장경 권60. 53~59항에 기록되어 있으며 스리랑카 섬의 현존하는 최고의 역사서다. 작자는 미상이나 4세기 후반에서 5세기 초엽에 걸쳐 쓰여졌다고 알려지고 있다. 그리고 편년사적(編年史的)인 역사시로 쓰여져 있다. 《大王統史》는 5세기 말에 쓰여진 스리랑카 섬의 역사서다. 이 두 책에 스리랑카와 인도의 불교사에 관한 기록이 많아 옛부터 불교사 연구에 꼭 필요한 문헌으로 평가받고 있다.

불전화(佛典化)하는데 힘을 기울였다. 즉 불전은 부처의 직접적인 인가를 받은 것이 아니고 불제자들이 구송(口誦)하고 암기한 것들을 정리한 것이다. 오늘날까지 전하는 불전의 대표적인 언어는 산스크리트어, 팔리어, 티베트어, 한문을 거론할 수 있다.

2. 불전의 문학성[39]

예로부터 불법(佛法)의 승의(勝義)는 언어로 나타낼 수 없다고 말하면서 불전의 수가 그야말로 무량한 것은 참으로 역설적이다. 그것은 불교라는 종교가 교화문학성으로 발전되어 왔다는 것을 암시한다. 즉 불교의 설법은 본질적으로 불교문학성을 갖추고 있었기에 불교를 감동적으로 전하여 내려왔던 것이다. 이러한 사실을 다시 생각해보면 불법(佛法)의 깊은 뜻(深意)과 불도(佛道)의 실천적 경험을 언어의 표현과 문학의 예술성을 빌리지 않고는 표출될 수 없고 효율적으로 전달할 수도 없음을 역사적으로 알 수 있는 것이다. 달리 말하면 불교의 승의(勝義)는 세간의 표현방법을 통하지 않고 진리로서 현시(顯示)할 수 없다는 것이다.

그래서 불전이 무량하고 무수한 것은 바로 부처님의 가르침인 불교가 바로 불교문학임을 간접적으로 나타내는 것이다. 또 팔만대장경이라는 존재도 바로 그러한 것을 역으로 증명하고 있다. 간단히 말하면 불교는 다양한 교화문학(敎化文學)의 종교라고 말할 수 있다. 경전에서 그러한 견해를 찾아보면 다음과 같다. 《화엄경》에 다음과 같은 이야기가 전한다. 부처가 성불(成佛)하기 위해서 온갖 고행을 한 후에, 보리수 아

---

39) 불전의 문학성은 부록에 자세하게 설명되어 있음.

래서 긴 명상 끝에 새벽에 큰 깨달음을 얻는다. 그 후에 부처는 다시 생각에 잠긴다. 즉 부처 자신이 깨우친 그 진리를 중생들에게 어떻게 전달할 것인가. 또 자신이 이처럼 고생하여 어렵게 알게된 것을 어떻게 무지한 중생들에게 쉽게 이해시킬 수 있겠는가라고 생각하게 된다. 또 그리고 그렇다면 자신이 중생을 가르친다는 것이 무리한 일이 아닌가 라고 갈등을 하였다고 전한다. 그런데 그 순간 하늘에서 갑자기 범천(梵天)이 나타나서 부처를 향하여 연이어 세 번을 계속 '다른 중생을 위하여 설법해 주세요' 라고 요청하였다고 한다. 그러한 요청을 듣고서 고민하던 부처는 다시 긴 생각 끝에 중생들을 교화하기로 생각을 바꾸었다고 전한다.

《화엄경》에 전하는 이 이야기는 매우 문학적인 것으로 부처의 인간적인 갈등의 모습을 그린 것이다. 그리고 이 이야기는 불교가 부처의 침묵에 머물거나 한 사람의 지혜에 그치는 것이 아니고 모든 이를 위한 지혜의 나눔을 통한 종교라는 것을 알리고 있다. 더 간단히 말하면 부처는 진리의 깨달음을 상징하는 것이기도 하지만 또 지혜와 깨달음의 나눔의 실천 그 자체라는 것을 말해주고 있다. 또 불교라는 종교의 출발점을 이렇게 명료하게 밝히고 있는 것이다.

이러한 것을 《열반경》을 통해서 살펴보면 다음과 같다.

제불(諸佛)은 중생을 위하여 항상 부드러운 말(軟言)로 세속의 거친 것들을 가르쳤다. 그 거친 말(麤語)이나 혹은 부드러운 말 등 그 모두는 불교의 제일의(第一義)에 귀결된다. 이와 같기 때문에 나는 지금 세존(世尊)께 귀의한다. 여래의 모든 말씀은 마치 큰 바다의 물처럼 모두 한 가지 맛(一味)이기에 제일의제(第一義諦), 승의제(勝義諦)라고 부르나 의의(意義)와 언어가 없는 것이 아니다. 지금 여래가 말씀하신 것의 종류가 무량하지만 모두가 불법이니 남녀와 대·소승을 막론하고 그 설법을 듣고 똑같이 제일의제, 승의제를 얻는다. [40]

위에 인용한《열반경》의 내용을 살펴보면 설법은 부처가 세속의 언어를 빌어서 불법을 현시하는 것이며 세간의 모든 설법은 불교의 제일의(第一義)이라고 설명하고 있다. 또 부처가 중생을 가르치기 위해서 때로는 세속의 투박하고 속된 말(麤語)을 빌어서 말씀하셨지만 그 안에는 제일의 승의제가 담겨 있어 성인이나 범부, 남녀, 노소, 대소승인 등의 구분을 막론하고 설법을 통하여 모두가 진리를 깨우치게 된다고 설명하고 있다. 바꾸어 말하면 예로부터 불교의 깊은 뜻과 최고의 가치는 언어방편으로 현시되었고 세속의 거친 말과 글을 통해서도 잘 전달되었다고 밝히고 있는 것이다. 또 부처의 모든 설법은 똑같이 진리를 나타내는 불법으로서 제일제, 곧 승의제라고 밝히고 있다.

이러한 설명은 불교라는 종교가 원래부터 진실의(眞實義)와 세속의 언어방편을 동시에 갖추고 있다는 것을 밝힌 것이다. 또 중생들이 즐겨 읽는 세간의 문학적 표현을 사용하여서 불교를 널리 알렸다는 것을 밝힌 것이다. 또 불도(佛道)도 어느 하나만 고정되어 있는 것이 아니라 중생의 다양한 재능에 상응한 여러 방편이 있음을 암시한다. 즉 불교가 불교문학으로서 세속의 언어문학을 통하여 중생들을 인도하는 여러 방편의 길을 모색하였음을 설명하고 있다. 그리고 더 나아가서 불교적 진실성은 말의 비속됨과 우아함에 좌우되는 것이 아니라 모든 중생을 자타(自他)의 구별 없이 평등하게 가르치고 구제하는 실천에 있었음을 알 수 있다. 그리고 또 불교를 세간의 언어문학으로 현시하는 이유를《법화경》을 통하여 살펴보면 다음과 같다.

중생은 종종(種種)의 성(性), 욕(欲), 행(行), 상상 등의 분별로 살아가기, 때문에 부처는 그들에게 선근(善根)을 만들어 주기 위하여 약간의 인연, 비유의 말과 글로 다양하게 법을 설하셨다.[41]

---

40)《大般涅槃經》卷第18,〈梵行品〉(大正藏 卷12, p.728 a-b).

부처가 갖가지 연(緣)과 언어문학적 비유로 이야기하는 일에 노력하는 이유는 갖가지 성품과 생각을 지닌 중생에 맞추어 가르치려는 부처의 자비심 때문이다. [42]

석가여래의 입멸(入滅)하신 후에 법을 펴고자하는 모든 자들도 부처처럼 바로 그러한 노력을 하였다. 그들도 석가여래와 같이 무량한 (언어)방편을 가지고 모든 중생을 해탈시키고 제도(濟度)하였다. [43]

위의 내용은 바로 불교가 왜 세간의 언어문학을 통하여 교화문학으로 발전되었는가를 밝히고 있는 부분이라고 말할 수 있다. 그리고 부처가 자비심에 의해서 중생을 문학으로 교화하였다고 설명하고 있다. 또 불교라는 종교는 바로 이러한 교화문학성에 의해서 크게 발전하였다고 설명한다. 바꾸어 말하면 부처가 중생들을 가르치는 과정에서 중생들이 쉽게 듣고 이해하는 언어문학을 교화의 방편으로 수용하였음을 밝히고 있다.

그래서 오늘날 법화사상을 연구하는 많은 불교학자들이 《법화경》〈방편품〉의 내용[44]을 근거로 하여 세속의 언어문학으로 불보살의 공덕을 찬탄하여 인도하는 찬불가(讚佛歌)와 이야기 문학도 성불(成佛)의 인행(因行)이 된다고 설명하고 있다. 즉 《법화경》에는 만선성불설(萬善成佛說)을 말하고 있다. 바꾸어 말하면 중생을 교화하는 불교문학이 바로 불도의 하나이고 중생을 성불의 길로 인도하는 것이라고 말하는

---

41) 鳩摩羅什 譯, 《妙法蓮華經》, 〈如來壽量品〉(大正藏 卷9).
42) 鳩摩羅什 譯, 《妙法蓮華經》, 〈譬喩品〉(大正藏 卷9).
43) 鳩摩羅什 譯, 《妙法蓮華經》, 〈方便品〉(大正藏 卷9).
44) "若使人作樂, 擊鼓吹角貝, 簫笛琴箜篌, 琵琶鐃銅鈸, 如是衆妙音, 盡持以供養, 或以歡喜心, 歌唄頌佛德, 乃至一小音, 皆已成佛道, 若人散亂心, 乃至以一華, 供養於畵像, 漸見無數佛(中略)."《妙法蓮華經》第2, 〈方便品〉(大正藏 卷9).

것이다. 그래서 세속의 노래와 말로 찬불(讚佛)하는 것을 성불의 인행(因行)이라고 설명하고 있는 것이다.

그리고 《법화경》의 만선성불설은 법락찬탄(法樂讚嘆)의 불교가요(佛敎歌謠)를 발전시키는 계기가 된다. 왜냐하면 경전에서는 불교문학을 성불의 불도, 즉 공덕행의 하나라고 밝히고 있기 때문이다. 예컨대 불교를 불교문학으로 해석하고 있다.

보통 설법을 할 때에 법을 듣는 자에게 무한한 감동과 종교적 법열감(法悅感)을 주기 위하여 예술문학성을 잘 활용하여 법을 전한다. 즉 불교의 종교적 숭고미는 불교예술의 형태를 통하여 더 많이 효과적으로 전달된다. 그래서 우리는 불교를 종교의 교화성과 예술성의 양면에서 파악해야 하는 것이다. 또 불교문학 이외의 불교예술의 다른 장르들도 불교의 교화성에서 보면 원래 불교 그 자체라고 말할 수 있다. 그래서 초기교단에서는 불교를 십이분교(十二分敎)로 분류하고 그 안에 불교문학을 넣어서 제자들을 가르쳤다. 즉 불교문학은 일찍부터 불제자들이 배워야 하는 필수과목(必修科目)이었던 것이다. 그렇게 불교문학을 필수과목으로 배운 출가자는 나중에 다시 그들의 제자들을 가르칠 때에도 불교를 쉽게 불교문학의 형태로 전달할 수 있었다고 말할 수 있다.

《대집경(大集經)》 권5 〈안녀품(安女品)〉에서는 법어(法語)를 문학적으로 말하는 것이 아니고 법을 직접적으로 연설하고 설명하는 것이라고 설명하고 있지만 중국의 조사전(祖師傳)이나 승전(僧傳)을 살펴보면 중국의 승려들도 법어 이외에 노래나 시 등으로 불법(佛法)을 배우고 전하고 있었다. 즉 경론(經論)의 연구나 법어의 전수 이외에도 시나 노래, 이야기 등의 언어예술형식을 통하여 불법을 전하고 있었다. 또 다시 그 불교문학을 통하여 자신의 수행방법과 깨달음의 내용 그리고 중생교화의 방법 등을 전하기도 하였다.

우리 나라의 경우도 스님들이 세간에 불교를 쉽게 전하기 위해서 노래와 시문의 형태로 불교가요를 만들어 낸 것을 발견할 수 있다. 즉 신라시대의 향가와 고려시대의 균여스님의 향가, 나옹스님의 불교가요, 찬불가(讚佛歌), 그리고 가사문학(歌辭文學) 등을 들 수 있다. 세속에 불교를 널리 알리려고 만든 이러한 작품들은 때로는 유학자들을 감동시켰으며 그들은 그러한 작품을 번역하여 중국의 유학자들에게 알리기도 하였다.

　이와 같이 불전에는 예로부터 문학성이 많이 있음에도 불구하고 오늘날 불경 가운데 시작품 등만 부분적으로 문학적이라고 말하고 불경을 불교문학이라고 말하지 못하는 이유는 무엇일까? 그것은 팔만 사천의 법문을 담아서 전하는 대장경을 문헌으로서는 인정하지만 문학으로는 인정하고 있지 않기 때문이다. 그와 같은 생각은 본질적으로 불전의 문학성을 모르기 때문이다. 달리 말하면 불교가 처음부터 교화문학성을 내포하고 있으며 또 그것에 의해 더욱 발전된 종교라는 사실을 모르고 있기 때문에 불전의 문학성을 인정하고 있지 않는 것이다.

　그러나 불전을 보면 부처님은 제자들을 가르칠 때에 항상 이해하기 쉽고 문학성이 풍부한 동화 같은 이야기로 법을 전하고 있다. 그리고 부처세계와 깊고 높은 정신세계를 나타내기 위하여 다양한 문학적 상상력 등을 동원하고 있음을 볼 수 있다. 불교도들은 불전의 그러한 다양한 문학세계를 통하여 부처에 대한 깊은 존경심과 추모의 마음을 갖게 되고 진리를 이해한다. 이렇듯이 불전은 오랜 세월 동안 부처의 지혜와 불교의 진리의 오묘함을 전하는 자료인 동시에 불교도들의 깊은 신앙심과 그들이 상상한 부처의 이미지(心象) 등을 문학의 다양한 이미지로 그려 담은 것이다. 즉 불전은 하나의 불교문학작품인 것이다. 그래서 오늘날 많은 불교학자들은 대승불전을 바로 불교문학작품이라고 말하고 있으며 대승불교도들의 풍부한 문학적 상상력을 살펴볼 수 있는 보고(寶庫)라고 말하고 있다. [45] 이와 관련해서 초기불전 가운데 자타카

---

45) 干潟龍祥,《本生經類の思想史的研究》, 東洋文庫論叢 第35, 山喜房佛書林.

를 살펴보면 자타카의 이야기는 동물우화(動物寓話)를 많이 담고 있기에 각국으로 전파되면서 그 이야기를 듣는 사람들에게 새로운 문학적 상상력을 자극하여 다른 형태의 많은 우화를 양산하게 만든다. 즉 자타카가 세계로 전파함에 따라서 각국의 설화문학과 우화문학이 크게 발전하게 된다. 그래서 자타카의 이야기 문학은 불교문학으로서 불교권에만 머무는 것이 아니고 세계 동화문학, 설화문학의 원류(源流)로 평가받고 있다.

이렇기 때문에 불전은 종교철학적 교리서로 뿐만 아니라 문학서로도 취급할 수 있다. 즉 불교경전은 철학과 문학의 양면에서 접근해야 한다. 특히 불교가 세계 각 지역으로 전파되면서 각 나라의 언어로 번역하는 과정에서 다시 새로운 문학으로 변용되는 경우가 많았기에 불교경전은 철학적인 연구함과 함께 언어학적, 비교문학적으로도 연구되어야 한다.

이와 같은 설명에 대하여 만약에 불교문학이 중생교화라는 목적의 문학이라고 해석하여 현대문학의 순수한 창작과는 차이가 있다고 주장하거나 또는 불전문학(佛傳文學)을 종교적 지도자의 전기문학(傳記文學)이라고 간주하여 순수문학이 아니라고 주장할지 모르지만, 자타카 문학을 자세히 감상해보면 부처와 그 제자들의 전생담(前生譚)의 주제와 표현과 그 문학적 상상력이 다양하여 오히려 현대문학보다 더 사실적이고 감동적이다. 왜냐하면 그러한 이야기 문학에는 부처와 같은 성인도 평범한 인간들처럼 깨달음을 얻기 전에는 삶의 온갖 고통과 고뇌로 괴로워하는 모습이 그려져 있고 또 깨우친 이후에 타인을 위해서 사는 것도 보람이 있고 가치가 있는 것이라고 철학적, 문화적으로 다양하게 설명하고 있기 때문이다. 그래서 불교경전은 어떻게 보면 삶의 고통을 더 직접적이고 사실적으로 이야기한다고 말할 수 있다. 즉 불교문학은 문학으로서의 본질적 특성을 충분히 갖추고 있기에 불교문학을 종교적, 철학적인 면이 있다고 해서 간단히 부정할 수는 없는 것이다.

그리고 불교문학은 불교적 가치와 신앙에 관계되는 삶의 문제에 집중적인 관심을 가지고 표현한 것이기에 오늘날의 문학기준만으로 평가할 수 없는 점이 있다. 즉 불교문학은 종교적 미학을 일차적 목적으로 만든 작품들이기에 오늘날 문학의 미적 기준으로 일률적으로 단정할 수 없는 것이다. 바꾸어 말하면 오늘날 문학작품에 비교하여 이미지가 조금 유형적이고 때로는 사실적 표현이 적거나 또 작가들이 명확하게 밝혀지지 않았다고 해서 문학성이 없는 것이라고 단정할 수는 없는 것이다. 그러나 종교적 신앙의 갈등을 묘사한 부분들만을 보면[46] 오히려 오늘날 작품보다 더 뛰어난 면이 있다. 즉 상상력의 풍부성과 극적인 전환, 높은 수준의 비유, 아름답고 화려한 이미지의 표현 등은 높이 평가할 만하다. 그리고 종교적 피안(彼岸)의 세계를 그리는 상상력과 정토를 장엄하는 화려한 이미지와 그 표현법은 바로 수준 높은 문학성을 보여준다고 말할 수 있다.

불교 경전이 이렇게 종교적 숭고미와 문학적 미학을 동시에 담고 있는 근본적 이유는 부처님의 교설이 그분의 위대한 인격에서 나온 것이기 때문이고 동시에 부처의 인간에 대한 무한한 이해에서 우러나온 가르침이고, 또 자비심에서 우러나온 부드러운 말과 글로 나타낸 것이기 때문이다. 즉 불경은 부처의 위대한 내적 인격에서 우러나온 가르침으로서 종교적 숭고미(崇高美)와 함께 문학적으로도 풍부한 예술성을 자연스럽게 담고 있다. 그렇기에 불교 경전문학은 내적으로는 종교적 숭고미를 외적으로는 예술적 아름다움을 함께 나타내고 있는 것이다.

---

46) 여기서 종교적 신앙에 대한 갈등이라는 것은 때때로 불교적 신앙에 대한 의문과 거부도 포함된다. 또 흔들리는 인간의 혼(魂)의 편력이나 고뇌 가운데서도 굳건히 진리를 추구하여 성취하고자 하는 불제자의 모습도 포함된다. 또 인간의 삶의 번뇌 속에서 깊은 신앙심으로 진리에 눈을 뜨는 모습과 그러한 모습 뒤에 그려져 있는 내심(內心)의 지고(至高) 지순(至順)한 종교적 호소와 절규들도 포함된다.

3. 초기경전의 다양한 문학성

(1) 초기경전의 시문학성

부처의 모든 설법은 부처님의 위대한 인격에서 나온 것이며 끝없는 인간이해에 뿌리를 둔 자비의 말씀으로 되어 있다. 그래서 불멸 후, 초기에는 제자들이 스승의 가르침을 구송(口誦)하면서 되새기고 전승하였던 것이다. 그래서 이 때는 짧은 격언의 형태로 그대로 외우는 경우가 많았다. 또 그러한 짧은 문구(文句)에 부처가 도달한 경지와 청결한 삶의 즐거움을 전달하고 있었다. 그러나 이러한 방법도 세월이 흘러갈수록 결점이 드러나고 한계를 드러냈기에 불전을 결집하게 된다. 초기의 불전의 결집은 경과 율을 중심으로 이루어지는데, 짧은 문구(文句)에 그러한 가르침이 정리되어 체계화된 것이《아함경》이다.

《아함경(阿含經)》의 아함(阿含, Āgama)이란 전승(傳承)의 뜻이다. 즉, 이 뜻의 유래는 부처의 많은 제자들에 의해 구승(口承)되어 전하고 있던 가르침을 모았다는 뜻이다.

그리고 초기경전인《아함경》은 불제자들의 부처님에 대한 기억과 체험 및 이해가 섞여져서 편집된 것이기에 사실은 석가모니의 설법만을 그대로 전달된 것이 아니다. 그렇지만 대승불전에 비교해 보면 부처의 말씀과 인격의 향훈을 어느 정도 사실적으로 전하고 있는 자료이다. 그래서 오늘날 석가모니의 설법의 향기를 직접 감상하려고 하면 대승경전보다는《아함경》과 같은 초기경전을 읽는 것이 좋다. 즉《아함경》은 부처님의 인간적 모습, 제자들과 직접 나누는 대화와 명상하는 모습 등을 어느 정도 사실적으로 감상할 수 있는 자료로서 중요하다. 그래서 우리는《아함경》을 통하여 초기불교의 인간이해의 정신과 합리적 통찰력 등을 살펴볼 수 있다.

초기경전의 문학사상은 한 마디로 표현하기가 힘들지만 그 특징은 대승경전에 비하여 윤리적 향기가 풍부하다고 할 수 있으며, 또 이성적 합리적인 면이 강하다고 말할 수 있다. 예를 들면 '원망은 원망에 의해서 그치는 것이 아니고 그 원망을 버리는 것이야말로 처음으로 그치게 된다. 이것이 만고불변(萬古不變)의 법칙이다' 라는 윤리적 문구과 함께 '잠 안 오는 사람에게 밤은 길고, 피곤한 사람에게는 가야할 길이 멀고 멀게 보이듯이, 정법(正法)을 모르는 어리석은 사람에게는 인생의 유전(流轉)이 길고, 아득하여라' 등이 있다. 이처럼 초기경전에는 윤리적인 성구(聖句)에 의한 윤리적인 가르침 이외에 세속에서의 방황과 혼미(昏迷)의 그 밑과 끝을 투시하는 날카로운 통찰 등이 잘 나타나 있다. 즉 삶의 방황과 번뇌의 고통은 비이성적이고 비합리적인 행동에서 나온다고 가르쳐주고 있는 것이다. 다시 말하면 초기경전에서 부처님의 가르침은 인간의 윤리적 행위가 얼마나 인간의 삶을 행복하게 만들어주며 풍부하게 하는 것인가를 가르쳐주고 있다. 동시에 우리들이 스스로의 삶을 되돌아 보고 깊이 통찰해가면서 살아가는 윤리적인 삶이 얼마나 이성적이고 합리적인가를 알려주는 경우가 많다. 그러한 흐름으로 살인보다는 사랑을 가르치고, 도둑질보다는 보시(布施)를 권유하며, 또 망언(妄言)보다는 진실어(眞實語)를 말하는 소박한 즐거움을 가르친 설법이 많다. 그래서 초기경전의 교설은 대개 윤리적이며 삶의 즐거움은 언제나 이성적이고 합리적인 실천에서 우러나옴을 노래하고 있다고 말하는 것이다. 즉 초기경전은 인간의 비합리적 판단과 모순된 욕망, 행동에서 비롯된 고통을 가르치며 또 자신의 삶의 상황을 냉철하게 통찰하도록 하기 위해서 모든 행위의 근원과 그러한 현실상을 사실적으로 그려내는 특징이 있다. 또 다시 그러한 상황으로부터 탈출할 수 있는 이성적이고 합리적인 방법을 스스로 자각하도록 가르치고 있다. 또 우리들 일상적인 삶에서 어느 순간에 어떠한 즐거움이나 슬픔이 찾아와도 그러한 느낌의 밑바닥에는 본질적으로 자성(自

性)이 없이 모든 것이 항상 변화하는 속성의 현상임을 일깨워주고, 나아가서 인간의 삶 그 자체에 모든 고뇌가 숨겨져 있다는 것을 자각하게 해주고 있다.이러한 가르침은 바로 인간의 삶과 모든 것이 무상(無常)한 것이기에 인간이 한 순간에 어떠한 즐거움과 슬픔에 깊이 빠져서 고뇌할 것이 아니라 인간이라는 존재와 모든 행위의 근원을 냉철하게 통찰하여 이성적으로 초연(超然)하도록 깨우치게 하고 있다.

그런데도 우리들은 불교의 깊은 가르침의 깊이를 통찰하지 못하고 항상 일시적인 변화에 집착하여 스스로 번뇌에 빠져 괴로워하고 있다. 그래서 초기경전에는 어리석음과 번뇌로부터 오는 질곡과 속박을 끊게 하기 위해서 이성적 통찰과 윤리적인 실천이 가져다주는 즐거움 등을 강조하고 있으며 반복하여 짧은 시로 나타내고 있다. 또는 세속적 향락에 빠져서 헤어나지 못하는 방황과 혼미(昏迷)의 그 밑과 끝을 이성적합리적으로 통찰하게 함으로써 어리석음에서 시작되는 고통의 굴레에서 벗어나게 인도하고 있다. 그리고 이렇게 이성적 합리적 통찰로써 부처의 가르침을 깨닫고 마음이 자유로울 때가 바로 해탈이라고 알려주고 있다.

초기경전의 이러한 가르침을 교학적으로 표현하면 바로 '제행무상(諸行無常)', '제법무아(諸法無我)', '열반적정(涅槃寂靜)'의 삼법인(三法印)이다. 간혹 이 삼법인에 '일체개고(一切皆苦)'를 더해서 사법인(四法印)이라고도 하는데 초기경전은 이러한 가르침을 시문학적으로 쉽게 풀어서 전달하고 있다. 그래서 초기경전의 문학적 특색은 삼법인이나 사법인의 가르침을 간결하고 짧은 문장이나 대화체 또는 시문학적으로 잘 이미지화 하여 이성적이고 합리적인 인식과 윤리적 행동이 얼마나 중요한가를 논리적으로 설득시키는 데 있다고 말할 수 있다. 그리고 번뇌의 실체와 깨달음을 원인과 결과로 설명하여 일상적인 삶을 바르게 사는 길이 불도임을 설명하고 있다. 즉 사성제(四聖諦)의 교설(教說)과 팔정도(八正道)의 합리성을 노래와 운율감이 있는 시로 많이 나타내고 있다. 또 열반적정(涅槃寂靜)의 즐거움을 명확하게 알려주기 위해서 그 반대되는 상황과 원인 등을 노래로 나타내는 경우도 많다. 그러면서 십이연기(十二緣起)의 교의를 단계적으로 설명하면서 번뇌를 단절하는 수행방법을 제시하고 있다. 즉 때로는 계(戒)·정(定)·혜(慧)의 삼학(三學)과 37도품설(道品說) 등과 연관지어서 시와 노래로 설명하는 경우도 있다. 이렇게 초기경전은 시문학으로 교학을 전달되는 경우가 많았다. 즉 제자나 신도들은 가르침을 다시 외우는 과정에서 기억하기 쉽고 외우기 쉬운 짧은 시와 문장의 형태가 편리하였던 것을 알았기에, 이때는 외우고 구전(口傳)하는 데에 편리하고 효용이 있는 시문학을 더 많이 수용하였던 것이다.

초기경전의 불교문학은 이러한 과정을 통하여 주로 시문학으로 발전하게 된다. 그 후 불교교단 내에서는 그것을 다시 더 세분하고 체계화하여 정리하였다. 그것이 바로 구분교(九分教), 또는 십이분교(十二分教)의 문학형식이다. 그래서 초기경전의 문학적 특징은 바로 구분교나 십이분교로 설명할 수 있다. 또 초기불전의 구전(口傳), 암송(暗誦)은 대승 불전에도 나타나고 있지만 초기경전에 상대적으로 더 많기 때문에 초기 경전문학의 특성이라고 말하는 것이다. 그래서 초기 경전문학의 특성을 구전 형식과 시문학성이라고 말할 수 있다. 초기경전 가운데서도 다음과 같은 작품들이 풍부한 시문학성을 갖추고 있다.

㉠《법구경(法句經, Dhammapada)》

㉡《자설경(自說經, Udāna)》

㉢《여시어경(如是語經, Itivuttaka)》

㉣《경집(經集, Sutta-nipāta)》

㉤《장로게(長老偈, Theragāthā)》

㉥《장로니게(長老尼偈, Therīgāthā)》

위의 작품들은 남방불전의 《소부경전(小部經典, Khuddaka-Nikā-ya)》에 있다. 《장로게》, 《장로니게》는 BC 6~3세기경에 성립되었다고 전하는데 출가한 불제자들이 수행 중에 느끼는 종교적 희열과 마음의 편안함을 아름다운 시문학적 이미지로 표현한 것이다. 이 두 게송집은 공통적으로 종교적 이상과 윤리적 가르침을 높이 칭송하고 있다. 특히 《장로게》의 서(序)와 제21장의 127게송 그리고 《장로니게》의 제16장의 522게송 등은 출가수행자만이 느끼는 불도(佛道)의 오묘한 기쁨과 열반적정(涅槃寂靜)의 도락(道樂)을 노래하고 있다. 특히 《장로게》는 비구승들이 대개 수행중의 자신들의 내적 경험을 묘사한 것이 많고 자연의 묘사가 중요시되어 있으며 수행인 자신들의 신앙심의 고백도 많다. 그런데 《장로니게》는 비구니 수행승들이 수행중의 외적 경험을 묘사한 것이 많고 인생에 대한 보편적 경험을 묘사한 것과 수행 생활 중의 개인적 체험을 노래한 것이 많다. 이러한 《장로게》, 《장로니게》는 고대 《리그 베다》의 찬가(讚歌)에서부터 《칼리다사(Kalidasa)》, 《아마루(Amaru)》에 이르는 인도의 서정시들 가운데서도 최고의 지위를 차지할 정도로 높이 평가받고 있는 시집이다.

《자설경》과 《여시어경》은 교단에 출가자들이 학습하는 내용 가운데서 시문학으로 유명한 작품을 모아서 예로부터 노래로 불러온 작품들이다. 그런데 《법구경》, 《경집》는 출가자와 재가신자 모두에게 회자되어온 작품으로서 번잡하고 복잡한 교리는 적고 간단하고 소박한 가르침을 보여주며 아주 초기의 불교를 보여주고 있다. 어떻게 보면 사람으로서 마땅히 걸어가야할 길을 말하고 있고, 인생의 윤리적 삶의 실천이 얼마나 최고의 기쁨을 가져다 주는가를 노래한 작품이 많다.

《법구경》은 423게송으로 구성된 시집인데 B.C. 3~4세기경에 편집되어진 것으로 알려지고 있다. 그 내용은 폭넓은 인간성의 이해와 이성적이고 합리적 통찰을 지닌 부처의 인격에서 우러나오는 삶의 지혜를 주옥(珠玉)같은 시어(詩語)로 표현되어 있다. 그래서 《법구경》은 바로 부처의 인격을 전하는 향기 높은 초기 경전문학의 대표적인 시집이다. 그리고 《경집》은 초기경전의 불교문학 가운데서도 시대적으로 가장 오래된 작품인 동시에 인도 고유의 장단(長短)의 시형(詩形)으로 낭송되어야 하는 시집이다. 그래서 보통 《경집》은 인도 고전시의 장단형(長短形)의 원형으로 평가받고 있다. 그리고 《경집》의 5장 가운데 의품(義品)과 피안도품(彼岸道品)이 가장 오래된 시로서 일찍부터 노래로 유행되었던 작품이다. 이렇듯이 《경집》의 5장 각각은 별개의 독립된 경전으로 성립되어 전래되어 오다가 어느 시기에 하나의 경전으로 모아졌다고 보여진다. 한역된 것은 제4장 뿐으로, 《의족경(義足經)》이 바로 그것이다.

이처럼 초기경전의 불교문학은 시문학성과 가요성이 풍부한 작품이 많다. 특히 종교적으로 체험되는 여러 형태의 감동과 정신적 희열감을 노래한 작품이 많다. 《리그 베다》이래로 종교적 감동을 시적으로 표현하는 것이 고대 인도문화에 있어 하나의 전통으로 내려왔기 때문에 불교의 초기 경전문학에도 이러한 전통을 수용하여서 정교하고 세밀한 시문학이 많이 담겨 있다.

그 외의 초기경전에서 무시할 수 없는 것이 《잡아함경》과 《중아함경》이다. 《잡아함경》은 부처님의 교설을 사실적으로 전하고 있다. 즉 소박한 형태로 기술한 단편들로서 산문과 운문을 혼합한 시화조(詩話調)로 된 작품이 많다. 즉 대개 한 편의 시로 평가해도 손색이 없는 시작품들과 그 의미를 다시 산문으로 설명하는 형태로 구성되어 있다. 특히 제7 게송은 매우 아름다운 불교시이다. 그리고 《중아함경》은 산문과 운문의 혼성체(混成體)로 구성된 시적 이야기로서 출가와 재가를 막론하고 많은 감동을 주고 있다. 《중아함경》과 《잡아함경》은 이렇게 소박한 형태로 부처님의 교설과 종교적 가르침을 전하고 있어 문학적으로도 잔잔한 감동을 주고 있다.

또 법신게(法身偈)·연생게(緣生偈)·연기게(緣起偈)·제행무상게

(諸行無常偈)·설산게(雪山偈)·무상게(無常偈)·칠불통계게(七佛通戒偈) 등은 불설(佛說)을 시적 이미지로 표현한 것으로서, 예로부터 불자들에게 널리 회자되는 작품들이다. 이러한 시작품에는 동일한 표현과 상투어(常套語)들이 많이 반복되어 있고, 또 부처님 재세중(在世中)에 널리 유포되었다고 유추되는 어구(語句)들이 반복하여 나열되어 있어 어학적 연구에 좋은 자료가 되어주고 있다. 이렇듯이 초기 불교문학은 대체로 아름다운 시문학의 형태로 발전하였다.

① 찬불문학(讚佛文學)

찬불문학은 부처님의 덕을 찬탄하거나 가르침의 숭고함을 칭송한 시작품이다.[47] 오늘날까지 전하는 찬불문학은 대개 시문학적 결정도(結晶度)가 높아서 인도문학사에서도 객관적으로 그 문학성을 인정하는 작품들이 많다. 이러한 작품들 가운데 너무도 유명한 것이 불교시인인 마명(馬鳴, Aśvaghoṣa, A.D. 1~2세기)이 지은《불소행찬(佛所行讚, Buddhacarita)》이다.

《불소행찬》에 표현된 산스크리트어는 유려하고 우아한 문체로서 인도의 전통적인 카비야(kāvya) 형식의 시로된 부처의 전기(傳記)이다. 이 작품은 매우 아름다운 시문으로 부처의 생애를 묘사하고 있는데 불전(佛傳) 가운데서도 가장 아름다운 시문학이다. 그리고 이 작품은 불교사적으로 대승불교적 요소가 없고 부파불교의 대표적인 학파인 설일체유부(說一切有部)의 영향하에 이루어졌다고 평가받고 있다.

---

47) 인도에서는 보통 찬가(讚歌)를 슬라바(slava), 스토트라(stotra)라고 불렀다. 그런데 불교도들이 부처의 인격의 훌륭함과 가르침의 숭고함을 찬탄하는 많은 게송을 만들어 내면서 후대에 이르러서는 스라바나 스토트라라는 단어는 자연히 불교도들이 자신들의 부처님을 찬탄하는 시와 노래 라는 뜻으로 통용되었다. 그리고 불교경전 가운데 부처의 덕성과 덕행을 시문으로 찬탄한 것을 찬탄경전이라고도 부른다.

현재 산스크리트어로 쓰여진 원전은 완전한 형태로 남아있으며, 모두 17장으로 되어 있다. 그런데 한역본에는 28장으로 되어 있다. 산스크리트의 원본을 살펴보면 마명이 직접 쓴 것은 14장까지이고 15~17장까지는 후세의 사람들이 가필한 것으로 추정되고 있다. 마명이 직접 쓴 14장까지의 내용을 보면 카필라성의 묘사에서 시작하여 부처의 탄생, 성장, 인생에 대한 고뇌, 출성(出城), 출가, 빔비사라왕과의 만남, 2명의 선인의 방문, 항마(降魔)까지 서술하고 있다.

그리고 마명의《단정한 난다(Saundarananda)》도 카비야 형식의 서사시(敍事詩)인데 인도문학의 최고 작품의 하나로 평가받고 있다. 이 시편은 모두 18장 1063게송으로 되어있다. 이 작품은 역사적으로 있었던 소재를 마명이 극적인 구성과 시적 이미지로 다시 상상하여 표현한 것이다. 작품의 줄거리는 다음과 같다. 제1장에서 3장에서는 옛날 석가모니가 성불한 후에 고향인 룸비니 동산으로 되돌아와서 석가족과 가족을 만나면서 그때 부처님의 이모가 낳은 동생 난다(難陀, Nanda)를 처음으로 보게되는 내용이다. 제4장 처의 바램에서는 부처님의 권유로 출가하게 된 난다가 겪게 되는 여러 가지 일들과 그의 인간적 갈등을 이야기하고 있다. 즉《단정한 난다》는 불교교단에 전해오던 부처님의 동생 이야기를 마명이 문학적으로 재구성한 작품이다.

작품의 극적 구성과 내용을 제4장부터 자세히 이야기하면, 부처님을 따라서 불문에 출가하기 전에 난다에게는 아름다운 순다리(Sundarī)라는 처가 있었다. 난다와 순다리가 궁정에서 둘만의 시간을 보낼 때에 부처님이 그들의 궁앞에 와서 탁발을 하는데 어느 누구도 나오지 않고 있었다. 난다는 그 사실을 하인에게 듣고 급히 나가면서 처에게 당신의 얼굴에 화장을 하기 위해서 덮은 수건이 마르기 전에 되돌아 오겠다고 약속하고 나간다. 부처님을 뒤쫓아간 난다는 부처님을 만났으나 부처님은 계속 사람이 드문 길로 가다가 발우를 난다에게 주고 그대로 정사(精舍)로 들어가 버리신다. 그런데 정사 안까지 따라 들어온 난다는 부처의 강력한 권유로 갑자기 불문에 출가하면서 처와 이별을 하게 된다.
난다는 어쩔 수 없이 출가를 승낙하면서 아난의 삭발에 눈물을 흘린다.
그러나 출가한 이후에 난다는 아름다운 처를 그리워하며 남편으로서의
인간적으로 갈등하고 있다. 그러면서 집으로 되돌아가려고 한다. 또
홀로 남겨둔 처에 대한 남편의 애틋한 애정과 심려 속에서도 부처님에
대한 무한한 존경심을 어떻게 극복할 것인가를 대화체의 시문에 나타내
고 있다. 한편으로는 처에 대한 사랑과 신앙심의 틈새에서 고뇌하는 난
다의 모습을 사실적으로 그리고 있다.

   제6장에는 자상한 남편으로부터 어느 날 갑자기 버림받은 신세가 되
어버린 순다리의 탄식을 통하여 난다의 어려운 입장을 자연스럽게 전달
되도록 표현되어 있다. 이러한 내용은 난다와 순다리라는 실제의 인물
과 당시 역사적 상황을 마명이 문학적으로 상상한 것이지만, 인간의 본
능적 욕망과 종교적 진실로에 향하는 신앙심과의 갈등을 대비시켜서 나
타냈다는 점에서 마명의 문학적 상상력과 구상력이 뛰어나다고 평가할
수 있다. 제7장에서는 처를 생각하여 집으로 되돌아가려고 결심을 한
다. 그런데 제8, 9장에서는 한 사문이 그러한 난다를 타이르지만, 그의
결심을 꺾을 수 없음을 알고 부처님께 그 사실을 알린다. 제10장에서
는 부처님이 신통력을 발휘하여 난다를 설산(雪山)으로 데리고 가서 외
눈박이 원숭이를 보여주며 순다리와 비교시킨다. 또 인드라신의 낙원
으로 데리고 가서 천녀(天女)들을 보여준다. 그렇게하니 난다는 천녀
에게 애착을 나타낸다. 그때 부처님께서 천녀와 같이 살기위해서는 수
행이 필수조건이라고 가르친다. 그리고 땅의 세상으로 내려온다. 그
후 난다는 천녀를 얻기위해서 열심히 수행을 한다. 그런데 아난이 그런
난다를 보고 수행하는 마음이 바르지 못하다고 타이른다. 12장에서는
아난의 충고에 부끄러움을 느낀 난다가 부처님께 가서 자신의 심정을
말하고 바른 믿음을 얻기 위한 가르침을 듣게 된다. 13장에서 16장까
지는 부처님의 설법으로 구성되어 있고, 17장에서는 불법을 들은 난다

가 열심히 수행하여 아라한이 되는 것을 이야기하고 있다. 18장은 난다가 부처님에게 자신의 깨달음을 보고하자, 부처님은 난다에게 수기(授記)를 하는 이야기로 구성되어 있다.

이러한 주제는 오늘날 현대인들도 겪을 수 있는 보편적 상황이기에 오늘날에도 이 작품을 희곡화한다면 감동을 많이 줄 것으로 생각된다. 그래서 이 작품은 일찍부터 불교문학 작품 가운데서도 극적인 구성법과 표현이 뛰어난 것으로 높이 평가받고 있다. 또 인도문학의 일반작품 가운데서도 문학적 결정도가 높은 희곡작품으로 평가받고 있다. 그리고 특히 작품에 나타난 사상이 소승적이지 않고 대승적 색채가 많으며, 또 선정(禪定)을 중요시하는 부분이 나타나기에 후기유가행파와 관계가 있다고 알려져 있다. 이 작품은 특히 마명의 《대승기신론》과도 사상적으로 연관있다고 할 수 있다. 그래서 이 작품은 초기 대승사상사적으로 중요한 작품이다.

다음으로 널리 알려진 작가는 마트리체타(Mātṛceṭa, A.D. 2~3세기)이다. 마트리체타는 찬불(讚佛)의 시인으로서 그가 쓴 《백오십찬(百五十讚, Śatapañcāśataka)》, 《사백찬(四百讚, Catuḥśataka)》은 옛날부터 시문학적으로 걸작이라고 평가받고 있다. 그의 다른 작품들도 옛날부터 인도에서부터 중앙아시아까지 널리 퍼져있다. [48]

그리고 7세기경 바르트리하리(Bhartṛhari)가 지었다고 전하는 《백송시집(百頌詩集, Śataka)》이 유명하다. 이 시집은 산스크리트어의 서정시집인데, 현재 서양학계에서는 바르트리하리라는 한 사람이 그 많은 시편을 창작했기보다는 그가 그의 작품을 중심으로 편찬한 것이 아닌가 하고 추측하고 있다. 《백송시집》 가운데 3종류의 시편이 유명하다.

즉 〈연애시 백편(Śṛṅgāra-śataka)〉, 〈처세시 백편(Nīti-śataka)〉, 〈이욕(離欲)시 백편(Vairāgya-śataka)〉이다. 〈연애시 백편〉은 연애의 감정과 정

48) D.R.S.Bailey, *The Śatapañcāśataka of Mātṛceṭa*, 1951.

서를 노래한 서정시를 모아놓은 것으로, 이 시편에서는 연애와 여성의
매력을 찬탄하지만, 결론은 항상 연애의 번뇌를 끊고 인생의 궁극적 목
표인 해탈에 도달해야 한다고 교훈적 내용으로 끝맺고 있다.〈처세시 백
편〉과〈이욕시 백편〉은 종교의 실천, 도덕적 가르침을 찬탄하고 노래함
으로써 정열과 불타는 번뇌를 끊어버리고 최고의 이상을 지향하여, 해
탈의 경지에 도달해서 신(神)에 대한 신앙심으로 살아가는 현자(賢者)
의 삶의 길이 가치있다고 찬탄하고 있다. 이 두 편에는 바르트리하리의
인생관과 체험이 투영되어 있다고 평가받고 있다. 원래 바르트리하리는
왕족의 출신으로 젊을 때에 인생의 향락을 만끽하면서 살다가 어느날 세
상을 버리고 고행하며 은둔하는 수행인의 삶처럼 살았다고 전하다. 중
국 승려 의정(義淨, A.D. 635~713)의《남해기귀전(南海奇歸傳)》에는
'대치가리(代儗呵利)'로 기록되어 있는데, 바르트리하리와 대치가리가
동일 인물인가 증명할 수는 없으나 의정이 전하는 내용과 많이 비슷하다
고 평가받고 있다.[49] 의정은 바르트리하리가 대학자로서 불교에 깊이 심
취하고 노력했으나 번뇌 때문에 승속(僧俗)을 왔다 갔다 했던 것이 7번
이나 된다고 전하면서 한탄하는 시를 덧붙이고 있다.

또 7세기경에 창작되었다고 전하는 하르샤 왕(Harṣa, 戒日王, 재위
기간 A.D. 606~648)의 작품이 유명하다. 그의 희곡인《용왕(龍王)
의 기쁨(Nāgānanda)》,《프라야다르시카(Priyadarśikā)》,《라트나발
리(Ratnāvali)》와 찬시(讚詩)인《팔대영탑범찬(八大靈塔梵讚)》[50] 등
을 남기고 있다.《용왕의 기쁨》의 전체적 내용은 보살의 자기 희생적 행

49) 松山俊太郎,《世界名詩集大成 13》, 昭和 35年.
   D.D. Kosambi, *The Epigrams attributed to Bhartṛhatr, including the three centurieo*,
   Bombay, 1948.
50)《팔대영탑범찬(八大靈塔梵讚, Aṣṭamahāśrīcaityastotra)》의 팔대영탑이란
   인도의 여덟 곳에 석가모니의 사리를 안치시킨 곳으로 부처의 인연이 있는 곳
   이라는 뜻의 영적(靈跡)의 탑을 뜻한다.

위와 무량한 자비심에 따라서 새롭게 재생하는 이야기의 테마 등을 전하고 있다. 이《용왕의 기쁨》의 희곡은 5막으로 구성되어 있으나, 제1막에서 제3막까지는 히말라야 산에 사는 운승(雲乘) 왕자가 남인도의 왕녀 마라야바티를 만나서 사랑하고 결혼하는 이야기로 구성하고 있고, 제4,5막에 불교적 테마를 서술하고 있다. 즉 왕자가 불교적 희생정신으로 용왕을 구하기 위하여 자신의 몸을 카르타 새의 먹이로 던지지만 카우리 여신의 도움으로 재생하여 왕자의 임무를 다한다는 줄거리로 되어 있다.

그리고 A.D. 11세기경에는 비슈누 파의 시인으로 인도 카시미르 지방에 널리 알려진 크세멘드라(Kṣemendra)의《아바다나칼파라타(Avadānakalpalatā)》가 전한다. 이 작품은 시인이 불교에 귀의해서 처음으로 새롭게 경험하고 느낀 것들을 아름다운 시문으로 찬탄하고 노래한 작품이며, 부처님의 숭고한 인격과 불교의 오묘한 가르침 등을 인도의 시문 카비야 형식으로 찬탄하고 있다. 그리고 작품연대는 명확하지 않으나 현성(賢聖)의 편찬이라고만 알려진《불삼신찬(佛三身讚)》, 《칠대찬탄가타(七大讚嘆伽陀)》와 적천(寂天)의 편찬이라고만 알려진《불길상덕찬(佛吉祥德讚)》 등도 전하고 있다.

이외에도 티베트 대장경의 예찰찬부(禮札讚部)에는 용수(龍樹)의 《법계찬(法界讚, Dharmadhātu-Stava)》·《무비찬(無譬讚, Nirupama-Stava)》·초세간찬(超世間讚, Lokātīta-Stava)》 등과 무착(無着)의《법신공덕찬(法身功德讚)》, 샤키야슈리(Śākyaśri)의《여래명가현겁장엄만(如來名歌賢劫莊嚴鬘)》 등의 많은 작품이 보존되어 있다. 그래서 많은 사람들이 티베트 대장경을 찬불문학의 대보고(大寶庫)라고도 말하기도 한다.

티베트와 중앙아시아를 거친 불교의 찬불가는 인도의 전통음악과 중앙아시아의 민속음악이 혼합되어 중국에 들어갔는데, 그 때에 중국의 음악에 깊은 영향을 끼쳤다고 말할 수 있다. 즉 인도, 티베트의 찬불가

의 중국에의 전파는 중앙아시아의 음악과 악기도 동시에 전파시켰던 것
이다. 그리하여 서서히 중국 제례(祭禮)의 음악 형식과 전통이 사실상
외래의 음악예술 형식을 수용하면서 변용하였다고 해도 과언이 아니다.
또 특히 미술조각 분야에서 인도불교의 간다라 풍의 미술의 영향도 역
시 강력하였다. 예를 들면 구마라습이 태어난 곳인 구자국(龜玆國)의
동굴에 그려진 그리스 풍 색조(色調)의 보살화(菩薩畵)가 그러한 예이
다. 중국의 서북쪽 극단의 감숙 회랑(甘肅廻廊) 끝에 위치한 돈황(敦
煌)에는 간다라 풍의 벽화로 꾸며진 영구적 불당을 남겨 놓았다. 특히
천불동(千佛洞)으로 알려진 이곳은 바위로 정교하게 장식된 곳으로 이
곳의 석굴사원(石窟寺院)들 가운데 하나(第17號窟)는 거대한 불교 도
서관의 역할을 하게 된다. [51]

또 불교적 성상(聖像)에 대한 중국내륙 지역 불교도의 수요로 인해서
간다라풍의 불교미술과 조각이 많이 만들어져 전파되면서 불교예술은
크게 발전하게 된다. 특히 불교음악은 정토종의 찬불문학에 크게 영향을
끼친다. 즉 중국의 찬불문학은 정토찬가(淨土讚歌)에서 결실을 맺는다
고 해도 과언이 아니다. 중국에서 정토찬가의 효시는 후위(後魏)시대의
담란(曇鸞, A.D. 476~542)의 《찬아미타불게(讚阿彌陀佛偈)》이다. 《찬
아미타불게》의 형식은 7언을 1구(句)로, 2구(句)를 1행(行)으로 만든 95
행 51게(偈)로 구성되어 있다. 이 작품의 내용은 주로 《무량수경(無量壽

---

51) 감숙성 돈황현 남쪽으로 20㎞ 떨어진 막고굴(莫高窟)은 이곳을 자주 침략한
유목민족들과 티베트인들로 인해서 많이 훼손되었지만, 1035년경부터는 거
의 밀폐되어 있었다. 서양인들에 의해서 우연히 발견된 이후부터 강제로 개
방되었지만, 1900년까지 개방되지 않았다. 이곳이 도서관과 같은 역할이라
는 뜻은 오랜 세월 동안 중국 내의 정치적 혼란으로 불교문서들이 파괴되었을
때에 막고굴에 보관된 문서들은 파괴되지 않고 있었으며 그런 의미에서 중국
의 유일한 문서 보관소로 평가할 수 있다. 그리고 중앙아시아의 각종 언어와
한자로 필사된 수천 종의 문서들을 오늘날 우리들에게 전하게 되었다는 의미
이다.

經)》에 의거해서 아미타불이 법장(法藏) 비구로서 오랜 세월 동안 수행의 결과로 아미타부처가 되었고 그 보상으로 얻은 정토이기에 참으로 아름답다고 찬탄한 것이다. 또 담란은 아미타불에 대한 자신의 깊은 신앙심과 개인적으로 체험한 갖가지 종교적 감동을 다시 다른 문학적 이미지로 표현한 것으로 문학성이 높은 찬가이다.

그후 당나라 때는 선도(善導, A.D. 613∼681)가《정토법사찬(淨土法事讚)》·《왕생예찬게(往生禮讚偈)》·《반주찬(般舟讚)》이라는 문학성이 풍부한 정토찬가를 남긴다. 이러한 작품은 나중에 동북아시아에 널리 알려져 각국의 정토신앙의 신자들에게 신행(信行)의 등불이 되면서 염불과 노래로 유행하게 된다. 선도의《정토법사찬》은《아미타경》의 내용에 기반을 둔 찬가로서 아미타불의 공덕과 그의 정토를 찬탄한 시문이다. 그리하여 이 작품은 동북아시아의 각국의 정토종에서 행도(行道), 실천행의(實踐行儀)로서 널리 활용되기도 한다. 즉 각국의 정토신앙의 신자들은 수행의 하나로 이 찬가문을 매일 아침·저녁의 예불시간에 독송하였던 것이다. 그외에 '원왕생(願往生)'·'무량락(無量樂)'의 화성(和聲, harmony)이 붙어 있는《반주삼매경(般舟三昧經)》과 '산화락(散華樂)'의 화성이 붙어 있는《청관세음찬(請觀世音讚)》·《행도찬범게(行道讚梵偈)》 등도 널리 독송되기도 하였다. 그리고《왕생예찬게》·《육시예찬》은 용수의《십이례(十二禮)》, 세친(世親)의《정토론(淨土論)》, 또 언종(彦琮, A.D. 557∼610)[52]의《원왕생예찬게(願往生禮讚偈)》의 게송들을 찬불가로 편집한 정토찬가집이다. 아침·저녁의 육시(六時)에 행의용(行儀用)으로 사용되기도 한다. 이러한 정토찬가들은 예배가요로서 널리 활용되면서 정토로 향한 신자들의 원생심(願生心)을 더욱 환상적으로 증폭시켜준다. 다음에《반주찬》은《반주삼매경(般舟三昧經)》의 교리에 근거해서 7언 게송을 총 37편

---

52)《통극론(通極論)》과《중경목록(衆經目錄)》을 지었다.

281행반으로 구성된 것인데, 선도 자신의 깊은 신앙심을 찬가로서 나타낸 것이며, 개인적으로 체험한 각종 종교적 감동을 주옥같은 시구로 표현한 것이다. 그리고 이 작품은 '반주삼매락(般舟三昧樂)'의 발성(發聲)으로 시작하여 게(偈)의 상구(上句)에서 '원왕생(願往生)'을 하구(下句)에서는 '무량락(無量樂)'을 덧붙여서 노래하여 정토의 장엄과 정토에로 회향하는 신앙심이 일어나도록 하며 또 종교적 법열(法悅)을 느끼게 하고 있다. 이러한 느낌을 합창으로 전달하고자 하기에, 정토신앙의 신자들에게 깊은 종교적 감동을 줌과 동시에 노래를 듣는 이로 하여금 장엄한 정토의 세계로 이끌리는 듯한 감동을 준다.

8세기경의 중국에서 선도(善導)의 후신(後身)이라고 전하는 법조(法照)는 찬불작가로서《정토오념염불약법사의찬(淨土五念念佛略法事儀讚)》,《정토오념염불송경관행의(淨土五念念佛誦經觀行儀)》를 남기고 있다. 《정토오념염불약법사의찬》에는 39종류의 찬불가가 실려있고,《정토오념불송경관행의》에는 법조 자신이 지은 12종의 찬불가와 언종(彦琮), 선도(善導), 자민혜일(慈愍慧日, A.D. 680~748) 등의 정토찬가 등이 수록되어 있다. 또 법조의 다른 염불찬(念佛讚)의 7종은 오늘날 돈황본(敦煌本)으로 전하고 있다. 이 외에 돈황의 문학문헌에는 다른 작가들의 정토찬가도 많이 전하고 있는데[53] 이것은 당시 8세기경의 중국 정토종에서는 정토찬가를 많이 만들어 유포시켰다는 사실을 말해주는 것이다.

보통 선문(禪門)에서는 불법(佛法)의 궁극은 어디까지나 말로 나타낼 수 없는 것이라고 표방하고 있지만 오히려 선문학(禪文學)이 발달되어 있다. 어떤 면에서 보면 선은 표면적으로는 불립문자(不立文字)를 내세우고 있지만 사실은 다른 어떤 종파보다도 말과 문자를 절묘하게 사용하여 불법과 선의 법리(法理)를 효과적으로 생동적으로 나타내

---

53) 金剛照光編,《敦煌の文學文獻》, 大東出版社, 1993.

고 있다. 다르게 말하면 선은 일상적 언어표현의 범주를 초월하는 실천과 주체적 체험을 중요시하고 있는 것이다. 그래서 그러한 초월적 주체적 인식으로 세속의 일상적 언어문학의 상투적 표현, 매너리즘적인 사고(思考)의 함정을 뛰어 넘어서려고 노력하면서, 또 한편으로는 선문학, 예찬문(禮讚文) 등도 짓고 있다. 그래서 당나라 때 발전하는 선종은 송대(宋代)에 들어가면 조사(祖師)들의 어록(語錄)과 더불어 예찬문(禮讚文)이 많이 나온다. 그런데 그러한 게송은 가요성이 조금 떨어져서 선문에서 실제로 노래되어지기보다는 하나의 표현법으로서 남는 경우가 많았다. 그러한 예가 인악(仁岳)의《석가여래열반예찬문(釋迦如來涅槃禮讚文)》과《석가여래강생예찬문(釋迦如來降生禮讚文)》등이다.

(2) 초기 경전의 서사문학성

① 불교서사문학의 원형(原型)인 불전문학(佛傳文學)

불전(佛傳)은 석가모니의 생애의 이야기, 전기(傳記)를 말한다. 그런데 부처의 전기물은 시대와 사상의 변화의 흐름에 따라서 조금씩 다르게 제작되어왔다. 그러나 그 기본은 대체로 역사적으로 인도에 태어났고 실재로 활동했던 고타마 싯타르타(Gautama Siddhārtha)라는 인물이 어떻게 해서 부처가 되었고, 무엇을 깨달았고, 어떻게 교화를 하였는가를 이야기하고 있다. 고타마 싯타르타는 바로 석가모니의 아명(兒名)이고, 보통 부르는 석가모니(śākyamūni), 석가세존(釋迦世尊)이라는 뜻은 불교사적으로 석가족(釋迦族)의 성인으로서 세상에서 존경받을만한 분이라는 뜻이고 또 불교의 개조(開祖)라는 뜻이 강하다. 그래서 고타마 싯타르타라고 부를 때는 보통 인간으로서 우리들과 같은 역사적인 인물을 의미하지만 고타마 붓타라고 부를 때는 예로부터 불교사적으로 세상에서 존경받는 성인으로서 불교의 교조(敎祖)라는 뜻이 강하다고 말할 수 있다.

또 보통 부처라고 말하면 석가모니 한 분만을 뜻한다고 생각하지만 대승불교 시대에는 석가모니 이외에도 다른 많은 부처의 이야기가 만들어져 세간에 유행하게 된다. 그래서 그러한 때는 많은 불전이 유행하는 관계로 특히 석가모니를 고타마 붓다(Gotama Buddha)로 명기하여 다른 부처와 구별하기도 하였던 것이다. 즉 현재 대장경에 전하는 불전(佛傳)을 살펴보면 석가모니의 전기와 다른 부처의 전기를 모두 불전이라고 부르고, 함께 한 종류로 분류하고 있음을 알 수 있다.

그런 의미에서 불전문학은 역사적 사실에 근거한 불교 개조의 전기이외에도 오랜 세월동안 불교도들이 만든 불보살의 생애 이야기와 인간의 종교심의 표현이라는 차원에서 부처를 상상하고 표현한 문학적 전기문학도 포함된다고 말할 수 있다. 즉 불전문학은 실제로 존재한 역사적인물인 고타마 싯타르타의 생애만을 그린 것이 아니고 넓은 뜻에서 모든 부처와 보살의 이야기도 포함된다. 즉 석가모니의 생애의 이야기와함께 다른 많은 부처의 이야기나 보살의 전생담(前生譚), 또는 인도의 다른 신화, 영웅 이야기를 복합적으로 첨가한 부처의 영웅적 모험이야기까지도 포함한다. 바꾸어 말하면 불전문학은 고타마 붓다의 생애의 이야기와 함께 문학적으로 다양하게 그린 각종 보살담(菩薩談), 영웅담까지도 의미하는 것이다. 그래서 불교의 서사문학과 보살담의 이야기 원형(原型)을 불전(佛傳)이라고 말하는 것이다.

대승불교가 성행하던 때에는 불전문학이 모범적인 불교인의 삶과 모든 성인들의 이야기까지도 확대되어 이야기된다. 그러면서 이 때부터 불전문학에는 부처가 되기 위해서 어떠한 노력을 해야하고 불교의 깨달음을 가치있게 실현하는 것이 무엇인가에 대하여서도 생각하게 하는 점, 즉 철학적으로 사색하게 하는 면이 나타난다. 이렇듯이 후대로 내려올수록 불전문학은 고타마 붓다의 전기만을 이야기로 전하는 것이 아니고 다른 붓다[54]의 이야기 또는 모든 깨달은 인간들의 이야기를 부처의 다양한 모습, 형태로 이야기하게 된다. 그리고 또 간혹 성불(成佛)하기 전까지 보살로서의 노력, 좌절, 성취 등의 과정을 문학성 풍부하게 이야기하기도 하고 또는 인도의 민간사회에 유행하던 각종 신화와 영웅들의 전설을 부처의 이야기로 개작하기도 한다. 그래서 대승불교기의 불전문학을 통하여서는 당시 불교계에서 가장 이상적으로 생각한 그들의 인간상 등을 간접적으로 살펴볼 수 있다.

그런데 불전문학사를 통하여 초기의 불전문학은 고타마 싯타르타가 어떠한 노력을 통하여 진리를 깨달았고 성인이 되었는가 등의 과정을 사실적 이미지로 그려 이야기하고 있다. 그러나 세월이 흘러갈수록 불전문학은 진리를 깨우친 제자, 재가신자 중의 선인(善人)과 영웅들의 삶 이야기와 그들의 구도(求道) 이야기 등도 불전의 이야기 속에 들어오게 된다. 즉 후기의 불전문학은 다양한 전기문학으로 발전한다. 그리고 불교의 다른 서사문학(敍事文學)도 대부분 불전문학(佛傳文學)에서 파생되는 형태로 나타나기 때문에 불전문학을 불교서사문학의 모든 장르의 원형이라고 말할 수 있다.

다시 설명하면 불교사적으로 불전문학의 변화과정을 살펴보면 초기의 불전은 고타마 붓다의 이야기가 대부분이었으나 서서히 부처님의 전생담(前生譚)이 만들어지고, 다시 석가모니 이외에 다른 과거의 부처·보살들의 이야기도 만들어지면서 또 석가모니 이야기 속에 인도의 각종 신화와 전설 속의 영웅담과 선행담(善行談)이 섞여서 들어온다.

---

54) 부처라는 말은 붓타(佛陀, Buddha)를 우리말로 읽은 것이다. 원래 붓타는 '깨닫다, 눈을 뜨다'라는 산스크리트 어의 동사 어근(√Budh: 깨어나다)과 과거분사의 뜻을 지닌 접미사(-ta)가 합성하여 된 것이다. 그래서 붓타라는 말은 '이미 진리를 깨우친 분'이라는 뜻이다. 중국에서 붓다(Buddha)를 '佛陀', '佛', '浮屠'로 음사하였는데 한국에서는 '붓타'라는 발음이 점점 '붓터', '부처'로 변하였던 것이다. 그러면서 존칭을 나타내는 명사형 접미사 '-임/님'이 붙어서 '부처님'으로 불리워졌던 것이다.

불전의 이야기가 이렇게 복잡하게 되는 배경을 찾아보면 석가모니가 돌아가신 이후에 석가모니의 가르침을 직접적으로 받았던 제자들도 서서히 나이가 들어 죽게 되면서 석가모니를 직접 뵙지 못한 불문(佛門)의 제자들이 스승의 스승이신 부처님은 과연 어떤 분일까? 라는 순수하고 소박한 마음으로 상상해 보고 머리 속으로 다시 그려보는 과정에서 그리고 또 재가신자들을 가르치는 과정에서 부처님의 이미지를 점점 신격화(神格化)하여 갔던 것이다. 즉 당시 인도 민간사회에 널리 회자되고 알려진 윤회(輪廻)의 이야기와 각종 신들의 이야기, 영웅들과 선인(善人)들의 이미지로 상상하여 부처님도 그러한 신들과 같은 위엄을 갖추셨고 영웅들과 같은 용기와 많은 노력으로 고난을 극복하셨고 선인들처럼 많은 선행(善行)과 훌륭한 일을 많이 하셨기에 성불(成佛)하였다고 상상하였던 것이다.

그리하여 제자들의 마음속에 새겨진 그러한 부처의 이미지가 문학적 이미지로 표현되는 과정에서 부처의 이야기는 새로운 형태의 불전문학으로 발전하게 된 것이다. 즉 초기의 불제자들은 직접 뵙지 못한 스승에 대한 존경심과 순수하고 소박한 종교적 동기에서 부처의 이미지를 보통의 인간들과는 다른 탁월한 능력과 의지의 소유자로 상상하고 다시 그렇게 상상한 이미지는 부풀려져 인도사회에 전래되고 있던 각종 영웅담 신화와 같이 확대되어 갔던 것이다.

그래서 이러한 형태로 발전하는 초기의 불전문학은 제자들이 직접 부처님을 뵙지못한 아쉬움과 존경심과 불법에 대한 외경심이 장중하고 서사시적인 문체로 표현되는 경우가 많았고 또 부처의 인격을 웅장하고 거대한 대자연의 이미지로 상징적으로 나타내거나 문장 속의 운율적 리듬감을 점층적으로 나타내는 경향이 많았다.

예로부터 부처의 삶 그 자체는 불제자들에게 신앙의 대상으로서 자신들을 바로 불문(佛門)에 출가하게 만든 근본적 요인이었기에, 불전은 재가와 출가를 불문하고 중요한 교재로 활용되어 간다. 오늘날에도 불교를 모르는 이들은 바로 불전문학을 통해서 처음으로 불교를 알게되고 부처님에 대한 깊은 존경심을 갖게되며 나아가서는 때로는 석가모니처럼 되고 싶고, 그러한 삶을 살고자 한다. 즉 불교도들에게는 고타마 싯타르타가 어떠한 삶을 살았고 또 어떻게 성인이 되었는가를 아는 것이 중요하였던 것이다. 그리고 재가신자들에게는 부처님의 삶 이야기가 바로 자신들이 배워야 할 바른 삶의 모범이었기에 불전을 중요시했던 것이다. 그래서 인도의 지역에 따라서는 불사리(佛舍利)가 모셔진 사리탑이나 그 주변의 석주(石柱)에 불전(佛傳)의 이야기를 소재로 하여 그림을 그리거나(불교설화화), 본생담을 각종 변상도(變相圖)로 나타내거나 조각하여 재가신자들이 자연스레 보게하여 배우게 하고 종교적 감동을 느끼도록 환경을 조성하기도 하였다. 불전문학은 이렇게 옛날부터 불교를 교화하는데 중요한 자료가 되어 왔다.

　그리고 불전문학을 통해서 불교인들의 삶의 모습과 그들이 이상적이라고 생각한 불교의 이상적인 인간상을 살펴볼 수 있다. 즉 불전 속에 전해져오고 있는 많은 전기물은 바로 불교인 자신들이 이상적이라고 상상하고 추구한 삶의 이야기들이다. 그래서 석가모니의 이야기 이외의 많은 이야기는 수세기에 걸쳐 여러 제자들이 생각하고 상상한 문학작품이라고 말할 수 있다. 그래서 후대로 내려올수록 불전의 종류도 다양하고 내용도 더욱 복잡하게 되고 보통 사람들의 생애를 더 많이 이야기하는 형태로 변한다. 즉 불전문학은 아직 부처가 되지는 못했지만 많은 수행을 한 보살들의 이야기, 보살들이 중생을 구제하는 이야기 또는 수행에 겪는 좌절과 실패 등의 이야기, 또는 부처의 가르침대로 삶을 살고자하는 재가신자들의 독실한 신행생활을 문학적으로 새롭게 그리기도 하였다. 그래서 오늘날까지 전하는 불전문학은 수세기에 걸쳐 여러 단편적인 이야기 또는 다양한 기록들을 모으고 정리해서 작성된 불전의 모음이라고 말할 수 있다. 예컨대 불전문학은 석가모니의 전기만을 국한하지 않고 수세기를 걸쳐 정리되어온 많은 부처, 보살의 전생담(前生

譚)과 수행담(修行談) 또는 신자들의 신행체험담까지도 전하는 이야기들이다.

불전문학은 불교의 전교(傳教)에 있어 어떠한 교학적 설명보다도 큰 영향력을 발휘하였기 때문에, 대승불교운동기에는 불전문학이 크게 발전하게 되며 불교학적으로도 중요한 역할을 한다. 즉 그렇게 발전한 부처의 이야기 모음은 불교미술과 불교건축에도 영향을 주게 된다. 결론적으로 정리하면 불교문학의 각종 서사문학은 바로 불전(佛傳)에서 발전한 것이기에 불교문학사에 있어 서사문학의 원형이 불전이라고 평가할 수 있다. 현재 불전문학에 관련된 자료는 각종 대장경 가운데에 본연부(本緣部)에 많이 들어 있다.

② 소승과 대승의 불전문학의 특징

소승과 대승의 불전문학을 비교해보면 다음과 같다. 초기의 불전에는 부처의 소박하고 간결한 가르침과 초월적 인격에서 발산되는 인간적, 신적(神的) 이미지의 모습이 복합적으로 그려져 있고, 또 깊고 심오한 교설(教說)을 동화와 같은 이야기로 들을 수 있다는 점에서 옛날이나 지금이나 널리 읽히고 있다. 초기경전 가운데서도《수타니파다(經集)》와《파티모카(戒本戒經)》에서는 단편적인 형태로 부처의 전기를 전하고 있다. 이러한 경전에서의 가르침이 소박하고 간소한 것처럼 석가모니의 모습은 대체로 사실적으로 묘사되어 있으며 그 위에 부분적으로 이상적이고 영웅적인 이미지가 덧붙여지는 형태로 그려져 있다. 즉 세월이 흐를수록 석가모니의 모습은 점점 신격화되고 초월적 존재로 묘사되었다고 말할 수 있다.

그리하여 부처의 문학적 이미지는 인간적 사실적 이미지에서 점점 보통의 인간으로서는 견디기 힘든 것도 인내하고 더 많이 수행하고 또 모든 것을 성취하는 영웅적 신적 이미지로 변한다. 바꾸어 말하면 초기의 불제자나 신자들은 부처에 대한 종교적 흠모의 정서로 부처를 위대한 초인(超人)으로 그려내었으며, 재가신자들은 그러한 묘사와 이야기를 통해서 부처의 인격과 부처의 이미지를 더 절대화하여 간다. 그리하여 당시 인도사회의 민간에 널리 알려져 있던 인도의 각종 영웅, 신들의 이야기를 비유담으로 삽입하여 부처님도 그와 같은 능력을 지녔고 훌륭하고 착한 일을 많이 하였다고 이야기로 꾸미기 시작하였던 것이다.

그후에 유포되는 불전들은 부처만을 신격화(神格化)하고 인도의 다른 신들을 부처 밑에 예속화(隷屬化)시키는 형태로 이야기한다. 즉 인도의 전래 이야기에 나오는 영웅, 선인(仙人) 그리고 신들의 초월력보다 부처님의 신통력이 더 월등하다고 찬탄하고 또 모든 생명의 윤회전생(輪廻轉生)의 주체가 바로 부처님이라고 이야기하는 전기작품도 나온다. 이렇게 신격화되어 가는 부처의 생애 이야기들은 구성면에서 더욱 복잡화하여지고 불교문학의 다른 서사문학을 만들어 내기 시작하면서 다양화시킨다.

왜 이러한 현상이 일어나는가 하면 수행인들은 출가하여 불도를 수행하면서 단순하게 부처에 대한 흠모하는 마음으로 부처는 자신들과는 무엇인가 다를 것이라고 생각하게 된다. 즉 소승불교인들은 자신들도 불도를 닦지만 현세에서는 단지 유여열반(有餘涅槃)만을 얻을 뿐이고 부처님이 성취하신 무여열반(無餘涅槃)에는 이르지 못한다고 겸손하게 생각하였다. 그래서 그들은 업(業, karman)사상에 근거하여 과거·현재·미래의 삼세(三世)의 이중인과론(二重因果論)으로 추론하는 교학을 만들어낸다. 즉 과거는 현재의 과보(果報)이고 현재는 미래의 인(因)으로 생각하며 자신들은 무량겁(無量劫) 동안에 계속해서 불도를 수행해야만 무여열반을 성취할 수 있다고 믿었다. 바꾸어 말하면 그들은 현세에서의 수행만으로는 어느 누구도 부처처럼 깨달을 수 없다고 믿었으며, 현세의 몸이 죽어서 다생(多生)에 걸쳐 수행하고 많은 선행(善行)을 쌓은 후에야 무여열반을 얻을 수 있다고 생각하였던 것이다. 즉 다생(多生) 동안의 무량한 수행을 걸쳐야만 성불(成佛)할 수 있다는 이러한 발상들은 초기 교단내의 불제자들 사이에 유포되면서 부처님의 전생담(前生譚)을 여러 가지 만들어내게 하고 내세성불사상(來世成佛思想)을 유포시킨다. 소승불교에서는 대개 이러한 교리로 불전을 만들고 전하였다. 초기불전문학의 이러한 발전은 불법(佛法)의 본지(本旨)를 오해시켰다고 말할 수 있다. 어떻게 보면 이러한 생각은 부처님을 존경하고 흠모하는 제자의 순수하고 소박한 마음에서 비롯되었지만 결과적으로는 부처를 신격화(神格化)하고 불교에서 주장하는 공(空)사상을 부분적으로 왜곡시키는 것이 되었다. 불교문학의 이러한 경향은 초기의 불신설(佛身說)에도 영향을 끼친다.

또 소승불교인들이 자신들과 부처는 크게 다를 것이라는 이러한 생각은 사람이 죽어서 몸을 바꾸어 다시 태어난다는 인도사회의 윤회사상(輪廻思想)과 결합되면서, 불교의 무아설(無我說)을 왜곡시켜 간다. 그리하여 불교교단 내에서도 서서히 사람이 죽어서 육체가 없어져도 심식(心識)만큼은 영속(永續)한다고 생각하게 된다. 즉 소승불교도들은 과거·현재·미래의 삼세를 이중인과론으로 생각하면서 인도사회의 뿌리깊은 윤회사상을 부분적으로 수용하는 형태가 되어버렸던 것이다. 왜냐하면 보통 인도인들은 전통적으로 브라흐만교의 가르침에 의해서 생명의 윤회(輪廻)를 믿고 있었기 때문이다. 또 부파불교 시기에는 설일체유부의 인식론(認識論)이 널리 유포되면서 이와 같은 이야기가 교단 내외에서 힘을 얻게 된다. 그리고 초기불교문학의 영향으로 불신(佛身)을 법신(法身)과 생신(生身)으로 나누어 생각하는 이신설(二身說)이 나타나게 된다. 즉 현세에서 중생을 구제하던 석가모니를 영원한 진리의 응현(應現), 즉 인격신으로 생각하였고, 그 응신(應身)을 다시 부처의 많은 공덕과 덕성으로 설명하기 시작한다.

그래서 초기불전에 인도사회의 다양한 신화와 전설을 수용할 때에도 그들 속에 담겨있던 윤회 이야기가 자연스레 함께 수용되었던 것이다. 또 출가 전에 민간에 전해오는 전설 등을 많이 알고 있던 수행자들이 출가한 후에도 자연스럽게 그와 유사한 형태의 이야기를 불전으로 만들어 내면서 석가모니의 수행, 중생교화의 이야기를 다양하게 윤색(潤色)하 게 되고 부처의 전생의 이야기가 만들어지면서 윤회사상적으로 새로 만 들어내기 시작했던 것이다. 바꾸어 말하면 부처가 되기 위해서는 다생 (多生)에 걸친 많은 노력과 수행을 해야하고 그 결과로 해탈을 얻는다 는 단순한 생각이 점점 불전(佛傳)을 윤회사상으로 윤색하고 부처를 신 격화(神格化)하고, 교리적으로는 식설(識說)과 불신설을 가산하여 만 들어 내기 시작했던 것이다. 어떻든 초기 소승불교도들의 불전문학은 각종 전생담(前生談), 영웅담과 신화의 구성법을 받아들여 부처님의 전기 이야기를 복잡하게 만들어간다.

그리고 또 나중에는 불전문학이 부처님의 전생담의 이야기에서부터 불제자들의 윤회전생담(輪廻前生談)으로 발전하여 간다. 즉 부처의 삶 이야기를 그려내는 것만 만족하지 않고 많은 수행자, 성인들, 재가 신자들의 전기 선행담(善行談)도 불전으로 그려내기 시작한다. 그리하 여 나중에는 출가자들이 재가신자들을 가르칠 때에도 부처의 전생담을 석가모니의 유골, 유적과 같이 부처님을 추모하는 교리교육용(敎理敎 育用)으로 사용하기도 한다. 현재까지 전하는 각국의 대장경 안에 있 는 불제자전(佛弟子傳)과 그들의 수행담(修行談), 재가신자들의 선행 담 등이 바로 그런 예이다.

다음 대승불교의 불전문학은 초기불전의 불타숭배(佛陀崇拜)의 전통 을 이어받으면서 대승보살도(大乘菩薩道)를 문학적으로 다양하게 나 타내려고 한다. 대승보살의 수행담은 바로 불타숭배의 사상이 깊어가 면서 나타나는 것으로, 부처님의 전생담의 하나로 이야기되면서 대승 보살도의 교리를 널리 알리는 교재로 전환된다. 바꾸어 말하면 대승불 전에서는 소승불전에서보다 불타관(佛陀觀)이 더 넓어지고 확대되는 경향을 나타내기 시작한다. 대승불교가 널리 전파되면서 소승불전에서 이야기되기 시작한 법신불과 응신불에 덧붙여서 보신불(報身佛)의 이야기가 나타나기 시작한다. 즉 부처가 되기 위해서 그 인(因)으로서의 수행을 쌓아올려 그 과보로서 완전한 덕성과 공덕을 갖추는 불신(佛身)으로서 보신(報身)의 이야기가 전개된다. 그 뒤에 석가모니를 대신하는 다른 종류의 부처의 이야기로 묘사하게 된다. 즉 과거불과 천불(千佛)의 이야기가 나타나기 시작한다. 즉 부처도 과거에 보살로서 수행하고 노력하여 성불(成佛)하였다고 설정한 후에, 다시 보살의 수행담은 부처가 성불하는 또 다른 인행(因行)으로서 이야기되고 혹은 불제자들의 전생담으로서는 그 제자의 노력의 결과로 성취되는 이야기로 묘사된다. 또 나중에는 재가신자들의 전생담에도 보살의 수행담을 그려 넣는데 그렇게 보살의 수행담을 확대하여 이야기하는 과정에 대승보살도의 교학과 가치가 더 널리 전파되어 간다.

대승불교의 불전문학은 초기의 불전처럼 부처를 초인적(超人的) 신적(神的)인 이미지로 그려나가면서도 한편으로는 대승의 공사상과 함께 대승보살도의 육바라밀(六波羅蜜), 십바라밀(十波羅蜜) 등의 덕행과 자타(自他)를 평등하게 구제하고자 하는 불교의 자비심과 평등정신을 더 많이 문학적으로 나타내고 신비적으로 묘사하는 경우가 많아진다. 더 나아가서는 우주의 모든 권능(權能)을 부처님의 능력으로 묘사하고 또 모든 공덕(功德)을 자타 평등하게 중생에게 회향하는 대승정신을 찬탄하는 경우가 많아진다. 그러면서 초기불전처럼 인도의 모든 전래설화나 신화 등을 부처와 보살의 전생담으로 개작하여 더 다양한 본생담(本生譚, 本生經)과 비유담(譬喩譚)의 형태로 만들어내면서 또 한편으로는 대승보살도와 재가신자도 성불(成佛)할 수 있다는 대승교학(空思想과 如來藏思想) 등을 이야기로 전달하여 간다. 그래서 대승불전에서 불전문학은 대승교학을 전하는 간접적인 교재인 동시에 불제자의 수행을 독려하고 재가신자들에게는 성불할 수 있다는 용기를 불러일으키게 하는 교재로 발전하게 된다.

초기의 불전문학에서 부처님을 위대한 영웅으로 승화시키고 부처님

의 많은 덕행을 신들의 덕행으로 찬탄하고 강조하였지만 대승불교기에
는 그러한 다양한 신비적 이미지와 함께 중생구제의 이타보살행(利他
菩薩行)을 부처의 중요한 권능(權能)으로 그린다. 즉 대승불전은 부처
의 모습을 그렇게 묘사화하면서 불제자와 재가신자들의 수행도 이타보
살행의 실천에 중심을 두어야 한다고 이끌었다. 대승불교기에는 이렇
게 불전문학의 내용과 형식이 다양화되면서 출가자와 재가신자들의 선
행(善行)과 수행의 각종의 이야기가 세간의 창작문학에도 영향을 주게
된다. 그러면서 대승의 불전문학은 대승보살도를 종교적 로맨스와 환
상적 신비적인 이야기의 세계로까지 고양시킨다. 이미 설명하였지만
대승불전에서는 보살도를 교학적으로 공사상으로 설명하고 있다.《화
엄경》의 십지사상(十地思想)과 선재동자의 여행담은 바로 그러한 예라
고 말할 수 있다.

　원래 부처의 전생담에서 부처가 성불되기 전에 수행중의 인물을 보살
이라고 불렀다. 대승불교에서는 '불도(佛道)를 추구하는 수행자의 일
반인'이라는 의미로 모든 불교도들의 보편적 덕목으로 부각하기 시작한
다. 그러면서 대승보살도의 이야기는 점점 용수의 공사상과 바라밀(波
羅蜜)의 교리로 체계화되어 간다. 그래서 대승불전의 많은 보살담(菩
薩談)은 공사상의 입각해서 전개된다. 또 공사상을 체득함으로서 자신
의 증득지(證得智)를 타인(他人)들에게 회향(廻向)할 수 있다고 이야
기는 전개된다. 즉 대승불전에서는 대개 자타평등(自他平等)의 정신과
실천은 공(空)을 깨달음으로써 가능하고, 또 사회의 구제가 자신의 구
제가 된다는 연기적 세계관을 제시하고 있기 때문이다. 바꾸어 말하면
대승보살도의 이야기에서는 불도(佛道)의 수행, 자기의 해탈의 의미가
궁극적으로 사회 안에서 일하는 가운데 구현된다고 알려주고 있다. 바
로 그것이 대승불교의 근본정신이다. 그래서 대승불전에서 스스로 노
력하고 얻은 수행의 공덕을 사회로 환원하는 회향의 정신을 반복하여
강조하고 있다. 바꾸어 말하면 부처를 보살이라는 이상적인 인간상으

로 문학적 재구성하여 그려나간 것이 대승의 불전문학이다.

그리고 대승불전은 항상 독자로 하여금 새로운 종교심을 일으키게 하고 스스로 보살행을 하도록 유도하는 데 특징이 있다. 즉 대승불전은 불교적 제일의(第一義)를 문학적 상상력으로 새롭게 숙성시켜서 실천하는 불교인으로 만들어 갔던 것이다. 이것이 초기불교나 부파불교의 불전문학에 나타난 보살도의 해석과 다른 것이다.

초기불전에서 보살담은 부처의 전생담의 하나로서 부처의 초인적 수행을 나타내기 위해서 부수적이고 이차적으로 이야기된다. 그러나 대승불전에서는 부처의 의미를 철학적으로 한 단계 고양시켜서, 진정한 부처는 바로 우리들 자신이고 중생과 함께 있는 곳에 존재하며 실제로 중생을 구제하는 보살의 희생적 삶 속에서 부처의 해탈이 있다고 이야기한다.

그리고 또 대승불전은 개인의 종교의 신앙심과 환상을 문학적 심상(心象)으로 그리면서 웅대한 스케일의 종교적 로맨스로 만들어낸다. 그래서 대승불전에서는 부처의 가르침에 대한 실천을 강조하고 부처의 인격에 대한 표현이 초기불전보다 다양하고 예술적으로 신비화되어 있다. 그러한 예술적 특징은 재가·출가의 제자들의 이야기에서도 공통적으로 나타나고 있다.

그래서 보통 대승불전은 인간의 심원한 자기이해를 문학적으로 나낸 것이라고 평가하기도 한다. 즉 대승불전문학은 인간이 인간으로서의 깨달음과 자기이해를 체계적으로 밝힌 보고서이고, 인간들이 걸어가야 할 인생의 등불과 같은 지침서이며 인간의 영원한 자기발견서이고, 또 모든 생명의 서로간의 이해와 종교적 사랑을 나누게 하는 사색문학이라고 평가할 수 있다. 또 대승불전은 초기불전의 단순한 대화체 형식에서 인간의 보편적 본성을 탐색하게 하고 개별적으로는 심원한 신앙적 철학적 사색의 세계로 이끄는 구성법으로 짜여 있다.

대승불전의 이러한 발전은 불상(佛像)의 다양화를 유도하고, 또 다시 과거불, 미래불 사상을 상상하게 하며, 서서히 현재의 모든 곳(十方)에도 부처가 가득하다는 사상도 상상하게 하고, 또 연이어 모든 사람 안에도 부처가 내재(內在)하고 있다고 생각하게 만든다. 즉 제2기 대승경전(A.D. 4세기)이 성립된 무렵에는 불성(佛性), 여래장 사상으로 발전하게 된다.

③ 불전문학의 발달과정

불전문학은 인도 민간사회의 각종 설화, 우화(寓話), 영웅담 등을 수용하면서 양과 질적으로 크게 발전한다. 즉 불전문학은 세간의 풍부한 문학적 이미지와 표현방법을 수용하면서 다양한 주제와 형태의 불전문학류가 나온다. 그러면서 다양한 불신관(佛身觀)을 상상하게 한다.

바꾸어 말하면 불전문학의 발전은 불교학적으로 과거불 사상, 미래불 사상, 시방변만불(十方遍滿佛) 사상, 내재불(內在佛, 佛性) 사상, 여래장 사상과 삼신설(三身說) 등의 불신론(佛身論)의 교학적 형성에도 큰 영향을 준다. 그리고 불교건축과 불교미술, 불교음악 등의 다른 장르에도 영향을 주게된다. 불교문학사적으로 설명하면, 이미 아쇼카왕 시대(B.C. 268~232)부터 부처의 제자들의 유품과 유골에 대해서도 숭배하는 경향이 널리 유포되고, 그에 따라서 불탑신앙도 다양해지면서 아잔타 석굴이나 중앙아시아의 석굴사원에서도 불전(佛傳)과 본생담의 설화가 각종 변상도로 더 많이 그려졌고, 다시 예불의 대상이 되어갔다. 특히 기원 전후로 나타나기 시작한 인도의 불교유적지의 예술품에 그러한 영향이 두드러지게 나타난다. 예를 들면 인도의 중부지역에 위치한 산치(Sanchi)에 남아있는 불탑(佛塔)의 부조(浮彫)를 살펴보면 부처님의 전생담의 내용을 그대로 조각하고 있다. 그리고 부처를 나타내는 부분에 지혜로운 동물(코끼리, 원숭이 등)로 부조화(浮彫化)하여 상징적으로 나타내거나, 부처를 대신 나타내는 발자국(佛足) 등으로 나타내고 있다. 또 부처의 탄생, 성도(成道), 중생교화, 열반에 관한 부분에서도 이러한 지혜로운 동물이나 대용물(代用物)로 변용시켜서 나타내기도 하였다. 불전문학류의 가운데 자타카의 이야기가 바로 이러한 불교미술, 건축에 좋은 자료가 되었던 것이다.

불전의 문학적 이미지가 다양하게 변용되기 시작한 것은 B.C. 1~2세기 무렵이다. 왜냐하면 오늘날까지 전하고 있는 각종 불전문학의 원형(原型)을 추적해보면 대부분 B.C. 1세기 무렵의 불탑의 부조에까지 소급되고 있기 때문이다. [55] 또 불전의 문학적 이미지가 서서히 불교미술의 소재로 되어간 것도 B.C. 2세기 무렵이기 때문이다. 그래서 이 무렵부터 인도의 바르후트, 산치, 아잔타 등의 불탑, 석굴사원에서 불전본생담 등의 이야기를 다양한 표현법으로 그려내고 있다. 즉 예로부터 불전문학이 그대로 불교미술의 주요한 모티브가 되었던 것이다. 바꾸어 말하면 불전의 문학적 이미지를 미술적 선과 색채로 변형하여 나타내는 과정에 불탑, 석굴사원 등의 불교미술이 많이 나타나기 시작하였다고 말할 수 있다.

그 이후로 인도의 다른 지역에서도 석굴사원을 조성하면서 동시에 각종 불화(佛畵)와 불탑을 만들어 예불하였고 부처님의 생애를 부조화(浮彫化), 회화화(繪畵化)하여 글을 모르는 불교도들이나 일반인들에까지 부처님의 이야기를 전하게 된다. 또 불전문학에 나오는 다양한 문학적 이미지를 다르게 그리거나 석굴, 불탑 이외의 돌과 흙으로 조각하거나 나무문, 기둥, 천, 종이 등에 불보살(佛菩薩) 등을 그려나가기 시작한다. 불전문학은 이렇게 불교미술 영향을 주면서 발전하여 간다. 그리고 불교미술, 건축은 역으로 다시 다른 문학적 이미지를 자극하여 새로운 불전문학 작품들을 만들어 질 수 있도록 상상하게 하는 환경을 조성하여 간다. 기원이후부터 불전문학과 불교예술은 이렇게 서로 영

---

55) 干潟龍祥, 《本生經類の思想史的硏究》, 東洋文庫論叢 第35, 山喜房佛書林.

향을 주고 받으며 발전되어 간다.

불멸 후 수백 년이 지난 뒤 석가모니의 말씀을 직접적으로 들을 수 없었던 불제자들과 재가신자들에게는 불전문학과 불교미술 등이 바로 예불의 대상이었으며 쉽게 접할 수 있는 불교의 교재였다. 즉 불교도들은 석굴사원의 불탑, 부조(浮彫), 회화(繪畵) 등을 눈으로 직접 봄으로써 머리로 상상하고 그린 부처님의 생애 이야기 등을 다시 확인하였던 것이다. 그리하여 대승불교의 신앙이 크게 성행하던 무렵에는 각 지역에서 석굴사원이나 불탑을 세워서 예불을 하면서 더 많은 부조와 회화 등을 많이 만들어낸다. 즉 대승불교기에는 많은 불교미술과 다양한 불전을 보급하여 일반 민중들과 이교도(異敎徒)들에게도 불교를 전하고자 한다. 바꾸어 말하면 대승불교도들은 부처님의 인격과 위대함을 더 웅대하게 하는 동시에 그것을 다시 전하려고 아름답고 다양한 불교미술의 구상력과 형상력을 적극적으로 활용하였던 것이다.

초기의 불전문학류와 미술품들은 이미 대부분 산실되었지만 간접적으로 대승불전과 남아있는 불교미술을 통하여 그 흔적을 찾아보면 다음과 같다. 우선 불전문학의 제1기라고 평가할 수 있는 초기에는 부처님에 대한 제자들의 기억들이 아직 명료하게 남아 있었던 때였기 때문에 교단에서 강력하게 자료와 기록에 그다지 힘을 기울이지 않았던 때였다. 따라서 문학성이 풍부한 불전문학작품은 아직 보이지 않았다. 그래도 불전문학의 제일기라고 평가할 수 있는 초기의 작품을 찾아보면 《율장(律藏, Vinaya-Piṭaka)》과《대품(大品, Mahāvagga)》《소품 (culla vagga)》정도이다. 그 이후에는 《대반열반경(大般涅槃經)》 즉 한역 《장아함경 (長阿含經)》 중의 《유행경(遊行經)》과 《대본경(大本經, Mahāpadāna-Suttanta)》과 《중아함(Majjhima-nikāya)》 또 《나라가경 (那羅迦經, Nālaka-Sutta)》·《출가경(出家經, Pabbajjā-Sutta)》· 정근경(精勤經, Padhāna-Sutta)》 등이 있다. 이러한 경전에는 불전의 이야기가 회화(會話) 형식으로 삽입되어 있고 내용은 극히 짧고 단조로운 형태지만 윤색이나 각색한 점이 없이 사실적 기록을 전하는 형태로 되어 있다.

불전문학의 제2기는 초기에 만들어진 불전을 통하여 부처님에 대하여 서서히 상상하여 그것을 다시 문학적 이미지를 표현한 때이다. 즉 이때는 제자들과 불교도들이 석가모니에 대한 흠모하는 마음과 깊은 종교심을 문학적으로 다양하게 표현하던 때였다. 그리고 불전에 전하는 부처님의 생애 이야기와 그 때까지 교단 내에서 전하고 있던 각종 구비설화 등을 섞어 새로운 형태의 불전을 만들어 갔던 시기였다. 이때의 작품들로는《행장(行藏, Cariya-Piṭaka)》과《본생담(本生譚, Jātaka)》·《본생화불전(本生話佛傳, Nidānakathā)》이 있으며, 팔리어경전《Apadāna》·《붓다계보(佛陀系譜, Buddhavaṁsa)》·《대사비유담(大事譬喩譚, Mahāvastu-Avadāna)》·《불본행집경(佛本行集經)》·《불소행찬(佛所行讚)》·《대장엄경(大莊嚴經)》·《순다라난다시(孫陀羅難陀詩)》·《보요경(普曜經, Lalitavistara)》·《본생만론(本生鬘論, Jātaka-mālā)》·《비유(Avadāna)》등이 있다.

이 작품들은 초기의 작품에 비하여 불교사상적으로 깊이가 있고 문학적 이미지로 표현하는 방법 등도 뛰어나다. 작품들을 간략하게 설명하면 다음과 같다.

《행장》은 서른 다섯 가지의 본생담(本生譚)의 이야기를 엮어서 부처님이 과거에 보살로서 어떠한 바라밀(波羅蜜)을 행하였나를 이야기하고 있다.

《본생담》은 대승불교가 성행하던 시기에 인도사회의 각종 영웅담과 설화와 우화를 섞어 부처의 생애, 지혜 등을 이야기한 불전이다. 특히 본생담은 인도사회에 유행되던 각종 이야기를 전용하였기에 자연히 인도의 전통적인 윤회의식(輪廻意識)도 섞여있다. 그리하여 본생담 속에는 부처의 갖가지 고행과 인고(忍苦)의 수행을 윤회담(輪廻談)으로 이야기되고 있다. 그리고 부처의 인격이 위대하다는 것을 설명하기 위해서 부처가 성불(成佛)한 것은 현세에서 수행만으로 이루어지는 것이 아니고 전생(前生)의 여러 생(多生)을 걸친 무량한 노력으로 갈고 닦아야 가능한 것이라고 이야기하고 있다. 바꾸어 말하면 불도 수행자인 보살은 이야기의 주인공, 주변인물, 방관자로 설정하고, 다시 그 이야기 줄거리 안에 석가모니를 보살로 등장시켜 석가모니가 과거에 어떠한 노력과 인고를 통하여 성불(成佛)하게 되었는가를 밝히는 인과담(因果談)으로 엮고 있다. 또 이야기 속에서 성불하기 이전의 석가모니를 보살이라고 부르면서 석가모니가 과거부터 선행(善行)을 많이 하였으며 현세에서도 온갖 인고의 세월을 보낸 뒤에라야 비로소 부처가 되었다는 구성법으로 엮고 있다.

또 때로는 석가모니가 방관자(傍觀者)의 위치에 설정되어 자신의 과거의 이야기를 서술하는 형태로도 구성되어 있다. 즉 이야기 속의 석가모니는 간혹 방관자로서 보살의 고행과 과거의 선행담을 듣고서 그 보살이 언제 어디서 성불할 것인가를 예언하기도 한다. 이와 같은 이야기 구성법은 소설문학적으로 액자소설적 기법으로서 당시 민간사회에 전하는 신화, 설화의 갖가지 구비전설(口碑傳說)을 불교적으로 개작하거나 세간의 다른 이야기를 섞어서 만드는 과정에 나타나는 현상인데, 나중에 이러한 이야기 구성법에 의해서 오히려 역으로 과거칠불(過去七佛)의 이야기가 만들어지고 교학적으로도 과거칠불의 사상을 만들어내어지게 된다.

《본생화불전》은 단편적인 불전이 많은 팔리어경전 가운데 종합적인 불전으로서 최초이며 인연담(因緣談)의 불전이다. 이 불전의 제1장은 연등불(燃燈佛) 시대에 수메다(sumedha)로서의 부처가 도솔천(兜率天)에 이르기까지의 멀고도 먼 오랜 세월동안의 인연과 그동안 얼마나 많은 서원(誓願)과 십바라밀(十波羅蜜)을 닦고 수행했는가를 밝히고 있다. 그리고 특히 베산타라(Vessantara)로서의 행한 많은 보시(布施)와 공덕으로 도솔천에 태어나게 되는 인연을 이야기하고 있다.

제2장은 부처가 도솔천에서 땅으로 강림하여 정각(正覺)을 성취하기까지의 여러 인연을 이야기하고 있다. 즉 보살의 입태(入胎)와 탄생, 선언, 아사타(阿私陀, Asita)의 예언, 그리고 소년시절의 기적과 사문출유(四門出遊)의 체험, 그 이후의 출성(出城)과 출가한 후의 고행, 항마(降魔) 그리고 성도(成道)의 이야기로 엮고 있다.

제3장은 현세의 여러 인연들의 이야기를 엮고 있다. 즉 부처님의 깨달음과 성도(成道)에 대하여 여러 천신(天神)들이 묻고 부처가 다시 그런 의문에 대하여 대답하는 형태로 기적을 보여주는 이야기로 구성되어 있다. 그런 이야기 가운데 범천(梵天)의 삼청(三請)의 이야기와 초전법륜(初轉法輪)의 이야기, 부처의 석가국(釋迦國)으로 귀국하는 이야기, 급고독장자(給孤獨長者)가 정사(精舍)를 기부하는 이야기와 불멸후에 탑의 건립 이야기 등이 있다.

《붓다계보》는 과거 12겁(劫) 동안에 구담(瞿曇) 부처님 이전에 출현하신 스물네 분의 과거불(過去佛) 이야기를 운문형식으로 이야기한 불전이다. 그리고 이 스물네 분의 과거불을 무미건조한 서술형태로 그 모든 부처의 전법(傳法)을 전하고 있다. 그리고 마지막 장에 미래불인 미륵(Meteyya, Maitraya)이 출현할 것과 불골(佛骨)의 분배를 이야기하고 있다. 예컨대 예술적 가치가 조금 떨어진다고 말할 수 있다. 보통 과거의 부처를 여섯 분으로 이야기하는데 《붓다계보》에서는 연등불(燃燈佛)에서부터 미래의 부처인 미륵불(彌勒佛)에 이르기까지 스물네 분이 계셨다고 이야기하고 있다. 그리고 부처에 대한 숭배와 찬탄이 가득하며, 팔리어 경전문학 가운데 가장 후기에 성립되었다고 추측된다. 《비유》는 운문으로 된 이야기를 모아 놓은 것인데 아라한의 위치에 도달한 불제자와 장로니(長老尼)의 영웅적인 행위의 이야기이다. 즉 부처의 생애 이야기와는 직접적인 관련이 없다.

《대사비유담》(줄여서 대사라고 함)은 팔리어 불전이 범어불전에 옮겨지는 과도기에 만들어진 작품으로서 소승계율서와 《아함경》 등에 나오

는 불전과 본생담과 비유담에 나오는 불전을 뽑아서 만든 불전이다. 그
래서 훗날 대승불신관의 연원(淵源)이 되었다고 추측되는 불전이다.
그리고 십주사상(十住思想), 염불(念佛), 사보살행(四菩薩行 : 凡夫
行, 誓願行, 隨順行, 不退轉行)을 이야기하고 있어 대승사상의 발생을
연구하는데 중요한 자료이기도 하다. 내용은 세 단계로 구분하여 구성
하고 있는데, 제일편은 과거 연등불(燃燈佛)의 시대에 보살로서 수행
하고 노력한 부처의 전생담 이야기로 구성되어 있다. 제2편은 도솔천
에 재생한 보살이 마야부인의 몸을 빌어서 잠시 태아로 있다가 다시 지
상에 태어날 것을 결심하는 이야기와 그 이후에 마야부인의 아들로 태
어난다는 이야기와 함께 그 태자가 출가하여 모든 악마의 유혹을 물리
치고 큰 깨달음을 얻어서 법으로 세상을 평정했다는 이야기로 구성되어
있다. 제3편은 큰 깨달음을 얻은 부처가 초전법륜(初轉法輪)을 하고
승단(僧團)을 세웠다는 이야기로 엮고 있다. 중요한 부분은 율장인 대
품(大品)과 일치하고 있다.

　한역의《불본행집경》은 A.D. 600년 무렵에 사나굴다(闍那崛多)에
의해 한역되었다고 알려져 있다. 《대사비유담》이나《불본행집경》에는
목련존자(目蓮尊者)가 지옥에 떨어져 있는 망모(亡母)를 구하기 위해
서 타계(他界)에 순례하는 이야기와 석가모니가 고향으로 귀국하는 이
야기, 석가족의 왕족들이 출가하는 이야기 또 사보살행(四菩薩行) 등
이 똑같이 이야기되고 있다. 이렇게《대사》의 이야기와 유사한 부분이
많아서 예로부터 두 작품이 서로 영향을 주고 받았다고 평가하고 있다.

　그리고《불본행집경》에《불소행찬》의 시구가 그대로 인용되어 있어
《불본행집경》은《불소행찬》과《대사》의 영향으로 만들어졌다고 추정하
고 있다. 《불본행집경》은 부처의 과거 전생담으로서 출가와 성도(成道)
를 거쳐서 전도(傳道)하는 교화 이야기까지 서술되고 있는데 이러한 이
야기를 본기(本紀)로 분류하고 불제자들의 이야기를 열전(列傳)으로
분류하고 있다. 즉《불본행집경》은 매우 광대하고 포괄적인 불전문학

이다. 그리고《과거현재인과경》과 함께 초기의 수론파(數論派, Sāmkhya)의 경전으로 알려져 있다.

《과거현재인과경》은 부처님이 스스로 당신의 생애를 이야기하는 형식으로 되어 있다. 내용은 대승불교의 사상을 나타내고 있으며 문장이 유려한 것이 특징이다. 《과거현재인과경》은 중국, 한국, 일본에 전해진 이후에 불교미술에 큰 영향을 끼친다. 이러한 영향으로《회인과경(繪因果經)》과 같은 작품이 만들어진다. 《회인과경》은 작품의 상단에는 불전의 이야기를 회화(繪畵)로 나타내고 하단에는 경문을 그대로 써넣은 것인데, 이러한 작품은 나중에 더 작게 축소형으로 만들어지면서 민간에 널리 유포되기도 하고 사찰의 불탑 등에 불사리의 대용(代用)으로 넣어지기도 한다. 그리고《과거현재인과경》은 불교설화문학과 불교가요에도 큰 영향을 끼친다. 특히《불본행집경》과《과거현재인과경》은 일본의《금석물어집(今昔物語集)》에 큰 영향을 주었으며 그 설화집의 설화소(說話素)의 출전(出典)으로도 유명하다.

《불소행찬》은 A.D. 1세기 말에서 2세기 중엽에 활약한 마명(馬鳴)이 창작한 작품인데 불교문학사에서 최고의 백미(白眉)로 평가할 수 있는 불교문학의 걸작이다. 이 작품은 서정시, 서사시, 희곡, 소설의 형식이 복합적으로 어울려져 모든 문예적 요소가 들어있는 작품이다. 그리고 이 작품의 내용은 부처의 생애에 대한 단순한 기록이 아니고 불교의 심오한 사상을 문학적으로 다양하게 형상화한 것이기에 인도의 불교문학은 바로 마명의《불소행찬》에서 유감없이 꽃을 피웠다고 말할 수 있다. 그리고 또 이 작품은 불교사적으로 불타관(佛陀觀)·불신관(佛身觀)의 변화의 흐름을 살펴볼 수 있는 귀중한 자료이다. 그리고《방광대장엄경》도 마명의 작품이라고 전하고 있지만 아직은 불분명한 사실로서 이 작품의 한역(漢譯)은 A.D. 405년에 후진(後秦)의 구마라집(鳩摩羅什)에 의하여 이루어진다. 《단정한 난다》도 마명의 작품으로《불소행찬》에 생략된 석가왕족의 계보와 카필라 성의 전설에 관한 인연과 불타전기 및 난다의 출가, 설득 그리고 득도(得道)까지의 경도를 아름다운 흠정체시로 노래한 작품이다.

불교는 본래 무신론적(無神論的)이고 부처라는 뜻은 진리를 깨우친 사람을 뜻한다. 그러나 불멸 이후의 불제자들은 불전을 만들어가면서 부처를 신격화(神格化)하여 간다. 《대사》나 《불소행찬》에서 부처를 신격화하기 시작하여 《보요경(普曜經, Lalitavistara)》에서 최절정으로 나타난다. 그러한 흐름의 불타관에 대한 이론적 교학은 《아비달마론(阿毘達磨論)》에서 제공되었다고 말할 수 있다. 《보요경》의 '라리타비스타라(Lalitavistara)'라는 뜻은 '부처님의 유희(遊戲)에 관한 상세한 이야기'로써 《방등경(方等經)》이라고도 부르는데, 소승의 설일체유부의 불전을 담고 있지만 대승경전의 특색도 갖추고 있다. 이 불전에는 지상에서의 부처님의 생애와 활동이 초자연적 본질을 나타내는 유희라고 서술하고 있다. 바꾸어 말하면 《보요경》은 부처님 생애를 문학적으로 상상하여 서술하면서도 다시 부처님의 본질을 철학적으로 사색한 작품이다. 제1장에서는 부처를 숭고한 신(神)적인 존재로 나타내면서 부처는 광명(光明)을 발산하는 모습에 수많은 비구, 보살들에 둘러쌓여 있고, 하늘에서는 천신(天神)들이 놀라서 찬가(讚歌)를 노래하는 장면으로 되어 있다. 그 다음에 불전이 나온다. 모든 장면이 조금 과장되고 이상화된 이미지로 노래하고 있다. 그리고 아난과 부처와의 대화 가운데, 부처의 신비스러운 탄생을 믿지 않는 이교도들을 위해 설명하기를 부처님을 믿고 귀의하는 것이 종교적 필연이라고 설명한다. 이런 것은 《바가바드 기타》에서 크리슈나(Kṛṣṇa)를 연상하게 하는 점이다.

그래서 모리스 빈테르니쯔 교수는 《인도문학사》에서[56] 이 불전을 여러 사람이 설일체유부의 경전과 속어 프라크리트어(prākrit)로 된 설화

---

56) M.Winternitz, *History of Indian literature*, New Delhi, Munshiram Monoharial publishers.

들을 혼합하여 편찬하였다고 보고 있다. 이러한 경향은 불전문학의 제
3기에 나오는 대승경전류의 불신관에 큰 영향을 끼친다. 간다라 미술품
가운데 싯달타 태자가 소, 양을 타고 학교에 가는 장면과 A.D. 850~
900년경에 만들어진 인도네시아의 보르부루르(Borobudur)사원에 있
는 불전 조각은 바로 《보요경》에 근거해서 만들어진 것으로 알려지고
있다. 그래서 고대 서북인도의 간다라미술연구에 이 경전이 중요한 자
료로 취급되고 있다. 이 경전은 A.D. 308년경 축법호(竺法護)에 의해
한역되었다.

불전문학의 제3기는 《묘법연화경(妙法蓮華經, Saddharmapuṇḍarī-
ka)》과 《금광명경(金光明經, Suvarṇaprabhāsa)》이 대표적이다. 이때
는 석가모니 인격의 위대성을 전하기 위해서 이상화하고 절대화하면서
철학적 해석을 덧붙인다. 이때 나온 《묘법연화경》의 교학은 불교학적
으로 의의가 매우 크다. 이 경전에서는 역사적으로 석가모니만을 부처
로 국한하지 않고 무시 이래로 모든 부처를 말하면서 또 동시에 부처를
초월한 불법(佛法)을 영원한 부처라고 설명한다. 즉 육신불(肉身佛)
의 사라짐과 동시에 법신(法身)의 영원함을 가르치고 있다. 그리고 석
가모니가 이 세상에 출현하기 전에 무량한 과거에도 진리는 있었고 앞
으로도 미래에도 모든 것은 자연의 이치대로 운행될 것이기에, 진리는
영속할 것이라는 의미에서 불법(佛法)을 법신(法身)으로 설명하여 법
신불은 영속된다고 가르치고 있다. 바꾸어 말하면 석가모니의 사라짐
은 바로 불법이 법신으로서 영속(永續)한다는 것을 알리는 것이라고 설
명한다. 즉 부처는 법신으로서 영속한다는 것을 불전의 형식으로 설명
하고 있다.

《묘법연화경》은 A.D. 276년에 최초로 축법호에 의해서 한역되지만
A.D. 384~417년에 걸쳐 후진(後秦)에 머물고 있던 구마라집(鳩摩
羅什)에 의해서도 한역되었는데 A.D. 406년에 번역한 것이 가장 널리
읽혀지고 있으며 그리고 그의 문장이 유려하여 옛날부터 경문이 아름답

기로 유명하다. 이 경전은 총 28품 가운데에 〈방편품〉이 가장 먼저 만들어졌고 다른 품의 이야기들은 수세기를 거치면서 조금씩 첨가되었다고 추정된다. 또 처음에는 운문 위주로 서술되었다가 산문체가 조금씩 첨가되었다고 추정되고 있다. 《묘법연화경》이 문학적으로도 높이 평가받고 있는 점은 특히 비유의 기법이 교묘하게 사용되어 있다는 점이다. 옛날부터 이 경전의 각종 비유기법은 상징성이 풍부하여 각국의 설화문학에 큰 영향을 준다.

《금광명경》에서도 부처를 영원한 신(神)적 존재로 설명하면서 실재(實在)한다고 말한다. 그러면서 부처는 사실 태어나는 것이 아니며, 진실한 불신(佛身)은 법신(法身)뿐이라고 설명한다. 그러면서 삼신(三身)을 설명하고 부처의 전생담을 몇 가지 이야기하고 있다. 《금광명경》을 읽어보면 다른 불전의 구성과 조금 다르다. 이 경전에는 옛날에 석가모니라는 부처님이 계셨으나 과거에 죽었다는 이야기를 듣고서 슬퍼하는 신명(信明)보살이 나오고 있다. 그 다음에 신명의 그런 생각을 경책하는 내용이 나온다. 즉 이 경전은 부처의 육신만을 부처라고 생각하는 불교도들에게 법신불(法身佛)의 영원함을 가르치는 내용이다. 그러면서 과거불의 이야기도 나오고 부처의 근본의를 철학적, 종교적으로 설명하는 부분이 나온다. 즉 진실한 부처를 보려고 하면 절대적인 법(法)을 보아야 한다고 가르치고 있다. 그리고 진실로 부처를 보는 것이란 법신(法身, darmakāya)과 법계(法界, darmadhātu)를 보는 것이라고 가르치고 있다. 예컨대 이 경전은 철학적으로 비물질적이고 순수한 법의(法義), 법계(法界)가 부처라고 설명하고 있다. 그리고 그러한 불신(佛身)은 영원하기에 결코 열반에 들어가지 않는다고 말한다. 즉 종교학적으로 최고조로 발달된 교학을 나타내고 있다. 이렇게 이 경전은 완숙한 대승불교 사상을 배경으로 만들어져 있다. 이 경전이 한역된 것은 담무참(曇無讖, A.D. 397~439)에 의해서 A.D. 4세기경에 이루어졌다. 일찍이 신라시대에도 전래되어 많이 연구되었다.

불전문학의 제4기는《시밀(詩蜜, Pajjamadhu)》·《최승장엄경(最勝莊嚴經, Jinālaṃkāra)》·《최승행찬(最勝行讚, Jinacarita)》·《만장엄사(鬘莊嚴事, Mālālaṃkāravatthu)》·《붓다장엄(佛陀莊嚴, Buddhālaṃkāra)》등의 불전이 나타난 시기이다.

《시밀》은 A.D. 11세기경 불애(佛愛, Buddhapiya, A.D. 11세기경)가 산스크리트어화한 팔리어로 쓴 단편의 시로서 부처님을 찬탄한 아름다운 시문이다. 시문의 내용은 부처님의 지혜와 인격을 아름다운 시적 이미지로 표현한 것이다.《최승장엄경》은 붓타라키타(Buddharakkhita)가 지은 150편의 시문인데 형식은 흠정시(欽定詩)로 되어 있으며 주로 대승불교사상에 근거한 불신관을 노래하고 있다. 그리고 과장된 표현과 시적 기교가 너무 화려하여 A.D. 5세기 불음(佛音) 이후에 만들어진 것으로 평가받고 있다.《최승행찬》은 A.D. 1277∼1288년 무렵 활약한에 바나라타나 메담카라(Vanaratana Medhaṃkara)가 각종 본생담을 재인용하여 만든 불전이다. 15세기에 실라밤사(Sīlavaṃsa)가 만든《붓다장엄》은 본생담 불전의 수메다(Sumedha)품의 이야기를 아름다운 시문으로 옮겨 놓은 작품이다. 이렇게 본생담은 많은 불교시인들에 의해서 다시 새로운 작품으로 재생산되었던 것이 특징이다.

본생담

불전문학의 제2기에 속하는《본생경》과《비유담》을 다시 살펴보도록 한다. 보통 본생담(本生譚, Jātaka)을《본생경(本生經)》이라고 부르며, 또《생경(生經)》이라고 부르는데 그 이유는 부처의 탄생에 관한 이야기를 모은 경전이라는 뜻이다. [57]《본생경》에서 중요한 것은 보살의

---

57) 본생(本生)의 어원은 자타카(Jātaka)이다. 자타카를 분석하여 보면 쟌(√jan; to give birth, be born)이라는 동사의 과거분사 형태인 자타(Jāta: born, produced, happened)에 접미사 '‒ka'가 덧붙여진 형태이다. 접미사 '‒ika',

전생담이다. 부처의 전생담에서 보살이라는 호칭은 석가모니를 나타내는 것이다. 즉《본생경》에서는 석가모니를 부처로 부르지 않고 보살로 부르고 있다. 그래서 본생담에서는 보살이 바로 석가모니를 의미하는 용어로 되어 있다. 그러나 대승불교 시대에는 혁신적인 불교도들이 모든 인간도 부처가 될 수 있다는 믿음의 교학으로 발전시킨다. 그래서 대승불전류에서는 깨달음을 구하려고 노력하는 일반적인 모든 사람들을 모두 보살이라고 불렀다. 그리고 그 이후부터 보살의 의미는 확대되어 모든 구도자(求道者)들을 가리키는 말로 사용하게 되었다. 바꾸어 말하면《본생경》에서도 처음에는 보살의 의미가 부처의 전생에서 부르는 호칭만으로 사용되다가 시대가 흘러갈수록 부처의 의미가 철학적, 종교적으로 확대되어 갈수록 부처가 될 수 있는 모든 사람 혹은 부처의 지혜를 구하려고 노력하는 구도자(求道者)들까지도 포함하게 되었던 것이다.

부처의 탄생에 관한 이야기들을 살펴보면 어떤 일정한 형식을 반복하여 표현되고 있다. 즉 다음과 같은 세 단계의 구성법을 갖추고 있다.

현재의 이야기 부분	현세에 부처가 어떠한 인연으로 과거의 일들을 이야기하는가를 설명한 부분
과거의 이야기 부분	자타카의 본질적인 부분으로, 과거에 착한 일과 세간의 영웅들의 갖가지 이야기를 이야기하는 부분

'-ka'는 추상성과 모음이라는 뜻을 나타낸다. 불교교단에서는 자타카의 중성 명사를 '부처의 탄생에 관한 각종의 이야기들의 모음집'이라는 뜻으로 사용해 왔다.

①과 ②를 결합시키는 부분	현재의 이야기에 나오는 인물과 과거의 이야기의 주인공을 연결시켜서 이야기의 인과관계를 설명하는 부분이다. 그러면서 보시(布施), 지계(持戒), 인욕(忍辱), 정진(精進) 등을 권장하고 있는 부분

　초기교단에서 세월이 흘러갈수록 부처님을 존경하고 흠모하는 마음에서 보통의 인간과 다른 영웅적 신적인 이미지의 부처 이야기를 만들어 간다. 그 과정에 인도사회에 널리 퍼져있던 윤회전생(轉生)의 이야기도 수용하기에 이른다. 그리고 세간에 회자되고 있던 각종 신화·설화·우화·시화(時話) 등도 하나의 에피소드로 편집해 넣는다. 자타카가 그렇게 복잡하게 편집되는 과정에 인용한 다른 이야기를 불전과 연결하면서 이야기 속의 이야기를 서술하는 형태로 변하게 된다. 즉 위의 표와 같은 세 단계의 서술법이 만들어진다.

　위의 표의 세 단계의 이야기 구성법은 교단 안에 내려오던 기존의 불보살의 이야기에 인도인들의 세간의 이야기를 재인용하고 연결하여 이야기하는 과정에, 이야기 전체의 인과관계를 나타내기 위하여 자연스럽게 현재의 이야기와 과거의 이야기를 하나로 만드는 과정에 형성되었다고 보여진다.

　그런 식으로 세간의 영웅과 선인(善人)들의 이야기를 부처의 전생담으로 붙여서 이야기하면서 이야기가 확대되어 갔던 것이다. 《본생경》은 이렇게 인도사회의 윤회전생담을 섞어 넣으면서 재미있는 각종 우화류(寓話類)도 섞어 넣는다. 그래서 현존의 자타카를 살펴보면 인도의 다른 설화집에 나오는 이야기들이 중첩되어 발견되는 경우도 있다.

　초기불교기 때부터 경전의 오래된 분류법인 구분교를 살펴보면 자타카가 먼저 형성되고, 그 후에 인연담(nidāna)이 계율을 설명하면서 그 연유를 자세하게 설명하는 방법으로 활용되었으며, 그 다음에는 다시 과거 세상에서의 이야기가 교훈적 이야기로 널리 전용(轉用)되면서 비유(avadāna)가 널리 퍼져갔던 것이다. 이러한 흐름으로 이야기 구성법이 정리되면서, 자타카, 인연담, 비유담으로 분류되고 정리되었던 것이다. 그리고 남방불교의 상좌부 계열의 불전에 이러한 세 단계의 이야기 구성법을 갖추고 있는 자타카가 많이 전래되어졌던 것이다.

오늘날 팔리어의 22편 547장으로 정리되어 있는 자타카 가운데서 운문으로 되어 있는 부분이 가장 오래되었고 산문의 부분은 A.D. 5세기경에 개작(改作)되었다고 알려져 있다. 즉 현존의 팔리어의 자타카는 수백 년에 걸쳐 많은 사람들에 의해서 부분적으로 개작되고 첨가되면서 오늘날의 형태로 만들어진 것이다.

자타카의 모음들 가운데 《본생만》은 A.D. 3~4세기경에 성용(聖勇, Āryaśūra)가 만든 작품인데 그 당시에 옛날부터 내려오던 자타카 이야기 가운데서 35편을 선정하여 세련된 산스크리트어의 문장으로 쓴 것으로, 산문과 운문을 섞어 만든 문학작품이다. 이런 작품도 현재에 본생담으로 분류하고 있다. 또 A.D. 2세기 후반에서 3세기경에 마트리체타(Matṛceta)[58]가 지었다고 전하는 《보살본생만론》[59]도 본생담과는 조금 다르지만 본생담으로 분류하고 있다.

이러한 자타카의 이야기류는 인도에서 세계로 전파되는데 서쪽으로는 파키스탄, 사우디아라비아, 중동과 그리스, 로마로, 남으로는 스리랑카 섬과 동남아시아의 각국으로 그리고 동쪽으로는 중앙아시아의 슐레이만 산맥의 협곡을 거쳐서 티베트, 중국, 한국, 일본에 전해지면서 불교의 포교와 설법의 좋은 자료가 되면서 서서히 각국의 동화, 우화, 설화문학에도 큰 영향을 준다. 이러한 영향과 전파 가운데 재미난 것은 인도의 문화가 예로부터 인도양을 통하여 아랍문화와 교류하고 있었다

---

58) 마트리체타는 《백오십찬(百五十讚)》·《사백찬(四百讚)》을 지은 작가인데, 성용(聖勇)과 동일한 사람이라고 전하고 있다(D.R.Bailey. 앞의 책).

59) 大正藏 卷3, pp. 331~385.

는 점이다.

현재에도 인도의 서남부 지방의 해안에서 배를 띄우면 인도양의 해류의 흐름과 바람의 힘으로 아라비아 반도의 남단에 위치한 오만까지 쉽게 여행할 수 있다고 전한다. 이러한 자연환경에 의하여 옛날부터 인적 교류가 있었고 문화의 교류도 많았던 것이다. 그러한 문화적 교류가 이루어질 때에 부처에 관한 각종 이야기의 모음과 자타카도 전파되었다고 추정된다.

이와 관련해서 대승경전 가운데에 산스크리트 원전 가운데《화엄경》의 〈입법계품(入法界品)〉을 살펴보면 선재동자가 깨달음을 얻기 위해서 53인의 스승을 찾아 나서는 고행의 여행을 한다. 그리고 많은 선지식을 만난다.

그런데 선재동자가 여행한 곳이 현재의 인도의 서남부의 해안지방의 지명(地名)들과 비슷하거나 일치되는 점이 많아서 현재 많은 사람들이 곧《화엄경》을 인도의 남서부의 해안지방에서 부분적으로 만들어진 이후에 간다라 지방을 거쳐서 중앙아시아에 들어가 만들어졌던 것이 아닌가 하고 추측하고 있다. 또 혹은 그러한 지역을 통과하면서 그 지역에 오랜 옛날부터 전하고 있었고 또 회자되었던 각종 설화와 우화들을 불교도들이 개작하여 이 경전에 넣은 것이 아닌가하고 추정하고 있다. 또는 선재소년의 모험담과 자타카의 이야기가 인도양을 거쳐서 아라비아 반도에 전해지면서《신밧드의 모험이야기》와《아라비안 나이트》등에도 영향을 주었는 것이 아닌가 하고 추정하고 있다.

그리고 불교설화문학을 전파받은 각국에서는 그것을 모방하여 다시 다양한 설화, 우화, 동화를 만들어 내었다고 말할 수 있기 때문에 인도문화가 세계로 전파되면서 자타카가 각국에 전해지고 그러한 나라에서는 자타카를 모방하여 다른 우화를 새로 창작하였다고 보여진다. 예컨대 인도를 중심축으로 해서 서쪽으로는 이집트와 그리스까지, 동쪽으로는 일본까지, 남으로는 동남아시아까지, 북으로는 중앙아시아까지 자타카가 전파되어 새로운 세계동화문학을 만들어냈다고 말할 수 있다.

그러한 예가 바로 아랍의《아라비안 나이트》·《신밧드의 모험이야기》·《이솝의 우화》, 우리 나라에 옛날부터 널리 회자되고 있는 '토끼와 거북이의 이야기'와 고전소설의《별주부전》등의 이야기이다. 이러한 이야기는 바로 불교의 자타카에 나오는 부처의 전생담과 우화를 모방하여 만든 것들이다. 그리고 일본의《일본영이기(日本靈異記)》,《법화험기(法華驗記)》,《금석물어(今昔物語)》,《우치습유물어(宇治拾遺物語)》등도 불교의 자타카, 비유경에 나오는 이야기를 모방하여 만든 것이다. 이처럼 불교의 자타카에 나오는 설화와 동물 비유담은 세계의 우화문학에 많은 영향을 주었다. 그래서 오늘날 불교설화학회에서 자타카를 각국의 설화문학의 보고(寶庫)라고 평가하고 있는 것이다.

지금까지 불교설화의 연구에 의하면 설화가 포교의 강력한 수단으로 된 것은 초기불교 이후였고, 특히《본생경》,《비유경》에 인도·서역(西域) 지방의 민간설화가 불교에 대량으로 들어와서 혼합되었으며 또 그 이후부터는 불교설화가 불교의 설법과 포교에 효과적이고 강력한 무기가 되었다고 전하고 있다. 그리고 대승불교 시대에 불전을 다양하게 만들기 시작하면서부터 부처의 전생담과 동물우화의 이야기가 더 복잡하게 되었다고 알려져 있다. 그리고 불교설화와 자타카도 인도문화권을 넘어서 널리 전파되었다는 것도 알 수 있다. 또 불전과 자타카에 나오는 각종 우화의 서술기법은 기원 전후에 다양화되었다는 것을 알 수 있다.

그리고 불교설화는 처음에 불교를 모르는 대중에게 불전을 쉽게 전하기 위해서 만든 것임을 알 수 있다. 대중에게 부처의 이야기를 쉽게 전하기 위해서 원숭이, 토끼, 거북 등의 동물들을 사람으로 비유하여 지혜로운 동물의 행위와 그 결과를 이야기하고 그 다음에 그 지혜로운 동물이 바로 부처의 전생(前生)이라고 가르치고 있었다. 즉 부처의 지혜로운 행동과 많은 노력, 자비심 등을 동물 이야기로 바꾸어 삶의 지혜와 인간으로서 걸어가야 할 길들을 전하고 있었다. 이렇게 부처를 각종 우화속의 동물의 이야기로 비유하여 이야기하면서 부수적으로 동물에 대한 사랑과 자비심도 전달하게 되고 또 중생에 대한 평등심도 가르치고 있었던 것이다.

불교설화문학이 이렇게 비유문학과 동물우화로 발전하게 된 또 다른 역사적 배경은 인도인들이 비유 화법(話法)을 즐겨 사용하였다는 점이다. 당시 불교도들도 이러한 인도인들의 사고 경향을 감안하여 자타카와 비유문화를 만들었다고 생각된다. 인도인들의 화법에 이러한 경향이 있었기에 부처의 이야기를 전할 때도 우화 등을 통해서 간접적으로 전달하였던 것이다.

자타카의 이야기는 이러한 과정을 통하여 불교예술화하여 전파되었다. 그러한 예가 바로 인도의 산치의 부도탑(浮圖塔)이다. 산치에 있는 부도탑을 살펴보면 부처님의 전생담에 나오는 많은 동물을 그대로 부처로 상징화하여 조각하고 있다. 부처를 구체적인 인간의 모습으로 나타내지 않고 상징적으로 자타카에 나오는 동물들을 대용(代用)하고 있다. 즉 자타카에 이야기 되었던 그러한 동물의 부조화(浮彫化)를 통하여 부처의 전기를 가르치고 있는 것이다.

그리고 현재 중앙아시아에 위치한 천산산맥(天山山脈)의 남쪽에 있는 쿠차, 돈황 지역 등의 석굴사원에서도 자타카 이야기가 부조로 조각되거나 혹은 회화로 그려져 있다. 특히 쿠차 지역에서 발견되는 불교미술품들은 동서양의 고대 불교미술의 기법이 섞여 있음이 발견되고 있다. 또 자타카 이야기도 바로 불교를 전교(傳敎)하는 중요한 소재로 활용되었음을 알 수 있다.

끝으로 오늘날 서양에서 자타카와 같은 불전문학이 왜 회자되고 있는가에 대해서 생각해 보면 A.D. 14세기의 르네상스 이래로 서양의 지성인들은 인본주의(人本主義)를 표방하고 있었다. 그러한 문화적 흐름

속에서 그들은 불전(佛傳)을 통하여 인간적 석가모니의 모습과 그 가르침을 이해하게 되었다. 그러면서 그들은 기독교와 비교하여 예수 그리스도의 부활에 대하여 불교의 개조(開祖)인 석가모니의 인간적 모습에 강한 매력을 느끼게 된다. 그들이 지향하는 인본주의에 맞는 동양의 종교, 즉 불교를 인간의 삶의 지혜를 기록한 것으로 이해하기 시작하였던 것이다.

그리하여 서양인들은 불전과 자타카를 통하여 자신들과 똑같은 인간으로서 부처의 모습을 감동 깊게 읽기 시작하였던 것이다. 즉 그들은 자타카 등을 통하여 부처를 신(神)으로 보지 않고 인간으로 보았다. 그래서 부처의 삶 이야기를 통해서 그들도 현세에서 겪는 인간적인 정신적 육체적 고통과 한계를 어떻게 생각하여야 하고, 또 어떻게 극복하여야 하는가 하는 문제에 참조하게 되었던 것이다. 또 인간 스스로의 노력에 의해서 누구나 평등히 진리를 깨닫고 부처가 된다는 가르침에 쉽게 이끌렸던 것이다. 서양의 지식인들은 부처의 이야기를 이렇게 인간의 실존(實存) 문제와 관련시켜서 생각하였고 받아들였던 것이다.

그리하여 서양인들은 불교라는 종교가 기독교보다 매우 이성적이고 합리성을 강조하는 인간적, 철학적인 종교라고 이해하게 되었다. 바꾸어 말하면 부처의 생애 이야기를 전하는 불전이 불교의 교리보다 더 쉽게 그들의 마음을 움직이게 만들었던 것이다. 그러면서 불교는 서양인들에게 동양의 먼 종교로서 그치는 것이 아니라 자신들의 인간적 실존 문제를 탐구하게 하는 가르침인 동시에 자신들이 삶의 고통을 극복할 수 있게 하는 지혜를 전하는 종교로 받아들였던 것이다.

그리고 또 자타카에 나오는 동물에 대한 사랑과 자비의 이야기는 서양 종교문학에는 거의 찾아 볼 수 없는 테마였기에 서양인들에게 상대적으로 크게 감동을 주었다. 그리하여 동물을 위시하여 세상의 모든 생명에 대한 무한한 사랑과 다른 인간들에 대하여 차별의식을 부수게 하여 모든 사람을 사랑하게 하는 박애정신이 얼마나 중요한 것인가를 깨닮게 하였던 것이다.

　이러한 점들로 인해 오늘날 서양인들은 자타카와 같은 불전문학을 많이 좋아하였던 것이다. 그리하여 서양의 근대, 현대의 작가들은 불전문학에 그려진 이성적이고 자비로운 인간적 부처의 모습을 자신들의 작품의 주인공 혹은 새로운 인간상의 모델로도 그리기도 하였던 것이다.

비유경

　비유경은 원래 영웅적 행위의 이야기를 의미하는 비유담이었지만 12부경(部經)의 하나로 분류되면서 비유 · 비유경(譬喩經, Avadāna)으로 불리우면서 불교 비유문학을 뜻하게 되었다. 이 비유문학은 긴 역사를 통하여 발전하는데, 초기에는 경률(經律) 가운데 삽입되어 본문에서 가르치고자 하는 교훈의 예로서 제시되었다. 그 다음은 팔리어 소부(小部) 가운데《Apadāna》와 산스크리트어《찬집백연경》과《백업(百業)이야기》로 발전한다. 그 다음의 세번째 단계부터는 완전히 문학으로 발전하게 된다.

　자타카 문학이 부처의 생애를 주로 이야기한 부처의 전기문학이라면, 비유경은 그러한 자타카 문학에서 발전한 이야기이지만 이야기의 내용은 대개 부처의 제자들의 종교적 도덕적 행위를 이야기한 업(業)의 이야기로서 구성되어 있다. 즉 비유경은 성인의 경지인 아라한(阿羅漢)의 위치까지 도달한 불제자의 과거, 현재, 미래의 행위와 결과를 이야기한 것이며 또 그들의 영웅적인 수행담과 위업(偉業) 등을 이야기한 것이다. 그 외에 장로(長老), 장로니(長老尼)의 선행(善行)과 미담(美談) 또는 다른 재가신자들의 덕행(德行)과 영웅적인 자기 희생의 행위 등을 이야기한 경우도 있다. 그리고 이런 이야기 속에서는 과거의 칠불(七佛) 중의 한 분이 나타나서 그들의 선행을 증명해주는 경우도 있다.

　또 비유경은 불제자의 과거의 삶의 위대한 위업과 영웅적인 행위를 이야기하면서 인도의 각종 영웅담과 전설과 신화 등을 불교적으로 개작하는 경우도 있는데 그런 경우는 기존의 영웅이야기를 불교적 영웅으로 바꾸어 이야기하여 중생들에게 종교적 외경심을 불러일으키게 하고 있다. 즉 불교적 삶의 가치를 전하기 위해서 인도의 전통적 영웅 이야기와 문학적 상상력을 활용하고 있는 경우이다. 이렇게 비유경전은 불제자의 생애 이야기를 통해서 부처의 가르침과 불교의 영험을 직설적으로 전하는 것이 아니고, 간접적으로 전하고 있다. 즉 불교의 어떤 메시지를 인도의 각종 신화와 설화를 전용(轉用)하여 전달하고 있다.

그리고 비유경에는 신앙심이 깊은 재가신자들도 이야기의 주인공으로 등장하는 경우도 있다. 그런 경우 불제자나 부처가 그들의 과거 전생의 착한 행위와 그 공덕을 연결하여 이야기하기도 한다. 또 불제자들의 과거 이야기는 부처의 전생이야기를 모방하여 만든 것이며, 또 인도의 각종 이야기를 개작하여 만든 것이기에, 자타카 문학은 다시 비유경전의 문학으로 발전하였다고 할 수 있다. 그러한 과정을 통하여 불교인들이 가장 이상적 인물이라고 생각하는 보살상, 성인(아라한)의 영웅적 이미지가 바로 불전문학, 비유경전에서 만들어졌다고 말할 수 있다.

비유경의 비유법은 예로부터 인도인이 즐겨 사용하는 수사법(修辭法)으로서 말하고자 하는 견해나 대상을 직접적으로 말하지 않고 간접적으로 제3의 어떤 대상에 비유하여 묘사하는 수사학적 기법이다. 즉 인도인들은 항상 자신의 의견과 감상 그리고 어떤 사실을 표현할 때에 직설적으로 표현하지 않고 다른 사물이나 대상의 특성에 비유하여 우회적으로 나타내는 습관이 있다. 그래서 불교교단에서도 불제자의 과거 전생(前生)의 이야기를 전교용(傳敎用)으로 만들 때에도 그러한 전통적 표현방법을 수용하여 만들었던 것이다. 그리고 불교교단에서 재가신자들을 가르칠 때와 교리를 설명할 때에도 인도사회에서 오랫동안 유행하고 있던 수사법과 인연비유담을 적절히 섞어서 설명하였던 것이다. 그리고 불교포교용의 자료를 만들 때에도 비유법과 비유담을 적절히 사용하여 불교를 창도(唱導)하고 있었던 것이다. 비유경전은 그러한 불교의 교화용으로 만들어진 이야기 문학이다.

중국에서도 그와 같은 사정은 비슷하게 전개된다. 즉 불교경전의 강의와 해석에 덧붙여서 불교설화의 구연(口演)은 불교사원의 안과 밖에서도 이루어진다. 즉 변문(變文), 변상도(變相圖) 등에서도 보여주는 것처럼 민중을 대상으로 속강(俗講)의 형태로 불교설화를 구연하였던 것이며, 그 후에도 다시 각종 영험설화집이 민중교화용으로 만들어지게 된다.

이와 같은 과정을 거쳐서 만들어진 비유경전을 찾아보면 《찬집백연경(撰集百緣經, Avadāna-śataka)》, 《잡보장경(雜寶藏經)》, 《보살본연경(菩薩本緣經)》, 《현우경(賢愚經)》, 《백유경(百喩經)》 등이 있다.

《찬집백연경》의 비유형식은 ① 처음 현재 세상의 이야기로 시작하여 다음에, ② '예를 들어 백겁(百劫)을 지나서도 업(業)은 사라지지 않는 것처럼'이라고 노래하는 운문이 나오며 또 그 뒤에, ③ 과거 세상의 인연(因緣) 이야기가 '옛날 그 옛날(bhūtapūrvaṃ~)'의 용어로 시작하면서, ④ 과거의 부처의 이름이 등장하고, ⑤ 현재 세상의 이야기의 주인공과 과거 세상의 이야기의 등장 인물을 연결시킨다. ⑥ 끝으로 '완전히 검은 행실의 과일나무의 열매는 완전히 검게, 완전히 하얀 행실의 과일나무의 열매는 완전히 하얗게, 잡색(雜色)의 물건의 그것은 잡색이다. …'라고 업(業)에 관한 가르침을 설교하는 형식으로 되어 있다.

《잡보장경》에는 현재 세상의 인물을 과거 세상의 이야기에 등장하는 인물과 연결짓는 방법 이외에, 인과응보의 이야기 구성법이 많다. 즉 선인락과(善因樂果), 악인고과(惡因苦果)의 현보(現報)와 생보(生報)를 이야기하는 경우가 많다. 그래서 A.D. 472년 북위(北魏)에서 이 경전이 번역된 이후로, 중국에서는 재가신자를 위한 속강(俗講)의 대표적인 자료가 된다. 특히 돈황에서 발견된 《잡초(雜鈔)》에 《잡보장경》 1권 4에 나오는 〈기로국연(棄老國緣)〉에 나오는데 이 이야기는 중국의 효자이야기의 모음에 영향을 주며, 우리 나라에서는 고려장(高麗葬)의 이야기로 널리 알려진다. 또 A.D. 3세기 말엽에 만들어진《삼국지(三國志)》의〈위서(魏書)〉조충전(曹沖傳)에도 이 이야기가 나오기 때문에, 일찍부터 불교설화가 중국에 널리 퍼져있었음을 알 수 있다.

《현우경》은 현재 이야기의 인물을 과거 이야기의 인물과 연결하는 형태가 대부분이지만, 때로는 미래의 수기(授記)에 연결되는 것과 현재의 행위에 의해서 바로 현재에 그 과보를 받는 이야기, 즉 현재의 과보담(果報譚)을 연결할 때도 있다. 현재 이 비유이야기는 대장경의 종류에 따라서 각품(各品)의 배열이 조금씩 다르고 또《찬집백연경》의 이야기와 똑같은 것이 발견되기도 한다. 중국에서는 이 경이 A.D. 445년에 번역되어 6세기 이후에는 널리 유포된다.

이렇게《잡보장경》,《찬집백연경》,《현우경》은 불교비유문학의 대표적인 경전으로 일찍부터 유포되었다. 특히《현우경》은 현명한 사람(賢者)과 어리석은 사람(愚者)의 삶과 행위를 대비시켜 나가면서 불제자와 보살의 지혜로움을 부각시킨 경전으로 이 경전의 비유설화는 다른 비유경전에도 많은 영향을 준다.

《백유경》은 주로 세간의 소화(笑話)를 모아서 만든 경전인데 그러한 소화에 비유하여 불교적 교훈을 전달하고자 만든 경전이다. 이와 같은 이야기들은 문학적으로 비유하는 테크닉이 매우 뛰어나서 훗날 일반 문학작품에도 많은 영향을 준다.

대승경전의《법화경》,《대장엄경론(大莊嚴經論)》등도 비유법을 많이 표현하고 있는데 이러한 경전들이 나중에 중국, 한국, 일본 등에 전해지면서 불교창도문학(唱導文學)으로 발전하게 된다. 그리고《대장엄경론》과《법화경》의 비유담은 일본의 설화문학의 집대성이라고 말할 수 있는《금석물어집》에 상당한 영향을 끼친다. 그리고《잡보장경》은 중국, 한국, 일본의 불교설화문학에 직접적인 영향을 끼친다.

고승전

부처의 전기(傳記)가 불전(佛傳)에 전생(前生)의 이야기가 본생경(本生經)에 전하고 있다면 부처의 제자들의 전기와 전생담은 보통 비유경전에 전하고 있다. 그런데 불교가 세계로 전파되는 과정에 중앙아시아와 중국, 한국, 일본에서도 많은 불제자들이 배출되었다. 그러한 지역의 불제자들 가운데 유명한 고승들의 생애와 전기를 모아서 고승전(高僧傳)으로 전하고 있다.

보통 불전과 비유경전을 구별하기 위하여 고승전을 조사전(祖師傳)이라고 부르기도 하는데 중국, 한국, 일본에서는 불교의 각 종파마다 자신들의 개조(開祖)의 조사전(祖師傳)을 만들거나 아니면 역대(歷代)의 유명한 조사들의 전기(傳記)와 어록(語錄)을 따로 모아서 분류하여 전하고 있다.

이러한 고승전과 조사전도 불전문학에서 파생된 불교문학의 장르라고 평가할 수 있다. 고승전은 고승들의 생전의 삶의 모습과 덕행, 수행 등에 관한 영웅적 행위의 에피소드를 신비적 종교적 체험담으로 구성한 경우가 많다. 그러한 신비적 체험담은 문중의 제자나 불교도들에게 고승과 제자에 대한 존경심과 함께 불교적 영험감(靈驗感)도 증대시켜 주는 효과도 있었기 때문에 각 종파에서 의도적으로 만들어내는 경우도 많았다. 그리하여 고승전과 조사전은 옛부터 재가신자들에게 부처님에 대한 존경심과 함께 자신들에게 가르침을 전해준 고승들에 대한 추모심과 흠모심을 자아내게 하였기에 종교적 교육자료로 일찍부터 활용되어 왔다.

그리고 조사전을 구성할 때에 종교적의 신비적 체험과 수호신(守護神)들의 가호(加護)등을 연결하여 이야기하는 경우가 많았다. 또 큰 사찰의 문중과 종파에서는 자신들의 조사들의 전기(傳記)를 회화(繪畵)로 옮겨 전하기도 하였다. 즉 불화(佛畵)나 여러 종류의 변상도(變相圖)를 만들기도 하였다. 간혹 중국, 한국, 일본에서는 유명한 조사와 고승들을 보살로 격상(格上)시켜서 이야기하는 경우도 있었다. 그러한 경우는 고승들의 출가한 후의 삶과 법어 등을 불전의 구성법으로 답습하여 나타내면서 고승들을 보살의 재생(再生)과 환생(還生)으로 이야기하기도 하였다. 그리고 불교의 각종 영험담 등으로 연결시켜 이야기하기도 하였다.

그런데 이러한 조사전이나 고승전 등은 근본불교에서 인정하지 않는 생사(生死)의 윤회전생(輪廻轉生)을 말하고 있어서 불교를 왜곡시키는 점이 많았다. 즉 조사전이나 고승전은 불교적 영험감을 증대시키기 위해서 이야기를 윤회의 전생담으로 구성하는 과정에 모든 존재에 영원불멸한 아트만(我, ātman)이 존재하는 듯한 인상을 심어주었다.

중국의 고승전을 살펴보면 양대(梁代)의 혜교(慧皎, A.D. 497~554)의 《고승전》, 당대(唐代)의 도선(道宣, A.D. 596~667)의 《속고승전(續高僧傳)》, 송대(宋代)의 찬영(贊寧, A.D. 919~1001)의 《송고승전(宋高僧傳)》, 명대(明代)의 여성(如惺, A.D. 17세기)의 《대명고승전(大明高僧傳)》 등이 있다. 이러한 고승전에는 우리나라의 고승들의 이야기도 포함되어 있다. 우리 나라에는 《해동고승전(海東高僧傳)》이 전하고 있으며, 《삼국유사》, 《삼국사기》 등에도 고승들의 전기와 영험 이야기의 단편들이 기록되어 있다.

이렇듯이 불전문학(佛傳文學)은 자타카, 비유경전류로 발전하다가 나중에는 각국의 조사전, 고승전 등으로 발전하게 된다. 조사전, 고승전은 다시 출가수행자들과 불교신자들의 전기물로 재창출되면서 또 다른 형태의 불전문학류를 만들어 내었다. 불전은 이렇게 문학적으로 조형력이 매우 풍부해서 불교문학의 원형과 원천으로서 많은 불교 서사문학을 재생산 해낸다. 그래서 대승경전이 성립할 무렵에는 불교비유문학과 불교설화가 질적으로 양적으로 크게 발전하게 된다.

또 후대로 내려오면서 불전문학은 세간의 일반문학에도 풍부한 이야기의 소재를 제공하면서 거꾸로 세간의 문학들이 불전문학을 모방하여 간다. 즉 후대 사람들은 자신들이 상상한 부처와 보살의 이미지를 고승전, 조사전에 그려가면서 때로는 모든 사람이 좋아하는 세간의 영웅담을 보살상(菩薩像)으로, 불교설화를 세속의 문학으로 다시 개작하기도 하였다. 이러한 변화는 부처의 전생(前生)을 보살로 그리면서 나타나기 시작하여 그 다음에는 제자들의 다양한 수행담(修行談)으로 변용되고, 또 다시 다양한 비유문학으로 변하여 갔던 것이다.

보살이란 용어는 불교학적으로 다양하게 해석할 수 있으나 우선 무상(無上)의 보리(菩提)를 구하려고 노력하는 수행인이라는 뜻과 부처가 되기 위해서 진리를 깨달으려고 노력하는 수행인 혹은 초인적 인내력을 갖춘 지혜로운 각자(覺者)로서 세상의 모든 중생을 평등히 구제하는 사람이라고도 해석할 수 있다. 그런데 불전문학에서는 주로 성불(成佛)하기 이전의 부처를 보살로 부르고 있다. 즉 불전에서 보살상(菩薩像)은 바로 부처가 성불(成佛)하기 전의 과거 모습으로 보편적 인간상으로 그려져 갔던 것이다.

그래서 불전문학은 불교사적으로 변하여 가는 다양한 불타관(佛陀觀)을 해석할 수 있는 불교사적 자료인 동시에 더 나아가 각 시대의 불교도들의 이상적 인간상(人間像)을 살펴볼 수 있다. 그리고 불교인의 실천윤리의 변화상을 살펴볼 수 있다. 즉 불전문학에 등장하는 제불(諸佛)과 보살과 고승들의 이야기는 바로 불교도들이 시대별로 가장 이상적이라고 생각한 그들 자신의 모습인 것이다. 그래서 불전문학을 잘 분석하면 불교도들의 다양한 인간관과 불교적 세계관의 변화를 살펴볼 수 있으며, 각 시대의 교리의 해석과 그에 따른 윤리관의 변화 및 실천관 등의 변화 등을 살펴볼 수 있다. 중국에서는 불교설화의 영향으로 소설문학의 개념이 완전히 다르게 변하며 윤리관도 변하게 된다.

(3) 불소행찬

이 작품은 위대한 불교시인인 마명(馬鳴, Aśvaghoṣa, A.D. 1~2세기)의 작품으로서 불전문학사(佛傳文學史)의 제2기에 속하고 불전문학상의 최고 백미(白眉)라고 평가할 수 있다.《불소행찬(佛所行讚, Buddhacarita)》은 불전문학의 최전성기인 제2기의 가장 중요한 작품이지만 인도문학사에서도 중요한 예술작품으로 평가받고 있다. 그래서 이 작품을 단순히 불전(佛傳)으로서만 취급해서는 안 된다. 인도에서는 마명의《불소행찬》을《대궁정시불소행찬(Mahākāvya Buddhacarita)》으로 부르면서, 인도인의 지적(知的) 사상과 서정적(抒情的)인 내용이 잘 융합되어 있다고 평가하고 있다.《불소행찬》은 우선 궁정서사시로서 높은 수준의 다른 예술적 요소를 풍부하게 담고 있다.[60] 그리고 이 작품은 부처의 생애의 의미를 깊고 심오한 불교철학과 종교적 안목으로 관조해 가면서 그 의미와 예술적 미(美)을 절묘하게 융합하여 나타낸 수준 높은 순수 문예작품이기에 읽을 때에는 마명의 종교적 사상

---

60) 인도문학의 시론(詩論)인《시감(詩鑑, Kāvyadarśa)》에는 인도의 전통적인 시작법(詩作法)이 자세히 설명되어 있다. 예를 들면 바이다르바의 작법은 긴축, 명철, 평정, 감미로운 두운(頭韻), 유약한 느낌, 의미의 명료함, 함축, 화려한 아름다움, 전아함, 약동적 운동감 등의 열 가지를 표현하는 것이라고 설명하고 있다. 또 대궁정시(大宮廷詩)는 축복, 귀명정례(歸命頂禮), 주제(主題)의 명명(命名)으로 시작되어야 한다고 설명하고 있다.《불소행찬》은 대궁정시의 양식을 그대로 따라서 시의 서두(序頭)에 모든 지자(智者)에게 귀의(歸依)하고 아라한(阿羅漢)에 정례(頂禮)한다고 노래하고 있다. 그리고 인도의 대궁정시는 대개 역사적 사실을 근거로 노래한다고 되어 있다. 그래서《불소행찬》도 전통적 형식에 따라서 역사적인 인물인 고타마 싯달다가 어떻게 하여 석가모니 부처님이 되었는가 등의 과정과 그의 생애 동안의 언행(言行)을 노래하고 있다. 그래서 보통《불소행찬》을 대궁정시이라고 부르고 있는 것이다. 그런데 많은 인도문학 연구가들은 오히려 인도의 궁정시체의 전통이 마명의《불소행찬》에서 시작했다고 평가하기도 한다.

과 그의 수준 높은 문학적 재능을 동시에 감상할 수 있다.

《불소행찬》은 유려하고 전아(典雅)한 산스크리트어의 흠정시(欽定 詩, Kāvya)의 형태로 부처의 생애를 화려하고 아름답게 노래하고 있 다. 그리고 불교의 심오한 교의(教義)를 아름다운 시문체(詩文體)로 적절하게 이미지화하고 있어 인도종교문학사에 있어서도 아름다운 시 문학으로 평가하고 있다.

특히 불교의 교의를 아름다운 시적 이미지와 기교로 잘 구상화하였 고, 문학적 다른 표현방법(修辭的 技巧와 韻律) 등으로 부처의 인격을 나타낸 것이 특징이다.

그리고 4～5세기의 인도문학가 칼리다사(Kālidāsa)의《구름의 사자 (使者)》,《계절집》보다 앞서면서 기교와 문체가 뛰어나고 아름다운 것 이 높이 평가받는 이유이다. 이러한 모든 것은 마명이라는 인물의 문학 적 재능과 그의 불교사상에 대한 깊은 이해와 지식에 의해서 우러나온 것이다. 바꾸어 말하면 마명은 이 작품을 통하여 그의 천재성을 결정적 으로 널리 알리게 되었던 것이다. 그리고 이 작품에는 수론(數論)의 요 가(瑜伽)사상이 부분적으로 나타나 있다.

불전문학 가운데서 가장 결정도가 높고 또 아름다운 시편(詩篇)의 백 미로 평가되는 마명의《불소행찬》은 불전문학의 금자탑으로서 훗날 많 은 모방작품을 유도하게 된다. 즉《보요경》등은 바로 마명의《불소행 찬》을 모방하여 만든 것이다.

그리고《불소행찬》은 과거 역사상의 실재 인물이고 불교의 개조(開 祖)인 석가모니의 생애와 언행(言行)을 이름다운 궁정시체로 나타내면 서도 고대 인도의 서사시인《마하바라타》,《라마야나》의 영웅들의 생애 이야기와 그들의 언행을 나타낼 때에 사용한 장대한 묘사법과 기교를 많이 답습하고 있다. 그래서 석가족의 생활과 왕궁의 풍경을 묘사한 표 현들은 매우 비슷하다. 즉 마명은 인도의 전통적인 서사시적 표현법들 을 많이 사용하여 작품을 만들었다고 말할 수 있다.

品數	梵本	漢譯本	西藏譯本
1	Bhagavatprasūti(世尊降誕生)	童子	童子 誕生
2	Antaḥpuravihāra(處宮)	處宮	主王妃侍中
3	Samvegotpatti(悲嘆生)	厭患	優心生
4	Strīvighātana(婦人障碍)	離欲	婦人 障碍
5	Abhiniṣkramaṇa(出家)	出城	外出
6	Chandakanivartana(車匿歸還)	車匿還	犍陀迦還退
7	Tapovanapraveśa(入苦行林)	入苦行林	入苦行林
8	Antaḥpuravilāpa(內宮優悲嘆)	合宮優悲	王妃眷屬悲嘆
9	Kumārānveṣaṇa(太子推求)	推求太子	隨求青年
10	Śreṇyābhigamaṇa(沙王來詣)	沙王詣太子	沙王詣太子
11	Kāmavigarhaṇa(愛欲非難)	答餅沙王	答請餅沙王
12	Arāḍadarśana(阿羅藍訪問)	阿羅藍欝頭藍	訪阿羅藍欝陀藍
13	Māravijaya(破魔)	破魔	降魔
14		阿惟三菩提	現成菩提
15		轉法輪	轉法輪
16		沙王諸弟子	沙王諸弟子
17		大弟子出家	大聲聞出家
18		化給孤獨	化給孤獨長者
19		父子相見	相會
20		受祇桓精舍	受祇桓精舍
21		守射醉象調伏	業相續
22		菴摩羅女見佛	觀菴摩羅女林
23		神力住壽	身壽想攝受
24		離車辭別	哀愍離車毗族
25		涅槃	入涅槃
26		大般涅槃	大般涅槃

27		歎涅槃	讚涅槃
28		分舍利	分舍利

현재에 전하는 이 작품의 산스크리트어본을 살펴보면 한역과 티베트어역(西藏譯)의 판본과 조금 다르다. 그래서 산스크리트어본(梵文本), 한역본(漢譯本), 티베트어역본(西藏本)의 각 품(品)을 순서대로 열거해 보면 다음과 같다.

위의 표를 보면 원작(原作)인 범문본보다 한역, 티베트어역의 내용이 조금 많다. 즉 한역과 티베트어역의《불소행찬》은 전부 28품으로 되어 있기에, 번역자에 의해서 첨가되었음을 알 수 있다.

《불소행찬》의 내용을 개략적으로 살펴보면 부처의 탄생에서부터 열반과 사리의 분배에 이르기까지 부처의 생애를 모두 아름다운 운문으로 노래하고 있다. 〈제1 생품(第一生品)〉에는 석가족의 카필라성의 아름다움을 노래한 다음에, 왕과 왕비의 높은 덕과 노력에 의하여 고타마 싯달타의 태자가 탄생한다는 이야기와 또 많은 백성들의 즐거움과 태자에 대한 예언자들의 예언 등을 간결하게 노래로 나타내고 있다. 《詩鑑(Kāvyadarśa)》에서는 이 부분을 긴축 함축의 형식이라고 평가하고 있다.[61]

〈제2 처궁품(第二處宮品)〉에는 석가족의 왕국의 번영과 왕의 선정(善政)을 노래하고 또 태자의 성장과정과 그 후에 미희(美姬)와의 결혼 그리고 라홀라의 탄생에 대한 왕과 태자의 기쁨 등을 평온하고 전아(典雅)한 느린 템포의 운율로 노래하고 있다.

〈제3 비탄생품(第三悲嘆生品)〉은 태자가 처음 왕궁 밖으로 놀러가서 많은 사람들을 만나면서 그들의 늙음과 병듦과 죽음에 대한 태자의 느낌을 역동적으로 노래하고 있다. 그리고 태자의 변화하는 심상(心

---

61) 平等通昭,《印度佛敎文學の硏究》, 三陽社, 昭和44年, p. 425.

相)을 자세히 묘사하고 있다. 즉 태자의 놀라움과 우울한 감정을 극적이고 빠른 템포의 음률(音律)로 노래하고 있다.

〈제4 부인장애품(第四婦人障碍品)〉은 먼저 아름다운 전원의 서정과 그 곳에서 노닐고 있는 아름다운 미희(美姬)들의 유혹을 화려하고 전아한 운율로 노래하고 있다. 그리고 인도의 많은 신화 이야기도 함께 노래하고 있다. 또 우다이(優陀夷)가 태자에게 인도의 도의경륜학(道義經倫學, Nītiśāstra)의 중요성을 말하고 태자는 그의 주장을 거부하는 장면이 나오는데 노랫말과 어휘들이 대단히 함축적으로 표현되고 있다. 그리고 이 품에서 태자의 출가의 인연을 조금씩 나타내고 있다.

〈제5 출가품(第五出家品)〉은 태자가 외유(外遊)해서 출가자를 만나는 장면과 그 이후에 태자가 왕에게 자신의 출가를 허락해 줄것을 청하는 모습이 노래되고 있으며, 태자가 다시 부인의 방에 들어가서 잠자는 부인을 조용히 바라보는 모습과 밤에 남몰래 궁성을 떠나는 장면을 극적인 운율로 노래하고 있다. 여기서는 태자의 출가 모습을 점층적 기법으로 묘사하고 있다.

〈제6 차닉귀환품(第六車匿歸還品)〉은 마부(馬夫)와의 이별의 감정을 비탄한 애조로 노래하고 또 말(馬)을 의인화(擬人化)하여 이별의 슬픈 심정을 더욱 강하게 나타내고 있다. 그러면서 부모와 사랑하는 처와 어린 아들을 떼어 버리고 출가하는 태자의 심리적인 면을 묘사하면서 또 한편으로는 굳은 결의의 심정을 대비시켜가면서 서정적 운율로 노래하고 있다.

〈제7 입고행림품(第七入苦行林品)〉은 싯달타 태자가 깊은 산속에서 고행하고 있는 풍경을 서정적으로 노래하고 있다. 또 고행의 불교적 의미와 가치를 노래하고 있다. 즉 이 품에서는 왜 인간이 이렇게 고행해야 하는가 라는 점에 대하여 불교철학적으로 풀어서 노래하고 있다.

〈제8 내궁우비탄품(第八內宮優悲嘆品)〉은 그렇게 고행을 하면서 고뇌하는 태자와 그를 따르던 시종(侍從)과 말의 심리를 그리면서 또 한편으로는 태자가 곧 돌아올 것이라고 바라면서 깊은 슬픔에 빠져있는 태자의 처 야유타의 낙담과 부왕(父王)의 비탄 등을 빠른 템포로 노래하면서 극적으로 대비시키고 있다.

〈제9 태자추구품(第九太子推求品)〉은 부왕(父王)을 비롯하여 신하와 왕족들 모두가 태자의 출가(出家)를 슬퍼하고 나라의 사정을 걱정하며 다시 태자에게 도의경륜학의 의의(意義)를 알리며 나라를 위하여 그러한 학문을 배울 것을 권유하는 장면이 나온다. 그러나 태자는 그것을 뿌리치고 자신이 생각하는 이지(理智)의 구도(求道)의 길과 그에 따른 철학적인 의미 등을 노래하고 있다.

〈제10 병사왕래예품(第十瓶沙王來詣品)〉과 〈제11 애욕비난품(第十一愛欲非難品)〉은 부왕이 태자에게 왕이 될 사람의 자기희생적 정신과 왕도(王道)의 중요성을 말하면서 태자에게 세속적인 생활을 권유하고 있으며, 그에 대하여 태자는 세속의 도의경륜학과 자신이 추구하고자 하는 구도(求道)의 길이 차이가 있다는 것을 설명하면서 왕도(王道)의 허망함과 애욕(愛欲)의 해악을 노래하고 있다. 즉 이 품들에 나오는 노래는 철학적이고 사상적인 내용이 많이 나오고 있다. 마명은 이러한 어려운 내용에 대하여 단순한 운율(韻律)과 리듬으로 변화를 주어 이지적(理智的) 내용의 반복이 주는 지루함을 극복하고 있다. 즉 전체적으로 철학적 내용의 딱딱함을 시적 단순화로 극복하고 있다.

〈제12 아라람방문품(第十二阿羅藍訪問品)〉은 태자의 구도 생활을 서사시적 음률로 묘사하고 있다. 그리고 어려운 철학적 내용은 리듬감 있는 운율로 보완하여 전체적으로 조화롭게 표현하고 있다.

〈제13 파마품(第十三破魔品)〉은 수행 중에 태자와 마왕(魔王)과의 전투를 실감 나게 묘사하면서 동(動)과 정(靜)의 이미지를 대칭적으로 그려나가면서 종교적 의미를 부각시키려 하고 있다. 즉 여기서는 동(動)과 정(靜), 미(美)와 추(醜), 선(善)과 악(惡), 진(眞)과 허(虛)의 이미지를 시적 이미지로 나타내어 종교적 진선미(眞善美)를 전하려고 하고 있다. 그리고 또 보살도(菩薩道) 실천의 숭고함을 나타내려고 하고 있다. 달리 말하면 마왕과의 전투 장면을 통해서 수행자가 수행 중에 겪는 갈등을 어두운 이미지로 그리고 수행의 어려움을 극복하고 최후에는 몸과 마음이 평온한 상태로 되는 것을 밝고 고요한 이미지로 노래하고 있다. 즉 이 품은 화려한 시적 이미지와 다양한 수식어로 태자의 수도 중의 어려움과 그 극복을 묘사하고 있으며 또 극복의 결과로 얻는 평온함을 아름다고 느린 운율로 나타내고 있다.

앞의 표에서 알 수 있듯이 제14품 이후의 부분은 원작인 범문본(梵文本)에는 없으나 한역과 티베트역에서만 있는 것이다. 그 가운데 매우 극적으로 서술한 부분이 태자가 전법륜성왕(轉法輪聖王)으로서 모국에 귀국하면서 부왕을 찾아 뵙는 제19품이다. 이 부분에서는 자식을 오랜만에 만나는 부왕이 보여주는 애틋한 사랑의 표현들과 깨달은 자(부처)가 되어 있는 석가모니의 모습이 대조적으로 그려져 있다. 그리고 태자가 출가한 이후로 고독하게 지내온 처 야쇼다라의 희비(喜悲)가 교차되는 심리적 묘사, 또 홀로 아들 라훌라를 안고서 우는 장면의 묘사는 매우 아름답고 극적인 장면이다. 이러한 부분들의 묘사와 운율 그리고 수사법(修辭法)은 거의 서정시적인 운율과 비유의 화법(話法)으로 되어 있다. 그러한 극적인 구성과 시적인 표현방법은 오늘날 현대적 작품과 비교하여도 뒤떨어지지 않으며 인도문학사적으로도 보기 드물다. 어쨌든간에 《불소행찬》의 이러한 높은 문학성은 마명의 천재적 자질에서 비롯되었다고 말할 수 있다. 그래서 인도문학사에서는 아름다운 궁정시체의 전통을 마명의 《불소행찬》에 시작하였다고 찬탄하고 있는 것이다.

그리고 〈제24 이차사별품(第二十四離車辭別品)〉과 〈제25 열반품(第二十五涅槃品)〉과 〈제26 대반열반품(第二十六大般涅槃品)〉은 당시의 유행하던 부처관(佛陀觀)과 법신상주사상(法身常住思想)을 교학적으로 설명한 부분이다. 이러한 품에서는 부처님을 가까이 모시고 다니던 아난(阿難)이 부처의 열반을 맞이하여 울고 탄성을 지르는 장면으로 시작하여 철학적으로 논의하고 있다. 그런데 그렇게 비통해하는 아난을 오히려 죽어 가는 부처가 자상하게 위로하며 모든 존재의 무상함과 법신상주(法身常住)의 가르침을 조용히 가르치시는 장면은 극적인 장면으로서 매우 감동적이다. 그래서 작품의 전체적인 분위기는 애수(哀愁)에 가득한 분위기와 함께 제자들에게 마지막까지 당신의 가르침을 전하려고 노력하는 부처의 모습은 독자로 하여금 추모의 정과 함께 찬탄을 자아내게 하고 있다. 그리고 이러한 내용을 묘사한 부분에서는 부처의 죽음을 장중하게 나타내려고 천지의 이상(異相)을 표현한 노래를 장중한 리듬으로 반복하여 넣고 있다.

4. 대승경전의 다양한 문학성

인도의 고대 종교문화는 기본적으로 구비전승(口碑傳承)에 의하여 전달되었기 때문에 인도의 각종 고문헌(古文獻)은 대개 후대(後代)의 소산물(所産物)이라고 말할 수 있다. 불교교단에서도 초창기에는 모두 부처의 가르침을 암기하여 입에서 입으로 다시 전하는 형태였으나 그러한 방법이 시대가 흘러갈수록 방법적으로 한계가 있음을 알고 서서히 불전을 만들어 갔던 것이다.

기원 전 100년 무렵부터 부파불교가 분열하면서 나타나기 시작한 대승불교는 많은 불전을 만들어낸다. 그리고 부처님을 직접 뵙지 못한 불제자들이 문학적으로 풍부하게 상상하고, 강렬한 종교심으로 비유경전을 만들어 부처의 전생담(前生譚)과 각종 보살도(菩薩道), 수행담(修行談)을 새로 만들어 유포시켰다. 그러면서 그렇게 상상해온 부처의 이미지를 구체적으로 나타내려고 한다.

그리하여 인도에 쿠샤나 왕조가 확립된 A.D. 60년 무렵에는 간다라 지방과 마투라에서부터 불상(佛像)을 제작하기 시작하였다. 즉 카니시카왕이 통치하던 인도 서북지방의 간다라에서부터 그리스 희랍문화의 영향을 받은 불상을 제작하면서 인도의 내륙지방에서도 서서히 불상을 제작하기 시작하였다. 즉 이때부터 부처를 불가침(不可侵)의 신성한 존재로만 생각한 것이 아니라 종교적, 문학적으로 상상해온 부처의 이미지를 예술적으로 나타내고 표현하기 시작하였던 것이다. 그래서 인도의 중부에 위치한 산치같은 곳에서도 간다라풍의 미술과 조각 등을 남겼던 것이다. 산치 불탑의 부도를 자세히 살펴보면 주로 자타카의 문학적 이미지를 간다라풍의 미술조각으로 나타내고 있으며 또 인도의 전래설화 등에 나오는 동물비유담을 불교적 내용으로 개작해서 전용(轉用)하여 조각한 경우도 있다.

당시 부처에 대한 이러한 다양한 이미지를 경전과 교학에 그대로 반영하여 대승경전을 만들어내는데, 이때부터 A.D. 250년까지 대승경전의 성립기를 제1기(第一期)라고 한다. 제1기에 성립한 경전들로는 《반야경(般若經)》·《유마경(維摩經)》·《화엄경(華嚴經)》·《법화경(法華經)》·《정토삼부경(淨土三部經)》 등이 있다. 이들 대승불전에서는 부처님의 모습이 과거보다 다양하고 복잡한 이미지로 그려져 있다. 즉 부처님의 깨달음, 선정, 체험을 신적(神的)인 모습으로 그린 경우도 있지만 때로는 인간적인 모습으로 그린 경우도 있다. 그리고 신적인 면과 인간적인 면 등을 조화시켜서 그릴 때도 있었다. 그래서 대승경전을 바로 불교문학이라 해석하는 불교학자들도 있다.

그리고 대승경전의 성립의 제2기는 A.D. 250~480년까지인데 이때는 《여래장경(如來藏經)》·《대반열반경(大般涅槃經)》·《승만경(勝鬘經)》·《해심밀경(解深密經)》 등이 나타난다. 이렇게 대승불전이 활발히 만들어질 무렵에 인도문학도 발전하는데 대승불전이 형성되기 시작한 B.C. 100년 무렵부터 이때까지 인도사회는 각종 비유문학과 《마하바라타》와 같은 서사시(敍事詩)를 많이 만들어 냈던 것이다. 이렇게 만들어진 대승경전의 교리적 특징은 육바라밀(六波羅蜜)과 십지(十地) 등의 수행도(修行道)를 무소득공(無所得空)으로 설명한다는 점이라고 말할 수 있다. 즉 공지(空智)의 반야(般若)가 그 이전의 부파불교(部派佛敎)와의 큰 차이라고 말할 수 있다. 그리고 또 무소득 공의 입장에서 사회구제를 하는 실천과 방편을 강조하였다는 점이다. 바꾸어 말하면 대승경전에서는 사회를 위해서 활동하는 것이 바로 자기 해탈이라고 전달하고 있다. 바로 이 점이 소승경전과 다른 점이라고 말할 수 있다.

또 대승경전문학에서는 반야의 지혜와 함께 자비(慈悲)를 강조하고 있다. 바꾸어 말하면 중생구제사상이라고 말할 수 있다. 이러한 것은 불탑(佛塔)신앙과 불상(佛像)을 제작하여 예불하는 유행에서 비롯되었다고 말할 수 있다. 왜냐하면 불탑과 불상을 찾아가서 예불하는 사람들이 많아질수록 그들의 종교적 요구에 부응하여 구제불(救濟佛)의 교리가 생기게 되었다고 말할 수 있기 때문이다. 이때의 대승경전에 불탑신앙과 예불(禮佛)의 공덕을 말하는 경우가 많은 이유도 바로 이러한 맥락으로 생각해 볼 수 있다. 그리고 또 불보살의 중생구제와 무한한 자비심, 또는 서원(誓願) 등도 바로 이러한 흐름속에 자연스레 나타났다고 말할 수 있다. 대승경전의 다양한 문학성은 바로 이러한 것들을 그대로 반영한 것이다.

(1)《법화경》의 문학성

기원 전후로 고대 인도에서는 출가자 중심의 불교교단과 별도로 재가신자를 중심으로 보살단(菩薩團)이 존재했었다고 전한다. 그러한 재가신자들은 진보적이고 강렬한 신앙심으로 자신들의 입장과 새로운 종교적 욕구와 가치를 사회적으로 널리 알리려고 노력하며 여러 방면으로 용출시킨다. 그러한 노력 가운데 하나가 경전의 새로운 결집과 종교문학 운동이라고 말할 수 있다. 그러한 새로운 움직임 속에서 대승불전들이 만들어지는데 《법화경(法華經)》은 그 무렵에 인도의 서북쪽에서 결집되었다고 전한다.

현재 전하는 《법화경》은 산스크리트본, 티베트본, 한역본으로 모두 전하고 있다. 한역본에는 6종류가 있으나 그 가운데 구마라집이 번역한 《묘법연화경》이 널리 유포되어 있다. 그리고 최초의 《법화경》은 오늘날의 28장의 《법화경》보다 양이 적은 일부분(8~10장)으로 된 소품(小品)이었을 것으로 추정된다. 그리고 특히 이 경전의 〈견보탑품(見寶塔品)〉은 진보적 보살단의 신앙을 상징적으로 나타내는 것으로 불탑(佛塔) 신앙을 그대로 반영한 것이다. 이렇듯이 《법화경》은 대승불교의 사상적 변화의 단면을 보여주는 것으로서 대중부의 세력이 강대해지고 재가신자들의 신앙관, 종교관과 생활윤리의식 등이 새로운 흐름으로 널리 유행하게 되었을 때에 나타났다. 즉 불교사적으로 보면 대승불교기에 새로운 정신문화의 창조라는 입장에서 만들어낸 종교문학운동이라고 말할 수 있다. 바꾸어 말하면 서북인도에서 대승불교를 주창하는 재가신자들의 신앙관과 인생관을 반영한 《법화경》은 재가신자들의 불탑신앙관과 구제불(救濟佛)의 교리를 나타내고 있으며 당시 새로운 시대적 흐름을 그대로 반영하고 있다고 말할 수 있다.

이러한 《법화경》은 대승경전 가운데서 문학적 파장이 가장 큰 경전으로서 불교문학의 백미(白眉)로 평가받고 있다. 《법화경》은 이러한 종교적 문학적 평가 이외에도 신앙적으로도 큰 영향력을 가지고 있다. 이 경전의 〈관세음보살보문품(觀世音菩薩普門品)〉은 관세음보살 신앙을 널리 불러일으킨 것으로 유명한데 이 경전은 중생이 어려움을 당하여 관세음보살을 지성으로 부르면 그곳이 어디라도 또 언제라도 관세음보살이 직접 나타나시어 보살을 부른 이들을 구하고 그들의 고난과 고통을 덜어주시고 현세에서의 복덕을 얻게 하신다고 알려져 있어 옛날부터 대중적으로 인기 있는 경전이다. 이러한 구제불에 대한 대중적 믿음이 나중에 교학적으로도 영향을 끼친다. 관세음보살이 중생계(衆生界)에 나타나서 중생을 구제하는 것은 바로 부처의 화신(化身)이 현현(顯現)하는 것이라고 해석되어 삼불신(三佛身)의 사상을 발전시키고 또 나중에 아미타불 신앙에도 영향을 준다. 즉《법화경》은 관음보살 신앙으로 구제불의 사상을 많이 알렸다고 말할 수 있다. 그리고 보살이 부처의 화현(化現)으로서 중생을 구제한다는 관세음보살 신앙은 불교를 현세구복적(現世求福的) 신앙으로 유도하는 면도 있었다.

그리고 또《법화경》의 비유설화가 종교문학적으로 매우 뛰어나 이 경은 중국·한국·일본에서 창도문학(唱導文學), 불교설화, 불교가요에 큰 영향을 끼친다. 특히 중국과 일본에서는《법화경》을 찬탄하는 창도의 시가와 설화가 많이 만들어지고 각종 영험담도 만들어진다.

《묘법연화경》의 내용을 개략적으로 설명하면 다음과 같다.

〈서품(序品)〉을 보면 부처님께서 가르침을 설법하시기 전에 무량의처삼매(無量義處三昧)에 들어가셔서 백호상(白毫相)[62]으로 광명(光明)을 내는 것을 비롯하여 갖가지 신기한 모습들을 나타내신다. 그때 미륵보살(彌勒菩薩)이 문수사리보살(文殊師利菩薩)에게 그 이유를 묻는데 문수사리보살은 미륵보살에게 자신의 과거 경험으로 미루어 보아서 석가모니께서 곧 법화의 가르침을 전하시려는 것 같다고 알려준다. 그리고 옛날 일월등명불(日月燈明佛)이라는 과거불(過去佛)이 계셨을 때에 문수보살은 묘광보살(妙光菩薩)로서 제자를 가르친 적이 있는데 그 제자들 중에 이기심이 많고 경전공부를 해도 남보다 이해도 늦고 또 쉽게 잊어버리는 구명(求名)이라는 제자가 있었다고 말하면서, 다시 부처님께서 돌아가시고 난 다음에는 법화의 가르침에 의하여 중생계(衆生界)의 많은 중생들을 가르칠 것이며 법화사상의 가르침으로 그들을

---

62) 불상(佛像)의 32상(相) 가운데 하나로서 부처의 양미간(兩眉間)에 있는 하얀 털을 말함.

성불(成佛)시킬 것이라고 알려준다. 그러면서 다음과 같이 노래하고
있다.

사라수림(沙羅樹林)의 연기
올라서 보면 허공이 되어 버리고
석가여래는 항상 좋고 좋으시니
영취산(靈鷲山)에서 법을 설하시네. [63)

하늘로부터 꽃이 내리고 땅은 진동하네
부처님의 광명은 온 세상을 비추고
미륵의 물음에 문수는 답하니
법화를 설하나 어렵게 아네. [64)

위의 화려하고 극적이며 풍부한 리듬감을 나타낸 표현들은 바로 대승
불교도들의 종교적 감동과 열렬한 신앙심을 나타내는 동시에 고취하는
것이라고 설명할 수 있다. 《법화경》은 이렇게 종교적 감동의 표현도 뛰
어나고 풍부한 감정적 표현들이 많아서 전체적으로 극적인 묘사가 많
다. 그래서 《법화경》은 옛날부터 문학적으로 환상적인 세계와 새로운
종교심을 유발하기로 유명하다. [65)

제2 〈방편품(方便品)〉에는 부처가 이 세상에 출현한 이유와 목적을
알리고, 모든 중생은 차별 없이 성불(成佛)할 것이라고 말한다. 그리
고 제법(諸法)의 진실한 모습은 어떤 범주에서 보아야하는가를 밝히고
있다. 다시 오직 부처님의 안목에 의해서만 제법의 진실과 가치를 인식

---

63) 《묘법연화경》, 〈여래수량품〉.
64) 《묘법연화경》, 〈서품〉.
65) 金長好, 《불교문학과 희랍 비극》, 현대불교신서 31, 동국대불전간행위원회.

할 수 있다고 밝히고 있다. 그리고 일승(一乘)은 진실이고 삼승(三乘)[66]은 방편의 교설이라는 '일승진실(一乘眞實) 삼승방편(三乘方便)'이라는 가르침도 전하고 있다. 이러한 설명은 부처의 설법은 언제나 온갖 방편력으로 진실을 전하는 것이며 중생들은 그러한 방편의 설법으로 인도된다는 것을 뜻한다. 바꾸어 말하면 불교의 진실은 세간의 온갖 언어문학의 방편을 통하여 전달하였다는 것을 밝히는 것이다. 또 부처님께서 불법(佛法)을 설명할 때에 때로는 온갖 것을 비유하여 전하였고 중생들은 그러한 비유담을 듣고서 진리를 이해하고 깊은 지혜를 얻게 되었다는 것을 밝히는 것이다.

예컨대 불설(佛說)의 진실은 하나이지만, 중생의 근기에 맞추어 설명하다보니까 많은 언어문학의 방편에 담겨서 전하게 되었다고 밝히고 있는 것이다. 그래서 《법화경》에서 일곱 가지의 비유설화로, 즉 불교라는 것은 무엇이며 중생이 왜 세간에서 불교를 바르게 수용하지 못하는가 등을 재미있는 이야기로 설명하고 있다. 또 진리라는 것은 우리들이 살아가고 있는 현재의 세상에서 바로 성취되고 실현되어야 하는 것이기에, 부처님은 당신의 내증지(內證智)를 중생도 똑같이 얻게 하기 위해서 언어문학의 방편으로 설명하여 알려주고 있는 것이다. 《법화경》은 그러한 사실을 반복하여 설명하고 있다.

---

66) 여기서 승(乘)이란 산스크리트어 야나(yāna)를 번역한 것인데 부처님의 가르침 '불교'는 진리를 모르고 방황하는 사람들을 무지(無知)의 고통으로부터 진실한 깨달음의 세계로 건너가기 위해서 타고 가는 물건이라는 뜻이다. 여기서 불교를 일승(一乘), 삼승(三乘) 등으로 표현한 것은 불교의 진리성과 방편론을 간단하게 나타낸 것이다. 일승(一乘)은 일불승(一佛乘)이라고도 하는데 가르침은 오직 하나라는 뜻이고 삼승(三乘)이라는 것은 보통 성문승(聲聞乘)·연각승(緣覺乘)·보살승(菩薩乘)을 가리키지만 옛날부터 불교는 배우는 사람의 자질(資質)에 따라서 다양한 방법으로 전달되었다는 의미로서 온갖 교설(敎說)과 방법을 가리킨다. 또 불도(佛道)도 중생에 따라서 여러 가지라는 것을 은연중에 알려주고 있는 것이다.

〈비유품(譬喩品)〉의 비유담은 바로 그러한 진실을 쉽게 전달하기 위해서 만든 것이다. 비약해서 말하면《법화경》은 바로 불교의 진실성과 그것의 표현방법과의 관계를 재미있는 이야기로 나타낸 것이다. 그리고 〈서품〉에 묘사된 부처의 성스러운 모습과 신비로운 단서(端緖)와 〈견보탑품(見寶塔品)〉에 묘사된 공중에 높이 떠서 정지한 거대한 보탑(寶塔)의 출현 등은 대승불교도들의 풍부한 문학적 상상력을 보여주는 것이다. 그리고 지하와 허공에 있는 보살들이 석가여래의 소리를 듣고서 진동하는 대지(大地)의 틈새에서 용출(湧出)하는 모습과 허공에 줄지어 떠있는 광경 등도 대승불교도들의 문학적 상상력을 역동적으로 전개한 것으로서 그들의 종교적 감동과 신앙심을 나타낸 것이다.

《법화경》의 다른 품(品)들의 교의를 간단히 말하면 부처의 중생구제 사상과 더불어 여래(如來)[67]의 구원실성(久遠實成)이라고 말할 수 있다. 우리들은 보통 석가모니께서 2,550여 년 전에 인도에서 태어나셨고, 그후 80여 세에 돌아가셨다고 생각한다. 그러나《법화경》에서는 우주의 진리를 부처라고 설명한다. 즉 석가불(釋迦佛)은 우리들에게 진리를 전하기 위하여 잠시 이 세상에 오신 분이며 우리들은 그 분에 의하여 진리를 알게 되었다고 설명한다. 더 깊이 생각하면 진리는 석가모니의 탄생 이전에도 있었고 돌아가신 이후에도 영원히 계속된다고 생각하고 있는 것이다. 즉 여래의 구원실성은 진리로서 부처(法身)는 구원(久遠)하며 영원하다는 뜻이다. 바꾸어 말하면 법신불(法身佛)은 영원불멸하며 진리성 그 자체라고 설명하고 있다. 그래서 여래의 구원실성이란 불교의 절대적인 진리가 영원하다는 뜻이며 부처님의 가르침과 불법은 오랜 옛날부터 있었고 앞으로도 영원히 존재한다는 뜻이다.

---

67) 여래(如來)란 모든 법의 본래의 진리성을 나타내는 말로서, 부처의 많은 호칭 가운데 하나이다. 여래는 여래여거(如來如去)를 줄여서 말한 것이며, 그 뜻은 여래는 여법(如法), 즉 모든 것을 진리처럼 행하는 분이라는 뜻이다.

《법화경》은 그러한 깊은 가르침을 전하기 위해서 시적이고 상징적인 비유설화로 이야기하고 있다. 즉 부처님의 가르침은 진실하고 불법은 영원한 진리라는 뜻을 논리적으로 설명하는 것이 아니라 문학적으로 불법의 깊은 뜻과 불신설(佛身說)의 철학적 의미를 전하고 있다. 그러한 의미를 전하는《법화경》의 비유설화는 옛날부터 유명하며 불교설화의 대표적 원형(原型)이 되고 있다.《법화경》의 일곱 가지의 비유담을 보면, ① 삼차화택(三車火宅)의 비유, ② 장자궁자(長者窮者)의 비유, ③ 삼초이목(三草二木)의 비유, ④ 화성보처(化城寶處)의 비유, ⑤ 의리계주(衣裏繫珠)의 비유, ⑥ 호중명주(髻中明珠)의 비유, ⑦ 양의병자(良醫病者)의 비유로 정리할 수 있다. 이러한 비유담이 담고 있는 뜻은 불법의 진실성과 여래의 구원실성이다. 이러한 비유담에 의한 교설(敎說)의 전달은 오늘날에 읽어 보아도 참으로 교묘하다고 생각된다. 그래서 예로부터《법화경》을 교화문학의 백미(白眉)라고 평가하였는지 모른다.

(2)《화엄경》의 문학성

《화엄경(華嚴經)》[68]은 A.D. 4세기경 무렵에 현재에 전하는 이 경전의 각 장(章)들이 인도의 서남부의 해안지방에서 형성되기 시작하여 서북쪽으로 올라가서 중앙아시아에서 집대성되었다고 추정되고 있는데, 그 양이 방대하여 쉽게 읽혀지지는 않지만 대승불교도들의 문학적 상상

---

68) 한역의《화엄경》은 3종류가 있으나 범어(梵語)의 완본(完本)은 현재 전하지 않고 있다. 즉 중국에는 불타발다라(佛馱跋陀羅: Buddhabhadra, A.D. 359 ~429)가 418~420년에 한역(漢譯)한 60권본과 실차난다(實叉難陀: Śikṣānanda, A.D. 652~710)가 695~699년에 한역한 80권본과 반야(般若: Prajñā, 8~9세기)가 795~798년에 한역한 40권본이 전하고 있다. 티베트에 전하는《화엄경》은 중국의《80권 화엄경》과 유사하다고 알려져 있다.

력의 방대함을 살펴볼 수 있다는 점에서 경전문학사적으로 가치가 있는 경전이다. 이 경전의 문학적 상상력의 방대함을 보여주는 것이《화엄경》의 무대이다. 이 경전은 7처(處) 8회(會)에서 설법되었다고 전한다. 즉 부처님의 설법이 7처(處: 설법의 장소) 8회(會: 모임)로 행하여졌다고 설정되어 있다. 제1 적멸도량회(寂滅道揚會)와 제2 보광법당회(普光法堂會)는 지상(地上)이고, 제3 도리천회(忉利天會)와 제4 야마천궁회(夜摩天宮會), 제5 도솔천궁회(兜率天宮會), 제6 타화자재천궁회(他化自在天宮會)는 전부 하늘 위(天上)이다. 즉 설법이 진행되면서 설법의 무대와 장소가 상승하여 갔다가 제7회부터는 다시 땅으로 내려온다. 즉 보광법당으로 내려와서 설법을 한다. 그리고 제8 기원정사(祇園精舍, 즉 逝多林會)에서 설법을 하는 것으로 되어 있다. 바꾸어 말하면 부처가 지상(地上)→천상(天上)→지상(地上)으로 세 번 옮겨가면서 우주의 모든 공간에서 설법하고 있다. 이러한 것은 부처님의 깨달음의 세계를 웅대한 스케일로 표현하기 위해서 그렇게 구상한 것이지만 달리 말하면 화엄의 세계는 바로 이불(理佛)로서 모든 것을 초월한 비로자나불(毘盧遮那佛, Vairocana)의 세계와 깨달은 안목의 심상(心象)의 세계, 법계(法界)를 그대로 문학적으로 묘사한 것이다.

즉《화엄경》은 부처님이 보리수 밑에서 명상하여 모든 번뇌와 혼란을 떨쳐버리고 우주의 진리를 깨우치고 그 이후에 당신의 심상(心象)과 깨우침의 희열을 문학적으로 표현한 것이다. 다시 말하면 부처님이 깨우친 깨달음의 세계를 그대로 토로한 것이다. 이렇게 경전의 내용이 부처님의 깨우침의 세계와 내증지(內證智)를 표명한 것이라서 비약적이고 고차원적인 표현들이 많은 것이다. 즉《화엄경》의 각 품은 부처님의 열린 정신세계를 나타내기 위하여 웅대한 구상과 신비적이고 초월적인 문학적 이미지가 많이 표현되어 있다. 그래서 부처님의 설법의 시공간(時空間)을 7처와 8회로 나타내고 지상(地上)에서 천상(天上)까지 설법하였다고 표현한 것이다.

그러면서 동시에 그러한 웅대한 구상력을 다시 교학적으로 엮어가고 있다. 즉 보리수 밑에서 우주의 큰 진리를 깨우친 부처님께서 우주의 모든 부처들을 나타내는 것이기에 이불(理佛)인 동시에 삼라만상도 부처님의 또 다른 모습이라고 말할 수 있다. 그러한 웅대한 스케일과 화려한 문학적 이미지(心象)는 그야말로 부처님의 깨친 내증지를 비약적이고 고차원적으로 표현한 것들이라고 말할 수 있다. 다르게 설명하면 석가불(釋迦佛)이 진리를 깨우친 이후에 자신의 내증지(內證智)를 표명한 그 순간부터 여래(如來)로 새롭게 변신한 것이다. 즉 비로자나불과 석가불을 일체화(一體化)하고 있다. 예컨대 부처는 우주의 본체(本體)인 비로자나불인 동시에 바로 우리들 자신이라는 인식관과 존재관이 담겨져 있다.

제1회는 부처가 마다가 국에서 깨달음을 완성한 시점에서 시작되고 있다. 그 때 부처는 비로자나불과 일체(一體)가 되어있다. 그래서 많은 보살들이 한 사람씩 일어나서 그런 부처를 찬탄하고 있다. 제2회부터는 문수보살이 고집멸도(苦集滅道)의 네가지 진리를 설명하고 10명의 보살들이 각각 10가지씩 깊은 법을 설명한다. 그리고 제3회부터는 하늘 위에서 십주법(十住法), 제4회 십행(十行), 제5회는 십회향(十廻向), 제6회는 십지(十地)를 각각 설명한다.

이 〈십지품〉은 현재 산스크리트의 원본이 남아 있다. 보살의 십지라는 것은 수행의 열 가자의 단계를 설명한 것인데, 《화엄경》의 중요한 교학 가운데 하나이다. 제1 환희지(歡喜地, 깨달음의 눈이 열려서 그 즐거움이 충만한 상태), 제2 이구지(離垢地, 기본적인 도덕이 훈련되어 있는 상태), 제3 발광지(發光地 혹은 明地, 서서히 지혜의 빛이 나타나는 상태), 제4 염혜지(炎慧地, 그 지혜가 더욱 증대되어 가는 상태), 제5 난승지(難勝地, 드디어 어떠한 것에도 지배를 받지 않는 상태), 제6 현전지(現前地, 모든 것은 허망하며 단지 그것은 마음의 움직임 이외에는 아무것도 아니라고 깨닫는 상태), 제7 원행지(遠行地, 열반과 생사에 자유자재로 들고 나는 상태), 제8 부동지(不動地, 어디에도 휘둘리지 않는 마음의 움직임이 자연히 용솟음치는 상태), 제9 선혜지(善慧地, 부처의 비밀스런 법에 들어가서 신비로운 큰 힘을 얻는 상태), 제10 법운지(法雲地, 많은 여래가 큰 비와 같은 법을 내려도 모두를 수용할 수 있는 상태) 이렇게 십지를 통해서 보살은 자신을 위해 깨달으면서 동시에 다른 사람들도 깨닫게 하는 것이다.

제7회는 지금까지의 설법을 다시 요약해서 설명하고 있다. 제8회는 〈입법계품(入法界品)〉인데 선재소년이 오십세사람을 찾아가서 법을 구하는 이야기이다. 즉 여기서는 열렬한 구도심(求道心) 앞에는 사회의 모든 종교와 계급 등도 문제가 되지 않는다는 것을 전하고 있다.

문학이 인간들의 삶과 이상을 표현한 세계이듯이 화엄경전도 역시 풍부한 인간 이해를 표현하고 있다. 즉《화엄경》은 성도(成道)의 과정과 그곳에 도달한 각자(覺者)의 안목에서 보이는 모든 인간들의 모습과 우주의 진리를 표현한 것이라고 말할 수 있다. 《화엄경》의 'Buddhāvata-ṃsaka-nāma-mahā-vaipulya-Sūtra'라는 범어의 의미는 '부처님의 화륜(花輪)' 또는 '부처님의 귀걸이'라는 아름답고 고아(高雅)한 뜻이다. 전체적으로는 '불화엄(佛華嚴)'으로 이름지어진 대광(大廣)한 경'이라는 뜻이다. 산스크리트본의 〈입법계품(入法界品)〉에서는 '꽃다발로 구성된 것 혹은 온갖 꽃으로 장엄한 세계라는 뜻에서 《화엄경》이라고 이름지었다(Gaṇṇḍavyūha-Sūtra)'라고 밝히고 있다. 즉 화엄(華嚴)으로 상징화된 부처의 법계(法界), 깊은 명상의 세계는 바로 부처님 당신의 명상력(瞑想力)에 의해서 얻은 지혜로 바라본 세계를 말하며 또 그 밝음으로 다른 모든 세계를 밝히는 이치의 세계를 가리킨다. 바꾸어 말하면 화엄문학은 부처의 깨달음과 그 밝음으로 인해서 또 다른 세계가 연이어 밝아진다는 이치, 곧 연기법(緣起法)을 전하고 있는 것이다.

《화엄경》에서는 그러한 교학을 문학적 이미지로 표현하고 있으며 또 부처의 깨달음의 세계를 찬탄하는 시문을 통하여 나타내고 있다. 또 부처님의 깨달음을 문학적으로 끝없는 바다와 무한한 하늘 빛 등의 이미지로 나타내고 있다. 그리고 한 사람의 깨달음의 광명(光明)을 무수한 부처님들의 모습으로 중첩시키고 또 무수한 부처님들의 세계를 한 부처의 깨달음의 광명(光明)으로 연결하여 깊은 뜻을 전하고 있다. 그러한 문학적 표현을 통하여 깊고 오묘한 철학사상을 나타내면서 아름다운 한 편의 시구(詩句)로 응축(凝縮)한 것이 바로 '하나가 곧 모든 것이고 모든 것이 오직 하나이다(一卽一切 一切卽一)'라는 시구이다. 즉《화엄경》은 어렵고 심오한 철학적 법리를 짧고 아름다운 시와 문학적 이미지로 잘 연결하고 있다.

또《화엄경》에서 중요한 것은〈입법계품(入法界品)〉이다. 이 품은 산스크리트본과 한역본에도 있는 부분인데 이 품의 내용은 선재(善財)라는 소년이 진리를 구하러 간 긴 여행에서 많은 사람을 만나면서 그들로부터 갖가지의 지혜를 배운다는 이야기이다. 그런데 선재가 만난 사람들은 뛰어난 보살들만 만난 것이 아니고 비구(比丘), 비구니(比丘尼), 소녀, 장자(長者), 선원(船員), 외도(外道), 의사, 바라문 등 각종 직업을 가진 사람을 만나서 그들로부터 의외로 많은 가르침을 얻는다. 즉 선재동자의 열렬하고 순수한 구도심(求道心)이 세간의 모든 차별을 초월하게 만들고 모든 존재의 깊은 뜻을 바로 보게 하였다는 것이다.

그래서 화엄문학의 메시지는 선재소년이 오십세 분의 선지식(善知識)들로부터 얻은 가르침은 깊게 생각해보면 선재의 군고 바른 초발심(初發心)이 그렇게 얻게 만들었다고 전하고 있는 것이다. 또 소년의 여행 이야기에서 인간성의 근본과 진실이란 무엇인가를 생각하게 하며, 그것은 우리들 자신의 내면의 순례(巡歷)의 여행기라고도 말할 수 있다. 바꾸어 말하면 선재동자가 세상의 많은 사람을 만나면서 삶의 다양한 지혜를 배우는 이야기인 동시에 진리를 탐구하는 이야기이며, 구도(求道)의 편력담(遍歷談)이라고 말할 수 있다.

그래서 선재는 바로 우리들의 모습이라고 말할 수 있는 것이다. 우리들의 인생도 어떻게 보면 선재소년처럼 일생 동안 많은 사람들을 만나고 그들로부터 많은 가르침을 받으면서 때로는 즐거움과 슬픔과 상처를 받기도 한다. 그러나 그런 상처를 통해서 우리들은 삶의 지혜를 배우게 되는 것이다. 그래서 선재소년의 이야기를 문학적으로 설명하면, 소년의 통과의례(通過儀禮)라는 문학적 모티브이고 구도(求道)를 위한 종교적 순례여행(巡歷旅行)의 이야기로 재구성하고 있다고 말할 수 있다. 즉 《화엄경》의 문학세계는 우리 인간의 영원한 자기탐구의 이야기이며 또 부처의 깨달음의 세계를 현세에서 구하고자 하는 인간의 갈망과 종교심을 형상화한 것이다. 화엄문학의 특징은 바로 이러한 인간성과 깨달음의 세계로 향하는 종교심과 끊임없는 자기순화 혹은 자기순례의 모티브에 있다고 말할 수 있다.

이렇듯이 《화엄경》의 구도(求道)의 순례담(巡歷談)은 선재동자라는 우리들의 모습을 아름다운 시적 이미지로 나타낸 것이다. 선재동자는 깨달음을 위해서 세상의 많은 스승들을 찾아 헤매였으며, 끊임없이 자신의 불성(佛性)을 완성시키기 위해서 구도의 순례 여행을 계속하였다. 그런데 그러한 긴 여행의 종점은 바로 선재동자가 처음 여행을 시작한 출발지로 설정되어 있다. 즉 선재동자는 열렬한 구도심으로 먼 여행길을 떠나서 많은 고생을 하고 다녔지만 부처의 세계, 이상의 세계는 도달하고 보니 바로 처음의 장소였음을 발견한다. 즉 《화엄경》의 문학적 주제는 모든 진실이 바로 우리들 주변에 있음을 말하고 있으며 그것을 깨닫고 나면 누구든지 자신의 주변에 널려있는 진리와 그 가치를 발견할 줄 몰랐던 것임을 알게 된다. 그리고 바로 그와 같은 사실을 깨닫는 그 곳과 그 순간에 부처가 됨을 상징적으로 나타내고 있다. 그리고 모든 것의 원점(原點)은 바로 우리들 자신이며 그 모든 것의 해결의 열쇠가 우리들 안에 있음을 일깨워 주고 있다. 그리고 또 부처의 세계를 찾으려하는 초발심(初發心)이야말로 가장 큰 깨달음의 시작이고 종점임을 일깨워주고 있는 것이다.

《화엄경》의 이러한 문학적 메시지를 통하여 인간의 삶에서 부처란 무엇을 의미하며 불교에서 말하는 진리와 진실이란 무엇인가, 또 불도(佛道)란 어떻게 실천해야 하는가 등을 생각하게 된다. 그리고 불교의 근본사상인 연기설을 다음과 같이 깨닫게 된다. 즉 모든 존재는 무량한 관계 속에서 존재됨을 깨우치게 되며 그러한 자각을 통해서 모든 존재는 현상적으로 차별이 있음에도 모두가 있는 그대로 절대적 가치와 아름다움을 발휘하고 있음을 알게 된다. 바꾸어 설명하면 《화엄경》의 '화엄'이라는 의미는 깨달은 사람의 안목에서 제법(諸法)의 관계성을 관조한 경지를 뜻한다. 또 그 뜻은 이 세상의 모든 존재의 가치가 온갖 꽃처럼 모두 소중하고 그 나름대로 가치가 있다는 뜻이다. 그래서 깨달은 부처의 안목에서는 이 세상이 바로 온갖 꽃으로 장엄한 세계, 즉 화엄의 세계로 보인다는 뜻이다. 그래서 화엄의 문학적 의미는 모든 존재의 차별상 속에서도 빛나는 절대적 가치와 그 의의를 알려줌과 동시에 그것을 볼 줄 아는 부처의 안목을 강조하고 있다고 하겠다. 선재동자는 바로 그것을 추구하였고 열렬한 갈망을 종교의식으로까지 승화시켰던 것이다. 즉 화엄문학은 인간성의 가치와 풍부한 가능성을 보여주는 종교문학으로서 가치가 있으며 화엄 문학의 특성은 선재동자의 여행담에 있다. 또 그것은 인간 본래의 인간성을 깨닫고 순화하는 과정으로서 문학적으로는 종교심의 성장의 통과의례의 모티브라고 해석할 수 있다.

《화엄경》의 이러한 문학성의 영향은 나라와 시대에 따라 다양하게 변용되어 나타난다. 일본의 중세기에 화엄종(華嚴宗)을 중창(重唱)했다고 알려진 명혜(明惠, A.D. 1173~1232)라는 승려는 당시 일본 내에서의 정쟁(政爭)과 전란(戰亂)으로 죽은 사람들의 미망인(未亡人)들의 상처받은 마음을 치유하고 청정한 마음을 갖게 하기 위해서 신라의 화엄종의 개조(開祖)인 의상(義湘)스님과 원효의 이야기를 그림으로 그려서 설법하였다고 전한다. 즉 의상과 원효에 대한 이야기를 《화엄연기(華嚴緣起)》와 《화엄오십오소회권(華嚴五十五所繪卷)》으로 만들어 사람들에게 보여주고 이야기로 들려주어 불교에 귀의하도록 하였다고 전한다. 즉 이《화엄연기》와《화엄오십오소회권》은 창도성(唱導性)이 짙은 불교 연기설화(緣起說話)이고 불교 연기회화(緣起繪畵)였음을 알 수 있다. 또 이것은 화엄의 문학세계를 통하여 중생을 구제한 영험담(靈驗談)이라고 말할 수 있다. 즉《화엄경》의 유심론적(唯心論的)이론과 영험설화를 다시 문학적, 미술적으로 응용하여 재창작한 영험담이라고 말할 수 있다. 이와같이 옛날부터 화엄문학의 깊이와 영향력은 참으로 풍부하였다.

(3)《열반경》의 문학성

《열반경(涅槃經)》[69]은 오늘날에도 많이 회자되고 있는 경전인데 이경전의 중요한 교학은 불신상주(佛身常住)와 실유불성(悉有佛性)과 천제성불(闡提成佛)로 요약할 수 있다. 여기서 불신상주는 부처의 본체(本體)는 법성(法性)·법신(法身)에 있으며, 법성·법신은 유위무상(有爲無常)하지 않고 상주(常住)하다고 설명하는 것이다. 그리고 이 경전의 특징은 불성(佛性)의 보편성을 강조한 실유불성과 천제성불에 있다고 하겠다. 즉 모든 중생(衆生)이 평등하게 불성(佛性)을 갖고 있다는 가르침과 그 불성으로 이승(二乘, 성문승과 독각승)과 극악한 일천제(一闡提)를 포함하여 누구든지 성불(成佛)할 수 있다는 보편성

---

69) 현존하는《대승열반경》 가운데 중요한 것은《대반열반경(大般涅槃經)》40권,《불설대반니원경(佛說大般泥洹經)》6권,《대반열반경》2권이다. 그리고 팔리어로 쓰여진 남방불교경전에는《유행경(遊行經)》,《불반니항경(佛般泥恒經)》,《반니항경(般泥恒經)》,《대반열반경》이 있다. 즉《대반열반경》이 남북방의 불전에 공통적으로 들어있다. 이 경전에는 부처가 말년에 마가다 국 왕사성에서 출발하여 쿠시나가라에 이르는 여행에서 말씀하신 설법과 그때의 역사적 사적지와 입멸 후의 화장유골(舍利)의 분배 등을 자세히 기록되어 있다.

을 강조한 여래장사상(如來藏思想)이다. 이러한 가르침은 다른 대승 경전에도 있는 교학이지만, 이 경전은 부처님 만년의 가르침으로 유교 (遺教)라는 점을 강조한데서 의의가 있다. 즉 이 경전은 석가모니 부처 님 생애의 마지막에 실제로 일어난 사건과 관련시켜서 가르침을 전하고 있고, 석가모니도 생멸하는 존재라는 사람의 모습으로 그리고 있어서 역사적 사실적인 느낌과 함께 어울어지면서 인간적인 감동을 전해주고 있다.

부처님은 당시 인도의 강대국이었던 마가다국에 계셨는데 당시 그 나 라의 수도로서 문화적 경제적으로 번성하던 왕사성(王舍城, Rājagaha) 에는 영취산(靈鷲山)을 비롯하여 베바라, 이시키리, 베푸라, 판다바 라고 불리는 산들로 둘러싸여 있었다. 부처님께서 만년에 이러한 산에 서 오랫동안 설법을 하셨는데, 돌아가시기 직전에 이곳을 떠나서 고향 인 룸비니 쪽으로 여행을 가셨다. 이 경전은 그때의 여행에서 입멸(入 滅)하실 때까지를 배경으로 부처님의 가르침을 전하고 있다. 즉 이 경 전은 불교사적으로 왕사성에서 쿠시나가라(Kusinagara)에 이르기까지 의 여행길에서 일어난 실제의 사건과 사적을 배경으로 전개하고 있다.

또 이 경전은 부처님께서 죽음을 맞이하여 마지막으로 제자들을 가르 치는 모습이 매우 사실적으로 많이 묘사되어 있기에 부처님의 열반에 관한 이야기로서 불전(佛傳)의 일종이라고 해석하기도 한다. [70] 예컨대 이 경전은 부처님의 생애 가운데 죽음을 소재로 불성사상(佛性思想)과 무상법(無常法)을 전하고 있기에 매우 사실적이고 감동적이다.

그러한 사실적 묘사와 함께 "모든 것은 무상하기에 쇠멸(衰滅)하여

---

70) 《열반경》이외에도 불전(佛傳)의 내용과 소재를 가지고 문학적으로 만든 예 는 많다. 예를 들어보면 남방계의 율장(律藏)의 《대품(大品)》과 자타카의 서문(序文)인 니다나가타(Nidanakatha) 등이 바로 그러한 경우이다. 그리 고 북방계의 《대사(大事)》·《불본행집경(佛本行集經)》·《과거현재인과경 (過去現在因果經)》 등도 바로 그러한 경우이다.

가는 것이니 방일(放逸)하지 말고 항상 정진하라!"는 이 경전의 가르침은 불교의 근본인 연기법(緣起法)을 새로운 각도에서 재음미하게 한다. 그리고 인간의 일상적 삶에서의 매사를 신중하고 열심히 최선을 다하는 것이 인생의 무상함을 초월하는 것이라고 알려주고 있다. 예컨대 《열반경》은 불성(佛性)의 보편성과 제법무상(諸法無常)의 가르침을 불교사적으로 실제로 있는 역사적 사건을 관련시켜서 전하고 있는 점이 특징이다.

《열반경》을 자세히 보면 부처님은 제자들에게 당신이 어떠한 신(神)도 아니고 불멸(不滅)의 존재도 아니라고 반복하여 말하면서 모든 존재는 무상(無常) 그 자체라고 강조하고 있다. 즉 부처님은 스스로 불멸의 존재가 아니었음을 알리고 또 모든 것은 불멸하는 것이 아니기에 제자들에게 주어진 인생의 시간동안에 열심히 정진하라는 가르침을 남긴다. 그 부분을 자세히 살펴보면 부처님께서 당신의 임종(臨終)을 앞두고 두려워하며 울고 있는 아난(阿難)에게 오히려 위로하고 타이르면서 이렇게 유계(遺誡)를 남기셨다.

　"아난아! 슬퍼하지 말아라. 울지 말아라. 너희들이 사랑하고 좋아하는 모든 것들도 언젠가는 멸하기에 헤어져야 하느니라! 내가 항상 너희들에게 가르치고 명심하라고 하지 않았느냐! 내가 말한 법(法)과 율(律)이 내가 죽고 난 뒤의 너희들의 스승이 되리라! 내가 말한 가르침을 다시 되새겨 보아라! 모든 존재(諸法)가 이렇게 언젠가는 쇠멸하여 가는 것이다. 지금 나의 이 몸뚱이도 멸하려고 하느니라! 지금 너희들 모두가 보고 있지를 않는가! 이렇게 모든 존재가 무상하다. 그러니 비구·비구니들이여! 게으름을 피우지 말고 항상 열심히 정진하라!"

보통 이 유계를 '법등명(法燈明) 자등명(自燈明)'으로 기록하기도 하는데 그 뜻은 진리를 등불로 삼고 스스로를 등불로 삼아서 진실을 행하고 실천하라는 뜻이다. 부처님께서 말씀하신 그 법(Dharma)이란 불법(佛法)을 뜻하는 것으로 불교학에서는 제법(諸法)의 무상성(無常性)으로 설명한다. 그래서 법등명이라는 뜻은 제법의 무상성을 바로 살펴서 그 진리를 삶의 등불로 여기라는 뜻이다. 중생들이 미혹하고 고통 받는 것은 바로 진리에 어두워 무지하여 그 결과로 상처를 받는 경우가 대부분이다. 그래서 우주의 삼라만상을 잘 관찰하여 법성(法性)과 법상(法相)을 명확히 밝혀주는 이치를 깨우쳐 먼저 자신의 삶에도 밝게 비추라고 말씀하시고 있는 것이다. 그 이치가 바로 제법은 무상공(無常空)이라는 가르침이다. 그리고 자등명(自燈明)은 중생들이 제법의 이치를 바로 알았으면 스스로 진리대로 실천하라는 뜻이다. 즉 '법등명 자등명'이란 우리들 스스로가 무상공의 진리를 철저히 관찰하고 배워서 그것을 각자의 삶 속에서의 법의(法義)로 실현하라는 뜻이다. 바꾸어 말하면 무상공의 진리를 항상 우리들 삶에 비추어보고 삶의 등불로 활용해야 한다는 뜻이다. 예컨대 곧 진리를 바로 알고 그 앎을 그대로 행하라는 가르침이다.

이 경전은 이렇게 우리들에게 어떤 절대적인 신(神), 이데올로기, 관념 등으로 맹신하지 말고 진리와 이치를 관찰하여 현실 속의 삶에서 그 진실을 진실대로 실행하는 것이 부처이고 진리라고 알려주고 있다. 또 부처님은 돌아가시면서도 제자들에게 진리에 대한 바른 인식과 진실된 삶과 앎의 바른 실천 등을 가르치고 있다. 즉 우리들이 스스로 진리대로 항상 실천하고 살아가는 것이야말로 부처님에게 예경하는 것이며, 불교의 근본의를 널리 밝히는 것이라고 말씀하시고 있는 것이다. 더 나아가서는 불교도들에게 불교의 그러한 가르침을 혼자서만 아는 것으로 만족하지 말고, 다른 사람들도 진리의 회향으로 알려주고 인도하며 더불어 살아가라고 일러주고 있다.

그래서 불교는 형이상학적인 문제를 전하는 것이 아니고 아무리 좋은 진리가 이 세상에 있다고 할지라도 그것을 스스로의 것으로 실천하지 않을 때는 한문의 가치도 없다는 것을 전하는 종교이다. 그리고 인간애와 평등주의를 전하고 있다. 이렇게 이 경전은 진리를 바로 알고 또 그 진리대로 생동하게 실천해야만 하는 것이 부처의 유언이라고 전하고 있다. 끝으로 우리들이 평소에 절에 가서 법당의 불상(佛像)을 바라보고 엎드려 절하는 일도 각자의 마음과 삶의 가치로 생동하게 하는 정성과 실천이 없다면 그것은 무의미한 행위가 되어버리는 것이라고 말할 수 있다.

그리고 재미있는 것은 《열반경》이 현대의 서양 지식인들에게 제일 많이 읽히고 있다는 사실이다. 왜 서양인들이 이 경전을 많이 읽고 또 왜 그들은 큰 감동을 받는가를 살펴보면, 그 첫 번째 이유가 A.D. 14세기 이래로 서양의 지식인사회는 인본주의(人本主義)와 과학적 합리주의를 지향해 왔다. 중세의 서양사회는 신본주의(神本主義)의 사회였기 때문에 보통 신은 절대로 죽지 않는다는 기독교의 가르침이 진리로서 받아들여졌고 그대로 신봉하였으나 르네상스 이후 신대륙이 발견되고 과학이 발전하게 됨에 따라서 서양의 지식인들은 신불멸(神不滅)을 더 이상 믿지 않게 되었다. 즉 그후부터 과학적 사고(思考)와 종교적 믿음을 별개의 것으로 여기게 되었던 것이다.

그리고 근세 이후 동양의 여러 나라를 식민지로 통치하면서 동양문화에 대하여 서양문화가 우월하다고 선입감을 갖고 있던 서양인들이 인도와 동남아시아에서 범어본(梵語本)과 팔리어본의 불경(佛經)을 읽어 본 후에는 서서히 그러한 생각들이 편견이었음을 자각하게 된다. 특히 《열반경》에서 동양의 대표적인 종교의 개조인 부처님이 스스로 자신의 죽음을 거론하면서 인간존재의 한계성 등과 과학적 합리적 사고(思考)와 인식을 가르치고 있기 때문에, 그들은 종교문화적으로 기독교와 다른 불교에서 그들이 지향하고자 했던 그 무엇을 발견하게 되었던 것이다. 그리고 그리스도의 부활과 신불멸론(神不滅論)과 관련하여 석가모니의 죽음을 큰 충격으로 받아들였다.

《열반경》을 자세히 보면 부처님은 제자들에게 당신이 어떠한 신도 아니고 불멸(不滅)의 존재도 아니라고 반복하여 말하면서 모든 존재는 무상(無常) 그 자체라고 강조하고 있다. 즉 부처님은 스스로 영원불멸한 존재가 아니였음을 알리고 또 모든 것은 이처럼 불멸하는 것이 아니기에 제자들에게 정진하라는 가르침을 남긴다. 이러한 가르침은 인간존재의 본질과 본성에 대한 자각과 함께 그에 의한 실천의 가르침이기에 신본주의에 벗어나고자 노력한 서양인들에게는 정신적으로 신선한 샘물과 같았다.

서양은 14세기 이후부터 신의 불멸성(不滅性)과 그 권위를 거부하고 신의 권위에 억눌려온 인간성 회복에 힘을 기울였고 또 그에 대한 대안(代案)으로 과학적·합리적 이성주의(理性主義)를 내세웠다. 그렇게 인간의 이성과 합리적 사고를 중요시하였던 서양의 지식인들은《열반경》을 읽고서 불교의 인간성 회복이라는 불성사상(佛性思想)과 부처의 인간적 모습, 또 그의 죽음을 사실적으로 다루는 모습 등에서 문화적으로 신선한 충격을 받았던 것이다. 그리고 인간은 누구나 불성(佛性)을 갖추고 있어 그것을 자각하고 또 노력하면 본래의 인간성을 회복할 수 있다는 이 경전의 가르침은 바로 서양의 지식인들이 르네상스 이후로 인본주의의 기치(旗幟) 아래서 추구하였던 모든 지향점과 유사하였기에 불교의 가르침을 놀라움으로 받아들이기 시작하였던 것이다.

예컨대 그들은 불교에서 인본주의의 정신과 어떤 공통점을 발견하였기에 동양의 종교를 새롭게 인식하고 연구하기 시작하였다. 그래서 그들은 벌써 오래전부터《열반경》을 비롯하여 불교에 대한 폭넓은 이해와 학문적 발전을 이루었던 것이다. 오늘날 서양에 많은 불교학 연구가가 배출된 것도 결코 우연한 일이 아니다.

옛부터 동서양의 많은 문학가들로부터 회자되던 이 경의 이 무상게(無常偈)를 감상하면서 이 경전의 문학성에 대한 설명을 마친다.

諸行無常(세상의 모든 것은 항상하지 않는다!)

是生滅法(그것을 생멸법이라고 하노라)

生滅滅已(생겼다가 사라져버리는 것들이 이미 멸하게 되니)

寂滅爲樂(적멸이 곧 안락함이다.)

《열반경》에는 이와 같은 내용의 시문이 반복하여 제법의 무상성(無常性)을 가르치고 있다. 그리고 무상의(無常義)와 불성의(佛性義)를 여러 가지 비유담과 아름다운 시적 이미지로 연결하여 설명하고 있다.

(4) 《유마경》과 《승만경》의 문학성

초기의 대승경전 가운데서 재가주의(在家主義)와 여성도 성불할 수있다고 부르짖는 《유마경(維摩經)》과 《승만경(勝鬘經)》은 《반야경》, 《화엄경》, 정토삼부경보다 시대적으로 뒤에 만들어진 경전으로 용수(龍樹) 이후에 출현(出現)한 것으로 알려져 있다. 《유마경》은 재가신자 유마거사[71]를 주인공으로 내세워 대승불교의 공사상(空思想)의 실천과 구현의 주요성을 강조한 경전이고, 《승만경》은 재가 부인으로서부처님 앞에서 당당히 일승여래장사상(一乘如來藏思想)을 설하고 있는 경전이다. 즉 이 두 경전은 불교사적으로 재가신자의 재가주의(在家主義)를 부흥시키는 교학을 보여주고 있다.

《유마경》은 중인도(中印度)의 바이샬리(Vaiśāli)를 배경으로 해서그 곳의 교외(郊外)의 암라수원(庵羅樹園)을 설법의 장소로 설정하고있다. 경전을 보면 유마거사의 와병(臥病)에 많은 보살이 병문안을 하게 되면서 서로 불법을 토론하는 내용으로 구성되어 있다. 그리고 그러

---

71) 산스크리트어 Vimalakīrti를 중국인들이 유마라힐(維摩羅詰), 유마힐(維摩詰), 유마(維摩)로 음사한 것인데 때로는 그 의미만을 줄여서 정명(淨名)이라고 나타내기도 하였다.

한 토론을 통하여 대승불교의 공사상(空思想)의 근본정신과 공(空)의 진정한 실천과 구현은 과연 무엇인가를 생각하게 하는 내용이 담겨져 있다. 이와 같은 내용이 다음과 같이 전체적으로 극화(劇化)되어 있다.

어느 날 부처님의 제자 가운데서도 지혜가 제일이라는 문수사리(文殊師利)를 비롯하여 많은 보살들이 유마거사의 집으로 병문안을 온다. 그 자리에서 보살들이 서로 불법(佛法)에 대하여 현란한 문답(問答)을 주고받는다. 그러한 문답을 듣고 있던 유마거사는 자신을 문병하러 온 이들에게 자신이 생각하는 대승불교의 정신을 다음과 같이 말한다. 보살은 본래 병이 없었으나 중생이 아프기 때문에 아프다고 말하면서 그것은 마치 세상의 모든 부모가 제 자식의 병을 보고 아파하는 것과 같다고 말한다. 또 그 가족이 어디에 있느냐 라는 질문을 받고는 지혜가 어머니이고, 방편이 아버지라고 답한다. 그러면서 다시 우리들 모두는 지혜를 어머니로 하고 방편을 아버지로 하여 모든 중생을 가르치고 구제해야 한다고 말한다.

그리고 보살의 오입(悟入) 문제에 대하여 다음과 같이 대답한다. 보살이 어떠한 깨달음에 깨우쳐 들어간다 혹은 들어가지 않는다라고 말하는 것은 이원적 상대적인 개념으로서 실제로는 둘이 아닌 것을 그렇게 표현했던 것이라고 설명하고 있다. 그러면서 더러움과 깨끗함의 둘도 바로 그러한 예라고 설명하고 있다. 또 이 화두(話頭)에 대하여 많은 토론이 일어나는데, 어떤 보살은 더럽고 깨끗함의 불이(不二)야말로 바로 입불이(入不二)라고 대답하자 그에 대하여 문수사리는 입불이(入不二)라고 하는 것은 무언무설(無言無說)이라고 말한다. 그러한 문답이 끝난 뒤에 보살들이 유마에게 그 문제에 대하여 어떻게 생각하느냐고 묻자 유마는 아무런 말도 없이 그저 침묵으로 일관한다. 즉 유마는 묵연무언(默然無言)이라는 형태로 답하고 있었다. 그러한 유마를 본 문수사리는 유마의 묵연무언(默然無言)이야말로 진실로 입불이(入不二)라고 설명해준다. 이 부분이 훗날 선사(禪師)들이 유마를 크게 칭찬하고 있는 부분이기도 하다.

이렇게 보살들과 유마는 문답과 논의를 통하여 대승불교의 근본정신이 무엇인가를 직접적으로 보여주고 있다. 이 경전의 중요한 사상은 교학적으로 반야공사상(般若空思想)과 대승보살의 실천도 및 그 구현의 의의와 유심적(唯心的) 정토사상이라고 말할 수 있다.

그리고 이 경전의 14품(品)의 전체적 구성은 매우 문학적이고 드라마틱하다고 말할 수 있다. 즉 기본적 구성법은 희곡(戲曲) 형식이고 전체적으로 무대 장면의 변화는 삼장(三場: 僧院→維摩의 方丈→ 최초의 僧院)으로 나타내고 있다. 이러한 장면의 변화 가운데서도 '천녀산화(天女散花)'의 장면에서 보여주는 화려한 묘사는 훗날 중국의 지식인 문화에 큰 영향을 준다. 즉 그 영향으로 육조(六朝)시대의 귀족들이 그들의 청담문학(淸談文學)을 논할 때에 천녀산화(天女散花)를 많이 인용하고 있으며 또 특히 사영운(謝靈運, A.D. 385～433) 같은 지식인들은 이 경전의 극적인 장면변화와 시문학적 표현과 모티브 등을 자신의 작품에 그대로 활용하기도 하였다. 그리고 또 유명한 것이 바로 이 경전의 〈불국품(佛國品)〉이다. 이 품의 '보살이 정토를 얻으려고 원한다면 그 마음을 청정하게 해야 한다. 즉 마음이 깨끗하면 바로 이 국토가 청정하다' 라는 문구(文句)는 옛부터 승려들을 비롯하여 일반 문인들의 작품에도 자주 인용되는 유명한 구절이다. 이 이외에도 이 경전의 문학적 표현들은 중국의 불교가요와 불교설화에 그대로 인용되거나 재창작되기도 하였다.

《승만경》은 대승경전 중에 여래장사상(如來藏思想)을 밝힌 대표적인 경전이다. 이야기의 주인공은 사위국(舍衛國)의 바사닉 왕(波斯匿王, Prasenajit)의 왕녀로서 아유타(阿踰陀, Ayodhyā)국의 왕인 우칭(友稱, Yasomitra)에게 시집간 승만부인(勝鬘夫人, Śrīmālā)이다.

경전의 내용은 다음과 같다. 바사닉 왕의 왕녀로서 또 국왕 우칭에게 시집간 승만부인은 크샤트리야라는 높은 신분의 사람이었지만 인도사

회의 엄격한 남녀차별이라는 장벽을 뛰어넘지 못하고 생활하다가 석가
모니가 성인으로서 훌륭하다는 소문을 듣는다. 그리하여 어느 날 부처
님이 설법하는 곳으로 가서 법을 듣게 된다. 그리고 불법(佛法)을 열심
히 듣고 난 후에 조용히 생각한 끝에 부인은 부처님 앞에 나아가서 자신
의 생각을 말한다. 그리고 승만부인은 부처님 앞에서 자신이 세운 십대
서원(十大誓願)과 삼대서원(三大誓願)을 말한다. 그녀의 말을 조용히
들은 부처님께서는 그녀의 견해에 동의함을 나타낸다.

　그때 승만부인이 부처님 앞에서 피력한 견해가 바로 여래장사상(如來
藏思想)이다. 여래장사상의 내용을 살펴보면 승만부인은 불교의 삼승
(三乘)은 대승(大乘)의 일승교(一乘敎)에 모두 귀일(歸一)하며, 현상
론적으로 보면 중생은 번뇌에 물들어 있지만 그들의 본성은 부처와 같
이 청정하고 무구(無垢)하여 여래(如來)와 동등(同等)하다고 말한다.
전자의 견해는 일승사상(一乘思想)으로서 《법화경》의 일승사상을 계승
한 것이다. 그리고 후자의 견해는 모든 존재는 본질적으로 공(空)의 존
재이기에 불성(佛性)을 갖추고 있다는 교학이다. 바꾸어 말하면 중생
심(衆生心)도 여래의 성품(性品)과 같은 것으로서 수행하면 부처가 될
수 있다는 의미이다. 그리고 이 경전에서는 여래의 성품을 여래의 본
성, 불성(佛性), 여래장(如來藏)이라고 부르면서 공사상에 근거를 둔
불성(佛性)사상을 설명하고 있다. 이와 같은 설명은 중생의 번뇌와 부
처의 깨달음이 본질적으로 같다는 공(空)의 입장에서 가능하다. 즉 불
성을 공(空)과 불공(不空)의 양면으로 설명한 것이다. 즉 이러한 공관
(空觀)의 안목에서 생사윤회(生死輪廻)와 열반(涅槃)을 보면 모두가
하나라는 뜻이다.

　그래서 여래장사상은 철저한 공관의 입장에서 모든 중생도 평등하게
성불(成佛)할 수 있다는 종교적 입장과 그 이면의 논리를 설명하는 가
르침이다. 즉 중생의 번뇌가 무자성공(無自性空)이기에 부처의 구제에
의해서 언젠가는 부처가 될 수 있고 부처의 열반(涅槃)은 그러한 중생

의 번뇌가 절연(絶緣)된 다른 별개의 것이 아니라고 설명하는 연성(緣成)의 사상이다. 바꾸어 말하면 부처도 본래는 범부였기에 방황하고 있는 사람들도 깨달을 가능성이 있다고 말할 수 있다. 즉 범부는 현실적으로 아직 그러한 것을 자각하지 않았기에 무(無)라고 말할 수 있지만 그러나 깨닫고자 하는 마음을 낼수 있기에 이론적으로는 유(有)이라고 말할 수 있다. 이와 같이 성불할 가능성을 여래장 혹은 불성으로 설명한 것이다. 승만부인의 그와 같은 혜안(慧眼)은 제법이 공성(空性)이고 연기(緣起)한다 라는 불교의 이치에서 보면 너무도 당연한 것이기에 부처님께서 승만부인의 견해에 동의하신 것이다. 그러나 인도 고대 사회는 철저한 신분사회이고 남녀의 차별이 심하였던 사회였기에 승만부인의 그와 같은 견해는 당시로 보아서는 매우 개혁적이고 혁신적인 것으로 기존의 사회와 신분을 타파하는 사상이었다고 말할 수 있다.

《승만경》을 문학적인 면에서 살펴보면 승만부인이 부처님의 모습을 상상하면서 빨리 보고자 하는 염원을 노래한 부분과 그러한 염원에 감응하여 공중에 나타난 부처님의 모습은 매우 극적이다. 또 찬탄의 노래는 매우 아름다운 시어로 되어 있다. 그리고 부처님의 지혜와 불법(佛法)의 무한성을 찬탄하는 시문도 문학적으로 평가받을 수 있는 부분이다. 훗날 이러한 찬탄의 노래와 시문은 현밀(顯蜜)의 여러 종파에서 법회용의 여래패(如來唄)로서 사용되었으며, 중국에서는 그 노래의 시문들은 옛날부터 일반 문인들의 작품에 많이 인용되고 있다.

결론적으로 말하면 《유마경》과 《승만경》은 교학적으로 불교의 공사상(空思想)과 구제불(救濟佛) 사상을 강조하고 있는 경전이다. 그리고 《승만경》은 재가(在家)의 부인으로서 부처님 앞에서 불법(佛法)에 대한 자신의 생각을 당당히 말하였다는 점은 매우 파격적이라고 평가할 수 있다. 역시 《유마경》도 유마거사가 부처님의 제자 가운데서도 지혜가 제일이라는 문수사리를 위시해서 많은 보살들에게 오히려 불교의 근본정신을 일깨워주고 있다는 점이 매우 파격적이다. 즉 출가자 위주의 불교교단이 운영되고 있던 당시 인도사회에서 볼 때 이 두 경전은 매우 혁신적인 사상을 나타낸 것이며, 또 재가신자를 출가자와 동등하게 내세운 점이 다른 대승경전과 다른 점이라고 평가할 수 있다. 예컨대 대승불교기 가운데서도 시대적 흐름이 가장 혁신적일 때 만들어진 경전이라고 유추된다.

(5) 정토삼부경의 문학성

불탑신앙과 구제불(救濟佛)의 교리가 더욱 발전되면서 부처의 자비를 강조하는 경전도 나타나는데 그러한 것 가운데 중요한 것이 아미타불의 신앙과 정토삼부경이다. 정토삼부경(淨土三部經)의 문학성과 극적인 구성법은 오늘날의 문학작품과 비교하여도 조금도 뒤떨어지지 않는다. 정토삼부경은 정토학(淨土學)을 밝히고 있는 세 경전을 통칭해서 부르는 말인데, 《아미타경(阿彌陀經)》·《관무량수경(觀無量壽經)》·《무량수경(無量壽經)》을 가리키며 《아미타경》을 소경(小經), 《무량수경》을 대경(大經)이라고 줄여서 부르기도 한다.

《아미타경》을 소경(小經)이라고 부르는 이유는 이 경전의 분량이 매우 적고 단편(短篇)의 시문으로 구성되어 있기 때문이다. 이 경전은 아미타불의 국토인 서방정토(西方淨土)를 극락정토(極樂淨土)로 묘사하고 노래하면서 아미타불의 국토가 얼마나 좋고 아름다운가를 문학적 이미지로 묘사하고 있다. 즉 아미타불의 정토를 환상적인 이미지로 그리고 있으며, 아미타불의 국토를 장엄하는 내용이다. 또 사바세계의 모든 중생이 만약 아미타불의 명호(名號)를 지극한 정성으로 부르면 이 부처님이 그 소리를 듣고 그곳에 가서 그들을 맞이하여 극락정토에 왕생하도록 한다고 밝히고 있다.

대경(大經)인 《무량수경》은 아미타불의 전생담으로서 아미타불이 부처가 되기 전의 일들을 이야기하고 있다. 그러한 전생의 이야기를 보면

아미타불이 성불(成佛)하기 전에는 이 부처님도 법장비구(法藏比丘)
라고 불렀던 평범한 수행인이었다. 법장비구는 과거에 불법(佛法)을
수행하면서 스스로 48가지의 대원(大願)을 세웠다. 그 서원(誓願)의
내용은 자신이 언젠가 부처가 된다면 어떻게 중생을 구제할 것인가를
밝히는 내용들이다. 그리고 법장비구가 아미타불이 되었을 때는 그 서
원들이 어떻게 성취되고 있는가, 또 중생이 아미타불이 세운 서방정토
에 어떻게 하면 왕생되겠는가를 밝히고 있다.

　일반적으로 성불(成佛)에 대해서 말할 때에 중생들도 모든 부처님처
럼 깨달음을 얻었을 때에 가능하다고 말한다. 그러나 정토학에서는 불
법의 이해와 깨달음을 문제삼지 않고 부처님에 귀의하는 마음, 즉 믿음
을 중요시하고 있다. 바꾸어 말하면 중생이 아미타불의 광대한 서원과
부처의 중생구제의 자비심을 진실로 믿고 지극정성으로 이 부처님이 말
씀하신 대로 염불하면, 또 귀의하는 마음만 내면 구원받을 수 있다고
설명한다. 즉 중생들에게 부처를 진실로 믿는 믿음만 있으면 아미타불
의 정토에 왕생된다고 말하고 있다. 성불에 대한 이러한 가르침을 정토
학적 수행방법으로 아미타불의 원력(願力)을 믿고 의지하면 그 부처의
힘으로 왕생된다는 타력신앙(他力信仰)이며, 이행도(易行道)이다.[72]

　이처럼 대경(大經)에서는 아미타불의 서원을 밝히고 있으면서 또 왜
중생들이 진심으로 염불해야 하는가, 혹은 정토에 왕생하는 것이란 또
믿음이란 무엇인가에 대하여 종교철학적으로 사색하게 하고 있다.

　《관무량수경》은 《무량수경》에서 밝히고 있는 정토교학의 타력신앙이

---

72) 용수(龍樹)의 《십주비바사론(十住毘波沙論)》에는 대승에는 어려운 수행을
　할 수 있고 계속 정진(精進)할 수 있는 보살도 있지만, 동시에 그러한 어려운
　수행을 견디지 못하는 나약하고 힘없는 보살도 있다고 설명하면서 그러한 나
　약하고 힘없는 보살들에게는 아마타불의 구제에 의지하는 방법이 있다고 설명
　하고 있다. 즉 타력이행도(他力易行道)를 열어서 설명하며, 염불의 행법(行
　法)을 명확하게 밝히고 있다.

역사적으로 어떠한 사건에 의해서 생기게 되었는가를 밝히고 있다. 즉 부처님이 왜 이러한 가르침을 남겼는가를 밝히고 있다. 그리고 말법(末法) 시대의 범부와 악인들도 어떻게 하면 정토에 왕생할 수 있는가 등을 밝히고 있다. 《관무량수경》과 관련하여 석가모니가 재세(在世)할 무렵에 일어난 역사적 사건을 찾아 보면 왕사성(王舍城, Rājagaha)의 비극이 있다. B.C. 5세기 무렵 인도의 중부에는 강대국인 마가다 국이 있었는데 왕사성은 그 나라의 수도이다. 그 왕사성의 궁전에서 어느 날 부자상극(父子相剋)의 비극적 사건이 일어난다. 즉《관무량수경》은 이 같은 역사적 상황에서 석가모니가 설법하신 가르침을 담은 경전이다.

인도의 역사서에는 그 사건을 다음과 같이 전한다. 마가다 국에 빔비사라(Bimbisara) 왕이 있었는데 그 왕의 많은 아들들 가운데 아쟈타샤트루(Ajātasatru) 왕자가 아버지를 죽이고 왕위를 찬탈한 부자상극의 사건이 일어난다. 아쟈타샤트루 왕자가 아버지의 왕위를 찬탈하기 위해서 부왕인 아버지를 지하의 감옥에 가두고 굶겨 죽이려 한다. 빔비사라 왕 부인인 위제희 부인(韋提希夫人, Vaidehi)은 이 사실을 뒤늦게 알고 고민하고 괴로워하다가 남편을 구하려고 남편에게 몰래 음식과 물을 전달하면서 부처님에게 알리고 도움을 청한다. 《관무량수경》은 부인이 부처님에게 알리고 도움을 청하는 데서부터 시작된다.

그 당시 부처님은 왕사성의 근처에 위치한 영취산(靈鷲山)에서 《법화경》 등을 가르치고 있었는데, 그 곳에서 왕사성의 비극을 처음 듣게 되었다고 전한다. 경전에 보면 영취산에서 설법을 하고 계셨던 부처님께서 이 비극을 들으시고 괴로워하셨던 것 같다. 그래서 제자를 왕궁에 보내서 부인을 위로하게 하였고 나중에는 부처님께서 직접 산을 내려와 부인을 위로하고 괴로움을 끊는 방법으로 16관법(觀法)을 가르쳤다고 전한다. 이 관법은 관상법(觀想法)으로서 괴로운 마음에 집착하지 않고 자연의 대상을 보다가 점차적으로 마음을 편안하게 안정시키고 깨달음을 열게 하는 방법이다. 바꾸어 말하면 이 관상법은 처음에는 자연의 실상(實相)을 보게 하다가 그 다음에는 마음의 눈으로 정토를 관조하는 방법이다. 즉 부처님은 고통스러워하는 부인에 맞게 쉬운 방법을 가르쳐서 부인이 서서히 스스로 마음을 편안하게 하고 나아가서는 부처의 정토에 안주(安住)할 수 있게 하고 있는 것이다. 보통 불도(佛道)를 요가행, 참선법(參禪法) 등으로 다양하게 설명하지만 경전상에서 석가모니께서 직접 가르쳤다는 명상법, 관법으로서는《관무량수경》의 16관법이 가장 오래된 것이라고 평가할 수 있다. 즉 16관법은 불교사적으로 불설(佛說)의 관상법(觀想法)으로서는 최초로 설명되어진 것이라고 평가할 수 있다.

옛부터 정토학에서는 염불의 의미를 구칭(口稱)의 염불과 관불(觀佛), 관상법(觀想法), 즉 아미타불의 극락정토를 심안(心眼)으로 관조하는 방법 등으로 설명하고 있다. 또 16관법을 살펴보면 자연의 갖가지의 풍경과 이미지를 통하여 관상하는 방법에서부터 정토(淨土)의 모습을 심상(心象)으로 그리는 방법과 아미타불(阿彌陀佛)과 그의 화불(化佛)인 관음보살(觀音菩薩), 대세지보살(大勢至菩薩)의 삼존불(三尊佛)을 관조하는 방법을 다양하게 설명하고 있다. 즉 어떤 대상물을 마음의 눈으로 보게 하여 점차적으로 마음을 편안하게 한 뒤 궁극적으로 정토에 왕생하게 하는 수습차제(修習次第)를 설명하고 있다. 그리고 정토에 왕생하는 중생의 품계(品階)를 간략하게 설명하고 있는 것이다.

그리고《무량수경》에서는 말법(末法)시대의 범부들이 어떻게 하면 정토에 왕생할 수 있는가와 근기가 약한 중생을 구제한다는 아미타불의 서원과 타력신앙(他力信仰)에 대하여 설명하고 있다. 그런데《관무량수경》등에서는 살부(殺父)의 악인인 아쟈타샤트루 왕자도 지바카와 같은 충신의 충고로 참회하여 불교에 귀의하였다고 전하고 있는 것으로 보아 악인도 아미타불의 정토에 왕생할 수 있다는 것을 말해 주고 있다. 그래서《관무량수경》은 악인성불(惡人成佛)의 교학의 실마리를 제공하였다고 말할 수 있다. 예컨대《관무량수경》은 위제희 부인를 비롯하여 아쟈타샤트루 왕자와 같은 오탁악세(五濁惡世)의 중생들을 위하여 부처님께서 직접 16관법을 가르치고 계시는 경전이기에 불교사적으로 중요한 것이다. 그리고 또 이 경전의 역사적 배경은 극적이고 문학성이 풍부하여 매우 감동적이라고 평가할 수 있다. 정토삼부경은 이러한 교학과 문학성으로 오늘날과 같은 혼탁한 세상에서 괴로워하고 있는 모든 사람들로 하여금 아미타불의 서방정토에로 지향하게 하고 있다.

(6)《우란분경》과《반야경》의 문학성

《우란분경(盂蘭盆經)》은 현재 범문본(梵文本)은 없으나 한역본(漢譯本)은 두 종류가 전한다. 그 내용은 목련존자(目蓮尊者)가 자신의 돌아가신 어머니를 구제하는 이야기로 구성되어 있다. 옛날 석가모니의 제자 가운데 신통력이 제일 뛰어나다고 하는 목련(目蓮)이 있었는데 목련은 자신의 돌아가신 어머니가 생전(生前)에 지은 죄업(罪業)의 과보로 지옥에서 아귀(餓鬼)가 되어 있는 것을 알게 된다. 그래서 그는 부처님께 지옥에서 고통받는 어머니를 구제할 수 있는 방법이 없는지를 묻게 된다. 부처님께서는 목련에게 돌아가신 어머니를 위하여 자자일(自恣日, 음력 7월 15일)[73]에 백미(百味)의 음식과 오과(五菓) 등을 갖추어 여러 부처님과 승려들에게 공양(供養)을 올리면 그 공덕으로 망모(亡母)가 고통으로부터 벗어나고 구원을 받을 수 있다고 알려준다. 그래서 목련이 자신의 어머니를 위하여 음력 7월 15일에 백미 음식과 오과(五菓) 등을 갖추어 많은 부처님과 승려들에게 공양을 하였다. 그

---

73) 자자(自恣)라는 뜻은 기분대로, 마음대로라는 뜻으로 승려가 90일 동안 한 곳에 모여 수행한 후, 마지막 날에 모여서 그동안 지은 모든 죄를 고백하고 참회하는 것을 말한다.

후 그러한 공덕으로 목련존자의 어머니가 지옥에서 받고 있던 고통으로 부터 벗어날 수 있었다는 이야기를 전하고 있다. 이 경전의 이러한 이야기가 중국·한국·일본에 전래되면서, 이들 나라의 효문화(孝文化)와 융합되어 널리 유포된다. 그러면서 이와 유사한 다른 불교설화도 영향을 주게 되고 민간사회에도 널리 알려지면서 불문(佛門)의 중요한 연례행사로 정착하게 된다. 그리하여 오늘날에도 각 나라에서 매년 백중(伯仲)에 우란분회(盂蘭盆會)가 널리 행하여지고 있다. 이러한 것은 바로 이 경전의 영향으로 실행되고 있는 동아시아의 세시풍속으로서 불교문화의 하나이다. 그리고 이 경전의 중심적인 이야기는 인도에서 만들어졌으나 그것을 다시 중국인이 효자이야기를 덧붙여서 현재의 형태로 되었다고 추측되고 있다. 또 불심(佛心)이 가득한 다른 효자설화를 많이 만들어 내게 된다.

대승불교의 초기의 반야공관(般若空觀)의 가르침을 본격적으로 전해 주는 경전은《반야경(般若經)》이다. 일반적으로 널리 알려진 반야경전류(般若經典類)를 찾아보면《대품반야경(大品般若經)》·《소품반야경(小品般若經)》·《대반야경(大般若經)》·《반야심경(般若心經)》·《금강반야바라밀경(金剛般若波羅蜜經)》등이 있다. 이러한 반야경전류는 다른 불교경전에 비하여 철학적이고 사유적이며, 경전의 내용은 주로 반야공관(般若空觀), 공지(空智)의 내관적(內觀的)인 면을 설명하고 있다.《대품반야경》을 설명한《대지도론(大智度論)》을 쓴 용수는《중론》에서 불교의 근본사상인 연기설(緣起說)을 공(空)의 입장에서 해석하고 있다. 즉 사물의 본성은 공(空)이기에 현상의 세계가 성립되는 것이며, 또 모든 존재의 본성이 무자성(無自性)의 공(空)이기에 모든 현상은 연기(緣起), 연성(緣成)하는 것이라고 설명하고 있다. 이러한 공의 입장은 물질의 본성을 에너지와 운동으로 설명하는 근대과학의 입장에 가깝다. 즉 공이란 입장은 허무의 의미가 아니고, 끊임없는 운동의 힘, 에너지로서 실재(實在)하지만 특정한 고유성(固有性)을 지니지 않는다는 의미이며 또 물질적인 것과 정신적인 것 사이에서도 무자성 (無自性)의 힘의 결합과 그 결합력으로 나타나게 되는 사물의 상태와 그 현상의 성립과 변화를 이해하는 입장이다. 예를 들면 노란콩의 자성 (自性)은 파랑색의 자성으로 변할 수 없지만 물을 주고 햇빛을 비추어 주면 몇 일 이내로 새싹이 나오고 콩나물이 되는 것을 볼 수 있다. 이처럼 물질의 본성이 공이라는 뜻은 그 물질의 본성이 고정되어 있다는 뜻이 아니고 여러 인연, 조건에 의해서 변할 수 있다는 뜻을 내포하고 있다. 그래서 사람의 본성도 공이기에 악인도 마음을 고치면 착한 사람으로 변할 수 있으며 또 그렇게 변하는 것이 진실이다. 즉 사람들의 인품의 향상이나 타락 등을 그 예로 들 수 있다. 또 자신을 잃고 방황하던 사람도 어느 순간에 자기 자신이 방황하고 있는 것을 자각하고 스스로 고쳐나갈 수 있는 자기 부정의 가능성이 있는 것이다. 그렇에 공은 모든 존재의 현상과 성립의 능동적 근거를 설명하는 용어이기도 하다.

용수는 이러한 공에 근거하여 불생불멸(不生不滅), 불상부단(不常不斷)의 입장에서 현실을 향하여 나아가는 팔불(八不)의 중도(中道)를 밝히고 있다. 또 철저하게 공을 관조하는 세계가 바로 제법실상(諸法實相)의 세계이며, 그러한 것은 말과 글로는 표현되는 것이 아니고 (戱論寂滅), 무분별(無分別)의 경지라고 설명하고 있다.

문학적인 면에서 살펴보면 《대품반야경》보다 《소품반야경》에 실린 상제보살(常啼菩薩)의 구법(求法) 이야기가 매우 문학적이고 교훈적이다. 그래서 옛부터 많은 문학가들이 그들의 문학작품에 이 상제보살의 이야기를 즐겨 인용하였다. 또 《금강반야경(金剛般若經)》에는 다음과 같은 아름다운 시구(詩句)들로 공관(空觀)을 상징적으로 나타내고 있다. 즉 '모든 것은 인위적인 존재로서 사라지는 물거품, 꿈, 아침이슬처럼 순간적으로 나타나 벼락처럼 잠시 머무는 것으로 보아야 된다(一切有爲法 如夢幻泡影 如露亦如電 應作如是觀)'고 노래하고 있다. 옛날부터 불교의 공사상(空思想)은 이러한 문학적 표현으로 세간의 일반

문학작품에 큰 영향을 주었고 또 다양한 무상관(無常觀)을 만들어 내게 한다. 그리고 무엇보다도 반야경전은 무소득 공의 입장에서 사회구제가 자기의 해탈이고 부처의 자비가 바로 반야의 지혜이라고 강조하고 있다. 즉 반야의 지혜와 부처의 중생구제의 자비심은 근원적으로 하나이기에 사회에서 중생을 구제하는 방편력이 보살이 갖추어야 할 덕목으로 강조한 점이 특징이라고 말할 수 있다.

(7) 밀교경전과 《나선비구경》의 문학성

밀교(蜜敎)와 현교(顯敎)의 구분은 불교의 가르침을 설교(說敎)의 방법이나 교의(敎義)의 내용을 현밀(顯蜜)로 분류한 것이다. 즉 밀교라는 것은 현교처럼 표면적으로 알 수 있는 방법으로 가르침을 전하는 것이 아니고 비밀스러운 방법으로 가르침이 나타내어져 있어서 표면적으로는 알 수가 없는 가르침이라는 뜻이다. 바꾸어 말하면 깊은 경지에 도달한 사람만이 알 수 있는 가르침이라는 뜻이다. 그래서 그런 경지에서는 현실의 존재와 현상에서 우주의 진리를 보거나 자기가 바로 부처라는 체험을 얻게 되는 것을 말하는 경우가 많다.

밀교의 대표적인 경전인 《대일경(大日經)》에는 법신불(法身佛)인 대비로자나불(大毘盧遮那佛)의 자내증(自內證)의 세계를 밝히고 있다. 또 《이취경(理趣經)》은 인간존재 그 자체를 이상화(理想化)하여 즉신성불(卽身成佛)의 교학으로 불교를 전하고 있다. 그래서 순정(純正)한 밀교는 법신인 대일여래(大日如來)가 자신의 권속들을 위하여 설명한 신구의(身口意)의 삼밀(三蜜)의 법문을 순밀(純蜜)이라고 하고 대일여래 이외의 다른 부처니 보살들이 설법한 법과 수행 방법을 잡밀(雜蜜)이라고 한다.

부처의 깨달음은 세속의 주술(呪術)의 맹목성과는 거리가 먼 것이지만 불교에 밀교적 요소가 들어온 것은 오랜 옛날부터이다. 인도 고대문화가 종교적이고 제사문화적이었기에, 세월이 흘러갈수록 불교도 바라 문교의 주문, 밀주(蜜呪) 등과 결합하는 면도 있었다. 초기불전 등에 보이는 수호주(守護呪)와 대회경(大會經:長阿含經에 들어있음)이 그러한 예이다. 인도의 더운 지역에서는 오랜 옛날부터 독사나 나쁜 질병으로부터 몸을 보호하려는 주문 등이 많이 있었다 라고 전하는데, 이러한 것이 오늘날 다라니와 만다라의 기원이 된 것으로 알려져 있다. 이러한 것이 서서히 불교에 들어와 증대되면서 잡밀의 경전(毘沙門天王經과 孔雀明王經)이 되고, 7세기 말엽에는 힌두교의 영향과 《화엄경》 사상의 영향을 받아서 《대일경》이 성립되었고, 태장법(胎藏法)으로서 밀교의 이론적 근거를 확립하였다고 전한다. 그 후에 유가행파 계통의 교리의 영향을 받아들여서 《금강정경(金剛頂經)》이 정리되었던 것이다. 이 경전은 심식설(心識說)을 중심으로 오상성신(五相成身)의 관행(觀行)을 설명하고 있으며, 금강계(金剛界)에 이르는 실천법을 체계화하고 있다. 이러한 사상이 8세기에는 티베트에, 9세기 초에 중국에 들어와서 한반도에도 들어오게 된다.

그래서 《대일경》과 《금강정경》은 현교의 경전보다 상징적이고 비약적인 표현들이 많이 나타나 있으며, 현세 긍정적이고 인간애를 긍정하는 교학들이 많이 들어 있다. 밀교의 경전에 자주 전하여져 있는 남천축(南天竺)의 철탑(鐵塔)에 관한 환상적 이미지의 시문과 로맨스의 이야기들은 예로부터 하나의 법문, 노래로도 회자되고 있다. 그리고 밀교경전은 우주의 모든 사상(事相)의 세계를 문학적으로 다양하게 표현하기 위해서 시적 이미지를 많이 활용하고 있다. 그래서 밀교경전은 옛날부터 문학적 표현이 많고 매우 환상적이고 신비적인 문학적 표현들이 많다. 또 밀교는 현실에 즉(卽)해서 제법실상(諸法實相)·즉신성불(卽身成佛)을 주장하는 점과 현실을 그대로 절대시(絶對視)하는 점에서 실천적·윤리적으로 타락할 수 있는 함정도 있으며, 문학적으로 신비적·비약적 표현들도 많다.

《나선비구경(那先比丘經)》은 《밀린다 왕의 물음(Milindapañhā)》를 한역(漢譯)한 경전이다. 이 경전은 불설(佛說)의 가르침이 아니고 B.C. 160년경에 서북인도의 지역을 지배하고 있던 그리스 인 밀린다 (Milinda 혹은 Menandros) 왕이 불교의 논사(論師)인 나가세나 비구 (Nāgasena)에게 불교교리에 대하여 여러 가지로 묻는 내용과 함께 비구와 서로 토론하고 문답한 내용을 담고 있다. 그 내용은 그리스 인 사고(思考)와 인도적·불교적 사유(思惟)와의 불꽃튀는 논쟁과 대비로 오늘날의 시점에서 보아도 매우 뛰어난 철학적 문답서라고 평가할 수 있다. 그리고 이 작품은 당시 서북인도의 상황을 보여주는 것으로서 많은 다른 문화의 혼합 속에서 불탑신앙의 유행과 대승불교를 발아(發芽)시키는 사상적 태동을 엿볼 수 있게 하고 있다.

알렉산더 대왕이 서북인도까지 침입한 이후 서북인도에는 오랜 세월 동안 그리스 문화의 나라들이 세워졌다. 그 가운데 밀린다 왕은 B.C. 160년경에 인도의 서북[74]에 위치해 있으면서 그리스 문화를 동양에 전파한 것으로 유명한 박트리아 국을 실제로 통치한 왕이다. 그리고 비구와의 진지하고 철학적 깊이가 있는 대화 이후에 밀린다 왕은 마침내 불교를 이해하였으며 말년에는 실제로 불문에 출가하여 아라한이 되었다고 전하고 있기에, 역사적으로 사실감을 주고 있다.

밀린다 왕이 군림할 무렵의 인도 내륙에서는 불교를 전파하기 위하여 많은 논사(論師)와 전교사(傳教師)들이 세계 각국으로 퍼져나가고 있었다. 즉 당시 박트리아 국은 동서로 분기점이 되는 교통의 요충지에 위치한 나라이기에 세계 각국으로 퍼져가는 인도불교의 전교사들이 꼭 한번 지나치는 곳의 하나였다. 그러한 때에 그러한 많은 논사들 가운데에 나가세나라는 비구가 이 지역을 통치하고 있던 밀린다 왕을 만나게 된다. 밀린다 왕은 나선비구에게 불교에 대한 자신의 많은 의문들을 물

---

74) 이 지역은 현재 아프카니스탄과 파키스탄이라고 추정된다.

으면서 조금씩 불교를 알게 된다. 이러한 대화를 통하여 왕은 불교에
관하여 많이 생각하게 된다. 그리고 이 경전은 아비달마에 정통한 불교
학자에 의해서 서북인도에서 혼합된 산스크리트어로 쓰여진 것을 다시
마가다 지역에서 팔리어로 쓰여지면서 덧붙여졌다고 전하며 또 다른 혹
자는 이 경전이 대승불교의 부흥기에 나온 것이 아닌가 하고 추측하기
도 한다.

이 경전을 보면 서북인도에서 그리스 문화의 교육을 받고 성장한 밀
린다 왕은 그리스 문화와 다른 인도의 불교에 대하여 처음에는 상당히
거부하고 반발하고 있다. 그래서 왕은 나가세나 비구에게 여러 가지를
물으면서 불교에 대하여 공격적인 태도를 나타낸다. 그러한 수많은 물
음과 비구의 재치있는 비유이야기의 대답을 거듭하여 듣는 과정을 통하
여 왕도 서서히 인도불교를 이해하고 수용하는 모습을 보여 주고 있다.
그리고 왕과 비구와의 대화의 장면들은 매우 사실적으로 묘사되어 있
다. 간혹 비구의 대답이 쉽게 나오지 못하는 긴박한 순간이 연출되어
있기도 하는데, 그러한 대화 장면은 오늘날에 읽어도 작품의 구성과 긴
장도가 매우 높다. 즉 문화가 서로 다른 왕과 비구가 서로의 생각을 정
리하여 논리 정연하게 토로하고 있는 모습과 불꽃튀는 지적인 대결의
모습은 그야말로 극적인 장면의 전개로서 오늘날의 희곡작품에 비교해
보아도 조금도 뒤지지 않는다. 즉 이 작품은 그리스 문명에서 성장한
밀린다 왕과 비구와의 사이에 오고간 수준 높은 철학적 문답서로서 그
리스 문화적으로 사고하는 사람이 어떻게 동양의 종교 불교철학을 이해
하고 수용하였는가를 보여준다. 그리고 철학적 사변(思辨)의 예리함을
사실적 대화와 긴박한 장면의 전환 등을 극적으로 구성한 철학적 희곡
작품이라고 평가할 수 있다. 또 이 경전은 왕에게 비구가 전생이야기를
전하는 부분과 두 사람이 3일 동안 계속 대화한 후에 사제(師弟)가 되
는 부분, 또 왕이 불교교리상에 어려운 문제인 양도논법(兩刀論法)에
대하여 중점적으로 묻는 부분, 또 당시 경전상으로 부처의 설법 가운데

모순되는 부분에 대하여 설명을 요구하는 부분 그리고 수행자로서 지켜야 할 덕목을 비유로 설명한 부분들로 이루어져 있기에 비유경전의 영향도 있었다 보여진다. 이렇듯이 이 경전은 동서양의 이질적 문화에서 생활한 사람들이 하나의 상황을 두고 어떻게 사고하고 이해하고 있는가를 살펴볼 수 있다. 또 그리스 문화가 서북인도까지 들어오는 과정에서 이질적인 불교문화와 충돌하면서 절충되는 한 단면을 보여주고 있다고 설명할 수 있다.

결론적으로《나선비구경》과 밀교경전은 인도의 서북지역과 동부지역에 나타나는 이질적 특성을 잘 보여주는 자료라고 할 수 있다.《나선비구경》은 그리스, 페르시아, 중국 등의 국경을 접한 지역에서 철학적이고 사변적인 교리가 어떻게 발전되었다는 것을 보여주며, 밀교경전들은 동부지역에서 각종 민간신화와 힌두교의 영향으로 유신교(有神敎)적으로 변하는 불교의 한 단면을 보여 주고 있다.

5. 경전문학에서 파생된 불교설화문학

(1) 불교설화문학의 원류

불교가 인도 문화권를 넘어서 다른 문화권으로 전파됨에 따라서 불교설화도 각국의 자연환경과 사회 문화적 풍습에 따라서 다양하게 변용(變容)되어 간다. 그러나 초기불교기 때부터 불교설화는 불교의 포교와 중생 교화를 위해 만들어졌고 전승된 이야기들이기에 기본적으로 불교의 경전문학에서 파생된 것들이 많았다. 그래서 대부분의 불교설화의 원형들은 인도에서 찬술된 여러 문헌과 불전에서 찾을 수 있다.

중국 · 한국 · 일본으로 불교가 전래된 이후에 이들 나라들에서도 많

은 불교설화가 만들어지게 된다. 그리고 한국과 일본은 중국에서 개작
되고 윤색하여 새로 만들어진 불교설화집들이 유입되면서 또 조금씩 다
른 이야기들이 첨가되는 형태로 변용시켜갔다. 그래서 여기서는 중국
에서 새로운 불교설화가 만들어지는 과정만을 살펴보고자 한다.

불교가 중국 후한(後漢)시대에 전래한 이후,[75] 남북조(南北朝) 때에
들어와서 불교설화가 많이 만들어진다. 그러다가 수당대(隨唐代)에 들
어와서 그렇게 만들어진 많은 불교설화가《법원주림(法苑珠林 : 道世의
撰, 668년)》과 같은 설화집에 정리되면서 불전류(佛典類)로서 취급된
다. 그러한 과정을 자세히 살펴보면 다음과 같다.

보통 중국에서는 전승된 각종 이야기를 설화로 부르기보다 보통 소설
(小說)이라고 부른다. 중국에서 소설이라는 말이 맨 처음 거론된 문헌
은《장자(莊子)》인데《장자》의 〈외물편(外物篇)〉에는 '지방의 현령 등
이 소설로 꾸미는 것으로는 대도(大道)와 거리가 멀다' 라고 말한 부분
이 있다. 즉 보통 큰 도의(道義)를 실어 전하는 문장을 고문(古文)이
라고 말하는데 반하여 소설은 대도(大道)의 깊은 뜻을 담아 내지 못하
는 글 또는 고문이 아닌 글이라는 뜻으로 사용한 용어이다. 쉽게 말하
면 소설이란 노장(老莊)사상에서 말하는 대도(大道)를 표현하지 않는
글이나 고문에 대하여 조금 낮추어 경시하는 의미를 나타내고 있다. 그
리고 고대 유가(儒家)의 지식인들은 자신들이 대도를 말할지언정 괴력

---

75) 후한(後漢)시대의 명제(明帝)가 꿈에서 황금빛으로 빛나는 사람(金人)을
    보고난 후에, 사신을 대월씨국(大月氏國)에 보내게 된다. 그리하여 영평
    (永平) 10년(A.D. 67년)에 가엽마등(迦葉摩騰)과 축법란(竺法蘭)이 낙
    양(洛陽)까지 와서 백마사(白馬寺)에서《사십이장경(四十二章經)》을 번
    역하였다고 전한다. 그리고 명제(明帝)의 이모의 제(弟)인 초왕영(楚王英)
    이 낙양의 동쪽에 위치한 팽성(彭城)에서 노자상(老子像)과 함께 불상를 안
    치하여 신봉하고 있었다는 기록이 전하고 있기 때문에 늦어도 A.D. 1세기 무
    렵에 중국에 불교가 전래되었다고 말할 수 있다.

난신(怪力亂神)은 말하지 않는다[76]라고 말하였던 것이다.

　그 후 한대(漢代)에 들어와서는 신선(神仙) 사상의 유행으로 중국 사회가 전체적으로 변하게 된다. 그래서 한서(漢書)의 예문지(藝文志)에는 소설(小說)을 구류십가(九流十家)의 하나로 보고 있다.[77] 즉 이때부터 중국에서는 패관(稗官)이라는 말단관리가 거리에 떠도는 이야기이나 민간에 떠도는 세상 이야기 및 그들의 시사만평(時事漫評) 또는 전승되고 있던 온갖 이야기를 주워 모아서 기록하였다. 당시는 이러한 글을 소설이라고 생각하였다.

　그런데 육조시대(六朝時代, 420～589)와 수당대(隋唐代)에 들어와서 시대상황은 더욱 변화함에 따라 소설을 귀신 혹은 이상한 것을 이야기하는 것이라고 생각했다. 그래서 그때부터는 귀신지괴소설(鬼神志怪小說)들이 많이 나타난다.[78]

　여기서 중요한 것은 중국의 남북조시대에 불교가 널리 포교되면서 절도 많이 세워지지만 사회적으로 지식인들에게도 불교 교리가 널리 알려지게 된다. 그러면서 또 그들 사이에서 독실한 불교신자가 나오게 되었는데 그러한 지식인들은 일반 민중들에게 불교를 알리는 방편으로 대개는 그때까지 일반 서민들이 즐겨 듣고 이야기하는 소설을 통하여 불교의 교리와 인과(因果)의 가르침과 고승들의 영험이야기 등을 섞어 넣어서 새로운 소설, 즉 불교설화류의 귀신지괴소설을 만들어 유포시킨다. 즉 남북조시대에 불교를 믿고 있던 지식인들이 당시 중국에 유행하고 있던 선대(先代)의 귀신지괴류의 소설형식을 이용하여 불교교리를 널리 알리고 있었다. 바꾸어 말하면 정치적 지배계급이거나 산림에 은둔

---

76) 孔子, 《論語》〈述而篇〉.
77) 郭箴一, 《中國小說史》, 商務印書館, pp.1～3. '小說家者 流蓋出於稗官 街談巷語 道廳途說者之所造也'라고 기록하고 있다.
78) 郭箴一, 위의 책, p.48.

한 지식인들 가운데 불교 신자들이 믿고 있던 불교신앙을 널리 유포시
키기 위하여 의도적으로 민중에 떠돌던 이야기를 소재로 하여 귀신지괴
류의 불교설화소설 등을 만들어 유포시켰으며 또는 중국 전래의 이야기
를 불교적 가치 윤리로 개작하거나 윤색하여 사회에 널리 유포시켰던
것이다. [79] 그래서 육조시대의 설화에는 귀신지괴소설에 불교의 인과응
보담(因果應報談)이 덧씌여져 있는 경우가 많다. 그러면서 그렇게 만
든 불교적 소설을 사원이나 시중에서 구연(口演)되는 형태로 발전하게
된다. 특히 불교의 포교사들은 자신들이 갖고 있는 갖가지 재능을 활용
하여 예술적으로 발전시켜 나간다.

육조시대(六朝時代)에 그렇게 유행한 지괴소설류를 보면《선험기(宣
驗記)》·《명상기(冥祥記)》·《수신기(搜神記: 晉代 干寶 撰, 4세기 무
렵 성립함)》등이 대표적이다. 그 가운데《수신기》권11에는 우리 나라
에도 널리 알려진 효자 곽거(郭巨)의 설화가 있다. 이 이야기를 살펴보
면 불교적 윤리관과 불교의 인과응보의 교리가 중국적 가치(유교적 가
치)와 어떻게 혼합되어 전달되고 있었는가를 살펴볼 수 있다. 육조 시
대에 귀신지괴류 설화와 불교적 인과응보의 이야기가 어떻게 하나의 이
야기로 만들어지는가를 살펴볼 수 있다. 고대 중국에서 전해지는 곽거
의 이야기는 효(孝)에 관한 이야기였다. 그래서 초기 전래된 곽거의 이
야기를 보면 대개 중국적 효의 가치만을 내세우는 형태로 전래되고 있
었다. 이야기의 줄거리는 다음과 같다.

곽거는 중국 하남성 하남군 오현리의 사람으로, 형제는 삼형제이지
만 일찍이 아버지를 여의고 난 후에는 아버지의 남은 재산마저 두 형에
게 모두 빼앗겨 버리고 혼자서 어머니를 모시고 처와 함께 산속에 버려
진 외딴 집에서 살았다. 어느날 그의 처가 아들을 낳게 된다. 그런데
그 아들을 키우면서 어머니를 봉양하기 어렵게 되고 어머니의 식사도

---

79) 郭威一, 위의 책, p.61.

줄여야만 하게 되었다. 그래서 곽거의 부부는 고민하던 끝에 어머니를 잘 봉양하기 위해서 자기 아들을 땅속에 묻으려고 결심을 하고 땅을 팠는데 그 땅 속에서 황금 솥이 나왔으며, 그 속에는 또 '곽거에게 주노라'라고 쓰여져 있어 그것으로 어머니를 잘 모시고 살았다고 전하는 이야기이다. 즉 곽거라는 인물은 부모를 봉양하기 위하여 자신의 아들마저 희생시키려고 한 효심이 가득한 효자였다. 그래서 그는 복을 받고 잘 살았다는 줄거리로 되어 있었다.

그런데 이러한 이야기가 육조시대에 들어와서는 불교적 교리가 혼합되어 변형되어 유포된다. 즉 초기의 이야기에서는 곽거가 지극한 효심으로 부모를 봉양하기 위하여 나무를 구하러 산 속에 갔다가 그 곳에서 우연히 땅속에서 황금을 발견하였다는 기적적이고 괴이한 사건으로 이야기되고 있었다. 그런데 불교적으로 윤색된 이후에는 곽거는 효심도 있었지만 평소에 불심(佛心)도 깊어서 평소에 불교의 사찰이나 암자를 지나칠 때에도 합장 등을 하여 예를 올리고 하였는데 그 후에 그 공덕으로 복을 받았다고 이야기하거나 아니면 어느 날 땅속에서 사찰에서 쓰는 목탁, 불상 그리고 석탑 등을 발견하여 절에 갖다 주었다. 그래서 그는 그 공덕으로 황금 솥과 황금을 발견하여 부모도 봉양하고 유복하게 잘 살았다는 형태로 이야기를 개작하는 경우가 많았다. 즉 효심과 불심(佛心)을 혼합하여 새로운 불교의 인과응보담(因果應報談)을 만들어 냈던 것이다.

그러나 때로는 불교적 가치관과 유교적 가치관이 함께 이야기되면서 모순적인 이야기 구조로 그려지는 경우도 있었다. 즉 부모를 봉양하기 위하여 자신의 아들마저 희생시키려고 하는 곽거의 효심은 효자로서는 높이 평가받을 만하지만 그러나 아들을 죽이려고 한 행동은 미물(微物)의 살생(殺生)도 금지하는 불교적 가치관과는 상반되는 것이었다. 여기서 이러한 불교설화가 개작되는 과정과 변화를 통해서 확인할 수 있는 것은 불교가 당시 중국의 지식사회에 유포되는 과정에서 상당한 기간 동안에 유교적 가치관과 불교적 가치관이 서로 모순되는 부분이 있었지만 묘하게도 함께 병립되어 유행되고 있었다는 점이다.

즉 이 효자의 이야기는 일찍부터 중국인의 유교적 가치관을 전하는 이야기로서 중국 안에서 회자되었지만 육조시대부터는 불교적으로 윤색되면서 불교의 인과응보담으로 새롭게 변하였다. 그래서 육조시대의 효자 곽거의 이야기 속에는 곽거가 발견한 물건이 황금 솥에서 돌부처, 범종(梵鐘), 목탁 등으로 바뀌어 이야기되거나 또는 곽거는 과거부터 불연(佛緣)이 깊은 사람으로서 그의 지극한 불심으로 인해서 현세에서 그 복덕을 받는 것이라고 이야기되기도 하였다.

중국의 다른 불교설화집에도 이렇게 변색된 중국 고대의 이야기가 많이 발견되고 있다. 대개는 중국의 유교적 가치관이 투영된 선인선과(善人善果)의 이야기가 불교적인 인과응보담으로 변용되거나 또는 완전한 불교적 영험담으로 바뀌는 경우였다. 그렇게 불교를 신봉하던 육조시대의 지식인들은 불교를 쉽게 전하기 위해서 괴지소설(怪志小說)로 만들어내거나 혹은 유교적 선인선과(善人善果)의 이야기를 불교적 응보담(應報談)과 영험담으로 변색시켜서 유포시켰던 것이다.

그리고 인도에서 전해진 불교설화가 중국적 가치관인 효(孝)를 권장하는 이야기로 바뀌는 경우도 많았다. 특히 불교비유문학이 중국의 민중들에게 알려지는 과정에서 중국적 이야기로 변해버리는 경우도 많았다. 그러한 예가 바로 《잡보장경(雜寶藏經)》의 제1장의 4번째 이야기로 전하는 〈기로국연(棄老國緣)〉의 비유설화이다. 이 설화는 우리 나라에서 고려장(高麗葬) 이야기로 알려져 있는데 사실은 원래 인도에서 중국에 전해진 이후 중국의 효도(孝道)에 관한 이야기로 변용되었던 것이다. 원래는 인도의 어느 나라에서 이웃 나라와 어려운 문제로 싸움을 하게 될 정도로 아주 어려운 위기에 처하였을 때에 과거부터 나이가 들어서 일도 못하고 식량만 소비시킨다고 산과 들에 갖다버린 그 나라의 노인들이 산속에서 있다가 그 소식을 알고 그들이 평생의 세월동안 쌓

아 놓은 지혜로 그 어려운 문제를 풀어주었다고 한다. 그 이후 그 나라
에서는 노인을 갖다버리는 악습을 버리고 노인을 귀중하게 여기는 나라
로 변하게 되었다는 이야기였다. 그런데 중국에 전해진 이후로는 효자
에 관한 이야기로 바뀌면서 부모를 갖다버리는 자식의 이야기로《효자
전(孝子傳)》에 실리게 된다. 그리고 다시 불교 창도사들에 의해 속강
(俗講)의 자료로 활용하게 되었던 것이다. 당시 속강의 자료로 활용된
것을 증명해주는 것이 돈황에서 출토된《잡초(雜秒)》라는 책이다. 그
리고 이 이야기가 중국적으로 습합(褶合)한 다음에 한국·일본에 전해
지게 되었던 것이다. 일본의 경우는《금석물어집(今昔物語集)》제5장
32에〈부모를 산에 버린 이야기〉로 전하고 있다. 이렇게 불교설화가
중국의 유교문화라는 풍토(風土)를 거치는 동안 효(孝)라는 가치관이
덧붙여지거나 때로는 귀신 이야기나 윤회전생의 이야기로 변용하게 되
었던 것이다.

　그리고 중국 육조시대에 만들어진 불교적 응보담과 영험담은 어떤 의
미에서 보면 불교의 인과의 법리(法理)를 민중들에게 알기 쉽게 설명해
주는 교재였지만 결과적으로는 불교를 중국적으로 변용시키는 하나의
요인이 되기도 하였다. 왜냐하면 불교적 인과응보담과 영험담이 민중
들의 입을 통해서 유포되어 가는 과정에서 불교를 인과(因果)에 의한
윤회를 말하는 종교라고 이해되었기 때문이다. 이러한 이유로 그 후로
중국에서는 등류과(等流果)적인 불교설화[80]가 많이 만들어지게 된다.
그리고 또 불교계에서는 불교를 널리 전하기 위해서, 또 설교와 설경
(說經) 등을 하면서도 그 이해를 돕고, 삼보(三寶)의 영험과 이익을 구

---

80) 육조시대에 처음으로 불교설화가 어떤 기적적인 이야기로 유포되면서 민중들
　　사이에서 자신에게도 그와 같은 일이 일어났으면 하는 바램과 희망을 가지고
　　그와 비슷한 이야기를 계속 만들어 내고 발전시켜서 다른 불교설화를 만들어
　　낸다. 이때 계속 만들어 내는 비슷한 이야기들을 등류과(等流果)의 불교적
　　응보담(應報談)이라고 한다.

체화하기 위하여 그 예증(例證)으로서 불교설화를 널리 활용하게 된다. 즉 설화의 내용은 그림으로 옮겨 설화화(說話畵)를 만들어 민중포교에 널리 활용하였다. 그러한 설화화는 계속 발전하여 고승들의 전기 행상회(傳記行狀會)와 정토변상도(淨土變相圖)와 육도회(六道會), 십계도(十界圖) 등도 만들어내게 한다.

(2) 불교설화문학의 분류

중국 육조시대에서 만들어진 불교설화를 비롯하여 한국, 일본 등의 한자문화권(漢字文化圈)에 회자되고 있는 각종 불교설화를 다음과 같은 형태로 분류할 수 있다.

첫번째의 형태는 불교의 영험을 전달하기 위해서 만든 형태의 불교설화들이다. 예를 들면 당대(唐代) 영미년간(永微年間, A.D. 650~655)의 당림(唐臨)이 편찬한《명보기(冥報記)》에는 각종 불교영험담과 인과응보담과 불교비유경전에 실려있는 각종 비유담과 인과응보담을 거론할 수 있다. 그런데 이러한 형태의 각종 영험담과 인과응보담 가운데 각국의 민속적 풍습과 토속의 신앙에 습합되어 새로운 형태의 이야기로 전래되는 경우도 많았다. 즉《지장험기(地藏驗記)》와《법화험기(法華驗記)》 등을 거론할 수 있다.

두번째의 형태는 부처님의 가르침에 따라서 착하게 살아온 인물들과 부처의 가르침에 따르지 않고 오히려 등지고 살아온 인물들의 삶을 대비시켜서 불교를 포교하는 불교설화이다. 즉《정토왕생전(淨土往生傳)》과 각종 고승전(高僧傳)의 설화를 거론할 수 있다. 이러한 설화는 독실한 불교적 신앙생활의 이익과 좋은 점을 부각시켜서 신자들의 신앙생활이나 수도(修道)와 이능(異能), 예를 들면 주험력(呪驗力)이라고 할 수 있는 특이한 능력이 있는 사람이나 장소에 참례(參禮)하여 복을 얻었다고 전하는 이야기도 있다. 또 간혹 인간 이외의 동물들을 등장시켜서 불교적 영험을 이야기하기도 하고 있다. 다시 구체적으로 설명하면 불교의 본생담, 발심담(發心談), 왕생담(往生談)의 이야기와 또 부처의 가르침에 등을 돌린 악인이 어느 날 고승과 독실한 신자와의 만남 등을 통해서 조그마한 선행(善行)을 하기 시작하거나 불교에 귀의하였다는 이야기 그리고 또 선보담(善報談)과 악보담(惡報談)을 하나의 이야기안에 동시에 이야기하는 경우도 있다. 즉 왕생전에도 착한 인간의 삶의 모습과 그들의 깊은 불심(佛心) 또는 불교적 신앙의 삶에만 관심을 가지고 묘사하는 것이 아니고 선인(善人)의 선행선과(善行善果)의 선담행(善談行)과 악인들의 악행과 그 인과응보담에도 많은 관심을 갖고 이야기로 전함으로써 도리어 많은 감동을 이끌어내기도 하였다.

이러한 것은 이야기의 구성, 즉 서술의 시점만을 변화시켜 이야기하는 것이라고 설명할 수 있다. 왜냐하면 불교의 가르침에 등을 돌린 사람들의 생애와 그 삶의 모습을 이야기함으로써 선행의 중요성과 믿음의 가치를 오히려 강조하여 전하게 되었으며 또 악인들의 악행과 그의 인과응보담(因果應報談)을 이야기함으로써 지계를 강조할 수 있었기 때문이다. 그러나 대부분의 왕생전은 부처님의 가르침대로 실천하며 살아간 사람들과 선인(善人)들의 선행선과(善行善果)로 정토에 왕생하는 이야기로 구성되어 있다. 또 각종 불경의 독송과 염불의 공덕으로 복을 얻는 영험담과 부처와 보살의 명호(名號)를 외움으로써 얻는 신기한 영험담 등도 보통의 선인의 선행선과의 이야기 속에 담겨 있기도 하였다.

그래서 첫번째 형태의 이야기와 두번째 형태의 이야기의 경계선은 그렇게 명확하지 않다고 말할 수 있다. 첫번째 형태의 이야기와 두번째 형태의 이야기의 명확한 구별은 이야기의 초점과 서술되는 시점에 의하여 구분할 수 있는데 두번째 형태의 이야기는 주인공의 살아가는 삶의 방식에 무게가 있지만 첫번째 형태의 이야기는 이야기의 초점이 부처님의 가르침 쪽에 있는가 아니면 다른 곳에 있는가를 구분해서 판단해야 하는 경우가 많다.

즉 두번째 형태의 이야기의 불교설화는 교리의 어려운 관념적인 설명보다는 불교의 가르침대로 살아간 사람들의 다양한 삶을 이야기의 형식으로 나타낸 것들이다. 그래서 불교적 관심보다 이야기에 등장하는 주인공의 생애나 그 행위에 대한 많은 관심을 가지고 만들어진 경우가 많다. 바꾸어 말하면 불교적 설명보다는 한 인간의 삶을 이야기함으로써 현재의 다른 사람들의 고통을 관조하게 하고 아픔을 치유하게 하는 인간적 문학적인 불교설화들이다. 여기에 해당되는 대표적인 예가 왕생전(往生傳)의 이야기들이다. 왕생전의 이야기는 보통 기본적으로 어떤 사람이 어떠한 믿음을 갖고 어떻게 수행을 해서 어떠한 모습으로 왕생을 하였다 라는 이야기의 형식을 갖추고 있다.

왕생전이 여러 나라에서 회자되는 이유를 조금 더 설명하면 독자들은 자신들보다 먼저 살다간 인물들의 극락왕생에 관한 이야기이기에 호기심을 가지고 읽는다. 또 그들이 어떻게 하여 왕생이 가능하였는가 라는 즉사적(卽事的)인 관심과 의문이 있었기 때문이다. 즉 독자들은 이러한 현실적 이유로 자신들의 왕생을 위해서 이미 과거에 왕생을 원하였던 사람들이 구체적으로 어떤 방법으로 행하였으며, 어떻게 왕생인(往生人)이 되었는가에 대하여 큰 관심을 보였던 것이다. 어떻게 보면 인간의 사멸(死滅)에 대한 본능적 두려움에서 과거의 왕생인들의 삶의 이야기를 많이 읽었다고 말할 수 있다.

육조시대부터 당나라 초기에 이르기까지 중국의 불교 영험담이나 인과응보담을 모아 놓은 《명보기》는 위의 설화분류에서 첫번째 형태의 이야기에 해당되는 설화의 모음집이라고 말할 수 있다. 《명보기》의 서술형식은 표면적으로는 누가 서술자인지를 직접 나타내지 않고 단지 세간에 떠도는 이야기를 전한다는 식으로 서술하고 있다. 그리고 7~8세기 무렵 한반도에서 일본으로 건너간 승려라고 알려진 경계(景戒)가 편찬한 《일본영이기(日本靈異記)》는 바로 중국의 《명보기》를 모방하여 만든 불교설화집이다. 경계는 당시 불교를 모르는 일본 사람들에게 불교를 가르친다는 강한 지도자의 의식으로 《일본영이기》를 편찬하였기 때문에 다음과 같은 구성법을 갖추고 있다. 즉 먼저 불교설화를 이야기한 후에 그 이야기의 내용을 다시 불교의 인과응보의 추상적인 가르침으로 설명하는 이중적 형식을 취하고 있다.

그러나 일반적으로 한역불전(漢譯佛典)에 실린 불교설화들의 특징도 이야기는 수단이고 불교의 가르침의 전달이야말로 가장 중요하게 다루고 있기 때문에 《일본영이기》의 형식을 단순히 폄하할 수 없다. 어떻게 보면 《일본영이기》의 형식이 불교설화의 본래의 목적인 교화문학의 특성을 잘 보여준다고 말할 수 있다. 당시 경계는 스승의 입장에서 불교를 가르치고 교화한다는 강한 의식을 갖고 설화를 엮었기에 그것이 설화집에 서술형식으로 그대로 나타났다고 말할 수 있다. 그런데 8세기 이후에 만들어진 일본의 불교설화집들은 《일본영이기》의 서술형식을 그대로 답습하고 있다.

세번째 형태의 설화는 특정한 사찰(寺刹)의 연기설화(緣起說話)와 사찰을 지키는 보살과 제천(諸天)의 가호(加護)의 이야기 또는 천신들의 이야기를 불교적으로 윤색하거나 또 어떤 특정한 지역의 지배자 이야기를 부처와 보살의 이야기로 바꾸거나 혹은 민간신앙에 습합시켜서 다른 이야기로 만들어내는 경우가 있다. 그리고 또 특정한 불경을 수지(受持)해서 얻는 공덕의 이야기와 고승의 수행력에 관한 영험담 등도 있다.

이러한 이야기는 불교를 알리는 홍보용 설화이다. 이러한 설화는 보통 사원을 창건하게 된 연유 등을 기록한 연기설화집(緣起說話集) 또는 민화집(民話集), 고승들의 신이기(神異記) 등에 전하고 있다. 이러한 종류의 이야기는 보통 특정 지역과 그곳의 사찰이 신비로운 곳이라고 강조하고 어떤 특정한 불보살에 대한 신앙심을 고취하는 경우가 많다.

즉 석가여래(釋迦如來), 약사여래(藥師如來), 아미타불(阿彌陀佛), 관음보살(觀音菩薩), 문수보살(文殊菩薩)에 관한 영험담이라든가 그 외의 부처의 다른 제자들과 아라한(阿羅漢)에 관한 영험담, 그리고 또《법화경》,《반야경》등 특정의 경전을 독송하여서 얻는 영험을 주술적(呪術的)으로 이야기하는 경우가 세 번째 형태의 설화라고 말할 수 있다. 그리고 이런 종류의 이야기와 사찰(寺刹)의 창건에 관한 연기설화 외에 본지담(本地談)과 고승(高僧)에 관한 민화(民話)나 전설 등이 있다.

우리 나라의 경우는 신라의 원효에 의해서 창건되었다는 절이나 암자의 연기설화가 많이 있으며 또 원효에 관한 민화나 전설이 바로 그러한 예라고 말할 수 있다. 이러한 형태의 불교설화는 세월이 흘러갈수록 세속적 이야기 형태를 취하면서 항상 문학의 상상력을 넓혀 주는 토양이 되어 주었다.

고승들의 이야기는 앞에 설명한 두번째 형태의 설화와 중복되는 경우가 많은데 그러한 경우에 구별은 이야기의 역점이 세번째 형태의 설화의 이야기 속의 주인공의 행위가 초월적인가 아니면 사실적인가 또 두번째 형태의 설화 속의 주인공의 인간성과 삶의 방식의 묘사가 초월적인가 아니면 사실적인가를 구분하여 판단할 수 있다.

또 불경에 관련된 각종 영험담은 특히 불경의 독송, 서사(書寫), 수지(受持)의 공덕으로 얻는 영험을 이야기하는 경우가 많다. 여기서도 첫번째 형태의 응보담과도 중복되는 점이 있지만 경전독송의 공덕을 믿고 살아가는 인간의 자세가 이야기되고 있다는 점에서는 두번째 형태의 설화와도 연결된다. 결론적으로 세번째 형태의 설화 형식의 특징은 특정한 대상의 신비성과 초월성을 강조해서 종교심을 고취하는 경우가 많다는 점이다.

6. 《법화경》에서 발전하는 창도문학

　대승경전에는 부처님의 자비에 의한 중생구제와 부처님의 본원(本願)을 믿고 따름으로 해서 구제받을 수 있다는 교리가 많이 나타난다. 《법화경》도 그러한 내용의 교리를 담고 있는데, 특히 불탑신앙과 밀접한 관계로 중생들이 쉽게 불교를 만날 수 있고 이해할 수 있는 방편설을 강조하고 있다. 그래서 《법화경》의 〈종지용출품(從地涌出品)〉에 보살들이야말로 중생들을 바른 길로 창도하는 우두머리라고 설명하고 있다.[81] 여기서 창도란 불교의 각종 제회(齊會) 등에서 중생들에게 불교를 쉽게 설명하고 가르치기 위해서 불교의 경전과 교의(敎義)를 쉽게 설명하는 것을 가리키며, 또 때와 장소에 따라서 민중을 다양하게 교화하는 것을 의미한다. 간단히 말하면 불교의 연설체의 설교에서부터 불교를 연극 등의 예능(藝能)으로 전하는 행위 또는 불경의 교의를 노래로 설명하는 각종 행위를 창도라고 부른다. 그래서 오래 전부터 인도에서 창도를 설교, 법담(法談), 연설, 의석(義釋, Nirdeśa)으로 설명하였다.

　그리고 《법화경》에도 부처는 중생의 근기에 따라 갖가지의 법을 설한다고 전하면서 보살들의 민중교화가 중요하다고 강조하고 있다. 그래서 예로부터 불문(佛門)에서는 불교를 쉽게 전하고자 많은 노력을 하였다. 특히 인도의 대승불교기에는 불교의 가르침을 쉽게 전달하고 중생의 감동을 이끌어 내어 깨달음의 법열(法悅)의 경지에까지 이르게 하기 위해서 예술과 문학양식을 수용하게 된다. 즉 재가자에게 불탑의 참배와 함께 창도로 불교를 알렸던 것이다. 바꾸어 말하면 불교를 쉽게 전달하기 위한 방법으로 불교문학과 불교예술을 발전시켰던 것이

---

81) 鳩摩羅什 譯, 《妙法蓮華經》, 〈從地通出品〉(大正藏 卷9).

다. 대승불전의 문학적 예술적 변용은 바로 이런 역사적 상황에서 비
롯되었다.

불교의 설교는 석가모니로부터 시작되는 것으로 그때부터 불교의 승
의(勝義)를 전하기 위해서 문학적 형식을 수용하였고 그에 따라서 불교
문학도 일찍부터 발전하였고 그 장르의 갈래도 다양하다고 말할 수 있
다. 십이부경 가운데 풍송(諷誦), 인연(因緣), 비유(譬喩)가 그런 예
이다. 그래서 인도 불교사에서는 석가여래의 설법조차도 창도(唱導)라
고 보고 삼륜설법(三輪說法)으로 중생을 진리로 인도하였기 때문에 불
제자들도 갖가지 방법으로 창도했다고 기록하고 있다.[82] 그래서 어떻
게 보면 불교문학은 불교의 창도성에서 비롯되었고 불교교화의 다양한
양식의 발전 가운데의 하나였다고 말할 수 있다.

천태의 지의(智顗, A.D. 538~597)에 의해 개창된 중국 천태종(天
台宗)은 8~9세기에 동아시아에 법화신앙을 널리 유행시키면서 법화
의 창도 정신도 크게 유포시키게 된다.

중국에서의 창도의 역사를 살펴보면 고승전 안에 창도라는 항목이 따
로 편집되어 있다.[83] 양대 혜교(慧皎)의《고승전》13권에는 "창도는
불교의 법리(法理)를 선창(宣唱)해서 중생의 마음을 열어 인도하는 것
이다"[84]라고 설명하고 있다. 그리고 또 불교의 법리(法理)를 연설체로

---

82) 삼륜설법(三輪說法)은 의업기심륜(意業記心輪) · 신업신통륜(身業神通
輪) · 구업설법륜(口業說法輪)으로 설명되는데 그 가운데의 구업설법륜은
사변팔음(四辯八音: 四種의 弁舌의 방법과 八種의 곱韻의 차이를 통하여 표현
할 수 있는 재능)이 있어야 설법할 수 있다는 뜻이다. 이 이외에도《유마경》에
는 육진설법(六塵說法)과《사분율(四分律)》에서는 설법의 의궤(儀軌), 또
《백중학(百衆學)》에서는 대기설법(對機說法)을, 또《사익경(思益經)》에서
는 다섯 가지 재능 등을 거론하고 있다.
83) 중국에는 양대(梁代) 혜교(慧皎, 497~554)의《고승전(高僧傳)》, 당대
(唐代) 도선(道宣, 596~667)의《속고승전(續高僧傳)》, 송대(宋代) 찬
영(贊寧, 919~1001)의《송고승전(宋高僧傳)》, 명대(明代) 여성(如惺,

설교하여 널리 전달하는 방법이라고 설명하고 있다. 그래서 육조시대에 중국불교계에서는 창도사(唱導師)라는 전문가가 배출하게 된다. 당시에 창도사의 필수조건을 성(聲), 변(辯), 재(才), 박(博)의 다양함이라 했는데, 여기서 성(聲)이란 이야기할 때의 발음, 발성, 억양 등을 말하고, 변(辯)이란 말투를, 재(才)란 설법자의 센스를 말하고, 박(博)이란 학식, 교양을 말한다. 그리하여 중국에서의 창도사는 변설(辯舌)의 재능을 가지고 포교하는 설법사와 특이한 강경의식(講經儀式)을 통하여 불교를 재미있게 이야기하거나 아니면 세간의 각종 예능(藝能)을 섞어가면서 불교를 전하는 포교사를 모두 가리키게 된다.

그리고 7세기 중엽에 성립한《속고승전》에는 세간의 유명한 설법사를 창도사로 부르면서 창도를 불교의 강경(講經) 방식의 하나라고 설명하고 있다. 또 A.D. 978~999년 무렵에 찬영(撰寧)이 편찬한《승사략(僧史略)》에서도 창도를 불교의 경전을 중생에게 쉽게 설명하여 전하는 설교의 방법이라고 말한 다음에 승려들이 배워야 하는 하나의 학문이라고 설명하고 있다. 그러면서 창도의 기초를 삼법문(三法門)[85]으로 설명하고 있으며 교화승(敎化僧)을 경사(經師)[86], 강사(講師)[87], 창도사(唱導師)[88], 읍사(邑師)[89]로 구분하여 설명하고 있다. 그리고 또 간혹 불전(佛傳)의 팔상도(八相圖)와 같은 그림을 걸어놓고 해석하

17세기)의《대명고승전(大明高僧傳)》등이 전한다. 이와 같은 고승전을 살펴보면 창도에 뛰어난 고승들의 기록이 많이 기록되어 있다. 특히《속고승전》이나《송고승전》에는 잡과성덕편(雜科聲德篇)에 창도로 유명한 역대의 고승들에 대해서 자세히 설명하고 있다.

84) 梁 慧皎,《高僧傳》卷13. 大正藏 卷50. p.417. "唱導者蓋以宣唱法理開導衆心也".

85) 여기서는 전독(轉讀)·찬패(讚唄)·강경(講經)의 셋을 말한다.

86) 전독(轉讀)과 범패(梵唄)를 주로 하는 승려를 말한다.

87) 강경(講經)과 속강(俗講)을 주로 하는 승려를 말한다.

88) 불교의 설화나 경전의 교의를 연설체로 주로 하는 사람을 말한다.

면서 설법하는 창도사도 있었고 변문(變文)으로 불화(佛畵)를 설명한
소책자를 배포하여 창도하기도 하였다고 전한다. 또 자타카, 비유경전
등의 설화화(說話畵)와 정토변상도를 걸어 놓고 설교하는 창도사도 있
었다고 전한다.

또 찬영(撰寧)은 중국에서 가장 오랜 된 창도는 A.D. 3세기의 위
(魏)나라 때에 주사행(朱士行)이 《도행반야경강(道行般若經講)》을 강
설한 것이고, 그때부터 교화승(敎化僧)을 창도사(唱導師) 또는 설법
사(說法師)라 불렀다고 설명하고 있다. 또 그들 가운데에 창도를 가장
잘한 이가 강서성 북구 여산(廬山) 혜원(慧遠, 334~416)이었고 그
다음으로 도조(道照, 363~432), 법경(法鏡, 437~500)이었다고
기록하고 있다. 찬영은 그 외에도 많은 창도가(唱導家)의 행장(行狀)
을 기록하고 있다.

중국에서는 이렇게 혜원과 같은 뛰어난 학승(學僧)들도 설교와 연설
등으로 불교를 크게 창도하였기 때문에, 그 이후로 세간의 많은 사람들
이 그러한 연설체를 모방하면서 창도문학은 크게 발전하게 된다.[90] 그
러한 것을 기록한 고승전을 살펴보면, 중국의 유명한 창도승(唱導僧)
들은 각자 자신의 스타일에 맞는 또 특기를 살리는 각종 창도의 대본(臺
本)이 있어 각종 법회에 갖고 다녔다고 전한다. 그리고 기본적으로 몇
가지 대본을 암송한 뒤에 대중들 앞에 나서서 설법을 하였다고 전하고
있다. 그리고 이러한 큰 행사에서 일어난 각종 해프닝과 창도 도중에
발생한 실패담(失敗談)도 전하고 있다. 중국에서는 이렇게 창도사의
재능에 따라서 다양하게 시현(示現)되면서 창도의 종류도 많았다고 전
하고 있다.[91]

---

89) 불교 각 종파에 속하는 지방 단체에서 의읍(義邑), 읍회(邑會)를 개최하여
    불교를 창도하는 사람을 가리킨다.
90) 加地哲也, 《中國佛教文學研究》, 同朋舍出版社, p.6.

여기서 참고로 중국, 일본 등에서 사용하고 있는 창도의 동의어를 전부 열거해 보면, 설교(說敎)·설경(說經)·설법·설계(說戒)·법담(法談)·찬탄·권화(權化)·담의(談義)·강석(講釋)·강담(講談)·연설(演說)·강연(講演)·강연(姜筵)·개도(開導)·화도(化導)·법좌(法座)·어좌(御座)·교도(敎導)·법화(法話)·포교(布敎)·전도(傳道) 등이 있다. [92] 이러한 용어를 보아도, 창도는 기본적으로 불법을 쉽게 전하기 위해서 세속의 다양한 예능(藝能)과 문학적 양식을 수용하였음을 알 수 있다.

창도는 설법자의 재능을 그대로 반영하는 것으로 설법하는 설법자의 예능적 자질에 의해서 다양한 양식으로 나타나게 된다. 그리고 나중에는 불교의 창도 형식이 세속의 문예에도 거꾸로 영향을 주게 된다. 그래서 불교문화의 큰 흐름을 주도한 사람들은 창도사들이라고 평가할 수 있다. 그리고 그들 가운데 비승비속(非僧非俗)의 예능자도 나와서 지방을 유랑하면서 불교설화 등을 창도했다고 전한다. 그러한 예를 《속고승전》제6권에 많이 전하고 있다. 이 자료에 의하면, 당시 석진옥(釋眞玉)이라는 맹인(盲人)은 시중에서 비파(琵琶)를 연주하면서 불법(佛法)을 설교하고 다녔다고 전하고 있다. 그래서 당대(唐代)의 문선제(文宣帝, 550~559년 재위)는 많은 출가자와 재가신자들을 황궁에 모아놓고 석진옥이 창도하는 불법(佛法)을 듣고, 또 각종 예능(藝能)을 시연하게 하고 그들과 함께 즐겨 들었다고 전한다.

그리고 당대 이후의 중국의 창도문학을 살펴보면 창도가들은 각종 예능(藝能)을 활용하여 불교예술을 발전시킨다. 특히 불교설화문학과 설화의 변상도 등이 세속에 유포되면서 세속의 예술에 큰 영향을 주었으며, 또 연극형식의 불교의 창도가 중국의 극문학(劇文學)에 큰 영향을

---

91) 梁 慧皎, 《高僧傳》, 大正藏 卷50, p.418.
92) 關山和夫, 《說敎の歷史的硏究》, 法藏館, 1993.

끼쳤음을 알 수 있다. 왜냐하면 중국의 각지를 유랑하면서 불교를 창도
하는 비승비속(非僧非俗)의 예능자가 많이 나타나기 시작하면서 창도
를 좋아하는 사람들이 많이 생기게 되었고 또 그들에 의해 서서히 불교
와 직접적인 관계가 없는 대본이나 희곡(戱曲) 등이 만들어지고 다시
그것들을 유포하였기 때문이다.

그리하여 훗날에는 승려가 아닌 속인들이 직업적으로 시중에서 설법
을 하거나 때로는 불교와 전혀 관계없는 통속화된 이야기의 회화(繪畵)
를 걸어놓고 재미있는 세상이야기와 교훈적인 비유 이야기를 적절히 섞
어가면서 이야기하였다고 한다. 그때부터 세간에는 승속과 남녀를 가
리지 않는 변사(辯士)라는 직업인들이 등장하였던 것이다. 즉 불문의
승려들이 불법(佛法)을 쉽게 전하기 위해서 창안해낸 창도가 점점 민간
인들 손으로 넘어가면서 변사라는 새로운 직업인을 만들어냈던 것이다.
또 그러면서 한편으로는 전국을 방랑하면서 불교의 경전을 설명하고 해
석하는 불가(佛家)의 창도사도 활동하고 있었던 것이다.

그렇게 창도를 전문으로 하는 직업인들은 대개 징(鉦), 소북(小鼓)
등을 반주해 가면서 불경의 각종 비유인연담을 노래하거나 불교설화의
각종 변상도를 해설하기도 하였으며 간혹 재미있는 이야기로 각색하여
전할 때도 있었다고 전한다. 그래서 중국의 불교예술의 장르들은 바로
창도문학(唱導文學)에서 발전하였다고 해도 과언이 아니다. 일본에서
도 중국과 비슷한 흐름으로 불교창도문학이 크게 발전하게 일본의 민예
(民藝)의 대부분은 바로 불교창도사들에 의해서 파생된 것들이다. 특
히 만차이(萬歲)와 유랑극 또는 낙구고(落語) 등은 바로 불교창도에서
파생된 세속의 예능들이다.

7. 선문학

(1) 중국의 종파불교의 특성

중국인들은 외래 종교인 불교를 후한(後漢)·육조(六朝)시대를 통하여 인도의 종교문화를 중국적 가치로 중화시킨다. 그리고 불교는 역사적으로 북위(北魏)와 초당(初唐) 시대에 황실(皇室)의 보호 하에서 경제적 사상적으로 크게 번영하게 된다. 즉 측천무후(測天武后)의 열광적인 지원 아래 불교는 A.D. 7세기경 중국에서 전성기를 맞이하였다고 말할 수 있다. 그러한 과정을 통하여 불교는 8세기까지 번성한 다음에 서서히 인도의 불교와는 거의 닮지 않은 형태로, 즉 중국사회의 체제 안에서는 쉽게 적응할 수 있는 사상과 제도로 재형성되어 갔다.

인도인들이 철학적 분석적 사색을 좋아한 결과로 인도문화에는 수많은 사상적 학파와 종교가 발생하였으나, 정치적이고 현실적으로 분류하는 것을 좋아하는 중국인들의 관행으로 인해서 중국인들은 남북조시대에 들어와서 불교의 다양한 철학적 경향들을 몇 개의 종파로 조직화하였다. 그러나 그 가운데서도 629년에 직접 인도에 가서 불교의 몇개의 종파들을 배우고 645년에 중국에 되돌아온 현장에 의해 전래된 법상종(法相宗)이 그 대표적인 예이다.

그러나 중국에서 가장 번창하였던 종파들을 살펴보면 대개 중국적 사고(思考)에 뿌리를 둔 요소들을 강조하는 경우가 많았다. 예를 들면 천태의 지의(智顗 : A.D. 538∼597)에 의해 개창되고 절강(絶江)에 있는 본산(本山)의 이름을 따서 명명된 천태종(天台宗)이 바로 이러한 예의 하나이다. 천태종의 융성은 절충과 타협을 즐겨하고 분류에 능숙한 중국인들에게, 또 전형적으로 중국적인 문화적 요소들에 근거한다고 말할 수 있다. 이 종파는 인도의 대승불교 가운데서도 용수의 중관(中觀)의 상대적 진리 개념을 발전시켜서, 또 불교학의 방대한 체계 속에서 서로 상충하는 불교 교리들을 서로 다른 수준의 진리로 조직화함으로써 모순되는 모든 교리가 각각 고유한 가치를 가질 수 있도록 해석하였다. 그리하여 천태종은 8~9세기, 중국불교계에서 지도적 위치의 종파가 되었으며, 동아시아 불교계에 가장 널리 유행한 경전인 《법화경》의 신앙의 유포에 크게 이바지하게 된다.

이와 거의 동시에 지도적 위치에 서게 된 또 하나의 종파는 진언종(眞言宗)이었다. 이 종파는 힌두교의 탄트라즘(Tantraism) 종파로부터 강하게 영향 받은 비교(秘敎), 즉 비밀스런 교리를 갖는 밀교(蜜敎) 계통이었다. 이 종파에서는 궁극적 실체는 말로써 표현될 수 있는 것이 아니라 주술적인 표시와 상징에 의해 암시될 수 있을 뿐이라고 가르쳤다. 진언종에서 강조한 주문이나 마술적 경문과 의식과 같은 것들은 중국인들에게 쉽게 인식될 수 있었다. 그것은 중국인들은 이미 도교(道敎)나 예의를 강조하는 유교로 인해서 이런 일들에 친숙해져 있었던 것이다. 특히 죽은 이에 대한 진언종의 제사는 그것이 전통적 조상 숭배와 잘 부합되기 때문에, 크게 유행하게 되었다. 진언종의 우주관을 도식적으로 표현한 만다라(曼茶羅)라는 그림은 그 후 중국의 불교 미술에 큰 영향을 끼친다.

신앙과 진실한 믿음을 통해 현세에서 구원될 수 있다는 대승불교의 교리는 정토학이다. 이 교학이 중국에 들어와서는 아미타불(阿彌陀佛)의 서방 극락정토의 이름을 따서 정토종(淨土宗)이라고 불리워졌으며 중국 안에서 또 하나의 강력한 종파가 된다. 이 종파에서는 부처의 이름을 외우는 단순한 신앙 행위, 즉 염불(念佛)이 강조되었다. 이러한 사상들이 5세기부터 중국에서 뿌리를 내렸다. 수대(隨代) 이래에 발생한 민중의 반란들은 대개 도교(道敎)에서보다는 이러한 종류의 불교 종파로부터 정신적 영감을 얻어서 나타났다. 바꾸어 말하면 정토종은 특히 보통 사람들에게 강한 호소력을 갖고 있었기에, 중국 사회에서 민중들에게 쉽게 수용되고 있었던 것이다. 그래서 동아시아에서 가장 큰 세력으로 발전하게 된다.

중국인들에게 있어서 불교종파운동 가운데 마지막 종파가 선종(禪宗)이다. 그러나 선종은 다른 교학종에 비하여 중국사적으로 가장 큰 영향을 미친 종파가 된다. 선종은 중국에서 당(唐)의 초기에 출현하였으나, 9세기 이전까지는 중요한 종파가 되지는 못하였다. 왜냐하면 그때까지 교학종파들이 우세하였기 때문이었다. 선종은 명상과 직관적 통찰, 즉 '해탈'을 강조하였다는 점에서 인도의 초기 불교와 가까웠지만, 중국에서 가장 큰 영향력을 갖는 종파가 된 큰 이유는 명상과 직관을 역시 강조하였던 도가(道家) 사상의 유행과 관계가 더 많았다고 말할 수 있다. 그러나 선종에서는 진정한 실체는 각자의 마음속에 있는 불성(佛性)이라고 가르쳤다. 중국인들은 비록 내세(來世)와 영겁(永劫)에 대한 종교적 감각을 인도로부터 얻기는 하였지만, 즉 사후(死後)의 내세관(來世觀)은 불교의 정토교학에서 얻었지만, 현세적·정치적인 유교의 전통을 갖고 있던 자신들의 전통적 양식을 불교수행도에도 그대로 적용하였던 것이라고 말할 수 있다.

중국에서는 선의 좌선이나 명상 생활이 고되고 엄격한 독행(獨行)의 생활 가운데서 가능하다고 생각되어 있었다. 그런 점에서 선종의 반학문적·반문자적 성향은 전형적으로 도가적인 것이었다고 말할 수 있다. 선종에서는 문자 대신 말, 즉 구술(口述)에 의한 교육이 중시하였으므로, 선사들은 겉으로 보기에는 아무런 의미가 없는 것처럼 보이는 질문을 던짐으로써 일상적 논리에 매여 있는 제자들에게 충격을 가하여 스스로 깨닫게 하였다. 자연의 있는 그대로의 모습과 소박하고 단순성을 지향한다는 점에서 본다면 선종은 겉모양만을 새롭게 바꾼 도가적 전통과 다를 것이 없었다. 따라서 선종이 훗날 예술적·시적 창의성을 크게 발전시키게 되었음은 매우 자연스러운 일이었다.

역사적으로 다른 종파에 비교하여 보아도 선종은 잘 조직된 교단을 형성한 적은 없었지만, 다른 종파들이 엄격한 계율이나 난해한 철학으로부터 얻으려 한 것보다 훨씬 더 강력한 힘을 명상에 의한 수양과 독행(獨行)의 강조를 통해서 획득할 수 있었다. 그리하여 선종은 당대 이후에 있었던 파불(破佛)의 고난기에도 쇠퇴되지 않았으며 다른 종파들에 비해서 그 활력을 계속 유지할 수 있었던 것이다. 그리하여 중국불교의 나머지 종파들은 점차 선종이나 대중적 정토종에 의해 흡수되어 갔으며 나중에는 이 두 종파도 마침내 그 고유한 특성을 상실하고 도교의 미신과 혼합됨으로써 중국불교는 결국 쇠퇴의 길을 걷게 되었다고 말할 수 있다. 그렇게 중국인들은 불교의 교의를 중국적인 것으로 중화하였을 뿐만 아니라, 불교의 제도까지 중국 사회에 보다 더 잘 적응할 수 있도록 개조하였다. 그런데 정토교학은 중국인들에게 사후세계(死後世界)의 관념을 새롭게 불어넣었다. 왜냐하면 중국 고대문화인 유교와 도교에서는 인간의 사후(死後)에 대한 해답을 회피해 왔기 때문이다. 그리하여 중국에서 장례의식의 기능은 주로 불교식으로 발전하여 최근에까지 지속되고 있다. 그외의 분야에서는 중국인들은 불교의 교의를 중국적인 것으로 중화하였으며, 그 가운데 대표적인 것이 중국 선종(禪宗)이다. 그리고 중국의 불교문학은 의외로 선종에 의해서 많이 발전되었음을 발견하게 된다.

(2) 중국의 선종

중국 선종의 《오등회원(五燈會元)》[93]에 의하면 석가여래께서 마하가섭(摩訶迦葉)에게 정법안장(正法眼藏)의 열반묘심(涅槃妙心)과 실상무상(實相無相)의 미묘법문(微妙法門)을 전하였고 그 법문은 불립문자(不立文字) 교외별전(敎外別傳)으로 부촉(附囑)하였다고 표방하고

---

93) 《오등회원(五燈會元)》에 대해서는 송(宋)나라 대천보제(大川普濟)가 편찬하였다는 학설과 혜명(慧明)이 편찬하였다는 두 학설이 있다.

있다. 즉 그 뜻은 인도에서 석가여래가 영산회상(靈山會上)에서 어느 날 설법하셨을 때에 꽃 한 송이를 들어 보이시고 청중들로부터 어떤 대답이 나올까 하고 기다리고 있었는데 오직 가섭(迦葉)만이 부처님께서 꽃을 집어든 그 뜻을 알아차리고 살며시 미소를 지었다고 전한다.[94] 그 때에 부처님께서 가섭을 보고 "가섭만이 나의 마음을 터득했구나"라고 말하며 이심전심(以心傳心)으로 법의(法義)를 전하는 것이 있음을 알렸다는 뜻이다. 즉 선불교사에서 부처가 가섭에게 전한 이 방법을 선법(禪法)의 최초의 전함이라고 해석하고 있다. 중국 선종에서 그와 같은 불법의 전달방법을 불립문자(不立文字) 교외별전(敎外別傳)이라고 표방하였던 것이다.

중국에서의 선(禪)은 양대(梁代)에 보리달마(菩提達摩)가 중국에 와서 선(禪)을 전해준 이후 혜가(慧可, A.D. 487~593), 승찬(僧璨, A.D. ?~606), 도신(道信, A.D. 580~651), 홍인(弘忍, A.D. 602~675), 신수(神秀)의 북종선(北宗禪)과 혜능(慧能)의 남종선

---

94) 불전에 전하는 이 고사(古事)를 살펴보면 부처님께서 들어 보이신 꽃을 금파라화(金波羅華)라고 한역되어 있다. 일설에 의하면 우담바라는 꽃이 잘 피지 않는 은화(隱花)로서 인도에서 3,000년 만에 한 번 핀다고 하는데 사실은 꽃이 피어도 꽃받침에 가려서 잘 보이지 않기에 그렇게 말하였다고 한다. 그리고 우담바라는 열대에서 자라나는 활엽수의 무화과(無花果)로서 노랗고 달콤한 열매가 열린다고 전한다. 인도에서도 오래 전부터 전통적으로 이 꽃을 신성시하였다고 전한다. 그래서 각종 제사 때나 종교적 행사에서 이 꽃을 불에 태워서 그 향으로 주위를 깨끗이 하였다고 전한다. 불문(佛門)에서는 인도의 이러한 전래의 풍습을 받아들여 부처님이 설법하셨을 때에 자주 사용하였다고 한다. 그런데 불멸 후에는 여래가 재림하거나 금륜명왕(金輪明王)이 나타나면 피는 꽃이라고 말하기 시작하였고 또 이 꽃이 피면 지상에서 상서로운 일이 일어난다고 생각하여 영서화(靈瑞花)라고도 불렀다. 오늘날에는 중생들이 부처의 설법을 듣는 것을 우연한 일이 아니고 무량한 과거로부터의 어떤 필연에 의한 귀중한 만남이라는 뜻으로 '우담바라의 꽃을 3,000년 만에 보는 것과 같다'고 비유하기도 한다.

(南宗禪)으로 나뉘어져 전승된다. 오조 홍인(五祖弘忍)의 제자인 신수(神秀, 606~706)는 측천무후(則天武后)의 신망을 크게 받고 있었기 때문에 신수의 일파(一派)들이 당시 중국의 수도인 장안(長安)에서 선을 널리 전할 수 있었다. 즉 중국의 북쪽지방에서는 신수의 선풍이 중국사회에서 널리 펴져 있었다.

그러한 신수의 일파의 활약을 정면으로 공격하던 남종선, 즉 혜능의 선풍은 중국의 남쪽지방을 중심으로 퍼져나갔다. 혜능의 제자인 신회(神會, 685~760)는 항상 혜능의 선풍이 신수의 선풍보다 뛰어나다고 선전하고 있었는데 신회에 의해서 남종선의 돈오(頓悟)의 사상이 북종선의 점오(漸悟)보다 뛰어나다고 선전되었다고 말할 수 있다. [95] 즉 이러한 과정으로 인해서 신수의 북종선이 오늘날까지도 편향적으로 잘못 전달되고 있다고 말할 수 있다.

신회에 의해서 남종선의 선풍은 돈오(頓悟), 북종선은 점오(漸悟)로 대비되면서 혜능(慧能)의 선풍이 훨씬 뛰어나다고 요란스럽게 선전되었지만 훗날 선종의 계보를 살펴보면 역설적으로 혜능 이후의 많은 제자들 중에 신회의 계통은 오래 존속되지 못하였고 혜능의 다른 제자인 남악회양(南岳懷讓, 677~744)에서 마조도일(馬祖道一, 709~788)로 계승되는 일파(一派)와 청원행사(靑原行思, ?~740)에서 석두희천(石頭希遷)으로 계승되는 일파가 크게 발전되었다. 그리고 그 앞의 일파에서는 임제종(臨濟宗)과 위앙종(潙仰宗), 뒤의 일파에서는 조동종(曹洞宗), 운문종(雲門宗) 그리고 법안종(法眼宗)이 나뉘어져 나온다. 흔히 말하는 선종의 오종(五宗)이 이렇게 하여 성립된 것이다.

그런데 중국불교사에서 선을 바로 이해하기 위해서는 그 이전의 중국

---

95) 柳田聖山, 《初期禪宗史書の硏究》, 法藏館, 1990.
　　中川孝, 〈敦煌本壇經の問題点〉, 《印佛硏》 17-1.
　　久野芳隆, 〈流動性に富む唐代の禪宗典籍〉, 《宗敎硏究》 新14.

불교의 흐름을 살펴보는 것이 필요하다. A.D. 1세기 무렵[96] 중국에 불교가 전래한 이후로 중국에서는 불교가 교학 위주로 발전하게 된다. 그 결과로 중국에서는 학파로서의 각종 종파가 나타난다. 그러한 종파불교는 대개 왕실의 각별한 비호와 함께 귀족들의 경제적인 원조에 의해서 그 세력을 늘리고 번영하는 경우가 많았다. 선종이 크게 성행하는 당대(唐代)까지의 중국불교는 대부분 그렇게 발전한 교학위주의 종파불교였다.

당대의 선종은 홍인(弘忍) 이후에 크게 발전하는데 그때까지의 중국의 교학승들은 불법(佛法)을 깨닫고 전함에 있어 교학에 치중했었다. 그런데 선종에서는 불교적 진실과 깨침 또는 그 전달과 실현을 생활 속에서 주체적으로 나타내려고 했다. 즉 교학연구의 불교로부터 중국적 현실 속의 종교, 체험의 종교로 바꾸어 일상적 삶의 깨달음으로 전환하려고 했다. 예를 들면 백장회해(百丈懷海, 720~814)와 같은 선승은 《백장청규(百丈淸規)》라는 선원(禪院)의 생활규범을 확정하여 자급자족(自給自足)의 생활을 출가 승려의 삶의 기본으로 정하고 일상적 삶에서의 불교수행을 강조한다. 즉 당 말기에 선사들은 선(禪)은 명상과 좌선만의 수행을 강조하는 것이 아니고 일상생활 속에서의 전반적인 모든 활동속에서의 깨우침 특히 일상생활에서 밥하고 청소하는 그러한 사소한 노동도 불도 수행의 하나라고 생각하였고 일상생활과 종교생활이 본래 똑같은 것이라고 가르쳤다. 즉 당대 이후부터 외래문화의 불교는 어느 새 현세적 현실을 중요시하는 중국인들의 사유와 삶에 맞게 변용되어 갔던 것이다.

---

96) 중국불교사에서 불교가 최초로 중국에 들어온 것을 B.C. 2년(前漢元年)에 대월씨국의 왕이 이존(伊存)과 박사 경노(景盧)에 부도경(浮屠經)을 구원(口援)시켰다고 말하지만, 현재는 《후한서(後漢書)》에 전하는 기록들[A.D. 64년, 영평(永平) 7년에 명제(明帝)의 꿈 이야기 등]을 채택하고 있다. 그래서 여기서 A.D. 1세기라고 하였다.

그리고 선종에서는 인간의 마음의 본질을 직관적으로 관찰하여 우선 인간의 본성을 보편적 불성(佛性)이라고 이해하게 하고 최종적으로 자신의 불성(佛性)을 깨우쳐 견성성불(見性成佛)에 이르게 하는 것이 목표였다. 그래서 선승들이 '불립문자 교외별전(不立文字 敎外別傳)의 정법안장 열반묘심(正法眼藏 涅槃妙心)'이 실상의 법문이라고 주장하였던 것이다.

그런데 정법안장 열반묘심과 실상무상 미묘법문이라는 표현을 보면 선(禪)이 중국적으로 변용한 것이지만 역시 설법의 하나로서 최소한의 언어표현을 통하여 공성(空性)을 삶의 지혜로써 체득하게 하는 것이라는 것을 알게 된다. 단지 선불교에서는 추상적이고 논리위주로 설명하는 교학의 방법보다는 몸으로 마음으로 현실생활에서 체득하는 중국적 방법이 가장 적절하고 중요하다고 보았기에 불립문자 교외별전을 표방하였던 것이다.

인간이 사상과 감정을 다른 사람에게 전달하기 위해서는 최소한 인간사회의 약속 기호인 언어와 문자는 꼭 필요하다. 즉 언어기호는 인간의 사고체계를 구성해주고 있는 최소한의 단위이기도 하지만 또 어떤 최상의 진리를 사유하게 하고 인식하고 전달하게 하는 데는 꼭 필요한 중간 매체이기에 선불교에서도 언어문자의 기능을 완전히 부정할 수가 없었던 것이다. 다시 말하면 선적인 깨달음과 그 전달에 있어서도 그 깨달음을 개념화하고 나타내는 최소한의 언어적 표현에 의하지 않고는 다시 인식되지 않고 전달될 수 없기 때문에 선을 언어와 무관하다고 말할 수가 없었다. 즉 기존의 개념과 인식을 가시적으로 표현하는 최소한의 단위가 언어성이었기 때문이다. 또 선적 깨달음의 인식조차도 그 밑바탕은 그러한 언어성을 바탕으로 움직이고 있기 때문이었다. 쉽게 설명하면 모든 존재의 이치는 무자성공(無自性空)이고 인간도 역시 공(空)의 존재라고 사색하고 그러한 인식을 전달하는 것도 바로 최소한의 언어문자에 의하여 이루어지고 있기 때문에 선불교에서도 부처의 가르침을 최소한의 표현으로 정법안장(正法眼藏) 열반묘심(涅槃妙心)이라고 표현하였던 것이다. 즉 선적 깨달음과 수행도 내적 언어의 기능과 내적 인식이 없이는 성립하는 것이 불가능한 것이었다. 그래서 선종에서는 가능한 복잡하게 표현하는 것을 회피하면서도 일상의 언어문자의 사용에 있어서 상투성을 극복하려고 불권봉갈(拂拳棒喝)과 공안(公案) 등에 의한 특이한 표현법을 발달시켰다.

이렇게하여 선은 미묘법문(微妙法門)에 대한 독창적인 표현과 주제적인 자각을 최소한의 언어와 인식을 통해서 나타낼 수 있었던 것이다. 그러기에 선불교에서 불립문자(不立文字) 교외별전(敎外別傳)을 표방한다고 해서 언어문자의 단위 기능과 그 역할을 부정하는 것이 아니고, 그 이전의 교종과 교학 위주에서 발생한 여러 문제점을 개선하려는 하나의 대응 혹은 중국적 변용이었음을 알 수 있다.

또 중국의 선불교에서 불립문자 교외별전라고 표방한 것은 불교의 본지(本旨)가 형식적 종교의식이나 교학연구 등의 현란한 설명에 있는 것이 아니고 불교의 근본 정신과 가치를 행동으로 명확하게 전달되게 하고 또 진리를 살아있는 진리로 생동하게 하려고 생각한 중국적 변용이었음을 알게 된다. 그래서 선(禪)에서는 불법(佛法)의 논리적 연구에 치중하는 것을 경계하여 불립문자 교외별전이라고 표방하였던 것이다.

반면에 선에서도 우주 근원인 진리의 깨달음을 중요시했기에 다시 그것의 자각과 실천을 중요시했던 것이다. 간단히 말하면 석가여래가 영산회상(靈山會上)에서 전하였다는 것도 수행인들의 아집(我執)을 꿰뚫어보고 불교의 본래의 정신과 가치를 일깨워주려고 했던 것처럼 중국에서도 교학에 치중된 불도(佛道)의 흐름의 파행을 경계하고 불교의 근본정신으로 다시 회향시키기 위한 것이 선이었던 것이다.

(3) 중국 선문학의 흐름

당말(唐末)에 번성한 선종의 오종(五宗)에서는 혜능(慧能)과 신수(神秀)의 시대에 보였던 돈오와 점수의 우열을 논의하던 교학적 논의는 보이지 않고, 조사(祖師)들은 각자의 개성에 맞게 자신들의 선법을 나타내려고 하였고 또 제자들을 어떻게 가르치고 또 중생을 어떻게 교화시킬 것인가 라는 구체적인 방법에 더 큰 관심을 기울였다. 그리하여 조사들의 독창적이고 개성적인 견성성불(見性成佛)의 방법과 그것을 다시 문중의 제자들에게 교육시키는 방법 등을 각종 어록(語錄)과《전등록(傳燈錄)》등에 남기고 있다. 선문학은 이러한 기록에 본격적으로 나타난다.

수당(隋唐)시대에 활약한 선사들의 어록과 종의(宗義)를 기록하고 있는 논저 등을 살펴보면 감지승찬(鑑智僧璨, A.D. ?~606)의《신심명(信心銘)》, 영가현각(永嘉玄覺, A.D. 675~713)의《증도가(證道歌)》, 석두희천(石頭希遷, A.D. 700~790)의《참동계(參同契)》, 송대(宋代)의 자승(子昇)과 여우(如祐)가 편찬한《선문제조사게송(禪門諸祖師偈頌)》등이 있다. 이러한 저서에 전하는 선문학의 작품들은 문학적으로 결정성이 부족하지만 불법(佛法)의 해석과 다양한 인식을 살펴볼 수 있다는 점에서 중요하다. 그리고 선사들의 다양한 선기(禪氣)와 지적인 날카로움을 시문의 심상(心象)으로 형상화하는 과정을 살펴볼 수 있다는 점에서도 중요하다.

그리고《오등회원(五燈會元)》에 전하는 한산(寒山, ?~?)과 선월관휴(禪月貫休, A.D. 832~912)의 작품들은 비교적 문학적 결정성이 높아서 오늘날의 일반 문인들의 시문학에 견주어 보아도 조금도 부족한 점이 없다. 그래서 옛날부터 한산은 세속에 응화(應化)한 보살로서 시문학의 성현(聖賢)이라고 널리 알려져 있다. 현재 이들의 다른 작품들은 각각《한산자시집(寒山子詩集)》과《선월집(禪月集)》이라는 작품집

에 전하고 있다. 이들의 작품들은 문학적 결정성이 높아서 선문학사적
으로 초기의 대표적인 작품들로서 평가받고 있다.

그후 당(唐)의 무제(武帝) 때(A.D. 845년, 會昌 4년)에는 중국불
교계가 큰 탄압을 받게 된다. 선종에서는 그러한 외부적 탄압을 선문
(禪門)의 내실을 충실히 하는 역전의 계기로 삼았다. 즉 이 무렵에 선
문에서는 황벽희운(黃檗希運), 임제의현(臨濟義玄), 조주종심(趙州
從諗), 덕산선감(德山宣鑑), 동산양개(洞山良价), 석상경제(石霜慶
諸) 등이 활약하고 있었던 때였다. 이러한 때에 선수행자들은 선수행
으로 정치 사회적 탄압을 이겨내려고 노력하고 있던 때였다. 그리하여
이때에는 자연히 선문학(禪文學)에 대한 관심보다도 선맥(禪脈)의 유
지와 보전(保傳)이 더 급했기에 초기에 비해서 그다지 많은 선문학의
작품이 창작되지 못했다.

그 다음에 북송대(北宋代)에 이르러서는 과거에 큰 역량을 발휘하던
선승들의 문답들 가운데 중요하다고 생각되는 문답 등을 간추려서 교재
로 활용하게 되는데, 학인들은 그것을 다시 비평하면서 자신들의 선수
행을 탁마하는 방법이 성행하였다. 즉 당시에는 선문학과 선어록에 전
하는 선배들의 말과 행동을 통하여 자신들의 공부와 수행의 역량을 가
름해보는 경우가 많았다. 그때는 그러한 학습의 형태를 통해서 선문의
제자들을 교화하였기에 이러한 형태로 학습하는 것을 공안선(公案禪)
이라고 불렀다.

공안선(公案禪)은 보통 대별(代別: 大語別語) · 송고(頌古) · 염고
(拈古) · 평창(評唱) 등의 형식으로 구성되어 있었다. 이러한 방향으
로 더욱 발전시킨 선승(禪僧)이 바로 분양선소(汾陽善昭, 947~
1024)와 설두중현(雪竇重顯, 980~1052)이다. 즉 북송대(北宋代)
에 들어와서는 선승들이 선사들의 선문답(禪問答)을 집중적으로 연구
하고 천착하여 자신들의 수행을 연마하려고 하였다.

그리하여 북송대에 선문학이 크게 성행하게 되는데 대표적인 작품집

이 설두중현의 《송고백측(頌古百則)》이다. 《송고백측》은 과거 선사들
의 선문(禪文)을 모아서 송고(頌古)의 형식으로 편집한 것이다. 이 책
은 옛 조사들의 글과 행적(行蹟)을 모아서 기록한 《전등록(傳燈錄)》·
《운문광록(韻文廣錄)》·《조주록(趙州錄)》 등에서 고측(古則), 공안
(公案)으로 불리는 문답의 백측(百則)을 설두가 뽑아서 다시 그것에
대하여 다시 운문으로 짧은 설명을 덧붙여 놓은 것이다. 예컨대 《송고
백측》은 옛 사람들의 문답과 백측(百則)을 본측(本則)으로 내세우고
설두가 다시 자신의 생각을 송(頌)의 형태로 나타내어서 만든 것이다.
설두중현은 원래 문학적 표현을 중요시하는 운문종(雲門宗)의 승려였
기 때문에 많은 송고(頌古)를 연구하였으며 또 자신의 수행의 경지를
문학적으로 더욱 더 고양시켜 나갔다고 보여진다. 그러나 나쁘게 말하
면 이때부터 문자선(文字禪)의 시대가 시작되었다고 말할 수 있다.

　설두중현 이후, 북송의 말기에는 원오극근(圜悟克勤, A.D. 1063~
1135)이 설두의 《송고백측》을 연구하면서 《송고백측》의 본측(本則)과
송(頌)에 대하여 다시 수시(垂示)[97], 착어(著語)[98], 평창(評唱)[99]을 첨
가하여서 새롭게 《벽암록(碧巖錄)》을 편찬하게 된다. 원오는 《벽암록》
을 통해서 설보의 뛰어난 문학적 재능과 선적(禪的)인 날카로움과 고견
(高見)을 높이 평가하면서도 다시 자신의 선지(禪旨)를 확인하려고 하
고 있다. 《벽암록》을 보면 원오는 먼저 다음과 같이 높이 평가하고 있
다. "그(雪竇)는 재능이 있어(제2측), 글과 말을 사용하여 얻는 것이
아주 기묘하고 능란하다(제14측). 또 한편의 시를 갖고서 모든 것을
나타내고 또 그 비슷함이 넓고 넓으니(제36측) 사육(四六)의 문장을

---

97) 고측(古則) 앞에 놓는 말이다.
98) 고측(古則)이나 고측(古則)의 의의를 선양하는 운문 혹은 시문에 대하여 다
　　시 자기의 견해를 간단하게 표현하는 부분이다.
99) 고측(古則) 등을 비평하는 운문, 즉 원오의 독자적인 해석과 논평이다.

합해서 뜻으로 칠통팔달(七通八達)하고 있다(제19측)."라고 찬탄하고 있다. 예컨대《벽암록》의 수시, 평창, 착어는 원오 자신의 독창적 견해와 비평이라고 말할 수 있으며 그의 선문학의 기준이라 평가할 수 있다.

원오는《벽암록》제1측의 평창에서 "송고(頌古)야말로 선의 요로(繞路)이다."라고 밝히고 있는데 이로 인해서 선문(禪門)에서는 고칙의 가치와 의미를 해석하는 게송의 송고가 점점 유행하게 된다. 또 한편으로 불교도이며 문인(文人)이었던 사람들이 자신들의 작품에 선승들의 그러한 선적 표현을 즐겨 재인용하면서 선문학은 세속에서도 널리 알려지게 된다. 또 문인들과 선승들이 서로 교류해가면서 서간체로 자신들의 생각을 표현하면서 선문학의 폭과 깊이를 발전시켜 나갔다. 그래서 중국의 일반 문인들의 시화론사(詩話論史)를 보면 많은 사람들이 일찍부터 원오를 선림(禪林)의 대표적 선승으로 평가하며 그의 평창(評唱)을 하나의 선문학작품으로 다루고 있다.

그래서 북송시대의 선문학은 바로 원오의《벽암록》과 설두의《송고백측》으로 이루어졌다고 말할 수 있다. 그들의 후학들은《송고백측》과《벽암록》을 연구하면서 선수행의 방법과 깨달음의 세계를 찾으려고 하였고, 또 그러한 선문학적 사색으로 마음을 갈고 닦았던 것이다.

원오의 제자인 대혜종고(大慧宗杲, A.D. 1089~1163)는 선문의 이러한 경향에 대하여 비판하고 나선다. 왜냐하면 당시 선문의 후학들이 옛 사람들의 문답, 송고(頌古), 평창(評唱)만을 편중되게 공부하여 선문의 본래의 정신과 주체적인 판단을 상실하여 가는 풍조가 있었기 때문이다. 일설에 의하면 대혜가 그러한 풍조를 염려하여《벽암록》을 불태워버렸다고 전하지만, 대혜가 실제로 스승의 작품을 태워버렸는지 아니면 소문에 불과한 것인지 그 진위(眞僞)는 아직도 불분명하다. 그렇지만 이러한 에피소드를 통하여 당시 선문 안에서도 문자선(文字禪)에 빠지는 병폐를 경계하였다는 것을 알 수 있다. 그리고 대혜가 활약하던 때에는 어느새 선은 언어표현에 매달려 선법(禪法)의 근본의(根

本意)와 종지(宗旨)를 망각하고 있었다는 것을 알 수 있다. 즉 그때는 선승들이 스스로 선의 불립문자의 정신을 무색하게 하는 과도한 논의 등이 많았던 것이다. 다르게 설명하면 선수행보다는 단지 문학적 모방과 언어문자의 천착에만 집착하였다는 것을 알 수 있다. 또 선문에 처음 들어와서 수행하는 이들도 선의 근본정신을 체득하기도 전에 옛 사람의 선시(禪詩)만을 앵무새처럼 외우고 그것으로 깨달았다고 착각하는 풍조가 있었던 것이다.

문자선에 대한 대혜의 이러한 비판은 선승들에게 선수행이 가장 우선이고 중요한 것임을 다시 일깨워줬다. 그러나 그렇다고 해서 옛 선승들의 고측(古則)과 공안(公案)에 대한 전면적인 부정까지 발전되지는 않았다. 왜냐하면 대혜도 역시 기본적으로 간화선(看話禪)을 통한 통찰력의 수행과 일상적 삶 속에서의 선수행을 조화롭게 해야한다는 흐름을 견지했기 때문이다.

그래서 그런지 문자선을 신랄하게 비판하여《벽암록》을 불더미 속으로 던져버렸다고 전하는 대혜도 자신의 어록(語錄) 이외에도《대혜서(大慧書)》,《종문무고(宗門武庫)》등을 남겨, 그의 제자들에 의해서 널리 애송되었던 것이다. 즉 이 시기의 선문학은 그 누구도 전면적으로 부인할 수 없을 정도로 뿌리깊이 토착화되어 있었다. 그리고 북송시대의 선문학은 승속을 초월하여 중국문학으로서 또 다른 방향으로 뿌리내렸다는 것을 말해주고 있다.

옛부터 중국의 사대부들은 경학(經學)을 배우면서 시문을 익혔기에 선문학은 주로 여가로 하는 것이었다. 그러나 북송시대에 와서는 사대부들이 선과 선문학에 관한 지식이 상당하였기에 대혜파(大慧派)의 선승들과도 많은 교류가 있었다.

이 외에도 동산효총(洞山曉聰)의 법사(法嗣)인 명교계숭(明敎契嵩, A.D. 1007~1072)도《심진문집(鐔津文集)》을 남겼다. 명교는 유불도(儒佛道)의 삼교(三敎)의 일치를 설명하는《보교편(輔敎篇)》도 저술하였는데, 이 책은 천태덕소(天台德韶, A.D. 891~972)의 제자 영명연수(永明延壽, A.D. 904~975)의 선교일치(禪敎一致)를 주장하는 《종경록(宗鏡錄)》과 함께 당대의 선승들의 선문학 창작에 큰 영향을 주게 된다.

또 황용파(黃龍派)인 각범혜홍(覺範惠洪, A.D. 1071~1128)은 대혜의 선문학에 대하여 다음과 같이 높이 평가하고 있다.

"한언장어(閑言長語)한 사륙(四六)의 문장은 우리의 홍형에서 비롯되었다."

즉 혜홍은 진정한 선문학은 문자선의 병폐를 극복한 대혜의 작품에서 다시 시작하였다고 보았다. 혜홍은 《선림승보전(禪林僧寶傳)》·《임간록(林間錄)》·《석문문자선(石門文字禪)》 등과 《냉제야화(冷齊夜話)》의 시화(詩話)를 지어 발표하면서 문자선의 병폐를 극복한 새로운 선문학을 발표하게 된다. 또 혜홍은 《냉제야화》에서 연수(延壽)의 작품에 대하여 이렇게 높이 평가하고 있다.

"지금에 보아도 시어는 참으로 교묘하고 그 공이 없는 것이 없으니 그의 선기(禪氣)와 운율의 운용에 한 점의 티끌도 없음이니라."

이렇게 당시 선문의 전반적인 풍조는 선적 수행과 문학적 날카로운 표현의 조화를 높이 평가하기 시작한다. 그러면서 선승들은 자신의 선기를 살리면서 동시에 문학적으로 어떻게 독창적으로 표현하여야 하는가 하는 문제에 골몰하였다. 다르게 설명하면 선승들은 자신들의 깨달음과 나타냄도 주체적으로 하려고 했고 제자들을 가르칠 때에도 자신들만의 새로운 방식으로 나타내려고 하였던 것이다. 그러한 노력 가운데 문장으로 새로운 선법(禪法)을 전하려고 하였던 것이 선문학인 것이

다. 그래서 선승들은 선배의 선문학을 연구하면서 자신들만의 독창적인
말과 글로 나타낼 수 있느냐 없느냐에 따라서 자신의 오도(悟道)의 가
로(可否)와 선수행(禪修行)의 깊이를 평가하였던 것이다. 즉 선승들
은 실제로 깨닫기도 어렵고 얻기도 어려운 불법을 자신의 말과 글로 나
타내서 확인을 받고 다시 새롭게 표현하려고 하였던 것이다.

선문학은 이렇게 선승들의 깨달음과 지적인 표현을 조화시켜 가면서
서서히 독창적인 문학의 세계로까지 발전하여 간다. 후대로 내려가면
서 이러한 경향은 점점 두드러지게 나타난다. 즉 북송(北宋)이 남진하
여 남송(南宋)으로 부르기 시작한 때부터 원(元)에 의해서 멸망(祥興
2년, A.D. 1279)하기까지 약 55년간의 중국의 선문학을 개략적으로
살펴보면 다음과 같다. 송파(松坡)가 편찬한 《강호풍월집(江湖風月
集)》은 경정(景定, A.D. 1260～1264)과 함순(咸淳, A.D. 1265～
1274) 시대에서 원대(元代, A.D. 1206～1368)에 걸쳐 활약한 선
승들의 게송을 모아서 엮고 있다. 내용을 살펴보면 '송말(宋末) 경정
과 함순 시대의 소리는 천착(穿鑿)함이 과도하여 순후(醇厚)의 기풍
(氣風)을 잃었다'라고 과거의 선문학을 비평하고 있다. 즉 이러한 기
록을 통해서 알 수 있는 것은 남송시대의 선승들이 선 본래의 순수함을
잃어버리고 지나치게 문학적 표현과 외형적 기교에만 관심을 가졌다는
사실이다. 바꾸어 말하면 당송(唐宋) 시대의 초기 선문학에서 볼 수 있
었던 순수성이 남송 시대부터는 사라져버렸고 오히려 선(禪)의 본지
(本旨)와 선문학의 기본정신마저 지키지 못하고 단지 외형적인 형식과
언어문학적 표현에만 힘을 기울였음을 지적할 수 있다. 그래서 당대(唐
代)에서 송대(宋代) 초기에 이르는 과정의 선문학은 거친 표현들 속에
서도 선불교의 정신과 그 순수성을 지켰으며 또한 그때의 선승들이 자
신들의 선기(禪氣)를 비교적 소박한 표현력으로 나타냈다고 평가할 수
있다.

끝으로 《강호풍월집》의 신첨(新添)과 증보(增補)의 판본을 모두 살

펴보면 76명의 선승들의 작품과 무명씨(無名氏)의 작품(2편)이 전하고 있다. 그런데 76명의 선승들 가운데 원오의 법통(法統)을 잇는 승려가 특히 많다. 그것은《강호풍월집》을 편찬한 송파가 원오의 법계(法系)이기도 하였지만 당시 중국의 선문학의 중심이 바로 원오의《벽암록》에서 시작되었고, 그 후에도 그의 제자들에 의해서 꽃피워졌다는 것을 말해준다.

그리고 또 송말(宋末)에서 원초(元初)에 나온 작품집들 가운데 문학성이 뛰어난 선문학집은 경수거간(敬叟居簡, A.D. 1164~1246)의《북간문집(北磵文集)》, 장수선진(藏叟善珍, A.D. 1194~1277)의《장수적고(藏叟摘藁)》, 물초대관(物初大觀, A.D. 1201~1268)의《물초등어(物初䁊語)》, 유해원조(惟海元肇)의《유해나음(唯海拏音)》, 소은대소(笑隱大訴, A.D. 1284~1344)의《포실집(蒲室集)》등이 있다. 이들도 모두 대혜파(大慧派)의 승려들이다. 이러한 것을 볼 때에 선문학사에서 원오와 대혜의 위치가 얼마나 큰 비중을 차지하였는지를 짐작할 수 있다.

(4) 선의 깨달음과 그 표현방법

중국 선승들의 선문학의 표현방법을 자세하게 설명하기 전에 중국에서 문학의 의미를 어떻게 생각하였는가를 살펴보면 중국에서는 전통적으로 문학이라는 말은 학문과 예술을 모두 가리키는 말로 사용되어 왔다. 그래서 선문학이라 할 때에 오늘날의 언어 개념으로 단순히 문학만을 뜻한다고 생각해서는 안 된다. 그래서 옛부터 선문학은 선적 깨달음과 예술적 아름다움을 문학적으로 형상화한 것이라는 의미 외에도 넓은 의미에서의 불교의 진실과 깨달음을 나타내는 불교의 학문적 예술적 언어표현이라는 뜻이 포함되어 있다. 그래서 선승들은 선문학을 통해서 수행도 하고 선적 깨달음을 표현하고 전하였던 것이다. 그리고 선수행

자들은 자신의 공부를 스승과 선배에게 선시로 알려서 잘못된 점이 있
으면 충고받고 고쳐갔던 것이다. 즉 선문학이 바로 선적(禪的)인 수행
방법이었고, 선적인 모든 표현방법을 담고 있었다.

옛부터 선승들은 언제나 자신의 마음(佛性)을 꿰뚫어 보고 진리를 체
득하기 위해서 사물을 철저하게 꿰뚫어 통찰하는 것을 수행의 으뜸이라
고 생각하였다. 바꾸어 말하면 선법(禪法)이라는 진리를 추상적 이론
적으로 찾아보는 것이 아니고 일상의 삶 속에서 자신의 마음을 먼저 관
찰하여 그 진리를 이해하고자 하였다. 그래서 선승들은 자신들의 깨달
음을 예로부터 개성적이고 특이한 자신들만의 표현법으로 나타내는 경
우가 많았다. 즉 일반적 상식적 문법적 언어표현을 초월한 방법으로 자
신이 이해하고 자각한 선법을 나타냈던 것이다. 그리고 선종의 각파의
선사들은 자신들만의 특이한 표현방법으로 자신의 선풍(禪風)을 계승
시키려고 하였다.

그렇게 선승들이 자신들의 선지(禪旨)를 최소한의 언어문자를 사용
하고 행동으로 자신들의 제자들에게 전달하려고 하였다는 것은 선(禪)
역시 최소한의 언어문자가 필요한 것임을 인정하는 동시에 선의 근본이
언어문자를 부정하려는 것이 아님을 은연중에 나타내고 있는 것이다.
그래서 선사들은 언어의 표상력을 통해서 자신의 선지(禪旨)를 전달하
고 예술로 형상화 하였던 것이다. 그리고 또 시문 이외도 언어를 기호
화 하거나 혹은 자신의 생각을 선화(禪畵)로 상징적으로 표현하여 나타
내기도 하였던 것이다. 그래서 선은 언어를 부정하는 것이 아니며 오히
려 기존의 표현방법을 초월하는 방법으로 시적, 미술적 표현들을 절묘
하게 활용하여 선지(禪旨)를 기발하게 효과적으로 전달하였던 것이다.

그러나 모든 존재의 실상(實相)을 밝히고 그 의미를 전달해주는 최소
한의 단위가 언어이지만 언어 그 자체는 존재들의 본질을 의미하는 것
이 아니고 단지 존재를 대상으로서 지시해 줄 뿐이다. 그래서 선문학에
서도 그러한 점을 분명하게 전하려고 항상 모든 존재의 상의상대적(相

依相待的) 연기공(緣起空)의 관계를 노래하고 있다. 또 언어와 문자는 그러한 진리를 전달하고 있을 뿐이라고 노래하기도 한다.

그러나 보통 그러한 것을 모르는 중생은 언어와 문장을 제법의 본질로 착각한다. 그래서 선(禪)에서 우선적으로 언어문자에 대한 그러한 오해를 불식시키기 위해서 불립문자 교외별전을 선창하였던 것이다. 바꾸어 말하면 사회의 약속 기호로서 세운 언어적 표현을 존재의 본질이라고 집착하는 단견(短見)을 타파시켜 주기 위해서 불립문자 교외별전이라는 표현을 고안하였다고 말할 수 있다.

그런데 종래에 많은 사람들은 선불교의 본질을 고원(高遠)하고 유미(幽微)해서 일상적 사고와 언설(言說)로서는 도달하지 못한다고 말하기도 했다. 선사들도 선불교의 종지(宗旨)는 그 어떤 능란한 언변(言辯)으로도 완전히 표현하여 전달할 수 없다고 말하기도 했다. 그러나 선불교의 본질은 고원하고 심원하다고 해도 결코 인간세계를 떠나서 성립되는 것이 아니고, 또 항상 인식하고 분별하는 그 언어적 세계로부터 단절되어 있는 것도 아니다. 즉 선은 우리들 인간과 함께, 또 일상에서 인식하고 말하는 언어의 세계로부터 분리됨이 없이 그 속에 존재하는 것이다. 예컨대 우리들은 항상 언어세계를 통하여 깨달음의 길을 열어가고 있는 것이다.

옛부터 불전이 많다는 것을 생각하면 불교가 우리들의 일상세계와 언어세계로부터 단절된 것이 아님을 쉽게 알 수 있다. 그리고 또 부처의 가르침이 얻기 어렵고 불도(佛道)가 어렵다고 하여도 그것을 다시 언어로 전하지 못하면 얻을 수도 없다는 것을 알 수 있다. 바꾸어 말하면 부처님께서 보리수 밑에서 명상하여 연기법(緣起法)을 깨달을 때도 최소한의 언어와 인식을 통해서 가능했다. 부처님께서 당신의 내증지(內證智)를 다시 중생에게 전달할 때도 언어를 통하여 가능하였다. 즉 언어성을 부정하고서는 선적 깨달음도 그 어떤 진리도 인식할 수 없고 전달할 수 없다. 바꾸어 말하면 부처님께서 깨달음을 얻고 난 이후에 당신의 내증지를 설법으로 전하고 펼쳤기 때문에 불교라는 종교가 세상에 전하게 되었던 것이다. 그리고 오늘날의 우리들도 최소한의 언어표현을 빌리지 않고는 불법(佛法)을 연역(演繹)할 수가 없다. 예컨대 부처님께서 깨달으신 진리도 언어문학성을 부정하고는 성립되지 않음을 유추할 수 있다. 그리고 우리들이 여기서 말하고자 하는 선적 진리와 깨달음의 표현방법도 쉬운 말과 언어로 다시 표현하고 전하는 데서 존재의 가치가 있으며 진정한 깨달음으로 빛나는 것이다. 즉 불교의 본질은 부처의 깨달음을 언어문학으로 표현하고 전달하는 데 있는 것이다.

선승들은 흔히 불도(佛道)를 얻기 어려운 도(道)라고 말하면서 깨달음을 얻기도 어렵고 또 그 얻은 깨달음을 자신만의 새로운 언어로 표현하기도 어렵다고 말한다. 즉 선수행은 수행하기도 어렵고 모방하지 않는 자신만의 말로 표현하여 전달하기도 어렵기 때문에 옛부터 선승들은 깨달음을 각자의 개성 있는 방법과 행동으로 나타내었다. 또 선승들은 불교가 난해한 교학이 아니고 몸으로 직접 실천하고 행동하는 데에 있다고 강조하였다. 즉 이러한 것은 불도 그 자체가 얻기 어렵고 표현하기 어렵다는 말은 아니었다. 바꾸어 말하면 선적 깨달음을 자신만의 말과 글로 표현하기는 어렵지만 그러한 어려움을 다시 더 극복해야만 된다는 뜻이기도 하였다. 또 진정으로 큰 깨달음을 깨달았다면 자신의 피와 살 속에 생동해야 되고 자신만의 살아있는 쉬운 말로 표현할 수 있어야만 진리를 깨달았다고 말할 수 있으며 무상도(無上道)를 얻었다고 보았던 것이다.

그래서 옛날부터 선승들은 선불교를 진정한 살아있는 진리로 전달하기 위해서 매 순간에 움직이고 있는 마음으로 전하고 즉사적(卽事的)인 행동으로 직접 보여주려고 하였다. 그래서 직관적인 표현이나 예술적 표현을 중요시 해왔던 것이며, 항상 불립문자 교외별전을 외치면서도 자신들의 오도송을 많이 남기고 있고 또 선배들의 오도송을 비평하면서 제자를 가르쳤던 것이다. 그래서 역설적이지만 어떤 점에서는 선

승들이 교학승들보다도 직관적 예술적 표현을 더 많이 중요시했고 효과
적으로 활용하였다. 그래서 지금도 선문에서는《무문관(無門關)》·《벽
암록(碧巖錄)》·《임제록(臨濟錄)》등을 애송(愛誦)하고 있으며, 때로
는 불교의 제일의(第一義)를 설법만으로 전달되지 못하는 경우에는 상
징적으로 선화(禪畵)로 그려서 표현하기도 하는 것은 바로 그러한 이유
에서 이다.

　중국 선종의 선법(禪法)이 한국과 일본에 전해진 이후에 각 나라의
풍토성에 따라서 선법을 해석하고 전달하는 방법도 조금씩 다른 형태로
발전하게 된다. 그래서 각국의 선문학의 수사적(修辭的) 표현의 기교
도 조금씩 다르게 발전한다. 따라서 선적인 깨달음과 그 수사적 표현들
을 살펴보면 선사상에 대한 해석과 선풍의 차이를 알 수 있다. 즉 선문
학을 통해서 선사들의 각기 다른 선풍을 살펴볼 수 있다. 보통 선승들
은 교학적인 설명보다 선법의 근본의(根本意)와 핵심을 직접 전달하기
위해서 일상적 언어표현을 뛰어넘는 기발한 행동과 언어표현을 구사하
는 경우가 많다. 그것은 선사들이 선법을 제자들에게 쉽게 전달되도록
하기 위해서인데, 자신의 선지를 시문과 함께 행동으로 나타내기도 하
고 있다. 그런 실례를 찾아보면 다음과 같다.

　중국 임제종의 종조(宗祖)인 임제의현(臨濟義玄, A.D. ?~867)의
어록인《임제록》을 보면 '보주(寶主)의 게(偈)'가 있다. 이 이야기는
어느 날 두 사람의 승려가 만나서 동시에 '으악!' 하는 고함소리를 질렀
는데 그 단적인 언어표현에도 두 승려의 심위(心位)가 역력히 나타난다
는 이야기이다. 이러한 이야기를 보면 당시의 선승들이 자신의 선기(禪
氣)를 얼마나 개성적, 체험적으로 전하려고 하였는가를 엿볼 수 있다.
그리고 선법을 전달하는데 있어서 이심전심(以心傳心)의 방법으로 또
순간적으로 반응하는 행동이나 고함이 많이 활용되었음을 알 수 있다.

　그러나 보통은 선승들이 선불교의 종지와 자신의 깨달음을 문학적 표
현으로 나타내었다. 그러다가 때로는 그렇게 즐겨 활용하던 문학적 표

현마저도 타파하는 모습을 보여주기도 한다. 그러한 경우에는 대개 일반의 문학적 표현과 상식의 범주을 뛰어넘는 기발한 방법으로 선지를 보여주려고 하였다.

송대(宋代) 초기의 파능호감(巴陵顥鑑)의 삼전어(三轉語)[100] 가운데 하나를 살펴보면 '어떠한가. 이것 취모(吹毛)의 검(劍), 산호지지(珊瑚枝枝) 달을 잡는다' 라는 시구(詩句)가 있다. 그런데 이 표현 가운데 '산호지지…' 라는 표현은 원래《선월집(禪月集)》[101]의 시구(詩句)이며 그 의미는 달이 떠있는 밤풍경을 시적인 이미지로 그 무엇을 나타내려고 한 것이다. 즉 마치 달을 받혀주는 산호(珊瑚)의 가지처럼 이라는 표현으로 자신의 선수행(禪修行)이 깊고 깊어서 깨달음은 최고의 단계까지 올랐고 숙성되어 간다는 것을 나타낸 것이다. 또 그러한 깨달음의 경지까지 이르도록 노력한 수행을 취모(吹毛)의 검(劍)으로 표현하였던 것이다. 즉 인간들이 본래에 구족하고 있는 불지(佛智)와 불성(佛性)을 달로 상징하고 선수행(禪修行)이 숙성해서 깨달음을 여는 것을 바로 산호(珊瑚)의 가지로 달을 잡는 것과 같고, 바람에 흔들리는 털이 날카로운 검이 되는 듯하다 라고 노래하고 있는 것이다.

이와 같이 선승들은 자신들만의 독창적 방법으로 느끼고 인식한 깨달음을 옛 선사들의 시문으로 재활용해서 교묘하게 나타내고 있다. 더 나아가서 선배들의 시문에 다시 자신의 표현을 덧붙혀 자신만의 해석과 안목을 부각시키려고 하였던 것이다.

또 송대(宋代)의 대룡지홍(大龍智洪)도 독창적인 시적 표현으로 자신만의 개별적 선적인 안목을 나타내고 있다. 어느 날 어떤 선승으로부터 '어떠한가 이것이 견고한 법신(法身)인가?' 라는 질문을 받고서 '산

---

100) 선승들이 선수행을 할 때에 더욱 향상하도록 채찍질한다는 의미로 던지는 문구이다.
101) 전촉대(前蜀代)의 관휴(貫休)가 편찬한 책이다.

에 꽃이 피니 비단과 같고 시냇물이 깊으니 쪽빛과 같구나!' 라고 대답
한다. 여기서도 장황한 교학적 설명과 논의보다 짧은 시문을 통하여서
자신만이 느끼는 선적인 세계가 있음을 전하고 있다. 여기서 법신(法
身)이란 부처의 육신을 가리키는 것이 아니라 불법(佛法)이 바로 부처
라는 뜻이다. 흔히 연기법(緣起法)을 보는 것이야말로 부처를 보는 것
이라는 말처럼 진실된 진리를 깨닫는 것이야말로 부처를 보는 것과 같
다는 뜻이다. 어떤 선승이 질문한 뜻도 바로 그러한 것을 물은 것이다.
또 그러한 물음에 대하여 지홍은 그 법신이라는 것은 모든 사람들이 본
래에 구족하고 있는 성품이고 불성(佛性)으로서 우리들이 일상적으로
매순간 보는 자연의 모습과 또 자연 그대로의 가치를 볼 줄 아는 것이야
말로 자신의 불성(佛性)과 법신을 나타냄이라고 토로하고 있다.

　여기서 지홍은 법신이라는 것은 자신이 본래부터 구족하고 있는 불지
(佛智)이며 넓게는 우주의 삼라만상과 모든 현상의 자연 그대로의 가치
와 아름다움을 자각하는 것이라고 말하고 있다. 즉 지홍은 자연의 모든
시간적 공간적 흐름의 모습과 그 현상을 느끼는 것이 법신이라고 말하
고 있다. 이러한 설명을 요약하면 자연의 운행(運行)과 그 모습 자체가
바로 법신이고 진리의 모습(法位)이라고 설명할 수 있다. 선승들은 이
렇게 어려운 내용도 짧은 시문으로 간단하게 표현하고 있다. 즉 선문학
을 통하여 보다 쉽게 전달할 수 있었다. 선승들이 선문학을 즐겨 창작
하였던 이유는 바로 이러한 점에 있다고 생각된다.

　이러한 이유로 옛날부터 선사들은 선문학을 많이 애용했던 것이다.
선승들은 자신들의 생각과 심위(心位)를 전할 때에 긴 문장으로 표현하
기가 부적절한 경우에는 순간적으로 떠오르는 선기(禪氣)를 바로 전하
는데 편리한 짧은 시문을 적절히 활용했던 것이다. 그리고 선승들은 자
신들의 지적 직관적 인식을 시적 심상미(心象美)로 바꾸어 표현하는데
선배들의 선문학을 적절히 재활용하였던 것이다.

　선승들은 자신들의 깨달음과 그 표현방법으로서 기본적으로 선문학

을 많이 활용하지만 이 외에도 다양한 방법으로 표현한다. 즉 자신의 순간적인 직관과 지적 인식을 시적인 이미지로 전달할 수 없을 때는 다른 방법으로 나타낸다. 그러한 때에 선승들은 자신들의 깨달음의 세계를 고함(할)이나 방망이(방)로 나타내거나 아니면 일상적 상투적인 표현의 틀을 깨기도 하였다. 바꾸어 말하면 선승들은 상투적인 언어문자에 의하지 않고 항상 깨어있는 정신을 전하기 위해서 고함이나 주먹 등으로 나타내기도 하였다. 선(禪)의 이심전심(以心傳心)에 의한 불법의 근본 정신과 깨달음의 전달방법은 그렇게 다양하다. 그렇기에 우리들은 선문학이 일반문학처럼 수사적 기교만을 치중하는 것이 아님을 알아야 한다. 또 선문학은 선적인 깨달음의 경지 즉 항상 깨어 있는 의식과 선기(禪氣)를 전달하는 도구임을 알아야 한다. 그리고 선문학 이외에 각종 제스처 등의 표현방법도 활용되었다는 것을 알아야 한다.

(5) 선승들의 사물관

선승들은 일반적으로 불교의 근본정신과 불전 속의 가르침을 다시 자신의 마음과 사물에 비추어보고 연마한다. 즉 외계(外界)의 사물을 단순히 겉모습만을 보는 것이 아니고 자심(自心)의 렌즈를 통해서 내외적으로 연결되어 있는 무수한 관계를 꿰뚫어 본다. 그러한 수행의 과정을 통해서 우주의 이치를 깨닫는다. 그렇게 기사구명(己事究明)하는 선승들의 사물관을 선문학의 예를 들어서 설명하면 다음과 같다.

선승들은 하늘 위로 날아가는 기러기의 날개짓을 보고 기러기의 움직임과 존재를 함께 표현한다. 또는 물위를 스치고 지나간 물결의 흔들림을 보고 어떤 존재(물새 혹은 그것을 보는 인간들)의 절대적 가치를 나타내는 하나의 움직임과 표현이라고 한다. 그리고 다시 그러한 자연의 모습을 보는 인간의 내적 생명력과 대상을 연결시켜서 보는 사람과 사물과의 혼연일치(渾然一致)적 감정을 선정(禪靜)이라고 설명한다. 바꾸어 말하면 하늘을 날아가는 기러기의 날개짓과 물위로 스치고 지나간 물결의 흔들림을 통하여 기러기와 물고기의 존재를 이야기할 수 있다고 말한다. 즉 하늘이라는 공간의 무한성을 기러기의 날개짓 속에서 찾아보고 무형(無形)의 강물이 깊이를 순간적으로 요동치는 물결의 넓이로 느끼고 있는 것이다. 나아가서 모든 현상과 존재가 우주 공간 속에 상대적 관계로 저렇게 서로를 지탱하고 있는 것이 연기법(緣起法)이라고 노래하고 있는 것이다. 예컨대 선승들은 자연의 사물을 보아도 그냥 보지 않고 연기공(緣起空)으로 비추어 보고 자연의 모든 사물이 그물망과 같은 무수무량(無數無量)한 관계와 관계로 존재하는 것처럼 자신도 그렇게 존재하는 것이라고 자각하는 것이다. 이처럼 선승들은 모든 사물을 대상으로서 겉모습만을 보는 것이 아니고 사물의 내적 의미를 깊이 관찰하고 그것을 다시 인간의 내적 생명력과 가치와 의미 등으로 연결하여 살펴본다.

선승들은 선문학을 통하여 그러한 사물관(事物觀)을 주로 나타내고 있다. 또 선승들은 자연친화적인 안목으로 사물을 보며 삼라만상이 인간성을 투영해주는 것이라고 노래한다. 예를 들어 설명하면 선승들은 동물들이 무리지어 사는 모습을 보고 바로 그러한 모습이 인간들의 신의결맹(信義結盟)의 모습을 나타낸다고 노래하고 또 물 위에 떠있는 새들을 보고는 한가하고 유적(幽寂)하게 사는 수행인의 삶의 즐거움을 나타낸다고 노래하기도 한다. 선승들은 사물을 그렇게 노래함으로써 스스로를 격려하고 바른 길로 나아갔던 것이다. 바꾸어 말하면 선승들은 자신들이 깨달은 진실을 주변의 자연과 사물에 투영하여 노래하였으며 또 자연의 법리(法理)대로 살아가는 삶의 모습을 찬탄함으로써 자신들을 채찍질하였던 것이다. 그래서 선승들은 깨끗한 시냇물을 보아도 모든 존재의 내외(內外)가 물처럼 결백하고 무구하다고 노래하였고 더나아가서는 인간과 자연이 둘이 아니고 하나의 관계라고 노래하면서 수행과 삶이 결국에는 하나라고 노래하기도 하였다. 이것이 선승들의 전통적인 사물관(事物觀)이다.

중국의 고전인《열자(列子)》의〈황제편(黃帝篇)〉을 보면 어떤 사람이 세상의 모든 이해득실(利害得失)의 기심(機心)을 잊어버리는 마음으로 바다 위의 갈매기를 바라보니까 자신도 모르게 갈매기를 사랑하게 되었다는 이야기가 나온다. 즉 선승들의 사물관은 이처럼 세상의 이해 득실의 기심을 잊어버리는 마음으로 사물을 본다. 교학적으로 말하면 분별심을 끊어버린 무분별(無分別)의 마음과 본래 순수한 원성실성(圓成實性)의 마음으로 세상의 사물을 보면 모든 것을 사랑할 수 있는 불심(佛心)을 회복하게 되는 것이다.《열자》의 이런 이야기는 바로 선승들의 사물관을 단적으로 표현한 것이기도 하다.

또 승조(僧肇)는《조론(肇論)》에서 "산수화(山水畵)를 볼 때에도 그림 속의 화법(畵法)에 나타난 산수(山水)의 기(氣)를 미망몽룡(微茫朦龍)으로 바라보면 바로 천지가 인간과 똑같은 근원(根源)에서 나왔고 만물이 우리와 함께 일체(一體)라는 것을 자각하게 된다."라고 말하고 있다. 즉 승조는 분별심을 초월하는 원성실성의 마음과 망기(忘機)의 정신을 같은 것으로 보고 있다. 이러한 사물관이 선승들에 있어 규범적인 가치를 지니게 되면서 많은 선문학의 작품에 그대로 투명되어 나타나게 된다.

또 선승들이 사물을 관찰할 때는 내심(內心, 潛心)에 두루 비추어 보고 다시 그것을 문학적 이미지로 옮겨 선시로 노래하는 과정은 바로 자신의 내심이 지금 바르게 수행중(修行中)인지를 검토해 가는 또 다른 공부였다. 그렇게 선문학을 통해서 선승들은 자신의 선수행을 점검하였던 것이다. 그러나 때로는 선문학을 통해서 수행의 여가시간을 즐기는 동시에 세속의 문인들에게 불교를 널리 알리는 수단으로 삼았다. 또 그러한 공감대를 선화(禪畵)로도 나타내기도 했다.

끝으로 선승들의 선문학관을 정리하여 말하면 인도의 대승불교의 본지(本旨)인 '즉(卽)의 불도(佛道)'를 중국적 문화의 풍토에서 재해석되어 변용시킨 것이 중국의 선불교의 선문학이라고 말할 수 있다. 그리고 선불교의 선문학은 바로 모든 존재의 본질을 밝혀주는 불성(佛成)을 다시 자기자신에 비추어 보고 자연물의 대상과 자아(自我)를 즉(卽)으로 응시하여 얻은 시어(詩語)들이다. 그래서 선승들의 선문학은 바로 '즉의 불도'의 정신을 그대로 나타내고 있다고 말할 수 있다. 또 선승들의 선문학관은 바로 우주의 삼라만상의 모든 것을 자신들 속에 응축시켜 바라보는 즉일적(卽一的) · 즉물적(卽物的) 심상관(心象觀)이라고 말할 수 있다.

선승들이 선시에서 나타내고 있는 즉물적 세계관은 다르게 해석하면 사사무애(事事無碍)의 세계관이라고 말할 수 있다. 이러한 전일적(全一的)인 실상론적(實相論的) 문학사상은 문학과 불교를 즉일적으로 해석한 것으로서 중국적 특성이라고 평가할 수 있다. 천태실상론(天台實相論)이나 밀교의 성자실상론(聲字實相論)에서도 그러한 유사성을 찾아볼 수 있지만, 선불교가 가장 중국적 문화의 풍토성을 나타낸다고 말할 수 있다.

우주를 하나의 대만다라(大曼荼羅)로 해석하는 밀교는 언제나 현상계의 모든 것을 즉(卽)의 실상론(實相論)적으로 설명하고 있기 때문에 그 어떠한 언어문학적 표현도 깨달음의 세계에 즉일한다고 설명한다. 예를 들어 설명하면 밀교의 성자실상의(聲字實相義)는 사람의 음성이나 문자로 모든 진실을 그대로 표현할 수 있다는 뜻으로 문학으로도 불지(佛智)를 전달할 수 있다고 해석할 수 있다. 그리고 천태학에서도 현상계의 모든 존재를 성구적(性具的) 실상론적으로 해석하고 있기 때문에 모든 존재의 있는 그대로의 실상을 인정하고 그것이야말로 절대적 가치와 진실이라고 긍정하는 경향이 있다.

그래서 천태실상론이나 밀교의 성자실상론과 같은 교학에서도 불교적 진실과 신앙심을 언어문학으로 형상화하거나 표현한 문학작품도 바로 불교의 본질을 나타내는 것이라고 보고 있다. 즉 이러한 교의에서는 문학이 불교적 진실의를 구체적으로 현시(顯示)하고 있다고 설명한다. 바꾸어 말하면 모든 존재를 있는 그대로 표현하고 나타낸 선문학도 절대적 가치를 갖는 것으로 해석할 수 있기에 선승들의 즉물적 선문학관을 부분적으로 중국적 천태종과 밀교계통의 실상론적인 교의로도 해석할 수 있다.

어쨌든 결론적으로 요약해보면 당대(唐代)에서 북송대(北宋代)까지의 선문학은 선적 깨달음과 문학적 표현력이 적절히 어울어진 형태로서 선문학의 기본적인 정신을 잘 지켜져 왔다고 말할 수 있다. 그러나 남송대(南宋代)에서 원대(元代) 초기에 이르는 시기의 선문학은 선의 순수성과 그 독자성을 상실하여 신선한 이미지가 초기보다 떨어졌으며, 단지 아름다운 말과 글로 장식하거나 아니면 이미 많이 표현된 상투어(常套語)들을 반복하여 표현하는 경우가 많았다. 즉 후기의 선문학은 순수한 선기(禪氣)는 사라지고 표현의 형식에 함몰(陷沒)하는 경우가 많았다고 평가할 수 있다. 예컨대 중국의 선문학은 당대에서 송대의 초기까지는 선불교의 근본정신과 그 순수성이 지켜졌으며 또 선기(禪氣)를 적확한 표현으로 문학적으로도 발전하였다고 평가할 수 있다.

송(宋)이 멸망하는 13세기 말엽의 선문학에서는 선승들의 순수성(純粹性)이 조금씩 사라지면서 선불교의 본래의 정신도 지키지 못하고 다만 외형적인 언어문자 표현의 천착에만 힘을 기울이게 된다. 바꾸어 말하면 14세기 이후에는 선문학의 순수성이 규범으로서의 중심점을 잃어버리면서 선승들의 자연관과 사물관도 서서히 변하게 된다. 즉 선불교 본래의 순수한 정신과 일상적 삶에서의 진리구현과 실천의지 등이 사라지면서 동시에 단순히 내적 잠심(潛心)만을 추구하는 경향이 많아진다. 그리하여 선승의 문학활동은 오히려 선불교의 본래적 독자성과 전혀 무관한 쪽으로 변질되어 갔다.

그래서 13세기 말엽에는 선승의 작품이라고 하더라도 단순한 지식의 나열과 단어의 천착만 보였고 날카로운 선기를 잃어버린 세속시(世俗

詩)가 되어버리는 경우가 많았다. 그러한 작품에는 옛 선배들이 표현한 시어가 선례(先例)와 전거(典據)로서 중요시하는 권위의식의 표현으로 나타나게 되니 오히려 선종에서 타파하고자 했던 매너리즘에 떨어져버린 꼴이 되었던 것이다. 그리하여 당시의 선문학은 의미 없는 단어들이 나열된 문장으로 조락(凋落)하여 버리고 선적(禪的)인 날카로움과 종교적 진실됨이 없이 단지 아름답게만 장식한 단어들의 반복 혹은 옛 사람들의 작품의 모방품으로 전락하는 경우가 많았다.

이러한 병폐를 일찍이 염려한 대혜종고는 《벽암록》을 불태워버렸듯이 당시의 선사들도 후학들을 위하여 자신들의 선법을 나타낼 때에 특유한 제스처와 행동으로 대용(代用)하기도 하였다. 그러한 것들은 바로 표현과 인식의 매너리즘을 극복하기 위한 것이다. 즉 임제의현이 항상 문자와 미사여구(美辭麗句)를 내세우지 않고 단순한 행동과 고함소리로 제자를 가르치려 한 깊은 뜻을 이해할 수 있다.

그래서 선문학의 근본은 일상적으로 그 어떤 것에 빠지기 쉬운 매너리즘을 타파하고 항상 깨어있는 정신과 진실된 깨달음의 추구를 나타내는 것이라고 말할 수 있다. 그래서 예로부터 선문학의 기본적인 입장을 망각하여 스승의 글과 말을 모방하고 화려한 시어(詩語)만을 열거하는 것을 경계하였던 것이다.

(6) 중국 문학가들의 선문학관

중국에서 일반 문인들의 선문학에 대한 관심과 선승들과의 교류 그리고 그들의 선문학관을 살펴보기 위해서 중국의 《오등회원(五燈會元)》을 보면 중국의 문인들 가운데서 유명한 백거이(白居易, 772~846)를 불광여만(佛光如滿)의 법사(法嗣), 소식(蘇軾, 1036~1101)을 동림상총(東林常總)의 법사, 소철(蘇轍, 1039~1112)을 상람순(上藍順)의 법사, 황정견(黃庭堅, 1043~1105)을 매당조심(梅堂祖心)

의 법사로 기록하고 있다. 그리고 신빙성은 부족하지만 한유(韓愈, 768~824)를 대전보통(大顚寶通)의 회하(會下)에서 잠시 불법(佛法)을 배웠다고 기록하고 있다. 또 왕안석(王安石, 1021~1086)도 진정극문(眞淨克文)의 밑에서 불법(佛法)을 배웠다고 기록하고 있다. 이러한 기록이 사실(史實)인지 확인할 수는 없지만 생각해 보면 문인들이 그만큼 선승들과 활발한 교류를 맺고 있었고, 또 선승들도 세속의 문인들 작품을 많이 읽고 그들의 문학에서 선기(禪氣)를 느끼고 있었음을 짐작하게 한다.

그래서 송대(宋代)의 엽몽득(葉夢得)이 편찬한《석림시화(石林詩話)》에는 두보(杜甫)의 시를 바로 운문선사(雲門禪師)의 삼전어(三轉語)로 평가하고 있으며, 또 동시대의 갈립방(葛立方)이 편찬한《운어양추(韻語陽秋)》에는 도연명(陶淵明, 365~427)을 달마(達摩)로 부르고 있다. 그리고 극장(克莊)의 저서인《강서시파소서(江西詩派小序)》에서는 황정견(黃庭堅)을 달마(達摩)라고 부르고 있다. 또 소식(蘇軾)을 선종의 오조(五祖)로부터 계(戒)를 받은 제자 또는 재래(再來)라고도 부르고 때로는 대혜(大慧)를 소식(蘇軾)의 재래(再來)라고도 말하고 있다.

이러한 기록을 보면 선승들과 일반문인들과 교류가 얼마나 많았는가를 짐작할 수 있다. 또 선승들이 일반 문인들의 문학작품을 많이 읽으면서 자신들이 추구하던 순수한 정신과 선기(禪氣)를 그들의 작품 속에서 찾았다는 것과 일반 문인들의 순수한 마음을 적극적으로 수용하려고 하였다는 사실을 추측할 수 있다. 즉 선승들은 자신들의 선수행을 반성하고 되돌아보는 수단으로 일반인들의 문학작품을 읽고 감상하였던 것이다.

또 한편으로 일찍부터 일반 문인의 시문학에도 선승들의 작품과 동등하게 불교적 절대정신과 진실함이 있다고 주장하는 백거이(白居易, 白樂天, 716~847)의 광언기어관(狂言綺語觀)을 살펴보면 다음과 같다. 백거이의 불교문학관은 훗날 일반 문학가들에 큰 영향을 끼치게 되는데, 그는 불교와 문학의 즉일(卽一)을 주장하면서 많은 작품을 남겼다. 백거이는 다음과 같이 자신의 불교문학관을 밝히고 있다.[102]

> 원하는 것은 금생(今生)의 세속문자(世俗文字)의 업(業)
> 광언기어(狂言綺語)의 잘못을 돌리어 앞으로 세세(世世)에
> 불승(佛乘)을 찬탄하는 씨앗(因)이 되고
> 법륜(法輪)을 돌리는 간접적인 연(緣)이 되고자 하나이다.

이처럼 백거이는 불교적 염원(念願)으로 세속의 문학을 창작하였다고 밝히고 있다. 그는 불문(佛門)에서 세속문학을 허식과 거짓이 가득한 문장이라고 비난하고 또 말장난이라고 책망하고 있기에, 세속의 문자로 광언기어(狂言綺語)하였다는 죄업을 지었을지 모르지만 자신은 부처의 가르침을 세상에 쉽게 전하고 불덕(佛德)을 찬탄하는 씨앗이 되어 중생을 가르치고 구제하는 간접적인 환경을 만들어 주고자 문학을 창작하였다고 말하고 있다. 다시 말하면 자신에게 불교를 비속한 세속의 문자로 함부로 노래하였다는 죄과(罪過)가 있다고 할지언정 자신의 본래의 마음은 불교를 찬탄하고 전하는 직접적 씨앗을 심기 위하여 불교문학의 법륜(法輪)의 수레를 굴렸다고 밝히고 있다. 백거이의 이러한 견해는 매우 적극적인 불교문학관이라고 말할 수 있다.

백거이의 불교문학관은 세속의 문학도 불교적 진실의(眞實義)를 전하는 방편의 그릇이고 포교(布敎)의 수단이라고 보고 있는 것이다. 이러한 불교문학관은 문학적 가치와 종교적 절대정신을 동등하게 평가한 것이다. 백거이의 이러한 견해가 당시 중국문학계에 광언기어관(狂言綺語觀)으로 알려지면서 일반 문인들에게 큰 영향을 주었으며 또 선승

---

102) 백거이(白居易), 《백씨문집(白氏文集)》 권71, 香山寺白氏洛中集記.

들의 선문학관에도 큰 영향을 준다. [103] 백거이의 문학작품이 세상에 널리 알려지면서 그의 광언기어관도 자연스럽게 알려지는데 그로 인하여 일반 문인들도 자연스럽게 선문학을 창작하는 사회적 분위기가 조성되어 간다. 그리고 또 광언기어관에 의해서 승속(僧俗)이 자유롭게 교유할 수 있는 분위기도 조성되어 갔다고 볼 수 있다. 그래서 광언기어관은 세속문학을 불교문학으로 승화시킨 중국적 노력이고, 중국 불교문학사에 있어 불교신앙과 문학창작을 직접적으로 연결시켜주는데 큰 역할을 하였다고 평가할 수 있다. 이러한 광언기어관은 당송대(唐宋代)의 대표적 불교문학관으로서 그 이후에도 승속(僧俗)을 초월하여 널리 수용된다. [104] 즉 이러한 불교문학관은 나중에 중국문학사의 큰 흐름으로 자리잡는다.

다음으로 선문에 널리 회자되고 있는 문인의 선문학을 찾아보면 선희집(禪喜集)에 전하는 소식(蘇軾)의 증동림총장로(贈東林總長老)라는 시문을 거론할 수 있다.

계곡의 물소리는 바로 (부처의) 깊고 광활한 설법과 같으니
산의 모습이 어찌 청정한 법신이 아니리요
지난 밤 사이 온 빗소리가 (곧) 팔만 사천의 설법의 소리와 같으니
다른 날 어찌 인간들과 함께 그것들을 논할 것인가!

溪聲便是長廣舌
山色豈非淸淨身
夜來八萬四千偈
他日如何擧似人

---

103) 加地哲定, 앞의 책, p.89.
104) 郭一成, 앞의 책, pp.61~66.

그리고 또 선문에 널리 회자되고 있는 선문답시를 찾아보면 매당조심(梅堂祖心, 1025~1100)과 황정견(黃庭堅)이 나무와 꽃들의 향기 등에 관한 시로 나눈 문답시(問答詩)가 유명하다. 이 작품은 선승과 일반 문인이 자연에 대하여 느끼는 선기와 감상을 표현한 것이다. 즉 도속(道俗)을 초월하여 서로의 마음공부를 격려한 대표적인 시이다.

이처럼 옛부터 세속의 문인과 선승들은 자연의 변화를 노래한 선문학을 통하여 승속을 초월하여 서로의 마음공부를 비교하고 충고하기도 하였다. 즉 송대(宋代)에는 좌선과 선문학을 선수학(禪修學)의 동등한 수행법으로 평가하고 있었다.

끝으로 중국의 일반 문인들의 시화집(詩話集)에 나타난 선문학관(禪文學觀)을 살펴보면 기본적으로 일반 문인들은 선승들의 선문학을 높이 평가하여 세속문학의 귀감(龜鑑)으로 여기고 있었다. 그리고 송대(宋代)의 오진(吳津)이 편찬한《관림시화(觀林詩話)》와 원대(元代)의 장정자(蔣正子)가 편찬한《산방수필(山房隨筆)》등을 보면 세속의 문인들은 수신(修身)·수학(修學)의 방편으로서 선문학을 활용하고 있음을 알 수 있다.

그리고 송대의 허의(許顗)가 편찬한《언주시화(彦周詩話)》에는 '매당조심(梅堂祖心)의 선시(禪詩)는 뜻이 깊고 그윽하며 편안하고 또 진실(深靜平實)하여 그의 도안(道眼)이 완료(完了)함을 나타낸 것이다. 승려들의 시가 이렇게 세간의 문학보다 뛰어나다' 라고 평가하고 있다. 즉 선승들의 시문학이 일반 문인의 작품보다 형식이나 내용 면에서도 뛰어나다고 공통적으로 평가하고 있다. 또 같은 책에서 각범혜홍(覺範慧洪)의 작품에 대해서도 '특히 승려(衲子)의 작품이라고 할 수 없을 정도로 뛰어나다' 라고 극찬하고 있다.

또 선승들의 작품을 높이 평가하고 있는 일반문인들의 시화집(詩話集)으로서 특히 주목할만한 것이《창랑시화(滄浪詩話)》이다. 이 시화집은 송대의 엄우(嚴羽)가 편찬한 것인데 송대의 문인들은 이 시화집의 선시를 많이 애송하면서 선승들의 작품을 모방하게 된다.

엄우는 선시에 대해서 다음과 같이 비평하고 있다. '한(漢)·위(魏)·진(晉)·성당(盛唐) 시대에는 임제선(臨濟禪) 계통의 선시가 성행(盛行)하였고 중당(中唐) 이후에는 조동선(曹洞禪) 계통의 선시가 유행하였다'라고 비평하고 있다. 즉 이러한 경향의 선시가 당시 선문 밖에서 일반 문인들에게도 얼마나 많이 유행되었는가를 유추할 수 있는 자료이기도 하다.

그리고 《창랑시화》에는 당시 일반 문인들이 추구하고 있던 대표적인 선문학관(禪文學觀)들을 보여주고 있다. 즉 엄우는 《창랑시화》에서 시선일치(詩禪一致)를 강조하고 있다. 엄우는 '대개 선도는 묘오를 깨치는 것이다. 그리고 시를 논하는 것은 선(禪)을 논하는 것과 같다.'라고 해석하고 있다. 또 '선도(禪道)는 단지 묘오(妙悟)에 있으며 시도(詩道)도 또한 그에 합당한 묘오가 있으니 선수행(禪修行)을 통해서 묘오를 얻으면 시안(詩眼)도 역시 같이 열리게 된다'고 넓게 해석하고 있다. 즉 시인이 시를 통해서 깨달음을 얻는 것이나 선승이 좌선이나 명상들을 수행해서 깨달음을 얻는 것이 똑 같다고 보고 있다. 바꾸어 말하면 불도(佛道)에서 깨달음을 얻는 수행방법이 여러 가지가 있듯이 시를 쓰는 시심이나 좌선과 명상으로 연마해서 얻는 불심(佛心)이 모두 똑같다고 보고 있는 것이다.

이러한 시선일치의 선문학관의 역사적 의미를 바로 평가하기 위하여 그 이전의 문학관을 살펴보면 중국인들은 전통적으로 《시경(詩經)》의 가르침을 따르고 있다. 즉 보통 시는 시를 쓰는 사람의 의지와 마음의 상태를 담는 것으로 보고 있다. 그리고 시는 사념(邪念)이 없는 순수한 마음과 자연스럽고 깨끗한 마음에서 표현되는 것이라고 생각하여 왔다. 그래서 서예와 궁술(弓術)을 배우는 것처럼 시를 짓고 노래하는 것도 학인(學人)의 몸과 마음을 닦는 데 큰 도움이 된다고 믿어왔다.

중국의 선승들도 자연스레 그러한 중국적인 생각으로 시를 관도(貫

道)의 그릇(器)이 된다고 생각하였으며 선문학을 짓는 것이 자신의 선수행에 도움이 된다고 생각하였던 것이다. 즉 선승들은 선문학의 창작을 불도(佛道)에도 도움이 되고 또 선문학은 어떠한 인위적인 조작에 의한 것이 아니기에 진실로 선에 화합하며 정사(正思)하면 저절로 나타나는 것이라고 생각하였다. 그래서 말과 문자의 표현이 그대로 선수행이라고 말할 수는 없지만 넓은 의미의 불도를 닦는 데 도움이 되고 자신이 깨달은 선정심(禪定心)의 흐름을 전달하고 담는 그릇으로서 문학이 중요하다는 것을 선승들도 인식하고 있었던 것이다. 또 승속을 초월하여 선문학이 불도의 수행과 일반인들의 수신(修身) 및 학수(學修)에 도움을 준다고 생각하고 있었던 것이다. 예컨대 높고 깊은 불도를 진실로 바르게 생각하고 또 바른 문장으로 나타낼 수 있다면 그러한 문학작품도 역시 또 하나의 불도의 나타냄이라고 보고 있었던 것이다. 즉 순수한 정신에서 시를 창작하는 것도 불도의 수행으로 평가할 수 있다는 뜻이다. 이것이 바로 시선일치의 선문학관이다.

이러한 시선일치의 선문학관은 나중에 유희삼매(遊戲三昧)로 발전되기도 한다. 보통 유희삼매는 선승들이 자신들의 깨달음의 경지(悟境)에 도달해서 선시를 짓는 것이 유희와 같다는 뜻인데, 삼매의 경지에 깨달음이 완숙하여 무엇에도 걸림이 없고 자유로울 때에 그 느낌을 시어로 표현한다는 말이다. 다시 설명하면 최상의 깨달음의 경지에서는 순수한 선정심(禪定心)이 저절로 흘러 나오고 우러나오며 또 그러한 마음이 자연히 시로 되어 나타내게 되니 그 과정이야말로 어떤 장애도 없는 유희와 같다는 뜻에서 삼매(三昧)에서 노닌다고 표현한 것이다.

선시의 창작을 유희삼매로 해석하는 이러한 선문학관은 그 무엇에도 장애됨이 없이 선기(禪氣)를 발휘하는 순수한 마음의 자연스런 흐름이 선시 그 자체라고 보는 견해이다. 바꾸어 말하면 선적인 깨달음의 경지에서 자연스럽게 우러나오는 시정(詩情)을 다시 흘러가는 대로 표현한 것이 바로 선문학이라고 보는 견해이다. 이러한 생각과 경향은 불교문학을 세속화로 이끈 부정적인 면이 있었음에도 불구하고 시선일치의 선문학의 발전에 결정적인 역할을 하였다고 평가할 수 있다.

이러한 선시관(禪詩觀)은 인도적이라고 생각되기보다는 중국적 요소가 많이 나타난 것이라고 말할 수 있다. 즉 유교적·도가적(道家的) 시문학관이 투영되었다라고 평가할 수 있다. 선과 시를 하나로 보고 유희삼매의 경지에 선시가 나온다고 보는 선문학관은《창랑시화(滄浪詩話)》에서 발전한 것이라고 말할 수 있다.

이러한 선문학관은 그 뒤《시인옥설(詩人玉屑)》[105]을 통하여 한국, 일본에도 소개되어 큰 영향을 끼쳤다.《시인옥설》은 시승(詩僧)으로 환오와 각범 등 14명의 선승들을 소개하며 그들의 시문을 전하고 있다. 그리고 청대(淸代)의 여악(厲鶚)이 편찬한《송시기사(宋詩紀事)》는 영명연수(永明延壽)와 설보중현을 비롯한 많은 선승들의 선시를 세속문학의 귀감이라고 비평하면서 작품을 소개하여 설명하고 있다.

결론적으로 정리하면 중국, 한국, 일본의 한자문화권에서는 일찍부터 백거이의 광언기어관의 영향으로 승속을 초월한 실상론적(實相論的)인 불교문학관이 대세를 이루며 발전하였고 선문에서는 승려들의 선수행의 하나로서 선문학을 중요시하였던 것이다. 그리고 그후로는 선시의 직관적 표현과 일반적 시적 표현을 동일시하는 시선일치관과 유희삼매의 선문학관이 나타나면서 오늘날까지 이러한 선문학관이 중국적 전통으로 발전하게 되었다고 말할 수 있다.

우리나라의 선승들에 있어서는 시선일치의 불교문학관이 고려 중반기에 나타나기 시작하였고 고려 말엽에는 불교의 제일의를 시어로 나타내려는 선사들이 많이 나온다. 그래서 고려 말에 이르면 선수행의 깨달음을 그대로 시어로 나타내거나 문학적 이미지로 수행의 삶을 형상화한 오도송(悟道頌)과 선시 등이 많이 창작되고 있다. 그리고 또 성리학(性

---

105) 송대(宋代) 위경지(魏慶之)가 편찬한 책이다.

理學)을 연구하는 유림(儒林) 출신의 승려들이 불문에 출가하여 출가 전에 익힌 세속의 시문을 활용하여서 시선일미(詩禪一味)의 선문학을 많이 짓는다. 즉 유림 출신의 승려들은 적극적으로 '시문이 익으면 선(禪)도 반드시 익어 간다'라는 시선일미의 선문학관, 즉 시선일치관(詩禪一致觀)을 표방하면서 다양한 선문학을 많이 남긴다. 예컨대 그들은 시문의 창작이 참선과 다른 선수행에도 도움이 되고 불도(佛道)의 수행과 시심(詩心)의 순화가 즉일(即一)하다고 생각했던 것이다.

고려의 이러한 불교문학관은 시대가 흘러갈수록 더 강하게 나타나는데 중국의《창랑시화》등의 영향이라고 평가할 수 있다. 조선시대에 들어와도 시선일치의 견해를 지닌 선승들이 많이 나타난다. 그들은 직관적 선시의 세계야말로 선불교의 정신을 나타내는 것으로서 선문학이야말로 선수행의 으뜸이라고 생각한다. 또 직관적이고 즉물적(即物的)인 실체감을 잘 형상화하는 것이 선문학이고 선수행이라고 주장한다.

끝으로 보통 선(禪)이 불립문자를 표방한다고 해서 선문에서 선문학을 배제하고 있었다고 오해해서는 안 된다. 또 선문학이라고 해서 일반 문학작품과 다르거나 불교적 용어와 철학적 사상만을 표현한 운문이라고 생각해서는 안 된다. 선에서 강조하는 불립문자라는 것은 항상 깨어 있는 정신을 강조함과 동시에 어설프게 언어문자를 내세워 그것을 불교의 제일의(第一義)라고 집착하는 많은 잘못들을 타파하기 위해서 표명한 것뿐이다. 즉 선은 단순히 세속의 현실이나 언어문학을 부정하고 거부하는 것이 아니다. 오히려 선문학은 선적 깨달음이라는 이름으로 직관적 세계와 열린 정신세계의 광활함을 시적 이미지로 잘 표상화하고 있다. 그런 점에서 선문학은 불교의 근본정신을 언어문학적 표현으로 직관적으로 잘 나타내고 있으며 또 적극적, 주체적으로 발전시켜 나갔다고 말할 수 있다.

제4부

한국 불교문학의 감상편

한국 불교문학의 감상편

1. 신라시대 향가문학의 감상 및 해석

불교가 인도문화권을 넘어 중앙아시아의 사막지대와 중국대륙을 거쳐 한반도에 전래된 것은 고구려 소수림왕 2년(372년)이었다. 그때에 중국 전진(前秦)의 왕 부견(符堅)이 승려 순도(順道)를 통하여 불전과 불상(佛像)을 고구려에 보냈지만 7세기까지 고구려에서는 불교문학다운 작품은 많이 나오지 못하였다.

현존(現存)하는 자료를 근거로 한반도에서 우리 고유의 불교문학이 최초로 꽃피운 것은 신라시대의 향가문학이라고 말할 수 있다. 그래서 여기서는 향가문학을 감상하면서 한국의 불교문학의 흔적을 찾아보고자 한다.

향가라는 명칭에 대해서 설명하면 옛날 신라인들이 중국 당나라의 노래를 당시(唐詩)·당악(唐樂)이라 불렀고, '신라의 노래' 혹은 '고향의 노래'에 대하여는 고향의 '향(鄕)'과 노래의 '가(歌)'를 붙여서 향가라고 부른 데서 유래한다.

그런데 신라시대에는 일상적으로는 의사소통과 노래를 순수한 우리 말로 사용하고 있었지만 오늘날과 같이 한글과 같은 우리 고유의 문자 가 없었기 때문에 당시 선진문명(先進文明)인 중국의 한자(漢字)를 차 용(借用)하여 중요하다고 생각한 문서나 일상적 대화와 노래가사 가운 데 남기고 싶은 것들을 기록하였다. 즉 신라시대에는 한자의 뜻과 소리 를 적절히 사용하여 우리말의 순서대로 표기하였다. 그것이 바로 향찰 (鄕札)이다. 그래서 우리 나라의 노래 혹은 고향의 노래라는 뜻의 향가 도 향찰식(鄕札式)으로 기록되어 전하게 되었던 것이다. 즉 신라인들 이 한자의 음(音)과 훈(訓)을 부분적으로 빌어서 자신들의 마음과 정 서를 노래한 것을 향가로 남기고 있는 것이다.

고려시대에 최행귀(崔行歸)는 향가에 대하여 '우리의 노래(鄕歌)는 글이 맑고 아름답다. 그것을 사뇌(詞腦)라고도 부른다.'[106]라고 평가 하고 있다. 즉 고려시대까지 우리의 정서(情緖)에 맞는 아름다운 향가 가 널리 전하고 있었다.

조선 초에 한글이 창제(創製)되어 우리의 글로 우리의 노래를 표기하 기 전에는 한시(漢詩)로 번역하여 옮기거나 그렇지 않으면 향찰식으로 표기할 수밖에 없었다. 즉 훈민정음의 창제 이전의 신라와 고려시대까 지는 민중들의 구전 노래가 민중들 사이에 떠돌다가 그냥 사라지기도 하였던 것이다. 그러나 그러한 상황에 그 중에서도 아름답다고 평가받 고 회자되는 노래는 향찰식과 한시체(漢詩體)로 표기되어 전하였다고 유추할 수 있다.

그래서 오늘날까지 전하는 향가들은 그리 많은 것은 아니지만 대부분 오랫동안 널리 회자되고 애송되던 노래로 추측된다. 현존하는 향가는 전부 25수이다. 즉《삼국유사(三國遺事)》에 14수와《균여전(均如傳)》 에 11수가 남아 있다. 이외에도《장절공유사(壯節公遺事)》에 고려 예

---

106) 최행귀(崔行歸),《균여전(均如傳)》〈역가현덕분(譯歌現德分)〉.

종(睿宗)이 지은 '도이장가(悼二將歌)'와 《악학궤범(樂學軌範)》에 정서(鄭叙)가 지은 '정과정곡(鄭瓜亭曲)'도 있다.

그런데 《삼국유사》에 전하는 노래는 전부 신라 때 노래이며, 거의 대부분 불교에 관한 노래이다. 고려시대에 지은 《균여전》에 전하는 노래도 역시 불교사상을 널리 알리려고 의도적으로 지은 불교 창도가요(唱導歌謠)이다. 그래서 '도이장가'와 '정과정곡'만이 불교적 사상과 직접적 관계가 없는 노래라고 말할 수 있다. 예컨대 일연스님의 《삼국유사》와 균여스님의 전기(傳記)인 《균여전》에 전하는 향가 25수가 바로 한국불교사 초기에 나타난 불교문학 작품이라고 말할 수 있다.

이러한 향가 25수는 불교가 서기 372년 고구려를 통해서 한반도에 처음 전래된 시점으로부터 200여 년 뒤에 신라에서 새롭게 꽃피우기 시작한 것으로서 우리 민족이 이문화(異文化)를 어느 정도 소화한 다음에 새롭게 만들어낸 것들이라고 평가할 수 있다. 그러한 신라불교문학의 전통이 고려시대 때 면면히 지속되어 균여스님에 이르러서는 보현보살(普賢菩薩)의 행원가(行願歌)로 재창출(再創出)된다. 즉 인도문화와 중국문화가 혼합되어 들어온 불교가 신라와 고려시대에는 다시 우리 민족의 피와 몸에 맞게 융합되어 다시 우리답게 새롭게 만들어지기 시작하였다. 신라와 고려와 다르게 조선은 숭유억불(崇儒抑佛)의 국가정책을 내세우는 탓에 불교의 창도류 문학이 그다지 많이 창작되지 못하였으며 주로 한시체(漢詩體)의 형태로 창작된다. 신라와 고려시대의 불교문학과 신라와 조선시대의 불교문학을 양질(量質)의 양면에서 볼 때에 불교문학도 역사적 사회상황의 영향을 받으며 발전되는 것임을 알 수 있다. 조선 후기의 가사체 문학을 살펴보면 짧은 민요체의 창도가도 있지만 신라와 고려시대의 작품에 비하면 그 양이 현저하게 적고, 또 불교교리를 생경(生硬)하게 표현하거나 문학적 완성도도 떨어진 작품들이 대부분이다.

어쨌든 한반도에서 불교가 전래된 이후 초기에는 불교문학이 구어체

형태로 노래되다가 그 일부만 향찰식으로 표기되어 전하게 된다. 또 향가는 한시(漢詩)와는 달라서 일반 서민들에게 널리 불려지면서 불교사상을 전달하는 창도가(唱導歌)로서 역할을 한다. 특히 균여스님의 보현보살행원가는 불교의 어려운 교리사상을 알기 쉽게 전하기 위해서 만든 창도용(唱導用) 노래이다. 예컨대 현존의 향가 25수는 고려시대까지 애창된 신라의 명곡들과 불교포교용으로 만든 창도가라고 말할 수 있으며 1,300여 년 동안 널리 애창되어온 불교가요라고 말할 수 있다.

그리고 향가를 분석해 보면 불교사상과 관련 없이 일상적 감흥이나 자연의 아름다움을 서정시(敍情詩)로 읊은 것이 있는가 하면 또 의도적으로 불교교리를 아주 쉽게 문학적으로 풀어서 표현한 작품도 있다. 또 그 가운데 어려운 불교사상을 아름다운 문학으로 잘 표상화한 대표작이 '보현보살행원가'이다. 부처님께서 중생의 근기에 맞게 불교를 가르치고 전한 것처럼 균여스님도 화엄경 사상을 노래로 쉽게 전하였던 것이다. 그리고 향가를 분석하여 보면 스님들의 불교사상과 전교(傳敎)의 방법의 편린(片鱗)들을 살펴볼 수 있으며 동시에 그들의 문학적 상상력과 그 표현방법들을 살펴 볼 수 있다. 또 당대의 불교사상의 흐름과 불교문학의 수준을 가름할 수 있다.

여기서는 불교문학을 추상적으로 말하면서 어려워하고 이해하기 힘들다고 생각하는 사람들을 위하여 실제로 문학작품을 감상하여 불교문학의 바른 이해를 돕기 위해서 엮어보았다. 그리고 지금은 모두 사라져 갔지만 은은하게 전하는 조상들의 불도(佛道)에 대한 해석과 그 흔적 또 그들 마음의 향기를 감상하는 것도 오늘을 살아가는 우리들에게 많은 도움을 주리라고 생각되어 여기 향가 25편을 먼저 풀이한다.

우선《삼국유사》에 전하는 14편의 신라의 향가문학을 해석하고 그 다음에 고려와 조선시대의 작품을 감상한다. 종래의 향가문학 연구서를 보면 향가에 대한 언어학적인 연구는 많지만 불교학적인 입장에서 해석한 것은 거의 없다. 그래서 여기서는 향가의 어학적 연구보다는 향가에 숨겨진 불교사상적 내용을 분석하고 해석하고자 한다. 그러나 현대어로 해석함에 있어 선학(先學)들이 이미 연구하고 논의한 향가의 음운적 어학적 연구결과를 참조하면서 재해석하는 방법으로 정리하였다.

(1) 찬기파랑가(讚耆婆郞歌)

충담(忠談)스님(경덕왕 19년, 760년)

흐느끼며 바라보매
이슬 밝힌 달이[107]
흰 구름 따라 떠 간 언저리에
가는 모래의 새파란 물 개울가에
기파랑(耆婆郞)의 모습이 있을 때의 수풀이여![108]
일오(逸烏)내 자갈 벌에서
랑(郞)이 지녔던 마음의 갓(끝)을 쫓고 있노라![109]
아아! 잣나무 가지가 높아도
눈서리이라도 덮지 못할 고깔(고운 빛)이여!

【의미 풀이】

충담스님이 지은 이 작품은 신라의 역사적 상황과 인도의 불교사적 어떤 상황을 관련지어서 노래한 작품이다. 그래서 언뜻 작품만을 떼어내어서 감상하면 서정적 풍경을 노래한 것처럼 보인다. 즉 작품의 전체

---

107) 이 부분을 '나타난 달이'라고 풀이할 수도 있다.
108) 이 부분은 김완진의 해독에 따라 해석했다. 김완진,《향가해독법연구》, 한국문화연구소.
109) '쫓고 있노라'를 '따르려 하노라'라고 풀이할 수도 있다.

적인 의미와 숨겨진 상황을 정확하게 파악할 수 없다. 그리고 단지 작품상에 나타난 인명(人名)의 고유명사와《삼국유사》의 내용 등을 참조하여 유추할 뿐이다.

이 작품의 불교학적 배경을 살펴보기 전에 우선 작품에 표현된 내용을 보면 어떤 사람이 애절한 심정을 나타내고 있으며 또 어떤 시공간(時空間)을 은유적으로 표현하고 있다. 그리고 노래의 전반부에는 밤의 어두운 세계를 밝게 하고 세상의 모든 진실을 바로 보이게 하는 달빛을 노래하고 있다. 또 비구름에 가려져 보이지 않는 상황에 대하여 먼저 통곡하고 몸부림치면서 흐느끼는 사람이 있음을 나타내고 있다. 후반부에는 그와 같은 슬픔을 거두어 버리는 상황으로 바뀐다. 즉 밤하늘에 흰구름들이 걷히고 그 사이로 밝은 달님이 내비치면 그 순간에 비친 달빛으로 인해서 개울가의 새파란 맑은 물과 가는 모래도 보이게 된다. 이렇게 아름다운 문학적 이미지와 색채 이미지로 작품 전체의 의미를 전하고 있다. 그리고 밤의 어두운 세계에서 밝은 빛의 세계로 이동할 수 있게 한 것이 달빛임을 노래하고 있다. 이러한 이미지는 바로 이 노래의 제목에서 나타내고 있듯이 기파랑(耆婆郞)이라는 인물의 고결한 인품을 문학적 이미지로 비유하여 찬탄한 것이다. 즉 이 노래는 기파랑의 인품과 그 어떤 역사적 상황을 시적인 이미지로 그려서 찬탄하고 있는 것이다.

충담스님은 그 어떤 상황을 하늘을 덮은 비구름과 그 구름이 걷힌 뒤의 상황으로 나누어 노래하고 있다. 즉 하늘 위에 구름이 있을 때의 상황과 구름이 지나가고 난 뒤에 하늘이 더욱 파랗게 보이는 상황을 대비시켜 그리고 있다. 그리고 밤에 밝은 달빛을 가로막고 있던 구름이 걷히고 나면 달의 밝음에 모든 것의 진실을 볼 수 있듯이 인생의 길에서도 어둠과 같은 고통·두려움·욕망이 걷히고 나면 세상의 모든 존재의 가치와 의미가 바로 보인다고 가르치는 것 같다.

이 작품은 그러한 가르침과 어떤 상황을 문학적 이미지로 나타내고 있다. 즉 그와 같은 뜻을 문학적 표현으로 나타내고 있다. 개울의 새파란 물도 달빛의 반사로 본래의 맑음과 물 속에 가라앉아 있는 고운 모래와 자갈도 투명하게 보이게 되는 것이다. 그래서 작품 속에서는 달빛아래 흘러가는 시냇물을 보며 물 속에 조용히 가라앉아 있는 가는 모래도 본다고 노래하고 있다. 이처럼 모든 존재의 본래 모습을 자각하게하는 것도 달빛의 덕분에 가능한 것이다. 이 노래에서는 기파랑의 맑고깨끗한 지혜와 고결하고 순수한 인격을 달님과 같다고 노래하고 있다.그래서 이 노래는 기파랑이라는 인물의 고귀하고 달빛과 같은 인품을흠모하여 찬탄하는 노래라고 평가할 수 있다.

그렇다면 기파랑이라는 인물은 어떠한 사람이고, 충담스님은 왜 그의 인격을 찬탄하는 노래를 만들어 신라의 임금님에게 전하였을까? 그이유를 알아보기 위해서 이 작품의 불교학적 배경을 살펴보도록 한다.

기파랑이란 인물은 부처님께서 살아 계실 때에 인도의 마가다국에서실제로 재상으로 활동하였던 사람이며 또 명의(名醫)였던 지바카(Jī-vaka Komārabhacca, 耆婆)[110]를 가리킨다. 이러한 사실은《관무량수경(觀無量壽經)》을 살펴보면 알 수 있다.《관무량수경》은 '왕사성(王舍城)의 비극'을 배경으로 만들어진 경전이며 그때에 부처님께서 왜 정토학을 가르쳤는가 또 정토를 보는 관법을 가르치게 되었나를 알려주는

---

110) 인도 역사에는 지바카 코마라브하차는 빔비사라 왕과 창녀 사이에 태어난아들 혹은 아바야 왕자와 창녀 사이에 태어난 아들로 알려져 있다. 그는 탁실라(현재, 파키스탄의 북동부에 있었다는 고대도시)에서 빈카라로부터 의학을 배웠고, 왕사성에서 소아과 의사로 활약했다고 알려져 있다. 의사로서도 유명했지만 독실한 불교신자로서 석가모니를 외호(外護)한 인물로도 유명하다. 그리고 역사서에는 아자세(阿闍世) 왕자가 아버지를 죽이고나서후회하며 괴로워할 때에 왕자를 석가모니가 계신 곳으로 데리고 가서 불교신자로 만들었다고 전한다. 또 그는 석가모니와 불제자 등의 병을 고쳐준 명의(名醫)로서 많은 존경을 받았다고 전한다.

경전이다.

그래서 이 작품은 불교의 정토교학과 정토신앙을 가르쳐주는 것임과 동시에 충담스님이 신라의 어떤 상황을 대비시켜서 만들었다고 말할 수 있다. 바꾸어 말하면 이 작품은 실제로 있었던 신라시대의 역사적 상황에 비추어 경덕왕에게 간접적으로 전하고자 하는 충담스님의 생각이 복합적으로 연결되어 그려져 있다. 바꾸어 말하면 이 작품은 충담스님이 석가모니께서 살아 계실 때에 활동하였던 먼 옛날 그때 그곳의 풍경을 생각하면서 부처와 같은 성품을 지닌 기파랑이를 신라 땅에서도 뵙고 싶다는 염원을 노래한 것이다. 또 이 노래를 부를 무렵, 신라 경주의 일오(逸烏) 냇가의 자갈 벌에서도 쉽게 만날 수 있을 정도로 많은 인재와 기파랑이와 같은 인재가 배출되었으면 좋겠다는 바램을 노래하고 있다. 그래서 이 작품에서는 "일오의 냇가 자갈이 있던 벌판에서도 기파랑이 지녔던 깊고 넓은 마음의 끝을 쫓고 있노라."라고 표현하고 있는 것이다.

이렇게 기파랑의 모습을 그리면서 당시 인도의 그때 그곳의 숲과 그 개울에서도 저렇게 아름다웠을 것이라고 상상한다. 즉 경주의 일오 냇가의 자갈 벌에서도 경주의 어느 이름 없는 곳에서도 기파랑이 지닌 깊고 넓은 마음과 고결한 인품을 배우고자 하며 또 기파랑의 지혜와 인품은 어떤 눈서리라도 그 위풍을 덮지 못하며 추운 겨울에도 언제나 푸르름을 지키고 있는 소나무와 잣나무와 같은 모습이라고 찬탄하고 있다. 작품 속에서는 하늘 높이 솟은 잣나무 가지의 윗부분이 기파랑의 위풍당당한 모습처럼 보인다고 노래하고 있다. 그것은 《관무량수경》 등에 나오는 역사적 상황에서 보여준 기파랑의 기개, 인격, 마음씨가 참으로 깊고 높았다고 찬탄하고 있는 것이다. 즉 기파랑의 기개는 바르고 그 어떤 장애에도 굴복하지 않는 고결함에 있었다고 노래하고 있다. 바로 그런 기파랑의 기개를 색채적 이미지로 표현하여 높고도 고운 빛과 같다고 노래하고 있는 것이다. 그러면서 신라에도 그러한 고결한 인품의 인격자들이 많이 배출되었으면 좋겠다는 염원을 노래하고 있다.

위의 노래와 관련해서 《관무량수경》에 나오는 역사적 상황을 알려면 불교의 정토교학을 알아야 한다. 정토교학은 정토삼부경(淨土三部經) 이라고 불리는 《무량수경》·《관무량수경》·《아미타경》을 읽어야만 하지만 이 가운데 기파랑에 대한 직접적인 자료를 찾을 수 있는 것은 《관무량수경》이다. 《관무량수경》을 살펴보면 이 경전의 교학적 특징은 난세(亂世)에 고통받는 중생과 악인들을 어떻게 바른 길로 인도하고 구제해야 하는가? 또 악인도 극락정토(極樂淨土)에 왕생시킬 수 있는가? 또 난세에 근기(根機)가 열악한 중생들에게 어떻게 하면 불교의 가르침을 쉽게 전할 수 있는가를 생각하게 하는 데 있다.

우선 이 경전을 읽어보면 부처님께서도 우리 범부들처럼 많은 어려움과 모함을 받으면서도 그 어려움들을 극복하며 불교를 가르치고 계셨다는 것을 알 수 있다. 보통 불교도들은 부처님과 같은 훌륭하고 고귀한 분들은 어떤 어려움도 없고 고생도 모르며 편안하게 살았을 것이라고 생각하지만 사실은 부처님도 우리들처럼 삶의 많은 어려움을 겪었으며 또 생각지도 않은 중상과 모략을 받기도 하였다. 부처님께서 우리들처럼 겪은 많은 어려움 가운데 세 가지를 들어보면 부처님의 생전(生前)에 당신의 석가족이 강국에 의해서 패망하는 것을 보았고, 또 때로는 어떤 사람들이 부처님을 죽이기 위하여 음식에 독약을 넣어 독살을 기도하였으며 그리고 데바닷다(Devadatta, 提婆達多)[111]에 의해서 일어

---

111) 석가모니 부처님의 사촌동생으로서 중국에서 한역할 때에 제바(提婆), 천수(天授), 조달(調達)이라고 번역하기도 한 인물이다. 곡반(斛飯) 왕의 아들로서 아난(阿難)의 형이기도 하였다. 석가모니를 따라서 출가하였으나, 나중에 석가모니를 질투하여 삼역죄(三逆罪: 出佛身血, 敎阿羅漢, 破和合僧)을 범했다고 알려져 있다. 현재 율장(律藏)에는 그가 스스로 5종류의 법을 정해서 그를 따르는 무리를 통솔하였다고 전하고 있으며, 그들의 무리가 후세에도 존속되었다고 한다. 7세기에 현장(玄奘)이 인도에 갔을 때에

난 '왕사성의 비극'도 있었다. 그러나 부처님은 그러한 어려운 상황에
서도 당신의 고결한 인품을 지키며 가르침대로 행동하며 평등하게 대하
였기 때문에 오늘날까지 존경을 받고 있는 것이다.

《관무량수경》은 바로 '왕사성의 비극'을 배경으로 부처님께서 난세
(亂世)에 어떻게 하면 정토에 왕생할 수 있는가와 근기가 열악한 중생
들에게 어떻게 하면 불교의 가르침을 쉽게 전할 것인가를 알려준다. 또
종교적 믿음의 본질에 대하여 생각하게 한다. 즉 이 경전의 가르침은
오늘날과 같은 정신적 혼란기에 살아가고 있는 우리들에게도 실감나게
다가오는 가르침이기도 하다. 그리고 이 경전은 부처님께서 직접 가르
쳐준 관법(觀法)이 설명되어 있다는 점에서 역사적으로 의의가 깊다.

'왕사성의 비극'은 B.C. 6~5세경 인도의 중부에 위치한 마가다
(Magadha)라는 큰 나라에서 일어난 실제의 사건으로 왕자가 왕위찬탈
(王位簒奪)을 위하여 부왕(父王)을 죽이는 사건이다. 그때 이 나라에
는 빔비사라(Bimbisāra, 頻婆娑羅)라는 국왕이 나라를 통치하고 있었
는데 그의 아들인 아쟈타샤트루(Ajātaśatru)[112] 왕자가 왕위를 탐하여
어느 날 아버지를 죽이려고 지하의 칠중(七重) 감옥에 가두고 굶기기
시작하였다. 즉 왕위 찬탈의 사건에서 빚어진 부자상극(父子相剋)의
비극적 사건이 인도의 마가다 수도인 왕사성에서 일어났던 것이다.

이 사건이 발생하였을 때는 역사적으로 부처님 만년(晩年)에 해당되
는 시기였다. 옛날부터 왕사성에는 이 도시를 빙둘러 싸고 있는 다섯
개의 산봉우리가 있었다. 그 산봉우리들 가운데 기사굴산(耆闍崛山,
Gṛdhrakūṭa) 또는 영취산(靈鷲山)이라고도 부르는 산에서 석가모니께
서 오랫동안 불법을 가르치시고 계셨다고 전한다. 그 이유는 당시 마가
다 국은 인도의 중부지방을 지배하고 있던 강대국으로서 평소에 부처님

─────────────

도 제바의 교도가 있었다고 전하고 있다.
112) 팔리어로는 Ajātasattu.

의 설법을 듣기를 좋아한 마가다 국왕인 빔비사라 왕과 그의 왕비인 위제희 부인이 불교교단을 보호하였기 때문이라고 전한다. 또 이 나라에서 일찍이 배화교(拜火敎)의 바라문이었던 가섭(迦葉)의 삼형제를 제자로 받아들였고, 또 회의론자(Sañjaya) 제자였던 사리불(舍利弗)과 목련(目連) 등의 무리를 받아들여 불교교단을 확고히 구축하였던 곳이었기 때문으로 유추된다.

그런데 어느 날 부처님의 사촌동생인 데바닷다가 부처님의 지위를 시기하면서 아쟈타샤트루 왕자를 충동질하여 부왕을 죽이고 왕위를 찬탈하도록 만들었다고 전한다. 즉 부처님의 법왕(法王)의 지위를 탐한 데바닷다와 부왕의 지위를 탐한 아쟈타샤트루가 공모하여 사건을 일으켰던 것이다.

일설에 의하면 아쟈타샤트루 왕자는 코살라 국 출신인 맛다(Madda)라는 비(妃)의 몸에서 태어난 빔비사라의 친아들이라고 말하기도 하고 또는 위제희 부인이 코살라 왕의 여동생이라고 하여 결국 위제위 부인의 아들이라고 해석하기도 한다. 그 외에 인도 자이나교의 전설에 의하면 바이샬리 왕인 체타카(Cetaka)의 딸 첼라나나(Cellana)가 아쟈타샤트루의 어머니라고 전하고 있다. 어쨌든 아쟈타샤트루는 빔비사라 왕의 많은 왕비들 가운데 한 여인이 낳은 아들이던지 아니면 위제희 부인이 낳은 친아들로 추정된다. 또 다른 학설에 의하면 아쟈타샤트루 왕자는 빔비사라 왕의 많은 자식들 중의 하나로서 어릴 때부터 총명하였지만 자신을 낳은 어머니의 출신계급이 낮아서 왕위의 계승과는 상관없이 위치에 있던 왕자였기 때문에 데바닷다의 충동질로 아버지를 왕궁의 지하실에 감금하고 왕위를 찬탈하는 사건을 일으켰다고 전한다. 즉 불교교단의 파괴자로서 알려진 데바닷다의 감언이설에 이끌려서 그런 일을 저질렀다고 전한다.

앞에서 설명했듯이 데바닷다는 석가모니의 사촌동생으로서 아난과 함께 불문에 출가하여 승려가 된 사람이라고 전하는데 그도 매우 총명하여 승려로서 유명하였지만 같은 석가족이고 사촌형제인 고타마 싯달다는 불교교단 최고의 어른으로서 존경받는 것을 보고서 자신은 왜 부처님처럼 크게 대우받지 못하는가를 항상 불만스럽게 생각하고 시기하던 끝에 당시 왕위에 오르지 못할 위치에 있는 아쟈타샤트루 왕자를 충동질하여 왕위찬탈을 하게 만들었고 데바닷다 자신도 불교교단의 새로운 어른이 되기를 기도하였다고 전한다.

이러한 복합적인 문제로 일어난 사건은 처음에는 아쟈타샤트루 왕자가 빔비사라 왕을 지하의 7중으로 겹겹이 싸인 감옥에 가두고 제 스스로 왕위에 오른 것에서 시작된다. 아쟈타샤트루 왕자는 자신의 아버지를 곧장 죽이려고 하였지만 차마 죽이지 못하고 왕궁의 지하실에 감금하여 굶겨 죽이려고 하였다고 전한다. 그런데 빔비사라 왕은 그 지하 감옥에서 일주일 동안에 아무런 음식도 먹지를 못했는 데도 살아있었다고 전한다. 왜냐하면 빔비사라 왕의 죽음을 막아보려고 고민하던 위제희 부인이 남편을 살리기 위해서 매일 밀가루 떡과 꿀을 섞어서 자신의 몸에 바르고 또 포도주병을 자신의 옷 속에 감추어서 왕궁의 지하실 감옥에 들어가서 왕에게 전하였고 왕은 그것으로 굶주림과 목마름을 겨우 면하고 있었기 때문이라고 전한다.

그런 사실을 전혀 모르고 있던 아쟈타샤트루 왕자가 부왕이 죽기만을 기다리고 있던 어느 날, 몇 주일이 지나도 부왕이 죽지 않자 그것을 이상하게 생각하여 지하 감옥을 지키고 있던 경비병을 조사하였다. 그래서 어느 누구도 들어간 적이 없는 지하감옥에 위제희 부인만이 매일 음식과 포도주를 숨겨서 부왕에게 전해주었다는 사실을 확인하게 된다. 그 사실에 몹시 화가 난 왕자는 위제희 부인을 먼저 자신의 검으로 죽이려고 하였다고 한다. 그러한 긴박한 상황에서 지바카코마라브하차가 등장한다. 당시 그 나라 대신(大臣)인 찬드라두라티바와 지바카코마라브하차가 아쟈타샤트루 왕자에게 다음과 같이 충고를 하였다고 전한다.

"대왕이시여! 오래된 베다 성전을 보면 옛날에 온갖 악행을 한 왕들의 이야기가 가끔 전합니다. 그리고 그 중에는 가끔 왕위에 빨리 오르고 싶어서 부왕을 살해하는 경우가 있었습니다. 인도에 그러한 일들이 일만 팔천이 되었다고 전합니다. 그런데 그러한 이야기에도 아직 어머니를 죽인 예는 한번도 없었습니다. 지금 대왕께서 어머니를 죽이면 크샤트리야(武士階級)의 명예를 더럽히는 일이 됩니다. 우리 크샤트리야에서는 그와 같은 일이 일어난 적도 없고 들어본 적도 없고 본 적도 없습니다. 그와 같은 일은 슈드라(賤民階級)들이나 하는 짓입니다. 만약 지금 그와 같은 일이 벌어진다면 저희들은 여기 이 나라에서 더 이상 살 수 없습니다."

이렇게 말하고 스스로 그들의 검을 던져버리고 그 자리를 물러갔다고 한다. 그러자 아쟈타샤트루 왕자는 급히 애원하듯이 이렇게 말하면서 그들을 만류했다고 한다.

"너희들은 이제까지 나의 편이 아니었던가!"

그러나 그들은 다시 돌아서면서 충언을 계속했다고 한다.

"대왕이시여! 결코 어머니를 죽여서는 안 됩니다."

아쟈타샤트루 왕자는 자신이 나라를 다스리는데 꼭 필요한 대신들이 그렇게 반대하고 그들마저 국외로 가버리면 자신의 왕위마저도 위태로움을 느껴 그 자리에서 어머니는 죽이지 못하였다고 전한다. 나라에 꼭 필요한 신하들의 완강한 반대에 부딪힌 왕자는 어머니를 직접 죽이는 대신에 부왕처럼 지하실의 감옥에 감금하여 굶겨 죽이기로 마음을 바꾸었다고 전한다. 그리하여 부왕이 있는 지하 감옥의 다른 방에 가두었다고 전한다.

인도의 다른 역사서에 의하면 나중에 결국 부왕을 굶겨서 죽인 다음에 왕자는 왕위를 찬탈하여 국왕이 되었다고 전한다.[113] 그러나 그 후

---

113) 아쟈타샤트루 왕자가 왕위에 즉위한 때는 석가모니가 입멸하기 전의 8년 전의 일이었다고 전한다.

에도 찬드라두라티바와 지바카가 함께 죽음을 무릅쓰고 왕자의 잘못을
타이르고 어머니를 죽이는 데에 찬동하지 않아서 왕자가 살모(殺母)의
악행을 실행에 옮기지 못하게 하였다고 전한다.

그런데 먼 훗날에 아쟈타샤트루는 살부(殺父)에 대한 깊은 죄의식으
로 큰 병을 얻었다고 전한다. 혹은 아쟈타샤트루 왕자는 아버지를 살해
하려고 하는데 위제희 부인이 그것을 방해한다고 생각하니까 화가 치밀
고 열이 나서 온 몸에 고름이 나는 병이 걸렸다고 전하기도 한다. 그렇
게 아쟈타샤트루 왕자가 마음의 병으로 몸에서 고름이 나고 또 냄새가
나게 되자 주위에 많은 사람들이 왕을 가까이 하지 않게 되었다고 전한
다. 그러나 당시 대신이면서 왕사성의 명의(名醫)의 한 사람인 지바카
가 정성을 다하여 아쟈타샤트루 왕자의 몸의 상처와 마음의 병을 치료
하여 주었다고 전하고 있다. 즉 지바카는 부처님과 같은 마음으로 자신
의 몸과 마음을 다하여 충실히 왕을 돌본 명신이고 충신이었던 것이다.

앞에서도 조금 이야기하였지만 지바카라는 신하는 아쟈타샤트루 왕
자를 위해서 때로는 목숨을 걸고 왕자의 잘못을 말하고 바른 길을 가도
록 충고했으며, 때로는 몸에 병이 걸렸을 때에는 병을 치료하여 준 착
한 인물이었다. 그러한 충신의 노력으로 아쟈타샤트루 왕자는 어머니
는 죽이지 않게 되었고 나중에는 왕자가 스스로 부왕을 죽이고 왕위를
빼앗은 일에 대하여 깊이 반성하게 만들었고 또 부처님의 가르침에 귀
의하도록 하였다고 전한다. 그 후 왕자는 불교신자가 되어 왕사성에 부
처의 사리탑을 세워서 공양했다고 전한다. 즉 지바카라는 신하는 악행
을 한 왕을 바른 길로 인도한 지혜로운 충신 중의 충신이었던 것이다.
《관무량수경》은 이러한 역사적 실제 상황을 배경으로 불법을 바로 전한
지바카 이야기를 전하고 있다. 충담스님은 바로 이러한 지바카같은 인
물이 신라에도 많이 배출되기를 염원하는 노래를 하고 있는 것이다.

그리고 《관무량수경》에서 그냥 지나칠 수 없는 것이 관법(觀法)과 구
품왕생설(九品往生說)의 정토교학이다. 경전에는 지하의 7중 감옥에

갇힌 위제희 부인이 당시 왕사성의 기사굴산에서 설법을 하고 있는 부처님에게 도움을 청하기 위해서 감옥에서 지극정성으로 부처님을 생각하는 부분과 부처님의 가르침 덕분에 자신을 괴롭혔던 마음의 고통을 벗어나게 되었다는 부분도 있다. 이 부분들은 마음으로 정성을 다하여 염불하면 정토에 왕생할 수 있다는 정토교학으로 발전한다.

《관무량수경》에는 빔비사라 왕과 위제희 부인이 지하의 감옥에 갇히는 절망적인 상황에서 위제희 부인의 하소연이 공중으로 석가모니 부처님께 전달된다. 그리고 석가모니 부처님께서 부인의 비극적 상황을 내려보고 정토에 왕생할 수 있는 법을 설하고 있다. 이러한 것은 종교적, 문학적으로 서술되어 있다.

이 외에도 이 경전에는 사실적인 표현들이 많은데 그 가운데 감동을 주는 것이 위제희 부인이 부처님을 만나서 원망하는 부분이다. 위제희 부인은 남편과 부인 자신이 오랫동안 부처님의 법을 열심히 받들고 불교교단을 보호하며 좋은 일도 많이 했는데 왜 부처님의 사촌 동생인 데바닷다가 어린 왕자를 충동질하여 이와 같은 일을 일으켰으며 또 왜 자신들은 이와 같은 불행을 겪어야 하느냐고 원망하는 부분이 있다.

"부처님은 전생(前生)의 무슨 업보(業報)로 데바닷다와 같은 사촌동생이 있으며 남편과 자신에게는 왜 아쟈타샤트루와 같은 아들이 있느냐?"라고 한탄하면서 부인은 이렇게 고통받는 자신을 위하여 오염된 이 세속의 사바세계를 더 이상 보지 않게 하고 고뇌와 고통이 없는 정토로 인도해 주라고 애원하고 있다. 부인의 그러한 애원을 듣고 부처님께서 설법을 하는데 마음으로 정토를 보는 관법(觀法: 16관법)을 가르쳐 주면서 감옥에서 매일 하나씩 수행하면 고뇌와 고통이 없는 세계를 보게 된다고 가르쳐주고 있다. 불교의 정토학은 바로 여기서 출발한다.

위제희 부인에게 가르친 16관법을 쉽게 설명하면 고통받는 중생의 번거로운 마음을 쉬게 하고 서서히 안락하게 하는 관법이다. 이 16관법은 아미타불이 계시는 서방정토의 청정한 불국토(佛國土)에 왕생하

게 되는 수행방법이며 불설(佛說)의 관법으로는 가장 오래된 수행법이
다. 즉 고뇌와 고통이 없는 정토의 세계를 열어주는 16관법에 대한 불
교사적 의의는 불교의 수행법 가운데 석가모니께서 직접 가르친 수행
관법으로 가장 오래되었다는 것이다. 더 간단히 말하면 석가모니의 재
세(在世)한 때의 관법으로 매우 중요한 의의를 갖는다.

16관법은 어떤 대상물을 단계적으로 관상(觀想)하여 가면서 최종적
으로 아미타불의 서방정토의 청정 세계를 봄으로써 마음의 안락함을 얻
는 방법이지만 불도의 초기 수행방법으로서 매우 의미가 깊다.

보통 평범한 사람도 불교의 근본정신을 바로 이해하면 스스로 모든
고통으로부터 해방될 수 있다. 바로 그런 사람을 부처라고 부른다. 그
러나 그렇지 못한 사람들은 불법을 들었다고 해서 바로 단번에 번뇌로
부터 벗어나서 자유롭게 부처처럼 행동하지 못한다. 그래서 석가모니
께서 《관무량수경》에서는 어떻게 하면 보통 이하의 사람과 악인도 번뇌
의 결박으로부터 해방되는가를 알려주고 있다.

위제희 부인과 같은 사람은 오늘날에도 많이 있다. 그래서 《관무량수
경》에 부처님께서 위제희 부인에게 가르친 열여섯 가지 관법을 통하여
오늘의 우리들도 어떻게 하면 번뇌의 불길로부터 해탈될 수 있는가를
생각해 볼 수 있다. 정토교학적으로 설명하면 그 내용이 복잡하기 때문
에 여기서는 간략하게 설명하도록 한다.

제1 일상관(日想觀)은 서향(西向)으로 정좌(正坐)하여 해를 관조하
는 방법이다. 경전에는 저녁 무렵 지는 해를 바라보면서 자신의 생각을
움직이지 말고 바라보게 한다. 다시 계속해서 지극 정성으로 해를 벽에
걸어둔 장구나 북처럼 보고 또 눈을 감거나 뜰 때에도 계속 그렇게 해를
바라보면 몸과 마음이 아침에 떠오르는 해처럼 명료해진다고 가르치고
있다. 즉 일상관은 우선 안심(安心)의 수행 방법을 쉽게 그리고 자세하
게 설명하고 있다. 멀리 서방정토의 아미타불로 향한 우리들 마음을 점
진적으로 닦게 하고 있다. 즉 구체적인 일몰(日沒)의 해를 보는 것으로

순 서	관법의 명칭	순 서	관법의 명칭
제1	일상관(日想觀)	제9	진신관(眞身觀)
제2	수상관(水想觀)	제10	관음관(觀音觀)
제3	지상관(地想觀)	제11	세지관(勢至觀)
제4	보수관(寶樹觀)	제12	보관(普觀)
제5	보지관(寶池觀)	제13	잡상관(雜想觀)
제6	보루관(寶樓觀)	제14	상배생상관 (上輩生想觀)
제7	화좌관(華座觀)	제15	중배생상관 (中輩生想觀)
제8	상관(像觀)	제16	하배생상관 (下輩生想觀)

고정시킴으로써 마음속의 서두름을 조정시켜서 안정시키고 있다.

제2 수상관(水想觀)은 물의 미세함과 청정함에 자신의 생각을 고정시키는 방법이다. 경전에는 생각의 분산을 막기 위해서 잔잔한 물과 얼음의 영상과 유리의 투명함 등을 생각하여 관조하라고 가르치고 있다.

제3 지상관(地想觀)부터는 관조하는 대상을 차례로 대지(大地), 나무의 숲, 연못, 누각(樓閣), 무량수불(無量壽佛)의 화좌(華座), 보상(寶像), 진신(眞身), 관음보살, 대세지보살 등으로 열거하여 그러한 대상에 생각을 고정시켜서 관조하라고 한다.

경전에는 관(觀)하는 대상으로 열세 가지만 열거하고 그 다음에 수행자의 근기와 공덕에 따라서 정토에 왕생하는 아홉 가지 방법을 설명하고 있다. 즉 마음과 생각을 열세 가지 대상에 비추어 점차적으로 관조하여 마음이 편안하게 되면 중생이 제 능력에 맞추어서 정토를 생각하여야 한다고 가르치고 있다. 다시 설명하면 중생의 공덕의 차이에 따라

서 정토에 왕생할 때에 조금씩 다른 연화대(蓮華臺)에 오른다고 알려
주고 있다. 석가모니는 이러한 가르침을 위제희 부인에게 단계별로 가
르치고 있다.

이러한 16관법을 현재의 우리들에게 맞게 바꾸어 설명하면 일상생활
에서 흔들리는 마음과 욕망 등으로 괴로울 때에 주변에서 자주 볼 수 있
는 자연의 현상에서부터 법당의 부처와 보살의 모습 등을 서서히 차례
대로 관조하여 마음을 편안하게 하는 방법이라고 설명할 수 있다. 더
간단히 설명하면 제행무상(諸行無常)과 제법무아(諸法無我)를 자각하
게 하는 공관(空觀)의 점수법(漸修法)이라고 할 수 있다. 즉 우리들이
일상생활에서 아주 쉽게 보는 주변의 자연성(自然性)을 관찰하여 나중
에는 불교의 공(空)을 깨우치는 방법이다.

경전에는 부처님께서 갑자기 당한 일에 흥분하고 고통스러워하는 위
제희 부인의 번뇌를 식혀주기 위해서 설법보다 고통의 열을 자연에 옮
겨서 생각을 식히게 한 다음에 불법을 서서히 가르쳐 주려고 하고 있다.

정토교학은 종교심의 근본이라고 할 수 있는 신심(信心), 겸양심(謙
讓心), 심심(深心)을 알게 하고 부처님의 본원(本願)에 귀의하게 하는
가르침이다. 이러한 점이 일반교학과 정토학의 차이라고 할 수 있다.

보통 일반교학에서는 불교를 삼법인(三法印), 사성제(四聖諦), 십
이연기(十二緣起), 공(空) 등으로 복잡하게 설명한다.[114] 이러한 삼법
인, 사성제, 십이연기, 공 등은 자세한 설명이 없으면 쉽게 알 수 없
다. 그러나 정토학도 불교의 핵심을 다르게 표현했을 뿐 내용은 같다고
말할 수 있다.

---

114) 삼법인은 제행무상(諸行無常) · 제법무아(諸法無我) · 열반적정(涅槃寂
靜) · 일체개고(一切皆苦)를 가리키고, 사성제(四聖諦)는 고집멸도(苦集
滅道)의 네 가지의 진리를 설명한 것이며, 연기(緣起)와 공(空)은 부처님께
서 보리수 밑에서 명상으로 깨달으신 불교의 근본법이다.

그 가운데 공관(空觀)은 모든 존재와 현상이 무자성공(無自性空)이기에 항상 연기(緣起)하고 변하고 있으며, 그러하기에 모든 존재가 무상(無常)하다고 관조하는 입장이다. 또 모든 것이 인연에 의해서 쉼없이 생성하고 있기에 그 무엇도 집착할 필요가 없다는 가르침이다. 즉 어떤 것이든 영원하다고 집착하거나 자신의 것이라고 집착해서는 안된다고 알려주는 가르침이며, 그렇게 생겨나는 번뇌로부터 휘둘리지 말 것을 가르쳐주는 인생관이다.

다시 설명하면 인연에 의해서 생겨난 모든 존재와 정신적 물질적 육체적인 그 어떠한 존재나 현상도 그 자체 단독으로 생겨난 것이 아니고, 직접적인 인(因)과 많은 간접적인 연(緣)에 의해서 생성(生成)된 것이기에 모든 것을 공(空)으로 생각하고 보아야 된다는 것이다. 즉 모든 것이 영원히 변함 없이 존재하는 것이 아님을 이해하게 됨에 따라서 스스로 집착의 번뇌를 끊을 수 있다는 설명이다.

무자성공이란 바로 모든 존재의 그러한 변화와 관계성을 분석하여 설명한 것이다. 우리들이 현실 속에서 존재한다고 인식하는 모든 것이 잡다한 인연과 무한한 관계에 의해 만들어진 것이며 또 그것들은 어느 순간에는 사라지고 없어지는 것으로 관조하는 것이 불교의 무상관(無常觀)이고 공관(空觀)이다.

《금강경(金剛經)》에서는 불교의 무상관을 다음과 같이 설명한다. 범부가 보통 집착하는 네 가지 모습(四相)이 있다고 설명한다. 이 네 가지 모습에 집착하는 것을 타파하는 것이 제법을 무상으로 관조하는 공관(空觀)이라고 설명한다. 또 공관은 바로 부처님과 같은 깨달은 자의 안목으로 모든 존재를 볼 때는 꿈과 같이 봄으로써 집착심을 버리고 열반을 얻는다고 가르치고 있다. 즉 부처님께서 제법을 무상공으로 보셨기에 번뇌하지 않았고 편안히 계셨다고 설명하고 있다.

그런데 우리들 범부는 보통 이 세상의 모든 것이 변함없이 견실하고 영원하리라고 오해하고 그러한 생각이 옳다고 집착한다. 그리고 그러한 생각대로 항상 무엇을 기대하고 원하고 있다. 그러다가 그 바램과 욕망이 이루어질 수 없을 때는 괴로워하고 번뇌한다. 즉 모든 것이 무상한데 범부는 항상하다고 거꾸로 보니까 괴로운 것이다. 우주의 삼라만상이 늘 변화하지만 범부는 모든 것이 항상하다고 생각하고 보고 있기에 상처받고 괴로워하는 것이다. 예컨대 인간이 세상을 어떻게 보느냐에 따라서 전혀 다른 결과를 만들어 내는 것이다. 석가모니께서 16관법을 가르친 근본적인 이유도 여기에 있는 것이다.

　인간의 존재를 포함하여 모든 존재가 항상 변화하고 있기에 무상한데 사람들은 자신의 육안(肉眼)으로 보는 모든 것이 견실하게 변하지 않고 존재한다고 집착하여 자신을 비롯해서 가족과 집, 회사, 사회조직, 국가, 인간사의 모든 것이 실재하다고 생각하고 있다. 왜냐하면 무상관을 모르는 범부들은 언제나 눈으로 보거나 손으로 만지고 느끼는 그 모든 것이 자신들의 것으로서 실재하고 앞으로 견실하리라고 생각한다. 또 자신의 심신(心身)을 비롯해서 자신의 가족과 인간사의 모든 것도 지금 있는 것처럼 영원히 존속하며 또 존속할 수 있다고 생각한다. 그러나 유위의 제법(諸法)의 이치는 항상 변하고 무상하다는 것이기에 그 무엇도 영원히 존속할 수 없다는 것이다. 즉 깨달은 자(부처)와 깨닫지 못한 자(중생)의 차이는 바로 이러한 관점(觀點)의 차이에서 생겨나는 것이다.

　범부의 무상법에 대한 무지를 깨우쳐 주기 위해서 논리적으로 설명한 것이 제법의 무아(無我)와 무자성(無自性)의 공(空)의 일반교학이다. 또 공관(空觀)은 모든 존재가 변화하며 그 자체는 어떤 영원불변성도 어떤 실체성(實體性)도 없지만, 모든 것이 항상 생멸하고 변화하도록 만들고 있는 무한한 요인과 관계가 있다고 관조하는 안목이다. 그런데 이렇게 쉬운 가르침에도 중생들이 빨리 깨우치지 못하니까 부처는 그들의 번뇌의 불길을 식혀주면서 부처만 믿고 따라 오라고 가르치고 있는 것이다. 바로 이것이 정토학이다. 《관무량수경》에서는 위제희 부인에게 번뇌의 불길을 식혀주면서 서서히 무상법과 종교심을 가르치고 있다고 해석할 수 있다.

모든 존재가 영원불변한 어떠한 실체성이 없기 때문에 항상 생멸하고 변화하는 것이라는 안목과 그 어떤 것도 영원할 수 없기에 모든 것은 무상하다고 보는 지혜는 2,500여 년 전에 부처님이 보리수 밑에서 깨우친 진리이다. 불교학에서는 이것을 삼법인 가운데 제행무상(諸行無常)으로 설명하고 또 유위의 제법 무상하기에 연기공(緣起空)의 존재라고 가르친다. 즉 불교의 핵심은 바로 무상법이다. 부처님께서 보리수 밑에서 깨달으신 내용도 무상법이고 다른 제불보살(諸佛菩薩)이 중생들에게 가르친 것도 바로 제법의 무상성(無常性: 空性)이다.

그래서 세상의 모든 것이 인연에 의해 생성되고 인연에 의해서 멸하여 가는 것이기에 고통도 즐거움도 영원히 계속되는 것이 아니라고 말할 수 있다. 즉 세상의 모든 고통도 즐거움도 처음 그것이 있게 만든 여러 인연에 의해서 나타난 상황이기에 만약 그 고통을 있게 한 인연의 조건들이 없어지게 되면 고통도 사라져버리게 되는 것이다. 이처럼 고통과 즐거움은 서로 의지하여 나타나는 상대적(相待的)인 현상들이다. 그래서 인간의 희노애락(喜怒哀樂)도 불변한 것이 아니다. 모든 존재와 현상을 이렇게 관조하는 것을 무상공으로 관조한다고 말한다. 일상적으로 무심코 생각한 대상도 이렇게 분석적으로 관점을 다르게 해서 다시 살펴보면 영원히 계속될 것 같은 고통도 즐거움도 한 순간에 생겼다 사라지는 공(空)한 것임을 깨닫게 된다. 이러한 것을 관법(觀法)으로 설명하면 공관(空觀), 무상관(無常觀)이라 말할 수 있다.

위제희 부인이 부처님을 원망하고 고통스러워한 것은 부인이 모든 것이 무상하다는 무상관을 몰랐기 때문에 생긴 것이다. 즉 위제희 부인은 우선 자신이 왕비로서 누려왔던 부귀영화와 편안함이 계속될 것이라고 생각하였다. 그래서 남편인 빔비사라 왕이 아들에 의해서 갑자기 감금당하고 또 자신도 죽게 된 상황의 변화를 쉽게 받아들일 수 없었던 것이다. 또 왕비로서의 지위와 모든 희망이 좌절되어버린 순간에 그 동안의 바램이 번뇌의 불길으로 변하였던 것이다. 부처님은 그런 위제희 부인에게 자신의 존재를 비롯하여 모든 상황이 무상하다는 것을 알려주기 위하여 16관을 가르쳤던 것이다. 그러면서 번뇌심을 자연현상에 차례차례로 비추어 보게 함으로써 서서히 번뇌의 불길을 끄게 하였고 나중에 무상공(無常空)을 이해하게 만들었던 것이다. 즉 16관은 바로 공관(空觀)의 또 다른 해석이라고 말할 수 있다.

부처님은 위제희 부인의 근기에 맞추어서 마음 밖의 대상을 관상(觀想)하게 하다가 서서히 괴로움의 실체와 미망(迷妄)의 원인을 스스로 분석하게 한 다음에는 아미타불에 귀의하게 하고 있다. 또 아쟈타샤트루 왕자가 아버지를 죽이고 어머니마저 죽이려는 상황에서 일어나는 분노와 배신감 등의 고통도 무상공(無常空)을 관조하게 하여 극복하도록 하고 있다. 그리고 위제희 부인이 모든 존재를 무상공으로 관조하는 과정은 정토에 계시는 아미타불에 귀의하는 깊은 종교심으로 종결된다고 해석할 수 있다. 즉 정토신앙은 교법의 이해와 실행에 의한 귀의법(歸依法)이 불가능한 경우의 사람들을 위한 가르침이다. 즉 부처님이 구제해 줄 것이라는 강한 믿음에서 시작되고 성취하게 하는 수행법이라고 말할 수 있다. 달리 말하면 정토에 왕생할 수 있다는 확신과 믿음이 타력신앙으로 성불하게 하며 또 아미타불에 귀의하는 마음에 모든 것을 종결시키는 것이다.

《관무량수경》의 가르침을 간단히 말하면 절대적 귀의불(歸依佛)의 신심을 강조하는 것이고 다르게 말하면 무상공을 관하는 수습차제라고 말할 수 있다. 왜냐하면 무상법도 위제희 부인처럼 극히 비극적이고 어려운 상황에서는 우선 쉬운 방법으로 설명해야 하기 때문이다. 즉 중생의 근기와 상황에 따라서 아미타불에 귀의하는 그 마음만 내어도 된다고 가르쳤다가 나중에 서서히 염불로 안정시켜 가면서 차례로 닦아서 어려운 상황을 뛰어넘게 하는 수밖에 없는 것이다. 여기서 위제희 부인이 수습하는 16관법은 타력신앙에서 시작하였지만 나중에는 스스로 지혜를 열어서 모든 고통을 극복하게 하는 방법이라고 해석할 수 있다. 즉 자세히 보면 타력신앙 안에도 자력신앙(自力信仰)적인 면도 있는 것이다.

충담스님의 찬기파랑가는 이러한 불교사상이 숨겨져 있는 노래이다. 그리고 스님은 신라의 안정과 발전을 기원하는 염원에서 이 노래를 지어 경덕왕에게 받혔다. 경덕왕이 왜 그렇게 걱정하였는가를 살펴보면 경덕왕대(742~765)에서 혜공왕대(惠恭王, 765~780 재위) 사이에 실제로 정치적으로 많은 사건이 생겼다고 기록되어 있다.

《삼국유사》의 기록을 살펴보면 신라의 경덕왕이 나라를 다스린 지 24년째에 오산(五山)과 삼산(三山)의 신[115]들이 때때로 나타나서 대궐의 뜰에 모셨다라는 기록과 함께 후사(後嗣)가 없어서 고심초사(苦心焦思)하던 끝에 표훈(表訓)스님을 불러서 하늘에 기도드리도록 하여 늦게 아들을 얻었다고 전하고 있다. 또 기도를 드린 후에 표훈스님은 처음에 아들은 안 되고 딸밖에 안 되겠다고 말하였으나 왕이 계속 간곡한 간청으로 천기(天機)를 어기고 아들을 얻게 하였다고 전한다. 그러나 만약 왕이 아들을 얻으면 나라가 위태롭게 된다는 하늘의 말도 하였다고 전한다. 그 후에 태자(혜공왕)가 8세가 될 때에 경덕왕이 돌아가시고 태후(太后)가 조정에서 섭정을 하였으나 권신(權臣)들의 반대로 나라의 정사(政事)를 잘 다스릴 수 없게 되어버리고 또 도적이 봉기하여 국경을 방비할 틈이 없을 정도로 나라가 혼란하였다고 전한다. 그러다가 훗날 선덕(宣德)과 김양상(金良相)에게 왕이 시해되었다고 전한다. 즉 그 시기에는 신하끼리도 정쟁(政爭)이 많았고 정치적 사회적으로도

---

115) 오산(五山)은 토함산, 계룡산, 지리산, 부악(父岳)산, 대구(大邱)를 가리키고, 삼산신(三山神)은 나력(奈歷, 경주), 골화(骨火, 영천), 혈례(穴禮, 청도)의 신이다.

아주 혼란스러웠던 때였기에 경덕왕은 훗날을 걱정하고 있었던 것이다. 그래서 경덕왕은 자신이 죽고 난 후에 어린 왕(惠恭王)을 누가 보호할 것인가에 대하여 항상 걱정하고 있었던 것이다. 그러던 중에 왕이 재위 24년 3월 3일에 귀정문(歸正門)의 누각에 있다가 그 밑으로 충담스님이 지나가는 것을 보고 불러서 대화를 하던 중에 스님이 당시 신통력이 있고 향가를 잘 짓는다고 소문이 나있던 충담스님인 것을 알게 된다. 그래서 왕은 스님에게 나라를 위하여 사뇌가를 지어 줄 것을 부탁하였던 것이다. 즉 충담스님에게 나라와 어린 태자를 위해서 신통력이 있는 향가 한 수를 부탁하였던 것이다. 그 때에 충담스님이 왕의 부탁을 받고 지은 시가 바로 안민가이다. 《삼국유사》의 기록에는 찬기파랑가를 왕과의 만남 이전에 만들어진 것으로 나타내고 있지만, 이 두 노래는 아무래도 당시 사회적 상황과 관련이 있었던 것으로 보인다. 즉 불교사상에 능통한 충담스님이 나라와 어린 아들을 걱정하는 왕의 노파심을 덜어주기 위해서 찬기파랑가를 지었다고 유추된다. 그리하여 찬기파랑가를 통해서는 불전에 전하는 명신(名臣), 지바카와 같은 인물이 신라에서도 배출되도록 왕이 나라를 잘 다스린다면 왕이 근심과 걱정을 할 필요가 없다고 알려주고 있는 것 같다. 바꾸어 말하면 《관무량수경》에 전하고 있는 지바카와 같은 훌륭한 충신이 신라에도 많이 배출할 수 있는 사회적 환경을 경덕왕이 스스로 만들려고 노력한다면 미래를 걱정할 필요도 없다고 조용히 가르쳤던 것이 아닌가라고 추측된다. 넓게 말하면 스님은 당시 신라의 골품사회에 경종(警鐘)을 울리고 왕에게는 불교적 세계관으로 모든 것을 넓게 보고 생각하여 나라를 다스리라고 충고하였다고 생각된다. 즉 임금이 훌륭한 인재를 키우려고 스스로 노력만 하면 그것이 인연(因緣)이 되어 나라가 위태롭고 국왕이 아플 때도 충성스러운 신하들이 몸과 마음을 다하여 왕을 보필하고 신라는 영원히 번영하게 된다고 노래하고 있다. 그래서 이 노래는 충담스님이 왕의 염원에 대하여 불교적 내용으로 화답(和答)한 것이며, 또 경덕왕은 신하

들이 혜공왕을 잘 보필해주기를 바라는 염원을 노래한 목적시, 기원가
(祈願歌)라고 해석할 수 있다.

　종래에는 이 노래의 제목이 찬기파랑가라고 해서 신라의 어떤 화랑
(기파랑이라는 이름을 지닌 화랑)을 찬탄한 것이 아닌가 라고 해석하기
도 하였지만, 당시 신라의 시대적 상황과 정토사상을 연결시켜 생각해
보면 찬기파랑가는 불교사상으로 해석해야 옳다고 생각된다.

（2）안민가（安民歌）

충담（忠談）스님（경덕왕 19년, 760년）

임금은 아비요

신하는 사랑하시는 어미요

백성은 어리석은 아이라고

하실진대 백성은 （이러한） 사랑을 알리라!

어리석게 살아가는 중생도[116]

이것을 먹여서 다스리니

이 땅을 버리고 어디로 가겠는가!

알진대 나라의 보전할 것을 알리라[117]

아아! 임금답게 신하답게 백성답게

한다면 나라가 태평을 지속하느니라!

---

116) 향가 해독에 따라서 '대중（大衆）을 살리기에 익숙해져 있기에' 라고 해석할
　　수도 있다.

117) '나라가 있는 백성으로서의 무한한 혜택을 알기에' 라는 뜻으로 해석할 수 있
　　다. 그리고 '알진대' 를 '할진대' 라고 해독할 수 있다.

【의미 풀이】

《삼국유사》의 기록에 의하면 충담스님은 매년 3월 3일과 9월 9일에 경주 남산의 삼화령(三花嶺)에 있는 돌미륵불(彌勒佛)에 차를 끓여 올렸다고 전한다. 충담스님이 그렇게 차를 끓여 올린 돌미륵은 선덕왕 때에 생의(生義)라는 스님이 꿈에 계시를 받고 땅 속에서 찾아내어 모신 것이라고 알려져 있다. 그리고 그 생의 스님은 선덕왕 13년에 생의사(生義寺)를 지어 살았다고 전한다. 그래서 우선 충담스님은 미륵신앙이 강했다고 생각된다. 경덕왕과 처음 만났을 때도 충담스님은 3월 3일에 삼화령의 돌미륵에게 차를 올리고 오던 길이었다고 전하고 있다.

안민가도 역시 향가의 주술력(呪術力)으로 불보살의 가호(加護)를 받고 또 나라가 안정되기를 기원하는 경덕왕에게 충담스님이 화답(和答)한 불교시이다. 이 노래도 경덕왕이 신하들과 백성들에게 사랑과 자비로 다스린다면 그들도 왕을 잘 보필하고 자손 대대로 신라를 지키는 대들보가 될 것이라고 전하는 가르침의 노래이다. 충담스님이 신라의 안정을 염원으로 안민가와 찬기파랑가를 지어 노래하였지만 찬기파랑가와 안민가에 담긴 불교사상은 참으로 깊다.

그런데 보통 찬기파랑가와 달리 안민가는 그다지 불교사상적 설명이 없어도 이해되는 노래라고 평가한다. 과거에는 안민가를 충성스런 신하의 도리를 표현한 유교 사상의 노래라고 평가했다. 그러나 찬기파랑가와 마찬가지로 안민가도 역시 불교사상을 함축적으로 노래하고 있다. 안민가는 특히 불교의 연기관을 노래하고 있다. 즉 충담스님이 경덕왕에게 연기사상(緣起思想)을 노래로 쉽게 풀어서 화답하고 있는 것이다. 연기관은 공관(空觀)의 이면이라고 해석할 수 있다. 공관이 분석적이라면, 연기관은 종합적으로 설명해 주는 것이다. 연기사상을 설명하고 있는 《화엄경》을 보면, 부처님께서 보리수 아래에서 우주의 삼라만상의 변화를 관찰하고, 모든 존재가 끝없이 연기(緣起)하고 있다는 것을 깨달았다고 한다. 즉 모든 존재가 공이기에 무량한 관계성을 갖고 연기하고 있는 것을 발견하였던 것이다. 안민가도 그러한 가르침을 전하고 있다.

위 작품의 노랫말을 살펴보면, 국왕과 신하들은 각자의 위치에서 자신들의 도리를 서로 잘 지키면 나라는 저절로 편안하고 영원히 보존된다는 내용이다. 즉 임금은 부처님의 자비심과 부모의 자애로운 마음으로 신하를 위하면, 신하는 다시 사랑으로 백성을 대하게 되므로 신하와 백성들은 자연히 군주의 자비로운 사랑을 느끼고 자연스럽게 알고 나라의 소중함을 알게 되어 나라를 위하여 열심히 일하게 된다고 노래하고 있다. 바꾸어 말하면 지도자(경덕왕)가 바르게 실천하면 나라는 저절로 안정되고 편안하게 된다고 일러주고 있다.

그리고 임금과 신하 또 그들과 백성과의 관계를 깊이 살펴보면 모든 것이 무한한 관계성 속에서 존재하는 연기적 존재임을 가르쳐주고 있다. 즉 백성들은 임금님의 배려와 지혜로운 신하들의 바른 지도로 편안히 살아갈 수 있고, 임금과 관리들도 역시 백성들이 내는 세금과 부역(負役)으로 나라를 경영하고 국방을 튼튼히 해나갈 수 있다. 이렇게 임금과 신하와 백성은 서로 상부상조(相扶相助)하는 관계로서 나라를 이끌고 간다고 일러주고 있다. 이러한 가르침을 불교학적으로 말하면 상의상대적(相依相待的) 연기성(緣起性)이라는 것이다.

노랫말 속에 '어리석게 살아가는 중생도 이것(慈悲)을 먹여서 다스리니'라는 표현이 있는데 불교학적으로 해석하면 모든 존재와 그 관계는 항상 연기(緣起)하고 연성(緣成)하여 변하고 있으니 지도자가 그러한 무한한 관계성을 잘 살펴서 나라를 통치해야 한다고 일러주고 있다. 바꾸어 말하면 임금이 있어야 신하가 있고, 신하는 백성이 있어야 그 직무를 할 수 있는 것이며, 임금과 신하도 백성이 있어야 존재 할 수 있는 것이라고 일러주고 있다.

경덕왕이 충담스님에게 나라의 태평성대를 바란다는 염원을 토로한 것에 대해서, 충담스님은 임금·신하·백성의 어느 하나만이 잘 해서 되는 것이 아니고 모든 구성원이 각자의 위치에서 제 역할을 잘해야만 모든 것이 잘 운영되고 존속되는 것이라고 설명하고 있다. 연기성의 가르침을 쉽게 설명하면 이 세상의 모든 존재는 그물망과 같은 무한한 관계를 이루고 살아가고 있다. 길거리에 떨어진 삼나무 줄기로 만든 밧줄을 풀어보아도 미세한 삼줄기들이 무수하게 엮여져 있다. 그리고 그 미세한 줄기들을 다시 풀어보면, 더 미세한 실가닥들이 서로 엮어 있음을 본다. 그렇게 실 가닥들이 서로 모이고 뭉쳐져서 한 가닥의 줄이 되고, 그 한 가닥의 줄이 더 큰 줄로 엮어지고, 또 더 큰 줄기들이 그보다 더 큰 줄기로 엮여져 있고 또 다른 줄기들과 서로 엮어지면서 큰 밧줄로 만들어져 있음을 살펴볼 수 있다.

그러한 관계를 불교학에서 연기적(緣起的) 관계라고 말한다. 더 쉽게 설명하면 모든 존재와 현상은 무량한 관계 속에서 존립(存立)하고 성립되어 있다. 또 모든 존재들도 그러한 무수한 요소들에 의해서 구성되어 있으며, 다시 구성요소들은 서로 서로 지탱하여 주는 버팀목과 같은 상의적(相依的) 상대적(相對的) 존재라고 말할 수 있다. 즉 한 오라기의 삼줄기도 풀어보면 셀 수 없는 미세한 실오라기들이 다시 엮기고 섞여서 이루어져 있듯이 모든 것도 바로 이러한 무량한 관계 속에서 존재하고 있다고 말할 수 있다. 인간사와 국가의 모든 것도 그와 같이 구성원의 무량한 관계성 속에서 성립되어 있다. 보다 넓게 말하면 우주의 삼라만상도 무수하고 무량한 존재와 현상들의 변화하는 관계 속에 생성되어 가고 있다. 그리고 지금도 그러한 관계 속에서 쉼없이 운동하고 변화하고 있다.

또 연기법(緣起法)을 더 쉽게 설명하면 우리의 인생을 한 장의 손수건으로 설명할 수 있다. 한 장의 손수건을 자세히 보면, 미세한 실들이 가로와 세로로 서로 엮여져 있다. 가로 실과 세로 실들이 무수하게 교차하여 한 장의 손수건을 만들고 있는 것이다. 가로 실과 세로 실들이 서로를 받혀주고 있음을 볼 수 있다. 한 장의 손수건이란 바로 실과 실들이 무수히 교차해서 만들어진 것이다. 그리고 무수한 실과 실들이 교차해서 만나는 무수한 고리들을 우리들의 인생길에서 만나는 수많은 사람들과의 만남, 사건들의 모임과 또 다른 만남의 연속을 상징한다고 말할 수 있다. 우리들 인간들은 무한한 요소들과 무한한 관계성 속에 살아가고 있으며, 또 새로운 관계를 만들어 가고 있다. 이러한 무한한 관계와 관계 속에서 우리들은 존재하는 것이며 또 많은 사람들의 도움과 은혜로 삶을 영위하고 있는 것이다. 그래서 연기법을 깨우치게 되면 자신이라는 존재가 얼마나 무한한 존재의 무량한 덕분으로 살아가고 있는가를 알고 항상 감사하는 마음으로 중생을 대하게 되는 것이다. 바로 이런 가르침이 연기법이다.

충담스님은 나라님이신 경덕왕에게 어려운 불교의 연기사상(緣起思想)을 생경하게 전하는 것이 아니고 쉽게 풀어서 일러주고 있다. 즉 임금께서 나라의 태평성대와 보전을 원하신다면 신하와 백성을 편안하게 해주는 것이 그 첩경이라고 가르치고 있다. 왜냐하면 세상의 모든 존재는 서로 서로 의지하고 지탱해 주는 관계이기에 임금이 먼저 자비로 신하를 대하면 신하들도 역시 임금의 자비를 자연히 느끼게 되고 그 고마움에 더욱 순종하게 되고, 또 그러한 신하들은 백성들에게도 자애로 대하고 나라도 잘 관리하게 되어 나라는 저절로 안정되기 때문이다. 예컨대 충담스님은 경덕왕에게 그러한 내용의 연기법을 노래로 가르치고 있는 것이다.

바꾸어 말하면 충담스님은 안민가라는 노래에서 연기법을 풀어서 설명하고 있는 것이다. 즉 나라를 잘 통치하기를 바라고 자손들이 번영하기를 바란다면, 임금이 먼저 백성을 괴롭히지 않고 편안하게 해주는 선정을 베풀면 그 선정이 인(因: 직접적인 원인)이 되어 국왕이 바라는 대로 저절로 이루어진다고 가르치고 있다. 여기서 연(緣: 간접적인 원인)은 지배자가 부처의 자비심으로 신하와 백성을 잘 다스리고 지도하면 무지한 중생들도 임금의 마음과 지도자들의 배려를 은연중에 느끼게 되면서 감사하는 마음을 갖고 그들이 스스로 나라를 지키려고 한다는 것으로 해석할 수 있다.

끝으로 군신과 백성이 이렇게 서로를 배려하는 마음으로 자신들의 맡은 직무를 다한다면, 나라 전체는 원활히 운영되고 안정된다고 노래하고 있다. 즉 모든 사람이 서로 무량하고 무한한 관계성을 갖고 존재하는 것임을 깨닫고, 그 깨달은 것을 바로 실행할 때에 나라는 저절로 태평성대를 누리게 된다고 노래하고 있다. 충담스님은 연기법을 이렇게 아주 쉽게 풀어서 노래로 전하였다.

《삼대목(三代目)》같은 향가집(鄕歌集)이 발견된다면 신라시대의 다른 향가작품과도 비교하여 충담스님의 향가 수준을 종합적으로 평가할 수 있지만, 현존(現存)하는 25수의 향가 가운데서도 불교사상을 불교문학으로 승화시키는 충담스님의 노래솜씨는 안민가만으로도 매우 뛰어남을 알 수 있다. 그리고 불교의 핵심을 그렇게 간단하게 노래로 표현하는 솜씨로 미루어 보아 충담스님의 불도(佛道)와 불교사상에도 대단히 깊었을 것으로 추측된다.

안민가와 같은 짧은 노랫말 속에 이렇게 연기법의 철학적 법리(法理)가 잘 형상화되어 있는 것을 볼 때에 충담스님의 문학적 표현력도 대단하다고 느껴진다. 왜냐하면 연기법(緣起法)이 교학적으로 얼마나 어렵고 난해한 것인가를 불교학을 배운 사람이면 알기 때문이다. 즉 제법이 연기(緣起)하고 연성(緣成)하여 가는 것을 설명할 때에, 전문 용어들을 어떻게 쉽게 설명해야하는가 라는 문제는 또 다른 문제로 다가오기 때문이다. 그래서 옛날부터 불도(佛道)는 얻기도 어려울 뿐만 아니라, 그 얻은 도(道)를 다시 자신의 말과 글로 새롭게 나타내기도 어렵다고 말했던 것이다. 그런데도 충담스님은 안민가와 찬기파랑가를 통하여 불법(佛法)을 아주 간단 명료하고 쉽게 전하고 있다. 그래서 고려시대에 편찬된《삼국유사》에서는 충담스님의 노래솜씨가 당시 신라에서 으뜸이라고 전하고 있는지도 모른다.

(3) 제망매가(祭亡妹歌)

월명(月明)스님(경덕왕 19년, 760년 무렵)

생사(生死)의 길은
이에[118] 있음에 머뭇거리고
나는 간다는 말도
못다 이르고 가는고
어느 가을 이른 바람에
이에 저에[119] 떨어지는 잎처럼
한 가지에 나고서도
가는 곳을 모르는구나
아아! 미타찰(彌陀刹)에서 만날 그날을
도(道)닦아 기다리겠노라.

【의미 풀이】

　제망매가는 신라시대의 불교문학의 수준을 엿볼 수 있는 또 하나의
명작이다. 이 작품은 불교문학의 백미(白眉)로 평가할 수 있는 뛰어난
서정시(敍情詩)이다. 이 서정시는 월명스님이 일찍 죽은 어린 누이의
죽음을 안타까워하며 죽은 누이를 위한 제(祭)를 올리면서 느낀 서글픔
을 읊은 노래이다.

　《삼국유사》에 의하면 월명스님은 사천왕사(四天王寺)에 거처하고 있
었는데, 피리를 잘 불었다고 전한다. 그래서 스님이 달밤에 퉁소나 피
리를 불면서 절 문앞의 큰 길을 지나가면 하늘 위로 지나가는 달님이 잠

---

118) '여기에' 라는 뜻이다.
119) '저기에' 라는 뜻이다.

시 멈추어서 스님의 피리 소리를 듣고 지나갔을 정도였다고 전하고 있다. 그래서 그 길을 월명리(月明里)라고 불렀으며, 법사 혹은 월명이라는 호칭을 붙였다고 전한다. 이러한 재미있는 전설은 옛 사람들의 풍부한 시정(詩情)을 전하는 것이지만, 월명스님의 예술적 재능을 당대에서도 벌써 인정하고 있었다는 것을 알 수 있다. 그래서 《삼국유사》에는 월명스님을 당시 신라사회에서 문예(文藝)가 뛰어나고 불도(佛道)가 높은 분으로 꼽고 있다. 또 월명스님은 불도의 깊은 이치를 문학으로 표상화하는 재능이 있어서 향가로 스님의 신통력을 나타내셨다고 전한다.

제망매가를 감상해 보면, 이 노래도 역시 불교의 핵심인 연기법과 정토사상을 나타내고 있다. 불교학에서는 연기법을 인간의 생노병사의 문제에 적용하여 십이연기(十二緣起)로 설명할 때가 있다. 즉 불교에서는 우리 인간들의 존재성(存在性)을 생노병사로 설명할 때가 많다. 물론 인간이라는 존재를 여러 가지 각도로 설명할 수 있지만, 우선 인간은 태어나서 늙고 병들어 죽어 가는 모습을 보여준다고 설명할 수 있다. 그리고 이러한 생노병사를 삶의 고통과 관련시켜서 설명한다. 인간의 생노병사는 바로 삶의 고통을 일으키는 근본적인 원인들이기도 하다. 즉 생노병사는 인생의 고통이 어디서 오는 것인가를 간단히 보여주는 것이다. 예컨대 불교에서는 인간이라는 존재가 생노병사하기에 인간의 삶이 고통이라고 설명하고 있다.

그래서 불교학에서 인생의 고통을 다양하게 설명하고 있다. 《구사론(俱舍論)》에서는 매우 복잡하게 분류하여 설명하고 있지만, 보통은 백팔번뇌(百八煩惱)라고 설명하고 있다. 그리고 때로는 그것을 더 간단하게 줄여서 팔고(八苦)와 사고(四苦)로 설명하기도 한다. 사고(四苦)란 생노병사이고, 팔고(八苦)란 생노병사에 애별리고(愛別離苦), 원증회고(怨憎會苦), 구불득고(求不得苦), 오음성고(五陰盛苦)를 합한 것이다.

생노병사의 네 가지 고통은 보편적으로 사회적 지위의 고하를 막론하고 그 누구도 피할 수 없는 것이다. 즉 인간은 온갖 모습의 삶의 형태를 보여주지만, 누구나 태어나서 늙고 병들고 죽는 모습을 보여준다. 또 우리들은 이미 생명을 얻어서 사람으로 생활하고 있기에 평소에는 죽음에 대한 공포심을 별로 느끼지 못하고 있다. 그런데 그렇게 생각하는 사람들도 자신의 가족과 친족 또는 자신의 죽음을 대면하게 되면, 그때에 비로소 죽음에 대하여 공포심을 느낀다. 바꾸어 말하면 생노병사의 고통 가운데서 죽음이 가장 큰 고통을 준다. 특히 자기 자신이 죽어야만 했을 때에는 두려움은 증폭되고 슬픔은 공포로 변한다. 대개는 그때에 인간은 죽어가는 유한적(有限的) 존재이며, 그렇기 때문에 인생이 고통스럽다고 말하게 된다.

팔고를 살펴보면 우리들 모두가 공통적으로 겪는 고통을 더 자세히 분류하고 있다. 인간은 누구나 태어나서 늙어 가면서 언젠가는 죽는 존재이며 때로는 죽기 전에도 병들어 괴로워할 때가 많다. 즉 인간은 생노병사의 존재이기에 고통스러워한다. 사람들이 생노병사에 대해서 느끼는 고통을 자세히 살펴보면, 늙음과 병듦의 고통은 건강함, 젊음에 대하여 상대적 고통이기에 어느 정도 참을 수 있다. 그런데 죽음만은 절대적으로 피할 수 없는 것이기에 그만큼 더 큰 고통을 주는 것이다. 또 인간은 태어난 순간부터 죽음에 서서히 다가가고 있다. 그런데도 평소에는 무관심하게 생활하다가 어느날 갑자기 자신의 주변으로 그 죽음이 피할 수 없는 상황으로 다가올 때는 두려움과 함께 어떤 고통과도 비교할 수 없을 정도의 공포로 크게 괴로워한다. 즉 생노병사의 고통 가운데서 죽는다는 사실이 가장 무서운 큰 고통으로 다가오는 것이다.

월명스님은 바로 이 죽음의 고통을 어린 누이의 죽음으로 체험하게 되면서 인생의 무상함을 체험한다. 월명스님은 자신보다 어린 누이가 먼저 죽었다는 소식을 듣고서 불문(佛門)에 출가한 수행자로서 좀처럼 나타내지 않았던 슬픔의 감정에 휩싸인다. 스님의 무상관(無常觀)을 작품을 통해서 살펴보면 다음과 같다.

위의 노랫말에 '생사(生死)의 도(道)가 무엇이기에, 어린 누이도 죽어야 하는가'라고 한탄하고 있다. 또 생노병사는 누구나 공통적으로 겪는 문제이지만 지금 새삼스럽게 다시 생각해 보니 참으로 고통스럽다고 밝히고 있다. 보통 스님들은 스스로 세속의 모든 인연을 끊고 불가에 출가하였기에 항상 희노애락(喜怒哀樂)의 표현을 절제하고 생활한다. 그런데 어느 날 들려온 속가(俗家)의 소식이라는 것이 자신의 형제들 가운데 어린 누이가 먼저 죽었다는 것이라면 누구라도 잠시 인생의 무상함을 느끼게 될 것이다. 월명스님도 그러한 경우로 그것을 계기로 인간의 생노병사의 문제를 다시 관조하면서 감출 수 없는 혈육(血肉)에 대한 애틋한 감정과 슬픔을 문학적으로 승화시키고 있다. 그런 경험을 통해서 불도로 초월하고자 하는 수행인의 노력하는 모습을 엿볼 수 있다. 즉 작품의 노랫말에 스님의 그러한 초월의 심상(心象)이 투영되고 있다.

우리들 주변의 모든 것이 항상 찰나찰나 생멸(生滅)하고 있지만, 대부분의 사람들은 그 변화를 무관심하게 본다. 지금 이 순간에도 산천초목(山川草木)과 날짐승과 길짐승 등 모든 것들이 생멸하고 있는데 그냥 무심히 지나치고 있다. 왜냐하면 그 모든 것이 자신들과 관련 없는 것이라고 생각하고 있기 때문이다. 즉 우리들은 외계(外界)의 사물이 자신과 무연(無緣)하다고 생각하기에 산천초목의 변화와 날짐승, 길짐승의 죽음에 대해서도 무정하게 스쳐가고 있는 것이다. 그러나 불교의 세계관에 의하면 이 세상에 나와 관계 없는 것이 없다고 말할 수 없다. 즉 모든 것이 과거로부터 나와 무량한 관계를 맺고 있는 것이다. 우리들은 제법(諸法)의 이러한 연기적 관계성을 모르기에 나와 남을 구별하고 자신과 관련이 있다고 생각하는 가족이나 친족이 죽었을 때만 그 죽음에 대하여서 고민하고 슬퍼한다. 그러다가 만약 자기 자신이 불치(不治)의 병에 걸렸다는 말을 들으면, 그 순간부터는 죽음의 문제가 자신의 최대의 관심사로 보이기 시작한다. 그러면서 서서히 인간의 유한적(有限的) 운명에 대해서 생각하며 그 동안의 자신의 삶을 되돌아보게 된다. 위 노랫말 속에서 월명스님이 '생사의 길이 어떤 것이기에 여기서 잠시 머물면서, 오라버니, 저는 이제 갑니다'라는 작별의 말도 못하고 가느냐고 슬퍼하는 부분이 바로 그러한 상황과 애틋한 심정을 나타내고 있다.

그래서 불교에서는 불교도들에게 항상 생노병사의 문제를 주체적으로 자신의 문제로 보라고 가르치는 것도 바로 이러한 이유 때문이다. 아무리 좋은 가르침도 공상(空想)만 하다보면 현실 상황에서는 무력하기 쉽기 때문이다.

《열반경》에서도 부처님은 자신의 죽음을 냉정히 바라보면서, 오히려 우는 아난을 위로하며 당신 자신을 포함하여 모든 존재가 이렇게 무상한 것임을 바로 보라고 가르치고 있다. 즉 부처님의 가르침의 핵심은 무상공을 바로 자신의 생노병사 문제로 주체적으로 관조하고, 나아가서 자신의 심신(心身)을 포함하여 우주의 삼라만상이 무한한 관계로 쉼 없이 운행하고 있지만 그것들이 언젠가는 쇠멸(衰滅)하는 것임을 깨닫는데 있다. 간단히 말하면 모든 것이 무상공이면서 동시에 연기즉공임을 깨우치게 하는데 있다. 무상관(無常觀)은 바로 무상공의 이치를 깨우치게 하는 것인 동시에 연기법을 말하고 있는 것이다.

무상공의 이치를 명확히 깨달은 부처님은 자기 자신의 임종(臨終)도 초연히 바라보면서 자연스레 받아들이지만, 무상공의 이치를 모르는 범부는 모든 것이 항상하리라고 생각하여 왔기에 자신과 주변 사람의 죽음을 자연스럽게 받아들이지 않고 슬퍼하며 고통스러워하는 것이다.

이 작품에서는 평소에 인간은 언젠가는 죽는 무상한 존재임을 공부한 월명스님도 자신의 어린 누이의 죽음에 대해서 도저히 무관심할 수가 없었던 것 같다. 그래서 스님은 어린 누이의 제를 지내면서 순간적으로 '오라버니, 저는 이제 갑니다'라고 왜 작별의 인사도 못하고 가느냐고 안타까워하고 있다.

불교에서는 인생의 고통을 사고(四苦), 팔고(八苦), 백팔번뇌(百八煩惱)로 설명하고 있지만, 무엇보다도 죽음에 대한 공포가 제일 큰 고통이다. 즉 생노병사에서 가장 두려운 것이 죽음이다. 이 죽음의 공포가 바로 인생의 모든 고통을 대표한다고 해도 과언이 아니다. 현재 우리들은 이미 태어나서 살아가고 있기에 때로는 병들고 늙어 가는 고통에 대하여 죽음만큼 두려워하지 않고 있다. 그러나 죽음은 갑자기 순간적으로 우리들에게 다가와서 삶의 모두를 빼앗아 간다. 그래서 가장 크게 두려워하고 있는 것이다. 즉 인간은 죽음을 통하여 모든 존재의 무상공과 변화를 느끼고 있는 것이다.

팔고(八苦)의 내용을 자세하게 설명해보면, 우선 사랑하는 사람과 헤어지는 아픔(愛別離苦)을 거론할 수 있다. 사랑하는 부모님, 형제, 자식들이 죽어서 사별하거나 다른 사정에 의해서 본의 아니게 일찍 이별해야 하는 아픔이 우리들 인간들에게 큰 고통을 준다는 뜻에서 자주 거론되고 있다. 보통 우리들은 누구나 할 것 없이 사랑하는 부모님, 형제, 자식들과 항상 즐겁게 함께 오래도록 살기를 바라고 있다.

그러나 불교의 이치에서 보면, 인간의 운명은 태어났기 때문에 어느 순간에 죽어야 하는 것이다. 우리들은 대개 그러한 것을 수용하기를 거부한다. 그래서 인생은 고통이라고 말하는 것이다. 즉 인생의 모든 바램은 한 순간에 고통으로 변하여 우리를 슬프게 하는 것이다. 어떻게 보면 그러한 슬픔도 본능적 욕망의 또 다른 얼굴로서 제행무상의 이치를 모르는 무지(無知)에서 비롯되었다. 세상의 어떤 권력자도, 왕도, 부자도, 거지도, 언제가는 죽어야 한다. 인간은 태어나서 서서히 죽음으로 향하여 걸어가고 있는 존재이다. 그래서 모든 존재는 죽음 앞에서는 평등하다고 말하는 것이다. 바꾸어 말하면 인간들이 스스로 유한적(有限的) 존재라는 것을 자각하고 그 법리(法理)를 수용한다면 죽음을 두려워하지 않을 것이다. 그러한 것을 깨닫고 실천한 사람이 부처이다.

그런데 우리들 범부는 왜 고통스러워하고 슬퍼하는가? 대개 우리들은 어떤 상황과 대상이 자신이 원하는 대로, 바라는 대로 되어지지 않는 순간에 고통스러워한다. 또 인간이 죽음을 삶의 변화하는 과정으로 수용하지 않으려고 하니까, 고통이 시작되는 것이다. 인간은 자신이 언젠가는 죽어야하는 존재임을 받아들이지 않으니까 괴로운 것이다. 우리 인간을 비롯하여 모든 존재와 현상에 실체(實體)로서 영원히 존속하는 것은 없는데, 어리석은 우리들은 자신이 소유한 재산과 수명(壽命)과 모든 것이 영원할 것이라고 집착하고, 혹은 영원히 소유하려는 데서 스스로를 고통스럽게 만들고 있다. 그래서 부처님은 제자들에게 항상 모든 존재는 공(空)하고 변화하고 있음을 자각해야 한다고 가르쳤다. 즉 공관(空觀)과 무상관(無常觀)을 가르쳤던 것이다. 우리들도 인생사가 모두 무상(無常)하다는 것을 성찰하게 되면, 누구도 죽음 등을 거부하여 스스로를 고통스럽게 만들지 않으리라고 생각된다. 즉 제법(諸法)을 이치대로 보고 있는 그대로를 수용하면, 그러한 사람의 눈에는 인생은 결코 고(苦)가 아니고 락(樂)으로 보일 것이다.

그래서 불경(佛經)에서는 무상법을 깨우친 사람은 세속적인 것에 집착하지 않고 무상의 진리와 불멸의 열반(涅槃)에 머물며, 무상락(無相樂)을 즐긴다고 높이 찬양하고 있다. 또 만약 어떤 사람이 제행을 무상하다고 생각하지 않고, 항상하리라고 거꾸로 생각하면 그러한 사람은 그런 무지로 인해서 고통을 받는다고 가르쳐 주고 있다. 즉 인간들의 모든 고통의 원인은 무상성(無常性)을 깨닫지 못한 무지라고 일러주고 있는 것이다. 또 무상한 존재인 우리들 인간이 스스로 무상하지 않다고 착각하여 불변성을 구하면 모든 고통은 그때부터 시작된다고 일러주고 있다. 즉 모든 존재를 상(常)으로 관(觀)하느냐, 무상(無常)으로 관하느냐에 따라서 고통과 안락(安樂)을 스스로 만들어 가는 것이다. 그래서 불교의 핵심은 바로 무상관에 있다고 말하는 것이다.

월명스님은 어린 누이의 죽음을 통하여 인생의 무상한 감을 체험하고, 그 무상함을 문학적으로 나타내고 있다. 즉 어린 누이의 죽음을 어느 가을날에 일찍 온 삭풍에 떨어지는 나뭇잎으로 비유하고 있다. 가을에 가을다운 바람과 미풍(微風)이 아니고 겨울바람과 같은 찬바람이 갑자기 불면 어린 나뭇잎들은 힘없이 떨어질 수밖에 없다. 그렇게 떨어지는 나뭇잎의 이미지를 누이의 죽음의 이미지로 나타내고 있다.

보통 우리들도 늦은 여름 낮에 일찍 다가오는 가을의 낙엽을 보면서, 지나가는 여름을 아쉬워하는 것과 같이, 월명스님도 그러한 감정으로 어린 누이의 죽음을 되돌아보고 있다. 또 가을은 결실의 계절이지만 가끔 여기 저기에 뒹구는 낙엽을 보고서 자연의 변화와 누이의 멸상(滅相)을 연결하여 자연의 도리란 어쩔 수 없다는 것을 토로하고 있다.

또 한편으로 스님과 누이는 같은 부모 밑에서 태어난 남매지만 네가 먼저 죽어 어디로 간 것인지를 확인할 수도 없으니 매우 안타깝다는 심정을 '한 가지에 나고서도 가는 곳을 모르는구나!' 라고 표현하고 있다. 그러면서 불교를 배우고 있는 출가자이기 때문에 부처님의 가르침대로라면 어린 누이가 서방정토의 극락(極樂)에 왕생되었을 것으로 생각하면서도 꼭 그곳에 너가 왕생되기를 기원한다고 노래하고 있다.

그러면서 스님 자신도 언젠가는 누이처럼 죽겠지만, 남은 시간 동안 열심히 아미타불을 염불하고 그 가르침대로 닦아서 서방정토에 가도록 노력하겠다고 맹세하고 있다. 이 노래의 핵심은 바로 여기에 있다. 스님은 단순히 인생의 무상함을 노래한 것이 아니고 인생이 무상하기에 그 무상함을 뛰어넘어서 남은 생애 동안 더욱 열심히 노력하고 불도(佛道)에 정진(精進)하겠다고 다짐하고 있다. '아아! 미타찰(彌陀刹)에서 만날 그날을 (기다리면서) 도(道) 닦아 기다리겠노라!' 라는 노랫말이 바로 그것을 나타낸다.

불교의 제행무상(諸行無常)이라는 무상관(無常觀)이 우리들에게 던져주는 메시지는 인간은 유한한 존재이기에 주어진 시간 동안 더욱 노

력하여 인생의 유한성을 초월하는 삶을 살아가라는 것이다. 즉 불교의
무상관은 인생이 무상하기에 포기하라는 것이 아니고 인생의 그러한 무
상함을 뛰어넘기 위해서도 항상 노력하고 열심히 살아야 한다는 가르
침, 세계관을 제시해 주는 것이다. 이런 뜻에서 불교는 결코 허무주의
가 아니고 노력주의라고 말할 수 있다.

(4) 도솔가(兜率歌)

월명(月明)스님(경덕왕 19년, 760년 무렵)

> 오늘 이에 산화가(散花歌)를 불러
> 솟아나게 한(송이) 꽃아 너는
> 곧은 마음의 명(命)에 부리워져
> 미륵좌주 뫼셔 나립(羅立)하리라.

【의미 풀이】

《삼국유사》에 전하는 이 노래의 연기설화를 살펴보면 경덕왕 19년 4
월 초하룻날에 하늘에 해가 둘이 나타나서 열흘 동안 사라지지 않았다
고 한다. 그래서 일관(日官)이 아뢰기를 '인연이 있는 승려에게 산화
(散花)의 공덕(功德)을 지으면 물러갈 것 입니다'라고 아뢰었다고 한
다. 그래서 조원전(朝元殿)을 깨끗이 청소하고 제(祭)를 지낼 준비를
한 후에 기다리고 있는데 마침 월명스님이 천명사의 남쪽 길로 걷고 있
어 왕이 그를 불러서 제를 지내라고 말했다고 전한다. 그런데 스님은
자신은 범패(梵唄)는 모르고 향가밖에 모른다고 말하니 왕이 그래도 좋
다고 하자 이 노래를 지어 제를 올렸다고 한다. 그 후에 하늘의 해가 사
라지게 되었다고 한다. 그래서 왕이 스님에게 차 한 봉지와 수정염주
108개를 내려주자, 갑자기 어린 동자(童子)가 나타나더니 꿇어 앉아

차와 염주를 받아 궁전 서쪽의 작은 문으로 나갔다고 한다. 모두가 이
상이 여겨서 따라가 보니 내원(內院)의 탑 속으로 들어갔다고 한다. 그
런데 차와 염주는 남쪽 벽에 그려진 미륵상 앞에 놓여 있었다고 전한다.
그리하여 왕은 월명스님의 노래가 신통력이 있다고 하여 다시 크게 상
을 내렸다고 전한다.

그래서 위의 작품은 미륵 부처님 앞에 올리는 꽃공양을 찬탄한 것으
로서 산화(散花)의 공덕(功德)을 노래한 것이라고 해석할 수 있다. 또
그 짧은 노랫말 속에 미륵불(彌勒佛) 신앙이 나타나 있다고 설명할 수
있다.

인도에서는 종교적인 각종 의식(儀式)을 거행할 때에 인간이 신들에
게 정성을 나타내는 표현으로 꽃송이를 뿌리거나 받치는 것이 상례(常
例)이다. 그래서 불경에서는 불교도들도 부처님에 대한 자신들의 존경
심을 나타내는 표현으로서 설법을 시작할 무렵에 꽃송이를 올렸다는 기
록들이 많다.

위 작품에서는 사찰의 법당에 모신 미륵불상에 신자(信者)와 수행자
(修行者)로서 정성을 다하여 꽃을 올리면서, 꽃송이들을 인격화하여
믿음의 꽃송이라고 노래하고 있다. 즉 미륵불 앞에 공손히 들어올리는
꽃들은 그 꽃을 들어올리는 사람의 마음을 옮겨 담은 꽃송이 또는 인격
화된 꽃송이로서 그려져 있다. 또 이 노래에서는 미래의 부처이신 미륵
불에 대한 신앙심을 한 송이의 꽃에 옮겨서 노래하고, 또 꽃의 곧은 모
습을 신자(信者)의 바르고 정성스러운 마음에 비유하고 있다. 즉 미륵
불을 믿는 굳고 바른 신앙심을 한 송이의 꽃에 비유하여 노래하고 있다.

위의 작품은 이러한 노랫말을 반복한 민요풍의 노래이다. 즉 '오늘
산화가를 불러 솟아 나거라. 한 송이 꽃이여, 너는 곧은 마음으로 명령
을 받들어. 미륵좌주를 뫼셔라' 라고 노래하고 있다. 또 다르게 풀어보
면, '부처님 앞에 (내가 들어올려서) 솟아오르는 모습의 꽃들이여! 너
희가 바로 나의 곧은 마음이다. 항상 부처님의 가르침을 열심히 배우고

받들어서 도솔천에 가고자 한다.'라고 해석할 수 있다.

또 위의 작품에 나타난 미륵신앙을 불교사적으로 살펴보면, 석가모니께서 돌아가신 뒤의 몇 백 년 동안은 불교교단은 출가자 위주로 운영되어 갔다. 그러다가 재가신자들의 세력이 무시할 수 없을 정도로 커지면서, 대승불교도들이 힌두교, 조로아스타교의 유신론(有神論)적 교리의 영향을 받으면서 시방(十方) 세계에도 무수무량한 부처님이 존재하고, 누구든 성불(成佛)할 수 있다고 믿기 시작하였다. 그리고 그러한 종교적 욕구와 열망에 응해서 구제불(救濟佛)의 교리가 체계화된다. 그러면서 아미타불의 신앙과 함께 미래의 부처로서의 미륵불의 구제도 널리 믿게 되었던 것이다. 즉 대승불교의 시방제불(十方諸佛)에 대한 신앙은 인도사회의 다신교(多神敎)적 전통과 재가신자들의 종교적 열망의 영향을 받으면서 다양화되고 복잡화된다. 그리하여 대승불교의 후기부터는 제불보살(諸佛菩薩)에 대한 신앙은 신불(神佛)이습합(褶合)하는 경향을 나타낸다. 그러면서 불보살의 위업(偉業)과 불제자들의 선행(善行)을 찬탄하는 종교적 의식이 많이 나타나데 된다. 또 부처님에게 자신의 죄를 참회하고 자신의 선행과 공덕을 부처의 덕으로 돌리는 회향(廻向)의 의례(儀禮)가 유행하게 된다.

시대를 걸쳐 더 먼 훗날 인도의 갠지스 강변에 있는 바라나시라는 지역을 중심으로 석가모니 부처님 멸후(滅後) 구제자(救濟者)로서 미륵불에 대한 신앙이 일어난다. 《유가사지론(瑜伽師地論)》[120]의 저자인 미륵(彌勒, Maitreya)과 혼동한 적도 있었으나, 법상유식종(法相唯識宗) 등에서는 미륵(彌勒)을 크게 신앙화하였다고 전한다. 불교사적으

---

120) 한역 계통에서는 미륵이《유가사지론》100권을 저술한 것이라고 하지만 티베트에서는 무착(無着)이 지었다고 알려져 있다. 이 책에는 유가행자들의 경(境), 행(行), 과(果)을 자세히 설명하고 있으며 아뢰야식설(阿賴耶識說)과 삼성삼무성설(三性三無性說), 유식설(唯識說) 등이 자세히 설명되어 있다.

로 말하면 미륵불(彌勒佛)과 같은 미래불(未來佛)의 구제에 대한 신앙
은 부처님의 가르침은 영원하다는 제자들의 바램에서 발전하였다고 볼
수 있다. 즉 대중부의 불신론(佛身論)의 영향으로 구제불(救濟佛) 사
상이 나타나면서 부처의 자비심과 부처의 중생구제를 강조하게 되고,
그리고 또 중생을 구제하겠다는 불보살들의 서원(誓願)이 많이 나타나
면서 미래에서도 중생을 구제해주는 사상이 성행(盛行)하게 된다.

또 미륵불에 대한 신앙은 사회가 극히 혼란하고 불안감이 팽배한 시
대에 특별히 많이 나타났었다. 그러한 예를 들어보면, 중국의 북위(北
魏, 386~534) 시대에는 용문석굴(龍門石窟) 같은 곳에 미륵보살(彌
勒菩薩)의 거상(巨像)을 많이 조성되었는데, 지금도 그곳을 찾아가면
'亡者上生天下, 值遇彌勒佛'이라는 명문(銘文)들이 보인다. 또 당대
(唐代) 초기에 측천무후(則天武后, 690~705년 재위)가 실권(實權)
을 장악한 뒤에 사회의 혼란을 수습하려고 자신이 미륵불(彌勒佛)의 재
현(再現)이라고 선전하여 자신의 국가통치를 합리화하였으며, 더 나아
가서는 운강석굴(雲岡石窟)과 용문석굴에 자신의 얼굴을 조각한 미륵
보살의 거상(巨像)을 조성하도록 하여 미륵불의 사상과 신앙을 정치적
으로 이용하기도 하였다.

그리고 우리나라에서는 일찍이 신라에서 화랑제도(花郎制度)를 발전
시키는 과정에서 이미 미륵사상을 메시아적 정치사상으로 널리 수용하
였으며, 신라 말에는 지방 호족들이 미륵의 재현(再現)이라고 말하면
서 쉽게 민심(民心)을 얻었고 다시 자신의 정치적 입지를 넓히면서 합
리화한 예도 있었다.

삼국통일 전의 신라 사회는 그렇게 아미타불 신앙보다 미륵불 신앙이
강하게 나타나고 있었으나, 삼국통일 이후에는 아미타불 신앙과 미륵
불 신앙이 혼합되는 경향을 나타내고 있었다. 이 노래는 삼국통일 이후
에 나타난 미륵불 신앙을 보여주고 있다.

그러나 이 노래는 표면적으로는 미륵불에 올리는 산화가(散花歌)라

고 할 수 있으나, 또 한편으로는 미륵불이 계시는 도솔천(兜率天)에 왕생을 기원(祈願)하는 왕생가(往生歌)라고 해석할 수도 있다. 즉 월명스님은 제망매가(祭亡妹歌)에서는 아미타불의 서방정토에 왕생하기를 기원하고 있지만, 도솔가에서는 미륵불의 도솔천에 왕생하기를 기원하고 있다고 해석할 수 있다. 신라에서는 이렇게 미륵불과 아미타불의 신앙이 혼재되어 있는 경우가 많았다.

미륵불의 왕생사상에 대해서 자세히 전하는 경전은《미륵상생경(彌勒上生經)》과《미륵하생경(彌勒下生經)》이다. 이 경전들을 살펴보면, 옛날 석가모니 부처님의 재세(在世) 무렵에 아직 깨닫지 못해서 완전히 부처가 되지 못한 미륵보살에 관한 이야기를 전하고 있다. 《미륵상생경》에서는 미륵보살이 미래불(未來佛)로서 지상(地上)에 12년간 계시다가 그 후에 수명(壽命)을 다하여서 도솔천궁(兜率天宮)에 다시 태어났고, 또 그 곳에서는 56억 7천만 년 동안 제천(諸天)을 교화하고 주야(晝夜)로 여섯 번을 설법하고 계신다고 전하고 있다. 그래서 도솔천의 내원(內院)은 미륵불의 정토(淨土)로서, 미래불이 현재 그곳에 주거(住居)하고 계신다고 말한다.

그리고 또《미륵상생경》은 도솔천궁의 묘사가 너무도 정밀해서 옛날부터 많은 사람들에게 도솔천궁에 다시 태어나기를 원하도록 큰 감동을 주어왔다. 그런데 이 도솔천궁에 태어나기 위해서는 십선(十善)을 실행해야 하기에, 지극 정성으로 십념염불(十念念佛)로 아미타불의 서방정토에 왕생하는 것보다는 조금 어려운 점이 있었다. 그렇지만 그 가운데 불상(佛像)만을 바라보면서 관상(觀想)하고 다시 미륵불의 명호(名號)를 부르면서 도솔천궁에 왕생(往生)하기를 기원하면 가능하다고 설명하는 부분이 있다.

여기 도솔가에서도 그와 같은 교리에 근거하여 노래한 것이라고 확실하게 단정지을 수는 없으나 관련이 있다고 생각된다. 즉 월명스님은 도솔가에서《미륵상생경》의 미륵불의 정토사상에 근거한 왕생(往生)을 노래로 나타내면서 사회적 혼란을 진정시켰다고 생각된다. 왜냐하면 이 노래에 관련된 연기설화를 보면 향가의 주술적 효과를 기대하고 있기 때문이다.

《미륵하생경》의 내용은 석가모니 부처님이 멸후(滅後) 56억 7천만년 후에 미륵이 브라흐만 계급으로 다시 이 세상의 염부제(閻浮提)에 태어나서 화림원(華林園)의 용화수(龍華樹) 밑에서 성불(成佛)하며, 또 그 후에 설법을 세 번을 하여 이 세상의 모든 중생을 구제한다는 내용이다.

이러한 《미륵상(하)생경》의 사상은 나중에 미래의 불완전한 사회를 개혁하고 새로운 사회로 만들어 간다는 사회개혁적 메시아 사상으로 발전하면서, 때때로 어떤 정치적 목적을 갖고 있는 무리들에게 이용되기도 하였다. 즉 정치인들은 자신들이야말로 어려운 세상에서 중생을 구제하는 미륵의 환생(還生)이라고 선전하여 자신들의 정치적 입장이나 이데올로기를 합리화하는 자료로 이용되기도 하였다. 우리 나라에서 그 대표적인 예가 신라말엽에 출현한 후고구려의 궁예를 들 수 있다.

(5) 헌화가(獻花歌)

어떤 노인(성덕왕대, 702~736년)

자줏빛 바윗가에,
검은 손[121] 암소 놓게 하시고
나를 아니 부끄러워하시면
꽃을 꺾어 받치오리다.

---

121) 小倉進平, 採珠東 등은 '잡은 손'으로 해독하고 있으나 필자는 이 부분만
은 徐在克이 해독한 '거몬 손'에 따르고자 한다.

【의미 풀이】

《삼국유사》에는 이 작품의 작가를 견우노인(牽牛老翁, ?~?)이라고 소개하고 있다. 그리고 배경설화를 다음과 같이 전하고 있다.

신라 33대 성덕왕대(A.D. 702~736)에 순정공이 강릉 태수로 부임하러 가는 도중 바닷가에 당도해서 점심을 먹고 있었다. 옆에는 돌산이 병풍처럼 바다를 둘러서 그 높이가 천 길이나 되는데 맨 꼭대기에 진달래꽃이 흠뻑 피었다. 순정공의 부인 수로가 꽃을 보고 좌우에 있는 사람들을 보고 이르기를 "꽃을 꺾어다가 날 줄 사람이 그래 아무도 없느냐?"라고 하였다. 그래서 여러 사람이 말하기를 "사람이 올라 갈 데가 못 됩니다."라고 대답하고, 모두들 못하겠다고 하는데 새끼 밴 암소를 끌고 지나가던 노인이 옆에 있다가 부인의 말을 듣고서 그 꽃을 꺾어 바치면서 이 노래도 함께 지어 올렸다. 그러나 그 늙은이는 어떤 사람인지 모른다.

그리고 행차가 다시 이틀을 가서 또 바닷가에 이르러서 임해정(臨海亭)에서 점심을 먹고 있는데 바다의 용이 우연히 그녀의 뛰어난 미모를 보고 마음을 빼앗겨서 용이 그녀를 납치해서 바다 속으로 잡아갔다고 한다. 순정공은 순식간에 일어난 일이라서 바다 속으로 잡혀간 수로 부인을 구하지 못하였다.

그런데 한 노인이 이렇게 알려주었다.

"옛 사람이 말하기를 여러 사람의 말(입)은 쇠도 녹인다고 하니, 이제 바다 속의 짐승이 어찌 여러 사람의 입을 두려워하지 않겠소. 마땅히 경계내의 백성을 모아서 노래를 지어 부르고 지팡이로 바닷가의 언덕을 치면 부인을 볼 수 있을 것입니다."

순정공이 그 노인의 말대로 하니, 용이 부인을 바닷물 밖으로 내어 보냈다. 순정공이 부인에게 바다 속의 일을 물었다. 그러자 부인이 말하였다.

"칠보의 궁정에 음식맛이 달고 매끄러우며 향기롭고 깨끗하며 인간세

상의 음식이 아니었습니다."라고 하였다. 또한 부인의 옷에도 색다른
향기가 스며 있었는데 세상에서 맡아보지 못한 것이었다. 수로 부인은
절세미인이어서 매양 깊은 산이나 큰 연못을 지날 때면 신물(神物)이
부인을 납치해 갈 때가 빈번하였다. 여러 사람들이 해가(海歌)를 불렀
다고 전하는 그 가사는 다음과 같다.

거북아 거북아 수로를 내 놓아라	(龜乎龜乎出水路)
부녀를 약탈해 간 죄가 얼마나 큰가!	(掠人婦女罪何極)
네가 만약 거역하고 내놓지 않으며	(汝若悖[122]逆不出獻)
그물을 쳐 잡아서 구워 먹으리라.	(入網捕掠燔之喫)

종래에는 앞의 헌화가를 주술적 혹은 잡밀(雜蜜)적 불교사상으로 해
석하였다. 또는 어떤 노인이 해변가에서 마침 강릉으로 임관해 가는 순
정공(純貞公)의 젊고 아름다운 부인을 보고 흠모하는 연정(戀情)이 생
겨서 자신도 모르게 그런 연정을 전하기 위하여 잡고 있던 소를 놓아버
리고 위험한 바닷가의 벼랑에 핀 철쭉을 꺾어주는 것이라고 해석하였
다.[123] 그런데 이러한 해석은 어딘가 우리의 전통적 정서와는 차이가
있는 것 같다. 그래서 다른 향가처럼 불교적으로 해석해 보면 이 노래
는 일종의 산화가(散花歌) 혹은 수행가(修行歌)로 해석할 수 있다.

동해안에는 지금도 강릉 근처 양양 낙산사의 해수관음보살(海水觀音
菩薩)이 유명하다. 7세기 초 신라의 의상스님이 그 곳에서 수도할 때
부터 관음보살 신앙으로 유명하다. 그래서 이 노래를 해수관음보살에
꽃공양하는 산화가, 혹은 심우도(尋牛圖)와 같은 수행가(修行歌)로
해석하거나 아니면 촌부(村夫)들이 노래한 민요풍의 향가라고 해석할

---

122) 영인본《삼국유사》에는 '방(搒)'으로 되어 있다.
123) 나경수,《향가문학론과 작품연구》, 집문당, pp.383~410.

수 있다. 그리고 연기설화 속에 전하는 해가는 동해안 바닷가에 부르던 무가(巫歌)였다고 해석할 수 있다.[124] 즉 헌화가를 어떤 노인의 연가(戀歌)로 해석하는 것보다 불교적 산화가와 수행가(修行歌), 혹은 불교풍의 민요로 해석하는 편이 타당할 것 같다.

그와 같이 생각하는 이유는 일연스님께서 《삼국유사》를 편찬할 때에 그 무엇보다도 《삼국사기(三國史記)》에 누락된 불교적 자료와 그에 관계된 기록들을 정리하였다고 생각되기 때문이다. 즉 고구려·백제·신라의 유문일사(遺文逸事)를 채집하고 또 그것을 기록하였기 때문이다. 그러한 의미에서 《삼국유사》는 어떤 의미에서 한반도의 고대 불교사의 자료집이라고 말할 수 있다. 즉 이 노래가 어떤 노인이 순간적으로 젊고 아름다운 부인을 보고 흠모하는 마음과 그런 심정을 노래한 것이라고 해석하기에는 《삼국유사》의 다른 향가와 너무 다르고, 또 일연스님이 《삼국유사》를 편찬한 의도와는 거리가 있다고 추측되기 때문이다.

그래서 헌화가를 불교적으로 해석하면, 당시 동해 바닷가 근처에서 농사를 지으면서 살고 있던 노인이 소를 몰고 가면서 관세음보살의 석불(石佛)이나 혹은 다른 불보살상(佛菩薩像), 예를 들면 의상대(義湘臺)와 관음보살상이 있는 양양 낙산사 앞을 지나다가 순정공의 일행을 만나서 자연스럽게 촌부의 소박한 불심(佛心) 또는 순수한 마음의 표현으로 꽃공양을 하면서 그것을 노래한 것이라고 해석할 수 있다. 그리고 불교의 산화가로 해석하면 이미 민요처럼 널리 유행되던 노래로서 관세음보살 앞에 꽃공양을 올리던 노래였다고 생각할 수 있다. 그리하여 촌부는 잠시 수로 부인을 보고 늙고 남루한 자신을 부끄러워하시지 않는

---

124) 헌화가의 연기설화 속에 나오는 해가(海歌)는 가야국의 건국신화에 전하는 구지가(龜旨歌)를 비교하여 보면 비슷한 부분이 많다. 구지가의 가사를 보면 다음과 같다. "거북아 거북아 머리를 내어놓아라. 만약 내어놓지 않으면 구어서 먹으리라." 이 노래도 민요풍의 짧은 노래로서 집단적 바램을 얻기 위해서 부른 주술적 무가(巫歌) 형태의 민요라고 할 수 있다.

다면, 밭에 일하러 가는 길이지만 잡고 있던 암소조차 놓아둔 채로 이 검은 손으로 부처님 앞에 꽃을 꺾어 올리듯이 올리겠습니다 라고 노래 하였다고 해석할 수 있다. 즉 노인은 불보살을 대하듯이 소박한 마음으 로 꽃을 올린 노래라고 해석할 수 있다.

또 다르게 해석하면 소를 마음으로 해석하고 노인을 수행인으로 해석 할 수 있다. 즉 심우도(尋牛圖)로 해석할 수 있다. 여기서 참고로 심우 도에 대하여 설명하면, 선불교(禪佛敎)에서는 일찍부터 불도를 수행하 는 사람과 그 수행의 정도를 비유적으로 설명하는 경우가 많았다. 그래 서 마음공부와 수행인을 소와 그 소를 길들이는 목동으로 그리기도 하 였다. 또 심우도에는 수행 단계마다 그림과 짧은 시문을 삽입하여 설명 하고 있다.

심우(尋牛)란 불도의 수행을 상징적으로 나타낸 말이다. 수행자가 처음 신심(信心)을 내어서 불도를 닦을 때에는 무엇보다도 모든 것을 자신의 마음에 비추어서 불교의 이치를 닦는다. 보통 사람들은 자신에 대하여 잘 알고 완전히 통솔하고 있다고 생각하겠지만 사실은 그렇지 않다. 우리들이 스스로 생각하는 것만큼 자유자재로 우리의 몸과 마음 을 조절하고 활용하지 못할 때가 많다. 그래서 심우도에서 불도를 우선 적으로 우리들 자신의 마음공부를 닦는 것으로 비유하여 설명한다. 바 꾸어 보면 우리들의 삶에서 대부분의 고통은 바로 자신의 마음공부를 하지 않음에 있다는 것을 시사하며, 자심(自心)의 성찰을 불도의 시작 이라고 알려주고 있다. 또 불도라는 대도(大道)도 바로 자심의 성찰에 서 완성된다는 것을 알려주고 있다.

심우도에서 우리들의 무의식을 검은 소로 그리고 있다. 즉 길들이지 않은 야생마와 같은 마음과 수행되지 않은 상태의 마음 또는 보이지 않 은 무의식의 마음 등을 검게 그리고 나중에 수행이 완성된 상태를 흰 소 로 나타낸다. 그리고 코뚜레와 줄 등으로 묶지 않은 흰 소 위에서 피리 를 부는 목동을 수행을 완성한 사람으로 나타낸다. 미국의 불교학자들은 때로는 인간의 닦지 못하고 제어하지 못하는 무의식의 욕망을 야생(野生)의 들소로 그리기도 한다.

보통 심우도를 보면 처음에 야생의 들소는 제 마음대로 날뛰고 있고, 어린 목동(수행력이 약한 단계를 상징함)은 오히려 그 야생의 들소에 끌려다니는 모습을 보인다. 그리고 수행을 많이 하고 난 다음에는 야생의 들소가 어느새 순한 소가 되어 코뚜레 혹은 고삐를 매지 않아도 날뛰지 않고, 또 목동을 등에 태우고서 본래의 집으로 되돌아가는 모습이다. 즉 길들이지 않은 야성(野性)과 자력(自力)으로 제어하지 못하는 심신(心身)의 상태 혹은 진리를 깨우치지 못한 무지의 상태를 검은 소로 그리고 있다. 또 불도를 닦는 사람과 그 수행력을 목동과 목동의 움직임으로 나타내고 있다. 들소처럼 날뛰는 야생의 심신(心身)을 조금씩 계몽시키고 길들이는 과정을 검은색에서 흰색으로의 변화로 나타내고 있다. 이러한 것을 통하여 불도의 수행 과정을 나타내고 있다.

수행하기 전의 우리들은 누구나 처음에는 길들이지 않은 야생의 들소처럼 이리저리 날뛰는 몸과 마음을 소유하고 있다. 그러기에 우리들은 수행을 통하여 자신의 맹목적 본능적인 야성을 길들이는 것이다. 야성(野性)을 제어하고 순화시켜 가는 과정을 보면, 보통 처음에는 매사를 조심스럽게 행하도록 하고, 무엇이든지 금기(禁忌)시키고 있다. 그것은 마치 사람들이 무의식의 욕망에 이끌려 이리저리 날뛰는 들소와 같이 행동하기 때문이다. 그래서 심우도에서는 처음 소를 고삐에 매어 두고 잡아당기는 모습을 보여준다. 그렇게 계속 수행함에 따라서 점점 자신의 무지와 무의식적 욕망에 의해서 일어나는 충동과 방종은 서서히 사라지게 되고 또 욕망의 굴레를 벗어버리고 본래의 성품(性品)을 회복하게 된다. 그리하여 우리들은 본래 구족하고 있던 지혜의 밝음으로 부처와 같은 여리행(如理行)을 펼치게 되는 것이다. 심우도에서는 그런 최종적인 단계를 고삐를 놓아버린 하얀 소와 그 소의 등 위에서 피리를 부는 목동이 한 몸이 되어 유유자적(悠悠自適)하게 집으로 되돌아오는 모습으로 그리고 있다.

심우도에서 그림으로 표현한 수행의 점진적 변화와 단계는 좁게는 불도의 수행도(修行道)이지만, 넓게 말하면 인생의 여로(旅路)를 나타낸 것이라고 말할 수 있다. 검은 소에서 흰 소로 변화하는 모습과 처음에 이리저리 날뛰는 들소를 고삐로 잡고 다니다가 나중에 소의 고삐를 놓아버려도 함부로 날뛰지 않고 오히려 등 위에 어린 목동을 싣고서 조심스럽게 산에서 집으로 내려오는 모습은 우리들 인생의 모습이라고 말할 수 있다.

그리고 어린 목동이 소와 한 몸이 되어 유유자적하게 피리를 불고 있는 모습은 불교학적으로 해석하면 수행자가 점점 수행이 무르익어서 완전히 자신의 몸과 마음이 모든 도리에 맞게 행하여지고 있는 단계로 자신이 하고 싶은 대로 하여도 모든 것이 부처의 마음과 행동으로서 자유로운 불계(佛界)의 세계에 노닐고 있는 단계이다. 이 단계에서는 처음에 금기시(禁忌視)하였던 모든 욕망과 번뇌가 지혜로 변하여 완전한 자유인이 되었을 때이며, 불도(佛道)의 완성을 이루었을 때이다.

그래서 헌화가에서 노래하고 있는 '검은 손을 지닌 노인'은 바로 아직 깨닫지 못한 무지(無知)한 중생과 수행인을 나타낸다고 해석할 수 있다. 즉 노인(수행인)은 자신을 낮추어서 자신은 무지몽매한 중생으로서 깨닫지 못한 범부이지만, 부처님을 존경하고 흠모하는 마음은 항상 있기에 밭에 일하러 가는 길이지만, 잠시 해변가 바위 주변에서 온통 자줏빛의 아름다운 꽃이 만발한 것을 보니 관세음보살님과 부처님께 그 자줏빛 꽃을 꺾어서 그 꽃을 공양하고 싶다고 노래하고 있으며, 또 그리고 만약 부처님께서 이 무지몽매한 중생을 보시고 아직 완전히 깨닫지 못하였다고 나무라지 않는다면 저는 수행하지 않은 것조차 부끄러워하지 않고 이 검은 손으로 저 꽃을 꺾어 바치려고 합니다 라고 해석할 수 있다. 즉 잠시 자신의 부끄럼을 잊고서 부처님께 꽃을 공양하려 합니다 라고 노래하였다고 해석할 수 있다.

또 심우도와 관련해서 '일하러 가는 암소조차 놓아두고 임을 위하여'
라는 노랫말을 해석하면, 잠시 이 바닷가에 핀 예쁜 꽃들을 보는 순간
부처님을 존경하는 마음에 자신만을 생각하는 마음과 집착하는 마음을
놓아버리고 단지 그 꽃을 부처님께 공양하고자 하는 마음만이 생긴다고
표현한 것이라고 해석할 수 있다. 즉 최상의 감흥을 시적으로 그렇게
표현한 것이라고 해석할 수 있다. 그래서 해가는 수로 부인을 구하기
위한 무가(巫歌)라고 한다면, 헌화가는 보는 각도를 달리해서 노인의
연가(戀歌)라기 보다는 민요 형태로 널리 유포되고 있던 불교 수행도의
산화가를 어느 노인이 부른 것이라고 해석할 수도 있다.

(6) 모죽지랑가(慕竹旨郞歌)

득오(得烏)(효소왕대, 692~701년)

지나간 봄, 못 돌아오니
못잊어 우는 이 설움[125],
전각[126]을 (환하게 밝히오신)아름답던 모습[127]도
해가 갈수록 헐어가도다
눈을 니두를 사이도 없이[128]
어찌 만나 보기를 이루리요[129]

---

125) 시름으로도 해석할 수 있다. 그리고 이 구절 전체를 '못 돌아오는 것을 우는
  이 설움'으로 해석해도 된다.
126) 죽지랑의 영정(影幀)을 모신 전각(殿閣)을 가리킨다.
127) '전각에 모신 영정(影幀) 속의 아름답던 모습도 해가 갈수록 색과 빛이 낡아
  가는구나'라는 뜻으로 해석할 수 있다. 그리고 '아까까지도 좋으신 모습'으
  로 해독할 수도 있다.
128) '눈깜짝할 사이, 잠깐동안'이라는 뜻이다.

죽지랑을 그리는 마음에 넋이 달려가는 (그)길[130]
다복[131] 굴형[132]에서 잘 밤 있으리까!

【의미 풀이】

《삼국유사》에는 신라시대에 득오(得烏, 得烏谷)라는 사람이 죽지랑
(竹旨郎)이라는 화랑(花郎)을 사모하고 추도(追悼)하며 지은 서정시
(敍情詩)이라고 밝히고 있다.[133] 여기서 죽지랑은 화랑으로서 자신을
따르는 무리들을 공평하게 잘 다스렸다고 전한다. 그리고 득오에 대하
여 베푼 다정스런 행위 등을 소개하고 있다. 그래서 득오가 그러한 과
거를 회상하여 죽지랑을 사모하여 지은 노래인 것처럼 기록하고 있다.
우선 노랫말을 살펴보면 옛 일을 회상하고 감상하는 내용이 있다.

"님과 같이 지내던 그 옛날, 그 시간들을 아쉬워하면서 그리워서 몸
부림치듯이 우는 이 설움(시름)이여! 온화하고 다정한 얼굴을 대하던
때가 어제 같은데, 벌써 세월이 많이 흘러가 버렸구려! 이제 죽지랑은
가버렸으니, 내가 살아있는 동안은 다시 어떻게 만나겠습니까. 당신을
그렇게 그리는 마음으로 죽지랑의 영정을 모신 전각을 찾아서 가보니,
그 영정조차도 서서히 세월이 흘러감에 따라서 낡아버리고, 또 나의 넋

---

129) '어찌 만날 수 있겠습니까!' 즉 만날 수 없다는 뜻이다.
130) '넋은 어느새 죽지랑이 가신(계신) 그 곳으로 달려가지만!' 라는 뜻으로 해
　　석할 수 있다.
131) '더북하게 우거진' 뜻으로 해석할 수 있다.
132) '구렁텅이' 란 뜻으로 묘지(墓地)를 가리킨다고 해석할 수 있다.
133) 현재까지 이 노래를 논의할 때에 죽지랑이 죽고난 후에 득오가 그를 추모하
　　는 노래인지 아니면 득오가 익선에서 잡혀간 상태에서 죽지랑을 그리워한
　　노래인지에 대하여 많은 의견이 있었다. 여기서는 이러한 입장을 모두 수용
　　하여 해석한다. 신동흔, 〈모죽지랑가와 죽지랑 이야기의 재해석〉, 《관악어
　　문연구》15 (서울대). 신재홍, 《향가의 해석》, 집문당, pp. 35~36, 집
　　문당.

은 어느새 죽지랑이 가신 묘지로 달려가 보지만 온갖 풀이 우거진 구렁텅이(묘지) 속에서 어찌 같이 잘 수가 있겠습니까. 세월이 흘러가면 저역시 언젠가는 당신처럼 저 쑥구렁텅이 속에 묻히겠지요.”

여기서 지나가버린 봄(밤 혹은 세월)을 아쉬워한다는 것은 세월의 무상(無常)을 표현한 것이다. 혹은 죽은 죽지랑을 추모하는 작자의 심정을 나타낸 것이다. 혹은 지난 과거에 죽지랑이 베푸신 친절과 은혜를 고마워하고 사모한들 모든 것이 지나가버린 과거의 일이 되었다는 것을 나타낸다고 해석할 수 있다. 그리고 모든 인간이 유한(有限)한 존재라서 언젠가는 죽지만 이제 영정(影幀)만을 통해서 만날 수 있는 죽지랑의 그 영정조차도 세월이 지남에 따라서 빛도 바래고 색도 희미해지는 것을 보니 더욱 세월의 무상함을 느낄 뿐이라고 안타까움을 토로하고 있다.

그러면서 이제 다시 죽지랑을 그리며 회상하니, 죽지랑을 만날 수 있는 길은 유일하게 나의 마음의 행로(心路)뿐이고 그 마음의 길을 따라서 가고 가면서 잠시 눈감아 당신의 무덤으로 가는 길을 더듬어 봅니다. 또 나의 넋이 가는 길도 잠시뿐으로 눈 깜짝할 사이, 즉 잠시도 만날 수 없으니 아쉽고 아쉽다 라고 노래하고 있다. 이 노래는 이렇게 찰나 찰나 변하고 흘러가버리는 것에 대한 아쉬움을 반복하여 나타내면서 인생의 무상함과 삶의 서글픔을 강조하고 있다. 그리고 그러한 아쉬움을 더 강조하기 위하여 반문(反問)의 형태로 표현하고 있다.

그리고 나의 넋이 걸어가는 그 여행길, 즉 마음의 행로에서 또는 어느 날에는 풀이 우거진 구렁텅이에서 잠자야 하는 경우도 있을 것이지만 그때도 어찌 죽지랑을 만날 수 있겠습니까! 죽지랑을 만나고자 하는 애닯은 마음에 잠을 이루지 못하고 뛰쳐가는 그 마음의 여행도 부질없는 것이 되어버리니 인생이란 참으로 무상하고 무상하다고 노래하고 있다. 예컨대 이 노래는 전체적으로 인생의 무상감(無常感)을 강조하고 있다. 우리 인간의 수명(壽命), 생각, 삶, 세월 등 그 모든 것이 흐르는 물처럼 스쳐 가는 바람처럼 찰나적이고 멈추게 할 수 없기에 무상하고 아쉽다는 감상을 전하고 있다.

바로 이러한 것은 불교의 제행무상(諸行無常)의 가르침을 문학적으로 표현한 것이다. 우리 인간을 포함한 우주의 모든 것이 항상 변하고 흘러가는 무상공(無常空)의 존재라는 이치를 전하는 작품이다. 또 죽지랑(竹旨郞)의 죽음을 아쉬워하고 그의 인품을 그리워하는 마음조차 서서히 변하여 가는 것을 아쉬워하고 슬퍼하는 노래로서 그러한 감상을 통하여 인생의 무상함을 강하게 표현했다고 말할 수 있다. 위 노래의 첫 구절, '간 밤(봄)을 그리며, 못 잊어 우는 이 설움'의 표현은 각자(覺者)의 안목에서 보면 매우 역설적인 생각이다. 즉 세상의 모든 것이 찰나 찰나 변하여 가는 것인데, 즉 무상한 것이 만고(萬古)의 이치인데, 이 노래의 작자인 득오는 흘러가는 세월과 지나간 날들을 멈추게 하지 못한 것이 마음을 슬프게 만든다고 노래하고 있다. 불교에서는 그러한 생각을 공성이라는 진리에 대하여 무지하기 때문이라고 가르친다. 즉 불문의 수행자 입장에서 제법(諸法)의 무상성(無常性)의 이치만을 철저하게 관하면 된다고 강조하면 모든 것이 간단하겠지만, 여기서는 득오가 범부의 입장에서 제법의 무상성을 아쉬워할 수밖에 없는 유한적 인간의 애상(哀想)을 문학적으로 표현하고 있다.

불교에서는 우리 인간의 희노애락의 온갖 감정도 무상 그 자체이기에 기쁨과 슬픔 등에 집착할 필요가 없다고 가르친다. 우리의 삶은 찰나찰나 변하고 다시 새로운 인연에 의해서 여러 가지로 경험하고 있기 때문이다. 제법의 무상성의 이치를 더 깊이 있게 설명하면, 우주의 모든 것이 항상 변하고 있지만, 그 변하는 순간에도 또 다른 아름다움을 펼치고 있다고 말할 수 있다. 즉 세상의 모든 것은 항상 변하고 사라지지만, 모든 순간의 현상과 각양 각색의 사상(事相)이 바로 하나의 절대적 가치를 나타내는 것으로 뜻있는 순간들이다.

천태지의(天台智顗)의 저서를 읽어보면, '일색일향무비중도(一色一

香無非中道)'[134]라는 말이 나온다. 이 말은 세상의 모든 사물과 현상들 하나 하나가 있는 그대로 절대적 가치와 뜻을 지니고 있으며, 그 모든 것들이 사실 불도의 최상의 경지인 중도(中道)를 바로 나타내고 있다는 뜻이다. 그래서 우리들이 삶을 살아가면서 기쁨과 슬픔이 찾아왔을 때에 그 슬픔과 기쁨이 그 순간에는 견디기 어려운 고통으로 느껴지지만, 그러나 그 때에도 인생의 절대적 하나의 순간으로서 그때까지 보여주지 않았던 세계와 어떤 아름다움의 가치와 인생의 향기를 띠고 있다고 말할 수 있다. 그래서 인생의 희노애락의 감정을 느낄 때에도 보통 우리들이 느끼는 느낌과는 다른 의미와 가치가 담겨져 있음을 자각해야 하는 것이다. 즉 즐거움의 이면(裏面)에 보이지 않는 슬픔의 싹을 보아야 한다. 그러기에 어떤 즐거움이 있다고 해서 크게 기뻐할 것도 없다. 그렇지만 한편으로는 어떤 즐거움이 왔을 때는 후회없이 전심전력으로 기뻐해야 하는 것이다. 또 다른 행(幸)과 불행(不幸)도 그 나름의 어떤 의미와 절대적 가치 및 아름다움을 지니고 있기 때문에 모든 순간 순간을 소중히 받아들이는 것이 불도(佛道)이며, 중도(中道)라고 말할 수 있다.

그러하기에 모든 현상과 모든 순간이 찰나로 변화하는 무상(無常) 그 자체이지만 오히려 그러한 모든 순간의 가치를 바로 직시하고 또 최선을 다하여 노력해야 된다. 바꾸어 말하면 우리 인간은 본질적으로 무상한 존재로 언젠가는 죽는 것이기에 인생을 극단적으로 쾌락주의와 허무주의로 생각하고 행동하라는 것이 아니고, 오히려 주어진 삶의 모든 순간을 소중히 여기고 최선을 다하여 짧은 삶의 순간을 영원한 것으로 만들고 꽃피우기 위하여 노력하면, 그 모든 순간의 절대 가치를 찾을 수 있고 얻을 수 있는 것이다. 불도(佛道)의 중도(中道)는 우리에게 바로 그런 뜻을 자각하게하며 스스로 실현해 보라고 말하는 것이다.

---

134) 智顗, 《摩訶止觀》 卷一 (大正藏 卷46, p.1,c).

(7) 원가(怨歌)

신충(信忠) (효성왕 원년, 737년)

모든 질(質) 좋은 잣이
가을에 말라 떨어지지 아니하매[135]
너를 중히 여기리라[136] 말하신 것과는 달리
낯빛을 고치시며[137] 버리신 겨울에여[138]
달이 그림자 (고이) 내린 연못갓
물결이 일면 사라지듯이 지나가는 달처럼[139]
(님의) 모습이야 바라보지만,
세상이 모두 다 이런 것이어라![140]

【의미 풀이】

《삼국유사》에는 이 노래에 관한 연기설화를 다음과 같이 전하고 있다. 효성왕(孝成王)이 태자로 잠저(潛邸)에 있을 때에 신충과 친밀하게 지내왔다고 한다. 어느 날 신충과 궁궐의 잣나무 아래에서 바둑을 두면서, 신충에게 말하기를 '장차 내가 왕이 되면 너를 중히 여기리라, 어찌 내가 한 이 말을 잊겠느냐! 나의 마음은 항상 푸른 저 잣나무

---

135) '하매'를 '하는 것처럼', '하기에' 등으로 해석할 수 있다.
136) '어찌 잊으리라'를 덧붙여 해석할 수 있다.
137) '너를 언젠가는 귀중하게 여기리라고 말씀하실 때에 제가 우러러 뵙던 그 얼굴과는 다른 모습으로'라고 해석할 수 있다.
138) 향찰의 '冬矣也'를 '겨울에여'로 해독한 것이다. 경우에 따라서는 '겨울이여라고 뜻풀이할 수 있다.
139) 이 구절은 '지나가는 물결에 대한 모래로다'라고도 해석할 수 있다.
140) '세상, 모든 것(을) 여의여 버린 처지여'라고도 해석할 수 있다.

와 같이 변함이 없으리라! 저 잣나무가 증거가 될 것이다!' 라고 약속
하니, 신충이 일어나서 임금에 절을 하였다고 전한다. 그런데 그 후에
왕위에 오른 효성왕은 그 약속을 잊어버리고 신충을 한번도 등용하지
않음에 신충이 이를 원망하여 이 노래를 지어 잣나무에 붙이자 나무가
갑자기 말라버렸다고 한다. 그 후에 왕이 그것을 보고 사람을 시켜서
알아보니 이 노래가 나무에 붙여져 있음을 발견한다. 그리하여 왕이
크게 놀라면서 '정무(政務)가 복잡하고 바빠서 각궁(角弓)[141]을 잊을
뻔했구나' 라고 말하고, 신충을 불러서 벼슬을 주니 잣나무가 다시 소
생하였다고 전한다. 그 후에 경덕왕이 즉위한 때에는 신충이 머리를
깎고 승려가 되어 단속사(斷俗寺)를 짓고 살면서 효성왕의 명복을 빌
었다고 전한다.

어쨌든 위의 노래는 신충이 한 때에 임금을 원망하여 노래한 것이다.
즉 효성왕은 일찍이 신충에게 자신이 왕이 되면 너를 중용(重用)하리라
는 약속을 했지만, 그 후에 그 약속을 지키지 않음에 신충이 노래로 그
것을 원망하였던 것이다.

신라는 엄격한 신분제도인 골품제(骨品制)의 사회로서 군주가 모든
것을 지배하였다. 그러한 사회에서 신충이 임금님에 대하여 직접적으
로 원망의 감정을 말할 수 없었다고 생각된다. 그래서 간접적으로 세상
에 노래로 퍼뜨려서 자신의 감정을 전하였다고 생각해 볼 수 있다. 그
러면서 또 한편으로 세상의 인심(人心)을 비롯하여 모든 존재와 현상의
공허함을 관조하면서 인생에 대한 무상감(無常感)을 토로하고 간접적
으로 임금님의 망각을 아쉬워하고 있다고 생각된다. 그래서 노래의 첫

---

141) 각궁(角弓)이란《시경(詩經)》의〈소아편(小雅篇)〉에 있는 각궁장(角弓
章)을 가리킨다. 주(周)의 유왕(幽王)이 구족(九族)을 멀리하고 간신(奸
臣)을 가까이 하므로 골육(骨肉)이 서로 원망하여 시를 지어 바쳤다는 이
야기가 전한다.

구절에 '질 좋은 잣나무가 가을이 되었다고 해서 갑자기 잎이 말라 떨어지지 않듯이' 저(信忠)도 세상의 모든 것이 변하더라도 임금님의 약속은 그렇게 쉽게 변하지 않을 것으로 굳게 믿고 있습니다 라고 전하지 않았나 생각된다. 그러면서 또 한편으로는 임금님에 대한 그 동안의 섭섭함과 원망을 노래했다고 생각된다. 그래서 노래에는 계절이 마치 가을에서 겨울로 변하는 것처럼 그때의 말씀과 약속이 아직 지켜지지 않고 있지만, '너를 잊지 않으마' 라고 하신 임금님의 언약(言約)을 저는 항상 생각하고 있습니다 라고 노래하고 있다. 또는 첫 구절에 질 좋은 잣나무가 가을에도 변함없듯이 임금님의 말씀을 그러할 것이라고 생각하고 있는 자신의 미련과 희망을 나타내고 있다.

그리고 또 임금님께서 과거의 마음과 그 약속을 버리신 것이 마치 높고 높은 밤하늘에 달님께서 하늘 아래 어느 연못에 그림자를 내리시면서 항상 변하지 않을 듯이 비추다가도 잠깐 부는 바람에 물결이 일렁이면서 사라지듯이, 지나가버리는 달님의 모습처럼 그렇게 무정하게 보입니다 라고 노래하고 있다.

또 지금까지 임금님은 너무도 쉽게 변하셨지만 이 몸은 옛적에 임금님을 만난 강가의 모래에서 약속했던대로 언젠가는 해주실 것이라고 바라면서 강물을 바라본다고 노래하고 있다. 또 지나가는 물결에 대한 모래처럼 부질없이 기다리는 자신의 존재를 서글프게 생각하고 있다. 그러면서 세상의 모든 것이 항상 변하고 무상한 것인데 다시 이렇게 바라고 원망한들 무엇하리요 라고 반문하면서 오늘밤도 이렇게 임금님과 함께 주고받던 언약들을 되새겨본다 라고 노래하고 있다. 그리고 이 노래의 결구(結句)는 제행무상을 되새기는 데서 끝내고 있다. 그래서 세상의 모든 것을 여의어 버린(자신의) 처지를 노래하고 있다.

예컨대 이 노래의 제목이 원가(怨歌)이지만 노래의 주제가 변한 님에 대한 원망만을 나타낸 것이 아니라, 세상의 모든 것이 찰나찰나 변하고 흘러가는 것을 모르고, 임금님의 언약이라고 해서 그렇게 부질없이 기다리고 원망하며 애태웠는가 라고 스스로 반성하고 위로하고 회상하고 있는 노래라고도 해석할 수 있다. 그렇게 해석하면 신충이 나이가 들어 제법(諸法)의 무상성(無常性)을 깨우치고 나서 옛 일을 회상하여 보니 자신의 젊었을 때에 부질없이 원망하며 슬퍼한 자신이 부끄럽다고 토로한 노래라고 볼 수 있다. 그리고 이 노래를 지을 때까지도 과거의 애태움이 그대로 느껴지지만, 이제는 모든 것을 있는 그대로 수용하니 단지 적정(寂靜)뿐이라고 노래하고 있다고 해석할 수 있다.

그래서 이 작품의 전반부를 보면 신충 자신을 귀하게 중용한다는 약속을 지키지 않는 임금님을 원망하는 노래라고 말할 수 있지만, 마지막 시구(詩句)에 '세상이 모두 다 이런 것이어라' 라는 표현이 있기에, 즉 제행무상을 깨우치고 나니까, 세상의 인심(人心)이란 본래 모두 변하는 것인데 새삼스럽게 임금님만을 원망한들 무슨 소용이 있겠는가 하는 뜻을 스스로 나타내고 있다고 할 수 있다. 즉 불교의 제행무상의 가르침이 있듯이 세상의 인심(人心)도 역시 변하는 것이기에 제(신충)가 임금님의 말씀이라고 해서 특별히 변함없을 것이라고 집착하는 것이 잘못이라고 회상하며, 또 모든 것이 무상인데 불변하지 않으리라고 집착한 것이 자신의 잘못이라고 자각하고 있다고 해석할 수 있다.

(8) 도천수관음가(禱千手觀音歌)

희명(希明)의 아이 (경덕왕 13년, 754년)

무릎을 낮추어 (꿇고)
두 손바닥을 모아,
천수관음(보살) 앞에
기도의 말씀을 올립니다.[142]
천개의 손에 천개의 눈을

하나를 놓아 하나를 덜어,

두 눈감은 저이니,

하나만을 살며시 주소서 하고 매달리누나.

아아! 저에게 자비를 내려 주신다면[143]

베푸시는 자비가 그 얼마나 큰가![144]

【의미 풀이】

《삼국유사》에는 이 노래의 연기설화를 다음과 같이 전한다. 경덕왕대에 경주 한기리(漢岐里)에 살고 있던 희명(希明)이라는 여인이 있었는데, 이 여인의 아이가 태어난 지 5년 만에 갑자기 눈이 멀었다고 전한다. 그래서 그 여인이 아이를 안고서 분황사 안에 있는 좌전(左殿)의 북쪽 벽에 그려진 천수대비상 앞에 가서 아이로 하여금 노래를 지어 빌게 하니[145] 마침내 광명을 찾았다고 하는 이야기가 당시에도 널리 전하고 있다고 기록하고 있다.

즉 위의 노래는 관세음보살에게 애원하고 기원하는 기도문(祈禱文)이라고 평가할 수 있다. 우선 불교사적으로 관세음보살의 신앙에 대하여 설명하면 인도에서 B.C. 1세기부터 대승불교가 발전하면서 서서히 나타나기 시작하였으나, A.D. 6세기 무렵에 힌두교의 영향으로 다면다비(多面多臂)의 관음상(觀音像)을 조성하게 되었고, 그 후에 부처와 보살의 신통력(神通力)으로 생명과 재산과 부귀(富貴) 등을 구하는 현세구복(現世求福)적인 신앙으로 변용하게 된다. 그 때부터 관음상을

---

142) 향가 해독에 따라서는 '두노라' 라고 해석할 수 있다.

143) 이 구절을 '나라고 알아 주실진댄' 라고 해석할 수 있다.

144) 이 구절을 '어디에 쓸 자비(慈悲) 라고 큰고' 라고 해석할 수 있다.

145) 종래에는 이 노래의 지은이를 희명이라고 알려졌으나 《삼국유사》의 본문을 보면 '令兒作歌祈之' 로 되어있기에 아희에게 노래를 짓게 하여 기도한 것으로 해석할 수 있다.

신상(神像)처럼 예배하면서 그러한 관음상에도 신통력과 영험이 있다고 믿었던 것이다. 그런데 부처가 중생을 구제한다는 사상은 불탑(佛塔)신앙에서 발생하였고 불멸 후에 불탑신앙이 크게 유행될 때부터 나온 것이기에 불교라는 종교의 또 하나의 얼굴이라고 설명할 수 있다. 당시 불탑에 찾아가서 기도하는 이들은 대개 재가신자로서 출가하여 교법의 실행(歸依法)이 불가능한 사람들이었으며, 부처의 구제(歸依佛)을 원하였던 사람들이었기에 그들의 종교적 욕구에 부응해서 부처의 중생구제의 교리가 생기게 되었다고 추측되는 것이다. 그래서 훗날 아미타불의 정토도 불탑을 모델로 해서 고안되었다고 유추되기도 하는 것이다. 또 부처의 구제를 바라는 사람들은 불탑에 모여 자신들의 정성과 공물을 바치면서 서서히 자신들의 종교적 욕구에 응해주는 부처의 자비를 강조하게 된다. 즉 부처의 자비의 강조와 함께 부처의 중생구제의 서원들을 설명하는 교리가 체계화 되기 시작하였던 것이다. 그 대표적인 예가 아미타불의 가르침이며, 그 외에도 약사여래(藥師如來), 미륵불, 지장보살, 관세음보살 등의 이야기와 함께 그들의 끝없는 중생구제의 정신이 불교의 교리로 체계화 되었던 것이다. 여기 천수대비가(도천수관음가)도 바로 그러한 종교적 열망을 담고 있는 노래라고 설명할 수 있다.

대승경전에는 불탑신앙을 설명한 경전이 많이 있지만, 특히《법화경》은 불탑신앙과 같은 부처의 중생구제 사상을 강조하고 있다. 중국에 관음상이 전래된 때에는 정확히 알 수 없으나, 5세기 이후에 법화경의 전래와 현장(玄奘)의 번역에 의해[146] 관음보살의 신앙이 중국인들에게

---

146) A.D. 5세기 무렵, 구마라습(鳩摩羅什)이 중국에 와서《법화경》을 번역할 때에《법화경》의 깊은 뜻을 전한다는 취지에서《관음경》(觀音經: 법화경의 보문품)에 나오는 Avalokiteśvara-bodhisattva를 관세음보살(觀世音菩薩), 관음보살(觀音菩薩)로 번역하였다. 그러나 현장은《반야심경》을 번역할

널리 알려지게 되었다. 그 후에 중국 고유의 현세 중심적 종교사상의
경향과 혼합하여 가는 과정에 현세이익을 추구하는 불교신앙으로서 널
리 퍼져 나갔다고 추정된다. 그리고 관세음보살의 신앙이 크게 성행되
기 시작한 계기는《법화경》의 제25장(산스크리트본의 24장)에 있는
'관세음보살보문품(觀世音菩薩普門品)'의 현세 이익적인 교학 때문이
다. 그 내용을 보면, 중생들이 세상의 온갖 어려움과 위기를 당하였을
때에 관세음보살의 이름만을 불러도 그 곳에 관세음보살이 곧장 나타나
서 그 중생을 구제하며, 또 관세음보살은 세상의 중생들이 모든 고통을
당하여 내는 소리를 듣고서 그들을 구하고 또 중생들이 바라는 대로 모
든 것을 성취시켜 주는 보살이라고 이야기되어 있다. [147]

그리고 중국에 밀교(密敎)가 전래된 이후에 밀교화된《관음경》도 전
하게 된다. 그 가운데 불공삼장(不空三藏)이 번역한《천수천안관세음
보살대비심다리니경(千手千眼觀世音菩薩大悲心陀羅尼經)》에는 천수
관세음보살이 1천 개의 손과 그 손안에 한 개씩의 눈(眼)을 지니고 있
어 세상의 모든 소리를 듣고 중생들의 모든 죄를 소멸시켜주고 제병(除
病)과 연명(延命) 등을 통제하고 있으며, 또 그 외에도 소원을 성취시
켜 주는 권능(權能)이 있다고 설명되어 있다. 달리 말하면 천수관세음

때에 Avalokiteśvara를 관자재(觀自在)로, bodhisattva를 보살 혹은 구도
자(求道者)로 번역하여, 관자재보살(觀自在菩薩)로 불렀다. 산스크리트
어 Avalokiteśvara만 보면 Avalokita(觀)+iśvara(自在)로 번역되기 때문
에 현장의 번역이 정확하다고 할 수 있지만 구마라집의 번역은《법화경》의
전체적 사상을 감안한 의역이라고 평가할 수 있다. 즉 세상의 모든 중생의
고통의 소리를 듣고서 그들을 구한다는 보살의 자비행(慈悲行)과 중생구제
를 부각시키고 그것을 다시 신앙적으로 인격화하였다는 점에서는 구마라집
의 의역이 뛰어나다고 평가할 수 있다.

147)《법화경》〈보문품〉, 즉《관음경(觀音經)》에는 다음과 같이 전하고 있다.
'若有無量百千萬億衆生, 受諸苦惱, 聞是觀世音菩薩, 一心稱名觀世音
菩薩, 即是觀其音聲 皆得解脫'.

보살은 부처의 많은 권능(權能)을 구체적으로 나타낸 보살로서, 부처의 권능화(權能化), 인격화(人格化)의 상징으로 알려지게 된다. 그리하여 천수천안관음보살(千手千眼觀音菩薩)이 천 개의 눈과 손으로 세상의 온갖 소리를 듣고 중생들을 구원하고 구제해 준다고 믿었던 것이다. 그래서 천수천안관음보살을 염불하는 신앙이 중국의 민간사회에 널리 퍼져갔던 것이다. 예컨대 이 관음신앙이 널리 성행한 큰 이유는 천수천안의 광대한 중생구제력이 있기 때문이다.

위의 도천수관음가(禱千手觀音歌)에 나오는 천수관음(千手觀音)은 중국의 이러한 관음상과 《관음경》이 신라에 전하여진 이후에 나온 작품이라고 생각된다. 그리고 위의 작품은 희명(希明)의 아이가 눈을 실명(失明)하고 난 이후에 어머니를 따라서 간 분황사의 경내에 있는 왼쪽 편의 어느 전각의 북쪽 벽화에 그려진 관세음보살상 앞에 무릎을 꿇고 앉아서 기원하는 기도문이라고 해석할 수 있다. 또 희명은 어떤 특정 인물이라기보다는 밝음을 구하는 사람 혹은 지혜의 안목(眼目)이 없어서 본래 자신의 지혜의 밝음을 펼치지 못하는 중생을 상징적으로 나타낸 것인지 모른다. 즉 이 노래는 중생이 불보살(佛菩薩)에게 바라는 각종 염원 가운데 모든 중생의 무지(無知)의 육안(肉眼)을 지혜안(智慧眼)으로 바꾸어줄 것을 바라는 노래라고 해석할 수도 있다. 그리고 이러한 보편적 내용을 담고 있던 민요풍의 노래였다고 생각해 볼 수 있다.

그리고 《천수천안관세음보살대비심다라니경》에 전하고 있듯이, 천수관음보살은 1천 개의 손 안에 한 개씩의 눈(眼)을 가지고 있어 중생들을 연명멸죄시키거나, 병을 고쳐주고 있으며, 또 그 외에 소원을 성취시켜 주고 있다고 알려져 있기 때문에, 희명의 아이는 어머니가 시키는 대로 천수관음보살에게 '무릎을 낮추어 두 손바닥을 모아, 천수관음보살 앞에서 기원을 올립니다. 보살님은 천 개의 손과 천 개의 눈을 가지시고 계시니 그 가운데 하나만을 저에게 주시면 두 눈을 감은 저는 하나만으로 세상을 살아갈 수 있습니다. 저에게 자비를 내려 주시기를 빕니다. 부처님처럼 많은 권능(權能)과 자비를 지니신 분이시니, 제발 제가 이렇게 간절히 빕니다. 저에게 눈을 주시길 소원하오며, 그 소원을 성취시켜 주십시오.'라고 염원하고 있다. 이 노래는 그야말로 부처에 귀의하는 신앙심을 크게 강조하고 있으며, 그것을 노래하고 있다고 말할 수 있다.

다시 노랫말을 살펴보면, 희명과 그의 아이는 자신이 눈이 없어서 천수관세음보살 앞에서도 관세음보살의 모습을 못 보지만, 보살의 권능(權能)을 일찍이 들어 알고 있어 기도한다고 노래하고 있다. 또 '천수관세음보살의 천 개의 눈 가운데 하나만 주셔도 구백 구십 아홉 개의 눈이 남아 있지만 두 눈이 없는 저는 아무것도 볼 수 없다고 애원하고 있다. 그러면서 이 중생의 어두운 눈을 밝힐 수 있도록 또 바른 길로 인도되도록, 천 개 가운데 하나만을 이 중생을 위하여 주셨으면 합니다'라고 애원하고 있다. 즉 천수천안관세음보살님께서 눈을 하나 주셔도 이세상을 살아갈 수 있으니 제발 하나만이라도 남모르게 살며시 주소서라고 애원하고 있다. 그러면서 만약에 보살님께서 저에게 자비를 내리시어 하나의 눈을 주신다면 그야말로 부처님께서 저에게 베푸시는 자비가 얼마나 큰 것인가를 느끼게 되오니, 제발 저의 눈을 뜨게 해주시기를 애원하는 기도문이다. 그래서 이 노래는 희명처럼 눈을 실명(失明)하여 세상을 볼 수 없는 중생들이 어둠의 고통 속에서 관세음보살님의 구원을 청하는 기도문이라고도 해석할 수 있다.

이 향가의 감상을 통하여 당시 신라시대에도 불공삼장(不空三藏)의 번역인《천수천안관세음보살대비심다라니경》이 민간에 널리 알려져 있었고, 서민들 사이에도 다양하게 신앙되었다는 것을 알 수 있다. 즉 현세구복(現世求福)적으로 불교를 믿고 있던 당시 관음신앙의 상황을 살필 수 있다. 또 신라에서도 인도의 불탑신앙처럼 사찰의 각종 벽화, 불상 등이 영험을 주는 대상으로 널리 신앙화되었고 유행되었음을 알 수 있다. 그러나 이 노래는 문학적으로는 애절한 감동을 전해주고 있다.

(9) 풍요(風謠)

지은이 모름 (선덕왕대, 632~646년)

오너라! 오너라! 오너라!
오너라! 서러운 이도 많아라,
서러운 중생의 무리여,
공덕(功德) 닦으러 오너라!

【의미 풀이】

《삼국유사》에는 이 노래를 영묘사(靈廟寺)의 양지(良志) 스님이라는
분이 지었다고 전한다. 양지스님은 자신의 절에 장육불상(丈六佛像)을
모시는 불사(佛事)를 하면서 성 안의 남녀를 모으고 또 그들과 함께 진
흙덩어리를 옮기면서 부른 노동요(勞動謠)라고 전한다. 또는 '양지사
의 석가(釋歌)'라고 불렀다고 전한다. 즉 이 노래는 일종의 불교가요
혹은 불교창도용의 노동요라고 설명할 수 있다. 그리고 경덕왕 23년
(764년)이 되어서야 그 장육불상을 금칠을 하였다고 전하고 있다.

그런데 노랫말의 내용을 살펴보면, '서러운 중생들이여, 부처님 앞
에 공덕(功德)을 닦으러 오너라!'라고 표현되어 있어, 중생을 부처의
깨달음의 세계로 이끌어가려는 방편의 노래인 동시에 선업(善業)을 같
이 닦자는 권유의 노래라고 해석할 수 있다. 즉 부처님께서 항상 대자
대비(大慈大悲)의 마음으로 중생의 고통을 살펴보시고 구원하시고 계
시는 분이지만, 오늘 우리 대중들은 부처님의 뜰 안에 모여서 장육불상
을 만들고자 하여, 이러한 선업을 짓는 불사(佛事)를 같이 하는 권유가
(勸誘歌), 권선가(勸善歌)이다. 혹은 당시 신라의 불가(佛家)에서 노
동을 할 때에 부르는 민요라고 해석할 수 있다.

신라사회는 골품제(骨品制)의 사회였기 때문에 귀족들 사이에서도

신분의 제약이 엄하였으며, 일반 민중들은 그보다 더 심한 신분의 차별과 고통이 있었다. 그런 신라사회였기 때문에 서민들에게는 불교의 인간평등의 정신이 신선한 충격을 주었으리라고 생각된다. 이 노래에는 서러운 중생들의 고통도 모두 부처님의 뜰 안에서 풀어버리도록 모두 평등하게 노동을 하자는 불교정신이 나타나 있다.

양지(良志, ?~?)에 대해서 조금 더 살펴보면 《삼국유사》 권4에는 신라 선덕여왕 때의 승려 · 서예가 · 조각가로 그려져 있으며, 스님의 조상과 향읍은 모른다고 전하고 있다. 또 전설적 인물로 그려져 있다. 즉 석장(승려들의 지팡이) 끝에 포대 하나를 걸어두기만 하면 그 지팡이가 공중으로 저절로 날아서 시주할 집에 찾아가 흔들면서 소리를 내었고, 그러면 그 집에서는 그 소리로 스님의 석장이 온 것을 알고서 절에 제(祭)를 올린다는 것을 알고 그때에 쓸 비용을 가득히 포대에 담아 주면, 석장은 다시 공중을 날아서 절로 돌아왔다고 한다. 그래서 그가 거주하는 절을 석장사라고 불렀다고 전한다. 그리고 그에 관한 신비로운 이야기가 헤아릴 수 없을 정도로 많았다고 전하고 있다. 그는 이렇게 잡술(雜術)에만 능통하였을 뿐만 아니라 문장과 필법에도 능하였다. 또 온갖 기예에 통달하여 그 신묘함이 비길 데가 없었고 평소에는 탑과 기와를 만들고, 벽돌에 3천 불(佛)을 새겨 절 안에 봉안하였는데, 그의 작품은 대부분이 조소였다고 전하고 있다. 즉 영묘사의 장육삼존과 천왕상 그리고 탑과 기와며 천왕사탑 아래의 팔부신장과 법림사의 주불(主佛) 삼존(三尊)과 좌우 금강신 등을 모두 그가 만들었고, 영묘사와 법림사의 글도 그가 썼다고 전한다. 또 그 외에도 벽돌을 새겨서 작은 탑을 만들고 그 안에 3천불을 만들어 봉안하였다고 전한다. 그리고 영묘사의 장육을 만든 뒤에 입적하였다고 전한다. 그래서 이 노래를 다르게 해석하면, 불상의 본을 뜨기 위하여 진흙을 나르는 일과 다른 노동을 하면서 부른 노동요였으며, 또 다른 일반 사람들에게는 한줌의 흙이라도 시주(泥土施主)하라는 염원을 전하는 노래였다고 해석할 수 있다.

(10) 원왕생가(願往生歌)

광덕(光德)의 아내 (문무왕대, 661~680년)

달님이시여,
서방(西方)으로[148] 넘어 가시나이까,
무량수불(無量壽佛) 앞에
보고의 말씀(을) 빠짐없이 사뢰옵소서,
서원이 깊으신 아미타불을 우러러 바라보며,
원왕생(願往生)! 원왕생!
두 손 모아 곱게 (합장하옵고)
그리는 이(가) 있다(고) 사뢰소서
아아! 이 몸(을) 남겨 두고
사십팔대원(四十八大願)(을) 이루실까!

【의미 풀이】

　이 노래는 신라 시대에 널리 유행한 정토찬불가 가운데 백미(白眉)인 작품이다. 이 노래의 바른 감상을 위해서는《삼국유사》에 전하는 연기설화(緣起說話)를 알아야 한다. 이 노래의 연기설화는 광덕(廣德)과 엄장(嚴藏)이라는 두 친구가 함께 정토(淨土)에 왕생(往生)하기를 기원하면서 수행한 과정에 일어난 사건들을 전하고 있다.

　그들의 수행담(修行談)을 보면, 신라 시대에 경주 남산에서 서로 조금 떨어진 곳에 움막을 짓고 사는 광덕과 엄장이라는 두 친구가 있었다.

---

148) 서방정토(西方淨土)를 줄여서 표현한 것이다.

이 두 사람은 일찍이 불도(佛道)에 뜻을 두고서 수행을 하였다. 그러다 가 아미타불이 계시는 서방정토(西方淨土)에 왕생하고자 수행을 시작 하면서 두 친구는 누구든지 먼저 성불(成佛)하여 큰 깨달음을 얻는다면 먼저 깨달은 사람이 나머지 사람에게 그 사실을 알려주기로 약속한다.

그렇게 약속한 두 친구는 매일 열심히 불도를 닦고 있었는데, 광덕에 게는 같이 사는 처가 있었다. 그래서 낮에는 나무장작을 마련해서 장에 팔고 밤에 공부하는 생활의 연속이었다. 그러나 엄장은 광덕의 움막에 서 조금 떨어진 산모퉁이의 움막에서 혼자 불도를 닦고 있었다.

그런 어느 날 밤에 엄장의 움막 밖에서 사람소리가 들렸다. 그 소리 는 '여보게 나는 가네! 그러니 자네도 빨리 도를 닦아 오도록 하게!' 라 는 소리였다. 그 소리에 놀란 엄장이 사리문을 열고 주위를 살펴보니 아무도 없었다. 그것을 이상하다고 생각한 끝에 그 다음날 아침 일찍이 광덕의 집을 찾아가서 보니, 광덕의 처가 울면서 지난 밤에 광덕이 죽 었다고 알려주었다. 그때서야 엄장은 지난 밤에 자신의 움막 밖에서 '여보게 나는 가네, 그러니 자네도 빨리 도를 닦아 오도록 하게!' 라는 소리가 광덕의 목소리였음을 깨닫게 된다. 그리고 광덕이 엄장보다 일 찍 극락정토에 왕생하면서 과거에 그들이 맹세한 약속을 지키기 위해서 지난 밤에 자신의 집에 왔었다는 것을 알게 된다.

그리하여 엄장은 광덕의 처와 함께 광덕의 시신(屍身)을 수습하여 장 례를 지낸다. 그리고 그 다음날에 광덕의 처에게 이제부터 자기와 함께 지내는 것이 어떻느냐고 묻는다. 또 광덕의 처는 엄장의 제의에 그렇게 하겠다고 대답하였다. 그런데 그날 밤에 엄장이 같은 방에서 자려고 하 였다. 그러나 광덕의 처는 그러한 엄장을 크게 야단치면서 다음과 같이 말한다. " 죽은 남편과 나는 10여 년을 같이 살았지만, 광덕은 평생에 자신과 함께 같은 침상에서 잔 적이 없는데 하물며 그 몸을 더럽혔겠습 니까? 그 분은 낮에 많은 일을 하여 고단하면서도, 밤이 되면 몸을 깨 끗이 씻고 정좌(正坐)하여 좌선하거나 그렇지 않으면 지극 정성으로 아미타불의 명호(名號)를 염불하였고, 혹은 16관을 관(觀)하여 그 관법이 익숙해지면 달빛이 창가를 통하여 들어오면 가끔 그 빛을 타고서 가부좌(跏趺坐)를 하였습니다. 이렇게 정성을 다하였으니, 서방정토에 가셨을 것입니다. 옛부터 천리를 가고자 하는 사람은 한 걸음으로 알 수 있는데, 지금 엄장이 생각하는 것(觀)은 동방으로는 갈 수 있을지 모르나 서방 정토에는 갈 수 없을 것 같습니다."라고 말하였다. 즉 광덕처럼 아미타불이 계시는 서방정토(西方淨土)에 가기를 서원하는 분인줄 알았는데, 어찌하여 거꾸로 동방(東方)으로 가려는 행동을 하려고 하느냐고 야단친다. 아녀자에게 그런 소리를 들은 엄장은 크게 부끄러워하며 그 자리를 일어나서 방을 나왔다. 그리고 남산을 내려와서 곧장 원효(元曉)스님이 계신다는 분황사(芬皇寺)로 달려간다. 그 곳에서 엄장은 자신의 잘못을 참회하고 원효스님께서 지은 쟁관법(錚觀法)을 배워서 광덕이 수행한 것처럼 때로는 염불하고, 때로는 참선을 열심히 하게 된다. 그 후에 엄장도 한결같은 마음으로 관법을 닦아 서방정토의 극락에 왕생하였다는 이야기가 전한다. 그리고 쟁관법은 원효법사의 《본전(本傳)》과 《해동고승전(海東高僧傳)》에 실려 있다고 전하고 있다. 그리고 일연스님은 광덕의 처가 분황사의 노비였고 19응신(應身)의 한 분으로 생각된다고 설명하고 있다. 또 이러한 연기설화 뒤에 원왕생가를 기록하면서 원왕생가를 광덕의 처가 부른듯 하다고 기록하고 있다. 그러나 이 노래는 신라에서 유행했던 정토신앙을 찬탄하는 노래이거나 아니면 일연스님이 활동하시던 고려시대까지 전하던 신라의 정토가요(정토신앙의 창도가) 혹은 불교가요라고 추측된다. 왜냐하면 일연스님이 그러한 불교계의 민요를 채집해서 기록하면서 스님의 생각을 덧붙인 것이라고 생각되기 때문이다. 그런데 연기설화의 내용과 원왕생가의 노랫말만을 관련시켜 보면 광덕의 처가 부른 노래인 것 같다. 그런데 노랫말 가운데 '그리는 이가 있다고 사뢰소서'를 그리워하는 대상의 본원(本願)을 믿고 아미타 부처님께 귀의하는 정토신앙의 신자가 부처님을 염(念)하여 관불(觀佛)하기를 바란다는 의미로도 해석할 수 있다. 즉 염불삼매에서 관불삼매로 넘어가는 종교적 체험을 표현한 것이라고 해석할 수 있다. 어쨌든 더 넓게 해석하면 아미타불을 믿고 신행(信行)생활을 하던 신라인들이 널리 부르던 정토가요 혹은 불교가요인 것 같다. 이 경우에는 먼저 아미타불의 정토에 왕생하셨다고 추정되는 왕생인(往生人)들을 추모하면서 자신들의 염원을 전한 노래라고도 추측된다. 만약 이 노래의 작자를 광덕의 처라고 한다면 광덕을 그리는 광덕의 처가 아미타불을 염불하면서 먼저 서방정토에 왕생한 님과 아미타불에게 자신의 마음을 전한 노래라고 해석할 수 있다.

그런데 원왕생가는 정토교학을 그렇게 설명하지 않더라도 너무나 아름답고 서정(抒情)이 풍부한 시문이다. 우선 첫 구절을 보면, 깊은 밤부터 해뜨기도 전과 새벽 무렵을 배경으로 노래한 것 같다. 그래서 '달님이시여! 이제 서방정토에 가시나이까?' 라고 표현되어 있다. 또 '달님이 서방(西方)에 가시면 그 곳에 계시는 아미타부처님에게 오늘 하루 이곳에서 있은 일을 모두 내려다보시고, 보신 것을 말씀 올려 주세요! 여기서 제가 저의 님과 부처님을 그리고 있으며, 제가 하루종일 부처님을 간절하게 염불하였다고 전해주시겠습니까?' 라고 표현한 부분은 너무도 아름답다. 신라인들은 정토왕생의 염원을 이렇게 시정(詩情)이 풍부한 시어들로 잘 표현하고 있다.

옛부터 서방(西方)은 부처님이 태어나신 곳인 인도를 나타내며, 또 신라에서 인도를 보면 서쪽에 있기에 서방으로 표현하였다고 설명할 수 있다. 근대의 어느 서양 불교학자들은 불교의 아미타불 신앙은 지금의 이란, 아프가니스탄, 파키스탄이 위치해 있는 인도의 서북쪽의 민족들이 믿고 있던 배화교(拜火敎)와 태양숭배(太陽崇拜) 등에서 유래되었다고 설명하기도 한다. 아무튼 아미타불에 관한 교리는 대승불교의 구제불(救濟佛) 가운데서도 대표적이라고 말할 수 있다.

중국 고대문화와 인도문화를 비교하여 보면 중국문화는 정치적 현세적이라고 한다면 인도문화는 종교적 분석적이라고 설명할 수 있다. 그리고 중국에 불교가 들어가기 전까지는 조상숭배의 풍습으로 사람은 죽으면 육신의 몸(魄)과 넋(魂)의 영혼이 분리된다고 믿고 있었다. 그러나 인도의 종교문화처럼 사후(死後) 세계에 대한 구체적이고 철학적인 관념이 체계화되어 있지 않았다. 그러한 중국적 풍토에 정토학이 전해지면 구체적으로 인간의 사후에 대한 관념이 세워지게 된다.

그리하여 옛부터 중국·한국·일본에서는 사람이 죽었을 때에 현세의 이 세상으로부터 멀고 먼 저 세상으로 간다고 막연하게 생각하였지만 인도의 불교가 전래된 이후에 알게 된 윤회설(輪廻說)과 정토교학을 결합시켜서 현세에서 착한 일을 많이 하면 그 결과로 내세(來世)에 행복하게 살 수 있으며 서방정토(西方淨土)에 태어날 수 있다고 생각하였다.

그런데 위의 작품에서는 정토교학을 어렵게 설명하거나 전하는 것이 아니라 시정(詩情)이 풍부한 시어(詩語)로 아름답게 표현하고 있다. 즉 저녁에 해가 지는 곳과 달님이 와서 멀고 먼 곳으로 다시 되돌아가는 곳이 아미타불(阿彌陀佛)이 계시는 극락정토(極樂淨土)라고 생각하고 있다. 신라의 경주 남산의 서쪽 하늘가로 지는 달님을 보고서 '아미타불이 계시는 서방(西方)의 정토(淨土)에 가시나이까?'라고 노래한 신라인들의 정서와 정토신앙은 참으로 아름답게 보여진다. 달님이 저녁부터 새벽까지 내려다 본 중생들의 갖가지 삶의 모습을 서방(西方)에 계신 아미타불께 보고하실 때에 여기 있는 저의 소식도 전해주셨으면 합니다 라고 간청하고 있다.

마지막 구절인 '아아! 이 몸을 남겨 두고 사십팔대원(四十八大願)(을) 이루실까!'를 바르게 감상하기 위해서 정토교학을 설명하면, 《무량수경》에 옛날 아미타불이 부처님이 되기 전에는 한 사람의 평범한 법장비구(法藏比丘)라는 수행자였다고 전한다. 그런데 그 법장비구는 일찍이 사십팔대원을 세워 수행하였는데, 그 내용은 주로 자신이 부처

가 되었을 때에 중생을 어떻게 구제하겠다는 내용으로 되어 있다. 법장
비구의 그러한 서원들을 역설적으로 설명하면 법장비구가 이미 아미타
불(阿彌陀佛)이 되었기 때문에 아미타불의 마흔 여덟 가지의 대원(大
願)은 이미 이루어졌고, 그 모든 것이 진실로 실현되는 것임을 알리는
것들이다. 즉 아미타불의 사십팔대원을 진실로 믿고 실천하면 아미타
불의 정토에 반드시 왕생한다고 알리는 내용들이다.

원왕생가에서 노래하고 있는 마흔 여덟 가지의 대원은 바로 법장비구
가 세운 마흔 여덟 가지의 서원을 가리킨다. 그리고 법장비구가 세운
마흔 여덟 가지의 대원은 부처님이 서약한 약속이기 때문에 진실한 것
이다. 그래서 모든 중생들이 아미타불의 이름을 지극정성으로 부르면,
아미타불이 언제 어디서나 그들을 맞이하여서 아미타불의 국토인 극락
정토에 들어오게 하겠다는 것은 거짓이 없는 진리이라고 말할 수 있다.
특히 18번째의 서원을 보면 '만약 내(법장비구)가 부처(아미타불)가
된다면, 온 누리의 중생이 지심으로 신락(信樂)해서 내 나라(극락정토)
에 태어나기를 원하고, 또 그들이 십념(十念)만 하면 그들을 반드시 극
락정토에 들어오게 하겠다(設我得佛 至心信樂 欲生我國 乃至十念)'라
고 맹세하고 있다.

그래서 원왕생가의 작자는 이미 법장비구가 마흔 여덟 가지의 대원을
성취하여 아미타부처님이 되셨으니, 그가 한 모든 약속의 말씀은 진실
로서 영원히 지켜지는 것이기 때문에 누구나 아미타불을 지성으로 믿고
염불하면 반드시 아미타불이 계시는 극락정토에 왕생할 수 있다는 확신
을 알리고 있다. 그러면서 아미타불을 지성으로 믿고 염불하고 있는 저
의 모습을 달님께서 서방에 가시면 전하여 주세요 라고 노래하면서, 그
러한 저를 만약 남겨두신다면 어찌 아미타불의 본원(本願)이 진실이라
고 하겠습니까 라고 반문하고 있다.

이와 같이 이 노래의 교학적 근거는 바로 법장비구의 마흔 여덟 가지
의 대원 가운데 제18 서원에 근간을 두고 노래한 것이다. 또 이 노래는

누구나 지극히 아미타부처님을 생각하면서 염불하면 극락정토에 왕생할 수 있고, 또 서방정토에서 그들을 받아들이는 아미타부처님의 말씀은 진실하다고 밝히기 위한 노래이다. 그래서 이 노래는 아미타불에 대한 깊은 신앙심과 아름다운 서정을 노래로 표현한 정토신앙의 창도가라고 해석할 수 있다.

노랫말을 다시 풀어서 음미하면 '아득한 먼 옛날 대원이 깊으신 법장비구가 마흔 여덟 가지의 서원을 세우고 이루신 극락정토가 있다고 전하기에 저도 지금 이렇게 두 손 모아서 기도합니다. 저도 아미타불이 계시는 극락정토에 가기를 원하고 원하옵니다. 지금 서쪽으로 넘어가시는 달님이시여! 극락정토에 태어나기를 바라며 이토록 열심히 염불하는 사람이 신라에도 있다고 그 곳에 계시는 아미타불께 전해주세요! 저의 이러한 바램을 꼭 전해주세요. 옛부터 서원이 깊으신 아미타불께서 말씀하신 약속이기에 이렇게 염불하는 이를 남겨두시지 않을 것입니다' 라고 노래하고 있다.

바꾸어 말하면 이미 오랜 옛날에 법장비구가 마흔 여덟 가지의 대원을 성취하시어 아미타불이 되셨으니, 어찌 부처님의 대원에 거짓이 있으리요. 또 그 대원을 믿고 염불하는 저의 소망이 어찌 이루어지지 않으리요! 즉 아미타부처님의 가르침을 어떠한 의심도 없이 믿는다는 강한 확신과 신앙심 등을 창도(唱導)하고 있다. 즉 부처님의 가르침이 정법(正法)이고 진실이라면 아미타불을 지극 정성으로 부르고 염불하는 저희들도 역시 아미타불의 국토인 극락정토에 분명히 가게 된다는 확신을 반복하여 강조하고 있는 노래이다. 더 나아가서는 아미타불을 정성으로 염불하는 저희들도 아미타불처럼 새로운 극락정토를 지금 여기 신라에서 성취하리라는 강한 확신을 노래하고 있다고 설명할 수 있다.

그래서 종래에는 이 노래에 대하여 단순히 먼저 가신 임(광덕)을 그리는 노래라고 해석하고 있지만 넓게 보면 신라시대에 정토신앙인들이 아미타부처님에 대한 자신들의 굳은 신앙심을 노래한 것이라고 해석할 수 있다. 또 아미타불의 극락정토에 왕생하기를 바라는 신라인들의 보편적 원심(願心)을 표현한 것이라고 말할 수 있다. 더 간단히 설명하면 법장비구가 마흔 여덟 가지의 대원을 성취하여 벌써 아미타불이 되었듯이 아미타불을 믿는 저희들도 여기 신라에 정토를 이룩하도록 하겠다는 강한 확신을 노래한 것이다.

그래서 이 노래에서는 아미타불의 정토신앙으로 염불한 신라인들의 모습과 당시 신라사회에서 정토신앙이 어느 정도 서민대중에게 유행되었나를 엿볼 수 있는 자료이기도 하다. 또 이 노래를 통하여 당시 신라의 정토신앙의 깊이를 알 수 있다. 그리고 또 이 노래는 원효가 당시 신라의 서민들에게 가르친 대승관법(灌法)이 쟁관법(錚觀法)이라는 것을 알려주고 있다. 원효의 쟁관법의 내용이 과연 어떠한 것인가에 대하여서는 그의 모든 저서를 통하여 살펴보아야 정확히 말할 수 있지만, 여기서는 원효가 당시 서민들을 참회시켜가면서 염불과 관법을 함께 닦도록 하였다는 것을 알 수 있다. 또 이 향가를 통하여 쟁관법이 정토교학의 방법으로서도 신라사회에 널리 알려져 있다는 것을 알 수 있다.

(11) 혜성가(彗星歌)

융천(融天)스님(진평왕 53년, 631년)

옛날 동쪽의 물가에
건달바(乾達婆)가 놀던 성을 바라보고
왜군이 왔다고
봉화(烽火)를 올린 변방이 있어[149]
세 화랑의 산 오름에 보심에,

---

149) '변방이 있어'를 '어여 수풀이여'라고 풀이할 수 있다.

달도 갈라 그어(수없이) 잦아 들어오는 (것이)
길(을) 쓸(어 줄) 별(을) 바라보고,
혜성이여! 라고 사뢴 사람이 있으니
아아! 달은 떠가버렸더라,
이 우물에 무슨 혜성이 있다고!

【의미 풀이】

이 노래는 융천(融天) 스님이 당시 신라에서 일어난 천재지변(天災地變)으로 불안해하는 민심을 진정시키기 위해서 지으신 것이다. 《삼국유사》와 《삼국사기》를 살펴보면, 융천스님이 신라 진평왕대(A.D. 579~631)에 실제로 일어났던 어떤 사건과 사회상황을 노래로 계몽하면서 민심의 불안을 진정시켰음을 알 수 있다.

이 노래를 기록한 일연스님의 《삼국유사》 제6 신주편(神呪編)에 융천스님이 이 향가를 만들게 된 배경을 소개하고 있다. 우선 그 이야기를 보면 다음과 같다. 신라 진평왕대에 어느 날, 제5대 화랑인 거열랑(居烈郎), 제6대 화랑인 실처랑(實處郎 혹은 突處郎), 제7대 화랑인 보동랑(寶同郎)이라는 화랑들이 풍악산(楓岳山 : 지금의 金剛山)에 놀러가려고 할 때에 하늘에서 혜성(彗星)이 갑자기 나타나서 심대성(心大星 : 二八宿 가운데 心宿의 大星)을 침범하였다고 한다. 세 사람은 그것을 보고 의아해 하며 계획하였던 금강산 여행을 중지하였다고 한다. 그 정도로 신라사회의 민심이 불안하였고 나라의 전체가 시끄러웠다고 전한다. 이때에 융천스님이 신라사회의 불안과 흔들리는 민심을 안정시키기 위해서 이 향가를 지어 널리 부르게 하였다고 전한다. 그 후부터 백성들의 마음도 서서히 안정되고 하늘에 나타났던 괴성(怪星)도 곧 사라지고, 또 왜병들이 신라의 앞바다에 침입하였다는 소문도 사라지게 되면서 백성과 관료들 모두가 평상심을 회복하게 되었다고 전한다. 그리하여 진평왕이 기뻐할 정도로 나라는 안정되면서 금강산 여행을 멈

춘 화랑도들도 풍악산으로 여행을 다시 하게 되었다고 전한다. 즉 이
향가는 신라 진평왕대에 백성들이 자연의 변화를 바로 이해하지 못하여
일어난 사회의 심적 불안을 계몽한 계몽가(啓蒙歌), 주술가(呪術歌)이
다.

노랫말을 해석하면, 어느 날 신라의 변방에 사는 백성이 건달바와 같
은 허망한 것을 보고서 왜병이 침입하였다고 봉화불을 올리고, 또 어떤
지역의 백성들은 하늘에 지나가는 혜성을 보고 불안해하고, 나아가서
그 혜성이 궁궐에 떨어졌다는 괴소문까지 퍼져나감에 따라서 나라의 전
체가 혼란해지고, 종국에는 임금님도 그러한 상황을 걱정하고 민심(民
心)도 계속 혼란하기에 이 노래를 지어서 백성들의 무지(無知)를 불식
시킨다고 밝히고 있다.

그런 목적으로 지은 혜성가는 자연이 변화한다는 이치를 알지 못하는
백성의 무지와 무명(無明)에서 신라사회는 불안해하며 고통스러워 했
다고 말할 수 있다. 즉 융천스님은 불가의 승려였지만 백성의 스승으로
서 무지에서 비롯된 백성의 불안과 국가와 사회의 혼란을 한 편의 노래
로 불식시키고 있다. 그래서 이 노래는 계몽가인 동시에 백성이 불안하
는 원인 등을 노래로 알려주어 신라의 민심을 안정시킨 주술시(呪術詩)
라고 말할 수 있다. 그래서 일연스님은 《삼국유사》를 편찬할 때에 '신
주편(神呪編)'에 넣었던 것이라고 생각된다. 즉 이 노래를 통하여 신
라시대의 스님들이 다방면에 걸쳐 크게 활약하는 모습과 향가의 주술성
등을 살펴볼 수 있다.

다음, 이 노래의 마지막 구절에 '아아! 달이 떠가(고) 있더라, 이 우
물에 무슨 혜성이 있다고!'라고 한 부분에 대하여 종래의 해독(解讀)
을 비교하여 보면 다음과 같다.

---

150) 金俊榮, 《國文學槪論》, 1977, p. 99.

① 아아, 산아래 떠가고 있더라, 이게, 무슨 혜성인가. [150]

② 아으 달 아래 떠가더라, 이 어우 무슨 혜성이 있을꼬. [151]

③ 아아 달은 떠가버렸더라, 이에 어울릴 무슨 혜성을 함께 하였습니까 [152]

위의 해독은 선학(先學)들이 해석한 것들인데, 필자는 후렴구(後斂句)의 후반에 '아아!, 달은 떠가 버렸더라, 이 우물에 무슨 혜성이 있다고!'라고 해석하였다. 왜냐하면 우선 《삼국사기》의 기록을 고려했기 때문이고, 그 다음은 《삼국유사》에 기록된 당시 역사적 사건 등을 고려하였기 때문이다.

일연 스님이 기록한 《삼국유사》를 살펴보면 노래 속의 사건들이 일어났을 때를 유추할 수 있다. 즉 거열랑, 실처랑, 보동랑이라는 세 화랑이 풍악산(지금의 金剛山)에 놀러가려고 할 때라고 기록하고 있다. 그런데 옛날부터 늦은 여름에서 이른 가을에 금강산을 풍악(楓岳)이라고 불렀다. 그리고 역사서의 기록을 찾아보면, 노래에서 표현한 것처럼 진평왕 53년(631) 7월에 이상한 일들이 일어났음을 알 수 있다.

신라의 진평왕 시대를 기록한 《삼국사기》를 살펴보면, 진평왕 8년(586) 5월에 벼락이 치고 우뢰가 크게 울리며 하늘에서 별이 비오듯이 떨어졌다고 기록하고 있다. 그리고 진평왕 53년(631) 7월에 당나라에서 사신을 보내면서 두 여자를 공물로 바쳤으나, 당태종(唐太宗)이 '새들도 고향을 떠나면 슬퍼하며 우는데, 저 두 여자도 그러할 것이다.'라고 하며 신라로 돌려보내도록 했다고 기록되어 있다. 그리고 같은 시기에 흰 무지개가 신라의 궁궐의 우물에 들어가고, 토성(土星)이 달을 범하는 일이 있었다고 기록되어 있다.

---

151) 梁柱東, 《增訂古歌研究》, 1965.
152) 金完鎭, 《鄕歌解讀法研究》, 1985.

이러한 기록들을 고려하여 필자는 이 노래가 진평왕 53년에 일어난 천재지변에 의하여 일어난 민심불안을 불식시키기 위해서 지은 노래라고 유추하였으며 또 노래의 뒤 부분을 '아아!, 달은 떠가버렸더라, 이 우물에 무슨 혜성이 있다고!'라고 해석하였다.

다음, 백성들의 무지와 혼란을 상징적으로 표현한 건달바(乾達婆)를 설명하도록 한다. 혜성가의 첫 구절에 건달바라는 말이 나온다. 이 말은 인도의 산스크리트어 간다르바(Gandharva)를 음사(音寫)한 것인데, 그 의미는 제석천(帝釋天)을 보필하는 천상(天上)의 악사(樂師), 또는 중유(中有: 중생이 죽어서 육체가 멸하고 난 뒤에 새로운 육체를 얻기 전까지의 떠도는 영혼)를 의미하기도 한다. 즉 이 단어는 허공(虛空)에 떠도는 것을 포괄적으로 가리킨다. 그래서 옛날 인도에서 건달바라고 하면 공중에 떠도는 반신(半神)을 신격화(神格化)하고 상징화해서 불렀다고 한다. 또 인도의 고전문학에서는 건달바의 도시(Gandharva-nagara)를 신기루로 표현하여서, 실재(實在)하지 않는 허망한 대상을 가리킬 때에 비유적으로 말하기도 하였다. 훗날에 불교교단에서 건달바를 표현할 때에는 이와 같이 실재하지 않는 허망한 대상을 집착하는 것을 비유하기도 하였다. 그래서 불전(佛典)에서도 있지도 않은 것을 허망하게 실재한다고 집착하는 것을 건달바의 성(城) 혹은 심향성(尋香性)이라고 표현하고 있다. 또는 건달마를 악사(樂師)로서 표현하기도 하며, 가신(歌神)인 긴나라(緊那羅)와 함께 천룡(天龍)과 팔부대중(八部大衆)의 하나로 해석하기도 한다. 예컨대 이 노래는 백성들이 있지도 않은 것들을 실재한다고 생각하여 사회를 불안시켰다는 뜻으로 이 건달바의 성을 인용하고 있는 것이다.

여기 혜성가의 노랫말을 보면 '옛날 동쪽의 물가에서 건달바가 놀던 성을 바라보고, 왜군이 왔다고 봉화를 올린 변방이 있어라!'라고 표현하고 있는데, 그 뜻은 무지하고 어리석은 사람들이 실재하지 않은 것을 허망하게 있다고 집착한다는 뜻이다. 즉 어리석은 백성들이 동해 바닷가에서 허상(虛想)을 보고서 왜군이 침범하였다고 하여 나라에 위급상황이 있을 경우에만 피워올린 봉화불까지 올렸다고 설명하면서, 당시에 신라의 사회가 혼란했던 분위기를 전해주고 있다.

또 서라벌의 하늘에 혜성이 궁궐의 우물에 들어갔다는 소문이 퍼지게되고, 또 토성(土星)이 달을 범하는 일이 있었다는 소식을 들은 변방에사는 무지몽매한 사람들은 더욱 불안해하고 있었다고 전하고 있다. 그러한 상황에 다시 변방의 백성들은 불안한 마음에 건달바의 성과 같은신기루를 보고도 동해 바닷가에 왜군이 침범하였다고 봉화를 올렸던 것이다. 이렇게 불안한 마음들이 계속 실재하지 않은 허상을 보고 연이어소문을 만들어내는 악순환이 계속되었던 것이다.

그렇게 무지한 백성들은 우주현상의 변화를 정확하게 이성적으로 판단하지 못하고 또 그것으로 인해서 불안해하고 다른 소란을 만들면서화랑들도 금강산으로 가려던 여행계획을 멈추게 되고, 백성들은 날로근심과 걱정으로 불안해 하였다. 그러한 상황에서 국왕이 융천스님께백성들의 불안과 혼란을 안정시켜 주기를 요청하게 되었던 것이다.

스님은 백성들에게 향가를 지어서 모든 사람이 허공의 신기루와 실재하지 않는 허망한 것들을 보고서 불안해 한 것이라고 알려주어 마음의불안을 씻어주고 있다. 이런 경우는 향가가 바로 창도(唱導)의 법문(法文)이며 주술적(呪術的) 효력을 갖는 주문(呪文)으로, 노래를 통하여백성들의 무지를 일깨워 주고 계몽하여 사회를 안정시키고 있다.

그래서 스님은 노래 속에서 혜성을 다음과 같이 설명하고 있다. '달도 밝은데 수없이 찾아서 들어오는 저것(혜성)은 단지 길을 쓸어줄 별에 지나지 않는 것인데, 사람들이 그 별을 바라보고 혜성이여!라고 소란스럽게 하고 있다.'고 나무라고 있다. 즉 노래를 통하여 혜성은 잠시스쳐가는 자연현상으로 곧 사라지는 것이라고 일러준다. 또 흰 무지개가 궁궐의 우물에 들어갔다는 소문을 불식시키기 위해서 '우물에 무슨혜성이 있고'라고 소란스럽게 하는 백성들에게 혜성이라는 것은 땅에 떨어지면 불똥과 같은 것으로 떨어지면 쓸어버리면 되는 것으로 궁궐안의 우물 속에 결코 혜성이 없다고 알려주고 있다.

예컨대 당시 신라 안에서 실제로 일어난 갖가지 천재지변과 그에 따라서 나타난 사회적 불안이 복합적으로 합쳐지면서 국왕과 왕실의 권위마저 떨어뜨리게 된다. 또 다시 그러한 불안한 민심이 지방까지 파급하여 바닷가의 자연적 변화 등을 보고서 적군의 침입하였다고 봉화불을 올리는 등 갖가지의 사회적 소란이 연이어 일어나게 된다. 혜성가는 바로 그렇게 흔들리는 민심을 진정시키기 위해서 만든 불교적 주술가(呪術歌)이다. 바꾸어 말하면 혜성가는 주술적 효능을 이용한 신주(神呪)로서 건달바의 신기루와 같은 허상을 실재한다고 집착하는 중생의 무지를 깨우치고 교화시키는 불교적 교화시라고 말할 수 있다. 또 옛부터 사람들의 불안과 사회의 큰 일도 많은 사람들의 입과 말의 힘으로 부수고 이룬다는 사실을 잘 보여주는 좋은 예라고 말할 수 있다.

(12) 우적가(遇賊歌)

영재(永才)스님(원성왕대, 785~798년)

제 마음의
모습이 볼 수 없는 것인데
먼 세월이 지나고서야 깨달았구나!
이제 수풀 우거진 산중으로 가노라!
다만 잘못된 것은(숨어 있는) 파계주(破戒主)들이여![153]

---

153) 향가 해독에 따라서는 '도둑들' 혹은 '강호(强豪)님' 들이라고 해석할 수 있다.

154) '도로'는 '다시'라고 해석할 수 있다. 그리고 이 구절을 '머물게 하신들 놀

잡을 뜻을 내어도 도로[154] 할 그대들이여!
무기(兵器)를 마다하고
즐길 법(法)을랑 듣고 있는데
아아, 조만한 선업(善業)은
아직 턱도 없습니다.

【의미 풀이】

《삼국유사》에 이 노래의 작자를 석영재(釋永才)라고 소개하고 있다. 스님이라는 말은 원래 스승을 뜻하지만, 일연스님은 다른 노래를 지은 스님들을 소개할 때는 '~師'라고 기록하였다. 그런데 이 노래를 지은 이는 석영재라고 기록하고 있다. 그런데 이 노래를 지을 때의 영재스님

라겠습니까' 라고 해석할 수 있다.

155) '釋~'이라는 것에 대하여 옛 풍습을 설명하면 다음과 같다. 김씨, 박씨, 이씨라고 부르는 것은 옛날부터 남아 있는 씨족사회의 풍습이다. 성(姓)이란 원래는 모계 중심의 부족사회에서 연유한 말(女+生=姓)이다. 고대 중국 사회에서도 같은 어머니에서 태어난 무리들이 집단을 이루고 살면서 다른 무리들과 구별하기 위해서 성(姓)을 사용하였던 것이다. 모계중심의 부족 사회에서 서서히 부계 중심의 부족국가로 변하여 가면서, 인류는 점점 전쟁을 많이 하게 된다. 그러면서 모계에 분리해 나온 무리와 부계중심의 혈족(血族)을 의미하는 씨(氏)를 사용하게 된다. 예컨대 성(姓)이라는 것은 모계의 혈족을 구분하여 주는 표시이고, 씨(氏)는 부계의 혈족을 의미하는 것이다. 인도사회도 사성제도(四性制度)가 있었다. 그 외에도 여러 가지 방법으로 신분 계층을 나누고 있었다. 오늘날에도 인도사회는 실제로 네 가지의 신분(四性) 이외에도 셀 수 없을 정도로 많은 신분계층이 있다고 전해지고 있다. 예를 들면 하층 계급 가운데도 직업에 따라서 분류하고, 또 같은 직종 안에도 다른 요인으로 복잡하게 분류하여, 같은 계층 안에서도 갖가지 신분제약이 있었다. 바로 이런 사회에서 여러 계급의 무리들이 부처님의 뒤를 따라 다니면서 공부하게 되면서, 석가모니 부처의 가르침을 신봉하여 출가한 무리를 일반인들과 구분하기 시작하였던 것이다. 즉 정신적으로 새롭게 탄생시켜 준 분이 석가모니 부처이기에 부처가 될 자질, 부처의

의 나이를 90세라고 전하고 원성왕 시대라고 기록하고 있다. [155]

　노래의 제목 가운데 우적(遇賊)이라는 뜻은 '도적(盜賊)을 만난다'
라는 뜻이다. 《삼국유사》에는 영재스님이 나이가 들어서 남쪽의 산에
은거하려고 대현령(大峴嶺)을 넘어 가는데, 60여 명의 도적의 무리를
만나게 되었다고 한다. 도적들이 스님을 해치려고 스님의 목에 들이대
며 다가오는 칼날을 보고서도 무서워하지 않고 두려워하는 기색도 없이
태연하게 앉아 있었다고 전한다. 그래서 도적들이 스님의 이름을 묻게
되자 영재라고 대답하였다고 한다. 그런데 평소에 영재스님의 이름을
소문으로 듣고 알고 있던 도적들이 스님이 옛부터 백성들 사이에서 향
가에 능하다고 알려졌던데 노래를 한 수 지어 보라고 한다. 그래서 지
은 시가 바로 우적가이다. 이 노래를 듣고 도적들이 감동하여 오히려
도둑들이 갖고 있던 비단 두 필을 스님에게 주니 영재스님이 말하기를
'재물이란 지옥의 근본임을 알고 깊은 산으로 피하여 들어가서 남은 생
을 보내려고 하는데 어찌 받을 수 있느냐'고 말하며 버리고 갔다고 한
다. 그 모습을 본 도적들이 무기를 버리고 머리를 깎고 승려가 되어 영
재스님과 함께 지리산으로 들어가서 살았다고 전한다.

　즉 이 노래는 불교적 가르침이 은유적으로 표현되어 있는 노래이다.
여기서 무엇을 도적이라고 보며, 그것을 설명하는 불교적 가르침은 무
엇인가를 알기 위해서 오음성고(五陰盛苦)에 대해서 설명하고자 한다.

　가르침을 받고 있는 사람이라는 뜻으로 불제자들을 '佛~'이라고 붙였다.
그런데 보통 중국문화권에서는 '佛~'이라고 하지 않고 석가모니(釋迦牟
尼)의 석(釋)을 붙여서 '釋~'이라고 붙였다. 중국에서는 전진(前秦)시대
의 도안(道安)스님 때부터 불문(佛門)의 제자들을 그렇게 불렀다. 그래서
옛부터 우리나라에서도 보통 불문에 출가한 경우에 속세에서 사용하던 성씨
명을 사용하지 않고, 석가모니를 새로 따르는 무리라는 뜻으로 석가족의 성
인, 출가한 제자들을 '釋~'이라고 나타내고 있었던 것이다. 그래서 이 노
래를 지으신 석영재(釋永才)도 불가(佛家)에 출가한 사람이라는 뜻이다.

앞에서 불교에서 인생의 고통을 설명할 때에 팔고(八苦)를 설명하였다. 팔고(八苦) 가운데 오음성고(五陰盛苦)를 설명하면, 오음(五陰) 혹은 오온(五蘊)이라는 말은 산스크리트어 판차 스칸다스(pañca skandhas)의 번역어이다. 그 뜻은 다섯 가지의 모임과 그 집합이라는 뜻이다. 즉 고대 인도의 불교도들은 모든 존재가 색(色: 물질적 현상)과 수·상·행·식(受想行識: 정신작용)의 다섯 가지로 구성되어 있다고 생각하였다. 오음성고(五陰盛苦)이라는 것은 우리들 인간존재가 그 존재구성의 요인에 의해서 또는 그 합성에 의해서 고통을 받는다는 의미이다. 즉 인도의 불교도들은 물질적 존재라는 것은 여러 요인에 의해서 성립되어 있으며 또 항상 관계하면서 변화하여 가는 것이기 때문에 현상으로서는 있지만, 실체, 즉 자성(自性)으로서는 취할만한 것이 없다고 보았다. 즉 불교에서 이것이 공성이라고 설명한다. 불교에서는 그 공성(空性)을 체득하면 근원적 주체로서 살아갈 수 있다고 말한다.

'도적을 만난다'라는 뜻의 이 노래는 불교적 가르침인 공의 인생관을 모르고 방황하는 것을 은유적으로 노래한 것이다. 즉 도적이란 영재스님이 지리산으로 가는 길에 만난 도적들을 가리키는 말이기도 하고 또 한편으로는 우리들이 바른 깨달음을 여는 것을 방해하고, 본래의 청정심(淸淨心)을 도적질하는 각자 자신들의 어리석음과 번뇌를 도적이라고 표현하여 누구라도 도적에 속지 말고 빨리 불교를 깨우치자는 뜻이다. 즉 모든 중생이 불도(佛道)를 멀리하는 것도 청정심을 도적질하는 자신의 번뇌심이라는 도적을 만났기 때문이라는 뜻이다. 바꾸어 말하면 자신의 번뇌의 사마(邪魔)에 의해서 본래의 청정심을 도둑맞았기 때문이라는 것이다.

이 노랫말을 자세히 읽어보면, 무지몽매한 이 제자는 부처님의 가르침을 모르고 있었지만 이제 불교의 가르침을 배우고 보니, 우리들의 마음에 어떤 고정된 모습이 없는데 그것을 모르고 지냈던 과거에는 내 마음을 찾아서 혹은 내 마음의 모습을 찾으려고 고통스러워했다고 토로하고 있다. 불교를 통하여 깨우친 무심(無心)의 이치(理致: 心空性)로 마음의 평화를 얻어서 기쁘다고 표현하고 있다. 그래서 다른 사람들에게도 같이 불교를 배우자고 권하고 있다. 무심의 이치란 첫 구절에 표현한 '우리들 마음에 본래부터 어떤 모습이 없다'라고 노래한 부분이다. 이 노래의 작자는 출가해서 진리를 알았지만 이제 다시 깊은 산에 들어가서 더 공부를 하려고 하며, 진실을 모르고 계속 잘못을 저지르며 계율을 파괴하고 있는 도적들을 만나고 보니까 안타깝고 안타깝다는 뜻을 노래로 전하고 있다.

그리고 때로는 어리석은 사람들이 자신들의 잘못됨을 알고 고치려고 노력하지만 아직 수행의 힘이 모자라서 다시 잘못을 저지르리라는 것을 잘 알기에 불도(佛道)를 닦아야 한다고 노래하고 있다. 그리고 또 나쁜 일로 인생의 남은 세월을 보내고 어떻게 좋은 날이 오리라고 기대하겠는가. 그러니 '내 이제 다시 충고하니, 그대들이여! 빨리 부처님의 가르침을 배우고 공부하세나!'라고 권유하고 있다. 만약 나와 남을 다치게 하는 무기를 버리고 이와 같은 불법에 귀기울여 듣고 명심하여 착한 일을 하면 언젠가는 부처님처럼 성불(成佛)하여 존귀한 분이 될 것이므로 빨리 공부하세나! 라고 노래하고 있다. 즉 이 노래는 어리석음을 버리고 지혜를 밝히자는 뜻을 전하는 불교의 창도가(唱導歌), 불교의 교화시(敎化詩)이다. 종래에는 이 노래를 도적들을 토벌하는 노래라고 평하기도 하였지만, 사실은 불교학의 깊은 의미를 전하는 노래로서, 마음속의 욕망과 번뇌를 도적으로 표현하여 불교를 배우고 닦을 것을 권유하고 있는 권도가(權道歌)이다. 즉 우적가는 불교의 공성이나 유식(唯識)의 가르침을 모르는 무지(無知)를 도적이라고 표현하였다고 해석할 수 있다. 또 영재스님은 우리들의 마음이 무자성공(無自性空)임을 빨리 깨닫지 못하고 찰나로 변하는 희노애락(喜怒哀樂)의 감정에 휘둘려서 많은 잘못을 저지르고 있다고 알려주고 있다. 그러나 때로는 불교를 모르거나 불도(佛道)의 수행력이 약해서 못하는 경우가 있기 때문에 '내 이제 다시 충고하니 그대들이여! 빨리 부처님의 가르침을 공부하세나!'라고 권유하고 있는 것이다. 그래서 우적가는 불교를 창도하고 불도의 수행을 권하는 교화가라고 평가하는 것이다.

이 노래에서는 우선 인간의 실존(實存)을 우리들의 마음에 초점을 맞추어 마음은 어떤 자성(自性)도 없는 공(空) 그 자체라고 가르치고 있다. 즉 우리들의 마음도 물질적 존재처럼 무자성공이라고 설명하며, 마음의 공성을 깨우치게 되면 자연히 모든 존재가 무상하다는 것을 알고 허망한 것을 집착하지 않게 된다고 설명하고 있다. 노랫말에서 마음에 상(相)이 없다는 것은 바로 심공성(心空性)을 설명한 것이다. 심공성의 법리(法理)는 주로 유식학에서 설명하고 있지만, 불교사상사적으로 그 원천은 용수의 중관철학에서 시작된다고 말할 수 있다. 그러기에 보통 중관사상을 불교의 원점(原點)이라고 말한다. 용수는 《중론(中論)》, 《회쟁론(廻諍論)》 등의 저서를 통해서 불교의 근본사상인 연기설(緣起說)을 무소득공의 입장에서 해명하고 있다. 즉 사물의 본성은 공(空)이기에 현상세계가 성립하는 것이며, 제법(諸法)의 본성은 무자성공(無自性空)이라고 반복하여 설명하고 있다. 즉 중관사상은 모든 존재와 우주의 운행법칙뿐만 아니라 삼라만상의 근본 법리를 설명하고 있는 것이다. 비꾸어 말하면 공은 사물의 실존을 부정하는 것도 아니고 또 존재의 허무를 유도하는 것도 아니다. 오히려 근대과학의 입장처럼 우주와 물질의 본성을 에너지 혹은 운동의 힘으로 설명하는 면이 있다. 그래서 공이란 모든 것이 힘 혹은 에너지로서는 실재하지만 그것 자체에 특정의 고유성이 없다는 의미이며, 물질적과 정신적의 무자성(無自性)의 힘의 결합 혹은 협력 상태의 면에서 현상의 성립과 변화를 설명하려는 입장이라고 말할 수 있다.

그렇게 총체적으로 설명되는 공성(空性)을 인간의 입장에서 다시 직접 경험적으로 자각하게끔 설명한 것이 무착(無着)과 세친(世親) 형제이다. 그들은 공성(空性)을 우리들의 마음과 심식(心識)에 초점을 두고 공(空)의 법리를 아주 쉽게 설명하였다. 그것이 바로 유식학이다. 그래서 유식학은 중관사상을 경험론적으로 우리들 마음에 비추어 설명하고 있다고 말할 수 있다.

중관철학에서는 우주의 삼라만상이 무량하고 무한하게 연기(緣起)하고 연성(緣性)하는 것은 바로 모든 존재가 무자성공이기에 가능하다고 포괄적으로 설명하고 있지만 유식학에서는 그토록 큰 범주의 법리를 우리들 인간의 문제로 축약하고, 다시 압축해서 마음의 문제로 모든 것을 설명하고 있다. 바꾸어 말하면 불교를 우주의 모든 존재(諸法)의 생성(生成)과 변화로 포괄적으로 설명하는 것보다 우리들 인간의 문제로서 우리들이 항상 느끼고 경험하고 있는 자신의 마음 문제로 압축시켜 분석적으로 설명하고 있다. 즉 유식학은 공성이라는 현미경으로 우리의 손바닥 위에 인간의 마음을 얹어 놓고 관찰하며 분석하고 있는 것이다. 예컨대 중관철학의 방대하고 포괄적인 설명방법을 바꾸어서 우리들 자신이 항상 느끼고 있는 마음과 가장 알고 싶어하는 마음의 문제에 초점을 맞추어 관찰하게 하여 공성을 깨우치게 하고 있는 것이다. 이 방법을 통해서 우리들이 직접 스스로의 마음에 나타나는 갖가지 변화를 관찰함으로써 마음에 자성(自性)이 없음을 깨닫게 되는 것이다. 즉 마음의 공성(空性)을 체험하게 하여 우주의 삼라만상의 이치를 더 확연하게 알게 만드는 것이다.

유식학에서 설명하는 마음의 구조는 식(識)의 삼성(三性)과 삼상(三相)이다. 예를 들어 쉽게 설명하면 다음과 같다. 어떤 사람이 시골집 같은 곳에서 밤에 화장실을 가기 위해서 툇마루를 나서는 순간에 아무도 없는 넓은 마당 한 구석에서 무엇인가 푸드덕 푸드덕 하면서 공중에서 하얀 것이 내려오는 것을 보았다고 가정한다면, 그것을 처음 본 순간에 귀신이 아닌가 하고 생각하여 혼비백산(魂飛魄散)해서 뒤로 물러서게 된다. 그러나 잠시 후에 다시 마당을 자세히 살펴보면, 그것은 낮에 누군가 빨래줄에 널어놓은 하얀 이불보였다는 것을 알게 되면, 그때서야 자신이 지나가는 바람에 빨래가 움직이는 것을 귀신으로 착각하고 놀란 사실을 확인하게 된다. 이렇게 가상의 상황을 설정하여 순간적으로 변화하는 마음의 상(相)을 설명하였지만, 사실은 이 모든 것이 순식간에 우리들의 뇌리를 스치고 지나가면서 나타나는 짧은 순간들이다. 마음의 그러한 순간적 변화를 다시 유식학적 용어로 바꾸어 설명하면, 맨 처음 순간적으로 넓은 마당의 한 구석에서 무엇이 후닥닥하면서 공중에서 하얀 것이 내려오는 것을 보고 귀신이 아닌가 하고 놀란 마음을 변계소집성(遍計所執性)이라고 부른다. 즉 우리들은 항상 자신과 타인을 구분하고, 어떤 대상과 분리된 자신을 상상한다. 그리고 모든 순간마다 자신과 분리된 타인과 대상들이 자신의 입장과 이익에 상반되는 행위를 하지 않는가를 계산한다. 그리고 또 우리들은 항상 자연의 존재를 있는 그대로 보지 않고 자기 입장에 치우쳐서 분별하고 계산하여 자신의 생각만이 옳다고 집착한다. 즉 인심(人心)의 변계소집성이란 인간 자신의 이해, 손득(損得)을 헤아리는 마음의 속성(屬性)을 가리키는 것이다. 인간의 희노애락(喜怒哀樂)이라는 감정은 인심(人心)의 변계소집성을 단적으로 나타내는 말이다. 한밤에 무엇을 보고 귀신이 아닌가 하고 놀라는 마음은 그 무엇이 자신을 해치고 손실(損失)을 주는 것이 아닌가 라고 생각하였기 때문에 놀라게 되는 것이다. 이렇듯이 밤에 빨래의 흔들림을 순간적으로 귀신으로 착각하는 것도 자기중심적 분별 때문이다. 물론 그러한 마음은 진실에서 비추어보면 망집(妄執)임을 곧 알 수 있다. 하지만 우리들은 항상 모든 상황을 자기중심적으로 계산하고 분별하는 성향이 있다. 이러한 성향을 유식학에서는 변계소집성이라고 부른다.

　인간들은 그러한 성향이 있기에 보통 자기가 마음먹은 대로 되었다고 생각될 때는 기쁘고 유쾌한 감정을 나타내며 행복하다고 말한다. 그러나 만약 반대로 마음먹은 대로 되지 않았을 때는 슬퍼하며 불쾌한 감정을 나타내며, 불행하다고 말한다. 인생의 긴 여로에서 느끼는 행복하

다와 불행하다 라는 감정은 바로 인간들의 이러한 성향을 나타내는 것
이다. 즉 어떤 사람이 자기가 마음먹은 대로 모든 것이 잘 되었다고 생
각될 때는 행복하다고 느낄 것이고, 반대로 마음먹은 대로 잘 되지 않
았을 때는 불행하다고 느낄 것이다.

앞의 예에서처럼 그렇게 놀라고 슬픈 마음도 잠시 후에는 낮에 널어
놓은 하얀 이불보였다는 사실을 확인하고 나서는 원래의 편안한 마음으
로 회복하게 된다. 이때 진실을 확인하고 나서는 곧장 원래의 편안한
마음을 곧장 되찾는 속성을 원성실성(圓成實性)이라고 한다. 즉 스스
로 자신이 빨래를 잘못 보고 귀신으로 착각했다는 사실을 확인하고 나
서는 자신이 진실이 아닌 허망한 것을 실재(實在)한다고 집착하였고 또
그것에 의해서 스스로 놀랐다는 것을 깨닫게 된다. 원성실성은 간단히
말하면 진실을 바로 깨닫는다는 뜻이고 또 본래의 진실함을 완전히 되
찾았다는 뜻이기도 한다.

처음 빨래의 흔들림을 보고 귀신이라고 집착하고, 다시 그것이 빨래
임을 확인하고 평온한 마음을 회복한 심리적 변화는 마음의 의타기성
(依他起性)에 의한 것이다. 즉 허망하게 집착하는 마음이나 평온함을
되찾은 마음이나 사실은 별개의 마음이 아니고, 하나의 마음에서 전변
(轉變)한 마음이다. 즉 허상을 집착하는 마음이나 진실을 알고 평온함
을 회복한 마음은 서로 의지해서 일어난 상황이고, 변화된 상황이다.
즉 우리들이 항상 느끼는 모든 감정은 그 앞의 감정 등에 반응한 것이
다. 의타기성을 더 간단히 설명하면, 허망한 집착심을 진실한 마음으
로 전환시키는 것이며, 번뇌에서 깨달음으로 전변시키는 것이다. 그래
서 변계소집성에서 원성실성으로의 전환은 인식의 의타기성(依他起性)
을 나타내는 것이며, 인심(人心)도 역시 연기(緣起)하는 것임을 말해
주는 것이다. 예컨대 마음의 의타기성은 마음의 연기성(緣起性)을 가
리키는 것으로서, 마음은 무한히 변할 수 있다는 것을 나타낸다. 그리
고 또 마음이 무한히 변할 수 있는 것은 마음이 공(空)하기 때문이다.

즉 바로 이러한 마음의 속성과 무상(無相)의 공을 가르쳐주는 것이 유식학이다. 유식학에서는 심식(心識)의 상(相)을 변계소집성(遍計所執性) · 의타기성(依他起性) · 원성실성(圓成實性)의 삼성(三性)으로 설명하고 다시 이 삼성(三性)이 실재하는 것이 아니고 항상 전변(轉變)한다고 설명한다. 즉 삼성삼무자성(三性三無自性)을 가르친다. 앞의 예로서 말하면 이것은 놀란 마음(遍計執所性)이나 진실을 깨닫고 본래의 상태로 되돌아간 마음(圓成起性)이나 또 그렇게 전변(轉變)시켜주는 의타기성도 마음에 어떤 자성(自性)이 없었음(無心)을 말해주는 것이다. 즉 유식학은 공성(空性)을 마음에 비추어 경험적으로 설명하는 학문이다.

의타기성은 인간의 마음이 쉼없이 계속해서 그 무엇인가를 생성(生成)하고 변화시키는 속성이 있음을 가리키는 말이다. 다르게 설명하면 마음에 의타기성의 성향이 있다는 것은 우리들의 인식도 우주의 삼라만상처럼 항상 연기(緣起)하고 있다는 것을 나타낸다. 그리고 원성실성과 변계소집성은 인간의 여러 감정들이 서로 상대적(相對的)인 관계로 작용하고 있음을 말해준다. 쉽게 설명하자면, 진실을 깨닫는 지혜심도 사실은 무지(無知)에서 전변한 것이며, 깨달음도 번뇌를 의지하여 전변한 것이라고 말해주는 것이다. 즉 번뇌와 무지가 있었기에 그것을 바탕으로 변화시켜서 깨달음과 지혜로 만들었다는 것이다. 그래서 중생의 번뇌와 부처의 지혜는 서로 상대적(相對的)이라고 말하는 것이다.

그래서 옛날 선사들은 제법(諸法 : 모든 존재)의 실상(實相)을 무심(無心)이라고 가르쳤고, 모든 희노애락(喜怒哀樂)이라는 감정이 허망함을 설명해 주었다. 즉 모든 존재와 현상이 연기(緣起)하며, 공(空)한 존재로서 무상하기에 인간의 인식과 감정도 역시 때에 따라서 갖가지로 변하는 것이니 집착하지 말라고 가르쳤던 것이다. 또 인간의 희노애락의 감정도 어떤 자성(自性)이 없기에 외계(外界)의 현상과 대상에 조응(照應)하여 반응하고 변화하고 았는 것이라고 가르쳤던 것이다.

즉 우리들의 희노애락의 모든 감정은 마음에 영원하고 불변하는 자성(自性)이 없다는 것을 거꾸로 보여주는 것이다. 그래서 마음의 여러가지 상(相)을 간단히 무심(無心)이라고 말하는 것이다.

그런데 범부는 그러한 법리(法理)와 마음의 무상성(無常性)을 깨닫지 못하기에, 항상 제 마음에 실체(實體)가 있다고 오해하고 또 때로는 마음의 여러 변화에 놀라고 또는 자기 영혼이 실재한다고 착각하기도 한다. 그래서 때로는 영혼이 윤회한다고 말하기도 하고, 죽어서 윤회한다고 생각하기도 한다. 그리고 마음의 무상성을 바로 깨닫지 못하기 때문에 많이 괴로워하는 경우가 많다. 그러나 모든 쾌감과 슬픔도 역시 잠시 지나가는 감정의 변화의 한 모습이다. 그런데 우리들은 그러한 감정에 자성이 있다고 생각하고 또 때로는 자성이 영원하다고 집착하여 괴로워하고 슬퍼하기도 한다. 그러나 희노애락도 잠시 변하는 감정의 현상에 불과하다고 이해하게 되면 그 어떤 고통과 슬픔도 계속 지속될 수 없으며 영원할 수 없다는 것을 알게 된다. 만약 우리들의 희노애락의 감정에 어떤 불변(不變)의 자성(自性)이 있다면, 그때 그때마다 일어나는 느낌과 감정들이 그대로 영원히 존속하여야 한다. 그러나 실제로는 그러한 감정들이 시간이 지나면 사라지고 없어지는 것을 우리들은 일상생활 속에서 쉽게 경험하고 있다. 바로 그것이 마음의 무자성(無自性)을 경험하는 순간들이다. 유식학은 바로 마음의 순간적 변화와 인식의 전변(轉變)을 자세하게 설명하여 모든 현상의 실상을 깨우치게 하는 것이다.

(13) 처용가(處容歌)

처용랑(處容郞) (헌강왕 5년, 879년)

서라벌(東京) 밝은 달에
밤(이) 들도록[156] 노니다가

들어가 (잠)자리를 보니
다리가 넷이어라
둘은 내해였고
둘은 누구해언고
본디 내해다마는
빼앗은 것을 어찌 하리요.

【의미 풀이】

위의 노래는 처용설화와 관련된 노래이다.

처용은 신라시대의 설화에 나오는 인물인데《삼국유사》와《삼국사기》
에 다음과 같은 기록이 전한다.

우선 당시의 사회상황을 다음과 같이 전하고 있다.

신라 49대, 헌강왕 시대(A.D. 875~885)에는 서라벌로부터 동해
의 어구에 이르기까지 집들이 늘어서 있었지만, 초가집은 한 채도 볼
수 없었고 길거리에서는 음악소리가 그치지 않았으며 비바람마저 순조
로웠다고 전한다. 그러한 때에 왕이 개운포(開運浦)[157]에 나가서 놀다
가 돌아오는 길에 바닷가에서 점심을 들고 있는데, 갑자기 구름과 안개
가 자욱하게 끼여들어 길을 잃어버렸다고 한다. 왕이 그것을 괴상하게
여겨 신하들에게 그 까닭을 물으니, 천문을 맡은 관리(日官)가 다음과
같이 말하였다.

"이것은 동해 용의 장난이니 좋은 일을 하여 풀어야만 합니다."

그래서 왕이 관원에게 명령하여 용을 위해 근방에 절을 세우라고 했
더니, 명령하자마자 구름이 걷히고 안개가 흩어져버렸다. 그래서 그
곳을 개운포라고 이름을 지었다. 그때에 왕의 명령으로 세운 절이 영취

---

156) '깊도록'으로 해석할 수 있다.
157) 현재 울산시 온산 석유화학공단 지역으로 그 곳의 앞 바다에 처용암이 있다.

산 동쪽의 망해사(望海寺) 혹은 신방사(新房寺)이었다. 그 절은 개운
포의 용을 위하여 세운 것이기에 동해의 용이 기뻐하여 자신의 아들 일
곱을 데리고 임금이 탄 수레 앞에 나타나 왕을 찬미하면서 춤을 추며 노
래를 하였다. 그리고 그의 아들 하나가 임금을 따라서 서라벌로 들어가
정치를 보좌하게 되었는데, 이름은 처용이라고 불렀다. 왕은 그를 미
인에게 장가를 들여 서라벌에 마음을 안착시키고자 또 급간(級干)이라
는 벼슬까지 내려주었다.

그러나 그는 매일 밤 밖에 나가서 달빛 아래서 춤을 추었다. 또 당시
처용의 아내는 너무도 아름답고 마음씨가 곱고 착하였다고 알려지고 있
다. 그래서 역신(疫神: 전염병을 옮기는 귀신)이 그만 처용의 아내를 사
랑하게 되었다.

어느 날 역신은 처용의 아내를 탐하여 몰래 방에 들어가서 처용의 처
옆에서 자고 있었다. 집에 돌아온 처용은 그것을 보고도 착한 마음씨로
이 노래를 지어서 부르며 춤을 추었다고 한다. 그것을 본 역신은 자신
의 본래 모습을 보이고는 처용 앞에 무릎을 꿇고 빌면서 말하였다.

"내가 당신의 아내를 사모하여 잘못을 저질렀으나 당신은 노여워하지
않으니 오히려 제가 감동하여 이렇게 용서를 빕니다. 이제부터는 당신
의 모양을 그린 것만 보아도 그 문 안에는 들어가지 않겠습니다."

그 후에 이 이야기가 백성들에게 널리 알려졌고 그때부터 처용의 그
림을 그려서 자신들의 문간에 붙이는 풍습이 생겼다고 전한다. 즉 처용
의 그림을 문간에 붙이면 재앙이나 전염병을 물리쳤다고 믿는 풍습과
함께 좋지 않은 액운을 물리치고 경사스러운 일을 들어오게 하는 호신
부에 처용의 화상을 그려넣었다고 전한다.

그 때에 처용이 불렀다는 노래가 처용가이고 달밤에 춘 춤이 처용무
라고 전한다. 그리하여 신라시대에는 처용의 형상을 문에 붙여서 사귀
(邪鬼)를 물리치고 경사(慶事)를 맞아 들이는 풍습이 있었으며, 고려
시대에 내려와서는 궁중의 구나의식(驅儺儀式)과 결부되어 처용무로

발전하고, 이때부터 노래와 춤을 같이 추었다고 한다.

그후에 훗날 조선시대에 이르러서도 전염병이나 나쁜 역신들을 물리치고 경사스럽고 좋은 일을 맞아들인다는 벽사진경(酸邪進慶)의 뜻으로 궁중의 잔치 때에는 처용무만은 꼭 추었다고 전한다. 처용무는 처음에는 한 사람이 추었다가 그 후에 다섯 사람의 오방(五方) 처용무가 생겼다고 전한다. 그러다가 조선 성종 때 편찬된 음악서 《악학궤범》에 보이는 것처럼 학무(鶴舞), 연화대무(連花臺舞)까지 넣어서 대합악(大合樂), 학연화대처용무합설(鶴連花臺處容無合設)로 그 규모를 크게 확충한다. 현재의 울산(개운포)에는 지방축제로 매년 개최하고 있는 처용축제에서 그 춤을 복원시켜서 추고 있다. 그리고 이러한 처용무는 1971년 1월 8일자로 중요무형문화재 제39호로 지정되어 있다.

고려시대에 일연스님이 《삼국유사》를 편찬할 때에 신라의 다양한 문화적 풍습과 신불습화(神佛褶合)의 상황을 전하기 위하여 이런 노래도 채집하여 기록한 것 같다. 즉 이 노래를 통하여 당시 신라인들의 자유분방한 생활과 신라사회에 널리 퍼졌던 민요의 힘, 즉 여러 사람의 말의 힘으로 민심을 움직이고 또 정치적 목적을 성취하는 면과 지방에 세워진 사찰들과 그 지방의 호족들과의 관련 등을 엿볼 수 있다. 그리고 이 노래는 당시 신라 사회의 민간까지 널리 퍼졌던 무속적 풍습과 함께 신라인들의 자유분방한 생활의 한 단면과 그에 대한 관용과 해학(諧謔)을 엿볼 수 있다.

이 노래의 노랫말을 살펴보면 동해 용왕(龍王)의 아들인 처용이는 밤늦도록 밖에서 놀다가 집에 돌아와서 보니, 어떤 역신(疫神)이 자신의 처가 잠자는 옆에 몰래 누워있는 것을 보았다. 그러나 처용은 화를 참고 노래로 자신의 마음을 전하여 역신을 몰아낸다. 즉 자신의 처의 다리가 둘인 것은 알겠는데, 그 옆에 있는 다리는 누구의 것인지 모르겠다고 여유있게 노래를 부르고 있다. 그렇게 노래로 역신의 무례함을 질책하는 순간에 역신은 자신의 무례와 잘못을 뉘우치고 부끄러워하며 처용에게 용서를 빌고 다시는 처용의 모습이 있는 집에 나타나지 않겠다고 맹세를 하고 나간다.

이 일이 있은 후에 신라에서는 처용의 모습을 그린 그림을 집 앞에 붙여두면 각종 역신들도 물리칠 수 있다는 무속적 신앙이 민간에 널리 유행되었다고 전한다.

즉 신라시대부터 이 노래는 일종의 역신(疫神)과 열병신(熱病神)을 물리치는데 사용되였던 무가(巫歌)였다고 추정할 수 있다. 그러면서 동해 용왕을 위해서 불교의 절을 지어 주었다는 것은 외래 종교인 불교와 토속적인 무속(巫俗)의 융합 및 절충되어가는 과정을 보여주며 또 서라벌의 중앙권력과 지방의 세력가인 호족간의 갈등적인 관계를 나타내는 것이라고 해석할 수 있다.

다음은 처용에 대해서 다양하게 해석하는 학설을 소개하고자 한다. 지금까지 학계에서는 처용을 ① 용, ② 무당, ③ 사람 이름, ④ 제웅, ⑤ 서역인 등으로 설명하고 있다.

처용의 모습에 대하여 해석한 것 가운데 가장 독특한 주장은 처용을 아라비아인으로 보는 해석이다. 《삼국사기》에 '신라 49대, 헌강왕 5년(879년) 3월에 왕이 동쪽 지방을 순행하는데 낯선 사람 몇이 나타나서 노래하고 춤을 추었다. 그런데 그 모양이 괴상하고 또 그 의관(衣冠)이 다르므로 그들을 산해정령(山海精靈)이다'라고 기록하고 있다. 또 이 노래의 배경상황을 전하기를 '왕이 나라 동쪽을 둘러볼 때에 어디서 왔는지 알 수 없는 네 사람이 왕 앞에서 노래를 부르고 춤을 추었다. 그런데 그 모습이 무섭게 생기고 차림새가 괴상했다.'라고 기록하고 있다. 이런 기록과 관련해서 현재 경주의 괘릉의 무인석을 보면 우람한 체격에 높은 코와 퍼머한 것 같은 모습과 콧수염 등은 마치 아라비아인같이 보인다. 그래서 이러한 기록 등을 고려하여 처용을 아라비아인으로 해석하는 학설이 있다.

이와 관련해서 고려시대에 이제현이 쓴 《익제난고》에 '처용은 푸른 바다에서 왔는데 그는 용이다.'라고 기록하고 있고, 또 조선시대의《악학궤범》에는 '산상(山象)과 비슷한 무성한 눈썹, 우뚝 솟은 코, 밀려나온 턱, 숙여진 어깨 그리고 머리 위에는 꽃을 꽂은 모습의 얼굴이었다.'라고 기록하고 있다. 이러한 기록도 처용의 모습이 당시 옛 사람이 생각하기에도 한국인의 모습은 아니었던 것으로 추정한 것 같다. 즉 중국인이나 일본인도 아닌 움푹 들어간 눈과 높은 콧등을 지닌 서역인(西域人)으로 생각한 것 같다.

이와 같은 해석은 처용설화를 신라시대의 국제교류와 연결시킨 것이다. 현재까지 전하는 각종 기록과 세계문화사를 연관해서 살펴보면 동서양을 연결하는 실크로드가 중국 한(漢)나라 때에 개척된 이후부터 조금씩 동서양의 문물의 교류가 있다.

그리고 서기 1세기 무렵에는 중앙아시아를 거쳐서 중국에 인도의 불교가 들어오고 현재의 파키스탄이나 아프카니스탄 지역을 중심으로 아랍문화와 그리스 문화까지 혼합된 간다라 지역의 불교문화가 그 이후에 중국을 통해서 신라까지 들어오게 된다. 그 이후 당나라 때부터는 아라비아인과 터어키인들이 인도양을 거쳐서 인도의 북부지방, 중국의 해안지방을 거쳐서 동북아시아까지 들어오게 된다.

즉 아라비아인들은 인도대륙을 거쳐서 동남아시아로 이어지는 바다의 길을 개척하여 현재의 중국의 광동성까지 왕래하고 있었다. 또 당시 신라와 당나라를 잇는 뱃길 등을 통하여 서해안의 흑산도와 남해안을 거쳐서 울산이나 포항으로 이어지는 경로가 있었다고 추정되고 있기 때문이다. 이러한 항로라면 아라비아인들이 신라에도 들렀을 것이라고 짐작할 수 있기 때문이다.

그런데 민속학자들은 처용을 무당으로 보고 있다. 즉 처용은 울산 앞바다의 용을 모신 곳에서 제사를 지내던 무당이었는데, 그가 왕을 따라서 궁궐로 들어간 것이고 처용이 서라벌로 가서 최고의 무당으로 대접받았다는 것이다. 또 민간에서 처용의 그림을 붙이는 풍습은 '제웅'과

연결시켜서 설명하고 있다. 제웅은 짚으로 사람의 형상을 만들어서 음
력 1월 14일의 저녁에 버리면 그 해의 나쁜 재앙을 막을 수 있다는 민
간의 풍습에 따라서 만들어 사용하던 인형이다 라고 설명하고 있다. 예
컨대 이러한 민간의 풍습에 따라서 처용을 무당이라고 해석하고 있다.

또 역사학자들은 처용설화를 당시 신라사회가 처했던 상황과 관련시
켜서 해석하고 있다. 즉 처용을 지방 호족(지방의 세력가)으로 보는 것
이다. 그 무렵의 신라 귀족들은 자신들의 약해진 권위를 유지하기 위해
지방에서 세도를 부리고 있던 호족들을 자신의 편으로 만들려고 갖가지
로 노력했다. 그래서 지방호족의 아들들에게 벼슬을 주어 왕에게 충성
을 하도록 하고 그 세력이 더 이상 커지는 것을 막으려고 했다는 것이
다. 신라 말기의 시대적인 상황과 관련시켜서 처용이 지방호족의 아들
이었다는 해석을 하기도 한다.

여하튼 이러한 처용의 설화는 오늘날에도 면면히 살아있다. 즉 현재
울산시에서는 매년 10월 초에 3일간 처용문화제를 크게 개최하고 있으
며, 울산 개운동 앞 바다에 위치한 처용암에서 처용제를 지내고 있다.

불교가 인도문화권을 넘어서 세계 각국으로 전파되면서 포교되는 지
역의 토속문화와 자연스럽게 혼합되어 다양하게 발전된다. 불교의 신
불습화(神佛習化)의 현상도 바로 그러한 예이다. 대승불교사를 살펴보
면 대승불교가 인도의 서북지역을 통과하면서 그리스문화와 페르시아
문화 또 아라비아문화 등의 각종 문화를 혼합된 상태에서 중앙아시아를
거쳐서 중국에 전래하게 된다. 육조(六朝)시대에 중국인들은 그들의
종교인 도교를 체계화하면서 불교를 도교적(道敎的)으로 해석하였다.
그래서 육조 시대에는 도교의 도사(道士)들이 자신들을 불교의 보살이
라고 말하고 다녔다. 그러면서 중국의 도교의 도사들이 자신들의 이미
지로 고양시키기 위해서 불교의 보살상(菩薩像)에서 두상(頭上)에 화
관(花冠)으로 장식한 것을 모방하여 자신들도 만들어 쓰고 다닌 적이
있다고 중국의 많은 역사서에는 오늘날까지 전하고 있다. [158] 그리고 일

본에서는 헤이안(平安) 시대에 신도(神道)의 신관(神官)들이 불교의 교리를 신도학(神道學)의 논리로 흡수하여 체계화 하면서 자신들의 왕의 왕권을 강화시키는 통치이념으로 만든다. 그 과정에서 왕은 세상을 구제하기 위해서 환생한 불보살(佛菩薩)이라는 이야기를 유포시킨다. 바로 이러한 것이 신불습화(神佛習化)의 예이다.

여기 신라의 처용에 대한 이야기도 신라불교의 신불습화(神佛習化)의 하나의 예라고는 말할 수 있다. 인도의 불교가 중앙아시아를 경유하면서 그 지역의 유신교(有神敎)적 종교문화에 습합(習合)되고, 그것이 다시 동북아시아의 고대 종교문화인 샤마니즘에 습합되면서 만들어져 나온 형태라고 말할 수 있다. 동북아시아 지역에는 고대부터 샤마니즘 종교형태를 갖고 있었다. 즉, 무속과 주술(呪術)을 중심으로 하는 다신교(多神敎)적인 신앙이 널리 퍼져 있었다. 동아시아 일대에 퍼져 있던 그러한 샤마니즘의 권내(圈內)에 중앙아시아의 이국적(異國的) 문화와 이미 습합된 중국불교가 신라에 들어오면서 더욱 복잡화된 종교문화가 나타난다고 해석할 수 있다. 역사서에 처용을 이국적 모습의 인물로 나타낸 것은 바로 그러한 상황을 유추하게 한다. 그리고 이국인(異國人)들도 신라에 들어와서 거주하면서 그들의 이국적 문화와 풍습이 신라에서도 다양하게 습합되었으리라고 추측된다. 예컨대 처용가(處容歌)와 처용무(處容舞)에 관한 각종 무속적(巫俗的) 설화도 그러한 습합현상의 하나라고 해석할 수 있다. 훗날 처용가가 신라 민간에 널리 알려지면서 처용의 모습을 그린 부적이 무속적 영험이 있다고 유포된 것도 이문화(異文化)가 습합되는 과정에서 나타난 하나의 현상이라고도 해석할 수 있다.

---

158) 贊寧 撰, 《大宋僧史略》, 大正藏 卷54.

(14) 서동요(薯童謠)

서동(薯童: 百濟武王) (신라 진평왕대, 579~631년)

선화공주님은
남 몰래 짝 맞추어 두고
서동 방을[159]
밤에 몰래[160] 안고 간다.

【의미 풀이】

이 노래는 역사적으로 실존 인물인 백제 무왕(武王, 600~640)과
신라 진평왕(579~631)의 딸인 선화공주(善化公主)의 연애에 관한
전설을 전하고 있다. 그 전설에 의하면 서동은 훗날 백제 무왕이 되는
인물인데, 젊었을 때에 신라에 몰래 들어와서 고구마 장사꾼으로 변장
하여 민가(民家)로 다니면서 고구마를 어린이들에게 나누어 주면서 이
노래를 부르게 하였다고 전한다.[161] 그리하여 백성들이 신라의 선화공
주가 실제로 서동과 몰래 연애하는 것이 아닌가 하는 의심을 품게 하여
결국 선화공주를 자신에게 시집오게 만들었다는 설화가 전해지고 있다.
이 노래는 천삼백 년 전의 노래이지만, 오늘날 현대의 남녀들이 자유분
방하게 부르는 연애의 노래처럼 느껴진다.

옛부터 많은 사람의 입에서 입으로 전하는 말의 힘은 어떤 강철도
녹일 수 있다는 잠언(箴言)이 있는 것처럼, 이 노래도 바로 그러한 유

---

159) '방'은 남자를 뜻하는 접미사로 보아도 되고, 문자 그대로 '방'으로 해석해
    도 된다.
160) '몰래'를 '알을'로 풀이하여 해석해도 된다.
161) 《삼국유사》에는 무왕이 어렸을 때에 서여(薯蕷: 마)를 항상 캐서 팔았다고
    기록되어 있다.

형이다. 서동이 아무런 근거도 없이 유언비어(流言蜚語)를 흘려서 자신이 목적한 대로 선화공주를 얻었다는 이 노래는 노래의 무서운 힘을 잘 이용한 하나의 예이다.

그래서 옛날부터 많은 정치가들은 자신들의 정치적 주장을 선전할 때에 민요와 같은 노래를 만들어 유포시켜서 상대를 무력화(無力化)하기도 하였던 것이다. '선화공주(善化公主)님은 남몰래 짝을 맞추어 두고서, 서동방을 밤에 몰래 안고 간다'라는 이 노래는 노래의 힘으로 신라 백성들로 하여금 선화공주를 의심하게 하고 결국 백제의 서동왕자에게 시집가게 하는 당시의 분위기를 엿볼 수 있다.

《삼국유사》와 《삼국사기》에 의하면 백제 무왕은 미륵신앙을 깊이 믿었다고 전하고 있다. 그래서 무왕은 훗날 백제의 왕위에 오르면서도 익산에 미륵사(彌勒寺)를 건립하였고, 미래불(未來佛) 사상의 사회개혁적 이미지를 정치적으로 이용하여 백제의 혼란기에 민심을 잘 통합하여 나라를 통치하였다고 전한다. 또 《삼국유사》권2 '무왕편'에 다음과 같은 설화가 전하고 있다.

백제 무왕의 이름은 장(璋)이고, 그의 어머니는 홀몸이 되어[162] 서울 남쪽 연못가에 집을 짓고 살다가 그 못의 용(龍)과 통하여 낳은 아들이 바로 무왕인데, 어렸을 때의 이름은 서동이었다. 가난하여 늘 마(薯蕷)를 캐서 팔아 가계를 꾸려 갔으므로 사람들이 서동이라고 부르게 되었다. 그런 와중에 신라 진평왕의 셋째 딸인 선화가 재색이 뛰어나다는 소문을 듣고 머리를 깎고 신라의 서울로 와서 아이들에게 마를 나누어 주고 어울리면서 낯이 익어진 뒤에는 스스로 이 노래를 지어 아이들에게 부르게 하였다. 이 노래가 삽시간에 서라벌에 퍼져서 대궐에까지 들어갔다. 대신들은 왕께 급히 이 소문과 노래를 전하여 공주를 멀리 귀

---

162) 《삼국사기》에는 법왕(法王)의 아들로 기록되어 있는데, 《삼국유사》에서는 과부의 아들로 기록되어 있다.

양을 보내기로 하였다. 공주가 귀양살이로 떠나려 할 때에 왕후는 공주에게 순금 한 말을 주어 보냈다 한다. 공주가 유배지로 가는 도중에 서동이가 나와 기다렸다가 절하고 모시고 가니까 공주는 그가 어디서 온 사람인지도 몰랐으나, 흡족히 여겨서 그냥 두었다. 이리하여 함께 가는 도중에 드디어 서동의 소원이 성취되었는데, 공주는 서동의 이름을 듣고 "그 동요가 맞았다."라고 말하였다고 전한다. 그리고 함께 백제로 가서 살았는데, 공주의 어머니가 준 황금을 처음 본 서동이 자신은 이미 그런 황금이 많이 있는 곳을 알고 있다고 말하고 그것을 운반할 방법을 연구하던 중에 용화산 사자사(獅子寺)의 지명(知命) 법사의 도움으로 신라 진평왕에게도 황금을 보내고 또 그로 인하여 왕의 신임을 얻고 그 후에 백제의 왕으로 등극하였다고 전하고 있다. 또 그는 임금이 되고 선화는 왕비가 된 이후에 용화산 사자사로 갔는데 산 아래의 큰 연못에서 미륵삼존(彌勒三尊)이 나와서 임금에게 경의(敬意)를 나타냈다고 전한다. 그리하여 그 못을 메워서 미륵의 법상(法像)과 회전(會殿), 탑, 낭무(廊廡)를 각각 3개소를 창건하여 미륵사라고 불렀고, 진평왕도 많은 기술자들을 그 곳에 보내어 미륵사(혹은 王興寺)를 짓는데 도움을 주었다고 하며, 그 절은 고려시대 때까지 보존되어 있다라고 전하고 있다.

그런데 당시의 역사관계를 살펴보면 신라와 백제는 자주 충돌하였으며 무왕은 오히려 일본과 매우 친밀한 관계였다고 알려져 있다. 즉 당시 백제와 일본의 관계를 전하는 역사서에서는 무왕이 관륵을 일본에 파견하여 천문, 지리, 역법 등에 관한 서적과 불교를 전하였다고 한다. 그리고 현재 일본 북큐우수우 지방에서는 이 무왕을 사마(斯麻) 왕으로 부르면서 그 곳에서 태어났다는 전설이 전하고 있다. 역사의 그러한 맥락에서 설화상의 주인공이 역사화된 인물로 바뀐 것으로 보여진다. 그와 같이 추정하는 이유는 이 노래의 설화를 사찰의 연기설화로 파악하여 설명할 수 있기 때문이다. 즉 백제가 망할 무렵에 왕실의 원찰(願

刹)이었던 익산 미륵사를 보호하기 위하여 백제와 신라가 과거부터 깊은 관계가 있었다는 것을 신라에 널리 알리기 위한 것이라는 학설이 있다. 그러한 학설은 이 노래의 설화를 익산 미륵사의 창건설화로 해석하고, 또 백제의 멸망한 후에 미륵사의 승려들이 절을 구하고자 하는 마음에서 신라의 왕실과 미륵사가 오랜 옛날부터 깊은 관련이 있다는 이야기를 유포시켰을 것이라는 것이다. 바꾸어 말하면《삼국유사》에 전하는 서동요와 배경설화는 7세기 백제가 패망할 무렵에 오랫동안 전래하던 민요에 서동요의 가사를 붙여서 만들었고 또 불교의 연기설화(緣起說話), 즉 미륵사의 연기설화를 첨가시켰다고 보는 것이다. 예컨대 백제가 패망하면서 미륵사 승려들이 당시 급박하게 변한 시대적 상황에서 미륵사를 살리고자 하는 목적에 맞추어 각색한 것이라고 설명할 수 있다. 그래서 서동요의 배경설화는 후대인들이 만든 이야기일 것으로 추정된다. 그렇게 하여 역사적으로 실존한 특정 인물과 가공의 인물을 이야기로 연결하여 만들었다고 보여진다.

2. 고려시대 향가문학의 감상 및 해석

지금까지 감상한 향가 14수는 일연(一然) 스님(A.D. 1206~1289년)이 신라시대의 노래들과 이야기를 채집하여《삼국유사》에 기록한 것이지만, 지금부터 감상하는 고려시대의 향가는 균여(均如) 스님(A.D. 923~973)이 직접 지으신 불교의 교화시(敎化詩)이다. 그리고《삼국유사》에 실린 노래는 13세기 때까지 널리 불려오던 명곡들이었다고 생각된다. 왜냐하면 신라, 고구려, 백제에 널리 전해지고 있던 유문일사(遺聞逸事)를 채집하여 스님의 노년까지 계속 쓴 내용들로서 그의 제자들도 계속 자료를 찾아서 가필(加筆)했다고 추정되기 때문이다.

고려시대의 향가는 《균여전(均如傳)》에 전하는 11수 이외에도, '도이
장가(悼二將歌)'와 '정과정곡(鄭瓜亭曲)'이 있다. '도이장가'는 고려
예종(睿宗)이 지은 것으로 《장절공유사(壯節公遺事)》에 전하고, '정과
정곡'은 정서(鄭敍)가 지은 것으로 《악학궤범(樂學軌範)》에 전하고 있
다. '도이장가'와 '정과정곡'의 노랫말을 읽어 보면[163] 불교사상과 직접
적으로 관계는 없다고 말할 수 있다. 그래서 여기서는 《균여전》에 실려
있는 '보현십원가(普賢十願歌)'를 중점적으로 감상하고자 한다.

《균여전》의 원명(原名)은 《대화엄수좌원통양중대사균여전(大華嚴首
座圓通兩重大師均如傳)》이다. 이 책은 원래 고려 문종(文宗) 29년
(A.D. 1075년)에 균여스님의 제자들이 혁련정(赫連挺)에게 청탁하
여 만든 균여스님의 전기집이다. 즉 균여스님이 돌아가신 다음에 훗날
스님의 문중 제자들이 제공하는 자료를 근거로 해서 혁련정이 균여스님
의 전기를 엮은 것이다. 그 전기집 가운데 〈제칠 가행화세분(第七歌行
化世分)〉에 균여스님은 생전(生前)에 불교를 널리 펼치기 위해서 직접
지으셨다고 전하면서 '보현십종원가' 11수를 담고 있다.

그런데 〈제팔 역가현덕분(第八譯歌現德分)〉에는 당시 한림학사(翰
林學士)인 최행귀(崔行歸)가 균여스님의 '보현십종원가'를 읽고 너무
좋아서 중국에 널리 알리기 위해서 다시 한시(漢詩)로 옮긴 것도 있다.
그 이후로 많은 한학자(漢學者)들은 최행귀가 옮긴 한시의 '보현십종
원가'로 균여스님의 불교사상을 감상하였다고 유추되지만, 이미 벌써
대중들에게 널리 애창되고 있던 향가 '보현십종원가'도 그들 속에서 불
리워지고 있었다고 생각된다.

---

163) 이 노래는 고려 태조 왕건을 위해 싸우다가 죽은 신숭겸과 김락 두 장수의
충절을 높이 기리기 위해 예종이 직접 지어 부른 노래이다. 도이장가의 노
랫말은 다음과 같다. "님을 온존케 하온 마음은 하늘 끝까지 미치니 넋이 가
셨으되 몸 세우시고 하신 말씀 職分 맡으려 할 잡는 이 마음 새로와지기를
좋다. 두 功臣이여 오래 오래 곧은 자취는 나타내신저!"

《삼국유사》에 전하는 14수보다 《균여전》에 전하는 11수는 불교사상의 바른 이해를 돕고 널리 전하기 위해서 만든 불교 교화시이다. 즉 균여스님의 '보현십종원가'는 바로 창도가(唱導歌)의 전형이라고 말할 수 있다. 왜냐하면 노래를 짓는 행(歌行)으로서 세상을 교화한다는 '제칠 가행화세'의 서문을 살펴 보면 왜 균여스님이 노래를 만들었는가를 알 수 있기 때문이다. 균여스님이 직접 남겼다고 전하는 그 서문은 다음과 같다.

"대저 사뇌라 하는 것은 세상 사람들이 놀고 즐기는 데 쓰는 도구요, 원왕이라 하는 것은 보살이 수행하는 데 줏대가 되는 것이라. 그리하여 얕은 데를 지나야 깊은 곳으로 갈 수 있고, 가까운 데부터 시작해야 먼 곳에 다다를 수가 있는 것이니, 세속의 이치에 기대지 않고는 저열한 바탕을 인도한 길이 없고, 비속한 언사에 의지하지 않고는 큰 인연을 드러낼 길이 없도다. 이제 쉬 알 수 있는 비근한 일을 바탕으로 생각키 어려운 심원한 종지(宗旨)를 깨우치게 하고자 열 가지 큰 서원의 글에 의지하여 열한 가지 거칠은 노래의 구를 짓노니 뭇사람의 눈에 보이기는 몹시 부끄러운 일이나 모든 부처님의 마음에는 부합될 것을 바라노라. 비록 지은이의 생각이 잘못되고 인사가 적당치 않아 성현의 오묘한 뜻에 알맞지 않더라도 서문을 쓰고 시구를 짓는 것은 범속한 사람들의 선한 바탕을 일깨우고자 함이니 비웃으려고 염송하는 자라도 염송하는 바 소원의 인연을 맺을 것이며, 훼방하려고 염송하는 자라도 염송하는 바 소원의 이익을 얻을 것이니라. 엎드려 바라노니 훗날의 군자들이여, 비방도 찬양도 말아주시기를!"

이 글을 살펴보면 균여스님은 거칠은 말투와 비속한 언어로 향가를 지은 제일 큰 이유는 불교의 가르침을 포교하고 글 모르는 이들을 위하여 불교를 알기 쉽게 전하기 위해서였다. 나아가서는 불교신자들의 바른 발원(發願)과 수행을 이끌어주기 위해서 향가를 지었던 것이다. 그래서 균여스님의 향가는 어리석은 백성들을 불도(佛道)로 이끌게 하고 또 그들이 스스로의 선(善)한 바탕을 자각하고 부처의 지혜를 깨우치게 하여 큰 이익을 주게 하는 창도가라고 말할 수 있는 것이다.

그래서 '보현십원가'는 글로 남기기 위해서 지은 것이라기보다는 처음부터 노래로 부르기 위해서 만들어진 가사(歌辭)였다고 생각된다. 그리고 《균여전》〈감응항마분(感應降魔分)〉에서는 당시 백성들이 스님이 지은 향가를 널리 부름으로써 병의 고통으로부터 벗어났다는 기록과 함께 사찰의 건물이 무너지려는 것을 막기 위해서 지신(地神)을 달래는 노래로 건물에 붙여서 효능을 보았다는 기록도 전하고 있다. 즉, '보현십원가'는 당시 주술가(呪術歌)로서도 널리 유포되어 있었다는 것을 알 수 있다.

그리고 화엄학을 깊이 연구한 균여스님은 신라말기에 가야산 해인사에서 활약한 희랑(希朗)의 법손이다. [164] 균여스님은 본래 화엄학에 대해서 조예가 깊은 분으로서 항상 《화엄경》을 연구하면서 화엄사상에 기초한 대승보살의 실천도와 가장 이상적이라고 생각한 대승보살의 열 가지 덕목을 열거하여 다시 그것을 알기 쉽게 전하기 위해서 구어체(口語體)로 풀어서 노래한 것이 '보현십원가'이다. 그래서 '보현십원가'는 화엄학을 쉽게 풀어서 노래한 불교시이며, 바꾸어 말하면 화엄사상을 창도(唱導)한 창도가라고 말할 수 있다. 예컨대 중생들의 근기에 맞추어 대승보살의 실천도를 가르치고 있는 불교 교화시이다.

균여스님은 평생 화엄경을 연구하면서 대승불교의 정신을 잘 구현한 인간상을 보현보살(普賢菩薩)이라고 생각한 것 같다. 보현보살은 부처의 지혜를 행동으로 실천하고 구현한 대승보살이다. 그러한 보현보살

---

164) 신라 말기에 가야산 해인사에 화엄종장으로 관혜(觀惠), 희랑(希朗)이라는 두 스님이 있었는데 관혜는 후백제 견훤의 복전(福田)이었고, 희랑은 고려 왕건의 복전이었는데 두 스님의 주장이 달랐기에 그들의 문도들은 남북으로 분파되어 반목하였다고 전한다. 그래서 균여는 북악(北岳)의 희랑 법손이지만 항상 남북의 분열을 탄식하여 통합하기를 희망하였다고 전한다.

처럼 화엄사상의 진리를 실천하자는 뜻에서 보현보살의 실천덕목들을 향가로 풀어서 전한 것 같다. 다르게 해석하면 균여스님은 자리이타행(自利利他行)으로서 스님이 배우고 연구한 화엄사상을 중생을 위한 노래로 나타내었다고 말할 수 있다. 그래서 '보현십원가'는 보현보살의 깊고 넓은 자리이타의 행원(行願)을 중생도 쉽게 이해하고 실천할 수 있도록 풀어서 노래한 창도라고 말할 수 있다.

'보현십원가'의 제목을 보면 예경제불(禮敬諸佛)·칭찬여래(稱讚如來)·광수공양(廣修供養)·참제업장(懺除業障)·수희공덕(隨喜功德)·청전법륜(請轉法輪)·청불주세(請佛住世)·상수불학(常隨佛學)·항순중생(恒順衆生)·보개회향(普皆廻向)·총결무진(總結無盡)으로 되어 있다. 그런데 이러한 것은《화엄경》의〈이세간품(離世間品)〉의 십종(十種)의 보현심(普賢心)과 십종(十種)의 보현원행(普賢願行)의 내용이다. 즉 보현보살의 행원력을 조목 조목 나타낸 것인데, 화엄사상으로 열거하는 것보다 노래로 알기 쉽게 전달하기 위해서 그렇게 풀어서 설명하고 있다. 예컨대 균여스님은 중생들에게 어렵다고 생각되는 교학적 전문용어를 생략하고 보현보살의 높고 넓은 행원(行願)을 향찰식(鄕札式)의 노래로 표현하고 있다. 스님은 보현보살의 행원력(行願力)을 노래로 중생에게 널리 알려 모두가 보현보살처럼 서원(誓願)을 세우고 실천할 수 있다고 권유하고 격려하고 있는 것 같다.

전통적으로 화엄종(華嚴宗)에서 보현보살은 등각위(等覺位)의 보살이며 동시에 이(理)·정(定)·행(行)의 상징으로서 제불(諸佛)의 본원(本源)과 제법(諸法:모든 존재)의 체성(體性)을 나타나며 과위(果位)에 들어가면 성해(性海)라고도 부르고 있다. 그렇기 때문에 보현(普賢)이야말로 불법(佛法)의 보법성(普法性)을 증명하며 범부와 성인을 초월한다고 설명하고 있다.《화엄경》의〈입법계품(入法界品)〉과〈보현품(普賢品)〉에서 보살의 일승행(一乘行)을 보현의 육십행문(六十行門)으로 설명하고 있으며 또 그 육십행문은 전부 개별적이지만 그 개별의 세계가 서로 영향을 주면서 융합하고 있으며 다시 널리 통하는 것이라고 설명하고 있다. 그리하여 《화엄경》의 〈이세간품(離世間品)〉에서는 일승의 보살은 항상 십종(十種)의 보현심(普賢心)과 보현원행(普賢願行)을 지니고 있다고 설명하고 있다.

여기에 십종(十種)의 보현원행(普賢願行)을 열거하면 ① 항상 모든 부처님을 존경하고 예를 올리고(禮敬諸佛), ② 항상 모든 여래의 덕(德)을 칭찬(稱讚)하고(稱讚如來), ③ 항상 모든 부처님을 받들어 최상의 공양(供養)을 하고(廣修供養), ④ 항상 무시 이래(無始以來)의 악업(惡業)을 참회(懺悔)해서 청정한 계(戒)를 지키고(懺除業障), ⑤ 항상 부처님과 보살 내지 육취(六趣)와 사생(四生)의 모든 공덕(功德)도 함께 기뻐하고(隨喜功德), ⑥ 항상 모든 부처님께서 설법하시기를 요청하며(請轉法輪), ⑦ 열반에 들고자 하시는 부처와 보살들에게 항상 이 세상에 계속 머무시기를 간청하며(請佛住世), ⑧ 비로자나불(毘盧遮那佛)을 항상 따르며 이 부처님이 교화를 위하여 나타내는 여러 모습과 방법을 정성껏 배워 익히며(常隨佛學), ⑨ 모든 중생을 이끌고 공양하며 또 중생들의 개성과 적성에 맞게 교화한다(恒順衆生), ⑩ 위의 모든 공덕을 모든 중생에게 돌리어 모두가 불과(佛果)를 완성하도록 기원한다(普皆廻向)는 열 가지이다.

보현보살은 위의 열 가지를 쉼없이 생각하고 행동으로 실천하였기 때문에 우리들도 보현보살처럼 십종(十種)의 보현심(普賢心)과 보현원행(普賢願行)을 노래로 부르면서 마음에 새기고 몸으로 실천하면 행원(行願)을 성취할 수 있다. 균여스님이 '보현십원가'를 만들어서 널리 알린 것도 그런 목적 때문이다. 여기서 순차적으로 감상하는 《균여전》의 '보현십원가'는 중생의 마음에도 보현심을 심고 중생들에게 보현의 원행이라는 열매를 맺게 하기 위해서 만든 노래이다.

(1) 예경제불가(禮敬諸佛歌 : 모든 부처님을 예경하는 노래)

마음의 붓으로
그려옵는 부처님 앞에
절하는 이 몸은
법계(法界)(가) 다하도록 이를지니라
티끌마다 부처의 절(刹)[165]이요
찰찰(刹刹)마다 뫼시옵니다.[166]
법계에(가득) 차신 부처님에게
구세(九世)가 다하도록 예(禮)하옵저[167]
아아! 신어의(身語意)의 삼업(三業)에 피로함도 싫증함도 없이
이렇게 근본을 지어 끊임없이 신행(信行)하리라![168]

【의미 풀이】

위의 노래는 '항상 모든 부처님을 존경하고 예를 올린다(禮敬諸佛)'
라는 보현보살의 마음과 행동을 찬탄한 것이다. 즉 우주의 진리를 깨우
치고 우리들에게 자상하게 전해주신 부처님에게 몸과 마음을 다하여 예
경하는 의미를 바르게 가르치고 있다. 그리고 예경의 깊은 뜻을 알리고
있다.

보통 사람들은 부처님에게 예경한다고 말하면 사찰 등의 법당에 안
치된 불상이나 갖가지 형태로 그려진 불화(佛畵)의 부처님에게 두 손
을 모으고 머리를 조아려서 절하는 것이라고 생각한다. 그러나 균여스

---

165) '부처님의 경계' 혹은 '절'로 해석할 수 있다.
166) '뫼시옵니다'를 '뫼셔놓은'으로 해석할 수 있다.
167) '다하도록'을 '내내'로 해독할 수 있다.
168) '신행하리라'를 '닦으오리다' 혹은 '믿으리라'라고 해독할 수 있다.

님은 그러한 형식적 예불보다 마음으로부터 예불하는 것이 중요할 뿐
만 아니라 또 모든 중생을 부처님처럼 공경하는 마음도 예불의 깊은
마음의 하나라고 가르치고 있다. 그래서 온 누리(十方世界)에 계신 모
든 부처님에게 진실로 예경하는 예불의 의미를 자신의 몸과 마음으로
끊임없이 신행하는 것이라고 노래하고 있다. 노랫말을 살펴보면 다음
과 같다. '우리 모두는 조용히 자신의 마음의 붓으로 그린 부처의 진
실한 의미를 되새겨본다. 항상 존경하고 흠모하는 마음으로 부처님에
게 엎드려 절하며 진실한 마음으로 진리의 부처님께 귀의합니다. 이러
한 마음을 그 무엇으로 표현하겠습니까! 우주의 모든 경계와 법계(法
界)가 다하여 없어질 때까지 부처님을 존경합니다. 바로 이런 마음으
로 이 몸이 모든 존재를 부처님처럼 공경하며 모든 존재와 법계가 다
없어지도록 진실한 행을 실천하겠습니다. 그리하면 우주의 삼라만상
이 불찰(佛刹)이고 티끌마다 부처님의 절이고 경계가 되면 다시 곳곳
마다 부처님의 그 가르침이 충만하도록 노력하여 부처님의 진실한 뜻
이 법계에 가득하도록 하겠습니다. 이렇게 우리 모두가 진실로 노력한
다면 부처님의 가르침은 구세(九世)가 다하도록 영원할 것입니다.' 라
고 노래하고 있다. 또 '불법(佛法)을 배우고 깨우치니 이 세상의 모든
것이 있는 그대로, 생긴 그대로가 부처의 법위(法位)이고 진실의 모습
임을 알겠습니다. 구세(九世: 과거·현재·미래의 각 3세)가 다하도록
진실로 법계의 모든 분에게 예경하겠습니다. 아아! 부처님을 향하여
이 몸으로 행하는 모든 것과 이 입으로 말하는 그 모든 것과 이 가슴
으로 생각하는 모든 생각이 어떠한 염증도 없으니 이렇게 근본을 세우
고 항상 부처님의 가르침대로 믿고 행하도록 하겠습니다.' 라고 노래하
고 있다.

균여스님은 부처님의 가르침대로 배우고 행하니 이 세상에 보이는 삼
라만상이 있는 그대로 모두가 자연의 이치를 나타내는 법위(法位)의 모
습이며 모든 사람도 역시 부처로 보이고 또 순간 순간에 일으키고 행하

는 신·구·의(身口意)의 모든 행업도 진리대로 움직이니 싫증도 피로
도 없으며 부처님의 가르침이 얼마나 훌륭하고 좋은 지를 모르겠다고
찬탄하고 있다. 즉 부처님의 가르침대로 배우고 행하면 우리들의 신·
구·의 삼업(三業)이 바로 부처의 행이고 자연의 이치대로 나타나고,
또 모든 움직임이 자연의 풍광(風光)처럼 자연스럽고 번뇌에 걸림이 없
이 자유롭게 된다고 노래하고 있다. 그래서 스님은 부처님의 가르침을
항상 몸과 마음으로 되새기고 끊임없이 익히는 것이 진정한 예불이라고
가르친다.

또 스님은 예경제불가에서 우리들에게 어떻게 하면 진실로 부처님을
예배하는 것인가를 자세히 가르쳐주고 있다. 간단히 말하면 진실한 마
음으로 불교를 믿고 진실한 행으로 불교를 실천하는 바른 신행(信行)이
야말로 부처님을 예경하는 것이라고 가르쳐주고 있다. 바꾸어 말하면
진실한 예배는 바로 우리들이 항상 자신의 마음 위에 조금씩 그려온 부
처의 이미지에 예불하는 것이며 또 그러한 심상(心像)이 우리들 자신의
진실한 마음과 성실한 실천 위에 부처로 생동하게 하는 것이라고 가르
쳐 주고 있다.

이러한 내용을 설명하자면 복잡하고 어려운 교학적 설명이 필요하기
때문에 균여스님은 대승불교의 근본정신을 아주 쉽게 노래로 형상화하
여 전달하고 있다. 《열반경》에 전하는 부처님의 유언인 '법등명 자등명
(法燈明 自燈明)'의 가르침은 불교도들이 항상 명심해야 하는 가르침
이다. 그 뜻은 우선 어떤 절대적 이념(理念)과 권위(權威)와 초월자
(超越者) 및 신을 무비판적으로 신봉하지 말고 연기(緣起), 공성(空
性)이라는 진리를 바로 알고 그 지혜의 빛으로 자신의 삶을 비추어서
바르고 당당하게 살아가라고 가르친 것이다. 불교를 배우는 사람들은
진리를 바로 알고 믿고 또 자신이 부처임을 스스로 자각하여서 그 진
리대로 행하라는 뜻이며 또 다른 사람들을 위하여 그 진리의 등불을 비
추라는 뜻이다. 즉 부처님의 유언은 우선 진리의 등불을 밝히고 그것에

의하여 불제자들이 스스로 실천하고 살아가야 한다는 것이다. 이러한
가르침을 역설적으로 설명하면 부처님이 불제자들에게 다음과 같이 말
한 것이라고 해석할 수 있다. 최상의 진리가 이 세상에 있다한들 그것
을 모르고 믿을 수는 없는 것이다. 그리고 또 그것을 내 것으로 만들지
않고 자신의 몸으로 실천하지 않는다면 그것은 진실로 아무런 의미가
없는 것이다. 그러니 제자들이여, 불교 역시 진리인가를 철저하게 되
새겨보고 살펴서 믿어야 한다고 말씀하신 것이라고 덧붙일 수 있다.

　여기서 참고로 인도의 자이나교에서 생각하는 번뇌를 살펴보면 자이
나교에서는 인간의 고통과 해악(害惡)이 밖으로부터 들어오는 것이라
고 보고 있다. 즉 자이나교에서는 번뇌가 밖으로부터 들어오는 나쁜 병
균과 오염된 생각들 의해서 일어난다고 생각하여 오늘날에도 자이나교
도들은 물을 마셔도 망사와 같은 천으로 작은 벌레나 먼지를 걸러낸 것
만을 마신다고 한다. 그리고 철저한 금욕주의를 지향하고 있다. 그러
나 불교는 옛부터 인생에서 괴로움을 일으키는 원인을 인간 그 자체라
고 가르친다. 즉 고통의 덩어리가 외부에서 들어오는 것이 아니라 우리
들 스스로가 무지(無知)하여 허망한 욕망을 일으키고 또 그로 인해서
번뇌하고 괴로워한다고 가르친다. 즉 불교는 항상 인간들을 괴롭히는
번뇌의 첫번째 원인을 인간들 자신의 무지와 욕심이라고 가르치면서 내
부에서 자심(自心)의 번뇌 원인을 찾도록 가르치고 그 원인을 바로 대
응하여 치료하면 번뇌와 고통을 덜어내고 행복할 수 있다고 일러준다.

　그런데 불교의 그 핵심을 모르는 범부는 유명한 큰절을 찾아다니면서
법당에 안치된 불상을 향하여 절한 후에 자신의 바램과 욕망을 말한다.
그러나 균여스님은 이 노래에서 우리들이 절에 가서 부처님께 절하는
진실한 의미와 예경의 깊은 뜻은 법당의 상단(上段)에 모신 불상의 영
험력과 신통력을 얻기 위해서가 아니고 우리들의 마음에 조금씩 그려온
부처가 진실한 부처이고 또 자신의 몸이 부처처럼 행하도록 하는 것이
부처의 신통력이고 또 그것이야말로 진실로 부처님을 예경하는 것이며

바로 그러한 것이 미래의 자신의 부처에게 절하는 것이라고 일러준다. 바꾸어 말하면 부처에게 예경하는 것은 바로 자신이 미래에 부처가 되도록 노력하는 것이라고 가르쳐 주고 있다.

그래서 우리들이 절에 가서 불상을 바라보고 엎드리고 절을 하는 행위가 그야말로 진실로 자신의 마음속의 가치로 항상 살아있게 하고자 하는 소박한 정성과 노력이 없다면 그것은 무의미한 미신이 되어버리고 만다. 그래서 우리는 항상 부처님께서 우리들에게 남기신 유언의 가르침인 '법등명 자등명'의 깊은 뜻을 마음속에 되새기면서 항상 스스로 진실답게 실천하며 살아야 하는 것이다. 여기 균여스님의 예경제불가는 예경의 그러한 깊은 의미를 전하고 있다. 즉 예경제불가는 백성들에게 부처의 의미와 불교를 바로 알고 믿고 또 자신들이 불성(佛性)의 존재임을 알고 부처처럼 진실하게 행하는 신행(信行)의 서원(誓願)을 세워야 한다고 노래한 것이다.

(2) 칭찬여래가(稱讚如來歌 : 여래를 찬양하는 노래)

오늘 저희들이
나무불(南無佛)이여 사뢰는 혀에서
다함이 없는(無盡) 변재(辯材)의 바다가
한 생각중(一念中)에 솟아나거라
티끌티끌(塵塵)의 허물(虛物)에 뫼시온
공덕신(功德身)을 대하와
끝없는[169] 공덕(功德)의 바다를
스님들과 찬탄할지어라[170]

---

169) '끝없는' 부분을 '갓(끝) 가미득한'으로 해독할 수 있다.
170) 이 부분은 '의왕(醫王)들로 기리옵져'로 해독할 수 있다.

아아! (부처님의 큰 공덕을) 반듯하게 터럭 하나 만큼도
못 다 사뢰는 나여!

【의미 풀이】

칭찬여래가는 제불(諸佛)의 덕과 무량한 공덕(功德)을 찬탄하는 기
쁨을 나타낸 노래이다. 균여스님은 처음에 부처님을 어떻게 예경하여
야 하는가 라는 가르침을 전했다면, 즉 불제자들의 겸손하고 겸허한 마
음을 노래했다면 여기서는 부처의 공덕의 무량함을 찬탄하고 그러한 마
음으로 법계의 모든 공덕도 찬탄하자고 권유하고 있다. 불교에서는 공
덕이란 아주 뛰어난 결과를 불러일으키는 착하고 고귀한 행위로서 공능
(功能)과 능력을 갖추고 있다는 뜻이다. 그래서 보통 공덕을 간단하게
공력(功力)이라고 말하기도 한다.

중국의 담란(曇鸞)은 《왕생론주(往生論註)》 상권(上卷)에서 착한
행위는 종교적인 순수한 것과 세속적인 것이 있지만 전자에만 진실한
공덕이 있고 후자의 세속적인 것은 진실하지 못한 공덕이라고 낮추어
부르고 있다. 균여스님도 종교적인 순수한 마음 그 자체를 진실한 공덕
이라고 생각한 것 같다. 우선 노랫말을 해석하면 다음과 같다.

'오늘 이곳 부처님의 도량(道場)에 모인 팔부대중의 저희들이 입으
로 '부처님께 귀의하나이다' 라고 염불하는 입은 마치 무한한 하늘에
날아다니는 변재천녀와 같고 깊은 바다에 노니는 변재의 고래와 같으
며, 또 우리들의 모든 생각, 생각 중에도 언제나 한 생각, 한 생각의 순
간에도 부처의 공덕을 찬탄하는 마음이 솟아 나거라.' 즉 염불하는 그
모든 것이 일념(一念)에서 솟구쳐 나온 것들이지만 그 공덕은 다시 바
다와 하늘과 같이 깊고 넓어서 티끌과 같은 것에도 그 공덕의 힘이 미치
게 되니 부처님의 공덕이 무량하고 공력(功力)도 무진(無盡)하다고 찬
탄하고 있다. 또 끝맺음에 한 순간의 염불도 이렇게 그 공덕이 무량한
것을 알게되니 부처님의 공덕(功德)과 공능(功能)의 공력(功力)은 깊

고 넓어서 전부 헤아릴 수 없기에 아무리 찬탄한다고 하여도 부족하다
고 노래하고 있다. 그리고 '부처님의 광대하고 넓으신 큰 뜻으로 나투
신 공덕신(功德身)은 허공에 날아다니는 티끌과 같이 충만하게 있으니
부처님의 공덕의(功德意)를 여러 스님들과 함께 다시 찬탄해보지만 부
처님의 공력은 크고 넓어서 아무리 찬탄한다고 하여도 전부를 말하지
못합니다. 다시 깊고 높으신 부처님의 공덕의를 일념의 마음속에 되새
겨보며 모든 부처님을 찬탄합니다.' 이렇게 노래하고 있다.

위 노랫말의 깊은 뜻을 명확하게 이해하기 위해서 화엄교학에서 공덕
신을 어떻게 해석하는가를 살펴보도록 한다. 화엄교학에서는 공덕신
(功德身)을 공덕법신(功德法身)이라고 말하는데, 그 법신설(法身說)
을 설명하면 다음과 같다.

    ① 법성생신(法性生身) : 법성(法性)에서 나오는 불신(佛身)
    ② 공덕법신(功德法身) : 많은 행위의 공덕을 인(因)으로 해서
                               생기는 불신
    ③ 응화법신(應化法身) : 중생의 근기에 맞게 나타나는 불신
    ④ 허공법신(虛空法身) : 허공에 편만(遍滿)한 불신
    ⑤ 실상법신(實相法身) : 모양도 없고 형태도 없이 불생불멸
                               (不生不滅)하는 불신

화엄학에서는 위의 법신설을 바탕으로 원교(圓敎)의 보살이 관조하
는 해탈의 경지는 모든 존재가 바로 부처이고, 부처의 경지에 존재함을
자각하고 있다고 설명하고 있다. 그래서 위 칭찬여래가에서도 '티끌티
끌(塵塵)의 허물(虛物)에 되시온 공덕신(功德身)이 있는 듯이 대한다'
라고 노래한 것이다. 즉 그것은 바로 원교의 보살이 관조한 해탈의 경
지를 노래한 것이다. 이러한 경지에서 세상을 바라보면 법계의 모든 존
재가 있는 그대로 부처의 또 다른 모습임을 알게 된다. 또 모든 것이 그

렇게 보이게 되면 부처의 공덕이 얼마나 큰 것인가를 느끼게 된다. 이
세상의 모든 것이 부처의 까마득한 공덕(功德)의 바다로 이루어져 있다
는 것을 찬탄하게 되는 것이다.

(3) 광수공양가(廣修供養歌 : 공양을 넓게 닦는 노래)

불살개를 잡음에[171]
부처님 앞의 등(燈)을 고쳤는데
그 등불의 심지는 수미산(須彌山)이요
등불의 기름은 큰 바다를 이루었네
향은 법계(法界) 다하도록[172] 하며
향에마다 법의 공양(供養)으로
법계에 가득 차신 부처님!
부처와 부처들에 두루 공양하옵저
아아! 법공양(法供養)이야 많지만
제(자신)을 체득(體得)하는[173] 것(이야 말로) 최고의 공양이어라!

【의미 풀이】
　불교에서 공양(供養)이란 푸자(Pūjā) 혹은 푸자나(Pūjanā)라는 산스
크리트어를 번역한 것이다. 그 뜻은 '무엇을 공급하다', '함께 하다'
라는 뜻으로 음식물이나 의복을 불법승(佛法僧)의 삼보(三寶)와 부모,

---

171) '잡음에' 는 '잡고서' 라고 해석할 수 있다.
172) '다하도록' 을 '널리 퍼지도록' 으로 해석할 수 있다.
173) 여기서는 이 노래의 전체적인 내용을 연결해서 체득(體得)한다는 뜻으로
　　해석한다. 김완진,《향가해독법연구》, p.173에도 '니버를' 체득한다는
　　뜻의 '입어'로 해독하고 있다. 그 외의 해독에서는 '이 어의바'로 해독하
　　고 있다.

스승님, 망자(亡者)에게 보시하는 것을 가리킨다.

부처님이 재세(在世)할 때에 인도의 많은 나라 왕들이나 장자(長者)들이 부처님을 존경하는 마음에서 부처님이 제자들과 함께 수행할 수 있는 사원과 음식과 옷을 기부하였다고 전한다. 부처님은 제자들에게 수행자는 모름지기 욕심을 내지 말고 최소한 옷과 음식으로 수행하고 항상 남을 위하여 마음에 걸림 없는 교화행을 해야 한다고 가르쳤다.

그리고 불멸 후의 불교수행자들도 출가 생활을 하면서 경제적 어떤 이익을 위하여 일하는 것을 금지하였고 원칙적으로 수행에만 전심전력을 다하도록 규정하였다. 이러한 규정은 먹을 것이 풍부한 갠지스 강 근처에서 처음으로 시작되었다고 전한다. 그래서 신도들로부터 음식과 옷을 빌어먹는 출가자를 사문이라고 불렀던 것이다. 즉 사문은 재가신자로부터 음식과 옷을 공급받아 수행에만 전심전력(全心全力)으로 노력하는 사람들이었다. 초기의 교단에서는 네 가지(음식, 의복, 침구, 약)만 공양받도록 되어 있었다.

그 후 불교교단이 크게 형성되고 대승불교가 융성(隆盛)할 무렵에는 보시(布施)를 큰 덕목으로 내세우게 된다. 즉 재가신자들이 불문에 출가해서 수행하는 승려들에게 음식과 옷을 아무런 조건 없이 기부하는 것이야말로 큰 미덕이라고 권장하는 교학과 설화가 많이 나타난다. 그 무렵에 만들어진 자타카의 이야기를 살펴보면 보시의 공덕을 널리 권장하는 예가 많다. 그리고 대승불교기에는 육바라밀(六波羅蜜)과 십바라밀(十波羅蜜)을 대승보살도(大乘菩薩道)의 주요한 덕목으로 유포시킨다. 그래서 후기 대승불교기에는 재가신자들이 출가자들을 위하여 음식과 옷을 아무런 조건 없이 기부하는 것이 당연한 것으로 생각하게 된다. 경전상으로는 《십지경(十地經)》에 세 가지(利, 敎, 行)의 공양을 이야기하고 있으며, 《법화경》에서는 열 가지의 공양을 권장하고 있다.

훗날 중국의 불교도들은 기본적으로 이런 입장을 그대로 계승하는 방향으로 교단을 운영해왔기에 사원은 기본적으로 국가와 귀족들이 원조하는 토지와 곡물 등으로 운영되었다. 그러나 중국불교사를 살펴보면 승려가 늘어나면 상대적으로 국력이 약해지는 경향이 나타나고 또 사원이 많아질수록 국비의 부담이 증대하면서 때로는 중국의 왕들이 그러한 경제적 이유로 불교를 박해하기도 하였다. 그래서 당말(唐末)의 파불(破佛) 사건으로 다른 종파들은 몰락했는데도 자급자족을 표방한 선종만이 그 뒤에 살아남아서 계속 그 세력을 키워나갈 수 있었던 것이다.

오늘날 한국불교계에서도 음식과 옷을 불법승(佛法僧)의 삼보(三寶)와 부모와 스승과 죽은 사람들에게 공급하는 것을 공양(供養)이라고 말한다. 특히 중국 유교의 영향으로 부모를 봉양하는 것과 그 봉양하는 물건도 공양이라는 의미로 쓰여왔다. 심지어 죽은 부모의 명복을 비는 추선(追善)공양을 위해서 탑을 세우거나 또 아귀(餓鬼)에게 먹을 것을 주고, 맹인들에게 눈을 뜨게하는 개안(開眼)공양 등도 널리 유행되고 있었으며, 물고기를 방생하는 방생회(放生會)도 바로 공양을 넓게 해석한 경우라고 말할 수 있다. 그리고 그러한 공양물의 종류와 방법과 대상에 따라 여러 가지로 분류하기도 한다. 또는 신체적 행위의 공양과 정신적인 공양을 신분공양(身分供養)과 심분공양(心分供養)으로 나누는 경우도 있었다.

이 노래에서는 그러한 공양을 넓고 깊게 닦는 의미를 가르치고 있다. 또 최상의 공양은 법공양과 모든 중생을 부처님처럼 받들어 모시는 것이라고 노래하고 있다. 달리 말하면 균여스님은 우주의 법계에 가득한 모든 부처에게 올리는 공양의 깊은 의미를 가르치고 있으며, 또 모든 중생을 부처처럼 공경하고 공양해야 그것이 진정한 의미의 공양이라고 가르치고 있다. 그리고 이 노래는《십주비바사론(十住毘婆沙論)》권1에 설명하고 있는 법(法)공양과 재(財)공양의 분류와 그 내용을 그대로 따르고 있다. 그래서 노래말에는 향과 꽃 등을 공양하는 재공양(財供養)과 진리의 도리를 깨우치고 따르며 전하는 법공양(法供養)을 나누어 노래하고 있다.

균여스님은 〈보현보살행원품〉을 해석하면서 세간의 재물이나 향과 꽃을 공양하는 것보다 우리들 스스로가 보리심(菩提心)을 일으켜서 자리이타(自利利他)의 이리(二利)를 실천하는 것이 더욱 중요하다고 가르치고 있다. 바꾸어 말하면 화엄학의 주변함용(周遍含容)의 사사무애관(事事無碍觀)을 실천하고 그것에 따라서 믿음과 계율을 더욱 바르게 지키는 수행이야말로 재물의 공양보다 더 가치 있는 최상의 공양이라고 말하고 있는 것이다. 이러한 취지(趣旨)를 노래한 것이 바로 광수공양가이다. 이러한 깊은 뜻을 새기면서 광수공양가를 해석해 보면 다음과 같다.

'법당에 들어가서 불쏘시개를 잡고서 부처님 앞의 등불을 고쳐 켜니 그 등불의 심지는 마치 높고 높은 수미산(須彌山)과 같고 등유(燈油)는 큰 바다와 같습니다. 또 피워올리는 향은 법계의 무한한 공간에 널리 퍼지도록 하며, 그 향내음이 가는 곳마다 불법의 향이 전하지도록 하고자 합니다. 그러나 우리 제자들이 모두 스스로 손과 손으로 부처님의 가르침의 법을 바르게 실천하면 그것이 바로 최상의 법공양임을 알겠나이다. 그러면 법계에 가득한 모든 생명들이 부처의 가르침을 전해 듣게 되니 어느덧 부처님의 큰 뜻과 밝음이 가득하옵니다. 이러하오면 온 누리(十方世界)에 있는 모든 중생이 부처님이시니! 그들에게 온갖 것으로 공양하겠나이다. 옛날이나 지금도 삼보(三寶)에 올리는 공양은 많이 있었지만 저희들 스스로 선업(善業)을 짓는 일이야말로 최상의 공양이었으나 그것은 참으로 드물었나이다. 이제 다시 이렇게 부처님의 가르침을 체득하는 일이야말로 그 무엇보다 큰 공양임을 알겠나이다. 재물을 공양하는 것도 중요하고 좋은 것이지만 재물공양보다 법공양이 낫고 그리고 법공양 가운데서도 바로 우리들 스스로 진리를 실천하는 것이 더 중요한 것임을 알았나이다. 그리고 다른 사람들도 함께 깨우치도록 법공양을 하는 것과 더 나아가서 다른 중생을 바르게 인도하는 것이야말로 부처님에 올리는 최고의 법공양임을 알겠나이다' 라고 해석할 수 있다.

균여스님은 불교도들에게《화엄경》의〈보현보살행원품〉을 어렵게 해
석하여 가르치는 것이 아니라 대승불교정신의 근본을 쉽게 풀어서 전하
며 또 실천하는 방법을 노래로 풀어서 설명하고 있다. 그리고 대승정신
에 의한 법공양(法供養)의 중요성과 실천의 깊고 깊은 뜻을 설명하고
있다.

그리고《화엄경》을 연구한 스님으로서는 자신이 할수 있는 법공양이
란 바로 중생들에게 화엄사상을 노래로 옮겨서 쉽게 전하고 포교하는
것이라고 생각하였던 것 같다. 즉 균여스님은 향가로 화엄사상을 대중
에게 전달하는 일이 스님 자신의 대승을 실행하는 것이라고 본 것 같다.
또 보현십원가의 문학적 이미지는 스님께서《화엄경》을 연구하면서 느
낀 심상(心象)과 감흥들을 형상화한 것이었다고 해석할 수 있다.

(4) 참제업장가(懺除業障歌 : 업장을 참회하는 노래)

거꾸로(顚倒) 되었노라
보리(菩提)를 향한 길을 몰라 헤매어
지어 온 모진 업(業)은
법계에 넘쳐 남음이 있으니[174]
모진 버릇에 빠져 누운 삼업(三業)
정계(淨界)의 주인으로 지어내는[175] (지녀두고)
오늘 저희들[176]이 바로 참회(하니)

---

174) 이 부분을 해독하면 '너머 나니잇다' 가 되므로 '남음이 있으니' 라고 해석하
였다.
175) 이 부분은 우리들의 삼업(三業)이 정계의 주인노릇을 한다는 의미로 해석
하여 '지니고', '지녀두고' 등으로 해석할 수 있다.

시방(十方)의 부처(님)이 일으소서[177]
아아! 중생계가 다하면 나의 참회도 다할 것이니!
미래(未來)에도 길이 (길이) 짓은 것을 버리자.

【의미 풀이】

이 노래는 무시 이래(無始以來)로 지은 악업(惡業)을 참회해서 청정한 계율을 영원히 지키겠다는 서원을 노래한 것이다. 그리고 이 참제업 장가는 우선 자신의 업장(業障) 가운데에 우선 악업을 참회하고 나서 다시 다른 중생의 악업도 자신의 업장으로 생각하고 중생과 더불어 항상 계율을 지키며 참회하겠다는 대승보살로서의 서원(誓願)과 바램을 노래하고 있다.

보통 불교학에서는 참회에 대해서 다음과 같이 설명한다. 참회의 참(懺)은 크샤마(kṣama)의 음(音)을 줄여서 옮겨 놓은 것인데 그 뜻은 인(忍)을 뜻하며 자신이 지은 악업을 타인(他人)에게 용서를 빌고 참아주도록 간청하는 것이다. 회(悔)는 추회(追悔)와 회과(悔過)로 나누어 설명할 수 있는데 과거 불교교단에서는 수행인이 자신이 지은 과거의 죄를 후회하며 부처님이나 보살 및 스승과 대중 앞에서 고백하고 뉘우치면서 용서를 빌면 죄를 멸하게 해주었다고 전한다. 즉 옛날 부처님께서 살아 계셨을 때에는 제자들이 죄를 지을 때에 죄의 정도에 따라서 선배나 스승이 먼저 듣게 하고 그 제자가 참회 혹은 회과(悔過)를 하게 하여 스스로 그 과오를 뉘우치게 하였다고 전한다. 그래서 불교교단에서는 옛날부터 정기적으로 보름날에는 포살(布薩)[178]을 거행하였고

---

176) 향가의 본문에는 '부중(部衆)'으로 되어 있기에 '팔부대중(八部大衆)'을 의미하지만 여기서는 노래라는 것을 감안하여 '저희들'로 해석했다.

177) '일의소서'를 '아시옵소서'와 '아뢰옵고' 또는 '증거하소서'로 다르게 해석할 수도 있다.

안거(安居 : 雨期)의 마지막날에는 자자(自恣)[179]를 거행하여 모든 이
ㄱ로 하여금 참회하게 만들었다.

부처님께서 돌아가신 다음에는 계율의 조문에 바일제(波逸提)[180]와
제사니(提舍尼)[181]를 분류하여 기록하게 하여 불제자들이 자주 반성하
게 하는 기회를 만들어 시행했다고 전한다. 이러한 것을 통하여 불교교
단에서 참회와 반성을 얼마나 중요시했는가를 알 수 있다.

그런데 중국불교에서는 종파에 따라서 참회에 대한 해석이 다양하게
이루어졌기 때문에 참회의 방법과 실천이 각양각색으로 행하여졌다.
그러나 율장(律藏)에 정해진 참회의 방법은 대개 도량(道場)을 깨끗이
청소하고 향을 피우고 불단(佛壇)을 설치하여 ① 시방(十方)의 부처와
보살을 맞이하기 위하여 합장하고 예배를 올린다. ② 경주(經呪) 등을
외우고, ③ 자신의 죄명(罪名)을 말하고, ④ 새로운 서원(誓願)을 세
우고, ⑤ 불보살께 불교의 가르침대로 실천할 것임을 명확히 말한다.
보통 이 다섯 가지를 참회의 오연(五緣)이라고 말하는데, 대승의 참회
법(懺悔法)에는 언제나 다섯 가지가 모두 구비되어 있었다.

그 외에 대승의 참회법으로 불보살의 상호(相好)를 관조하면서 실상
(實相)의 법리를 숙고하는 방법과 불보살의 명호(名號)를 일념(一念)으
로 염불하여 참회하는 방법도 있었다. 후자는 대개 정토교에서 행하는
참회법이다. 천태지의의 《마하지관(摩訶止觀)》 권2에서는 이러한 방법
을 이참(理懺)과 사참(事懺)으로 설명하고 있다. 즉 이참은 실상(實相)

---

178) 같은 지역 안에 주거하고 있는 비구들이 보름마다 모여서 그 동안의 행위를
돌아보고 자기 스스로 반성해서 죄가 있으면 고백하도록 해서 참회시키는
행사이다.
179) 안거기간 중에 수행인들이 지은 죄가 있는가 혹은 악행을 범한 일이 있는가
등을 서로 묻게 하는 의식이다.
180) 반드시 참회해야 하는 죄업.
181) 반드시 회과(悔過)해야 하는 죄업.

의 이법(理法)을 관조하여 자신의 죄를 멸하려고 하는 참회의 방법으로 때로는 관찰실상참회(觀察實相懺悔)라고도 부른다. 사참은 예배나 독경 등을 행하면서 신·구·의(身口意)의 행위로 참회하는 방법을 가리킨다. 이같은 방법을 때로는 수사참회(隨事懺悔)라고도 부른다.

불교도들이 오늘날 보통 참회할 때에 외우는 '아석소조제악업(我昔所造諸惡業) 개유무시탐진치(皆由無始貪瞋癡) 종신구의지소생(從身口意之所生) 일체아금개참회(一切我今皆懺悔)'의 문구(文句)는 원래 《화엄경》의 문장을 간략하게 줄여서 약참회(略懺悔)로 사용되고 있는 것이다. 균여스님은 이러한 《화엄경》의 대승참회법을 노래로 알기 쉽게 풀어서 가르치고 있는 것이다. 이러한 대승교학을 참고해서 노랫말을 다시 해석해 보면 다음과 같다.

'우리들이 부처님의 가르침을 알기 전에는 부처님께서 전하신 가르침의 깊은 뜻과 진리의 의미를 모르고 있었습니다. 진리를 모르는 저희들은 무지하여서 자신의 생각이 전도(顚倒)됨을 몰랐습니다. 그리하여 항상 허망한 것을 거꾸로 진실하다고 집착하였습니다. 그래서 저희가 일찍부터 정도(正道)로 걸어가지 못하였습니다. 또 오랫동안 무명(無明)과 번뇌로 인한 미혹(迷惑)으로 깨끗한 마음을 잃어버리고 많은 죄를 지었나이다. 지금까지 지은 악업은 법계(法界)를 채우고도 남음이 있을 정도로 많습니다. 오늘 여기서 정법계(淨法界)의 새로운 주인으로서 참회하여 어리석음과 많은 악행과 못된 버릇에 빠져서 헤쳐나올 줄을 모르는 신·구·의(身口意)의 삼업(三業)을 깨끗이 씻고자 하오니 지금 저희가 행하는 참회를 온 누리의 부처님이시여! 살펴보시고 저희의 참회와 서원을 증명하여 주옵소서! 이렇게 정성드려 참회하는 마음으로 모든 중생계(衆生界)가 다하도록 참회하고 또 참회합니다. 저희가 앞으로 미래에도 길이 길이 악업을 짓지 않고 혹시 잠시 짓는 일이 있더라도 곧 버리겠나이다. 또 다른 중생이 지은 죄도 넓게는 저의 죄로 생각하며 여기서 같이 참회하겠습니다.'

　위의 노랫말의 내용은 바로《화엄경》의 참회법을 간단하게 표현한 것이라고 말할 수 있다. 즉 균여스님은《화엄경》의 "제가 지은 모든 악업은 모두 신구의(身口意)의 삼업(三業)을 잘못 다스려서 탐내고 성내고 어리석은 마음을 일으켜 만든 것이니 이제 그 모든 것을 참회하나이다(我昔所造諸惡業 皆由無始貪瞋癡 從身口意之所生 一切我今皆懺悔)"라고 하는 약참회문(略懺悔文)을 문학적으로 더 확장하여 노래하고 있다. 그리고 또 한문의 참회게(懺悔偈)를 향찰(鄕札)의 구어체로 풀어서 노래함으로써 한문을 모르는 서민들에게도 널리 부처님의 가르침을 쉽게 전하고 있으며 함축된 시어의 표현으로 다양한 대승참회법을 간단하게 전달하고 있다. 또 중요한 것은 참회의 범위를 자신의 업만으로 한정한 것이 아니라 중생계가 있는 동안에는 모든 불교도들이 함께 같이 참회해야 된다는 대승불교의 근본정신을 가르치고 있다는 점이다. 대승불교의 특징의 하나가 제불(諸佛)과 보살들이 서원을 세워서 중생을 구제하겠다는 것이다. 그러한 예가 아미타불과 지장보살이다. 아미타불과 지장보살은 모든 중생을 구제하기 전에는 자신들의 깨달음도 얻지 않겠다고 서원을 세우고 있다. 그 외의 부처와 보살들도 각각 독자적인 서원을 세우고 있으나 대승보살의 서원으로 대표적인 것이 사홍서원(四弘誓願)이다.

(5) 수희공덕가(隨喜功德歌 : 공덕을 나누며 기뻐하는 노래)

헤매임과 깨침이 (본래) 한 몸[182]임을
연기(緣起)의 이(理)에서 찾으니[183]
부처가 중생 다 하도록[184]

---

182) '몸'을 '바탕'으로 해석할 수도 있다.
183) '찾으니'는 '찾아보니'라고 해석할 수도 있다.

내 몸(이) 아닌 사람(이) 있으리(요)!
닦으신 (모든) 것은 바로 내[185] (의) 닦음이지만[186]
얻을수록[187] 남이 없으니[188]
어느 사람의 선업(善業)인들이라도
아니 기뻐함 두오릿까[189]
아아! 이리 여겨[190] 가면
(어찌) 질투의 마음(이) 이르러 올까.

【의미 풀이】

이 노래의 전반부는 연기즉공(緣起卽空)의 깊은 법리를 노래하고 있으며, 이 법리에서 수행과 선업(善業) 및 그 공덕을 살펴보면 모두 무량한 관계성으로 인하여 형성된 것이기 때문에, 모든 이의 공동의 것이라고 가르치고 있다. 그래서 불보살(佛菩薩)과 중생도 본질적으로 하나라고 노래하고 있다. 그러한 법리를 깨달으면 육취(六趣)와 사생(四生)이 지은 조그마한 공덕도 모두 함께 기뻐하게 된다고 노래하고 있다. 또 나의 닦음이 바로 중생의 얻음이 되는 자타불이(自他不二)의 경지에 이르면 나와 남을 구별하여 질투하고 미워하는 마음이 사라진다고 노래하고 있다. 즉 이 노래는 무소득공(無所得空)의 입장에서 사회와

---

184) 본문은 '佛伊衆生毛叱色兄'이다. 그런데 小倉進平은 '부텨 衆生 믿ㅅㄷ지'로 해독했고, 양주동은 '부텟 衆生, 뭇ᄃ록'으로 해독했다. 그래서 여기서는 '부처가 중생 다 하도록(없어지도록)'으로 해석한다.
185) '내 스스로'라고 해석할 수 있다.
186) '닦음이지만'은 '닦음이오며'라고 해석할 수 있다.
187) '도(道)를 얻을수록' '지혜를 얻을수록'이라는 뜻으로 해석할 수 있다. 그리고 또 '얻는 것마다 남이 없으니'라고도 해석할 수 있다.
188) '자타의 구별이 없으니'라는 뜻이다.
189) '두오릿까'는 '두리이까'로 해독할 수 있다.
190) '여겨'는 '비겨'로 해석할 수 있다.

중생의 구제가 바로 자신의 해탈임을 강조하는 노래이다. 다시 설명하면 이 노래는 반야의 지혜와 부처의 대자비심은 본래 하나로서, 그 하나가 이루어지면 다른 하나도 저절로 성취되어 나타나는 것이라고 가르치고 있다고 해석할 수 있다.

위 노래의 내용을 중관철학의 공관으로 설명하면 복잡하지만 부처님은 보리수 아래에서 공(空)을 깨달았다고 설명할 수 있다. 중관철학을 창시한 용수는 《중론》에서 부처님의 근본사상인 연기설(緣起說)을 공의 입장에서 해명하였다. 즉 중관철학에서는 모든 것을 공성(空性)으로 설명한다. 그리고 연기(緣起)가 바로 공(空)의 이면을 나타내는 것으로서 연기즉공(緣起卽空)이라고도 설명한다. 중관철학에서 강조하는 것은 즉(卽)의 철학과 즉(卽)의 불도(佛道)이다. 삼라만상은 무자성공(無自性空)이기에 쉼없이 생성되고 또 변화되어 사라지는 것이라고 말한다. 즉 현상계의 성립과 모든 존재가 생성하고 변화하는 것도 사물의 본성이 무자성공이기에 가능한 것이다. 바꾸어 말하면 연기성이 곧 공성(空性)임을 반증(反證)하는 것이다. 다르게 설명하면 우주의 삼라만상이 쉼없이 연기(緣起)하고 연성(緣成)하는 것이 가능한 이유는 모든 것이 영원불변한 자성(自性)이 없기 때문이다. 즉 공(空)이기 때문이다. 삼라만상이 그와 같이 공(空)하기에 연기(緣起)하는 것이다. 그래서 연기즉공(緣起卽空)이라는 설명할 수 있다.

여기 수희공덕가는 불법의 그러한 깊은 의미를 노래하고 있다. 불법의 그러한 이치를 깨달으면 중생의 공덕도 모두 함께 기뻐할 수 있고 괴로움도 나눌 수 있다고 노래하고 있다. 이 노래의 첫 구절에 '헤매임(迷)과 깨침(悟)이 한 몸(同體)이고 한 바탕임을 연기(緣起)의 이(理)에서 찾아 알게 되니 부처와 중생이 다 같이 내 몸 아닌 사람 있으리요!' 라는 의미는 바로 그러한 뜻이다. 또 '부처가 중생계가 다 하도록' 그들의 근기에 맞게 가르침을 전하고 구제하고 바른 길로 이끌고 가니, 부처와 중생이 이원적으로 분리되고 차별되어지는 것이 아니라고 노래하고 있다. 바꾸어 설명하자면 스님은 연기법을 열심히 공부하여 보니까 헤매임과 깨달음이 본래 같은 체(體)이고 한 뿌리임을 발견하였다는 뜻이다. 즉 번뇌즉보리(煩惱卽菩提)를 깨달았다는 뜻이다. 바꾸어 말하면 헤매임과 깨달음, 또 중생과 부처가 서로 분리된 별개의 것이 아니고 분리할 수 없는 한 몸이며 하나의 세계라고 밝히고 있다. 이 구절의 내용을 회엄학에서 설명하는 방법으로 설명하면 다음과 같다. 즉 우주의 현상이 나타나서 변화하여 가는 것을 법계연기설로 설명할 수 있다. 연기란 모든 존재는 여러 가지의 조건(인연)에 의해서 합성되어 있는 것으로, 만약 그 조건들이 변하면 그 존재도 변하여 간다. 즉 모든 존재도 변하여 간다. 또 모든 존재는 독립적 존재성을 가지지 못하고 서로 의존하여 연생(緣生)하고 연성(緣成)하고 있다는 말이다.

화엄학에서는 연기를 둘로 나누어 설명한다. 부처의 깨달음의 세계(性海의 果分)는 어떠한 언어, 생각으로 도달할 수 없는 세계라고 설명하고 그것을 비로자나 부처의 법문이라고 부른다. 그것에 대하여 중생의 기연(機緣)에 응해서 가르침을 전하는 것을 연기인분(緣起因分)으로서 보현보살의 법문이라고 설명한다. 그래서 보현보살을 인격화시킬 때는 등각위(等覺位) 보살이지만 또 동시에 이정행(理·定·行)의 상징으로서 모든 부처의 본원(本願)이고 본성이라고 설명하기도 한다. 이러한 보현보살의 경지에서 보면 부처와 중생이 별개의 것이 아니고 하나로 보이는 것(一體化)이다. 그래서 항상 부처에서 보살, 육취사생(六趣四生)에 이르는 모든 존재의 공덕을 그들과 더불어 또 그들에 따라서 같이 기뻐하는 것이다. 노랫말에서는 모든 것을 연기상유(緣起相由)로 살펴보니 무한히 변화하는 현상과 존재는 서로 상즉상입(相卽相入)한 관계라는 것을 알았다고 노래하고 있다.

그런데 범부는 보통 부처의 깨달음이란 최고의 지혜라고 생각하고 세상의 모든 번뇌심을 끊어버렸기 때문에 성취하였다고 생각한다. 그리고 부처와 중생을 하늘과 땅사이처럼 다르다고 구분하고 또 자타(自他)

를 구분한다. 그러나 무상공(無相空)과 연기법을 깨달은 지혜는 대상
화된 번뇌를 끊어버림으로써 얻어지는 것이 아니다. 오히려 지혜와 번
뇌의 무한한 관계성을 관찰함으로써 평정을 얻는다고 말할 수 있다. 중
관철학에서는 번뇌와 지혜를 간단하게 동체(同體)라고 설명하고, 즉
모든 것을 공관(空觀)하라고 가르친다. 또 유식철학에서는 심식(心識)
을 전환함으로써 부처가 될 수 있다고 설명한다. 바로 즉(卽)의 철학으
로 가르친다.

즉(卽)의 철학에서 번뇌와 지혜를 다시 설명하면 다음과 같다. 우리
중생의 마음은 항상 무엇을 갖고자하는 욕망으로 가득하다. 그리고 또
채워지지 않는 그 욕망으로 괴로워하고 번뇌한다. 그러나 그 번뇌심을
전환시키면 바로 지혜가 된다. 그래서 번뇌의 속성을 바로 아는 것이
깨달음의 당체(當體)이고 부처의 본래 의미임을 알게 되는 지름길이라
고 말하는 것이다. 즉 모든 것은 공(空)하고 연기(緣起)한다는 법리에
서 보면 번뇌와 지혜 또 중생과 부처도 언제나 변화하는 것이다. 모든
것은 직접적·간접적 원인에 의해서 변화되는 상황이기에 중생의 번뇌도
여러가지로 노력하고 수행하면 부처의 지혜심으로 바뀔 수 있다고 가르
치는 것이다. 바꾸어 말하면 지혜와 번뇌 또 부처와 중생은 차별적인
것이 아니라 서로를 상대적(相待的)으로 지탱하여 주는 것들이기에 한
몸이라고 노래한 것이다.

석가모니의 깨달음도 바로 이러한 연기법이라는 법리의 자각에서 시
작되었다. 또 옛날 많은 부처님들도 처음에는 범부였으나 이러한 법리
를 깨달아 부처가 된 것이다. 즉 바로 번뇌심을 지혜로 전환하여 부처
의 행을 자유자재로 실천한 것이다. 그래서 우리 중생들도 번뇌덩어리
라고 할 수 있는 이 몸과 마음을 갖고서 지금부터 수행하고 노력하면 되
는 것이다. 현재에 우리 모두가 연기법을 살펴서 스스로 탐진치(貪瞋
癡)라는 번뇌의 불꽃을 식히고 열반적정(涅槃寂靜)으로 전환시켜 간다
면 바로 부처와 같은 큰 깨달음을 성취하게 되는 것이다. 바로 이러한

것이 중관철학의 즉(卽)의 불도의 핵심이고 동시에 화엄교학의 연기론(緣起論)인 것이다.

그래서 균여스님은 헤매임과 깨침이 동체(同體)라고 노래하면서 이러한 가르침은 바로 연기(緣起)의 법리(法理)에서 깨달았다고 밝히고 있다. 그리고 그 법리에 의해 자타평등(自他平等)의 이치를 알게 되고, 또 배움이 깊어질수록 그 이치를 실행하게 된다고 노래하고 있다. 또 이 사바세계에서 중생도 그 이치를 닦으면 바로 부처의 열반적정(涅槃寂靜)의 세계와 극락정토를 이룰 수 있다고 가르치고 있다. 즉 부처가 지혜의 보리심(菩提心)으로 중생계(衆生界)가 없어지도록 영원히 깨끗이 하는 것도 넓은 의미에서 연기(緣起)의 법리 때문이라고 알리고 있다. 그래서 부처와 중생이 본질적으로 모두 평등하고 동체(同體)이기에 자기 수행의 공덕을 중생에게 돌리게 되고, 다른 사람의 착한 행동을 같이 기뻐하게 된다고 노래하고 있는 것이다. 간단히 말하면 스님은 번뇌즉보리(煩惱卽菩提)와 불즉중생(佛卽衆生)을 연기법의 상즉상입으로 쉽게 풀어서 노래하고 있다.

이렇게 상즉상입의 연기관에 의한 불도를 강조하는 화엄철학은 항상 바로 여기라는 현재의 삶 속에서 바로 부처의 깨달음을 성취하고 부처처럼 실천하라는 강한 실천 의지를 우리에게 전하고 있다.

보통 연기법(緣起法)를 설명할 때에 '이것이 있기에 저것이 있고 저것이 일어남에 이것이 일어난다'라고 설명하는데 조금 분석적으로 설명하면 만물은 여러 가지 조건(因緣)에 의해서 잠시 각양각색의 모습으로 되어 있다. 즉 조건들이 서서히 변화하면, 독립적 존재성을 가지는 것이 아니라 서로 의존(依存)한다라고 설명할 수 있다. 그래서 깨달음이라는 것도 깨우치지 못하였다는 번뇌에 대해서 상대적으로 부르는 것이다. 즉 부처라고 하는 것도 중생을 상대적으로 생각했기 때문이며, 그래서 중생에 대하여 부처라는 명칭과 개념을 생각해낸 것이다. 바꾸어 말하면 밝음에 대하여 어둠을 생각하여 말한 것처럼 부처와 중생, 번뇌와 보리 등도 바로 이와 같이 생각하였던 것이다.

이렇듯이 연기법은 모든 것이 인연에 따라서 성립되는 것이라고 설명할 수 있다. 즉 독립적 존재성을 지니지 못한 공(空)의 상대성(相待性)으로 설명할 수 있다. 다시 설명하면 칡넝쿨로 엮은 동아줄을 살펴보면 그 동아줄들은 가는 많은 줄들이 몇 가닥의 줄기로 엮어져 있는 것을 볼 수 있다. 다시 그 몇 가닥의 줄기들이 다른 큰 줄기를 엮기 위해서 서로를 지탱하면서 꼬여 있다. 그렇게 여러 줄은 다시 서로 지탱해 주면서 하나의 굵은 동아줄로 엮여 있는 것을 볼 수 있다. 그와 같이 모든 것은 서로 의존해 있으며 서로 지탱해주고 서로 받침이 되어주는 상대적 관계로 얽혀 있는 것이다. 예컨대 제법의 연기성(緣起性)은 상의상대성(相依相待性)이고 무자성공(無自性空)이라고 설명되는 것이다.

그래서 번뇌에 헤매이는 중생과 지혜를 깨우친 부처라는 것도 공성(空性)과 연기라는 이치에서 보면 동체(同體)라고 말할 수 있는 것이다. 균여스님은 이러한 깊은 가르침을 문학적으로 표현하여 전하고 있다. 연기(緣起)의 이치에서 보면 헤매임(迷)과 깨우침(悟), 또 부처와 중생이라는 것도 즉일(卽一)한 것이다. 모든 존재는 이러한 불이(不異)·불이(不二)의 면이 있기에 '어찌 자타(自他)를 차별하여 너와 나가 다르다고 말할 수 있으리요! 불도를 닦음에 어찌 너와 나의 닦음의 차별과 먼저와 뒤가 있고 다름이 있느냐고!'라고 반문할 수 있는 것이다. 그래서 내가 잘나서 먼저 홀로 불도를 닦고 무상보리(無上菩提)를 얻었다는 생각도 잘못된 생각이며 또 닦아서 얻은 최고의 지혜를 남과 평등하게 나눔 없이 독거(獨居)·독락(獨樂)하는 것도 잘못된 것이라고 말할 수 있는 것이다. 그래서 균여스님은 '내 몸이 아닌 사람이 (어디)있으리요! 닦으신 모든 것은 바로 내(스스로의) 닦음이지만 (도를) 얻을수록 나와 남의 (구별)없음을 깨닫게 되니 어느 사람의 선업(善業)이라도 함께 기뻐하지 아니 하오리이까!'라고 노래하고 있다. 또 '이렇게 연기법(緣起法)을 깊이 깨닫고 나면 모든 것이 상즉상입(相卽相入)

의 존재이기에 서로의 가치와 아름다움을 서로 비추어주게 되니 남을 시기하고 질투하는 마음이 어찌 티끌만큼이라도 일어나겠는가?'라고 반문하면서 모든 중생에 대하여 자타(自他)의 구별 없이 평등하게 대하여 얻는 기쁨과 함께 깨달음을 공유(共有)하는 기쁨을 노래하고 있다. 즉 균여스님은 부처가 중생들을 인도하는 것도 바로 이러한 이치에 순응한 것이라고 노래하고 있다. 즉 부처의 지혜와 자비는 연기법이라는 이치에서 보면 하나의 현상으로서 자비는 지혜에서 자연히 우러나오는 것이라고 알려주고 있다.

예컨대 균여스님은 부처의 깨달음이란 중생에게 평등히 나누는데 그 깊은 뜻이 있다고 가르치고 있다. 그것을 전하기 위해서 스님은 연기(緣起)와 공성(空性)의 즉일성(卽一性)을 노래로 쉽게 설명하고 부처의 대자대비(大慈大悲)한 마음과 중생구제의 실천행이 하나됨의 깊은 이치를 노래로 전하고 있는 것이다. 즉 부처님께서 이 땅에 나오신 깊은 뜻과 불교라는 종교가 이 땅에서 어떻게 펼쳐져야 하는가 등의 깊은 의미를 노래로 전하고 있다. 어떻게 보면 균여스님은 바로 여기 수희공덕가를 통하여 자신이 얻은 지혜를 자타 평등하게 나누고 있는 것이다.

(6) 청전법륜가(請轉法輪歌 : 법의 수레를 굴리기를 청하는 노래)

저 넓은
법계(法界) 안의 불회(佛會)[191]에
나는 바로 나아가
법우(法雨)를 빌었느니라.
무명토(無明土)에 깊이 묻혀
번뇌의 열로 다려내매

---

191) 이 구절은 '설법이 행하여지는 법회'로 해석할 수 있다.

좋은 씨앗(善芽) 못(다) 기른
중생의 밭을 적심이여
아아! 보리(의) 열매(가) 영글은
깨달음의 달(覺月) 밝음(의) 가을(의) 밭이여 즐겁도다!

【의미 풀이】

이 노래는 모든 불교의 가르침을 들음에 싫증남이 없이 계속 듣기를 요청하는 마음을 나타내고 있다. 그리고 이 노래는 중생을 구제하는 부처님의 법륜(法輪)이 더 많은 곳에 펼쳐지기를 간청하는 내용이다.

법륜(法輪)이란 원래 산스크리트어 dharma-cakra를 번역한 것인데 부처의 가르침인 법(法)을 전륜성왕(轉輪聖王)이 가지고 있는 윤보(輪寶)에 비유한 말이다. 옛날 부처님께서는 설법을 하실 때에 어느 한 장소에만 머물지 않고 계속 여러 곳의 모든 사람들을 찾아다니는 여행을 하면서 교화를 펼쳤기 때문에 부처님께서 중생들에게 설법하는 것을 전법륜(轉法輪)이라고 말하였던 것이다. 그리고 전륜성왕의 윤보가 세상의 모든 곳으로 달려가서 평정하듯이 부처님의 가르침이 온 세상으로 퍼져서 모든 중생에게 전하여지면 그들을 괴롭히는 번뇌와 고통이 평정된다는 뜻으로 전법륜이라고 표현하였다. 또 불법(佛法)의 마차가 세상의 모든 곳에 가서 진리를 전한다는 뜻이기도 하였다. 그래서 법륜을 굴린다는 것은 이 세상의 모든 중생에게 불법을 전한다는 뜻이기도 하다. 또 중생이 불법을 평등히 들을 수 있기를 바란다는 소망을 나타낸 것이기도 하다.

부처님께서 출가하신 이후 여러 스승을 찾아서 수행할 때에 당신의 육신과 마음에서 비롯되는 욕망을 엄히 다스리기 위해서 또 모든 쾌락을 끊기 위해서 오히려 고행을 계속하다가 모든 기력을 잃어버린 적이 있었다고 전한다. 부처님은 6년 동안의 고행이 무의미하다는 것을 깨닫고 강가로 내려오셨다고 전한다.[192] 그때에 강가를 걸으시다가 어린 소녀가 건네준 우유죽을 잡수시고 기력을 찾고서 나이란자라 강에서 지친 몸을 씻고 다시 보리수 밑에서 21일 동안 명상에 잠겼는데 21일째 되는 날 새벽에 명상 중에 하늘에 빛나고 있는 샛별을 보고 진리를 깨달으셨다고 한다.

그런데 부처님은 자신이 그토록 많은 노력과 고행 끝에 얻은 깨달음이라서 잠시 망설였다고 한다. 즉 중생들이 당신의 설법을 쉽게 이해할지 의문이었고 또 만약 당신의 깨달은 것을 중생에게 그대로 설법한다고 해도 근기가 약한 그들이 과연 믿을 수 있을까 하는 갖가지 불안과 의문이 일어났다고 한다. 그래서 부처님은 잠시 동안에 적멸과 안온함에 잠겨서 중생들에게는 진리를 전달하기 어렵다고 생각하였다고 한다. 그렇게 중생을 가르친다는 생각을 스스로 포기하려는 순간에 하늘로부터 범천(梵天)이 나타나 '중생들을 위하여 부처님께서 깨달은 진리를 설법하셔야 합니다!' 라는 소리가 들렸다고 한다. 《화엄경》을 보면 범천이 세 번을 연이어 부처님의 설법을 권청(勸請)하는 부분이 나온다. 이것을 보통 '범천의 삼청(三請)' 이라고 부르고 있지만 부처님이 깨닫고 난 뒤에 내심(內心)에 일어난 갈등을 나타낸 하나의 에피소드라고 말할 수 있다. 그러나 부처님은 범천의 그러한 간청으로 당신의 정신적 갈등을 극복하고 중생을 위하여 설법을 하였다. 불교는 이렇게 하여 이

---

192) 지금까지 알려진 학설을 종합하면, 부처님은 29세(혹은 19세)에 출가하여 바라문의 도를 구하지 않고, 오히려 바라문교에 비판적인 자유로운 사문(沙門)의 도를 걸었다고 한다. 처음 아라다 카라마(Ārāda Kālāma)와 우드라카 라마푸트라(Udraka Rāmaputra)라고 하는 성선(聖仙)의 수정주의자(修定主義者) 밑에서 선정(禪定)을 닦았다고 한다. 그들로부터 배운 것을 곧장 이해했으나 만족할 수 없어서 혼자서 마가다 국의 우르빌바(Uruvilvā)의 산림에 들어가서 식사도 하지 않고 어려운 수행을 거듭한 끝에 뼈가 보일 정도로 쇠약해졌다고 한다. 그 기간이 6년 혹은 7년이라고 전해지고 있다.

세상에 전하게 되었던 것이다.

청전법륜가는 바로 《화엄경》의 이러한 이야기처럼 중생이 부처님께 설법을 청하는 내용의 노래이다. 즉 균여스님은 범천의 삼청(三請)을 생각하면서 스님들에게 설법을 계속 청하는 의미 등을 노래로 지었다고 생각된다. 균여스님은 이 세상의 모든 중생에게 평등하게 불법(佛法)을 전하는 것을 바래는 마음으로 다음과 같이 노래했다.

'나는 저 넓은 법계(法界)의 모든 불보살이 계시는 모임에 나아가서 불보살님께 사바(沙婆)세계의 모든 중생을 교화시키는 가르침의 법우(法雨)를 내리시기를 간청하며 높으신 덕화(德化)를 널리 펼치시기를 간청합니다.'

위의 노랫말 속에 법우는 부처의 가르침을 하늘에서 내리는 비에 비유한 것이다. 하늘에서 내리는 비는 대지 위의 모든 중생들에게 평등하게 뿌려준다. 그러나 땅위의 모든 생물과 무생물들은 크기와 모습이 갖가지로 다르다. 그래서 중생들은 하늘에서 평등하게 내린 빗물을 자신의 능력에 맞게 흡수한다. 차별 없이 내리는 빗물의 덕분에 더위를 식이고 땅 속에 있는 각종 영양분도 흡수하고 생명을 보존할 수 있지만 빗물을 빨아들이는 양은 각기 다르다. 식물의 크기와 뿌리의 크기가 모두 다르기 때문이다. 식물들이 흡수하는 물의 양을 보면 각자의 능력에 따라서 한 컵의 물도 흡수하지 못하는 풀들이 있는 반면에 한 드럼의 물을 흡수해도 흔들림이 없는 거목도 있다. 즉 식물에 따라서 천차만별하게 받아들이는 것이다. 이와 같이 중생들을 바르게 인도하는 불보살의 설법도 바로 하늘에서 내리는 빗물처럼 평등하게 전하지만 그 법을 듣는 중생들의 근기와 노력에 따라서 중생들도 가지 각색으로 이해하고 수용하고 있다. 즉 위 노랫말에서 법우(法雨)는 평등하게 내리고 또 중생들에게 번뇌의 고통을 벗어나게 하지만 중생들의 근거에 따라서 다양하게 불법(佛法)을 이해하고 수용하고 있음을 나타내고 있다.

그리고 불보살께서 모든 중생들을 위하여 불법을 가르쳐 주시기를 바란다는 서원 이외에도 설법은 중생들의 번뇌의 열병을 식혀주는 것이라고 노래하고 있다. 즉 아직 깨우치지 못한 무지몽매한 중생은 자신의 무지와 번뇌심의 불꽃으로 스스로를 괴롭힌다. 이것을 '무명토(無明土)에 깊이 묻혀서 번뇌의 열에 시달렸기에 좋은 씨앗(佛性)이 미처 자라지 못한 중생들의 밭을 적셔 주소서!'라고 노래하고 있다. 이러한 표현은 매우 함축적이고 시적이라고 평가할 수 있다. 이러한 노랫말은 균여스님의 대원(大願)으로 중생을 불쌍히 여기는 스님의 측은심(惻隱心)을 시적으로 표현한 것이다. 그래서 균여스님은 불보살께서 중생을 측은하게 여기시어 항상 중생계(衆生界)에 머무시면서 한 사람의 중생도 남김 없이 그들을 구제하여 주십시오 라고 노래하고 있다.

균여스님은 이렇게 자신이 느낀 느낌을 그대로 아름다운 시어로 표현하고 있다. 즉 '중생과 부처는 본래부터 아무런 차별이 없는 동체(同體)였으나 중생의 불성(佛性)이 일찍부터 무명토에 깊이 묻혀서 제 스스로가 번뇌심을 일으키고 다시 그 번뇌의 불길과 욕망의 뜨거움으로 괴로워하고 고통스러워하고 있다. 그리하여 누구나 지니고 있는 좋은 씨앗(佛性)을 발아(發芽)시키지 못하고 있으니 얼마나 불쌍한가! 그러하니 부처님이시여! 불성의 씨앗이 미처 싹트지 못한 중생들의 무지의 밭에 청량한 가르침의 빗물을 내려 주소서! 그리하여 그들도 역시 욕망의 열을 식혀서 진리의 빗물의 청량함을 새로 느끼게 하고 새로운 보현보살이 되게 하소서'라고 기도하고 있다.

'불법(佛法)을 듣고 불성(佛性)의 씨앗에서 싹이 트면서 서서히 지혜의 열매가 커지고 또 속이 차서 그들도 부처님처럼 깨달음의 성취하게 될 것입니다. 또 중생의 그러한 깨달음의 밝음은 마치 달처럼 밝고 가을에 결실이 풍부한 밭과 같을 것입니다. 그러니 부처님이시여 불성(佛性)이 미처 자라지 못한 중생을 위하여 법륜(法輪)을 계속 굴리시기 빕니다'라고 기도하고 있는 것 같다.

또 깨달음의 달(覺月)의 밝음은 가을의 둥근 달빛과 같고, 가을의 밭과 같이 결실을 얻을 것이라는 표현은 매우 아름답고 시적인 표현으로 스님이 나타내고자 하는 것을 아주 적절하게 잘 표현하였다. 즉 중생이 미처 계발하지 못한 불성을 무명토(無明土)와 번뇌의 열로 시들고 있는 씨앗으로 표현하고 있는 것과, 설법을 듣고 자신들 속에 있는 깨달음의 가능성(佛性)을 실제의 결실로 거두는 가을의 밭으로 비유한 것은 매우 적절한 시적 이미지로 그 형상력이 뛰어나다고 평가할 수 있다.

이와 같이 화엄교학을 시문학적 이미지로 적절하게 표현한 것은 스님의 수준 높은 문학적 재능과 교학적 깊이에서 비롯된다. 보현십원가는 이처럼 수준 높은 문학성으로 깊은 불교사상을 전하고 있다. 여기서 다시 한번 더 불교문학은 불교와 문학 가운데서 단순히 어느 한쪽으로 치우쳐서는 바르게 전달될 수 없는 것임을 확인하게 된다.

(7) 청불주세가(請佛住世歌 : 부처님이 세상에 오래 머무시기를 청하는 노래)

모든[193] 부처
비록 화연(化緣)을 다 알아[194] 움직이시나[195]
손을 비벼[196] 올려서
(온) 누리에 머물게 하시옵드라!
새벽에(서) 밝은 아침 깜깜한 밤에
보리 향하시는 벗(을) 알아 일어서[197]

---

193) '모든'은 '므류'로도 해독할 수 있다.
194) 小倉進平은 '다ㅇ아'로 해독하고 있다. 그리고 '다 알아 움직이셨다'는 의미는 '부처가 방편력을 알고 지니셨어 중생을 구제하는 일을 마쳤으나'라는 뜻이다.
195) '움직이셨으나'는 '움직이시나'로 해석할 수 있다.
196) '비벼 올려서'는 '부벼 올려서'로 해석할 수 있다.

이것을 (모두) 알게 되매[198]
길을 잃은 무리 서러워서[199]
아아! 우리 마음을 맑게 하면[200]
부처님의 그림자(佛影)라도 (어찌) 아니 응(應)하시리(요).

【의미 풀이】

이 노래는 열반청정에 머물고자 하시는 불보살들에게 항상 이 세상에 계속 머무셔서 중생을 인도해 주십시오 라는 바램을 노래한 것이다. 즉 부처님께서 이 세상에 머무시어 항상 설법하시어 길 잃은 중생들을 구제하시기를 바랍니다 라는 뜻을 노래하고 있다. 또 중생도 지성을 다하여 불법을 듣고자 노력하면 부처님도 감응하여 설법을 하신다고 노래하고 있다.

부처님께서 열반에 드신 지 이천여 년이 지났지만 부처님의 가르침은 오늘날에도 전하고 있다. 즉 부처님이 전한 진리 법신(法身)은 제자들의 마음에서 마음으로 영원히 전하고 있다. 청불주세가는 바로 그 법신이 항상 이 세상에 영원히 머물어서 모든 것이 진리대로 구현되기를 기원하는 내용이다. 쉽게 말하면 우리들의 마음속에서 항상 부처님의 뜻이 생동하고 활짝 피어서 부처님이 전한 진리가 중생계에 구현되기를 간절히 바란다는 뜻을 시적으로 노래하고 있다. 이러한 내용의 노랫말을 감상하여 보면 다음과 같다.

---

197) 본문인 '向屋賜戶朋'을 해독하면 나는 부처의 인도하는 좋은 친구라는 뜻으로 선지식(善知識)을 뜻한다. 그래서 이 구절을 해석하면 '보리 향하시는 벗 알아 일어서' 혹은 '보리 향하시는 벗 알아 고침이여'라고 해석할 수 있다.
198) 이 구절을 '저 사실 알게 되매'로 해독할 수 있다.
199) 이 구절을 '길 몰라 헤매이는 무리여! 서러우니'로 해독할 수 있다.
200) 이 구절을 '우리 마음 물 맑으면'으로도 해독할 수 있다.

이 노랫말에서 모든 부처가 중생계에서 온갖 화연(化緣)을 다 알아 움직이셨다는 것은 불보살이 무지몽매한 중생들의 근기를 살펴보시고 중생들과 같은 모습으로 나투어(化顯) 중생을 교화한다는 뜻이다. 또 는 부처의 법신이 중생의 정성에 감응하여 중생의 근기에 맞게 갖가지 방편으로 그들을 이끈다는 뜻이다.

그리고 '손을 비벼 올려서 온누리에 머무르시게 하시옵드라' 라는 표현은 중생이 부처님에게 합장하는 모습과 기도하는 마음을 나타낸 것이다. 다음 '새벽에서 밝은 아침 깜깜한 밤에도 보리를 향하는 벗을 알아 일어서라' 는 균여스님이 자신을 낮추어 표현한 것으로, 그 뜻을 해석하면 '제자가 부처님 전에 합장하면서 빌어 봅니다. 새벽에도 아침에도 밤에도 항상 부처님의 지혜를 찾고자 하여 노력하는 벗과 더불어 생활하였습니다. 그들이야말로 진정한 벗임을 오늘에서야 깨달았습니다. 그리고 중생과 부처가 바로 한 몸이고 차별 없는 벗인 것을 자각하게 되었습니다' 라고 해석할 수 있다. 그러면서 '이러한 것을 모두 알게 되니 바른 길을 잃은 (중생)들의 무리여! 서러워서… 아아! 우리들의 마음이 물과(같이) 맑으면 부처님의 그림자라도 (어찌) 아니 응하시리(요)' 라고 노래하고 있다. 이러한 느낌은 균여스님의 깨달음 순간을 나타낸 것이라고 해석할 수 있다. 또 스님은 중생과 부처가 바로 한 몸이요 차별 없는 벗임을 자각하고 보니 아직까지도 바른 진리와 정도(正道)를 잃은 중생들이 안타깝고 안타깝다고 탄식하고 있다. 그러면서 모든 중생이 부처인데 중생들이 정반대의 삶을 살고 있으니 참으로 안타깝고 서글프지만, 그들도 노력하면 부처님도 감응하여 그들은 구제한다고 노래하고 있다. 즉 만약 우리들의 마음이 깨끗한 물처럼 맑고 고요하다면 마치 하늘에 높이 떠 있는 달님이 하늘 아래의 조그만 연못 위에도 달빛을 있는 그대로 비추듯이 부처님 당신의 그림자(佛影)가 어찌 우리들의 모습 위에 비추어지지 않겠습니까 라고 반문하고 있다. 즉 하늘에 떠 있는 달님의 밝은 모습이 물결의 흔들림 없는 연못 위에는 자연스레 나타나듯이 우리들도 자신의 마음을 깨끗이 한다면 부처님께서도 항상 우리들 곁에서 법을 비추어 줄 것이며, 또 진리가 그대로 투영되어 나타날 것이라고 생각하고 있다. 또 부처님께서 우리 곁에 머물러주실 것이라고 기원하고 또 염원한다면 달 그림자가 연못 위에 나타나듯이 부처님의 그림자(佛影: 진리의 큰 뜻)가 우리들 속으로 내려오고 세상도 밝게 할 것이라고 노래하고 있다. 바꾸어 말하면 중생들이 부처님의 가르침에 감응하는 것도 바로 중생 자신의 간절한 기원에서 시작되는 것으로서 종교심의 깊은 반향(反響)의 면을 가르쳐주고 있다. 그래서 부처님이 이 세상에 머무시어 설법해 주시기를 간청하기 전에 우선 우리들이 스스로 먼저 우리의 마음과 행동을 닦고 닦아서 부처님의 큰 뜻이 그대로 투영되고 구현되도록 해야 한다고 가르치고 있다. 이와 같이 이 노래의 후반부는 그 어떤 신앙심도 스스로의 염원에서 시작되고 실현된다는 것을 알리고 있다.

이와 관련해서 정토를 염원하는 신행체계를 이문(二門)으로 분석해 보면 이행도(易行道)와 난행도(難行道)로 설명할 수 있다. 여기에 대하여 설명하는 방법이 여러 가지로 있지만 쉽게 설명하면 이행도는 바로 부처님의 원력(願力)과 위신력(偉神力)을 일심(一心)으로 믿고 따르는 믿음의 수행이라고 말할 수 있다. 즉 염불 등으로 부처님께 절대적으로 귀의하는 타력(他力)신앙 혹은 종교심에 의지하여 구원받게 하는 방법이다. 난행도는 우리들이 스스로의 불성(佛性)을 계발하여 성불(成佛)하려고 노력하는 자력(自力) 신앙을 나타내며, 선적(禪的)인 수행이라고 말할 수 있다. 자력 신앙에도 그 깊이와 정도가 지극하면 할수록 자연스럽게 절대적 타력신앙 면이 나타난다. 또 부처님을 지극히 염원하는 염불심(念佛心)과 칭명염불(稱名念佛)에도 염불선(念佛禪)과 같은 속성이 나타난다. 즉 몸과 마음을 다하여 염불하다 보면 선정에 들어 염불선이 자연스레 이어지는 것을 우리들은 자주 경험하게 된다. 또 그러한 선정 가운데서 부처가 나타나는 종교적 체험(觀佛三

昧) 등을 쉽게 경험하게 된다. 그래서 항상 부처님께 귀의하는 마음가
짐과 부처와 중생이 본래 평등하고 모든 존재가 불성(佛性)을 갖추고
있다는 주체적 마음가짐은 똑같다고 말할 수 있다. '부처님이 항상 이
세상의 온 누리에 머무르시는 것과 같다'는 시심(詩心)에는 바로 이러
한 타력신앙과 자력신앙이 하나가 되어 있음을 볼 수 있다. 그래서 대
승경전에서 부처님을 육신의 눈으로 보려하지 말고 마음으로 보라고 하
는 것도 바로 이러한 뜻으로 해석할 수 있다.

위의 노래는 법신불(法身佛)이 중생을 위하여 응화신(應化身)으로 나
투어 나타나시는 깊은 의미와 우리들의 마음 속에 법신불이 나타나도록
깨끗하게 하고 노력하는 깊은 뜻을 노래하고 있다.

불법과 진리를 상징하는 법신불에 대하여 육신불(肉身佛)을 설명하
면 보통 석가모니라고 생각하게 된다. 본래 석가모니는 실제로 우리들
처럼 역사적으로 실존했던 사람이다. 석가모니는 지금의 인도와 네팔
국경 근처의 소국(小國)에서 B.C. 5세기경에 석가족(釋迦族)의 한 사
람으로 태어난 고타마 싯달타라는 인물이다. 그 실존의 인물이 수행해
서 부처가 된 이후에 고타마 부처님을 석가모니라고 불렀다. 즉 고타마
싯달타라는 역사적 인물이 보리수 아래서 진리를 깨닫고 또 그 깨달음
을 다른 사람들에게도 널리 평등하게 전하셨기 때문에 우리들은 그 분
을 세상에서 존경할만한 분이라는 뜻으로 세존(世尊), 석가족의 존경
할 만한 분이라는 뜻으로 석존(釋尊)이라고 부르는 것이다. 그 세존이
팔십 세 무렵 더운 여름철에 중생에게 가르침을 널리 전하기 위하여 나
선 여행길에서 이발사인 순다라는 사람이 끓여 올린 죽을 먹고 배탈이
나셔서 며칠을 고생하시다가 쿠시나가라라는 곳에서 돌아가셨다고 전
한다. 즉 우리가 알고 있는 세존은 우리들처럼 육신을 지니셨던 역사적
인 인물이다.

그러나 그 분이 깨달은 진리와 가르침은 이천 오백여 년 전에도 있었
고 21세기인 지금에도 불교도들에게 전하고 있고 앞으로도 계속 전하

게 될 것이다. 불교도들이 노력하면 앞으로도 영원히 전달될 것이다. 이처럼 불법이 계속 전하고 전해지는 것은 부처님의 육신이 아니고 불법과 진리인 법신불이 계속 전해지고 있다고 말할 수 있다. 즉 법신불은 불법과 법성(法性)을 인격화하여 이름지은 것이며 부처님의 가르침을 인격화한 것이다.

그리고 고타마 싯달타가 보리수 아래서 깨닫고 난 후 과거에 같이 수행하였던 다섯 학우(學友)들에게 자신이 깨달은 진리를 최초로 설법한 것이 녹야원의 초전법륜이다. 바꾸어 말하면 부처로서 최초로 설법을 한 것이 초전법륜이다. 그러한 초전법륜 때부터 열반하실 때까지 석가모니의 육신불(肉身佛)에 의해서 법이 전하여졌다. 그러나 불멸 후에는 진리인 법신불에 의해서 불교가 전하여졌다고 말할 수 있다. 즉《화엄경》·《아함경》·《반야경》·《유마경》·《법화경》·《열반경》 등에 전하는 법(法)도 법신(法身)이라고 해석할 수 있다.

다음 법신불(法身佛)에 관련해서 부처란 과연 무엇을 뜻하는가를 생각해 보고자 한다. 부처(Buddha)라는 의미는 '잠에서 눈을 뜬 자 혹은 무지로부터 깨달음의 눈을 뜬 자'이다. 즉 부처라는 뜻은 진리를 깨닫는 것을 나타내는 말이다. 그러나 보통 부처님이라고 말할 때는 석가모니만을 생각한다. 즉 부처님은 이천 오백여 년 전에 인도에서 태어나서 그 곳에서 돌아가신 석가모니 한 분만 계신다고 생각한다. 그러나 부처라는 용어가 깨달음을 보편적으로 나타낸 말이듯이 누구나 진리를 깨달으면 부처가 되는 것이다. 그래서 석가모니가 깨달은 진리와 그 이후에 계속 전하여지고 있는 불법을 상징적으로 법신불이라고 말하는 것이다. 《화엄경》 등에서는 '연기법을 보는 자는 바로 나(부처)를 보는 것과 같다'라고 전하고 있는데, 이것이 바로 부처의 법신(法身)을 설명하는 말이라고 할 수 있다.

법신불을 우주의 이법(理法)으로 넓게 해석하면 석가모니가 이 세상에 출현하기 전에도 존재하였다. 석가모니는 단지 그것을 발견하였고

불법으로 전한 것이다. 즉 연기법(緣起法)은 석가모니께서 새롭게 창
안한 것이 아니다. 무시 이래(無始以來)로 우주의 삼라만상은 자연의
법칙대로 운행되었고 지금에도 자연스럽게 운행하고 있으며 앞으로도
우주는 자연의 이치에 따라서 운행되리라고 생각된다. 불교에서 그 이
치를 연기법(緣起法)으로 설명하였다. 즉 우주의 삼라만상은 무시 이
래로 연기법에 따라서 운행되어 왔다고 보았다. 그래서 연기사상은 불
교의 근본적 세계관이라고 말할 수 있다. 예를 들면《아함경》의 십이연
기설(十二緣起說)을 시작하여 유식경전류의 아뢰야(阿賴耶) 연기설,
《능가경》등의 여래장(如來藏) 연기설,《화엄경》의 법계(法界) 연기
설, 진언종의 육대(六代) 연기설 등이 바로 그러한 것을 설명하고 있는
것이다.

　이처럼 화엄사상에서는 연기법과 함께 법계관(法界觀)을 중요시했
다. 그래서 화엄학에서는 법계를 넷으로 분류하여 세계와 모든 존재의
관계성을 자세히 설명하고 있다. 여기서 전부를 설명할 수는 없지만 이
향가의 해석과 관련하여 그 사상적 특징만 조금 설명하도록 한다. 우선
법계(法界)를 사법계(事法界)·이법계(理法界)·이사무애법계(理事
無碍法界)·사사무애법계(事事無碍法界)로 나누어 설명한다. 사법계
란 현실의 세계를 뜻한다. 우리들이 현재 항상 보고 경험하고 있는 현
상한 세계를 말한다. 쉽게 설명하면 인간을 포함한 모든 생명계(生命
界)를 의미한다. 이법계란 이치의 세계, 즉 공성(空性)의 이치를 나타
내는 세계를 말한다. 다음 이사무애법계는 이법계와 인간이 실제로 경
험하는 사법계가 아무런 장애가 없이 서로 상입(相入)되는 경계를 말한
다. 사사무애법계는 현상계의 다양한 여러 세계가 서로 장애됨이 없이
상입되면서도 개별 세계가 서로 상즉(相卽)되어 원융하고 통하고 있는
것을 뜻한다.

　다르게 설명하면 이(理)란 우주의 이치인 공성을 나타내는 세계이며
사(事)란 객관적 현상을 의미하기 때문에 사법계란 현상계를 의미하고

이법계는 승의(勝義)를 의미한다고 말할 수 있다. 그리고 이사무애법계는 객관적 현상과 승의적 이치의 관계가 원융무애한 것을 가리키며 사사무애법계란 현상세계에서 각각의 현상 관계가 서로 원융무애한 것을 가리킨다. 그래서 사종법계를 닦는다고 하는 것은 사법계·이법계·이사무애법계·사사무애법계를 차례대로 수행하는 것을 의미하며, 그리고 그러한 법계관을 연기설로 되새겨보고 수행하는 것이다. 그리하여 수행력이 높아질수록 수행자는 현상세계의 모든 것을 원융무애하게 체득하게 되는 것이다. 그런 수습단계를 거쳐서 수행자는 부처와 중생이 본래부터 평등하고 번뇌가 그대로 지혜가 됨을 깨달아 그야말로 현상계의 어디에도 걸림이 없는 불행(佛行), 여리행(如理行)을 하게 되는 것이다. 바로 부처처럼 행할 수 있는 경지까지 도달할 수 있는 것이다. 사사무애법계는 이사(理事)의 불이불리(不二不離)의 법리(法理)를 현실 속에서 주체적으로 실현할 수 있는 단계이다.

그리고 법계연기설에서 빼놓을 수 없는 것이 연기상유(緣起相由)이다. 연기상유는 우주의 만물이 연(緣)에 의해서 일어나는 여러 현상과 각각의 법계를 자세히 살펴보면 서로 상즉상입(相卽相入)하고 일체화(一體化) 되어 있다는 뜻이다. 바꾸어 말하면 부처의 깨달음의 세계에서 보면, 법성(法性)의 법리가 모든 현상의 한 가운데에 융해되어 있고 일체화되어 있다는 뜻이다. 이러한 것을 법성융해, 법성융통이라고 말하는데 정확하게 구분하여 설명하면 모든 현상이 서로 상즉상입하여 일체화되어 있는 것을 연기상유라고 하고 깨달음의 본체인 법성의 법리가 여러 현상 가운데 한 치의 빈틈도 없이 융해되어 일체화되어 있는 것을 법성융통이라고 한다. 그리고 연기상유는 사사무애·법성융통을 이사무애로 설명한다. 이 두 가지 모두를 화엄교학의 근본이라고 말할 수 있지만, 특히 연기상유를 중요시하고 있다.

《화엄경탐현기(華嚴經探玄記)》[201]에는 이 연기상유를 10가지로 분류하여 자세하게 설명하고 있다. 마지막 열번째의 설명을 보면, 모든

존재는 이체(異體)와 동체(同體)로 구분하여 논의하더라도 항상 서로
상즉상입해 있기에 만물은 그야말로 원융하며, 말과 생각으로는 도저
히 설명할 수 없는 묘법(妙法) 그 자체라고 설명한다. 그리고 그것을
사사무애(事事無礙)라고 부르고 있다.

그래서 위 노랫말 가운데 '모든 부처가 화연(化緣)을 다 알아 움직이
셨으니 중생인 우리들도 그것에 응하여 정성들여 온 세상에 머무르게
노력하고 나아가서 다시 중생과 부처가 평등함을 깨닫고 마음을 맑게
밝히어 부처님의 그림자(佛影)라도 감응하도록 하겠다'라는 표현은 바
로 사사무애법계의 경지에서 세상에 나아가서 중생을 교화하는 부처를
노래하고 있다고 해석할 수 있다.

(8) 상수불학가(常隨佛學歌 : 늘 부처를 따라 배우기를 기원하는 노래)

우리 부처(님)
지난 (옛)누리에 닦으려시던 모든
난행(難行)(과) 고행의 원(願)을
나는 바로 (그 願을) 좇으리이다.[202]
몸이 다 부서져 티끌이 되매[203]
명을 줄(施) 사이에도
또 그리 다 해 드이리오[204]
모든 부처(님)도 그리 (또) 하셨던 일이네[205]

---

201) 법장(法藏, 643~712)의 《육십화엄경(六十華嚴經)》을 주석(註釋)한
책이다.
202) 이 구절은 '좇아 벌 지어 있도다'로 해석할 수 있다.
203) '되매'는 '되어가매'로 해석할 수 있다.
204) 이 구절은 '그리 모든 것 하는 일 지나리'로 해석할 수 있다.

아아! 불도에 향한 마음이여[206]
딴 길에 안들어 비켜 가리.

【의미 풀이】

이 노래는 보현보살의 행원(行願) 가운데 상수불학(常隨佛學)의 조목
을 풀어서 노래한 것이다. 즉 보현보살처럼 깊은 지혜를 얻도록 항상 배
우고, 또 불퇴전의 행동을 갖추도록 노력하고자 하는 열망을 노래하고
있다. 또 비로자나불(毘盧遮那佛)을 항상 따르며 이 부처님이 중생의
교화를 위하여 나타내는 여러 상(相)들을 정성껏 배워 익힐 것을 바라
는 마음을 노래하고 있다. 《화엄경》에서 모든 우주는 연화장세계이며,
십신구족(十身具足)의 비로자나불이 교화하는 국토라고 말하고 있다.
그리고 이 십종의 불신(佛身)에 대하여 지엄(智儼)의 《화엄공목장(華嚴
孔目章)》권2에는 해행(解行)으로 나누고 다시 각각 10가지로 설명하고
있다. 위의 노랫말에서 표현된 것처럼 배우고자 하는 십종의 불신을
《화엄경》〈십지품(十地品)〉에 근거로 해서 열거해 보면, 먼저 해경(解
境)에 ① 중생신(衆生身), ② 국토신(國土身), ③ 업보신(業報身 : 앞의
두 개의 몸을 感受시키는 인연이 되는 感과 業을 가리킨다), ④ 성문신(聲
聞身), ⑤ 피지불신(辟支佛身 혹은 緣覺의 果), ⑥ 보살신(菩薩身), ⑦
여래신(如來身), ⑧ 지신(智身), ⑨ 법신(法身), ⑩ 허공신(虛空身)이
있다. 다음 행경(行境)의 십신(十身)은 원교(圓敎)의 보살이 수행을 완
성해서 체득하여 도달하는 궁극의 불과(佛果)를 분류한 것이다. 《화엄
경》의 〈이세간품(離世間品)〉에 의해 열거하면, ① 무착불(無著佛 혹은
成正覺佛), ② 원불(圓佛), ③ 업보불(業報佛), ④ 지불(持拂 혹은 住持
佛), ⑤ 열반불(涅槃佛), ⑥ 법계불(法界佛), ⑦ 심불(心佛), ⑧ 삼매불

205) 이 구절의 끝부분은 '하실 일이로세' 라고 해석할 수 있다.
206) '마음이여' 는 '마음이시어' 라고 해석할 수 있다.

(三昧佛), ⑨ 성불(成佛 혹은 本性佛), ⑩ 여의불(如意佛 혹은 隨樂佛)
이 있다. 즉 이 모든 불신은 원교(圓敎)의 보살이 수행을 완성해서 체득
한 결과로 끊임없는 정진심(精進心)과 불퇴전(不退轉)의 행을 나타낸
것이다.

　다른 대승경전에서도 제불보살(諸佛菩薩)의 원행(願行)과 서원을
다양하게 설명하고 있다. 즉 불교에서는 보살(菩薩, bodhisattva)을 최
상의 지혜를 구하고 중생을 이익되게 하는 여러 행을 닦아서 미래에 부
처가 되는 사람들이라고 설명하고 있다. 그리고 보살의 그러한 이미지
를 이야기로 만들어 전달하는 각종 보살담(菩薩談)에서는 보살의 순수
한 구도심(求道心)과 자기 희생적 이타심(利他心)을 다양한 서원과 대
원행(大願行)으로 나타내고 있다.《화엄경》〈입법계품〉에 나오는 선재
동자의 이야기도 바로 그런 예이다. 선재동자는 어린 소년으로서 쉰 다
섯 곳의 쉰세 명의 선지식을 찾아다니면서 불법을 배우고 닦아서 깨달
았다고 한다. 옛 사람들은 선재의 이야기처럼 성불(成佛)하기 위해서
는 오랜 세월 동안 세상의 모든 스승을 찾아다니면서 많이 배우고 고행
을 극복하여야 얻어지는 것이라고 이야기하기도 한다. 그러나 그처럼
불도를 배우는 길이 어렵고 얻기 힘든 것이지만 항상 배우고 닦기를 염
원하면 나중에 언젠가는 성불하게 되는 것이다. 그래서《화엄경》에서
선재동자는 어떤 고행을 경험하더라도 부처님을 따르고 진리를 배우겠
다고 서원을 세운다. 또 선재동자는 깨달음을 얻기 위해서 자신의 목숨
도 희생할 각오로 흔들림 없이 처음의 서원을 버리지 않고 계속 배우려
고 한다. 그래서 노랫말에 선재동자처럼 진리를 배우기 위해서 모든 어
려움을 극복하고 수행할 것이며 몸이 부서지고 티끌이 되어도 그 서원
을 좇고 노력하겠다고 노래하고 있다. 균여스님도 위 노래에서 그러한
내용을 전하고 있다. 즉 중생들도 그러한 서원과 대원행을 세우고 행한
다면 성불할 수 있다고 노래하고 있다.

　또 균여스님은 초발심을 강조하고 있다. 즉 '아아! 불교도들이여 옛

날이나 지금이나 불도로 향한 진실한 마음과 지혜를 일으키는 보리심이 확고하게 있으면 결코 그른 길에는 들어가지 않을 것이며 잘못된 길을 비켜간다. 불도를 배우는 길목에서 처음에 일으킨 불퇴전(不退轉)의 의지를 잃어버리지 않는다면 언젠가는 제불여래(諸佛如來)처럼 무상각(無上覺)을 얻게 되리라!' 라고 노래하고 있다. 균여스님은 이렇게 노래로 화엄사상에 근거한 대승보살의 서원과 신행(信行)과 불퇴전심(不退轉心)을 노래의 가사로 전하고 있다.

그리고 위 노래에는 노사나불이 중생을 교화하기 위하여 구족하고 있는 십종(十種)의 불신(佛身)을 정성껏 배워 익힐 것을 바래는 마음을 노래하고 있다. 보통 대승보살이 중생을 교화하기 위해서 사섭법(四攝法 : 布施·愛語·利行·同事)을 행한다고 한다. 즉 재물이나 법(法 : 가르침)을 주거나 전하는 보시와 친절하고 고운 말을 건네는 애어(愛語)와 중생에게 이익을 주는 행위를 하는 이행(利行)과 중생들에게 가까이 다가가고 중생 속에 들어가 중생과 함께 고락(苦樂)을 함께 하여 그들을 교화하는 동사(同事)가 있다. 이 노래는 쉽게는 이러한 교화의 방편들을 끊임없이 배워서 중생을 교화하겠다는 마음을 표현하고 있다.

(9) 항순중생가(恒順衆生歌 : 항상 중생과 함께 하겠다는 노래)

깨달음 나무의 왕(覺樹王)은
미혹(迷惑)의 불길(을) 뿌리(로) 심으셨나니[207]
대비(大悲)의 물로 적시어
이울지[208] 않도록 하셨더이다.

---

207) '심으셨나니' 를 '심으시니라' 로 해석할 수 있다.
208) '이울지' 는 '시들지' 로 해석할 수 있다. 그리고 '아니 이울것이더라' 로 해석할 수도 있다.

법계(法界)(에) 가득한 구물의 중생(衆生)을 [209]

할(喝)! [210] 나도 같이 살고 죽거늘(同生同死)

생각과 생각이 서로 이어져 있어 끊을 사이가 없구나! [211]

부처(님)께 하듯이 공경하리라.

아아! 중생이 편안하다면

부처(님)도 바로 기뻐하실 일이로다. [212]

【의미 풀이】

이 노래는 중생의 모든 분류에 응해서 갖가지로 공양하고 또 모든 중생을 이끌고 그들을 부처처럼 공양하고자 하는 바램을 노래한 것이다. 바꾸어 말하면 중생들 각각의 적성에 대응하고, 또 그들과 더불어 살면서 그들을 교화하는 바램을 노래하고 있다. 즉 보현보살의 중생구제의 행원(行願)을 노래하고 있다. 그리고 부처를 각수왕(覺樹王)으로 표현하고 부처는 세속에서 중생들에 섞여서 그들을 교화하고 제도하여야 한다는 깊은 의미를 중도사상(中道思想)으로 전하고 있다.

첫 구절부터 해석하면 균여스님은 부처이란 진리를 깨닫는 사람이라는 뜻에서 각수왕(覺樹王), 즉 깨달음 나무의 왕 혹은 지혜나무(菩提樹)의 왕이라고 노래하고 있다. 앞의 노래의 감상에서 부처라는 말은 '깨달음의 눈을 뜬 자'라고 설명했다. 또 법신불(法身佛)은 진리 그 자체를 상징하고 모든 불법(佛法)을 상징한다고 설명했다.

보리수는 무화과(無花果)와 유사한 뽕나무과(桑科)의 상록수이다.

---

209) '법계에 가득한 벌레처럼' 혹은 '중생이 우글우글 하거늘'이라고 해석할 수 있다.

210) '하거늘', '악', '할', '돍들 ㄷ월나두'으로 해석할 수 있다.

211) 본문은 '念念相續無間斷'으로 되어 있다.

212) 끝부분을 '기뻐하시리로다'라고 해석할 수 있다.

인도에서 석가모니께서 이 나무 밑에서 큰 깨달음을 얻었다고 알려진 후부터 이 나무를 신성시(神聖視)하였다고 전한다. 즉 석가모니께서 이 나무 밑에서 깨달음을 얻어 성도(成道)를 하시게 되었다는 뜻에서 각수(覺樹)·사유수(思惟樹)·도수(道樹)·도량수(道場樹) 등으로 불렀다. 그래서 첫 구절의 각수(覺樹)는 석가모니가 지혜를 깨달을 때에 앉았던 보리수를 의미하며 각수왕(覺樹王)이란 진리를 깨우친 지혜의 부처를 뜻한다.

　다음 구절에는 '깨달음 나무의 왕(覺樹王)은 미혹(迷惑)의 불길(을) 숨은 뿌리 가운데 심으셨나니'라고 노래하고 있다. 여기서 미혹이란 진리와 진실을 바로 알지 못하고 판별하지 못하여 오해와 어둠 속에서 헤매이는 것을 가리킨다. 혹(惑)은 산스크리트어 클레사(kleśa)의 번역으로서 번뇌를 뜻한다. 그래서 미혹이란 우리들이 번뇌 그 자체를 바로 알지 못하고 헤매이는 것을 뜻한다. 바꾸어 말하면 번뇌를 자세히 분석하여 그 구조와 발생의 원인을 알고 대처하면 방황하지 않게 된다고 말할 수 있다. 미혹의 불길이란 중생이 자신을 스스로 괴롭히는 것이다. 즉 우리들은 자기 마음의 병의 원인을 모르고 무지 속에서 헤매이면서 스스로 몸과 마음을 괴롭히고 애태우는 것을 말한다. 그리고 깨달음의 나무가 미혹의 불길을 뿌리에 숨겨두었다는 것은 깨달음과 미혹은 상의상대적(相依相待的)이라는 뜻이다. 즉 깨달음과 미혹은 본질적으로 동체(同體)라는 뜻이다. 앞에서 이미 설명한 상즉상입(相卽相入)의 연기관과 '중생즉불(衆生卽佛), 번뇌즉보리(煩惱卽菩提)'라는 즉(卽)의 불도관을 여기서도 노래하고 있다. 번뇌가 지혜의 나무에 숨겨져 있다는 말은 모든 부처의 지혜도 번뇌에서 전환하여 깨달음을 얻었다는 것을 나타내는 것이다. 또 번뇌가 있기에 깨달음이라는 것도 있고 중생이 있기에 부처가 있는 것이라는 뜻이다. 즉 모든 것은 이렇게 상의적(相依的)이고 상대적(相待的)인 연기의 관계 속에서 생긴 것이고 존재하는 것이기에 지혜의 나무가 미혹의 불길을 뿌리 속에 감추어두고 있

다고 노래할 수 있다. 세간의 보통 사람의 안목에서 보이는 미혹의 불
은 지혜의 나무에 대한 차별적 관념이다. 그러나 화엄교학에서 중요시
하는 연기상유(緣起相由)에서 생각해 보면, 차별적으로 보이는 것들도
사실은 구존무애(具存無碍)하고 또 이체상입(異體相入)한 것임을 알
수 있다.[213]

그래서 미혹과 지혜 또는 불과 물은 상대적(相待的)인 관념이라고 말
하는 것이다. 또 청량한 물과 같은 지혜는 미혹의 불길을 꺼줄 수 있다
고 말하는 것이다. 즉 번뇌의 불과 청량한 물과 같은 지혜는 서로 상즉
상입할 수 없는 속성 같지만 깊이 고찰하면 서로 상즉상입하고 있다는
것을 알 수 있다. 쉽게 설명하면 나무의 성품에는 목성(木性)이 있어
빗물을 빨아들이는 성품과 함께 불에 잘타는 화성(火性)도 있다. 즉 나
무가 불에 태워질 수 있는 것은 나무의 내부에 숨겨진 화성에 의해서이
며, 그 타는 속성이 나무안에 있기 때문에 자신과 다른 것도 태워 버리
는 것이다. 그래서 나무의 뿌리에 불의 성분이 있다고 말할 수 있다.
사람을 나무에 비유하여 설명하면 번뇌심과 미혹의 불길로 인생의 전부
를 태워버리게 할 수도 있지만 번뇌의 불길을 끄고 부처의 깨달음과 청
정수(淸淨水) 같은 지혜로 자신의 성품을 바꾸면 부처처럼 평화를 얻
을 수 있다. 또 다르게 설명하면 나무가 뿌리 속에 갖고 있는 수성(水
性)에 의해서 밖의 물을 빨아들이고 또 내부의 불길을 멈추게 하듯이
중생들도 본래 자신이 구족하고 여러 요소 가운데 잠자고 있는 불성(佛
性)을 활성화(活性化)시키고 키우면서 부처의 청정수를 보태면 성불할
수 있는 것이다. 그리고 만약에 외부로부터 더 많은 청량한 법우(法雨)

---

213) 구존무애(具存無碍)란 차별적이지만 혼란스럽지 않다는 의미와 함께 무차
별적으로 서로 가고 옴이 아무런 장애가 없다는(相即) 뜻이다. 그리고 이체
상입(異體相入)은 인연에 의해서 생긴 여러 현상에 있어서 그 작용이 상입
(相入)하고 있다는 뜻이다.

를 얻을 수 있다면 중생들은 더 쉽게 자신의 뿌리에 숨겨져 있는 화성 (火性)을 식힐 수 있는 것이다. 바꾸어 말하면 부처의 깨달음과 진실의 설법은 중생들의 성불(成佛)에 외연(外緣)의 법우이고 범부들의 번뇌 심과 망심은 바로 부처의 지혜로 전환할 수 있는 근본 종자인 것이다. 즉 범부의 자신의 내부에 있는 인(因)과 외연의 법우가 어울어져 언젠 가는 성불하게 되는 것이다. 이렇게 세상의 모든 존재를 상의적(相依 的) 상대적(相待的) 관계로 분석하는 법리가 연기법(緣起法)이다. 첫 구절에서 '깨달음 나무의 왕(覺樹王; 부처님)은 미혹의 불길(중생적인 속성)을 뿌리 속에 숨겨 심으셨나이다' 라고 노래한 것은 바로 이런 연 기법을 전한 것이다. 교학적으로 설명하면 체용상융(體用相融)[214]의 연기상유(緣起相由)를 노래로 전하고 있다고 설명할 수 있다.

다음 '대비(大悲)의 물로 적시어 이울지(시들지) 않도록 하셨다' 라 는 구절은 중생이 번뇌의 불길 속에서 부처의 청정수(淸淨水)와 같은 법문을 듣고 스스로를 태우던 번뇌의 불길도 꺼버리고 중생심도 부처의 지혜로 전환될 수 있다는 뜻이다. 그런 의미에서 깨달음 나무의 종자와 바탕을 번뇌라고 말할 수 있다. 즉 번뇌를 전변(轉變)시켜서 지혜와 깨 달음을 열게 할 수 있다.

이러한 것은 화엄교의로 조금 쉽게 설명하면 우리들은 언제나 외부의 대상을 자아중심적으로 생각하고 손익을 계산하고 분별한다. 그러한 자아 중심적 망상도 진실을 확인하고 나면 본래의 진실된 성품으로 되 돌아간다. 즉 변계소집성(遍計所執性)의 번뇌심에서 원성실성(圓成實 性)의 지혜로 전환되는 것은 우리들 마음도 연기성(緣起性) 곧, 의타 기성(依他起性)이 있기 때문이다. 즉 번뇌심과 보리심은 별개의 것이 아니고 똑같은 마음에서 찰나에 반응하고 변화하는 것임을 알 수 있다.

---

214) 이체(異體)의 상즉(相卽)과 상입(相入)으로 융해되어 있어서 서로 장애가 되지 않는 것을 뜻한다.

균여스님은 이러한 복잡한 설명을 생략하고 번뇌를 지혜의 종자로 비유하여 이체(異體)의 상즉상입(相卽相入)을 노래로 가르치고 있다. 천태학(天台學)에서는 우리들의 일상적 마음 즉 망심(妄心)의 일념(一念)에 불계(佛界)가 있고 육도(六度)의 보살행을 행하는 보살계(菩薩界)가 있으며, 연각계(緣覺界)·성문계(聲聞界)·천상계(天上界)·인간계(人間界)·수라계(修羅界)·축생계(畜生界)·아귀계(餓鬼界)·지옥계(地獄界)가 모두 구족되어 있다고 말한다. 그리고 천태의 십종(十種) 관법(觀法) 가운데 제일관(第一觀)인 부사의관(不思義觀)은 중생심(衆生心)이 바로 불보리심(佛菩提心)임을 자각하게 하는 실상관(實相觀)의 방법이다.

그런데 화엄학에 조예 깊은 균여스님은 그러한 천태학적인 가르침보다 화엄학적 설명으로 가르치고 있다. 연(緣)에 의해서 일어난 부처의 지혜와 중생의 번뇌도 각각 다른 인연에 의해서 성립된 것이지만, 즉 이 둘은 차별적이지만 서로 그 작용함이 관련이 있어 상즉상입한다고 가르치고 있다. 즉 연기즉공(緣起卽空)으로 설명하여 중생심(衆生心)이 바로 불심(佛心)으로서 둘은 동체(同體)라고 노래하고 있다. 바꾸어 말하면 부처의 깨달음과 보리심(菩提心 : 지혜심)은 중생의 번뇌심에서 전환한 것이기에 중생도 부처도 본래 한 몸이라고 설명하는 관점이다. 요컨대 천태학의 실상론이나 화엄학의 연기론에서 청정심과 번뇌심의 관계를 설명하는 방법은 조금 다를지 몰라도 중생즉불(衆生卽佛)이라는 연기적(緣起的), 중관(中觀)의 근본설명은 같다고 말할 수 있다. 화엄학의 연기론에서는 미혹(迷惑)과 지혜를 연기적 관계로 설명하여 번뇌심을 전환(연기)하면 본래의 맑고 깨끗한 지혜의 마음으로 되돌아 온다고 본다. 천태학의 실상론에서는 중생심 안에 불심(佛心)이 본래 구족되어 있는 그 실상을 보라고 가르친다. 균여스님의 항순중생가(恒順衆生歌)는 바로 이러한 연기론의 깊은 사상을 전하는 노래이다. 그렇게도 어려운 철학 사상을 아름다운 시어와 간결한 시상(詩想)

으로 표현해 내는 스님의 글솜씨는 일품이라고 말할 수 있다.

다음 두 번째의 구절 '대비(大悲)의 물로 적시어 이울지(시들지) 않도록 하셨더이다'를 해석하면 다음과 같다. 석가모니께서 고행 끝에 얻은 내증각지(內證覺智)를 혼자서 만이 즐거워한 것이 아니고 중생을 위하는 자비심으로 설법을 하고 또 교화의 방편을 만들어 내어서 중생을 구제하였던 것이다. 그리하여 번뇌와 망상으로 인한 탐진치(貪瞋癡)의 삼독(三毒)으로 괴로워하던 중생들은 마침내 부처님의 설법을 듣고 시원한 물줄기로 번뇌의 불길(心火)을 끄게 되었던 것이다. 이것은 설법으로 바로 중생들의 불성(佛性)의 종자와 깨달음의 싹이 시들지 않도록 한 것과 같다.

세 번째의 구절인 '법계(法界)에 가득한 구물의 중생'이란 중생계(衆生界)에 살고 있는 모든 중생들을 구물구물하게 생동하는 생명이란 뜻으로 표현한 것 같다. 그리고 '나도 역시 뭇생명(중생)들과 똑같이 살고 죽는 존재이거늘'은 균여스님 자신도 중생의 하나라고 표현한 것이다. 그래서 다음과 같은 표현이 계속된다. '아! 이러한 생각 저러한 생각이 서로 연이어서 일어나니 잠시도 끊어질 사이 없이 계속 생각되는구나!'이라는 표현에서도 알 수 있듯이 중생심의 번뇌는 잠시도 쉬지 않고 끊어지지도 않는다. 그래서 '우리네 하루하루는 늘 끊이지 않는 번뇌심으로 괴로워하는 존재들이지만 깨달으면 곧 그들도 부처인 것을!'이라고 노래하는 것 같다. 즉 중생이 저렇게 번뇌하고 있지만 그러한 한 생각 속에서 진리를 깨달으면 그 순간부터 번뇌가 바로 불보리(佛菩提)가 된다고 노래하고 있는 것이다.

그리고 또 균여스님은 다음과 같이 노래하고 있다. '부처님께 하듯이 공경하리라'는 모든 중생을 부처님처럼 공경하옵고 또 그들의 어리석음과 망상 등의 모든 견해를 겸허하게 듣고 받아들이고 훌륭하신 부처님께서 행한 것처럼 항상 그들을 공경하고 받들어 모시겠다 라는 뜻이다. 바꾸어 말하면 중생들이 갖고 있는 모든 망상과 아집(我執)의 말도 홀

룽하신 부처님께서 들려주신 말씀을 듣는 것처럼 겸허히 경청하고 또
그들을 부처님을 대하듯이 존중하면서 교화하겠다 라는 뜻이다. 왜냐
하면 우리 모두가 이 세상에서 살아가고 있는 뭇 생명(중생)들 가운데
하나이기 때문이다. 그래서 어찌 자신이 먼저 깨우쳤다고 해서 중생들
을 어리석다고 경시하리요. 그들도 역시 한 순간에 깨우치면 부처인데
감히 제가 그들의 한 순간의 번뇌를 보고 들었다고 하여, 또 깨우치지
못하였다고 무시하고 경멸하리요! 중생과 부처가 본래 평등하고 자타
가 평등한데 어떻게 나와 중생이 다르다고 분별하고 차별하겠습니까!
그래서 모든 생명을 항상 부처님을 대하고 섬기듯이 공경하겠다. 그리
고 항상 평등하게 그들을 가르치겠다 라고 마음속에 새기고 있다.

　다음 '아아! 중생들을 평안하게 하는 일은 부처님께서도 바로 기뻐하
실 일이로다' 라는 네 번째 구절은 앞 구절의 내용을 다시 노래한 것이
다. 자신만의 깨달음, 자신만의 세계에 머물지 않고 어두운 세상에 나
아가서 중생들을 구제하여 그들을 편안하게 하는 대승보살의 일을 노래
한 것이다. 즉 수행자와 불제자들이 불법(佛法)을 익혀서 법계(法界)
의 모든 생명의 존재를 부처님처럼 귀하게 여기고 공경한다면 부처님께
서 바로 기뻐하실 것이라고 노래하고 있다. 또 이 노래를 듣는 여러분
들도 법계의 모든 생명을 부처님처럼 귀하게 여기고 공경하며 편안하게
해주어야 불교를 바로 아는 것이고 실천하는 것이라고 가르치고 있다.

　이렇게 균여스님은 어려운 화엄학의 용어를 피하고 쉬운 일상의 말로
대승불교의 본지(本旨)를 전하고 있다. 위의 작품은 보살의 최고의 깨
달음이란 깨달음 그 자체에 머무는 것이 아니고 다시 중생계로 와서 중
생들과 함께 희노애락(喜怒哀樂)을 나누는 것이고, 그러한 것이 부처의
큰 뜻이라는 것을 문학적으로 전달한 것이다. 이처럼 대승불교의 핵심
을 축약하여 아름다운 시로 만드는 표현력과 형상력을 보면 다시 한번
더 스님의 문학성이 뛰어남과 더불어 불교사상의 깊음도 알 수 있다.

　그래서 오늘날에도 어려운 불교학을 그대로 전달하는 것보다 균여스

님처럼 불교의 깊은 뜻을 아름다운 노래를 통해서 가르친다면 어느 누구라도 불교를 쉽게 이해하리라고 생각된다. 보통 불교학자들은 불교를 어려운 철학적 용어로 표현하고 있는데 스님처럼 쉬운 말로 표현한 것이야말로 진정한 깨달음의 나타냄이라고 말할 수 있다. 불교문학의 가치는 바로 이러한 데 있다.

옛부터 선종에서는 불립문자(不立文字)라고 표방했지만 많은 선사들은 자신들만의 깨달음의 세계와 선지(禪旨)를 독창적인 표현과 쉬운 말과 글로 나타내었다. 오늘날까지 선사들의 그러한 불교시가 전하고 있는데 그러한 것이야말로 깨달음의 얻기 어려움을 극복한 노력의 결과라고 말할 수 있다. 선사들은 깨달음을 말과 글로 나타내는 것이 어렵다는 것을 잘 알면서도 언어표현의 어려움과 장애를 한번 더 극복하고 시로 나타낸 것이다. 바로 그러한 어려움을 극복하고 새롭게 펼쳐낸 것이기에 오늘날 우리들은 높이 평가해야 한다.

불교문학은 깨달음을 수행자 한 사람만의 것으로 머물게 하지 않고 바로 그러한 어려움을 극복하고 새롭게 펼쳐낸 것이다. 불교문학은 바로 난득(難得)의 깨달음을 표현한 것이며 불교를 생동하는 깨달음으로 응결(凝結)시켜서 보여주는 것이다. 그래서 중생을 쉽게 바른 길로 이끄는 불교문학은 옛날이나 지금이나 불교의 전교(傳敎)에 있어 꼭 필요한 것이다.

(10) 보개회향가(普皆廻向歌 : 공덕을 모두에게 돌리겠다는 노래)

모든 나의 닦은 바[215]
모든 선업(善業) (을) 바로 (모두에게) 돌리어[216]

---

215) 본문에는 '皆吾衣修孫'으로 되어있기에 '모든 나의 닦은 것'이라고 해석할 수도 있다.

중생의 바다 안에

(길)잃은 무리가 없도록[217] 깨닫게 하려노라!

부처의 바다 이룬 날은

참회하던 모진 업(業)도

법성(法性)의 집의 보배라!

예로(부터) 그러하셨더라[218]

아아! 예하읍는[219] 부처도

나의 몸인 바 (다른) 사람 있으리요![220]

【의미 풀이】

이 노래는 앞에서 감상한 아홉 편 노래들의 모든 공덕을, 즉 보현보
살의 십대원(十大願)의 공덕을 모든 중생에게 돌리고 모든 사람들이 평
등히 불과(佛果)를 완성하도록 기원한다는 바램을 노래한 것이다. 이
러한 정신이 바로 대승불교의 회향(廻向) 정신이다. 회향이란 산스크
리트어 파리나마나(pariṇāmanā)를 번역한 것인데 한역(漢譯)에서 가
끔 회향(回向)으로 표기하기도 한다. 회향을 설명하면 자신이 행한 착
한 일과 그 공덕 등을 다른 사람에게 돌리어서 그들에게 이익을 주는 것
이다.

이 노래는 대승불교에서 가장 중요시하고 있는 대승보살의 사회구제
의 이타행(利他行)과 그 실천정신을 전하고 있다. 이렇게 모든 것을 중
생계에 널리 회향하기 위해서는 반야(般若)의 공(空)을 깨달아야 한

---

216) '돌리어'는 '돌려'라고 해독할 수 있다.

217) 본문에는 '迷反群'으로 되어있다. 즉 바른 길을 모르고 거꾸로 헤매이며
      방황하는 무리라는 뜻이다.

218) '하셨더라'는 '하시도다'라고 해독할 수 있다.

219) '예하읍는'의 '예'는 '절'로 해석할 수 있다.

220) 이 구절은 '내 몸 접어놓고 딴 사람 있으리!'라고 해석할 수 있다.

다. 왜냐하면 반야의 공을 철저하게 이해하면 회향자(廻向者)와 회향
법(廻向法)과 회향처(廻向處)도 없는 참다운 회향이 가능하기 때문이
다. 구마라집이 《소품반야경》에 전하는 회향자, 회향법, 회향처도 없
는 회향에 대하여 정영사(淨影寺)의 혜원(慧遠)은 회향을 보리회향,
중생회향, 실제회향으로 나누어 설명하였고 다시 징관(澄觀)은 《화엄
경소》에서 위의 세 가지 회향을 십종(十種)회향으로 나누어 설명하고
있다. 여기 균여의 노래에서 설명하는 회향은 자신이 닦은 착한 공덕을
다른 중생의 이익을 위하여 돌리는 중생회향이라고 말할 수 있다. 이러
한 것을 위 노래의 첫 구절에서는 '나의 닦은 모든 것과 모든 선업(善
業)을 중생계의 바다 한가운데로 모두에게 돌리어 길 잃은 무리가 없도
록 깨닫게 하려 하노라!' 라고 노래하고 있다. 이러한 노랫말을 설명하
면 자신이 수행한 모든 공덕을 나와 남을 구분하지 않고 중생의 이익을
위하여 그들에게 준다는 뜻이다.

　이러한 내용은 대승의 회향을 나타낸 것으로서 수행인이 닦아서 얻은
학식과 지혜의 공덕을 중생의 교화에 힘을 기울인다는 뜻이다. 즉 회향
은 미혹한 중생을 교화하는 이타행이라고 말할 수 있다. 수행인의 수행
과 모든 선업(善業)은 좁게 보면 홀로 노력하고 고생하여 얻은 결실이
지만 넓게 본다면 그것은 무시 이래로 많은 부처가 가르쳐 주었기 때문
에 가능하였다. 또 그 결과로 중생들도 불법을 알게 되고 또 불과보리
(佛果菩提)를 얻게 할 수 있기에 수행한 후에 얻는 선업(善業)과 공덕
은 수행인만의 노력으로 성취한 것이라기보다 무시 이래로 많은 불보살
들의 회향 덕분에 깨달은 것이라고 말할 수 있다. 바꾸어 말하면 수행
인의 깨달음은 중중(重重)의 법계(法界)의 부처의 회향 덕분에 가능했
던 것이다. 그래서 수행인은 깨달음을 얻은 후에 자신만의 적멸에 머물
러서는 안 된다. 만약 자신의 깨달음에 안주하여 중생계에 회향하지 않
는다면 그것은 부처의 뜻도 아니고 불교의 도리를 망각하는 것이다. 불
도는 그처럼 끝없이 노력하고 실천으로 회향해야 하는 것이다. 간단히

말하면 수행인은 깨달음이 중생계의 모든 생명들을 위한 것이라는 것을 자각해야 한다. 그리고 수행한 후에 자신의 깨달음을 중생계의 깨달음으로 회향해야 하는 것이다.

다음에 깨달은 수행인이 다른 중생을 바르게 인도하고 아직도 듣지 못하고 알지 못하는 중생에게 가르침을 전하는 것이 회향이라고 노래하고 있다. 대승보살의 행원(行願)과 회향은 탁세(濁世)에서 중생들과 함께 슬픔과 기쁨을 같이하며 그들을 교화하는 것이다. 예컨대 모든 불교도들은 수행한 이후에는 다른 사람과 함께 깨달음을 나누어야만 된다는 것을 가르치고 있다. 그리고 대승보살의 신행(信行)과 서원(誓願)은 모든 중생을 미혹으로부터 해방시키고 그들이 스스로 걸림 없이 진정한 자유인이 될 때까지는 어느 한 사람도 탈락되지 않도록 인도하는 것이다. 그리하여 중생이 모두 부처가 되는 날에는 그 옛날 모진 악업들도 법성을 깨닫는데 하나의 과정이었고 거름이었음을 알겠다고 노래하고 있다.

그래서 대승보살이 불지(佛智)를 얻어서 부처의 자리에 올랐다고 해서 그 자리에 안주하는 것이 아니고 항상 불지를 중생들의 것으로 만들기 위하여 중생계에 나아가서 중생을 가르치고 교화해야 하는 것이다. 또 때로는 보살은 중생 속에서 때로는 중생의 모습으로도 나타내어 그들을 교화해야 하는 것이다. 즉 동사섭행(同事攝行)을 실행해야 하는 것이다. 그것은 옛날부터 부처가 보살들을 위해서는 응신(應身)으로 나타나시고 범부를 위해서는 여러 보살로 화현(化顯)하여 중생계를 이롭게 하였던 것과 같은 것이다. 과거의 부처님들은 항상 그렇게 방편력을 갖추고 중생을 교화하셨다.

그래서 위 노래의 첫 구절에 '저희가 닦은 모든 공덕과 선업(善業)을 전부 본래의 자리에 돌려놓아서 이 우주의 모든 중생들에게 돌려주어 어느 중생도 길을 잃지 않게 인도하고 또 불교를 가르치겠나이다'라고 노래하고 있는 것이다. 즉 보살이 수행한 모든 공덕을 다시 중생계에 되돌려 주는 것이 불교의 이치이고 중생교화가 보살의 회향처임을 노래하고 있다. 이러한 이치는 회향자(廻向者)와 회향법(廻向法)과 회향처(廻向處)를 공(空)으로 관조하는 것이다.

두 번째 구절인 '부처의 바다 이룬 날은 참회하던 모진 업(業)도 법성(法性)의 집에서는 보배라! 옛부터 그러하셨더라'를 해석하면, 참회하던 모진 업을 고행과 난행(難行)과 악업으로 해석할 수 있다. 그러나 법성인 공성(空性)의 진리를 깨달은 부처의 자리에서 보면 과거에 참회하던 모진 악업도 모두 하나의 과정이고 연기의 현상으로서 보이게 된다. 즉 지난 날의 모든 업들로 인해서 부처의 깨달음으로 향하게 되었기에 역설적으로 그러한 업도 법성의 집에서는 보배라고 말할 수 있다.

보통 보배라고 하면 금은(金銀)의 보화를 생각하지만 여기서는 부처의 안목에서 말하는 보배이다. 깨달은 자(부처)의 위치에서 과거의 세상일을 되돌아보면 부처가 되기 위해서 경험한 고행과 난행(難行)도 성불에 이르게하기 위한 것이었고 인연으로서 가치가 있는 것이었다고 말할 수 있다. 또 법성의 바다에서는 모든 것이 장애가 아니고 융통하기에 그 모든 작용이 신통력으로 변하기에 보배라고 표현한 것이다. 그리고 모든 것은 무상(無常)하고 공(空)하기에 연기하는 것으로 결코 집착의 대상이 되지 못한다. 즉 부처는 삼라만상이 변하는 그 자체를 있는 그대로 보기에, 집착하지 않고 있는 그대로의 연기상(緣起相)을 관조하기에 모든 것이 그 나름대로 가치가 있고 아름답게 보이는 것이다.

참회하던 모진 업도 법성의 면에서 보면 어떤 인연에 의해서 나타나게 된 것으로, 모든 것이 연기적(緣起的)으로 설명하면 일체(一體)로서 그 개별 개별이 아름다운 것이다. 그래서 모진 업장도 어떻게 보면 성불(成佛)의 직접적이며 간접적인 원인으로 설명할 수 있다. 모든 것이 망(網)과 같은 무수무량한 관계와 관계로 엮어져 있기에 과거의 제업(諸業)도 미래의 법성의 집에서는 하나의 보배가 되는 것이다. 바꾸어 말하면 미래의 깨달음도 과거 악업과 참회 또 제업(諸業)이 있었기에 이루어질 수 있는 것이며 과거의 성인들의 깨달음도 역시 그들의 제업(諸業)에 의해서 성취된 것이며 또한 무수한 관계와 관계에 의해서 나타난 것이라고 말할 수 있다. 불교에서는 바로 그러한 관계를 연기성(緣起性)이라고 설명한다.

그래서 중생들이 참회하는 악업조차도 부처의 깨달음이라는 과실(果實)을 얻게 하는 먼 요인이라고 말할 수 있다. 또 번뇌가 지혜의 나무를 자라게 하는 거름이라고 말할 수 있기에 부처님의 집에서는 중생의 참회도 악업도 법성의 보배라고 말할 수 있다. 즉 수행자가 진리를 깨닫게 되면 지금까지 참회했던 일과 모진 일들도 깨달음의 길을 열어 주기 위한 직접적, 간접적인 요인들로 이해하게 된다. 또 범부들의 깨우침도 역시 수많은 인연(因: 직접적인 요인, 緣: 간접적인 요인)에 의해서 생겨나는 것이다. 즉, 자신의 노력이 내인(內因)이라고 한다면 여러 부처님의 가르침과 보살의 인도는 외연(外緣)이라고 설명할 수 있다. 그래서 참회하는 악업도 깨달음의 바다에 이르게 하는 보배라고 말할 수 있다. 부처의 큰 깨우침도 역시 광대한 우주 속에서 수많은 인연들에 의해서 나타난 하나의 현상이다. 이렇게 관조하는 것이 제법실상(諸法實相)을 바로 보는 것이라고 말할 수 있다.

세 번째 구절은 '아아! (우리가) 예경하옵는 부처도 나의 몸인 바 (다른) 사람이 (따로) 있으리요!' 이다. 앞에서 설명한 중생즉불(衆生卽佛)의 평등관을 노래한 것이다. 항상 몸과 마음으로 존경하고 예(禮)를 올리는 부처님도 본질적인 면에서 보면 우리와 같다고 말할 수 있다. 바꾸어 말하면 바로 자신이 절하는 부처님은 자성불(自性佛)에게 절하는 것으로 자신 속의 불성을 나타내는 것이라고 말할 수 있다. 우리 중생도 부처처럼 불성(佛性)을 구족하고 있지만 미처 진리를 깨우치지 못하여 번민하고 있을 뿐이다. 불성의 성품에 자타(自他)의 구별이 없다. 누구나 깨달으면 부처이고 또 진리를 실천하는 그 사람이 바로 부처이기에 부처와 중생을 구별하는 마음은 단지 분별심일 뿐이다. 그러한 분별심을 초월하여 무분별심(無分別心)을 성취하면 부처에 도달하기 때문에 부처와 중생은 평등하다고 말할 수 있다. 예컨대 예경하는 부처는 바로 자성불(自性佛)이기에 그렇게 노래할 수 있다.

또 모든 부처와 보살들은 중생계가 다하도록 자타의 구별 없이 평등히 당신들의 선업(善業)과 공덕을 아낌없이 중생에게 돌려주었기 때문에 부처의 지혜가 계속 전하게 되었던 것이다. 그래서 지금 저희가 부처님과 자성불께 예경합니다 라고 해석할 수 있다. 또는 옛부터 부처님은 자비심을 내어 자타평등하게 중생을 교화하였기에 저희들도 세세생생(世世生生) 부처님께 예경합니다. 지금 부처님을 예경하는 저희도 진리를 깨달으면 바로 부처인 것을 다시 새기겠습니다 라고도 해석할 수 있다. 결론적으로 말하면 보개회향가의 마지막에서 부처님의 원행과 자타평등의 회향을 이렇게 찬탄하여 다른 불교도들에게 원행과 회향의 믿음과 실천을 독려하였다고 보여진다. 즉 보현의 열 가지 행원을 보살이 실천하면 보현보살의 경지에 이르고, 일반 사람이 보현의 행원을 진실하게 믿고 새기며, 노래를 하여도 큰 공덕이 있다고 말하고 있는 것이다.

(11) 총결무진가(總結無盡歌 : 끝없이 실행함을 마무리하는 노래)

중생계(衆生界)가 다한다면
나의 바램(願)도 다할 날도 있으리마는!
중생 깨우치게 함이
끝모를 바램(願)의 바다로다
이같이 나아가(고) 저대로 행한다면[221]
향하는 곳마다 선업(善業)의 길이요

---

221) 이 구절을 '이처럼 여겨 저리 행해가니' 라고 해석할 수도 있다.

이것이 보현(普賢)의 행원(行願)
또 부처의 일이더라
아아! 보현의 마음(을) 알아서
이리하고 다른 일은 버릴진저.

【의미 풀이】

　총결무진가의 내용을 해석하면 다음과 같다. 대승보살의 바램은 중생계의 모든 중생을 한 사람도 빠짐없이 구제하는 것이다. 대승불교의 특징 중의 하나가 바로 모든 중생을 구제하기 전에는 자신의 깨달음조차도 갖지 않겠다는 서원(誓願)이다. 보현보살 이외에도 지장보살과 아미타불의 서원도 대승불교의 그러한 특징을 잘 보여준다. 그 가운데서도 보살의 사홍서원(四弘誓願)이 가장 유명하다. 그래서 만약 중생계가 끝나는 날이 있다면 저희들 보살의 행원(行願)도 바로 그 순간 끝나게 된다고 노래하고 있다. 그리고 만약 구제받지 못한 중생이 한 명이라도 남아 있으면 또 중생계가 끝없이 계속된다면 저희들의 행원도 역시 영원히 계속될 것이라고 노래하고 있다. 이와 같이 무량한 바램으로 수행하고 노력하는 저희들의 행원은 끝없는 바다와 같고 무한한 하늘과 같다고 노래하고 있다. 불교도들이 대승불교의 근본정신을 이처럼 바르게 이해하고 마음속 깊이 새기고 행하여 나간다면 가는 곳마다 바른 길이 열리고 행하는 모든 행위는 선업(善業)이 될 것이며, 이와 같은 바램과 실행함이 보현보살의 행원과 서원이고 모든 부처님의 바램과 실행이라고 알리고 있다. 그러면서 아아! 모든 사람이 이제부터 보현보살과 같이 큰 서원을 세우고 그의 행동을 배우도록 하고 싶다 라고 노래하고 있다.

　이 외에도 대승보살의 행(行)과 원(願)은 무량하고 무수하지만 균여스님는 보현보살의 행원으로 마무리하고 있다. 참제업장(懺除業障) · 수희공덕(隨喜功德) · 청불주세(請佛住世) · 청전법륜(請轉法輪) · 상수불학(常隨佛學) · 항순중생(恒順衆生) · 보개회향(普皆廻向)의 행원은 모두 중생계의 모든 중생을 구제하겠다는 보현보살의 마음가짐과 실천행이다. 그리고 지금 여기 총결무진가는 바로 열 가지의 행원를 총결한 것이다. 그래서 보현보살의 십종원가를 한 수의 노래로 나타내면 바로 총결무진가가 되는 것이며 풀어서 노래하면 앞에 감상한 노래들이라고 말할 수 있다. 즉 앞에 노래한 열 편은 보현보살의 행원을 자세하게 풀어서 노래한 것이며 총결무진가는 다시 그러한 내용을 모아서 나타낸 것이다. 보통 균여스님의 향가를 보현보살의 십원가라고 부르기에 열 가지인 것으로 생각하지만 보현원가는 총결무진가를 포함해서 모두 11수로 되어 있기에 '보현십일원가'라고 불러야 한다.

지금까지 감상한 열한 편의 향가는 《균여전》에 기록되어 있는 '보현십일원가'이다. 이 노래의 제목에서 추측할 수 있듯이 대승보살 가운데서 화엄교학에 근거해서 부처의 지혜행을 실천해 보이는 보현보살의 행원력(行願力)을 문학적으로 설명한 것이다. 보통 문수보살이 부처의 지혜를 상징한다면 보현보살은 부처의 자비행(慈悲行)을 상징한다고 말할 수 있다. 즉 보현보살은 중생계에 나아가서 중생의 근기와 때와 장소의 인연에 맞추어 부처의 가르침을 설명하고 이해시키는 실천을 상징하는 보살이다. 예컨대 보현보살은 이(理), 정(定), 행(行)의 상징으로서 부처의 본성과 본원(本源)을 함께 상징하는 것이라고 말할 수 있다.

즉 균여스님은 부처의 지혜와 법신(法身) 또는 깨달음의 세계[222]를 법성(法性)의 바다(性海)의 과분(果分)으로 설명하였고 중생을 직접 구제하고 교화하는 불행(佛行), 즉 자비행(慈悲行)의 화신(化身)인 보현보살의 행원이야말로 불교의 진실성을 바로 구현해내는 연기인분

---

222) 화엄학에서는 이 부분을 비로자나불(毘盧遮那佛)의 법문(法門)이라고 해석한다.

(緣起因分)이라고 보았다. 그리고 보현보살처럼 중생을 직접 구제하고 교화하는 자비행과 법문이야말로 불교의 핵심이라고 생각하여 보현보살의 대원(大願)을 노래로 옮긴 것이다. 바꾸어 말하면 불교의 진실을 실현하는 보현보살의 마음과 행동이야말로 불교도들이 꼭 배워야 할 것으로 생각하였던 것이다. 그래서 출가인들은 불도를 열심히 닦은 후에 보현보살처럼 중생계에 나아가서 중생을 영원히 구제하고 그들을 교화하는 행을 닦아야 모든 수행이 완성된다고 노래하고 있다. 즉 진흙탕과 같은 사바세계 속에서 중생들과 더불어 삶을 영위하면서 중생을 구제하는 보현보살이야말로 바로 부처이고 이상적 불교인이라고 본 것이다.

그래서 '보현십원가'는 보현보살의 서원과 실행만을 노래한 것이 아니라 모든 대승불교의 불보살의 바램과 실천을 노래한 것이며 그리고 부처의 이미지를 다시 종교적 숭고미(崇高美)로 고양시켜서 노래한 것이다. 이러한 의미에서 '보현십원가'는 바로 부처의 행원(行願)을 노래한 것이며 균여스님의 자신의 바램과 실천을 나타낸 것이다. 즉 균여스님은 보현보살의 행원으로 불교와 부처의 길을 전하고 있다.

이러한 깊은 뜻에 감동한 한림학사(翰林學士) 최행귀(崔行歸)는 당시 중국의 지식인에게 균여스님의 덕을 알리기 위해서 '보현십원가'를 한시(漢詩)로 번역하였지만 균여스님은 지식인들보다는 글을 모르는 서민들과 불경을 접하지 못하는 사람들을 위하여 향찰식(鄕札式)의 노래를 만든 것이다. 그래서 '보현십원가'는 투박한 향찰식대로 노래해야 노래의 진가(眞價)를 살릴 수 있다고 생각된다. '보현십원가'의 불교문학사적 의의는 바로 이러한 데에 있다.

3. 고려말 불교시와 불교가사문학의 감상

선사상적으로나 불교문학사적으로 조선시대까지 승려들에게 적지 않은 영향을 주었던 고승은 나옹(懶翁, A.D. 1320~1376)이다. 나옹은 호, 이름은 혜근(慧勤), 당호(堂號)는 강월헌(江月軒), 시호(諡號)는 선각(禪覺)으로 훗날 보제존자(普濟尊者)로 불리워졌던 인물이다. 스님의 출가 동기에 대해서 알려진 것은 20세 무렵에 친구의 죽음을 보고 인생의 무상감을 느껴서 출가하였다고 한다. 그리하여 처음 요연선사(了然禪師)를 만났고, 그 뒤에 회암사(檜巖寺)에 가서 공부한 뒤에 중국에 가서 지공화상(指空和尙)에게 불교를 공부하여 그의 심인(心印)을 얻었다고 전한다. 그리고 귀국한 후에는 백성을 위한 불교창도가 등을 많이 만들어내었다.

특히 나옹스님은 서민 대중에게 불법(佛法)을 쉽게 널리 전하고 창도하기 위하여 구어체(口語體)의 가사(歌辭)를 많이 만들었다. 무지몽매한 사람들에게 부처님의 가르침을 쉽고 충실하게 전달하기 위해서는 어려운 한시체(漢詩體)보다는 가사체(歌辭體)가 효율적이었기 때문이다. 스님의 가사문학은 중생교화의 방편으로 만들어진 것이지만 수준 높은 작품들이 많다. 그러한 작품 가운데 서왕가(西往歌)는 한국문학사적으로도 가사문학의 시발점으로 평가받고 있는 작품이다.[223]

스님의 다른 불교시는 대부분 수행생활에서 느끼는 선적(禪的)인 깨달음을 아름다운 시적 이미지로 간결하게 형상화한 것이다. 즉 스님의 오도송(悟道頌)들은 포교용이 아니고 스님 자신의 선적인 깨달음을 표현한 것이며, 또 다른 스님에게 전한 것들이다. 그래서 조선시대의 불교문학을 감상하기 전에 나옹스님의 불교가사문학과 불교시문학을 몇

223) 이상보, 《한국불교가사전집》, 집문당, 1980, p.17.

편 감상하도록 한다.

불교가사문학의 원류는《법화경》과 창도문학(唱導文學)에서 찾을 수
있다. 불가에서는 불교를 쉽게 전하는 과정에서 자연스럽게 창도문학
을 만들어 냈다. 그리고 창도문학을 대중에게 널리 전하는 과정에서 세
간의 노래와 음악 등을 수용하여 다양한 형태로 발전시켰다. 그래서 어
떤 의미에서 신라시대와 고려 초기의 향가도 창도문학이었고 고려말 나
옹스님의 불교가사도 바로 창도문학의 하나이다

(1) 나옹스님의 불교가사와 불교시

1) 불교가사

① 서왕가(西往歌) 1[224]

나도 일럴만졍
세상에 인자(人子 ; 사람의 자식) 러니
무상(無常)을 생각하니
다 거즛 거시로쇠!
부모의 기친[225] 얼골
주근 후에 쇽절업다
져근닷 생각하니
셰사(世事)를 후리치고
부모께 하직(下直)하고
단표자(單瓢子) 일납(一衲) 애

---

224) 이상보, 위의 책, pp. 141~142.
225) '물려받은'으로 해석할 수 있다.

청녀쟝(靑藜杖)을 비기 들고
명산(名山)을 차자 드러
선지식(善知識)을 친견(親見)하야
마음을 볼키려고
천경(千經) 만론(萬論)을
낫낫치 츄심(追尋)하야
뉵적(六賊)을 자부리라
허공마(虛空馬)를 빗기 타고
마야검(莫邪劍)을 손애 들고
오온산(五蘊山) 드러가니
제산(諸山)은 첩첩(疊疊)하고
샹산(四相山)이 더욱 놉다
뉵근(六根) 문두(門頭)애
자최 업슨 도적은
나며들며 하나 중에
번뇌심(煩惱心) 베쳐 노코
지혜로 비를 무어
삼계(三界) 바다 건네리라
넘불 중생(念佛衆生) 시러 두고
삼승(三乘) 딤ㅅ대예
일승(一乘) 돗글 ᄃ라 두고
츈풍(春風)은 슌히 불고
백운(白雲)은 섯도ᄂᆞ디
인간을 생각하니
슬프고 셜운지라
넘불 마ᄂᆞ 중생드라
몃생을 살냐 하고

셰사(世事)만 탐착하야
애욕(愛慾)의 잠겻는다
하루도 열 두 시오
한달도 셜흔 날애
어늬 날애 한가(閑暇)할고
쳥뎡(淸淨)한 불셩(佛性)은
사람마다 ㄱ자신들
어늬 날애 싱각하며
항루 공덕(恒沙功德)은
볼늬구둑(本來俱足) 흔들
어늬시예 나야쁠고
서왕(西往)은 머러지고
지옥(地獄)은 갓갑도쇠
이보시소 어로신네 권하노니
죵졔션근(種諸善根) 시무시소
금생(今生)애 ᄒ온 공덕(功德)
후생(後生)애 슈ᄒᄂ니
백년 탐믈(百年貪物)은
하루 아젹듯글이오
삼일 하온 념불은
백쳔만겁(百千萬劫)에
다함업슨 보뵈로쇠
어와 이 보뵈
력쳔겁이 불고(百千劫而不古)하고
극만세이 장금(極萬世而長今)이라
건곤(乾坤)이 넙다 한들
이마음 애 미칠손가

일원이 볼다 한들
이마음 애 미칠손가
삼세제불(三世諸佛)은
이마음을 아르시고
뉵도 중생(六道衆生)은
이마음을 져 브릴시릴
삼계뉸회(三界輪廻)를
어늬 날애 긋칠손고
져근닷 생각하야
마음을 세쳐 먹고
태호(太昊)를 생각하니
산첩첩(山疊疊) 슈잔잔(水潺潺)
풍슬슬(風瑟瑟) 화명명(花明明)하고
숑죽(松竹)은 낙낙(落落)한되
화장(華藏)바다 건네 저어
극락세계(極樂世界) 드러가니
칠보(七寶) 금디(錦地)에
칠보망(七寶網)을 둘너시니
구경하기 더욱 죠히
구품연대(九品蓮臺)에
념불(念佛) 소래 자자 잇고
청학(靑鶴) 백학(百鶴)과
앵무(鸚鵡) 공쟉(孔雀)과
금봉(金鳳) 청봉(靑鳳)은
하난니 념불일쇄
청풍(靑風)이 건듯 부니
념불 소래 요요하외

어와 슬프다
우리도 인간애 나왓다가
념불 말고 어이 할고
나무아미타불(南無阿彌陀佛)

【의미 풀이】
　서왕가는 염불의 공덕을 널리 알려서 불법(佛法)을 널리 펼치고 어리
석은 백성들을 깨우쳐주기 위한 노래이며, 또 정토학을 창도하고 있는
정토교의 창도가요이다.
　서왕(西往)이란 서방(西方)의 정토(淨土)에 왕생(往生)하는 뜻을 줄
여서 나타낸 말이다. 서방의 정토는 아미타불이 계시는 극락세계(極樂
世界)를 의미한다. 보통 정토학에서는 서방정토에 왕생하기를 염원하
는 인간의 종교적 열망과 부처의 구제를 나타내고 있다. 그러한 것을
염리예토(厭離穢土)와 흔구정토(欣求淨土)로 설명한다. 즉 더러운 국
토를 싫어하고 멀리하며 깨끗한 정토를 구하고자 하는 종교심에서 아
미타불의 국토에 가기를 원한다고 설명한다. 바꾸어 말하면 속세의 더
러움을 멀리하고 깨끗한 부처의 국토에 태어나기를 원하는 인간의 종
교심이 바로 정토 신앙의 시작이라고 설명할 수 있다. 그래서 서왕가
는 속세의 더러움을 털어 내고 멀리하여 부처의 정토에 빨리 가고자
하는 인간들의 종교적 열망에 의지하여 진리를 빨리 배우고 닦자는 창
도가이다.
　용수의 《십주비바사론(十住毘婆沙論)》에는 대승에는 격렬하고 엄격
한 수행을 견디며 계속 정진할 수 있는 보살도 있지만 동시에 엄격한 수
행을 견디어 내지 못하는 힘 약한 보살도 있다고 말하면서 그러한 사람
들에게는 아미타불의 구제에 의지하는 방법이 있다고 밝히며 타력이행
도(他力易行道)를 열어서 설명하고, 염불의 수행법을 명확하게 제시하
고 있다. 그래서 보통 예토(穢土)를 초월하고 정토에 가는 수행법을 자

력(自力)과 타력(他力) 방법이 있다고 설명한다. 즉 자력신앙은 자신의 힘을 근본으로 해서 수행하여 성불(成佛)하는 방법이고 타력신앙은 아미타불이나 불보살의 권위나 본원(本願)에 귀의하는 믿음과 신앙을 통하여 성불하는 방법이다. 즉 자신의 힘이 아닌 부처의 본원력이라는 타력에 의지해서 성불하고 정토에 왕생하는 방법이다. 그래서 선종의 선수행(禪修行)을 자력신앙적이라고 말하고 정토종의 염불수행을 타력신앙적이라고 말한다.

서왕가를 살펴보면 자력신앙과 타력신앙의 양면이 복합적으로 담겨져 있다. 이러한 점을 염두에 두고 서왕가를 감상하고자 한다. 우리 인간은 부모와의 인연으로 사람의 몸을 받아 태어났지만 불법(佛法)의 무상공(無常空)에 비추어 생각해 보면 인간은 생노병사하는 무상한 존재임을 알 수 있다. 현재 우리들 눈앞에 보이는 자연의 모든 존재도 역시 영원하지 않고, 각각의 인연에 따라서 잠시 머물고 있는 것 뿐이다. 재미있는 이야기로 설명하면 오늘날 많은 청소년들은 TV에 나오는 연예인들처럼 아름다운 모습의 미남과 미녀가 되고자 한다. 그러나 그렇게 아름다운 미남과 미녀도 세월이 지나가면 언젠가는 그 젊음도 아름다움도 덧없이 변하고 사라지고 만다. 또 모든 사람은 태어났기에 언젠가는 멸하여 죽는다. 그래서 삶의 어느 한 순간만을 보고 그것이 최고이고 진실한 모습이라고 말할 수 없다. 만약 청소년들이 자신만의 개성과 가치를 바로 알게 될 때에 다른 사람의 모습에 열등감을 느끼지 않게 되리라고 생각된다.

불교학에서는 이런 것을 우리들이 존재를 볼 때에 실상(實相)을 보는 것이 아니고 변화하는 현상들의 모습을 보고 또는 가상(假相)을 상상하여 그것이 실체(實體)라고 판단했기 때문이라고 설명한다. 즉 모든 존재의 본성(本性)은 무자성(無自性), 공(空)이다. 그러기에 모든 것을 연기(緣起)하는 것이라고 설명하여 허상에 집착하지 말라고 가르친다. 서왕가는 이러한 가르침을 노래로 쉽게 풀어서 전하고 있다.

나옹스님은 세상사에 너무 몰두하여 왔던 중생들의 삶과 그러한 것에 대한 반성의 계기를 만들어주기 위하여 인생의 무상감을 먼저 노래의 도입부에 나타내고 있다. 즉 우리들의 몸을 낳아주신 부모님과 그리고 우리들 자신의 곱고 여린 얼굴도 세월이 흐르면 어느새 늙어버리고 언젠가는 죽어야하는 것이라고 노래하고 있다. 그러면서 다시 부질없는 세상 일에 집착하는 것보다 높고 깊은 진리의 길로 가는 것이 가치 있는 것이라고 노래하면서 불도에 나아가라고 창도(唱導)하고 있다.

그 다음에 나옹스님은 생활하고 있는 불문(佛門)의 사문들의 모습을 노래하고 있다. 즉 사문으로 출가하여 납의(衲衣)를 입고 생활하는 데서 느끼는 소박한 행복감 등을 노래하고 있다. 바꾸어 말하면 세속을 염리(厭離)하는 모습과 불문에 출가하여 흔구정토(欣求淨土)하는 모습을 간단하게 대비시켜서 노래하고 있다. 또 본래의 청정한 마음을 빼앗고 심신(心身)을 괴롭히는 번뇌를 육적(六賊)이라고 노래하고 있다. 즉 스스로를 경책하는 뜻에서 자신의 본래 몸과 마음의 청정함을 빼앗는 욕망을 도적이라고 노래하고 있다. 우리들의 마음과 몸을 괴롭히는 원인이 바로 우리들의 안·이·비·설·신·의(眼耳鼻舌身意)의 육근(六根)이라고 노래하고 있다. 그래서 스님은 자신 안의 도적을 살펴서 제어하면 본래의 청정함을 회복한다고 노래하고 있다.

그렇게 자신을 제어할 수 있기 위해서는 우리들이 몸과 마음을 구성하고 있는 오온(五蘊)에 대하여 잘 알아야 한다. 즉 몸과 마음의 특성과 작용 등을 숙지(熟知)하고 있어야 그 모든 것을 통제할 수 있다. 우리들의 감각기관(感覺器官)을 살펴보면 모든 부분들이 서로 상의(相依)하고 상대(相待)하는 무수한 관계로 이루어져 있어 마치 우주를 축소해 놓은 것과 같다. 스님은 그것을 마치 첩첩(疊疊) 산중에 들어가는 것과 같다고 표현하고 있다. 즉 우리들 인간의 몸과 마음은 우주 속에 겹겹이 싸여있는 별들의 세계처럼 매우 복잡한 역학(力學) 관계를 이루고 있다고 보고 있다. 그래서 불교에서는 수행을 통하여 먼저 자신의 육근의 작용을 숙지하여 바로 다스려야 육근으로부터 비롯된 번뇌로부터 벗어날 수 있다고 가르친다. 여기에 불도를 닦음으로써 부수적으로 얻게 되는 면이 나타나고 있다. 왜냐하면 우리들은 불도의 수행에 의해서 번뇌를 지혜로 활용할 수 있기 때문이다. 즉 우리의 몸과 마음의 평온함을 훔쳐가는 번뇌는 자심(自心) 안의 육근이라는 도적들이 날뛰어서 일어난 것이기에 수행해서 지혜를 키워 번뇌를 제어하는 것이다. 나옹스님은 그런 방법으로 고통의 바다를 쉽게 건널 수 있다고 노래하고 있다.

그러면서 세월의 흐름이 매우 빠르기 때문에 한가하게 인생을 보내거나 주어진 삶의 시간을 허송하지 말고 불도를 닦으라고 창도하고 있다. 즉 모든 중생들이 남은 삶의 시간 동안 열심히 염불하고 또 스스로 자력(自力)을 키워서 다른 중생들도 깨우치게 하고 구제해야 한다고 창도하고 있다. 그리고 또 세사(世事)의 애욕(愛慾)에 욕심 내고 집착하여 인생을 허송하는 사람을 보면 참으로 안타깝고 슬프다고 노래하고 있다.

모든 중생은 불성(佛性)의 존재이지만 미처 좋은 스승을 만나지 못하고 불도를 열심히 수행하지 않아서 구족한 자신의 귀중한 가치를 살리지 못하고 있으니 여기에 하나의 방편으로 아미타불의 정토에 왕생하는 염불의 방법을 전한다고 노래하고 있다. 즉 삼세(三世)의 모든 부처님을 염불하여 자신 안에 있는 불성(佛性)이라는 씨앗의 싹을 서서히 자라나게 하여, 깊은 종교심으로 성불하게 하는 방법이 있다고 알리고 있다. 예컨대 부처님의 구제를 원하는 마음과 귀의하는 그런 마음으로 여러 부처님의 세계를 장엄하여 가면서 자신들도 극락세계에 왕생할 수 있으니 염불하라고 창도하고 있다. 그러면서 《아미타경》에 그려져 있는 아름답고 장중한 정토의 모습을 노래하고 있다. 나옹스님은 이처럼 나무아미타불(南無阿彌陀佛)을 염불하는 의미와 그 공덕을 노래로 쉽게 가르치고 있다.

위의 노래는 '서왕가'의 두 편 가운데 첫 번째의 노래이지만 두 번째

의 노래도 똑같이 염불의 공덕을 노래하고 있다. 보통 염불이라고 말하
면 입으로 부처님의 명호를 부르고 외우는 구칭(口稱)의 염불을 생각하
지만 원래 염불이란 몸과 마음과 입(身口意)으로 수행하는 것이다. 즉
부처님을 마음으로 생각하고 새기면서 다시 자신의 몸으로 실제로 부처
처럼 행하는 것을 의미한다. 바꾸어 말하면 염불은 불도의 실천방법을
간단하게 표현한 것일 뿐이지 우리들의 심신(心身)으로 철저하게 불교
의 가르침을 익히는 불도(佛道)의 모든 방법을 담고 있다. 즉 염불은
마음으로 부처님을 흠모하고 몸으로 철저하게 노력하는 수행법으로서
바로 부처가 되겠다는 모든 방법을 상징한다고 말할 수 있다. 그래서
간혹 염불을 관불(觀佛)로 설명하기도 한다. 관불이란 마음의 눈, 즉
심안(心眼)으로 부처님을 관(觀)한다는 것인데 정토삼부경 가운데《관
무량수경》에 관불의 방법이 구체적으로 설명되어 있다.

여기 나옹스님의 '서왕가'는 염불의 창도가로서 경전을 읽을 수 없는
백성들을 위하여 염불의 공덕과 불도의 가치를 전하고 있다. 간단히 말
하면 '서왕가'는 먼저 인생의 무상함을 전하고 그 무상함을 초월하기
위해서 모두가 염불하자고 창도하고 있는 불교가요이다. 그리고 민중
들에게 항상 신구의(身口意)로 염불하는 것이 불국토(佛國土)에 빨리
왕생(往生)하는 지름길이라고 창도하고 있다.

② 완주가(翫珠歌)

심령한 이 구슬은 지극히 영롱하여
본체는 항사(恒沙)를 둘러싸 안팎이 비었도다
사람마다 부대 속에 당당히 있어
언제나 희롱하여 희롱이 끝이 없다
마니(摩尼)와 영주(靈珠)라고도 하나니
이름과 모양은 많으나 본체는 다르지 않네

세계마다 티끌마다 분명하나니
마치 밝은 달이 가을 강에 가득한 듯하도다.
배고픔도 그것이요 목마름도 그것이나
목마름과 배고픔을 아는 것 대단한 것이 아니네.
아침에는 죽먹고 재할 때는 밥먹으며
피곤하면 잠자기에 어긋남 없네.
어긋남도 그것이오 바름도 그것이니
미타(彌陀)를 염불하는 수고가 없네.
혹 집착하기는 하나 집착 없으매
세상에서 자유로와 그는 곧 보살일러라!
이 마음 구슬은 붙잡기 어려워 분명하고 영롱하나 얻기 어렵네.
형상이 없으면서 형상을 나타내고
오고 가도 자취 없어 헤아리기 어려워라!
쫓아가도 못 따르다가 갑자기 스스로 와!
서천에 잠시 갔다가 순식간에 돌아오네
놓으면 허공도 그 옷 안에 들고
거두면 티끌보다 쪼개기 어렵구나.
불가사의(不可思議)한 그 몸이 단단하거니
석가모니는 제 마음의 왕이라 불렀도다
그 작용은 끝이 없고 또 다함이 없으매
세상 사람들이 망녕되이 스스로 잊고 있네.
정령(正令)의 행(行)이여
누가 그 앞에 서랴.
부처도 악마도 모조리 베어 조금도 안 남기네
그로부터 온 세계에 다른 물건은 없고
피는 강에 가득하여 급히 흐른다
눈도 보지 않고 귀도 듣지 않나니

보도 듣도 않음이 참으로 보고 들음이네
그 가운데 한 알의 밝은 구슬이 있어
토하거나 삼키거나 새롭고 새로워라
마음이라고도 하고 성품이라고도 하나
심성(心性)은 원래 반연(攀緣)의 그림자다
만일 누구나 여기에 의심이 없으면
제 몸은 영광(靈光)은 언제나 빛나리다.
도(道)라고도 하고 선정(禪定)이라고도 하나
선이나 도란 원래 (잠시) 억지로 한 말이다
사고(師姑)도 여인으로 된 것임을 진실로 알면
걷는 수고하지 않고 저곳에 도착하리
부처도 없고 악마도 없나니
악마도 부처도 뿌리가 없는 눈(眼) 속의 꽃이니라
언제나 날로 쓰면서 마침내 무사하매
신령한 구슬이라 하면 나무람을 받으리
죽음도 없고 태어남도 없으매
항상 비로자나 정수리를 밟고 다니네
거두거나 놓거나 때를 따르매
마음대로 작용하여 골격이 밝네.
머리도 없고 꼬리도 없으면서 서거나 앉거나
분명하여 언제고 떠나지 않네
힘을 다해 그를 좇으나 그는 떠나지 않고
있는 곳을 찾아보아도 알 수 없도다
아 하하하 이 어떤 물건인고
일 이 삼 사 오 육칠이로다.
세어 보고 뒤쳐 보아도 끝이 없나니
마하반야바라밀다이네.

【의미 풀이】

완주(翫珠)라는 말은 구슬을 가지고 논다는 뜻이다. 여기서 구슬은 중생이 각자 지니고 있는 불성(佛性)을 가리킨다. 즉 중생이 본래부터 구족(具足)하고 있는 불성을 심령한 구슬로 표현하고 수행을 통하여 그 구슬을 장난감처럼 가지고 논다는 뜻이다. 그래서 완주가는 중생이 스스로 부처가 될 수 있는 성품의 존재임을 자각하여 자신의 그 성품을 자유자재로 활용할 수 있어야 한다고 가르치고 있는 것이다.

완주가와 관련해서 '명주재장(明珠在掌)'이라는 말을 살펴보면 여기 완주가의 테마와 유사하다. 명주(明珠)란 티끌이 한 점도 없는 투명한 구슬, 즉 아주 가치 있는 보석을 말한다. 불교에서는 그것을 누구나 태어나면서 구족하고 있는 성품, 불성으로 비유한다. 그리고 재장(在掌)이란 자기 손아귀에 쥐고 있다는 뜻으로 불성의 구슬을 손바닥 안에 꽉 잡고 있듯이 자유자재로 활용한다는 의미도 된다. 그래서 중생이 명주재장을 모른다고 말할 때에는 중생이 자기 손 안에 불성의 구슬을 쥐고서도 그 사실을 모른다는 뜻으로 사용한다. 또 선종에서는 견성성불(見性成佛)을 강조한다. 선(禪)의 깨달음이란 우리들 모두가 스스로 부처가 될 수 있는 성품의 소유자로서 불성의 존재임을 자각하는 것이다. 보통 어리석은 범부들은 자신이 부처와 같이 불성을 지닌 존재인 것을 모르고 또 스스로 노력함도 없이 신이나 어떤 절대적 존재, 이념이나 제도에 매달려 복을 구하려 한다.

부처와 중생을 구별하는 것은 그러한 불성을 자각했느냐의 여부에 있다. 그리고 스스로의 성품을 계발하고 발전시켜서 어떠한 것에도 걸림 없는 자유인과 무애인(無碍人)이 되었느냐에 차이가 있을 뿐이다. 이것이 바로 선불교의 깨달음의 핵심이다. 그래서 선사들은 깨달아서 활용할 수 있는 마음의 성품을 마니(摩尼) 또는 영주(靈珠)라고 부른다. 여기 완주가도 바로 불성의 영주를 노래한 것이다.

나옹스님은 이러한 뜻의 명주재장의 가르침을 노래로 풀어서 우리들

자신이 항상 구족하고 있는 부처의 성품을 자각하고 활용하면서 살아가
자고 노래하고 있다. 완주가는 바로 불성의 구슬을 자유자재로 갖고 노
는 각자(覺者)의 경지와 심경을 노래한 것이다.

나옹스님은 또 인간들의 이름과 모습은 각양각색이나 그 본체(本體)
와 본성은 다르지 않다고 노래하고 있다. 이 부분을 해석하면 인간의
마음의 성품을 보편적으로 설명하면 모두 같다는 뜻이다. 그러면서 불
성의 평등성을 문학적으로 표현하고 있다. 즉 마치 밝은 달빛이 하늘
아래의 수많은 시냇물과 강물 위로 평등히 내리 비추듯이 모든 사람은
태어나면서 청정한 불성을 지니고 태어났다. 또 모든 생물이 갖가지 모
습으로 생겼고 존재하듯이 인간의 모습도 각양각색이지만 그들의 마음
의 본체는 하나이니 그것이 바로 불성이라고 노래하고 있다. 예컨대 모
든 인간은 부처와 마찬가지로 불성을 지녔기에 성불(成佛)할 수 있다고
전하고 있다. 불교의 진리는 바로 이것이지만 어리석은 중생들은 그것
을 모르고 있기에 번뇌하는 것이다. 여기서도 나옹스님이 이 노래를 지
은 목적은 중생의 어리석음을 깨우쳐 주기 위한 것임을 알 수 있다.

보통 선불교에서는 모든 진실을 깨닫게 하는 최소한의 근거와 바탕이
바로 우리 인간들의 맑고 깨끗한 마음의 성품이기에 불성(佛性)을 직시
하라고 가르친다. 부처의 모든 지혜도 바로 인간 자신이 불성의 존재임
을 자각하는 데서 성장한 것이다. 나옹스님도 그러한 내용을 노래로 전
하고 있다. 즉 스스로 견성성불하라는 선의 가르침을 노래로 전하면서
우리들에게 각자의 마음속에 담겨서 빛나고 있는 불성의 구슬을 잘 활
용하라고 가르치고 있는 것이다. 그리고 세속에서 진실을 바로 구현하
는 평상심(平常心)이야말로 진리라고 노래하고 있다.

나옹스님은 '서왕가'에서 아미타불의 국토는 보통 서쪽으로 십만억
리(十萬億里)만큼이나 가야만 도달할 수 있는 서방정토(西方淨土)라
고 노래하였지만 완주가에서는 아미타불의 국토는 서쪽으로 십만억 리
만큼 멀리 떨어진 곳에 있는 것이 아니라 우리들 가까이 아니 바로 자신

의 일심(一心)과 평상심에 있다고 전하고 있다. 즉 불성을 바로 알고 열심히 활용하는 일상의 평상심 속에 불국토(佛國土)가 있다고 노래하고 있다. 바꾸어 말하면, 불국토에 태어나기를 원한다면 우선 그 마음을 깨끗이 해야 한다는 것을 가르치고 있다. 그래서 우리들이 자신의 불성을 자각하고 그 불성의 구슬을 깨끗하게 닦고 노력하면 생활하는 모든 곳이 바로 서방정토이고 부처의 세계라고 노래하고 있는 것이다. 즉 서방정토에 왕생하는 것은 밖으로 어떤 곳으로 가는 것도 아니고 또 오는 것도 아닌 것으로 우리들 스스로가 항상 머물고 있는 현재의 이곳에서 진실을 깨닫고 그것을 열심히 활용하는 것이 불국토를 이루는 것이라고 일러주고 있다.

③ 백납가(百衲歌)

이 백납이 가장 내게 알맞나니
겨울, 여름 입어도 언제나 편리하다
누덕누덕 꿰매어 천만의 맺음이요
겹겹이 기웠으나 먼저와 나중이 없다
혹은 자리도 되고 옷도 되나니
철과 때를 따라서 쓰되 어기지 않네
지금부터 상행(上行)에 만족할 줄 알았거니
음광(飮光)의 끼친 자취 지금에 있다
한잔의 차와 입곱 근의 장삼을
조로(趙老)는 부질없이 재삼 들기 수고했다
비록 천만 가지의 현묘(玄妙)한 말 있다 해도
어찌 우리 집의 백납 장삼만하랴
이 누더기 옷은 편리한 점 매우 많나니
입고 가며 입고 옴에 일일이 편리하다

취한 눈으로 꽃을 보고 누가 구태여 집착하랴.
깊은 도(道)에 사는 이는 능히 스스로를 지키거니
이 누더기가 몇 춘추를 지난 줄을 아는가
반은 바람에 날아가고 반만 남았네
서리치는 달밤의 초암(草庵)에 앉았노니
안팎을 가릴 수 없어 모두가 몽두(蒙頭)인데
몸은 비록 가난하나 도는 다함이 없어
천만 가지 묘한 작용은 끝이 없어라
누더기에 멍충이 같은 이 사람 웃지 말라
일찍 선지식 찾아 진풍(眞風) 이어 받았거니
헤어진 옷 한 벌에 여윈 지팡이 하나
천하를 횡행해도 걸릴 데 없네
강호(江湖)를 돌아다니며 무엇을 얻었던가
원래로 다만 배운 것 빈궁뿐이었다
이익도 이름도 구하지 않고
백납(百衲)의 가슴이 비었거니
무슨 정(情)이 있으랴
한 바루의 생애가 어디 가나 족하거니
그저 이 한 맛으로 여생(餘生)을 보내리라
생애가 족하거니 또 무엇을 구하랴
우치한 이들 분외(分外)의 것 구하는 것 우스워라
전생에 복락을 모아두지 못하고서
천지를 원망하며 부질없이 허덕이네
달도 기억 않고 해도 기억 않으며
경전 외우기나 좌선도 않네
누런 얼굴에 잿빛 머리인 이 천지 바보여
오직 한 벌 백납으로 여생을 보내리라!

【의미 풀이】

　보통 출가한 승려들의 옷을 납의(衲衣)라고 하지만 백납이란 그 납의를 너무 오래 입고 입어서 그 낡은 옷을 계속 백 번 이상 꿰매었다는 뜻이다. 즉 소박하고 가난하게 생활하는 승려들의 삶을 노래한 것이다. 옛부터 불문(佛門)에 출가한 사문들은 무욕의 삶에서 누리는 마음의 평화를 중요시하기 때문에 가난한 생활을 자연스럽게 받아들였다. 나옹스님은 자신의 백납을 보고 다음과 같이 노래하고 있다. 누덕누덕 꿰매어 천만 번을 실로 맺어있으며 또 겹겹이 기워져 있어 먼저와 나중의 구별이 없는 자신의 납의가 잠잘 때는 이불 대신 사용되고 때로는 방석이나 자리도 되고 다시 아침이 되면 몸을 가리는 옷으로도 사용하니까 참으로 사계절에 편리한 옷이라고 찬탄하고 있다.

　중국의 조주(趙州)스님은 언제나 제자들에게 평상심이 바로 불도(佛道)라고 가르쳤다고 한다. 조주스님을 찾아와서 '불법(佛法)이 무엇이냐'라고 묻는 사람들에게 항상 '자네들 차나 한잔 마시고 가게(喫茶去)'라고 대답하였다고 한다. 이 선문답에 대하여 나옹스님은 조주선사가 범부들의 상대적(相對的)인 분별심을 부숴 주기 위해서 그러하였지만 그렇게 동문서답을 한 것도 부질없는 헛수고였다고 평가하고 있다. 즉 나옹스님은 선불교에서 조사(祖師)들의 천만 가지의 현묘(玄妙)한 가르침의 말들로 불교를 가르치고 있다고 해도 우리들 자신의 삶에 융해되어 있지 못하면 그 모두가 헛수고라고 보았다. 즉 우리들 스스로가 일상적인 생활 속에서 불법의 의미를 주체적으로 생동(生動)시키지 못한다면, 또 몸으로 실천하지 못한다면 헛수고라고 본 것이다. 그래서 '비록 천만 가지의 현묘한 말이 있다 해도' 사문들이 스스로 실천하는 것이 중요하다고 강조하면서 '어찌 우리 집의 백납 장삼만하랴!'라고 부연 설명하고 있다.

　오늘날에도 많은 불교도들은 누더기를 입는 것보다는 비싼 옷과 부드러운 모시 옷으로 치장하면서 실천 없는 불도의 도락(道樂)을 입으로 현란하게 외치고 있다. 나옹스님의 말씀처럼 이러한 일들은 참으로 반성해야 하는 일이다. 위의 노래는 나옹스님처럼 실제로 불도를 깨우치고 또 검소하게 생활한 사람만이 맛볼 수 있는 도락을 나타낸 것이다. 진실하게 불도를 실천한 이의 노래는 이렇게 모두를 일깨워준다.

백납가는 나옹스님의 실제 삶을 나타낸 것이다. 즉 스님께서 스스로 몸을 낮추고 가난하게 살아온 자신의 체험을 통하여, 생활이 가난할수록 자신의 도력(道力)이 깊어지고 넓어진다고 널리 전하고 있다. 그래서 누더기로 몇 해를 살다보니 옷의 반은 바람에 날아가고 반만 남았지만 서리치는 달밤의 초암(草庵)에 춥게 앉았어도 세상의 이치를 꿰뚫어 보게 되니 기쁘다고 노래하고 있다. 그러면서 모든 안팎을 살펴볼 수 있고 또 억지로 가릴 수 없는 무심(無心)의 경지에 도달하고 보면 천만 가지의 묘한 작용은 끝이 없다고 감탄해 하고 있다.

불교에서의 인간관을 설명하면 우리 인간은 보편적으로 생노병사의 존재이다. 즉 누구나 태어나 병들고 늙어가면서 언젠가는 죽는 존재이기에 '인생은 고(苦)이다'라고 설명한다. 또 우리들은 우리 자신을 비롯하여 모든 것이 항상 변하고 있기에 무상(無常)하다고 느끼고 있는 것이다. 그러나 그 무상함을 범부는 슬퍼하고 아쉬워하지만 부처는 그것을 있는 그대로 받아들이고 때로는 불도로 초월한다. 즉 부처는 진실을 깨우쳤기에 그 진실을 냉정히 받아들여서 자연스럽게 무심히 살아간다. 그래서 우리들도 무상한 그 짧은 삶의 한가운데서 영원하고 진실한 진리의 즐거움을 참으로 만끽하기 위해서는 무상한 감정에 빠져 슬퍼만 할 것이 아니라 무상함을 초월하여 삶의 영원한 가치를 살려내고 새롭게 개척해야 하는 것이다. 그래서 불교는 결코 허무주의를 내포하고 있다고 말할 수 없다. 오히려 우주의 물질적 정신적인 그 모든 것이 무자성(無自性)의 힘과 에너지의 결합으로 혹은 협력의 형태로 어떤 현상을 만들고 변화시켜 가는 것이라는 것을 알려준다. 그래서 우리들 인간은 주어진 생명이 지속되는 시간안에서 끊임없이 노력하고 능동적으로 행동해야 한다고 말할 수 있다.

④ 고루가(枯髏歌)

이 마른 해골은 몇천 생(生)동안
축생이나 인천(人天)으로 허덕였던가
지금 진흙구덩이에 떨어졌거니
반드시 전생에 마음 잘못 썼으리
한량없는 겁동안 성왕(性王)에 어두워
육근(六根)은 분주히 청황(靑黃)으로 달렸으리
다만 탐애만을 친할 줄 알았거니
어찌 머리 돌려 바른 광명 보호했으랴
이 마른 해골은 매우 어리석고 완악하여
그 때문에 천만 가지의 악을 지었지마는
하루 아침에 무(無)와 유(有)가 공(空)임을 꿰뚫어 보았더라면
촌보(寸步)도 떼지 않고 벗어난 몸 찼으리라
그 당시의 좋은 시절 등지고
이리저리 허덕이며 바람 쫓아 날았으리
권하노니 그대는 빨리 머리를 돌려
진공(眞空)을 굳게 밟고 바른 길로 돌아가라
모여다가 흩어지고 떳다가 가라앉나니
저승이나 이승이나 마음 편치 않으리
다만 한 생각에 능히 빛을 돌이키면
단박 생사(生死) 벗어나 뼛속 깊이 들어가리
머리에 뿔이 있거나 뿔이 없거나
삼도(三途)를 기어다니면 어찌 능히 깨달으리
문득 선각(先覺)들의 교훈을 의지하면

여기서 비로소 그 잘못을 알리라
혹은 어리석고 혹은 탐욕 분노로
곳곳에서 혼미하여 망진(妄塵)을 뒤집어 쓰네
머리뼈가 바람에 날려 남북에 흩어졌거니
어디서 참 사람을 볼지 몰라도
생전에도 그르치고 죽어서도 그르쳤거니
세세생생에 또 거듭 그르치리
만일 한 생각에 무생(無生)을 깨달으면
그르침이란 원래 그르침이 아니네
추한 데도 집착하고 고운 데도 집착하여
집착하고 집착하면서도 깨닫지 못하였다.
단박 한 소리에 얼른 몸을 뒤쳤으면
눈에 가득 허공이 모두 떨어졌으리라
혹은 그르거나 혹은 옳거나
시비(是非)의 구덩이에서 항상 기뻐하고 슬퍼하면서
죽은 뒤에 백골무더기 깨닫지 못했거니
당당한 데 이르러도 자재하지 못하도다
이 마른 해골이여 한번 깨달으면
광겁(光劫)의 그 무명도 단박 재가 되리라
이때부터는 항사(恒沙)의 모든 불조(佛祖)와
백천의 삼매 따위도 시기하지 않으리라
시기하지 않거니 무슨 허물이 있으랴
생각하고 헤아림이 곧 허물이니라
만일 쟁반(盤) 위의 구슬처럼 잘 운용하면
겁석(劫石)도 그저 잠깐 지나가리라
법도 없고 부처도 없으며
마음도 없고 또 물건도 없거니

이 경지에 이르면 그것은 무엇인가
추울 때는 불을 향해 나무조각 태운다.

【의미 풀이】

고루가는 인생무상(人生無常)을 기조로 한 노래이다. 즉 인생의 무상공(無常空)을 전하는 노래이다. 노랫말을 보면 우연히 진흙구덩이에 떨어진 이름 모를 사람의 해골을 보고서 그 해골의 주인공은 생전에 어떤 삶을 보냈으며 어떻게 하여 이렇게 그의 해골이 진흙구덩이에 버려지게 되었을까 하고 생각한다. 그러면서 오늘의 모든 중생도 몇 천만 년의 생애 동안 얼마나 많은 윤회를 거치면서 살아왔을까 하고 인생의 무상감을 노래하고 있다.

그러면서 삶의 윤회의 근본과 원인에 대하여 노래하고 있다. 모든 중생들이 금생(今生)에 어떤 고통을 받는 것은 전생(前生)에 불성(佛性)을 자각하지 못하고 또 수행하지 않아서, 즉 마음을 바르게 쓰지 않아서 그렇다고 노래하고 있다. 다시 설명하면 무량한 세월 동안 어리석은 중생들은 본래의 성품을 모르고 안·이·비·설·신·의(眼耳鼻舌身意)의 육근(六根)의 움직임에 휘둘려서 허망한 것을 탐애(貪愛)하고 집착하였고 또 그로 인해서 고통받았다 라고 성찰하고 있다. 그리고 만약에 어리석은 중생이 심성(心性)의 공(空)과 제법(諸法:모든 존재)의 공성(空性)을 바로 깨쳤으면 곧장 그러한 윤회의 고통으로부터 스스로 벗어날 수 있었을 것이라고 성찰하고 있다. 그래서 오늘날 살아있는 우리와 이미 죽어서 해골이 되어버린 망자(亡者)들에게 '혹은 어리석고 혹은 탐욕과 분노로 곳곳에서 혼미하여 망진(妄塵)에 빠져서라도 만일 한 생각에 무생(無生)의 공(空)을 깨우치면 오랜 세월의 무명과 번뇌도 단박 재가 되어버려 사라지게 된다'고 일깨워주고 있다.

그리고 깨달은 그 이치를 우리들이 주체적으로 잘 활용한다면 모두가 훌륭한 부처가 된다고 일깨우고 있으면서 '법도 없고 부처도 없으며 마음도 없고 또 특별한 것도 없는 절대공(絶對空)의 경지에 이르러서 무애자재(無碍自在)한 무상각(無上覺)을 얻는다'고 노래하고 있다. 예컨대 중생의 고통은 바른 깨달음이 없었기에 일어난 결과로서 빨리 고통에서 벗어나기 위해서는 불도를 닦고 수행하여 깨우쳐야 한다고 강조하고 있다.

위 가사의 마지막 부분에 또 '만일 쟁반 위의 구슬처럼 잘 운용하면 겁석(劫石)도 그저 잠깐 지나가리라! 법도 없고 부처도 없으며 마음도 없고 또 물건도 없거니 이 경지에 도달하면 그것은 무엇인가? 추울 때는 불을 향해 나뭇조각을 태운다'라는 표현은 바로 절대공을 깨우친 경지에서 느낄 수 있는 세계관을 나타낸 것이다. 다시 설명하면, 공을 철저하게 증득한 세계는 바로 제법실상(諸法實相)을 있는 그대로 수용할 수 있는 세계이며 그것은 언어문자로 표현할 수 없는 희론적멸(戱論寂滅), 무분별(無分別)의 경지이다. 그러한 큰 깨달음을 밖으로 환하게 발광(發光)하여 현실에 잠시 머물 수 있는 각자(覺者)는 '추울 때는 불을 향해 나무조각 태운다'라고 노래할 수 있는 것이다. 바꾸어 말하면 무상무생(無相無生)의 이치를 깨우치면 천지의 모두가 바로 부처의 세계를 나타내는 것이며 천차만별의 모든 현상이 차별 속에서도 그 나름대로 아름다움과 가치를 꽃피우고 있는 것을 자각하게 되며 자연의 모든 것이 바로 부처의 모습이며 진리와 대도(大道)를 그대로 나타내어 주는 것임을 알게 된다. 이 노래의 끝 부분은 바로 그러한 것을 노래한 것이다. 더 간단히 말하면 진리를 깨우치고 나면 우주의 근본 이치와 진리는 우리들의 눈앞에 존재하는 것들 속에서 볼 수 있기에 자연 그대로의 모습이 지도(至道)와 대도(大道)를 드러내고 있다고 강조하고 있는 것이다. 그런데도 어리석은 우리들은 모든 것을 있는 그대로 보지 못하고 엉뚱한 것을 찾아서 방황하고 있는 경우가 많다.

2) 불교시

① 산거(山居)

바루 하나 물병 하나 가느다란 주장자 하나
깊은 산 홀로 자연 따라 가네
광우리 들고 고사리 캐어 뿌리채로 삶나니
누더기로 머리 싸는 것은 아직 서툴어

내게는 참으로 공(空)하여
억지로 함이 없는 선정(禪定)이 있어
바위 틈 돌에 기대어 잠을 자니
무슨 신기한 일이 있느냐고
어떤 사람이 갑자기 묻네
한 벌 해어진 옷으로 백 년을 지내노라!

하루종일 소나무 창에는
세상의 시끄러움이 없는데
석조(石槽)에는 언제나 들물이 맑다
다리 부러진 솥 안에는 맛이 풍족하거니
무엇하러 명리(名利)와 영화를 구하랴

흰 구름 무더기 속에 삼간 초막이 있어
앉고 눕고 거닐기에 스스로 한가하네
차가운 시냇물은 반야(般若)를 이야기하는데
맑은 바람은 달과 어울려 온몸에 차갑네

그윽한 바위에 고요히 앉아 헛 이름을 끊었고
돌병풍을 의지하여 세상 인정 버렸다
꽃과 잎은 뜰에 가득한데 사람은 오지 않고
때때로 온갖 새들의 지남(指南)하는 소리 듣네

깊은 산이라 온종일 오는 사람은 없고
혼자 초막에 앉아 만사를 쉬었노라
석자쯤의 사립문을 반쯤 밀어 닫아 두고
피곤하면 자고 배고프면 밥을 먹으며 시름없이 지내노라

나는 산에 살고부터 산이 싫지 않나니
가시 사립과 띠풀 집이 세상살이와 다르다
맑은 바람은 달과 어울려 추녀 끝에 떨치는데
시냇물 소리는 가슴을 뚫고 담(膽)을 씻어 차갑구나

시름없이 걸어나가 시냇가에 다다르면
차갑게 흐르는 물 선정을 연설하네
만나는 물건마다 반연(攀緣)마다 진제(眞諦)를 나타내니
공겁(空劫)이 생기기 전 일을 무엇하러 말하랴.

【의미 풀이】
　여기 산거(山居) 이외, 나옹스님이 지으신 다른 불교시도 보통 스님
의 산 속에서의 생활을 소박하게 표현한 것이 많다. 그리고 스님 자신
의 깨달음의 단상(斷想)과 산 속의 암자들에서 본 자연의 아름다움에
대한 감상을 표현한 작품이 많다.
　먼저 이 작품을 보면 스님은 자신의 소박하고 빈한(貧寒)한 생활을
담담하게 표현하고 있다. 즉 겨울의 어느 추운 날에 추위를 막기 위하

여 머리카락이 없는 머리를 누더기로 싸고 또 굶주림을 피하려고 광주
리를 들고 깊은 산에 들어가서 고사리를 캐고 다시 그것을 뿌리째로 삶
아 먹었다고 노래하고 있다. 또 그러한 자신의 삶이 어떤 억지가 없는
것으로 공 그 자체 속에 있다고 말하고 있다. 또 선정(禪定)의 수행이
자연스러워서 산속에 가다가 피곤하면 바위 틈새에 기대어 잠이 드는
것도 선정의 하나라고 노래하고 있다. 다시 해석하면, 수행을 통하여
깨우치고 보면 스님이 일상적으로 움직이는 것도 여리행(如理行)이 되
어 걸림없는 삶을 살게 된다고 노래하고 있는 것이다. 그래서 때로는
돌과 바위 틈에서 잠을 자기도 하지만 언제나 마음은 편안하다고 노래
하고 있다.

   그런 자신을 보고 속인들은 마치 무슨 신기한 일을 본 것처럼 묻지만
스님은 이것이야말로 참 삶이라고 노래하고 있다. 그러면서 한 벌의 누
더기로 백 년을 살 수 있는데 속인들이 너무 탐욕스럽게 산다고 살며시
견책하고 있다. 그러면서 솥다리가 부러진 솥으로 밥을 해먹어도 맛만
좋다는 유머러스한 표현에는 스님의 정신적 여유로움을 전하고 있다.
예컨대 자신의 그런 삶이 수행인의 도락(道樂)이라고 전하고 있다. 즉
스님은 세속의 명리(名利)와 영화(榮華)를 멀리하고 맑은 정신으로 소
박하게 살아가는 것이 더 좋고, 거칠고 적은 양식에도 만족함을 느끼는
반야(般若)의 지혜가 가득한 삶이 더 좋다고 노래하고 있다.

   그리하여 산 속을 뜰을 삼아, 또 산에 가득한 나뭇잎과 꽃들을 벗을
삼아서도 외롭지 않다고 노래하고 있다. 그러면서 때때로 봄에 온갖 새
들이 지남(指南)하여 가면서 지저귀는 새 소리를 듣기도 하고 또는 혼
자 사는 초막에 앉아서 피곤하면 잠시 자고 배고프면 밥을 먹고 그렇게
시름없이 지내는 자신의 삶이 싫지 않았다고 노래하고 있다. 그런 마음
으로 여유 있게 살다보니 모든 대상과 반연(攀緣)이 그대로 진제(眞諦)
를 나타내고 있음을 알게되며 제법(諸法 : 모든 존재)이 있는 그대로 자
연의 천리(天理)임을 보여주고 있음을 깨닫게 되었다고 밝히면서 이 외

에 다른 무상도(無上道)가 따로 없음을 알겠다고 노래하고 있다.

② 환암(幻庵)

몸은 허공의 꽃과 같아서 찾을 곳이 없는데
여섯 창의 바람과 달은 청허(淸虛)를 싸고 있다
없는 가운데 있는 듯하다가 다시 진실이 없지만
네 벽이 영롱하여 잠깐 빌어 살고 있다.

【의미 풀이】

위의 시는 나옹스님이 자신의 깨달음의 경지를 은유법으로 나타낸 것
이다. 스님은 제법(諸法)의 본성인 공성(空性)을 자신의 몸과 마음에
비추어 보니 몸도 허공의 꽃처럼 그 실체를 찾을 수 없었다고 노래하고
있다. 또 육근(六根)의 창과 깨달음의 달도 그 실체를 따로 찾을 수 없
었다고 노래하고 있다. 즉 우리들은 몸과 마음이 잠시 서로 지탱하고
머물고 있는 것을 존재한다고 하지만, 사실은 언젠가는 사라지는 것이
라고 노래하고 있다. 그래서 우리들의 몸뚱이가 바로 환상(幻想)의 거
주지(居住地)이고, 암자(庵子)와 같다고 노래하고 있다.

우리들의 몸의 구성요소를 보면 물질적 요소인 사대(四大: 地水火
風)로 결합되어 있다. 또 정신적 마음의 구성요소는 안·이·비·설·
신·의(眼耳鼻舌身意)의 육근(六根)이다. 이러한 여러 구성요소에 의
해서 우리들이 감정을 느끼면서 살아가고 있다. 사대로 이루어진 이 몸
뚱이도 금생(今生)에서의 인연이 있을 이유가 사라지면 흩어진다. 역
시 육근의 결합이 흩어지면 우리들의 감각은 작용하지 않고 의식도 흩
어진다. 그래서 몸과 마음은 여러 가지 인연이 결합하여 존립되는 것이
기에 그 인연들이 흩어지면 멸한다고 말할 수 있기에, 몸과 마음도 공
(空)하다고 할 수 있다. 그래서 나옹스님은 이 노래에서 우리들의 몸을

허공의 꽃이라고 표현하고 있다. 그리고 안이비설신의의 육근(六根)을 자신이 잠시 머물고 있는 산속의 암자의 여섯 개의 창이라고 비유하고 있다. 안이비설신은 인간의 감정과 반응을 일으키는 몸의 감각기관을 가리키며 의(意)는 의식을 가리킨다. 몸뚱이를 집이라고 비유했을 때에 그 집의 창문을 감각(感覺)의 기관이라고 말할 수 있다. 즉 육근을 몸이라는 집의 여섯 개의 창으로 비유할 수 있다. 또 그 여섯 개의 창을 통하여 들어오고 나가는 바람을 인간의 감정과 기식(氣食) 등의 출입으로 비유할 수 있다.

자신의 심신(心身)마저도 이렇게 철저하게 공(空)으로 관조하는 나옹 스님의 날카로운 깨달음의 세계에서는 불법(佛法)조차도 공하다고 노래하고 있다. 즉 맑고 깨끗한 본래의 마음과 공의 이치를 '청허(淸虛)에 싸여 있는 달'로 표현하고, 다시 '없는 가운데 있는 듯하다가 다시 진실이 없지만'이라고 표현하고 있다. 이러한 표현은 현상으로서 있는 듯하지만 본질적으로 실체(實體)가 없는 것, 즉 연기즉공(緣起卽空)의 이치를 나타낸 것이다. 달은 밝음의 상징으로 밤의 어둠을 물리치고 세상의 길을 밝혀주어 길 잃은 나그네들을 인도하고 안심시켜 주는 것으로서 진리와 부처와 같은 것이라고 해석할 수 있다. 즉 깨달음의 달(覺月)이 발산하는 밝음으로 중생의 어리석음을 물리치는 것을 은유하고 있다. 이와 같이 달과 같은 불법도 청허한 공에 싸여 있다고 노래한 부분에서 나옹 스님의 깨달음의 깊이를 잘 알 수 있다. 세상 일을 초월하고 또 최소한의 자의식(自意識)마저도 남김없이 초월하는 스님의 무상각(無上覺)은 바로 이러한 표현에서 엿볼 수 있다.

③ 소암(笑庵)

오늘도 영산(靈山)의 일이 아주 분명하나니
여섯 창을 활짝 열매 새벽바람 차가워라

빙그레 짓는 미소 누가 능히 아는가
네 벽이 영롱하여 세상 밖이 한가하다.

【의미 풀이】

이 작품은 진리를 깨달은 후에 매일 느끼는 한가함과 정신적 여유로
움과 매순간의 신선함을 나타내고 있다. 스님은 자신의 심신(心身)을
자신이 거주하고 있는 산 속의 암자로 비유하여 금생(今生)에 잠시 머
물고 가는 것이라고 노래하고 있다. 소암(笑庵)은 그런 깨달음에도 집
착함이 없이 지내다보면 모든 것을 잠시 웃어버릴 수 있는 마음의 여유
가 자연히 생긴다는 것을 나타낸 것이다. 즉 소암은 자신의 존재에 대
하여 산속에 잠시 머물고 있는 암자와 같다고 생각하면서 웃는다는 뜻
이다. 또 다르게 해석하면 가섭존자가 영산회상에서 석가모니의 설법
을 듣고 그 핵심을 깨달아 미소로 답한 것처럼 나옹스님 자신도 그 선법
을 다시 생각하여 보니 그것도 공(空) 그 자체임을 알겠다는 것을 말하
고 있는 것이다. 또는 금생(今生)에 출가인의 삶을 영위하는 이 몸뚱이
와 이 마음으로 불법(佛法)의 큰 진리를 깨치고 나니 인생의 무상함 가
운데 무상함을 초월하였으니 그것으로 인해 잠시 한가함을 누리며 크게
웃어 본다는 뜻이라고 해석할 수 있다.

또 '오늘도 영산(靈山)[226]의 일을 아주 분명하게 알게 되니'라고 노
래하고 있는데 이것은 매일 닦고 행하는 산 속의 생활에서 선법의 가르
침을 자주 재음미하게 되니 불법의 오묘한 맛을 더욱 명확하게 알겠다

---

226) 영산은 석가모니 부처님께서 노년에《법화경》을 설하였다고 전하는 인도의
　　영취산(靈鷲山)을 가리키는 말이다. 또 영산의 일은 그 때에 석가모니가
　　가섭존자에게 이심전심(以心傳心)으로 전한 선법(善法)을 가리키며 그렇
　　게 전한 법의(法義)를 오늘 자신이 되새겨 생각해 보니, 그 깊은 뜻을 알겠
　　다는 뜻이다.

는 말이다. 또 부처님이 가섭존자에게 내린 선지(禪旨)를 오늘 자신도 다시 명확하게 알겠다는 뜻이다. 그래서 스님은 오늘도 사대(四大)의 네 벽과 육근(六根)의 여섯 창을 자유자재로 조절하며 살아가고 있으며 또 아무런 장애도 없이 오히려 청정하고 맑은 진리의 맛(道樂)만 느낀다고 노래하고 있다. 즉 지금 불도를 닦는 그 즐거움을 혼자서 만끽(滿喫)하고 있다고 빙그레 웃고 계시는 것이다. 소암(笑庵)은 이러한 내용을 노래한 것이다.

④ 증암(曾庵)

갑자기 지음(知音) 만나
입을 열고 웃나니
지금부터 여섯 창의 기쁨
항상 새로우리
이제는 남의 우러름을
바라고자 않나니
네 벽의 맑은 바람은
세상 밖의 보배일세.

【의미 풀이】

지음(知音)이란 원래 고사성어(古事成語)에 유래한 말로서 자신의 마음과 뜻을 가장 잘 알고 있는 친구라는 뜻이다. 그래서 위의 작품은 스님이 오랜만에 친우를 만나서 그때의 기쁨과 느낌을 노래한 것 같다. 그렇지 않으면 스님이 자신의 사대의 네 벽과 육근(六根)이라는 여섯 창을 통해서 항상 느끼는 것이 마치 지음(知音)과 같은 친한 친구를 만나서 즐겁게 대화하는 것과 같고 자연스럽다는 뜻으로 그렇게 표현한 것이라고도 볼 수 있다.

나옹스님처럼 수행력이 높은 선사들의 안목에서는 당신들의 심신(心身)이 세상의 누구보다도 자신을 잘 아는 지음과 같은 친구로 여겨질 수 있다고 생각된다. 불도의 수행력이 높아서 모든 것을 도리에 맞게 움직이고 살아가는 도인들에게는 자신의 마음과 몸이 지음과 같은 친구인 동시에 신통력을 발휘할 수 있는 도구인 것이다. 이 노래는 바로 스님 자신의 수행이 진실로 높고 높아서 모든 것이 여의(如意)하다는 뜻을 은연중에 나타낸 것이다. 즉 자신의 몸의 모든 움직임과 감각의 작용이 법리(法理)에 맞고 또 있는 그대로 여여(如如)하게 활용되고 있으니 무애(無碍)하고 자유스러워 굳이 새롭게 다른 것을 찾을 필요도 없고 인위적으로 작위(作爲)할 것이 없다고 나타낸 것이다.

그래서 사대(四大)의 벽으로 이루어진 육신은 시절(時節)의 인연(因緣)에 따라서 움직이고 있다고 노래하고 있다. 즉 심신(心身)의 움직임이 계절에 따라서 자연스럽게 움직이고 들어오고 나가는 바람과 같다고 노래하고 있다. 또 그렇게 자연스럽게 느끼는 것이 바로 밝고 맑은 깨달음의 소식과 같으니 세상 밖의 보배라고 노래하고 있다. 그리고 '이제는 남의 우러름을 바라고자 않나니' 라는 표현에서 알 수 있듯이 세상 사람의 존경이나 칭송 등에 더 이상 마음을 빼앗기는 일이 없다고 말하고 있다. 그만큼 스님의 수행력이 깊어졌음을 나타내고 있다. 이러한 짧은 시문을 통해서 나옹스님의 깨달음의 깊이를 알 수 있다.

4. 조선시대 불교시문학의 감상 및 해석

조선시대의 불교는 선교양종(禪敎兩宗)으로 통합되면서 대부분의 승려들의 포교활동은 고려시대보다 위축되고 오히려 모두 깊은 산속으로 들어가서 수행에만 전념하게 된다. 그래서 조선 초기는 교학(敎學)에

비교하여 선종이 위축됨이 없이 그 명맥을 유지하다가 중반기 이후부터
는 정토신앙이 널리 퍼져간다. 그 가운데 염불신앙은 신라시대 때부터
내려온 것이라서 왕실의 부녀자들과 민간에서 뿌리깊게 유포되어 있었
다. 즉 누구나 지극 정성으로 아미타불을 염불하면 극락왕생(極樂往
生)한다는 정토신앙과 자급자족을 내세우고 수행자의 노력과 실천으로
견성성불(見性成佛)을 강조하는 선불교가 조선시대에 그 명맥을 유지
할 수 있었던 것이다.

　신라와 고려시대에서는 불교를 국교로 인정하였고 국가에서 불교의
법회를 대규모로 널리 개최하였지만 조선시대에 들어와서는 숭유억불
(崇儒抑佛) 정책을 나라의 국시(國是)로 정하였고, 계속 그렇게 시행
하였기 때문에 조선시대의 불교는 신라와 고려시대에 비하여 쇠퇴하여
갔다고 평가할 수 있다.

　조선시대 불교계의 법계(法系)를 살펴보면 나옹혜근(懶翁惠勤) 계
통과 태고보우(太古普愚) 계통이 있었다. 초기에는 나옹혜근의 법손
(法孫)들이 크게 활약을 하다가 나중에는 태고보우의 법손들이 크게 활
약을 한다. 즉 조선 초기의 왕사(王師)이었던 무학자초(無學自超)는
나옹혜근의 제자였고 무학의 제자가 함허기화(涵虛己和)였다. 또 함허
기화의 법은 다시 혜각신미(慧覺信眉)에게 이어지고 있었다. 그러나
그 후에는 법손들이 크게 번성하지 못하였다. 태고보우의 문중은 이들
과는 다르게 조선 중기에 크게 번성하게 된다.

　그래서 여기서는 나옹혜근의 법손이라 할 수 있는 스님들의 시문을
먼저 감상하고 그 후에 태고보우의 법손들의 시문을 감상하고자 한다.

　조선시대의 가사문학은 신라 · 고려시대와는 달리 불교 창도가는 거
의 창작되지 않고 초기부터 고승들이 주로 한문 위주의 시로 자신들의
소박한 삶이나 깨달음의 세계만을 노래하는 경우가 많았다. 그러다가
후기에 이르러서 불교를 포교하기 위해서 만든 국문의 불교가사들이 나
타나기 시작한다. 그러한 불교 가사문학은 민중들에게 불교를 전하는

창도가(唱導歌)로서 널리 애창되고 오랫동안 전해지는 경향이 많았다. 그래서 현재까지 전하는 불교 가사문학은 대부분 조선 후기에 만들어진 것이 많다.

(1) 함허당기화(涵虛堂己和)

① 강 위에서(江上)

누군가의 집에서 부는 피리소리는
강을 넘어 들려오고,
사람의 자취는 끊겼는데
달빛은 사람의 마음을 흔들어 놓구나!
이 몸이 지금 여기에까지 이르고 보니
어찌 즐겁지 않으리!
외로이 뱃전에 기대앉아
푸르고 푸른 허공을 바라본다.
聲來江上誰家笛
月照波心人絶跡
何幸此身今到此
倚船孤坐望虛碧

【의미 풀이】

함허당기화(涵虛堂己和, A.D. 1376~1433)는 불가에 출가하기 전에는 성균관(成均館)에서 유학을 배운 사람이었으나 21세에 친구의 죽음을 보고 인생의 무상함을 느끼면서 홀연히 세상을 등지고 관악산의 의상암(義湘庵)에 출가하였다고 한다. 그 후 1397년(태조 6년) 회암사(檜巖寺)에서 무학(無學, A.D. 1327~1405)스님으로부터 계를 받았다. 무학스님의 불명(佛名)은 자초로서 나옹혜근의 법을 계승하셨던 분이며 1353년에 중국 연경(燕京)에 가서 지공(指空)스님으로부터도 불법을 전수받은 분이다. 조선으로 귀국한 뒤에는 여주(驪州) 고달산(高達山)에 은거하였지만 조선을 세운 태조 이성계가 즉위하면서 스님을 왕사(王師)로 모셨다고 전한다. 이러한 무학스님으로부터 불법(佛法)을 배웠고 그리고 14년 후(A.D. 1411년)에 자모산(慈母山)의 연봉사(烟峰寺)에 소실(小室)을 마련하여 스스로 함허당이라고 이름짓고 주거하였다고 전한다.

여기 '강 위에서'라는 작품은 한편의 서정시이다. 불교적으로 해석하지 않아도 이해가 쉽게 되는 매우 서정적인 시문이다. 특히 출가생활의 즐거움과 소박함을 피리소리, 달빛, 허공 등의 묘사를 통하여 매우 아름답고 조화롭게 표현되어 있다. 이 시는 멀리 강 건너의 마을에서 들려오는 피리소리를 세속으로부터 전해오는 소식으로 비유했고, 또 인적(人跡)이 끊겨진 강 위를 조용히 건너오는 나룻배를 세속을 떠나 사는 출가인의 삶으로 비유하고 있다. 그리고 밤하늘에서 강아래로 내려 비추어지는 달빛을 부처의 깨달음 혹은 불법으로 비유하여 전체적으로 서정적 풍경의 이미지를 전하면서 불도를 닦는 수행인의 정신적 여유로움을 감동적인 시적 이미지로 전하고 있다.

불교와 관계없이 해석하면 스님께서 달이 뜬 어느 날 밤에 강 위에서 배를 타고 있었던 것 같다. 그때 강가의 민가(民家)에서 들려오는 피리소리를 듣고 잠시 감동을 받았던 것 같다. 그리고 인적 없는 밤의 강 위에서 강물의 흐름대로 움직이면서 춤추는 달빛의 율동에도 감동을 받고 또 무심히 시심(詩心)을 노래한 것 같다. 그리고 또 뱃전에 기대어 앉은 자신의 모습과 흔들리는 듯한 달빛에 비치는 영상(映像)에 더욱 감동 받았던 것 같다.

위의 시를 불교적으로 해석하면 바라밀다(波羅蜜多, Pāramitā)를 시적 이미지로 나타낸 것이라고 말할 수 있다. 바라밀다는 도피안(到彼岸)으로 번역되는데 방황하는 세속 혹은 이 쪽의 강언덕(此岸)에서 깨달음의 저쪽의 강언덕(彼岸)으로 건너간다는 뜻이다. 그래서 '강 위에서'라는 시제(詩題)를 도피안의 수행 도중의 감상을 시적 이미지로 나타낸 것이라고 해석할 수 있다. 스님의 시심(詩心)은 처음 피리소리에 다음은 강 위에 춤추는 듯한 달빛과 푸른 허공으로 옮겨가면서 여러 가지의 감흥을 느꼈던 것 같다. 또 강가에서의 느낌과 밤하늘의 풍경이 바로 자신의 마음을 나타낸다고 노래하고 있다. 즉 유식론에서 자주 인용하여 설명하는 구절인 '일체유심조(一切唯心造)'와 '일체(一切)의 제법은 단지 식(識)의 소변(所變)이다'를 그대로 옮겨놓은 것 같다는 뜻이다. 그러면서 스님은 마음밖에 그 어떤 것도 없다 라는 구절을 관련시켜서 무심히 저쪽 강가로부터 배가 멀리 흘러왔음을 느끼면서 푸른 밤하늘의 아름다움을 만끽하고 있다. 스님은 바로 그 순간에 깨달음의 피안(彼岸)으로 향하는 자신을 노래하고 있으며, 그러한 자신이 무척 자랑스럽다고 노래하고 있다. 즉 세속의 삶을 등지고 불가에 출가하여 달빛과 같은 부처님의 가르침을 항상 바라보면서 배우며 살아왔지만 고독한 그러한 자신의 출가의 삶 가운데서도 깨달음을 새롭게 느끼는 순간들이 즐겁고 즐겁다 라고 노래하고 있다. 그래서 불문(佛門)에 출가하여 수행중인 자신을 강 위에 떠있는 배와 그 나룻뱃전에서 기대어 앉아 잠시 푸른 허공을 보는 모습으로 그리고 있다.

노랫말에는 세속적 삶의 모습을 강가에 사는 민가로 나타내고 강 위로 들려오는 피리소리와 인적(人跡)을 세속의 소식으로 나타내고 있다. 또 강가에서 멀리 떨어진 강 위에서 보이는 세속이 어느 날 외로운 밤에는 아름답게 보여도, 즉 잠시 흔들리는 뱃전에 기대어 푸른 하늘의 달빛을 보는 것도 때로는 좋다고 노래하고 있다. 흔들리는 배처럼 절밖에서 들려오는 세상사람들의 음악소리에 자신의 마음이 잠시 흔들리기도 한다는 그러한 시상(詩想)은 참으로 시문학적으로 아름답다고 평가할 수 있다. 그래서 어두운 밤에 강물의 물결 위에 춤추는 듯이 보이는 월무(月舞)로 잠시 흔들렸던 마음도 다시 되돌아와서 '이 몸이 지금 여기까지 이르고 보니, 어찌 즐겁지 않으리!' 라고 스스로 다짐하고 있다. 그러면서 가끔 세속에서 들려오는 세상소식에 마음 흔들리기도 하지만 불도를 닦는 삶으로 되돌아온다고 노래하고 있다. 예컨대 이 작품의 '외로이 뱃전에 기대앉아, 푸르고 푸른 허공을 바라본다' 라는 시상(詩想)은 불도의 수행 도중에 느끼는 도락(道樂)과 그 감상의 회상(廻想)이다. 또 푸른 하늘을 봄으로써 공(空)을 다시 되새긴다고 말할 수 있다. 즉 나룻배는 불도 수행의 방법으로 상징되며 강 위에서는 수행 중으로 해석할 수 있고 푸른 하늘을 봄으로써 다시 자신의 출가의 뜻과 초발심을 회상하고 되새긴다고 해석할 수 있다. 예컨대 이 작품은 이미 출가한 스님이 불도를 닦아 가는 자신의 모습과 그 과정을 아름다운 시적 이미지로 그린 것이다. '희양산에 있을 때를 생각하며' 라는 작품에서도 이와 비슷한 이미지로 노래되고 있다.

② 희양산에 있을 때를 생각하며(曦陽山居)

산은 깊고 숲은 우거져 그윽하니
함께 지내기 적합하고
경내는 조용하고 사람들이 드물어
흥겨움은 남아돌고
그러한 얻음 가운데
맑고 맑은 뜻이 그득하고 그득하니
홀연히 이 몸과 세상을 다 잊고
자연에 들어 같이 하네!
山深木密合幽居

境靜人稀興有餘
飽得箇中淸意味
頓亡身世自容與

【의미 풀이】

이 시는 기화스님이 희양산에서 수행을 하고 있을 때를 회상하면서 불도를 수행하는 이의 조용한 삶과 깨달음의 넓은 마음을 그리고 있다. 그리고 자연에 동화(同和)되어 가는 수행인만의 도락(道樂)을 노래하고 있다.

노랫말을 풀어보면 우선 세속을 떠나서 산사에서 생활하는 공함의 외로움보다 무욕(無欲)의 삶이 주는 그 허(虛)의 여유로움을 역설적으로 찬탄하고 있다. 그래서 인적(人跡)이 드문 희양산은 나무들이 우거져 숲이 깊고 깊어서 세상 사람들이 오지 않아서 조용하고 그 조용함이 그윽하여 수행인들에게는 오히려 지내기가 더욱 적합하였다고 노래하고 있다. 또 희양산의 사찰 경내는 사람들의 왕래가 적어서 불도를 수행하는 사람들에게는 더욱 좋은 곳이고 수행의 흥겨움과 도락(道樂)이 넉넉하고 풍족하였다고 노래하고 있다.

그리하여 기화스님은 세속에서 욕망을 채우려던 삶과 상반되는 허공과 같은 공간에서 출가할 때의 초발심(初發心)은 더욱 맑아지고 불심(佛心)도 깊어져서 불도를 닦는 데는 참으로 좋다고 노래하고 있다. 그렇게 기른 불심에 의해서 뜻은 맑아지고 깨우침은 홀연히 얻어지는 것 같아 어느새 이 몸과 세상을 다 잊고서 자신도 모르게 자연과 하나가 된다고 토로하고 있다. 간단히 말하면 자연친화적인 세계관으로 자신의 심정을 노래하고 있다. 즉 불도의 수행을 통해서 자신도 삼라만상의 모든 운행에 역행하지 않고 움직이는 하나의 존재로서 자각하게 되었으며, 그리하여 다시 자연에 융화되고 흐르는 물처럼 자연스럽게 모든 것을 수용하게 되었다고 노래하고 있다.

여기 기화스님의 시를 통하여 알 수 있듯이 조선 초기의 불교시는 대부분 세속 사람들이 생활하고 있는 곳에서 멀리 떨어진 깊은 산 속에 사는 출가인들 자신들만의 삶과 수행의 즐거움을 노래한 것이 많다. 그러나 신라와 고려시대까지는 사람들이 많이 모이는 시장과 같은 곳에도 사찰이 있어 시중에서 불교의 포교활동이 비교적 자유로웠다고 말할 수 있다. 그래서 신라와 고려시대에는 승려들이 불교를 능동적이고 적극적으로 시중에서 포교할 수 있었지만 조선시대에 들어와서는 조선의 숭유억불정책으로 사회적으로 승려들의 신분이 내려가고 그 영향력도 줄어들면서 승려들의 수행처도 시중에서 점점 산 속 깊은 곳으로 옮겨지게 된다. 불교 포교를 위한 창도가를 능동적·적극적으로 짓지 못하는 그러한 사회적 분위기 속에서 승려들은 어느새 세속으로부터 단절된 자신들의 외로운 삶과 혼자만이 느끼는 도락(道樂)이 세속의 부귀 공명보다도 낫고 좋다고 예찬하는 시를 짓게 되었던 것이다.

이 시문에서도 조선시대부터 조금씩 변하는 그러한 풍조를 조금 엿볼 수 있다. 부처는 중생을 구제하고 그들을 가르치기 위해서는 그들의 세계에 들어가 그들과 함께 살아야 하는 것인데 승려를 천시하는 사회적 변화 때문에 조선시대에는 어느새 불가의 승려들도 세속에서 멀리 떨어진 곳에서 사는 것이 오히려 편하게 느껴졌고, 그러한 경향이 당연시되어 갔던 것이다. 그래서 조선시대의 승려들의 시작품에는 세속의 중생들과 단절된 자신들의 삶과 산속에서의 혼자만의 수행과 도락(道樂)이 좋다고 노래된 경우가 많다. 즉 이 시에는 혼탁한 세속의 한가운데서 중생과 더불어 진실을 구현하는 동사섭(同事攝)의 적극적인 태도가 부족하다. 그리고 세상 일을 끊어버리고 강과 산을 벗삼아 유유자적하게 사는 은자(隱者)의 은둔 지향적인 처세와 혼자만의 조용한 삶이 최상의 도락(道樂)이라고 생각하는 소승적인 면이 나타나 있다.

(2) 허응당보우(虛應堂普雨)

① 숙상운암(宿上雲庵)

봄에 도반없이 홀로
깊은 산에 찾아드니
좁은 길의 복사꽃은
지팡이 끝에 스치고
잠시 머문 상운암의 밤은
드문 드문 부슬비만 내리는데
선정심(禪定心)과 시짓는 생각만이
그윽하고 그윽하구나.
春山無伴獨尋幽
挾路桃花襯杖頭
一宿上雲疎雨夜
禪心詩思兩悠悠

【의미 풀이】

　위의 시는 조선 중엽의 선승인 허응당보우(虛應堂普雨, A.D. ?~
1565)의 작품이다. 조선조 중엽에 활약한 보우에 대하여 유림(儒林)
과 불문(佛門)에서의 평가는 다르지만 개국 때부터 지켜온 숭유억불
(崇儒抑佛)의 국시(國是)로 인해서 승려들이 천시당하는 사회 풍조 속
에서 잠시 동안 보우가 불교를 부흥시킨 것만은 평가할 만 한다.
　보우스님은 문정왕후(文定王后)의 섭정 때에 자신의 큰 법력으로 선
교(禪敎)의 양종(兩宗)을 부흥시켰다. 그러나 문정왕후가 죽은 뒤에
는 그 동안에 스님의 활동을 못마땅하게 생각하고 있던 유림들의 참소
에 의하여 제주도에 유배되었고 다시 그 곳에서 제주목사에게 피살되었

다고 전한다.

《허웅당집(虛應堂集)》에는 보우의 불교사상과 철학적 사유의 세계를 살펴볼 수 있는 시문들을 많이 전하고 있다. 여기에 소개한 '숙상운암(宿上雲庵)'의 시도 《허웅당집》에 실려 있다.

'숙상운암'은 '상운암(上雲庵)에 묵음'이라는 뜻으로 깊은 산중의 암자를 방문하여 묵으면서 느낀 감상을 노래하고 있다.

옛날부터 승려들은 거처하는 곳이 일정하지 않고 여러 인연에 따라서 장소를 바꾸어 가면서 수행을 하는 것이 보통이다. 보우스님도 어느 봄날에 잠시 상운암에서 수행을 하신 적이 있었던 것 같다. 그때에 도반(道伴)도 없이 홀로 깊은 산 속을 산책을 하던 중에 무심히 걷는 사이에 어느새 깊은 곳까지 들어가게 된 것 같다. 그리고 깊고 깊은 그 오솔길에서 그 동안 얼마나 다른 사람들이 그 오솔길을 지나갔는지를 생각한 것 같다.

위 시문 가운데에 '좁은 길의 복사꽃은 지팡이 끝에 스치고'라는 표현을 통하여 사람들이 한번도 걷지 않은 길, 즉 길 아닌 길을 스님이 산책하시면서 느낀 감상이라는 것을 알 수 있고 또 그러한 길을 걷는 사람만이 느끼는 소박한 즐거움을 나타내고 있다. 또 복사꽃이 피어 있는 그 길은 어느새 풀이 자라서 좁고 좁아져서 혼자 걷기에도 힘이 든다고 노래하고 있다. 즉 스님의 지팡이 끝에 꽃이 스치고 길을 덮어 버린 풀 때문에 혼자 걷기에도 힘이 든다고 표현하고 있다. 그것은 그만큼 세상 사람들이 들어오지 않는 깊은 곳이라는 뜻이다. 그럼에도 숲 속의 풍경을 매우 서정적으로 표현되고 있다. 즉 스님은 인적(人跡)이 드문 깊고 깊은 산중에서 잠시 자신이 어디로 향하여 걷고 있는 지조차 잊어버릴 정도의 망중한(忙中閑)을 만끽하고 있다.

낮에는 그렇게 산 속을 산책하면서 지냈으나 밤에는 조용히 좌선하며 모든 것을 관조함에 의해서 선정심(禪定心)은 더욱 맑아지고 시심(詩心)은 깊어진다고 노래하고 있다. 즉 시선일치(詩禪一致)의 견해를 나

타내고 있다. 그리고 드문 드문 부슬비만 내리는 밤에는 시 짓는 일로
밤을 지샌다고 노래하고 있다. 깊은 산 속에서 이렇게 낮과 밤을 보내
는 보우스님의 삶은 참으로 소박하다. 수행인의 삶이 이렇게 소박한 것
은 바로 어떤 부자유스러움이 없는 삶을 산다는 것이다. 즉 진리를 깨
우쳐서 그 진리대로 살다보니 저절로 소박하고 자연스럽다는 뜻으로,
이 시는 불도의 지도무난(至道無難)의 한 단면을 표현하고 있다. 그 뜻
은 아무리 높은 도(道)이라도 그 도를 깨치고 보면 아주 자연스럽고 쉬
운 것이라는 뜻이다.

　중국 선종의 제3조인 승찬(僧璨)이 자신의 선법을 전한《신심명(信心
銘)》을 살펴보면 바로 '지도무난 유혐간택(至道無難 唯嫌揀擇)'이라
는 말이 나온다. 이 구절은 나중에 선문답(禪問答)의 화두(話頭)로도
많이 애용되는데 '지도무난유혐간택'을 설명하면 지도(至道)란 불교를
배우고 수행하는 사람들이 추구하는 최상의 궁극적인 대도(大道)이라
는 뜻으로서 무상(無上)의 불도로 바꾸어 표현할 수 있다. 무난(無難)
은 아무런 어려움이 없다는 말이다. 즉 지도무난(至道無難)이란 무상
(無上)의 불도를 행하는 것이 사실은 어려운 것이 아니라는 뜻이다. 그
리고 유혐간택(唯嫌揀擇) 가운데 간택(揀擇)이란 어떤 것을 가리고 선
택한다는 뜻하지만 보통 우리들이 분별심을 일으켜서 무엇이 무엇보다
좋고 어떤 것은 싫다는 감정을 일으키고 살고 있다. 그래서 유혐간택이
란 '오직 분별심을 일으켜 간택하는 것을 싫어할 뿐'이라는 의미이다.

　그래서 '지도무난유혐간택'이라는 말은 보통 우리들이 무상(無上)의
불도는 배우기도 어렵고 실천하기도 어렵다고 생각하지만 알고 보면 실
제로는 매우 쉬운 일이라는 뜻이다. 즉 불도는 무엇을 비교하여 좋고
싫다는 간택의 분별심만 일으키지 않으면 된다는 뜻이다. 또 지극한 불
도는 우리들의 손이 미치지 않는데 있는 것이 아니라 우리 발 밑과 같은
매우 가까운 곳과 주변에 있으며 바로 매일 매일의 생활 속에 있다는 것
이다. 그리고 또 어리석은 자들이 분별심으로 불도는 어렵다고 생각하

여 찾으려고 노력하지 않았다 라는 가르침이 숨겨져 있다.

　무엇이 어렵다 쉽다는 생각은 어떤 것을 기준으로 하여 비교한 것으로 분별심과 자아중심적 판단이다. 그리고 호오(好惡)와 선악(善惡)의 감정도 사실은 어떤 사람의 개별적 견해이며 상대적으로 분별한 것이다. 즉 객관적이고 공정한 판단은 아니다. 불교에서 강조하는 지도(至道)는 우리들이 그러한 분별심을 버려서 무엇이 옳고 무엇이 옳지 않으며 어떤 것이 좋다 나쁘다 라는 간택심을 갖지 않는 데서 시작된다. 그래서 승찬은 불도의 지도(至道)는 분별하고 간택하는 마음만 버리면 쉬운 것이라고 가르쳤던 것이다.

　바꾸어 말하면 우리들이 평소에 간택심만 내지 않아도 불심(佛心)은 자연스레 얻어지는 것이며 또 우리들이 일상생활에서 무분별심(無分別心)의 순수한 마음으로 행하는 모든 것이 불도이다. 그런데 중생은 그것을 모르고 또 스스로 진실의 길을 바로 가지 않고 괴로워하면서 자신 밖의 아주 먼 곳으로 달려가서 신비롭고 다른 무엇을 부처라고 착각하고 그것으로 찾으려고 한다. 승찬은 우리들의 그러한 착각을 경계하고 중생들이 분별심으로 쉬운 대도(大道)를 찾지 못한다는 사실을 알려주고 있다. 그래서 옛 선사들은 제자들에게 무분별심(無分別心)을 먼저 닦으라고 권하였던 것이다.

　그러나 지도무난(至道無難)이라고 해서 우리들이 아무런 노력도 하지 않는데 저절로 이루어진다는 뜻은 아니다. 우리들이 바르게 노력하고 끊임없이 실천하였을 때에 최고의 대도(大道)가 자연스럽게 열리는 것이다. 그래서 일상생활 속에서 불교의 근본정신을 생동시키기 위해서 잊어버리지 않고 항상 되새기면서 스스로 주체적으로 실현하고자 하는 생각과 노력이 필요하다. 여기 일상이란 우리들이 걸어가고 있거나 멈추어 있거나 또는 앉아 있거나 잠을 자고 있을 때, 즉 삶의 모든 순간 순간을 뜻한다. 바로 그러한 순간을 열심히 노력할 때에 대도(大道)가 자연스럽게 열려지고 시작되는 것이다.

그래서 보통 선종에서는 행주좌와(行住坐臥)와 어묵동정(語默動靜) 중에도 화두(話頭)를 놓치지 않고 철저하게 하면 큰 깨달음을 얻게 된다고 가르친다. 즉 선지(禪旨)를 깨닫고 얻는 것은 꼭 좌선을 해야 되는 것이 아니고 일상사를 하는 작업 중에도, 잠을 자고 있는 순간에도 또는 산란심에서도 정신을 똑바로 하여 노력한다면 가능하다. 그래서 지도(至道)의 문은 평상심에서 열린다고 말할 수 있다. 즉 불도의 대도는 신비적이고 비범한 형태에서 만들어지는 것이 아니고 바로 평소의 생활 그 자체라고 말할 수 있다. 예컨대 부처의 세계는 평범한 곳에 있는 것이며 특별한 신통술(神通術)을 발휘해야 불도를 이루는 것이 아니라는 뜻이다.

그래서 부처의 세계로 들어가는 길과 그 문은 항상 일상 생활 속에 있다고 말할 수 있다. 바꾸어 말하면 선악(善惡)과 시비(是非)가 없는 마음이 불심(佛心)이고, 일상 생활 중에서 불심을 실천하면 지도(至道)는 그 곳에서부터 시작된다고 말할 수 있다. 진실로 선(禪)의 근본과 불심(佛心)을 깨친 도인(道人)은 깨달음에도 집착하거나 머물지 않기 때문에 다시 일상의 시비선악(是非善惡)의 세계로 들어가서도 걸림없는 무애행(無碍行)을 할 수 있는 것이다.

여기 '숙상운암'의 시문에서도 스님들이 행주좌와(行住坐臥)와 어묵동정(語默動靜) 중에도 화두를 놓치지 않고 진리대로 생활하는 모습을 엿볼 수 있다. 그리하여 스님은 잠시 머무는 상운암에서도 부슬비 내리는 밤에도 항상 선정심(禪定心)을 닦던 대로 닦으니, 어디에도 걸림없는 시심으로 노래할 수 있었던 것이다. 즉 스님은 세속의 글이라고 해서 배척하는 것이 아니라 성속(聖俗)을 초월한 깨달음의 선정심으로 걸림없는 무애(無碍)의 마음을 시로 노래하고 있는 것이다. 그러한 경지는 바로 시선일치(詩禪一致)의 경지로서 시와 선(禪)은 아무런 우열도 없고 차별도 없이 하나가 되어 절로 표현되는 경지였다. 보우의 지도무난의 경지는 바로 이러한 시선일치의 경지였다고 말할 수 있다.

② 깨달은 마음을 보임(一律以示心知)

이 도(佛道)를 깨우치려고
홑옷만 걸치고 빗장을 걸어 잠그고
천가닥의 다름을 하나로 뚫으니
홀연히 묘한 밝음이라

무상(無相)인데
어찌하여 최씨정씨박씨 라고 하며
귀신이 있고 본질이 있어
소말고래 등을 말하리요

겨울은 춥고 여름은 더우니
그것은 하늘의 호흡이라
잎이 떨어지고 꽃이 활짝 피는 것은
이 땅의 죽음과 삶이니라

삼라만상이 모두 그대들 자기 자신인 것을
왜 하필 제 집을 벗어나
부질없이 헐뜯고 속이면서
이리 저리 치닫나!

欲窮斯道捫禪局
一貫千殊妙忽明
無相可名崔鄭朴
有神能體馬牛鯨
冬寒夏熱天呼吸
葉落花開地死生

萬象森羅都自己
何須出戶謾馳行

【의미 풀이】

위의 시의 원래의 제목은 '꿈을 떨치면서 스스로 그 기쁨을 이기지 못하고 마음으로 안 것을 한마디의 리듬으로 급히 나타냄(夢破餘不勝自幸快 咏一律以示心知)'이다. 즉 이 시는 스님이 어느 순간에 느낀 깨달음의 경지를 나타낸 것이다. 우선 이 세상의 유형(有形), 무형(無形)의 모든 것은 꿈이라고 보고 있다. 그리고 상대적 인식의 세계에서 벗어난 깨달음의 경지를 바로 허망한 꿈을 버린 떨친 경지라고 표현하고 있다. 간단히 말하면 이 시는 스님이 오랜 수행 끝에 큰 깨달음을 열면서 그 동안의 고생한 순간들을 회상하면서 깨달음의 순간에 느낀 모든 것을 노래한 오도송(悟道頌)이다.

노랫말을 살펴보면 스님은 어느 날 깨우치고 나서 '내가 그토록 애쓰면서 추구한 대도, 즉 이 불도를 깨우치려고 추운 겨울날에도 홑옷만 걸치고 참선을 하였고 더운 여름에도 모든 문을 걸어 잠그고 열심히 닦았구나. 또 이 세상의 모든 것이 천만 가지의 다양한 형태의 모습으로 있지만 삼라만상의 원리는 하나의 이치라는 것을 이제서야 알았다. 그리고 그 궁극의 이치를 깨치고 나니 절묘한 밝은 지혜를 얻게 되었다(欲窮斯道撝禪局 一貫千殊妙忽明)'라고 노래하고 있다.

또 그 이치가 바로 무상공(無相空)이라고 밝히고 있다. 즉 명상(名相)이 하나의 언어적 방편임을 알겠다고 토로하고 있다. 그러면서 '(모든 것이) 무상(無相)인데 어찌하여 최씨, 정씨, 박씨라고 말하며 (너와 나를 구분하여 싸웠으며) 또 (몸에 대하여) 정신이 존재한다고 말하고 또 맑은 정신에 대하여 귀신이 있다고 구분하며 (여러 현상에 대하여) 본질이 따로 어디에 있다고 논쟁하며 (사람과 자연을 분리하여) 다른 것들이 있다고 말하며 혹은 소네 말이네 고래네라고 말할 수 있느냐(無相

可名崔鄭朴 有神能體馬牛鯨)'라고 반문하고 있다. 즉 모든 것의 이치가 무상공(無相空)인 것을 깨치고 보니까 나와 남을 분리해서 생각할 수 없는데 어찌해서 지금까지 이름으로 구별하고 본질과 현상을 구별하였으며 다시 개념화시켜서 분리하여 집착하였을까 하고 반성하고 있다. 달리 말하면 우주의 삼라만상의 운행과 현상이 다양한 모습으로 나타나 있지만 그 이치는 무자성공(無自性空)의 하나라고 말하고 있다.

그 다음 '겨울은 춥고 여름은 더우니 그것은 하늘의 호흡이라 잎이 떨어지고 꽃이 활짝 피는 것은 이 땅의 죽음과 삶이니라(冬寒夏熱天呼吸 葉落花開地死生)'라는 표현을 살펴보면 이것은 앞에서 모든 것이 무상공(無相空)이기에 동시에 모든 존재와 현상은 연기(緣起)하는 것이라고 설명한 내용이다. 즉 우리들 눈앞에서 항상 보고 경험하는 자연과 시절의 모든 변화가 바로 진리대로 움직이고 있다는 것을 말하고 있다.

그리고 그 다음 구절에 '삼라만상의 모든 것이 그대들(衆生) 자신의 모습인데'라는 것은 자연의 모든 것이 나와 분리할 수 없는 것이며 나와 자연은 본래 하나였다는 뜻이다. 그리고 모든 존재는 단지 자신의 인식의 소변(所變)이라는 유심론적 교의도 포함되어 있다고 설명할 수 있다. 또 '어리석은 그대들은 자신 안에 불성(佛性)이 있음을 모르고 스스로 여래장(如來藏)의 존재임을 모르며, 또 자신이 부처임을 자각하지 못하고 또 지키지 못하고 밖의 부처를 찾아서 부질없이 헤매이고 있고 또 서로를 헐뜯고 속이면서 이리 저리를 치닫고 있느냐(萬象森羅 都自己 何須出戶護馳行)'라고 경책하고 있다. 즉 진리를 깨우치지 못했기 때문에 그렇게 방황했다고 노래하고 있다. 부처와 중생의 차이는 진리를 깨우쳤느냐 깨우치지 못했느냐에 있기 때문에 스님은 자신이 진리를 깨닫고 보니까 과거의 자신이 너무 어리석었다는 것을 반성하면서 우리들에게도 그대들도 본래의 진면목(眞面目)을 빨리 살펴 보아라라고 충고하고 있다.

여기서 진리란 제법이 무자성공(無自性空)이고 연기즉공(緣起卽空)

이기에 중생은 불성(佛性)을 구족(具足)한 존재로서 모든 사람이 수행하고 노력하면 언젠가는 부처의 자리에 오를 수 있다는 여래장(如來藏)의 가르침이 복합적으로 표현되어 있다. 보우스님은 이러한 진리를 깨닫고 스스로 그 기쁨을 이기지 못하고 자신의 깨우침을 급히 이 시문에 담아내었던 것이다.

(3) 벽송지엄(碧松智嚴)

① 일진선자(一眞禪子)에게 주는 시

섬돌 앞에 내리는 비에도
꽃은 웃고
난간 밖 부는 바람에도
소나무는 울고
긍극의 오묘한 선지(禪旨)를
어찌 (먼 곳에서) 찾으려 하느냐
저것이야말로 모든 것을 회통(會通)하였는데.
花笑階前雨
松鳴欄外風
何須窮妙旨
這箇是圓通

【의미 풀이】
　이 시는〈벽송당야로송(碧松堂野老頌)〉에 전하는 20수 가운데 하나로서 벽송지엄(A.D. 1464~1534)의 작품이다. 지엄스님은 출가하기 전에는 무예(武藝)에 능하여 북방(北方)의 야인(野人)인 여진족의 침략이 있을 때에는 전장(戰場)에 나아가 큰 공을 세우기도 하였다고 전한다. 그러한 스님이 28세에 계룡산의 와초암에 주거하던 조징대사(祖澄大師)를 참배하면서 삭발하고 출가하였다고 한다. 그 후에 벽계정심(碧溪正心, ?~1464)으로부터 선법(禪法)의 밀지(密旨)를 얻었다. 그런데 벽계정심은 태고보우(太古普愚)의 제자이었기에 지엄은 태고보우의 법손(法孫)이라고 할 수 있다. 훗날 지엄의 문하에는 영관(靈觀), 일선(一禪), 일진(一眞) 등이 배출되었다.

지엄스님이 제자 일진에게 주는 위의 시문을 해석하여 보면 다음과 같다. 우선 '섬돌 앞에 내리는 비에도 꽃은 웃고' 라는 표현을 해석하면 조금씩 촉촉히 내리는 적은 비에도 꽃들의 잎사귀는 흔들거린다. 그 모습을 마치 꽃이 웃는 것처럼 살며시 흔들리는 듯한 몸짓이라고 노래하고 있다. 그리고 누각(樓閣) 밖에서 부는 미풍에도 소나무는 우는 듯한 소리를 내고 있다고 노래하고 있다. 이러한 묘사는 자연의 평범한 일상적 모습이지만 순간적으로 포착하여 간결하게 표현한 시적 이미지는 매우 절묘하고 아름답다. 그러나 자연의 그러한 순간적 변화들이 바로 우주의 삼라만상의 진리를 나타내고 있다. 즉 자연의 작은 변화의 모습들이 바로 법성(法性)의 실상(實相)의 단면을 그대로 나타낸 것들이다.

지엄스님은 제자 일진스님에게 진리라는 것은 멀고 특별한 별세계(別世界)에 가서 찾는 것이 아니고 우리 주변에서 스쳐가는 바람과 조용히 내리는 빗물에도 살펴볼 수 있는 것이기에 자신의 일상적인 평범한 삶을 바로 보라고 가르치고 있다. 그러한 일상 속에서 일상의 참뜻을 바로 파악할 수 있으면 또 그것이 바로 진리를 보여주는 것이고 모든 존재의 가치와 본래의 아름다움을 발견하게 된다고 가르치고 있다.

불교학에서는 공성(空性)과 연기법(緣起法)으로 우주의 삼라만상의 운행과 그 변화를 설명한다. 공성이란 모든 존재의 본성을 무자성(無自性)으로 설명하는 것이다. 무자성이란 모든 존재는 본질적으로 그 자체로 변함없고 영원한 자성이 없다는 뜻이다. 즉 이 세상의 모든 존재와 현상은 멈춤 없이 찰나찰나로 변하고 있다는 뜻이기도 하다. 바꾸어 말하면 모든 존재의 생멸(生滅)과 변화는 바로 공(空)을 나타내는 현상들이다.

연기법(緣起法)은 이 세상의 모든 것은 무수한 관계와 관계 속에서 서로 영향을 주고 받으며 존재한다는 가르침이다. 만약에 상호간에 아무런 관계도 없고 작용도 없다면 그 어떠한 것도 생멸하지 않고 변화하지 않으며 또 존재하지도 않는다고 설명할 수 있다. 예를 들어 설명하면 산 계곡에서 뭉개구름이 피어나기 시작하면 산봉우리에서는 어느새 그 영향으로 서서히 비를 내리는 검은 비구름이 생기고 시간이 더 지나면 조금씩 비를 뿌린다. 이 세상의 모든 것은 이처럼 서로 영향을 주고 받으면서 미세한 에너지의 힘을 만들어가면서 작용하고 변화한다. 즉 무수한 관계와 힘의 작용과 그 영향에 의해서 모든 것이 연기하고 존재하는 것이다.

만물(萬物)과 인간사의 모든 것도 바로 이처럼 무량 무수한 관계와 힘에 의해서 생기고 또 서로의 힘의 관계에서 변화하고 멸하여 가는 것이다. 이것이 연기법이다. 즉 어떠한 상황과 존재가 성립하고 변화하는 것을 설명할 때에 그 어떠한 상황과 존재 앞에 무엇인가 있었기 때문에 변화가 가능하였고 또 변화하였다고 설명하는 것이 연기법이다.

벽송 지엄스님이 일진스님에게 연기법을 다음과 같이 설명하는 것 같다. '자네는 불교의 오묘한 진리를 멀리서 찾으려고 하지만 나는 이렇게 생각하네. 지금 여기 가까이 보면 섬돌에 앞에 꽃들은 조금씩 내리는 가랑비에도 웃는 듯이 잎사귀를 흔들고 난간 밖에 부는 바람에도 소나무는 우는 듯이 소리를 내고 있지 않는가. 자네는 바로 그러한 것들을 자세히 보도록 하게! 그렇게 관찰하여 가면 우주의 진리를 알 수 있네, 꽃잎의 흔들림과 소나무의 울음에도 우주의 모든 운행 법칙이 축소되어 있네. 아니 보여주는 것과 같다네. 바로 그러한 사소한 것을 놓치지 않고 연기법을 볼 줄 알면 불교의 근본과 진리의 묘지(妙旨)를 얻을 것이네. 저기 뜰 안에 피어있는 한 송이의 꽃의 떨림에서도 스쳐가는 바람에도 흔들리는 나무에도 … 이러한 것들이 바로 제법의 법성(法性)과 법상(法相)을 그대로 보여주는 것이라네. 바로 이러한 것이 나의 선지(禪旨)라네!' 라고 자상하게 가르치는 것과 같다. 벽송 지엄스님의 선시는 이렇게 자연의 조그마한 변화를 순간적으로 포착하여 묘사한 것이지만, 제법의 법성(法性)인 공성(空性)과 연기법(緣起法)을 가르치고 있다.

② 영지(靈芝)에게 주는 시

삼월 봄비에 풀들은 더욱 꽃다워지고
구월 서리에 단풍은 더욱 붉어지고
만약 시구로 이 모든 것을 맞이하려고 하면
모든 존재(法)의 왕을 웃음으로 없애버리네.
芳草三春雨
丹楓九月霜
若將詩句會
笑殺法中王

【의미 풀이】
벽송지엄스님은 여기서도 순간적으로 변화하고 있는 자연과 시절(時節)의 풍경을 묘사하여 법성을 전하고, 다시 법성을 언어문자로 전부 담아낼 수 없음을 알리고 있다. 또 제법의 본래의 가치와 아름다움도 표현하면서, 그것을 볼 줄 아는 안목을 깨달음이라고 가르쳐주고 있다. 그러면서 옛부터 선문(禪門)에서 말과 글로 깨달음을 주고받는 방법으로서 선시(禪詩)가 많이 활용되었지만 이러한 전통적 방법에도 때로는 선(禪)의 본래의 핵심을 잃어버리는 헛점이 있었다고 일러주고 있다.

지엄스님은 제자에게 다음과 같이 가르치고 있다. 먼저 출가자가 불도를 닦는다고 해서 특별한 것을 추구하는 것이 아니라고 알려준다. 그리고 또 체험의 중요성을 알려준다. 즉 선수행자(禪修行者)가 참선과 명상을 통하여 부처님이 전하신 선지(禪旨)를 깨우치려고 많은 노력하는 것도 필요하고 또 선배의 충고와 도반들이 수행하는 자세를 보고 자신의 수행의 잘못된 점을 검토하고 점검해야 한다. 즉 그러한 과정을 통해서 자신의 수행의 잘못된 점을 고치고, 스승과 선배의 충고와 지도를 받는다. 그때에 생각을 글로 옮겨 서로 경책하기도 한다. 그런데 그렇게 표현한 문장과 글들은 수단일 뿐이다. 즉 선지(禪旨)와 불법 그 자체를 대신하는 것도 아니고 깨달음의 실천도 아니라고 일러주고 있다. 그래서 선종에서는 교학에서 중요시하는 교학연구보다는 불립문자(不立文字)와 이심전심(以心傳心)을 표방하고 있으며 수행자 자신의 불심(佛心)을 주체적으로 실현하는 것을 중요시한다. 그러한 점을 지엄스님은 시문에서 '만약에 그러한 마음을 전부 시구(詩句)로 깨달으려고 한다면 혹은 이 모든 것을 맞이하려고 한다면(若將詩句會) 정작 모든 존재(法)의 왕(王: 근본의 이치)이 비웃겠네 혹은 그 어리석은 미소로 근본 법의(法義)를 말살하는 것과 같다네(笑殺法中王)' 라고 나타내고 있다.

그리고 우주의 삼라만상이 운행되고 있는 시절과 자연의 변화를 예로 들어서 선(禪)의 근본을 더 자세히 설명한다. 즉 '삼월 봄비에 꽃다운 풀들, 구월 서리에 더욱 붉은 단풍'의 표현을 설명하면 추운 겨울 동안에 먼지와 추위로 볼품이 없던 풀들도 삼월에 내리는 봄비를 맞고서야 꽃다운 빛깔과 아름다움을 나타낸다는 뜻이다. 또 구월에 내리는 서리에 하루밤 사이에 숲 속의 나무들은 단풍이 들고 더욱 붉어져간다는 뜻이다. '삼월의 꽃다운 풀과 구월의 붉은 단풍'은 바로 우주의 만물이 시절의 변화에 따라서 변하는 모습을 보여주는 것이다. 즉 법상(法相)은 법성(法性: 空性)을 있는 그대로 자연스레 나타내는 것이며, 진리를 투영시켜주는 자연의 영상인 것이다. 스님은 자연이 각양각색으로 변화되는 모습을 시적 이미지로 표현하여 제법의 무상(無常)과 연기상(緣起相)을 다시 일깨워주고 있다. 이와 같은 방법은 스님의 독특한 표현방법으로서 자신의 선법(禪法)을 제자들에게 전하고 있다. 선사들은 이렇게 짧은 시문으로 자신들이 전달하고자 하는 어떤 생각과 불법의 핵심을 전하고 있다. 그러면서 종종 제자들이 그 언어적 방편에 집착할까봐 염려하여 언어적 표현들의 방법을 다시 빼앗기도 한다. 위의 시에서는 마지막 시구에 그러한 점이 엿보인다. 선시의 묘미는 바로 이러한 점에 있다.

(4) 서산휴정(西山休靜)

① 정춘(情春)

떨어지는 꽃잎은
천 만의 조각 조각으로
지저귀는 새소리는
갖가지 곡조로
만약에 시와 더불어
술이 없다면
이 좋은 풍경과
느낌이 사라져버리겠지!
落花千萬片
啼鳥兩三聲
若無詩與酒
應殺好風情

【의미 풀이】

부용당영관(芙蓉堂靈觀, A.D. 1485~1570)은 조선 중기에 활약한 스님이다. 부용당은 당호(堂號), 호(號)는 은암(隱庵), 연선도인

(蓮船道人)이라고도 불리운다. 스님은 17세에 삭발하고 신총(信聰)과 위봉(威鳳)스님에게 교학과 선(禪)을 배운 뒤에 나중에 지엄(智嚴)의 문하(門下)에 들어가서 큰 깨달음을 얻었다고 전해지고 있다. 부용당의 제자로는 법융(法融), 영응(靈應)과 휴정(休靜, 西山大師, 1520 ~1604), 선수(善修, 1543~1615)가 있다. 즉 서산대사는 부용당의 제자이다. 그 후 서산대사의 심법(心法)을 받은 제자로는 편양언기(鞭洋彦機), 소요태능(逍遙太能), 정관일선(一禪) 그리고 송운유정(松雲惟政)이 있다.

위의 시는 산사(山寺)를 배경으로 한 폭의 수채화를 연상시키는 아름다운 서정시(敍情詩)이다. 또 불문(佛門)의 스님들이 자주 노래하는 자연의 무상함을 표현한 선시(禪詩)라고도 할 수 있다. 혹은 이 작품은 오랜 세월 동안의 수행을 통하여 얻은 무심(無心)의 경지 또는 깨달은 혜안(慧眼)에서 관조되어지는 자연의 아름다움과 무욕(無慾)의 소박한 즐거움을 그렸다고 볼 수 있다.

그렇게 해석하는 까닭은 위의 시가 우선 어느 날 갑자기 부는 바람에 꽃잎들이 여기저기로 떨어지는 풍경과 한쪽에서는 새들의 온갖 지저귐을 자연스레 대비시키면서 우리들이 무심히 흘려보내는 일상의 무상(無常)을 간결하게 나타내고 있기 때문이다. 또 자연의 풍물(風物)이 순간적으로 변화하는 것과 여러 현상을 시각적 이미지와 청각적 이미지로 나타내어 문학적으로 잘 형상화하였다고 말할 수 있다. 또 그러한 표현을 통해 산사에서의 삶의 여유를 전하고 있다. 이러한 두 가지의 시적 이미지로 마치 붓으로 한 폭의 수채화를 그리듯이 대비시킨 것은 절묘한 표현이라고 평가할 수 있다. 또 시문의 앞 부분에서는 자연의 변화와 현상을 아무런 사심(私心) 없이 무심히 그리면서 뒤 부분에서는 그러한 자연의 모습이 더욱 아름답다고 표현한 것은 선의 정신을 나타내는데 있어 최고의 표현방법이라고 평가할 수 있다. 즉 '만약에 시와 술이 없다면 그 좋은 풍경과 느낌이 반감(半減)하여 사라지겠지!'라고 감탄한 부분이 그러하다고 말할 수 있다.

스님은 문인들처럼 시문만을 갈고 닦지는 않지만 이처럼 자연의 아름다움을 보는 대로 들은 대로 자연스런 필치로 전할 수 있는 것은 자연대상을 있는 그대로 보고자 하는 마음과 볼 수 있는 안목이 있기 때문이다. 또 그것은 바로 스님의 법력(法力)과 문학적 재능이 같이 꽃피는 것임을 알려준다. 즉 시선일치의 구체적인 실례(實例)라고 평가할 수 있다.

보통 부는 바람에 꽃잎이 천만 조각으로 떨어지고 또 갖가지 곡조로 지저귀는 새소리를 들었을 때에는 어느 누구라도 시인이 될 만큼 낭만적인 감상에 젖게 된다고 말할 수 있다. 그러나 아름다운 풍경을 있는 그대로 느낄 수 있는 무심(無心)의 경지는 누구나 가능한 것이 아니다. 바로 불도에서 추구하는 공성(空性)을 증득했을 때에 가능하다고 말할 수 있다.

우리들이 자연의 어떤 대상에 대하여 감동을 받고 아름다움을 아름답다고 말할 수 있는 것은 그 순간 우리들의 마음이 순수하고 어떠한 이기심도 없을 때에 가능하다. 만약 아름다운 꽃들과 새소리가 있는 좋은 풍경을 보고도 흥겨운 마음이 없다면 그 마음이 병적이고 이상하다고 말할 수 있다. 즉 흥겨울 때에 열심히 흥겨워하고 슬플 때는 열심히 슬퍼하는 것이 바로 무심(無心)의 경지이다. 바로 이러한 마음이 진리를 증득한 마음이다.

선어(禪語) 가운데 '상행일직심(常行一直心)'이란 바로 이러한 경우에 해당된다. '상행일직심'의 뜻은 바르고 순수한 마음과 어떠한 분별과 집착이 없는 마음[227]으로 평소의 생활을 영위해야 한다는 뜻이다.

---

227) 불교에서는 이런 마음을 분별과 집착의 번뇌를 연소(燃燒)시킨 마음이라고 표현하기도 하며, 혹은 번뇌가 없는 본래의 마음자리로 되돌아간 상태라고 표현하기도 한다.

선에서 추구하는 경지가 바로 그러한 삶이며 무심의 경지에 들어가야 모든 존재의 본래 가치와 자연스러움을 볼 수 있고 체험할 수 있는 것이다. 그래서 선문(禪門)에서는 무엇이든지 항상 일직심(一直心)으로 행하라고 가르친다. 그래서 그런지 선사들은 시문에서 순수하고 티끌 없는 무심으로 마음을 닦음이 주요한 공부라고 자주 노래하고 있다.

지금 위의 시에서 서산스님은 수행 중에 눈 앞에 펼쳐진 아름다운 자연의 풍경을 보고 자연스레 잠시 시인의 마음이 되어 시를 쓰고 있다. 또 자연의 있는 그대로 아름다움을 묘사한 후에 그 아름다움에 대한 감동을 술에 취한 듯한 감흥으로 나타내고 있다. 그래서 만약에 시흥(詩興)과 더불어 술이 없다면 느낌이 반감(半減)하거나 아니면 모두 사라져버리겠지 라는 표현은 바로 그러한 감동을 나타낸 것이며 또 무심의 경지를 알리는 순수함이다. 예컨대 위의 시문은 스님이 자신의 무심의 경지를 순간적으로 포착하여 시어에 담아 그대로 보여준 것이다.

그런데 우리 범부는 자신의 견해와 이해만이 항상 옳다고 생각하고 다시 그러한 감정에 집착하여 보통 자연의 아름다운 것을 보아도 본래의 아름다움을 그대로 보지 못하고 자신이 집착하고 있는 생각으로 색칠하여 자연의 대상을 다르게 보기도 한다. 즉 자연을 있는 그대로 보지 않고 자신들의 개별적이고 분별적인 생각으로 모든 것을 색칠하여 본다. 그래서 자연의 아름다운 풍경과 변화를 보거나 또는 어떤 작은 새가 온갖 소리로 아름답게 노래하는 새소리를 들어도 사람들은 그때 자신들의 상황과 생각에 따라서 각자 다르게 보고 다른 감정을 말한다. 즉 그때에 화가 난 사람은 그 새소리가 자신의 감정을 더욱 성가시게 하는 소리로 느낄 것이고 슬픈 마음으로 새소리를 들은 사람은 새가 자신의 슬픈 마음을 공감하는 것처럼 슬피운다고 말할 것이다. 그리고 연인과 열렬한 연애를 하는 사람들은 그 새소리가 마치 사랑하는 이의 목소리처럼 아름답게 노래하고 있다고 느낄 것이다. 이와 같이 똑같은 자연현상을 보고 듣는 사람들의 그 순간의 심정에 따라서 각양각색으로 다르게 해석하고 있다. 그러나 그 새소리는 새의 입장에서 보면 자연스러운 숨의 고름일 수도 있고 아니면 먼 곳에 있는 같은 무리들이나 새끼들에게 무엇인가를 알리는 소리일 수도 있다.

우리 범부는 이렇게 항상 자신의 분별심과 집착심으로 자연의 있는 그대로의 아름다움을 보지 못하고 자신의 입장에 따라서 분별하며 살아가고 있다. 그런데 불교의 깨달음을 깨우친 스님들은 '상행일직심(常行一直心)'으로 자연을 보고 느낀다. 즉 자신의 감정에 상관없이 자연의 본래의 아름다움을 있는 그대로 보고 느끼며 그것을 글로 나타낸다. 즉 깨달은 자는 자연 본래의 모습을 무심히 그대로 받아들이고 있다.

선(禪)의 수행도 바로 그러한 마음과 순수함을 지향하고 있기에 선사들의 시문을 보면 분별과 망상이 없는 무심의 명경대(明鏡臺)로 자신 밖에 있는 자연의 모습을 있는 그대로 비추어 표현하고 있다. 마치 맑고 고요한 연못의 수면을 보면 연못가에 서있는 나무들과 연못 속에 잠겨있는 흙과 자갈들을 있는 그대로 보여주는 것과 같다. 그렇게 자연을 있는 그대로 볼 수 있는 것은 특별한 어떤 인위적 장치나 도구가 있어야 되는 것이 아니고 단지 연못의 물 위로 스쳐 가는 바람이 없을 때에 가능하다. 그처럼 자연의 모든 존재의 아름다움을 있는 그대로 볼 수 있게 하는 것은 우리들의 마음이 흔들림이 없는 무심의 경지일 때이다.

여기서 주의해야 하는 것은 무심(無心)이란 마음이 없다는 뜻이 아니다. 예로부터 선에서는 무심이란 대상을 명확하게 비추어 보고 또는 스스로 자신의 망상과 집착심을 분석하여 그 자성(自性)이 고정불변하지 않다는 것을 명확히 비추어 아는 '요요상지(了了常知)'라고 말할 수 있다. 즉 무심이란 명료한 의식상태로서 요요상지가 가능할 때이다. 그래서 무심이란 공성을 명확하게 알고 거짓 없는 순수한 지혜를 자유자재로 활용하는 명료한 의식상태라고 바꿔 말할 수 있다. 즉 선수행이 무르익어서 어떤 분별심과 집착심도 없는 무아(無我)와 무심(無心)의 상태가 될 때에는 자타(自他)의 근원까지도 명확히 파악되는 요요상지한 상태가 절로 나타나는 것이다. 선에 있어 무아와 무심의 공(空)은 어떤 존재와 상황을 부정하는 것이 아니고 오히려 자신이란 존재의 본성을 명확하게 인식하고 또 자연 그대로 진실대로 느끼고 있는 그대로 보아라는 뜻이다.

여기 서산대사의 시문도 바로 그러한 무심의 경지에서 본 자연의 실상의 아름다움을 표현하고 있다. 서산스님은 무심의 경지에서 자신을 잊어버리고 한 순간에 자연의 꽃과 새들과 함께 일여(一如)가 되는 느낌을 노래하고 있다. 그래서 '시와 술이 없다면 이 좋은 풍경과 느낌이 반감(半減)하겠지!'라고 노래하였다.

불가에서는 술을 곡차(穀茶)라고도 부르는데 위의 시문에서는 자연의 풍경이 너무도 아름답고 풍취(風趣)가 멋이 있어서 마치 술을 먹어서 취한 듯하다고 표현하고 있다. 바꾸어 말하면 세상 사람들도 그처럼 아름다운 풍경을 본다면 술과 시가 없어도 자연에 취하고 감동하겠지라고 느낀 것 같다. 그러나 스님이 느낀 그 감동은 깨달은 자가 무심의 경지에서 자연을 보았기에 자연의 가치와 아름다움이 보였던 것이다. 즉 보는 자가 어떤 목적과 개별적 사심(私心)을 가지지 않고 보니까 그렇게 보인 것이다. 개발업자가 어떤 이익과 사심을 가지고 보았다면 개발이란 이유로 자연을 훼손할 계획이 머리 속에 먼저 떠올랐을지도 모른다. 그래서 아무런 이해와 목적이 없는 불심(佛心)만이 자연의 실상(實相), 아름다움, 진리를 바로 볼 수 있는 것이다.

옛날 중국의 은둔의 시인인 도연명(陶淵明)은 자연의 아름다움 속에 살기 위하여 관리생활을 그만두고 고향에 귀향하여 빈궁하게 생활하였지만 유유자적(悠悠自適)하게 살아가는 삶의 즐거움을 누렸다. 그때의 '귀거래사(歸去來辭)'를 보면 낮에는 조그마한 텃밭을 갈고 틈나는 대로 시를 짓거나 술을 마시는 즐거움이 참으로 좋다고 노래하고 있다. 여기 서산대사도 산 속에서 불도를 닦는 외로운 생활이지만 무심과 무아(無我)의 경지에서만 만끽할 수 있는 도락(道樂)과 소박한 자연미

(自然美)의 감상만이 유일한 재미였다고 노래하고 있다. 서산대사의
선심(禪心)을 전하는 다른 두 편의 시를 더 감상하도록 하겠다.

② 불일암(佛日庵)

깊고 깊은 선원(禪院) 안의
꽃들은 빗방울에 더욱 붉어지고
넓은 산림 속의 대나무들은
비취색의 안개를 이루고
흰 구름은 모여
잠시 산봉우리에서 잠들고
푸른 학은 스님을 친구 삼아
잠 들었네.
深院花紅雨
長林竹翠烟
白雲凝嶺宿
靑鶴伴僧眠

【의미 풀이】

이 시는 스님이 불일암(佛日庵)에서 수행할 때 감상한 자연의 아름다
움과 자신의 선심(禪心)을 묵화(墨畫)를 그리듯이 붓가는 대로 표현한
것이다. 그러한 묵화적인 풍경을 보면 불일암이라는 선원을 묘사하고
있다. 즉 선원 안의 정원에 핀 꽃나무들은 비 온 뒤에는 그 빛을 더욱
선명하게 드러내고 있었으며 또 넓고 깊은 산림 속의 대나무들은 비 온
뒤에는 더욱 높이 자라고, 정원 속의 수목(樹木)들과 더불어 그윽하게
비취색을 띄우면서 연기와 같은 안개 속에 묻혀 있다고 노래하고 있다.

이러한 풍경은 깊은 숲이나 산사(山寺)에서 많이 볼 수 있는 것으로

서 우리들은 보통 무심하게 보고 지나치지만 스님은 선수행 중에 무심
히 바라다 본 그러한 자연의 변화의 모습을 통하여 큰 깨달음을 열기도
한다. 그러나 여기서는 자연의 풍경을 있는 그대로 사실적으로 그리고
있다.

그리고 보통 흰 구름은 무심의 경지를 나타내는데 자주 사용되는데,
여기서도 흰 구름으로 스님의 무심의 경지를 나타내고 있다. 즉 인간들
의 분별망상심을 초월한 마음과 불심(佛心)의 무심을 흰 구름으로 그리
고 있다. 그러한 흰 구름을 푸른 학과 노승(老僧)에 대조시켜서 학도
스님들처럼 무심히 산 속에서 조용히 잠들고 있다고 노래하고 있다. 이
렇게 도인(道人)의 무심의 경지는 그가 본 풍경을 표현하는 데서 그대
로 나타나고 있다. 즉 스님의 마음이 시에 그대로 투영(投影)되어 나타
나고 있다. '숲속의 대나무들이 품어내는 물 안개가 하늘로 올라가서
구름으로 응축되고, 응축된 구름은 다시 산봉우리를 감싸고 잠든 듯이
머물고 푸른 학은 스님을 친구 삼아 잠 들었네'라고 노래한 부분은 바
로 도인(道人)의 마음과 자연(自然)의 무심의 경지가 똑같다는 것을
나타낸 것이다.

그리고 대나무 숲의 습기와 바람에 엉겨서 산봉우리로 올라가는 흰
구름도 역시 무심히 잠자고 있다고 노래하고 있다. 구름과 바람은 산
계곡 사이를 돌고 돌아 나와서 절로 이 산 저 산을 넘나들고 때로는 잠
시 조각구름으로 나뉘어 가는 모습이 마치 높은 산봉우리에 걸쳐 무심
히 잠들고 있는 듯하다고 노래하고 있다. 전체적으로 이 작품은 스님
자신의 무심의 경지를 나타내면서 스님 자신을 자연물의 하나로 그리면
서 선경(禪境)은 바로 자연의 본래의 모습이라고 말하고 있는 것 같다.
예컨대 이 작품은 자연친화적 이미지로 나타내고 있다.

③ 망고대(望高臺)

높고 높은 산봉우리의 정상에
외로이 서 보니
넓고 넓은 하늘에는
새들만 오가네
보이는 풍경은 모두
가을빛으로 그득하니
술잔 속에 잠긴
푸른 바다는 더욱 작구나.
獨立高峯頂
長天鳥去來
望中秋色遠
滄海小於盃

【의미 풀이】

이 작품도 스님의 무심(無心)과 무아(無我)의 불심(佛心)의 경지를
자연에 비추어 나타내고 있다. 망고대(望高臺)는 금강산의 동쪽에 있
는 산봉우리로서 예로부터 조선의 절경 중의 하나였다. 보통 망고대에
서 바라다 보이는 경치는 동해의 넓은 바다의 풍경뿐이지만 옛부터 우
리들의 조상들이 소중히 여긴 자연미의 하나였다.

최근에 금강산 관광이 시작되어 많은 분들이 금강산의 다른 절경들도
관광하고 있지만 바로 그러한 곳에 옛날 서산대사가 올라가서 동해쪽의
밑을 내려다보았던 것 같다. 스님의 큰 마음으로 본 푸른 동해 바다가
술잔 속에 담긴 듯이 작아 보이고 산 속의 풍경들은 가을빛으로 가득하
고, 여기 저기에 울긋불긋한 단풍색 일색이라고 노래하고 있다.

그리고 망고대에서 본 하늘은 넓고 넓어서 무심히 지나가는 새들의

혼적으로 그 넓은 공간들이 하늘이었음을 느낄 뿐이라고 노래하고 있다. 즉 스님도 하늘과 바다라는 넓은 공간에 대한 분별을 가끔 머리 위로 날아다니는 새들의 움직임으로 그곳이 비어있는 허공이었음을 알게 되고, 또 그 뒤에 남을 새들의 혼적으로 그 곳이 하늘이었음을 느끼게 된다고 말하고 있다. 또 산과 산 사이에 보이는 동해 바다의 푸름은 마치 조그만 잔 속의 푸른 물로 느껴진다고 표현하고 있다. 이러한 표현은 마치 어항 속에 놀고 있는 붕어들의 움직임을 보고서 어항 속에 맑은 물의 존재를 알 수 있고 날아가는 새의 움직임을 보고 하늘이라는 공간이 존재함을 느꼈다는 것과 같다. 이러한 경지는 바로 물아일여(物我一如)의 경지로서 스님의 마음이 그만큼 크고 무아(無我), 무심(無心)의 선(禪)의 경지에 들어 있음을 나타내는 것이다.

(5) 부휴선수(浮休善修)

① 선수행자(禪修行者)에게 주는 시(贈某禪子)

스승을 찾아 불도를 (많이) 익혔으나
별다름이 없었도다
단지 소를 탔고
나의 집에 이르렀네
백척의 장대 위에서
활보할 수 있었으니
항하사 같이 많은 부처가
눈 앞에 피는 꽃이 되었도다.
尋師學道別無他
只在騎牛自到家
百尺竿頭能闊步

恒沙諸佛眼前花

【의미 풀이】

조선불교사에 있어 부휴선수(浮休善修, A.D. 1543~1615)는 동문 (同門)인 휴정(休靜)과 더불어 불교부흥에 큰 역할을 하였다. 나중에 선수는 휴정과 더불어 조선불교의 양대(兩大) 문중의 하나를 형성하였 는데 선수의 문하에는 각성(覺性)이 있고 그후 수초(守初)와 성총(性 聰)과 수연(秀演) 등이 차례로 법을 이었다.

위의 '선수행자에게 주는 시'라는 작품은 바로 부휴스님께서 자신이 체험한 것을 제자들에게 전하는 내용이다. 스님 자신도 처음 불문에 입 문하여 많은 스승을 찾아다니며 배웠지만 깨우치고 난 이후에 회상하여 보니 보통 사람들이 사는 일상사와 특별히 다른 것이 아니고 평상심이 바로 불도였다는 것을 자각하였다고 제자에게 일러주고 있다. 위의 시 에 '스승을 찾아 불도를 많이 익혔으나 별다름이 없었도다'는 바로 스 님이 불교를 배워보니까 특별한 것이 아니고 우리들의 일상사와 별다름 이 없다는 것이다. 즉 보통 출가하면 반드시 좌선을 하고 경전을 배우 고 외워야 불도를 행하는 것이라고 생각하기 쉽지만 사실은 불교의 근 본을 꿰뚫어 보면 그런 것이 아니었다 라고 토로하고 있다. 예컨대 진 실한 불도는 어떤 특별한 형식과 종교적 의식(儀式)에 있는 것도 아니 고 경전의 가르침 이외의 모습, 즉 일상적 삶 속에 있다는 것을 발견하 였다는 것이다. 선문에서 추구하는 것도 바로 이런 공부이다. 우리가 일상에서 보고 느끼는 평상심이 바로 불도의 시작이고 종착점인데 불교 를 특별한 것으로 추측하여 찾으면 본지(本旨)에서 천길 만길 벗어나거 나 혹은 사도(邪道)의 함정에 떨어지게 된다고 가르치고 있다.

스님은 여기서 불교의 근본을 명확하게 확인시킨 다음에 진리를 우리 들의 일상생활에 철저하게 실천하고 반영하는 것이 불도라고 알려주고 있다. 즉 우리들에게 때가 되면 밥먹고 차 마시고 다시 그릇을 씻고 하

는 것과 같은 지극히 평범한 일에 모든 정신을 기울여 노력하고 사는 것
이 바로 불도라고 가르치고 있다. 그래서 선사들은 우리들에게 평소에
쓰는 마음가짐과 평상심(平常心)에서 불도가 시작된다고 말한다. 또
불도를 바로 닦는 것이란 일상의 어떤 사소한 것에도 소중히 여기고 행
동하는 것이라고 가르친다. 그래서 선방에 좌선하거나 법당에서 염불
을 하듯이 일상생활에서도 모든 정성을 다하여 행한다면 바로 그러한
것이 불도를 행하는 것이라고 말할 수 있다. 부휴스님은 그러한 생각을
제자에게 전하고자 이 시를 지은 것 같다.

다음 '단지 소를 탔고 나의 집에 이르렀네'라는 부분은 심우도를 연
상시킨다. 심우도로 설명하면 불도의 수행은 먼저 우리들 마음의 소를
관찰하고 다시 제어하도록 하여서 자신을 잘 다스리도록 하는 것이라고
설명할 수 있다. 즉 야생의 소와 같은 마음을 바르게 성장시켜서 본래
의 순수하고 청정한 본심(本心)의 집으로 돌아가게 하는 것이며 또 들
판에 풀어놓아도 저절로 제 집으로 찾아갈 수 있도록 하는 훈련이 수행
이다. 즉 불도를 간단하게 말하면 '마음공부'라고 말할 수 있다.

이 세상의 모든 사람은 모두 부처가 될 수 있는 가능성이 있다. 즉 중
생은 모두 평등히 불성(佛性)을 구족하고 있다. 그러나 이런 진실을 자
각하지 못할 때에는 불(佛)·법(法)·승(僧)의 삼보(三寶)에 귀의하
여 믿음으로 수행해야 한다. 즉 선배들이 하던 대로 스승이 시키는 대
로 열심히 배우고 따라야 한다. 그러나 어느 정도 공부가 숙성하여 지
혜의 안목이 생겼을 때에는 바로 자신이 부처의 성품을 지니고 있었는
데 그것을 모르고 여기 저기 다른 것을 찾고 있었다는 것을 알게 된다.

부처의 지혜와 같은 혜안(慧眼)이 생기고 수행력이 높아서 자유자재
로 행할 수 있을 때에는 마치 백척의 장대 위에 있어도 마음대로 활보
(闊步)할 수 있듯이 세상의 어떠한 어려운 경우도 극복하여 나간다. 위
의 시에서 '백척의 장대 위에서 활보할 수 있었다'라는 구절은 바로 그
러한 뜻이다.

'항하사 같이 많은 부처가 눈앞에 피는 꽃이 되었도다' 라는 표현은 불도를 많이 수행하여 지혜를 얻고 나면 과거의 모든 부처들도 허공의 꽃과 같이 여겨지고 세상의 모든 것이 부처의 모습처럼 아름답고 고귀하게 보이고 어떠한 어려움도 극복하게 되어 자재한 도인(道人)처럼 어떠한 어려운 길도 걸림없이 자연스럽게 걸을 수 있다고 말하는 것이다. '갠지스 강의 모래(항하사)와 같은 많은 부처가 눈 앞에 피는 꽃이 되었도다' 라는 표현은 바로 그러한 내용이다. 스님은 자신의 경험에 비추어 깨달은 후에 얻은 열반묘심(涅槃妙心)의 경지가 바로 그러하다고 직접적으로 표현하고 있다.

열반묘심의 열반이란 산스크리트어의 니르바나(Nirvāṇa)를 소리나는 대로 한자로 옮긴 것인데 그 뜻은 깨달음의 적멸을 의미한다. 더 정확하게 말하면 번뇌의 불길이 모두 식어서 꺼져버린 조용하고 평화로운 상태와 깨달음을 성취한 상태를 뜻한다. 원래 불교가 지향하는 것이 바로 이러한 평화로운 세계이다. 그래서 스스로의 마음을 닦고 닦아서 오랫동안 자신을 태우면서 고통을 주었던 번뇌의 불길이 완전히 끊기고 깨달음의 세계로 들어가게 되면 청정하고 적멸한 평온함만을 만끽할 수 있다. 그러한 평온한 상태를 묘심(妙心), 불심(佛心)이라고 표현한다. 또 그러한 상태의 마음은 불가언설(不可言說)이라고도 한다. 즉 말과 문자로 그러한 상태의 마음을 정확하게 전달하는 것이 어렵기 때문에 그렇게 말하였던 것이다. 그렇게 열반묘심을 언어문자로 표현하는 것이 어렵기 때문에 선승들은 열반묘심을 전달하는 방법을 다양하게 창안하였던 것이다. 여기 부휴스님은 자신의 열반묘심을 한편의 아름다운 시로 나타내고 있다.

② 암선사에 주는 시(贈岩禪師)

말없이 앉아 공허(空虛)한 생각에 잠기니

절문은 절로 닫기고
푸른 산 구름위로
봄을 알리는 새의 지저귐만
저녁 노을의 연기 속에
얻는 한가로움 가운데 멋이여
그저 혼자만이 이 빛남을 기뻐하나
님에게는 드릴 수 없으니.
默坐虛懷獨掩門
一聲春鳥碧山雲
煙霞剩得閑中趣
只自熙怡不贈君

【의미 풀이】

위의 '암선사에 주는 글'이란 시에서 부휴스님은 공관(空觀)의 수행 중에 느껴본 열반묘심을 타인에게 쉽게 전할 수 없는 어려움을 노래하고 있다. 즉 영취산에서 부처님께서 가섭에게 전한 열반묘심의 미묘법문(微妙法門)의 특성을 노래로 나타내고 있다.

부처님께서 만년에 영취산에서 설법을 하셨을 때에 대중을 향하여 한 송이의 꽃을 들어 보였는데 가섭존자만이 그것을 보고 미소로 대답하였다고 전한다. 그때에 부처님은 "지금 나에게 진실한 교법으로서 모든 것을 관조해서 모아놓은 눈과 묘한 열반의 마음과 형상을 갖지 않은 진실한 상(相)과 불가사의(不可思議)한 법문(法門)이 있다. 지금 그것을 언어문자에 의하지 않고 또 경전의 가르침 이외의 형태로 가섭에게 전한다."[228]라고 말했다고 전한다. 즉 이것은 염화미소(拈華微笑)에

---

228) 吾有正法眼藏 涅槃妙心 實相無相 微妙法門 不立文字 教外別傳 付屬摩 訶迦葉.

관한 이야기로서 선법(禪法)의 전수(傳授)는 가섭존자로부터 시작된
다고 말하게 된 근거이다.

부휴스님은 산사에서 말없이 앉아서 열심히 공성(空性) 등을 공부하
다가 보니 절문은 언제 누가 닫은지 모르겠고 저절로 닫긴듯이 조용한
경내에서 절을 에워싼 푸른 산과 흰 구름 위로 가끔 날아다니는 산새들
의 외줄기 지저귐만이 봄이 왔음을 알린다 라고 노래하고 있다. 즉 세
상 사람의 방문이 드문 깊은 산 속에서 홀로 불도를 닦는 스님에게는 자
연은 바로 친구가 되고 시절(時節)의 변화를 알려주는 거울이고 달력인
것이다. 스님은 바로 그러한 무위(無爲)로 살다보니 자연에 동화되어
혼자만의 마음의 평화를 느낀다고 은연중에 나타내고 있다. '저녁 노을
의 연기 속에 얻는 한가로움 가운데의 멋이여' 라는 표현은 바로 그런 뜻
이다. 즉 아침부터 열심히 선수행을 하다보면 어느새 저녁이 되고 또
저녁노을의 연기 속에 비치는 산사의 고즈넉함과 한가함은 그 무엇에도
견줄 수 없다고 찬탄하고 있다. 그리고 또 그렇게 혼자서 만끽하는 그
일상의 한가함과 정신적 평온함과 즐거움이 출가자의 멋이라고 노래하
고 있다.

'그저 혼자만이 이 빛남을 기뻐하나 님에게는 드릴 수 없으니' 라는
표현은 바로 불도를 닦으면서 순간 순간에 얻는 열반묘심을 자신 이외
의 타인에게 전하는 것이 어렵다는 뜻이다. 즉 수행 중에 느끼는 즐거
움은 누구와도 나눌 수 없는 체험이고 깨달은 후에 성취된 자내증지(自
內證智) 및 내적(內的) 희열(喜悅)을 어떻게 다른 사람에 전할 수 있
는가라고 반문하고 있다. 그래서 열반묘심을 불가언설(不可言說)이라
고 표현하고 선지(禪旨)를 말과 글로 완전히 담아낼 수 없다고 말하는
것이다. 부휴스님은 바로 그것을 서정적 풍경으로 노래하면서 자연의
아름다움을 느끼는 그 마음을 전부 다른 사람에게 전할 수 없듯이 깨달
음도 님에게 드릴 수 없는 아쉬움이 있다고 나타내고 있다.

③ 푸른 하늘에 스쳐 가는 한 조각의 구름(一片閑雲過碧空)

강과 호수에 부는 바람은
봄을 다하게 남은 꽃잎을 떨구게 하고
해저믄 뒤 한가한 구름은
푸른 하늘에서 만나고
인간사가 환영(幻影)임을
너희로 하여금 헤아려 알았으니
세상사 모두가 다 잊혀지는구나
한바탕의 웃음속에.
江湖春盡落花風
日暮閑雲遇碧空
憑渠科得人間幻
萬事都忘一笑中

【의미 풀이】

위의 작품은 자연의 변화를 통하여 제법무상을 알게 되고, 그 가운데
불법의 핵심인 공성과 연기법을 깨닫게 되었다고 노래하고 있다. 우리
는 보통 형태도 없는 하늘과 정해진 모습이 없는 물을 보고 인식할 때에
공(空)을 생각할 수 있다. 또 하늘 위로 날아가는 새들의 움직임 또는
물 속에 헤엄치며 노는 물고기들의 움직임을 통하여 그곳이 바로 하늘
과 물 속이란 공간이 있다고 생각한다. 여기 위의 작품에서도 바람과
꽃, 하늘과 구름의 모습을 보고 무상공(無常空)을 노래하고 있으며,
흘러가는 한 조각의 구름을 보고 푸른 하늘이 그 곳에 있었음을 느낀다
고 노래하고 있으며 또 강과 호수가에서 떨어지는 꽃잎을 보고 바람이
지나갔었다는 것을 느낀다고 노래하고 있다. 즉 지나가는 바람의 존재
를 떨어지는 꽃잎을 통하여 느끼며 또 봄에서 여름으로 넘어가는 시절

의 변화를 느낀다고 노래하고 있다. 부휴스님은 무상(無相)의 묘지(妙旨)와 제법실상(諸法實相)을 그렇게 자연의 묘사로 나타내고 있다. 불법(佛法)을 깨닫는 방법은 사람마다 상황마다 여러 가지지만 부휴스님은 여기 이 시문에서는 실상무상(實相無相)과 열반묘심의 도락(道樂)을 노래하면서 인생사 모두가 일장춘몽(一場春夢)에 지나지 않는 무상(無常)이고 공(空)이라고 가르쳐 주고 있다. 불교의 핵심은 바로 제행무상(諸行無常)을 깨닫게 하는데 있다. 위의 시에서 스님은 자연의 변화의 모습을 관찰하여 인생사와 자신의 삶도 그러하다는 것을 자각하였다고 노래하고 있다.

겨울동안 부는 혹독한 찬바람에 모든 꽃나무들은 꽃망울을 터뜨릴 것 같지 않았지만 봄이 되면 서서히 피기 시작하고 시간이 더 흘러 지나면 여름의 꽃들은 화사로움을 자랑하듯이 활짝 핀다. 그러한 여름의 꽃들도 역시 가을이 오면 낙엽이 되어 사라진다. 모든 것이 이렇게 쉼없이 연기(緣起)하고 연성(緣成)하여 가고 있다. 즉 생겼다가 다시 사라지는 그 모습이 실상(實相)을 보여주는 것이기에 실상은 무상하다고 말하는 것이다.

또 불교에서는 모든 존재는 무상하다고 가르친다. 즉 모든 것이 한 순간의 인연에 의해서 생기지만 그 인연이 다하였을 때에는 또 사라지는 것이다. 그래서 우리들 인간의 삶과 인간사 모든 것도 잠시 머물렀다가 가는 것이다. 여기 부휴스님은 그러한 생각을 '봄 지난 강가와 호수에 부는 바람은 남은 꽃잎을 떨구게 하고'라고 표현한 다음에 모든 것이 그러하다는 것을 알고 한바탕 웃음으로 잊는다고 노래하고 있다. 그러면서 해저문 뒤에 한가한 구름이 푸른 하늘에서 만나는 모습을 보고 우리들 인간사도 바로 그처럼 여러 인연에 의해서 많은 만남과 이별을 하였겠지 라고 생각하게 하고 있다. 즉 이 부분에서는 연기법의 가르침을 생각하도록 만들고 있다. 그리고 다시 '너(자연의 변화)로 하여금 인간사가 환영(幻影)임을 헤아려 알았으니'라고 노래하고 있다. 이렇

게 자연의 운행과 그 변화 속에서 인간사가 환영(幻影)임을 알게 되어
무상함을 느껴지지만 또 한편으로는 무한한 연기성을 느끼게 된다고 노
래하고 있다. 이러한 가르침은 '모든 유위법(有爲法)을 꿈과 환상과 물
거품처럼 여기고 또 곧 사라지는 아침의 이슬처럼 혹은 찰나에 내리치
는 번개불처럼 생각하라'고 전하는 《금강경(金剛經)》과 유사하다고 말
할 수 있다. 그래서 세상의 모든 존재와 인생조차도 공으로 관조되는 무
상관(無常觀)으로 세상을 바라보면 중생의 어리석은 집착들이 한바탕
의 웃음거리에 불과하다. 그래서 부휴스님은 '세상사 모두가 한바탕의
웃음에 다 잊혀지는구나'라고 노래하고 있다. 이 작품은 자연의 무상을
관찰하게 한 다음에 그 안목으로 인간사를 다시 비추어보게 하여 허망
함에 집착하지 말라고 가르치고 있는 시이다.

(6) 송운유정(松雲惟政)

① 어느 왜승(倭僧)에게

참사람(眞人)이란
어떤 계급도 어떤 모습도 없으나
들고 나는 곳을 찾아보니
항상 어디에서나 출입하구나
한 생각을 돌려보면
그 그릇을 완전히 알 수 있으니
번개불을 끊어 밟고서
물소리에 흘려보낸다.
無位眞人沒形假
尋常出入面門中
倘能一念回機了

踏斷電光流水聲

【의미 풀이】

사명대사 유정(惟政, A.D. 1544~1610)은 조선 명종(明宗) 16년(1561년)에 선과(禪科)에 합격하여 직지사(直指寺)의 주지를 거쳐서 선조(宣祖) 8년(1575년)에 봉은사(奉恩寺)의 주지에 임명되었으나 사양하고 묘향산에 가서 서산대사에게 불법을 배웠다고 알려지고 있다. 그 후에 여러 명산(名山)을 다니면서 수행 중에 임진왜란이 발생하여 나라가 혼란스러워지게 되었을 때에는 홀연히 승병을 모아 의병의 장수로서 나라를 구하였다. 임란 이후는 강화사절(講和使節)로서 일본에 건너가서 나라를 위하여 큰 활약을 하였다.

사명대사는 전란 중에도 많은 시문을 남겼는데, 위의 시는 그 가운데 임진왜란 뒤에 사명대사가 강화사절로서 일본에 가서 많은 일본인들을 만나는 과정에 지은 시이다. 그때에 그들을 감동시킨 작품으로서 스님의 법력과 선기(禪氣)가 시문에 그대로 남아 전하고 있는 작품이다.

위의 시문은 특히 임제종(臨濟宗)의 선풍(禪風)을 전하고 있는데 그것은 유정스님이 벽계정심(碧溪正心, ?~1464)의 법손(法孫)이었음을 알려주는 자료이기도 하다. 벽계정심은 일찍이 구곡(龜谷)과 각운(覺雲)에게 불법을 배웠으나 훗날 중국 명나라에 가서 임제종의 설당총통(雪堂摠統)에게 임제의 선풍을 배우고 다시 그로부터 심인(心印)을 얻고나서 조선에 돌아와서 제자들을 가르쳤다는 기록이 있다. 그래서 벽계정심의 법맥인 사명대사의 시문에 임제종의 가르침이 그대로 담겨져 있는 것이다.

'어느 왜승(倭僧)에 주는 시'을 감상하면 '참사람(眞人)이란 어떤 계급도 어떤 모습도 없으나 들고 나는 곳을 찾아보니 항상 어디에서나 출입하구나'의 시구는 바로 임제종의 선풍을 나타내는 것이다. 첫 구절 '참사람이란 어떤 계급도 모습도 없으나(無位眞人沒形假)' 가운데 무위(無位)의 진인(眞人)이라는 말은 임제종의 개조(開祖)인 임제의현(臨濟義玄)이 자주 제자를 가르쳤던 말이다. 즉 "붉은 살덩어리 안에 무위(無位)의 진인(眞人)이 있으며 항상 너희들 면전(面前)으로부터 들고나고 있다. 아직 깨닫지 못한 사람들은 자세히 보아라 보아라!"라고 말한 의현의 설법에서 유래한 말이다. 여기서 붉은 살덩어리라는 말은 인간의 육체를 말하는 것이고 무위(無位)는 세상에서 흔히 사회적 지위와 각종 인위적 잣대로 사람을 판단하려는 것을 부정하는 말이다. 즉 신분에 아무런 계위가 없다는 뜻이다. 진인(眞人)이란 그러한 인위적인 판단과 사회적 지위 등과 관계없는 인간 본래의 성품과 인간성을 가리키는 말이다. 임제의현은 이 말로 자신의 선지(禪旨)를 요약하였던 것이다.

보통 사람들은 다른 사람을 대할 때에 그 사람의 지위와 직업과 학력 등을 보고 그 사람의 인품과 사람됨을 판단해 버린다. 그러나 사실은 그러한 지위와 직업과 학력 등과 그 사람의 사람됨과 인간성과는 어떠한 인과관계도 없다. 그래서 임제스님은 그러한 세속의 지위와 직업과 학력 등을 초월한 곳에 그 사람의 진실한 인간성이 있다는 뜻을 강조하고 있다. 그것이 '무위진인'이다.

그러나 의현스님은 우리들에게 인간을 볼 때에 그러한 인위적으로 만든 각종 계급을 그 사람의 성품으로 보지말고 인간 본래의 불성(佛性), 진인(眞人)은 그것과 엄연히 다른 데에 있다는 것을 자각해야 한다고 가르치고 있다. 그리고 또 그 본래의 인간성은 특별한 것이 아니고 항상 우리들이 이목구비(耳目口鼻)로부터 감각하며 느끼고 생각하고 있는 것들이라고 가르친다. 그래서 "만약 너희들 가운데에 이 사실을 모른 사람이 있다면 더 자세히 보아라! 보아라! 지금 여기서 너희가 설법을 듣고 있지 않은가! 바로 지금 이렇게 듣고 있는 것이야말로 너희들 자신이 아니냐!"라고 직설적으로 말하였다고 그의 어록(語錄)에는 기록되어 있다. 그래서 '무위진인(無位眞人)'이라는 선어(禪語)는 외형적 사회적 어떤 계급과 차별 등과 무관한 인간성과 불성(佛性)을 직시 하라고 강조하는 말이며 나아가서 불성을 자각하고 깨우치는 사람이 바로 부처라고 가리키는 말이다.

여기 사명대사가 어느 왜승(倭僧)이 불법(佛法)에 대하여 묻자 그 대답으로 임제종의 가르침을 전하고 있다. 즉 지금 여기서 선시(禪詩) 를 주고받고 있는 나와 자네의 그 마음과 의식이 무위진인의 나타남이 라네 라고 가르치고 있는 것이다. 그러면서 우리들이 이렇게 서로의 본래의 인간성을 서로 주고받는 것이 마치 '번갯불을 끊어 밟고서 물소리에 흘려 보내는 것과 같다네' 라고 노래하고 있다.

② 왜승(倭僧) 승태(承兌)에게 주는 시

비 개인 정원에 남은 비로
모래 먼지도 말끔히 씻겨져 있고
하늘거리는 버들잎 사이로
부는 동풍에 이국 땅에도 봄은 오고
그 가운데 남쪽의 종파에도
귀뚫린 손님이 있으니
세상이 다 취하여도
홀로 깨어있는 그대.
雨餘庭院淨沙塵
楊柳東風別地春
中有南宗穿耳客
世間皆醉獨醒人

【의미 풀이】
사명대사가 조선의 강화사절로서 일본에 건너가서 그곳에서 일본 승려들을 많이 만났던 것 같다. 그 과정에 스님은 잠시 어느 날에 비온 뒤의 객사(客舍)의 정원에서 느끼는 상쾌함과 더불어 왜승과 주고받는 선지(禪旨)를 시문에 남기고 있다.

비 개인 후에 보이는 정원은 어느 정원이나 깨끗하고 시원하게 보이지만 스님은 일본이라는 이국(異國)에서 경험하는 것이라서 더욱 신선하게 느껴졌던 것 같다. 그래서 '비 개인 정원에 남은 빗물로 모래 먼지도 말끔히 씻겨져 있고'라고 표현하고 있다. 그리고 비 온 뒤에 부는 남국(南國)의 따뜻한 바람에 어느덧 추운 겨울은 가고 봄이 오는 것을 알겠다고 표현하고 있다. 즉 '하늘거리는 버들잎 사이로 부는 동풍에 이국 땅에도 봄은 오는구나'라는 표현이다.

그러면서 남의 나라를 침범하여 많은 사람을 살상한 오랑캐의 나라에서도 불교의 가르침을 전하고 수행하는 불교의 승려가 있다는 것을 신기해하고 있다. 또 불교의 진리를 바로 알고 가르침을 이해하려는 승려가 있으니 참으로 기특하고 소중한 일이라는 뜻으로 '세상이 다 취하여도 홀로 깨어있는 그대여'라고 감탄해 하고 있다. 즉 위 시문의 제목에 나타나 있듯이 승태(承兌)라는 왜승에게 '자네야말로 불법(佛法)의 근본을 잘 알고 있구나'라고 그를 인가(認可)해 주고 있는 시이다.

(7) 편양당언기(鞭洋堂彦機)

① 무제(無題)

가을 하늘의
달은 금빛으로
그 빛은 밝고 밝아
온 세상을 비추고
중생들의 마음은

맑은 물과 같아
곳곳마다 청정한 빛을
내리 비추이네.
金色秋天月
光明照十方
衆生心水淨
處處落淸光

【의미 풀이】

편양당언기(鞭洋堂彦機, A.D. 1581~1644)스님은 처음에 현빈(玄賓)대사의 문하로 출가하였으나 나중에 서산대사 휴정스님에게 깨달음의 심인(心印)을 얻었다고 전해지고 있다. 편양당(鞭洋堂)은 호로서 나중에《편양당집(鞭洋堂集)》3권을 남겼다. 서산대사의 문하의 네 파(四派) 가운데 이 편양파(鞭洋派)에서 훗날 학승과 고승들이 많이 배출된다.

위의 시는 부처가 중생을 구제하는 의미와 중생의 본래 성품과 모습을 문학적으로 노래한 것이다. 언기스님은 가을 하늘의 금빛 달과 그 달빛을 부처님의 가르침으로 노래하고 있다. 어느 가을밤에 하늘 위에 뜬 달이 황금빛으로 찬란하게 빛나고 있듯이 부처님의 가르침과 진리도 그와 같아서 본연(本然)의 밝음으로 온 세상을 밝게 비추어주고 있으며 또 우리들의 범부들과 이 세상의 모든 생명들도 본래는 맑은 물과 같이 청정하여 달빛과 그림자를 그대로 투영시킨다고 노래하고 있다. 또 부처님의 가르침의 외연(外緣)에 의해서 중생들의 본래 마음이 더욱 맑고 밝아져서 인연 따라서 나타나는 곳마다 본래의 맑고 밝은 빛을 더욱 명확히 나타낸다고 노래하고 있다.

보통 선승들이 말하는 직지인심(直指人心)이라는 말은 사람의 마음과 본심(本心)과 본성을 어떠한 문자와 말에 의하지 않고 바로 직접적

으로 가리키고 전달한다는 뜻이다. 사람의 진실한 마음을 설명할 때에
언어문자로 전달하다 보면 언어의 상징성과 개념의 다양성으로 인해서
본래의 의미 이외에 다른 의미가 파생되어 버리는 경우가 많다. 그래서
선수행(禪修行)에서는 교학의 연구보다는 체험을 중요시한다. 그래서
어떠한 대상과 사물을 직접 관찰하고 바로 자기 자신 안에 있는 불성(佛
性)을 응시(凝視)하여 직관적으로 느껴보면 모든 존재의 본래 모습을
바로 파악할 수 있다고 가르친다.

보통 우리들이 인간의 마음을 가리키고자 할 때에 언제나 밖에 보이
는 사물과 대상에 비유하여 설명하고 또 개념들을 통하여 생각하고 설
명한다. 그래서 그 대상물을 직접적이고 구체적으로 파악하지 못한 경
우가 많다. 그리하여 선불교에서는 항상 우리들의 모든 문제는 자신에
게 있고 자신의 본래의 불성(佛性)을 자각해야 된다고 강조한다. 마음
밖의 대상과 이념에 사로잡혀 있는 상태에서 일어나는 망상과 번뇌를
버리고 자기 마음속 깊은 곳에 내재되어 있는 본래의 순수하고 순진한
본심(本心)과 본성을 철저히 관찰하면 인간의 모든 문제는 저절로 풀린
다고 가르친다.

그래서 보통 선문(禪門)에서는 '직지인심(直指人心) 견성성불(見性
成佛)'을 하나의 화두로 애용하고 있다. 예컨대 '견성성불'이라는 말
은 자기 마음의 깊은 곳에 내재하고 있는 불성(佛性)과 본성을 철저히
관찰하면 진리를 깨우친다는 뜻이다. 바꾸어 말하면 자심(自心)의 본
성을 철저히 관찰하여 봄으로써 불성을 깨닫는 것이다. 간단히 말하면
견성성불이란 수행인이 스스로의 마음을 열심히 관찰하여 불성의 의미
를 알고 또 본래의 순수한 인간성을 회복하여 부처행을 할 수 있게 한다
는 의미이다.

그런데 언기스님은 그러한 가르침을 아름다운 문학적 이미지로 형상
화하고 있다. 가을밤의 달이 본래 금빛을 나타내듯이 중생들의 마음의
본성도 본래는 맑은 물과 같아서 인연 따라서 흘러가는 곳곳에서 다양

한 모습으로 담겨있어도 그 본래의 본성과 청정한 빛은 그대로라고 노래하고 있다.

우리들은 보통 일상생활에서 자신의 입장, 취향 그리고 이해관계에 의해서 어떤 것을 사랑하기도 하고 증오하기도 한다. 그러나 그러한 마음은 공정하고 객관적인 판단이 아니다. 즉 부처의 마음이 아니고 중생심(衆生心)의 좁은 그릇에 대상을 억지로 맞추려는 욕심과 욕망이다. 이러한 중생심의 욕망도 깨끗이 닦고 보면 불심(佛心)과 같이 맑고 깨끗한 마음이 될 수 있다. 즉 모든 것은 무자성공(無自性空)이고 마음도 공(空)이어서 여러 가지로 닦음으로 중생심의 욕심과 욕망도 전환시킬 수 있다.

그리고 부처의 마음이라고 해서 번뇌가 없고 부처의 세계가 일상생활로부터 멀리 떨어진 별세계(別世界)에 있는 것은 아니다. 수행하기 전에는 부처의 마음도 처음에는 중생심(衆生心)처럼 번뇌가 있었다. 그러나 수행하여 맑고 밝은 불심(佛心)으로 전환된 것이기에 중생들의 세계 속에 부처가 있고 또 있어야 하는 것이다.

천태종의 교의 가운데에 이러한 것을 십계호구(十界互具)로 설명한다. 십계호구란 불계(佛界)에서 지옥계(地獄界)에 이르는 십계[229]는 각각 서로 다른 세계이지만 서로 구족하고 있다는 뜻이다. 그래서 범부가 일상에서 일으키는 조그마한 마음의 방황에도 우주의 모든 이법(理法)과 사사(事事)가 갖추어져 있다고 말할 수 있다. 즉 평소의 한순간의 생각에도 온갖 세계의 생각이 혼재되어 있다고 설명할 수 있다. 바로 이러한 설명이 천태의 일념삼천설(一念三千說)이다.

그래서 중생도 자신의 번뇌가 어디서 생겨났는가를 자세히 관찰하고

---

[229] 지옥계(地獄界)·아귀계(餓鬼界)·축생계(畜生界)·수라계(修羅界)·인간계(人間界)·천상계(天上界)·성문계(聲聞界)·연각계(緣覺界)·보살계(菩薩界)·불계(佛界)의 십계(十界)를 뜻한다.

분석하면 범부의 마음이라고 부르는 그 번뇌가 연기공임을 알게 되고 다시 번뇌심을 전환시켜 지혜로 만들게 되면서 서서히 본래의 마음과 면목(面目)을 회복하게 되는 것이다. 그러한 자각과 깨달음을 견성(見性)하였다고 말한다. 성불(成佛)이란 그러한 자각과 깨달음을 부처처럼 실현하고 행하여 본래의 순수한 모습으로 되돌아가는 것이다.

우리들이 법당에서 부처님께 예불을 올리는 것도 사실은 자기 본래의 부처, 불성(佛性)에 예경하고 그것을 자각하기 위한 노력이다. 그래서 예불을 자성불(自性佛)에 올리는 것이라고 설명할 수 있다. 불교에서의 믿음은 진리에 대한 믿음이고 자신의 불성에 대한 믿음이 근본이지 결코 자신 밖의 초월적인 신(神)이나 정치 사회적 이념을 맹신하는 것이 아니다. 어떻게 보면 예불이라는 것은 우리 인간들이 스스로 인간 본래의 순수한 마음을 바로 알고자 하는 바램으로 먼저 깨달은 부처에게 존경의 마음을 표시하는 것이라고 해석할 수 있다. 또 나아가서 자신도 앞으로 부처가 되도록 노력하겠다는 스스로의 맹세이고 확약(確約)의 표시로 절을 하는 것이다.

위의 언기스님의 시문은 바로 이러한 '직지인심 견성성불(直指人心 見性成佛)'의 가르침을 쉽게 전하기 위해서 노래한 것이다. 언기스님은 이러한 선시(禪詩) 이외에도 세속인들과의 주고 받은 시문에서도 불교의 가르침을 전하고 있다.

② 동림(東林)의 시에 답하며(次東林韻)

구름은 하늘 위로 달리나
하늘은 움직이지 않고
배가 강물 위로 흘러가도
강 언덕은 움직이지 않으니
본래 이렇게 한 물건도 없는데

어디서 즐거움과
슬픔 등이 일어나겠는가.
雲走天無動
舟行岸不移
本是無一物
何處起歡悲

【의미 풀이】

위의 시는 앞 부분과 뒷 부분으로 나뉘어 설명할 수 있다. 우선 '구름은 하늘위로 달리나 하늘은 움직이지 않고, 배가 강물위로 흘러가도 강언덕은 움직이지 않으니'와 '본래 (이렇게) 한 물건도 없는데 어디서 즐거움과 슬픔 등이 일어나겠는가'를 나누어 공성을 해석하도록 하겠다.

'구름은 하늘 위로 달리나 하늘은 움직이지 않고, 배가 강물 위로 흘러가도 강 언덕은 움직이지 않으니'의 표현은 자연의 모습을 통하여 뒷부분의 '본래 한 물건도 없다' 즉 '일체(一切)는 공(空)이다'라는 것을 설명하고자 하고 있다. 우리들은 하늘 위에 떠 있는 흰 구름을 볼 때에 마치 구름이 하늘 위로 달리듯이 지나감을 느낀다. 그리고 배를 탔을 때에는 건너편에 있는 산과 언덕이 마치 흘러가는 배와 함께 같은 속도로 지나가는 것처럼 느낀다. 그러나 산과 언덕과 하늘은 움직이지 않고 그대로 있다. 또 자신 밖의 대상을 그렇게 보고 느끼는 우리들은 자신이 움직이고 흔들리면서 지나가고 있다는 사실을 전혀 생각하지 않고 있다. 우리들은 오히려 주변의 대상과 자연이 그렇게 지나가고 움직이고 있다고 생각한다. 불교학적으로 말하면 우리들은 자신의 존재가 바로 항상 변하고 있는 공의 존재임을 모르고 있기 때문에 밖의 대상이 그렇게 움직인다고 갖가지로 생각한다. 즉 일체의 제법(諸法)은 자신의 심식(心識)이 만들어 생각한 것이기에 마음밖에 그 어떤 것도 없다고 가르치는 것이다.

다음 '본래 (이렇게) 한 물건도 없으니 어디서 즐거움과 슬픔 등이 일
어나겠는가' 라는 구절은 본래 공인데 우리 인간이 갖가지의 생각과 번
뇌로 항상 괴로워한다는 뜻이다. 즉 본래의 청정한 마음은 번뇌라는 구
름에 덮여 있어 본래 밝음을 나타낼 수가 없다는 뜻이다. 마치 파란 하
늘을 구름이 덮어버린 것과 같다. 그러나 바람이 불면 그 구름도 달리
듯이 사라진다. 즉 하늘을 덮어버린 구름은 본래의 모습이 아님을 알게
된다. 바꾸어 말하면 우리들이 어떤 괴로움과 슬픔을 당하였을 때에 그
순간에는 삶의 전부를 포기하고 싶을 정도로 고통스러워하고 방황하지
만 본래 마음의 평정을 회복하면 지난 시간에 그토록 고통스러웠던 번
뇌심이 아무 것도 아님을 알게 된다. 그때에 비로소 자신의 마음도 무
자성공(無自性空)임을 깨닫게 되는 것이다. 그렇게 조금씩 마음을 닦
아가면서 무엇에도 흔들리지 않게 되면 공(空)이라는 것에도 집착하지
않게 된다. 그때에 '본래 이렇게 한 물건도 없다' 라고 노래할 수 있는
것이다.

'본래 이렇게 한 물건도 없으니(本是無一物)'에 대하여 조금 더 자세
히 살펴보면 이 시어는 중국 선종이 남북으로 나뉘게 되는 결정적 계기
가 되는 구절이다. 육조혜능(六祖慧能)의《육조단경(六祖壇經)》에 보
면 '본래 한 물건도 없다(本來無一物)'는 구절이 있다. 여기서 본래(本
來)는 근본이라는 뜻이고 무일물(無一物)은 무자성공(無自性空)이라
는 뜻이다. 이 세상의 모든 존재의 근본은 무자성공인데 범부는 그 공
(空)을 말과 글로 이해하고 설명하는 과정에서 의외로 말과 글에 의한
여러 개념과 관념의 세계에 떨어지고 집착하여 공(空)을 오해하고 허무
공(虛無空)에 떨어지는 경우가 많다. 그래서 '본래 한 물건도 없다' 라
고 말할 때는 공(空)을 잘못 해석하는 경우를 경계하는 뜻도 포함되어
있다.

여기에 대한 역사적 배경을 살펴보면 다음과 같다. 중국 선종의 제5

조 홍인(弘忍)이 자신의 제자 가운데서 자신의 선법(禪法)을 계승할 제자를 고르기 위해서 어느 날 절 안에 있는 모든 제자들에게 각자 자신의 생각을 게송으로 나타내라고 명령하였다고 전한다. 그때 제자 가운데 가장 뛰어나고 학덕(學德)과 대중의 두터운 신망(信望)을 받고 있던 신수(神秀)가 다음과 같은 게송을 지었다고 전한다.

이 몸은 보리수이고(身是菩提樹)
마음은 맑은 경대와 같으니(心如明鏡臺)
항상 부지런히 털어내(時時勤拂拭)
티끌 먼지에 더럽히지 않도록 수행해야 하느니(莫使惹塵埃).

위 시문에서도 알 수 있듯이 신수는 끊임없는 실천(漸修)을 중요시하는 승려였다. 그러한 그는 나중에 북종선(北宗禪)의 선풍을 대표하는 고승이 되었지만 그때에 절 안의 방앗간에서 곡식을 찧고 있던 혜능은 신수의 시를 보고 "이 시는 잘 지은 것이나 아직 모든 진실을 나타내지 못했다."라고 말하면서 다음과 같이 시를 지었다고 한다.

보리(菩提)에는 본래 나무가 없고(菩提本無樹)
명경(明鏡)도 역시 받침대가 없으며(明鏡亦非臺)
본래 한 물건도 없으니(本來無一物)
어느 곳을 티끌 먼지가 더럽히겠는가(何處惹塵埃).

즉 혜능은 '신수스님이 몸은 보리수이고 마음은 명경대라고 노래하고 있으나 저는 지혜와 번뇌, 몸과 마음도 구별함이 없이 모든 것이 본래부터 한 물건도 없다고 본다. 그래서 티끌 먼지가 더럽히는 대상도 없고 또 그 먼지를 털어내는 주체도 없다고 노래하고 있다. 예컨대 주객(主客)으로 구분하고 분별하여 다시 털어내고 닦는다는 인식조차도 초월해야 한다고 본다.'라고 노래하고 있는 것이다. 그런 내용의 게송을 들은 홍인(弘忍)은 남몰래 혜능을 불러서 정법(正法)을 전수(傳授)했다는 증표의 의발(衣鉢)를 남몰래 건네고 남쪽지방으로 가게 하였다고 전한다. 그리하여 그 후에 남종선(南宗禪)은 혜능에 의하여 펼쳐지게 된다.

이 혜능의 시문 가운데 '본래 한 물건도 없다(本來無一物)'라는 것은 '본래부터 모든 존재는 무자성공(無自性空)이다'라는 절대무(絶對無)의 공(空)의 세계를 가리키는 것이다. 모든 존재는 분별적 상대적 관념의 세계를 초월하는 절대무(絶對無)의 경지에서 볼 때만이 본래의 모습과 진실이 보인다고 말할 수 있다. 그리고 절대공의 경지는 매 순간에는 공 그 자체도 계속 초월해야 하는 속성이 있다. 그래서 절대공이라고 말하는 것이다. 일반적으로 본래의 모습과 지혜의 마음을 얻지 못한 때를 번뇌심에 의해서 덮여 있다고 말들을 하지만 혜능은 번뇌의 티끌이니 지혜의 보리심이니하는 것도 상대적 인식과 분별심의 표현으로 그 순간에 머물고 있다라고 날카롭게 지적하고 있다. 즉 그렇게 번뇌심이니 보리심이니 라고 말하는 것 자체가 아직 절대무의 공의 세계에 이르지 못했다고 지적하고 있는 것이다. 공의 세계에서 보면 번뇌심도 바로 지혜의 또 다른 모습이라고 말할 수 있다. 왜냐하면 만약 번뇌심이 존재하지 않으면 지혜와 깨달음이라는 것도 생각할 수 없기 때문이다. 예컨대 신수스님과 같은 대덕(大德)도 빠지기 쉬운 인식의 함정을 지적하고 알려준 것이 혜능의 시에 표현된 절대 공의 세계이다. 혜능은 이러한 날카로운 안목으로 홍인으로부터 깨달음의 인가(認可)를 받았던 것이다.

여기 언기스님은 '동림(東林)의 시에 답하며(次東林韻)'라는 시에서 '본래 이렇게 한 물건도 없는데(本是無一物) 어디서 즐겁다 슬프다라는 감정이 일어나는가'라고 노래하고 있다. 즉 여기서도 절대무(絶對無)의 공(空)의 세계를 강조하고 있다. 우리들은 자연의 어떤 대상을 보고 어떤 사람은 즐겁다고 느끼고, 어떤 사람은 슬프다고 말하기도 한다. 그러나 자연 대상물은 그런 감상과 관계없이 본래 있는 그대로의 모습으로 존재하고 있다. 즉 인간의 어떤 감정의 변화와 관계없이 자연은 그대로 있다. 그런데 우리들은 그런 자연에 대하여 자신의 변화무쌍한 감정으로 색칠을 하고 있다.

언기스님는 그러한 인간들의 자의적 감상과 해석을 절대 공으로 설명하고 있다. 또 다른 문학적 표현으로 나타낸 것이 '구름은 하늘 위를 달리지만 하늘은 움직이지 않고 배가 강물 위로 흘러가지만 강 언덕은 움직이지 않으니'라고 노래한 것이다. 하늘과 강 언덕은 미동도 하지 않으나 흐르는 구름과 움직이는 배에서 보면 마치 하늘과 강 언덕이 움직이고 있는 것처럼 보이는 것이다. 이렇게 상대적 움직임을 노래하여 절대적 공성(空性)을 일깨워주고 있다.

이와 같은 시해석을 통하여 조선의 대표적인 선맥(禪脈)인 편양파(鞭洋派)의 선풍이 중국 남종선의 육조혜능의 선풍을 많이 받아들인 것임을 알 수 있다. 언기스님의 다음의 시는 열흘만에 우연히 내리는 비를 맞이하여 맑고 청량한 날씨의 고마움을 노래하고 있다.

③ 문득 모든 것을 음미하며(偶吟一切)

구름에 구비구비 쌓인
천겹의 산봉우리
난간 밖에서 들려오는
흘러가는 한 소리의 시냇물
만약에 열흘만에 내린
비가 아니었다면
어찌 저 개인 하늘의
맑음을 알겠나.

雲邊千疊嶂
檻外一聲川
若不連旬雨
那知霽後天

【의미 풀이】

보통 불교에서는 인간의 존재에 대해서 '인생은 고(苦)이다'라고 설명한다. 그러나 이러한 인생관의 이면에는 인간이라는 존재를 바로 직시하면 '인생은 낙(樂)이다'라는 것을 내포하여 전하고 있다. 즉 누구나 삶의 고통을 직시하여 깊이 관조하면 '인생을 낙(樂)으로 바꿀 수 있다'라는 가르침이 있는 것이다.

인생의 고통은 불교학적으로 설명하면 모든 것이 무상(無常)한데 거꾸로 항상함을 원하였기 때문에 받는 것이다. 즉 인간들이 무상공의 진리를 수용하기를 거부하였기 때문에 고통스러워하는 것이다. 그러나 무상공을 직시하면 언젠가는 우리들의 삶에 대한 고통도 변하여 큰 즐거움이 되는 것이다. 왜냐하면 모든 것은 공하고 연기하기 때문에 어느 때에 찾아온 슬픔도 언젠가는 사라져 버리는 것이며, 기쁨도 변하여 슬픔이 되기도 한다. 모든 것이 온갖 인연에 의해서 연생(緣生)하기에 영원히 지속하는 것이 아니라 언젠가는 사라져 버리는 것이다.

우리들은 삶을 살아오면서 많은 고통을 경험하였기에 고통 뒤에 맞이하는 즐거움을 몇 배로 기뻐한다. 비가 온 후에 맑은 하늘의 상쾌함을 만끽하는 것도 그와 같다. 위의 시에서는 그러한 느낌을 시적으로 나타내고 있다. 즉 지난 열흘 동안의 계속 내린 비로 맑은 하늘의 고마움을 모르고 지내다가 비 개인 후에 문득 우연히 하늘을 바라다보면서 비로소 맑은 하늘의 고마움과 상쾌함을 느끼게 되고 모든 것을 새롭게 자각하게 된다. 즉 구름에 겹겹히 쌓인 산봉우리와 절의 난간 밖의 시냇가에 불어난 빗물내려가는 소리들도 바로 비개인 후에 느껴볼 수 있는 연기상(緣起相)인 것이다. 불법의 자각도 이렇게 순간적으로 다가오는 것이다. 언기스님은 바로 이런 내용을 시에 담고 있다.

인생사의 모든 것도 이 시문처럼 해석하면 삶의 고통이나 즐거움도 잠시 지나가는 연기상으로 해석할 수 있다. 즉 모든 것을 그렇게 초연하게 받아들이면 된다. 또 그렇게 생각하면 고통이 찾아올 때는 그 순간에 고통스러워하고 또 즐거움이 찾아오면 마음껏 즐거워하면 된다. 그래서 괴로움이 있다고 해서 슬픔에 계속 빠져 있을 필요가 없다. 언기스님은 바로 이와 같이 위의 시에서 초연한 인생관을 노래하고 있다.

(8) 소요당태능(逍遙堂太能)

① 무위일색(無位一色)

쟁반은 구슬 아래서
미끄러지듯 하고
구슬은 쟁반 위를
또르르 구르고

강물과 하늘
그리고 밝은 달은
넓고 밝고 밝아서
푸르고 빈듯한 빛깔을 띠고

한 구절에
도(道)를 깨닫는 것이
마치 옥구슬이
또르르 구르는 것 같고

몸과 마음의
안과 밖이 영롱하니
차고 싸늘한 빛을
더욱 넘치게 하는구나.
盤走珠兮珠走盤
水天明月淸虛色
當機一句玉珊珊
內外玲瓏溢寒色

【의미 풀이】

소요당태능(逍遙堂太能, A.D. 1562∼1649)은 전라남도 담양(潭陽) 사람으로 13세 때에 백양사(白洋寺)에서 출가하여 처음에 선수(善修)에게 사사(師事)했으나 뒤에 휴정(休靜)에게 가서 깨달음의 심인(心印)을 얻었다고 전해지고 있다. 그 후 금강산과 오대산 등의 명산에서 수행을 하다가 임진왜란 때 의병에 참가하기도 하였다.

위의 시는 스님이 깨달음의 순간을 표현한 것이다. 그와 같은 표현을 보면 임제종의 선풍이 흐르고 있다고 말할 수 있다. '쟁반은 구슬 아래서 미끄러지듯 하고 구슬은 쟁반 위를 또르르 구르고'와 '한 구절에 도(道)를 깨닫는 것이 마치 옥구슬이 쟁반 위로 또르르 구르는 것 같다'를 연결하여 감상할 수 있다. 그 다음에 '강물과 하늘은 맑고 넓으며 달은 밝고 밝아서 푸르고 빈 듯한 빛깔을 띤다'와 '몸과 마음의 안과 밖이 영롱하니 그 싸늘한 빛을 더욱 넘치게 하는구나'로 연결하여 감상할 수 있다.

소요당은 좌선을 하다가 혹은 어떤 경전을 읽다가 한 구절에 불도의 의미를 깨달았던 것 같다. 그 순간의 느낌이 마치 옥구슬이 은쟁반 위를 또르르 구르는 것 같은 느낌을 받았던 것 같다. 그리고 또 그러한 깨달음의 순간에 스님의 몸과 마음의 안과 밖이 확 트이는 느낌을 받았던

것 같다. 그러한 느낌을 '강물과 하늘은 넓고 깊으며 달은 밝고 밝아서
푸르고 빈 듯한 빛깔을 띤다' 라고 나타내고 있다.

다른 선사들의 선시에서도 모든 중생이 구족하고 있는 불성(佛性)을
옥구슬로 나타내거나 혹은 부처님의 가르침과 진리가 달로 표현되어 있
다. 예를 들면, 《벽암록(碧巖錄)》에서 파능(巴陵)스님은 인간의 본래
성품과 순수한 인간성과 반야(般若)의 지혜를 달의 광명(光明)으로 노
래하고 있다. 즉 파능스님은 인간이 본래 지니고 있는 지혜와 순수한
인간성과 불성을 깨닫는 순간을 '산호(珊瑚) 가지에 걸려 있는 달을 잡
다(珊瑚枝枝握著月)' 라고 표현하였다.

그런데 여기서는 깨달음의 순간에 몸과 마음의 안과 밖이 확 트이는
느낌을 은쟁반 위를 구르는 옥구슬의 소리로 묘사하고 있다. 은쟁반 위
에서 도르르 구르는 소리가 나듯이 깨달음의 순간도 그와 같이 매우 율
동적이고 약동적이라고 전하고 있다. 그리고 몸과 마음의 안과 밖이 영
롱하고 의식이 성성(惺惺)한 것이 마치 강물과 하늘처럼 넓고 깊은 듯
하고 다시 깨달음의 밝음이 마치 푸른 빛이 가산될 때에 푸른 빛 속에
회색 빛이 드러나는 것처럼 그와 같다고 노래하고 있다. 그래서 맑은
물과 넓은 하늘을 더욱 아름답게 비추어 주는 달빛은 부처님의 가르침
으로 해석할 수 있다.

소요당은 이러한 시적인 표현을 통하여 불교의 깊은 도리를 보다 쉽
게 전하려고 하고 있다. 스님은 깨달음이란 불도를 닦는 자만이 느낄
수 있는 것이지만, 중생도 항상 노력하고 수행하면 이러한 깨달음의 순
간을 맛볼 수 있다고 전하고 있다. 바꾸어 말하면 스님은 시를 통해서
타인들에게 그런 깨달음을 간접적으로 전하면서 그와 같이 성취하고자
하는 동기를 부여하고 있다.

만약 모든 인간이 자신들도 옥구슬과 같은 불성(佛性)과 불심(佛心)
을 갖고 있는 존재라는 것을 자각한다면 그 순간부터 수행하려고 할 것
이고 또 출가자들처럼 우리들의 몸과 마음의 안과 밖을 밝히려고 할 것

이다. 그래서 누구나 평등히 불성을 갖춘 존재로서 모두가 부처가 될 수 있는 성품을 지니고 있다는 뜻에서, 옛날 임제 의현스님은 제자들에게 항상 무위진인(無位眞人)을 자각하라고 가르쳤던 것이다.

여기 소요당이 노래한 무위일색(無位一色)이라는 시는 불성을 깨우치라고 노래하는 것으로서 진리를 깨닫고 보면 모든 존재와 모든 생명은 본질적으로 모두 똑같아서 마치 하나의 존재로 보인다는 뜻이다. 그래서 옥구슬과 달빛 등은 모든 중생이 부처의 성품을 지닌 동등한 존재라는 뜻을 나타내기 위한 문학적 표현들이라고 말할 수 있다.

선어(禪語) 가운데에 '진옥니중이(眞玉泥中異)'라는 말이 있다. 그 뜻은 참으로 아름답고 고운 구슬은 진흙 가운데서도 그 본래의 맑은 빛을 잃어버리는 경우가 없다는 뜻이다. 즉 인간의 본래 성품과 청정한 불성(佛性)은 어둡고 탁한 사바세계에서도 본래의 맑은 빛을 잃어버리는 경우가 없다는 뜻이다. 그래서 불경에서는 간혹 불성이 번뇌와 망상에 덮여 보이지 않는 경우가 있어도 결코 불성 그 자체를 부정하거나 더럽힐 수는 없으며 오히려 그 어려운 상황을 극복하고 나면 본래의 고고하고 청결한 기품을 더욱 활발하게 발휘한다고 강조하고 있다.

왜 그렇게 표현하고 있는가 하면 번뇌망상에 이끌려 쉼없이 돌고 도는 범부의 마음과 그 마음의 깊은 근원을 자세히 살펴보면 그 모든 것은 본질적으로 바로 부처님의 마음과 같다는 것을 알 수 있기 때문이다. 바꾸어 설명하면 범부의 마음도 본래는 부처와 같은 청정한 마음이었기 때문에 일심(一心)이라고 말할 수 있다. 그러한 일심의 바닷물도 여러 인연과 상황에 따라 다양하게 다른 모습으로 파도칠 수도 있는 것이다. 불교학에서는 그러한 근원적 일심을 불심(佛心)이라고 한다.

소요당은 위의 시에서는 불성을 깨달았을 때에 느낀 감상을 나타냈다면, 다음의 선시를 통하여 일상생활에서 삼라만상을 있는 그대로 관조하는 것이야말로 우리 모두의 불성(佛性)과 본래의 광명(光明)을 발산하는 것이라고 노래하고 있다.

② 무제(無題)

뜰 앞에 내리는 비에
웃음짓는 꽃
난간 밖에 부는 바람에
우는 소나무
무엇하려 궁극하고 오묘하다는
진리를 찾으려하는가
저것이 바로 진리
모자람 없이 통하는 것을.
花笑階前雨
松鳴檻外風
何須窮妙旨
這箇是圓通

【의미 풀이】

　위의 작품은 불교의 진리를 먼 곳에서 찾을 것이 아니고 우리들의 일상사에서 찾으라는 선지(禪旨)를 담고 있는 시이다. 우리 범부는 여러 가지 직업에 종사하며 살아가고 있다. 때때로 자신에게 주어진 일과 역할을 열심히 하는 것에 확신을 가지지 못하고 방황하거나 지겨워하는 경우도 있다. 그럴 때에 선사들은 자신에게 주어진 상황에서 자신의 역할을 정성으로 열심히 하는 것이야말로 불도이고 자신의 불성(佛性)을 빛나게 발산하는 것이라고 가르친다. 그리고 자연의 오묘한 변화를 잘 살펴보면 그 속에서 불법의 핵심을 이해할 수 있다고 가르치고 있다. 이러한 가르침이 담겨 있는 위의 시를 설명하면 다음과 같다.

　스님은 위의 시에서 항상 생활하는 집안의 뜰에서 자연의 변화를 자세히 살펴보면 그곳에서 연기법(緣起法)의 진리와 오묘한 선지(禪旨)

를 찾을 수 있다고 노래하고 있다. 즉 '저것이 바로 진리 모자람 없이 통하는 것을(這箇是圓通)'이라는 부분이 그러한 예이다. 그리고 그러한 진리를 발견할 수 있는 일상사의 예를 '뜰 앞에 내리는 비에도 흔들리는 꽃잎'과 '조금 부는 바람에도 소리내는 소나무'로 나타내고 있다. 이러한 것을 시적으로 아름답게 표현한 것이 '잠시 내리는 비에도 살며시 흔들리는 모습이 마치 꽃이 웃음짓는 것 같다'라고 노래한 부분이다. 그리고 집 앞의 난간 밖에 살며시 부는 바람에도 우는 듯한 소리를 내는 소나무에서 연기법(緣起法)을 알 수 있고, 또 연기상(緣起相)도 볼 수 있다고 일러주고 있다.

우리는 바로 이러한 자연의 미세한 변화의 모습을 보고서 우리들의 삶이 바로 진리의 한가운데에 있다는 것을 알 수 있다. 즉 이 시는 일상적 삶에서 불도의 깊은 뜻을 찾을 수 있는데 왜 멀리 다른 특별한 것을 찾으려 하느냐 라고 일깨워주고 있다. 또 이 시는 불법의 최고 오묘한 진리는 바로 우리 인간의 일상적 삶 속에 있다고 말하고 있다. 이러한 뜻을 감안하면 이 시는 불교를 어렵게 설명하거나 불도를 오해하는 사람들을 경책하고 있다고 말할 수 있다. 그리고 우리들이 일상의 순간순간을 확실하고 철저하게 연기법에 비추어보고 인식하여 평상시에 진실하게 행하는 것이야말로 불도를 바로 행하는 것이고, 또 모든 진리를 원융(圓融)하게 하고 직접 구현하는 것이라고 노래하고 있다. 즉 이 시는 평상심이 바로 대도(大道)라는 선지를 시문학적으로 쉽게 표현한 것이라고 말할 수 있다. 바꾸어 말하면 분별심과 집착심이 없는 순수하고 진실한 바른 마음(正心)이 바로 불심(佛心)이고, 또 그러한 마음가짐으로 생활하는 평상심이야말로 진리를 행하는 것이며, 진리의 한 가운데에 걸어가는 모습이라고 말할 수 있다. 예컨대 일상적 생활 중에 느끼고 나타내어지는 그러한 순수심과 직심(直心)이야말로 불심(佛心)이고, 그러한 불심에서만 자연의 실상을 있는 그대로 볼 수 있는 것이라고 말할 수 있다.

(9) 정관일선(靜觀一禪)

① 통도사(通度寺)에서

나그네는 그윽한 정원을 찾아서
바람 없는 곳으로 들어가나
해는 서쪽으로 지고
저녁을 알리는 범종소리가 들리는구나
누각 밖 계곡의 맑은 시냇물은
대나무 숲을 지나 흐르고
바위 옆의 돌탑
돌탑 가의 소나무 소나무들
그늘진 곳에 남아 있는 눈덩어리 너머에
봄은 아직 머물어 있고,
흐르는 물에 쓰러지는 방아돌에는
밤은 이미 봄이어라!
몇 해 동안 길고 긴 생각으로
이제 여기까지 왔으나
반평생에 그리워하던 생각들은
한순간에 공(空)이 되었구나!
客尋幽庭入無風
日照桑楡聽暮鐘
樓外淸溪溪外竹
岩邊石榻榻邊松
背陰殘雪春猶在
住水僵砧夜尙春
長憶幾年今始至

半生思戀一時空

【의미 풀이】

　정관일선(靜觀一禪, A.D. 1488~1568)의 호(號)는 휴옹(休翁)과 선화자(禪和子)이다. 스님은 13세에 단석산(斷石山)에 들어가 불법을 배우다가 삼년 후에 삭발을 하고 그 후에 묘향산 문수암에서 수행을 정진하였으며 지리산에서 지엄(智嚴)에게 선지(禪旨)를 전수받았다고 한다. 그 후에도 여러 곳으로 다니면서 수행하다가 말년에는 묘향산의 보현사 관음전에 주석하며 많은 제자를 가르쳤다고 한다.

　위의 시는 일선스님이 오랫동안 그리워하던 양산 통도사를 찾아 들어가면서 느낀 감상을 표현한 것이다. 신라시대부터 불사리(佛舍利)를 안치한 통도사는 지금도 삼보(三寶)의 사찰로서 유명하다. 그래서 일선스님은 옛부터 통도사를 한번 찾아가서 참배하리라고 반평생 동안 단단히 마음먹고 있었던 것 같다. 그리하여 어느 날 스님은 드디어 통도사를 찾아가게 되었고 처음 통도사를 방문하면서 그 날에 느낀 감상과 그곳의 자연경관 및 그동안 자신 생각을 회상하며 나타내고 있다. 옛부터 백문불여일견(百聞不如一見)이라는 말이 있듯이 스님은 실제로 통도사에 와서 본 순간의 감동을 잊지 않기 위해서 이렇게 시로 노래하고 있다. 그리고 또 그 동안 상상하여 온 상념(想念)들이 얼마나 허망한 것인지도 느끼고 있다. 불교의 핵심이 바로 공(空)이듯이 오랜 세월동안 상상하여 왔던 당신의 생각도 바로 공(空), 그것이었음을 알았다고 밝히고 있다.

　시를 보면 처음 통도사를 찾아 온 나그네 스님이 그윽하고 조용한 큰 절 안의 정원 가운데로 들어서니 어느새 해는 서쪽으로 넘어가고 절 안에서는 저녁의 예불을 알리는 범종소리가 은은히 들리는 서정적 풍경이 그려져 있다. 즉 위의 시문은 풍경을 아주 사실적으로 그리고 있다. 통도사의 큰절에서 본 누각과 건물들 밖에 위치한 영취산의 많은 계곡물,

또 촘촘히 들어서 있는 대나무 숲 그리고 그 대나무 숲을 관통하여 흐르는 시냇물 소리가 아름답게 표현되어 있다. 그리고 많은 바위들 가운데 들어선 돌탑, 그 돌탑 옆으로 서있는 소나무들, 또 나무들 사이로 그늘진 곳에 아직도 녹지 않는 작은 눈덩어리를 사실적으로 그리고 있다. 스님은 그런 모습을 보시고 겨울이 여전히 남아 있다고 노래하고 있다. 바꾸어 말하면 이른 초봄에 방문하여 가는 겨울과 오는 봄을 느낀 것 같다.

이러한 표현에서 추측되는 것은 스님이 통도사를 찾은 때는 초봄이라고 생각된다. 그리고 밤이 되어 머무는 통도사 객사의 방에까지 잔잔히 들려오는 물방앗간의 흐르는 물소리와 그 물 무게에 반복하여 쓰러져 부딪히는 방아들의 소리에 스님은 '통도사의 밤은 이미 봄이어라!' 라는 감상에 젖고 있다. 그러면서 몇 해 동안에 통도사를 그토록 생각하고 그리면서 이제서야 찾아왔으나 와서 보니 반평생 동안 상상한 자신의 생각도 한 순간에 사라지는 공(空)이 되는구나! 라고 감탄하고 있다.

수행자는 항상 부처님의 가르침을 배우고 닦는 것이 본분이지만 그것을 닦고 깨우치는 방법은 사람에 따라 가지각색이다. 여기 일선스님은 통도사를 참배하면서 자신의 그 동안 생각하던 것과 함께 도(道)의 깊은 뜻도 되새기게 되었던 것 같다. 그래서 오랜 세월동안 간절히 품은 그 많은 생각조차도 바로 한 순간에 공(空)이 되어감을 알겠다고 노래하고 있다. 바꾸어 말하면 스님은 심무자성공(心無自性空)이라는 유식의 도리를 통도사를 참배하면서 다시 되새기고 음미한 것 같다.

통도사 입구의 아름다운 자연 경관을 사실적으로 묘사한 부분을 살펴보면 우선 대나무 숲을 지나 흐르는 물이란 표현은 한 폭의 동양화 같은 이미지를 전하고 있다. 그래서 그런지 대나무 숲을 통과하여 흐르는 물이기에 다른 계곡의 물보다 더 차갑고 청결한 이미지를 준다. 그리고 또 첫구절에서 나그네 스님은 바람이 없는 곳을 찾아 들어갔지만 저녁을 알리는 범종(梵鐘) 소리가 그 곳까지 따라 들어와 들린다고 노래한 것도 매우 서정적인 이미지이다. 즉 나그네가 바람이 없는 곳으로 찾아 들어갔지만 들려오는 범종 소리는 막을 수 없었다는 표현도 매우 아름답다. 이렇게 이 시문은 전체적으로 앞뒤의 시상(詩想)이 대조를 이루면서 점층적(漸層的)으로 시흥(詩興)을 북돋우고 있다. 그렇게 표현한 가운데 불교의 공(空)의 세계를 나타내고 있다. 예를 들어보면, 나그네 스님은 바람 없는 곳으로 찾아 들어갔지만 그곳에는 저녁을 알리는 범종소리가 따라서 온다. 즉 세상 어느 곳에도 진공상태의 무연(無緣)의 공간은 없다. 항상 무엇으로 연결되어 있다. 바꾸어 말하면 무수무량한 연기관계 속에서 모든 것은 연생하고 생멸하여 간다. 여기 짧은 시구에서도 바로 그런 것을 전하고 있다.

깨달음을 구하는 스님이나 우리 범부도 살아가는 기본적 형태에서는 똑같다. 그러면서 조금씩 다르게 반응하는 경우도 있다. 즉 우리들은 일상생활에서 여러 사람을 만나고 여러 가지 일들과 상황을 경험하게 된다. 그 순간에는 우리들은 그것들의 영향을 크게 생각하지 않지만 모르는 사이에 그러한 것들로부터 많은 영향을 받고 살아가고 있다.

보통 고통과 어려움을 겪은 사람만이 인생의 깊은 맛을 안다고 말들을 하는데, 위의 시에서도 스님은 깨달음을 찾아 헤매이는 어려운 구도의 여행길에서 깨달음을 확인한다. 즉 오랫동안 그리워하던 통도사에 직접 와서 보니까 반평생 동안 쌓아온 생각들이 이제는 한순간에 공(空)이 되었구나!라고 노래하고 있다. 그리고 스님은 그 여행을 통하여 공(空)의 깊은 의미를 체험하게 된 것이다. 예를 들어 설명하면 우리들이 정원에 서서 꽃향기를 향기롭게 느끼는 것은 우리와 꽃이 함께 지난 겨울의 추위를 잘 이겨내었기 때문이고 동시에 그 순간 바람이 불었기에 가능한 것이었다. 즉 이러한 것을 통해서 우리들은 항상 연기법이라는 진리 한가운데 머물고 있다는 것을 경험하게 된다. 스님도 이 시에서 자신의 수행을 스스로 되돌아 봄으로써 순간적으로 그러한 큰 깨달음의 순간을 맞이하게 된다. 그리고 그 동안에 겪은 고통들

도 그 순간을 위하여 준비되어 온 긴 과정이었음을 깨닫고 있는 것이
다.

② 은선암(隱仙庵)에서

부처가 바로 내 마음 속에 있건만
밖에서 부처를 찾는 이 사람들아!
헤아릴 수 없는 보배를 안에 간직하고서
일생 동안 허송하며 그 아름다움을 알지 못하네.
佛在爾心頭
時人向外求
內懷無價寶
不識一生休

【의미 풀이】
　위의 시는 일선스님이 자신이 생각하신 가르침을 한 편의 시로 나타
낸 것 같다. 또 그 가르침은 불성사상(佛性思想)과 견성성불(見性成
佛)을 강조한 것이다. 이 시를 예를 들어서 설명하면 다음과 같다.
　옛날 중국의 어떤 스님(唐代 師彦)이 매일 아침에 자기 자신에게 '주
인공아!'라고 부르고 다시 스스로 '예'라고 답하고 또 다시 자신이 '좋
아! 좋아! 눈을 크게 뜨고 해라' 그리고 다시 '예', '나중에도 그 어떤
것에도 속지 마라!', '예'라고 이렇게 혼자서 묻고 답을 하였다고 한다.
그 후에 중국의 많은 스님들은 이 이야기를 통하여 선(禪)을 수행함이
란 바로 자신이 모든 것을 주체적으로 행하는 것임을 알게 되었다고 한
다. 이와 같은 선지(禪旨)가 바로 여기 '은선암(隱仙庵)에서'의 시문
에도 들어 있다. 선사들은 간혹 선시를 통해서 자신이 전달하고자 하는
법의 핵심을 간결하게 나타낸다. 위의 선시도 일선스님이 은선암이라

는 곳에 머물면서 제자들에게 자신이 생각한 선법을 전한 내용이다.

보통 선이라고 하면 좌선을 하거나 명상을 통해서 번뇌심을 끊어버리는 것이라고 생각하기 쉬우나, 사실은 선은 그런 것이 아니고 먼저 명상을 통하여 번뇌와 망상을 생기게 만드는 근원적인 원인을 관찰하여 마음의 작용과 변화를 잘 알고 또 심(心)의 공성(空性)을 자각하게 하는 하나의 구체적인 방법이다. 즉 마음의 병의 원인과 상태를 세밀하게 분석하여 마음의 병을 고치는 방법을 스스로 처방하여 고치는 방법이다. 그래서 모든 선수행은 먼저 자신의 번뇌를 고찰한 다음에 그것을 지혜로 변환시켜서 성불하게 하는 갖가지의 방법인 것이다.

불교는 우리 인간들에게 부처가 될 성품을 지니고 있는 귀중한 존재라고 말한다. 그것을 보통 불교학에서는 불성사상과 여래장사상으로 설명한다. 그러나 범부는 자신이 불성(佛性)을 지닌 귀중한 존재인 줄을 모르고 자신 밖에 있는 어떤 절대적 신(神)과 사회적, 정치적으로 만들어낸 이념 등에 매달리려고 한다. 그래서 이 시문에서 '부처가 내 마음 속에 있건만 밖의 부처를 찾는 이 사람들아!' 라고 타이르고 있다. 여기서 내 마음속의 부처란 부처가 될 수 있는 성품과 가능성이라는 뜻의 불성(佛性) 혹은 자성불(自性佛)이다. 그래서 우리들 모두는 불성이라는 보배를 자신 안에 간직하고 있으면서도 스스로 가꾸고 키우는 노력이 없어 어리석게도 밖으로 뛰쳐나가려고 한다. 부처와 중생의 차이는 바로 여기에 있다. 부처는 모든 것이 자신 내부에 있다는 것을 알지만 중생은 자신이 얼마나 보배로운 가치를 지닌 존재인 줄 모르고 일생 동안을 허송하거나 또는 불성의 씨앗을 돌보지 않고 또 그 아름다움을 가꾸려 하지 않고 내버려두고는 밖에서 방황하고 헤매고 있다.

불교에서 인간의 존재를 설명할 때에 먼저 '인생은 고(苦)이다' 라고 가르친다. 그러면서 우리들의 삶을 그렇게 괴롭히고 고통스럽게 만드는 원인은 바로 우리들의 내면에 있다고 가르친다. 그리고 인생의 고통의 원인을 제거하면 행복한 삶을 누릴 수 있다고 가르친다. 즉 번뇌의 원인을 잘 알고 대치하면 고통으로부터 자유로울 수 있고 또 수행하여 모든 병을 완치하는 그 순간이 바로 해탈이고, 부처가 되는 순간이라고 가르친다.

　그래서 우리들 인간은 스스로의 무지에 의해서 스스로를 고통스럽게 만들고 있다고 할 수 있다. 우리들의 행복은 불행과 항상 우리들의 내면의 마음과 안목이 결정짓는 것이다. 그것은 우리들 주변에 있는 많은 사람들의 삶을 보아도 쉽게 알 수 있다. 일상에서 항상 볼 수 있는 자연 대상물을 보는 사람의 마음가짐에 따라서 각양각색으로 해석하는 것을 우리들은 자주 경험한다. 인생의 행복과 불행도 바로 그와 같다. 간단히 말하면 행복은 우리들 자신의 마음이 결정하는 것이다. 또 부처와 중생은 바로 그러한 안목의 차이에서 나오는 것이다. 흔히 선종에서는 '견성성불(見性成佛)'을 하면 바로 그 자신이 부처라고 말하는 것도 이 뜻이다. 견성성불은 누구든지 불성(佛性)의 진리를 바로 보고 깨우치면 부처가 된다는 말이며 불성이란 자신 안에 있는 순수한 본심(本心)과 본성이라는 것이다. 즉 자신 안의 불성을 철저히 관찰하면 더 넓은 진리를 알게 되는 것이다. 예를 들면 만물의 본성인 공성(空性)도 깨우치게 되는 것이다. 그런데 중생들은 자신의 주변에 널려있는 진리도 모르고 자신에 대해서도 잘 모르고 지낸다. 그리하여 자신 안에 있는 순수한 본성을 모르고 또 진리와 진실의 세계와는 철저히 등지고 오히려 어리석게도 자신 밖의 허상(虛像)을 만들어 그것들에게 집착하고 매달리게 되는 것이다. '은선암에서'라는 시문은 바로 이러한 가르침을 시문학적으로 일깨워 주고 있다.

(10) 취미수초(翠微守初)

① 산거(山居)

산은 나를 부르지 않았고
내가 머무는 것도 바라지 않네
나 또한 산을 잘 모르니
산과 나는 서로 잊고 있는 것이다.
바로 그러한 것이 또 다른 한가함이구나!
山非招我住
我亦不知山
山我相忘處
方爲別有閑

【의미 풀이】

취미수초(翠微守初, A.D. 1590~1660)는 부휴선수의 문하인 벽암
각성의 제자로 세종(世宗) 때의 충신이었던 성삼문(成三問)의 후손이
다. 그러나 세조 때의 단종의 폐위 사건으로 인하여 어려서 부모를 모
두 여위게 된다. 그러한 이유로 일찍이 13세에 불문에 출가하였다고
전한다. 처음에는 스스로 허한거사(虛閑居士)라고 말하고 다니는 제월
당경헌(霽月堂敬軒)에게 머리를 깎았으나 16세에 해남 두륜산에 들어
가서 부휴선수를 모시다가 다시 벽암각성에게 가서 선교(禪敎)의 양교
(兩敎)를 공부하였다고 전한다. 훗날에는 선교를 모두 강의하면서도
항상 중생교화에 힘을 기울였다고 알려지고 있다. 수초의 제자로는 백
암성총(栢庵性聰)·취엄해란(翠嚴海瀾)·설파민기(雪坡敏機) 등이
있다.

수초의 시문을 전하는《취미집(翠微集)》에는 제자와 도반의 승려들
에게 자신의 선지(禪旨)를 전하는 다른 선시(禪詩)와 더불어 유림들과
주고 받은 시들도 많이 전하고 있다.

위의 시는 산거(山居)의 한가함과 상망(相忘)을 노래하고 있다. 불
교에서는 마음의 평정함과 항상 의식의 깨어있음을 중요시하고 있다.

왜냐하면 인간의 마음에 쉼없이 일어나고 있는 번뇌의 불꽃이 우리들 자신을 괴롭히고 나아가서 다른 사람을 다치게 하고 괴롭히기 때문이다. 그래서 불교에서는 번뇌심의 불꽃이 완전히 꺼져버린 상태가 열반의 적정이라고 가르치고 선불교에서는 이것을 무심이라고 가르친다. 즉 열반의 세계를 무심의 세계라고도 말할 수 있다. 위의 시는 바로 그러한 무심의 세계를 노래한 것이다.

우주의 삼라만상이 수만 년 동안 변함 없이 운행되고 있는 것은 자연의 법칙이 인위적이지 않고 천연(天然)의 흐름대로 운행되고 있기 때문이다. 불교에서는 그러한 자연의 진리를 설명할 때에 우주의 삼라만상이 쉼없이 연기(緣起)하고 연성(緣成)하고 있기 때문이며 또 모든 존재가 그렇게 무량하게 연기하는 이유는 만물의 본성이 공(空)이기 때문이라고 설명한다. 즉 진리를 연기법(緣起法)과 공성(空性)으로 설명한다.

연기법과 공성을 우리들 마음에 초점을 맞추어 설명한 것이 묘유심(妙有心)과 무심(無心)이다. 인간의 마음을 공적(空的)으로 설명하면 우리들 마음은 무심이라고 말할 수 있고 마음의 연기적(緣起的)인 면을 설명하면 인간의 마음은 묘유심(妙有心)이라고 설명할 수 있다.

중국불교학을 공부하다 보면 이 묘(妙)라는 글자의 해석이 사람마다 조금씩 다른 것을 알 수 있다. 필자는 여기서는 무(無)에서 자연스레 우러나오는 연기(緣起), 연성(緣成)의 유적(有的)인 현상으로 해석하고자 한다. 즉 묘유심(妙有心)과 묘심(妙心)의 묘(妙)의 의미는 깨달은 자의 무심(無心)의 공적(空寂)에서 자연스레 다시 연기되어 오묘하게 나타나는 현상 혹은 무적(無的) 공간에서 유적(有的)인 움직임으로 새로운 싹틀 때로 설명하고자 한다.

여기 산거(山居)에 담은 수초스님의 시심(詩心)은 바로 무심(無心)인 동시에 절로 또 다른 세계에 연(緣)하여 나타나는 묘용(妙容)의 즐거움을 표현한 것이라고 설명할 수 있다. 불교학적으로 설명하면 인간

마음의 근본은 본래 그 어떤 모습도 형태도 없는 것이기에 무심으로 부를 수 있지만, 인간의 마음이 본래 무상(無相)으로 아무런 흔적도 없고 투명하고 맑고 고요한 세계이기에, 마치 티끌도 없는 깨끗한 거울이 사람들의 모습을 있는 그대로 담아 비추어 주는 것처럼 맑은 무심(無心)의 거울은 삼라만상을 있는 그대로 비추어 줄 수 있다. 즉 번뇌와 망상의 티끌을 없앤 깨끗한 무심의 경지에서는 사심(私心)을 망각하고 오히려 삼라만상의 갖가지의 모습을 있는 그대로 나타내어 준다. 바로 그러한 마음이 선수행자들이 도달하고자 하는 경지이며 부처의 마음(佛心)이다. 수초스님은 바로 그러한 불심의 경지에 도달한 자신의 무심의 거울을 노래하며 또 무심의 거울에 비추어진 자연과 자신이 서로 상망(相忘)한 모습이라고 노래하고 있다. 바꾸어 말하면 자연은 스님을 잊고 스님은 자연을 잊고 사는 그 모습이 바로 하늘의 도리이고 천연(天然)의 한가함이 아니겠느냐고 노래하고 있다.

수초스님은 위의 시에서 산은 나를 산으로 오라고 초대하지 않았지만 나는 오래 전부터 산에 와서 지금까지 산에 머물면서 불도를 열심히 닦고 있다. 즉 산은 그 동안 나를 무심히 포용하였네! 라고 노래하고 있다. 그리고 나도 역시 산에 대해서 잘 모르고 또 모든 것을 잊고 불도만 닦고 살아왔으니 산과 나는 그 동안 서로를 잊고 살아왔구나 라고 노래하고 있다. 그러면서 그렇게 서로 모든 것을 상망(相忘)하고 쌍망(雙忘)하였기에 모든 것을 포용하고 살아왔음을 알았다고 노래하고 있다. 바꾸어 말하면 나와 산이 서로 쌍망하였기에 또 서로가 무상(無相)의 공(空)을 지켜왔기에 모든 것을 도리어 포용할 수 있었다고 자각하고 있는 것이다.

이렇게 스님은 오랫동안 공관(空觀)을 닦아왔기에 산 속에서 명경지수(明鏡止水)와 같은 자심(自心)의 무심(無心)의 경지를 노래할 수 있고 또 그것이 열반이었고 도리어 모든 것을 얻었으며 세계의 한가함도 얻었다고 노래할 수 있었던 것이다.

위에서 설명한 상망(相忘)은 무상공(無相空)으로 설명할 수 있지만 쌍망(雙忘)은 유가(儒家)에서 처음 사용한 말이다. 불가에서 이 말을 수용하여 옛날부터 쌍망(雙忘)이라는 말을 많이 사용하였다. 그래서 유가에서는 구별하기 위해 간혹 양망(兩忘)이라고 표현하기도 하였다. 중국 송대(宋代)의 유학자 정명도(程明道)는 그의 《정성서(定性書)》에 "내외(內外)를 양망(兩忘)하면 곧 징연무사(澄然無事)한다."라고 말하고 있다. 즉 정명도는 "군자(君子)의 도리는 선악(善惡)과 시비(是非)와 생사(生死)와 고락(苦樂) 등과 같은 상대적 대립적인 관념을 잃어버리고 천명(天命)과 천리(天理)에 따르면 마음이 편안하고 아무런 어려움이 없다."라고 말하여 그러한 것이 군자의 도리라고 설명하였다. 여기서 양망이란 나와 남 혹은 대상과 그 대상을 보는 사람과 양자와의 관계에서 상대적 인식이 끊어진다는 것을 가리킨다. 그렇게 되면 사람의 마음은 저절로 명경지수(明鏡止水)와 같은 무심의 경지가 되어서 저절로 마음이 편안하여 진다는 뜻으로 사용되어 왔다.

중국 선승들은 양망(兩忘)을 쌍망(雙忘)이라고 바꾸면서 이 말을 세상을 무사히 살아가는 군자의 도리만을 설명하는 것이 아니고 더 넓게 자타무이(自他無二)와 주객불이(主客不二) 등의 이원적 모든 인식을 끊은 깨달음의 절대적 경지를 나타내는 말로 사용하였다.

그런데 당대(唐代)의 규봉종밀(圭峯宗密)이라는 스님은 부처님의 가르침과 그 실천 수행의 선(禪)을 쌍망(雙忘)의 쌍(雙)으로 해석하면서 쌍망과 양망을 똑같이 사용하는 바람에 그 뒤로부터는 불가에서도 쌍망과 양망을 동의어(同義語)로 사용하게 되었다.

처음 종밀이 주장하는 것은 승려들이 불경에 설해진 가르침만을 연구하고 선수행(禪修行)을 전혀 하지 않는다면 그것은 본래의 진실한 교(敎)도 아니라고 주장하였다. 그리고 또 선만의 실천을 강조하면서 불경의 가르침을 전혀 연구하지 않는 것도 역시 맹목적인 어두운 행으로서, 이것도 진실한 선이 아니라고 질타한 적이 있다. 그러면서 항상 선

수행과 교학연구를 동시에 힘쓰고 닦아야 한다고 가르쳤다. 그러면서
최종적으로는 선교(禪敎)의 양자를 모두 잊어버리는 곳, 즉 선(禪)과
교(敎)가 본래 하나인 곳에서 진실로 참다운 선과 교가 있다고 강조하
였다. 바로 그 가르침을 쌍망이라고 말한다.

　그래서 불가에서 말하는 쌍망에는 정명도가 말하는 선악(善惡)과 시
비(是非)와 생사(生死)와 고락(苦樂) 등과 같은 상대적(相對的)인 관
념을 잊어버린다는 뜻과 함께 선교(禪敎)를 열심히 수행하면서도 선과
교를 수행하였다는 인식의 상(相)조차도 잊어버렸다(相忘)는 뜻이 내
재되어 있다고 말할 수 있다. 즉 깨달은 자의 경지에서 공관(空觀)은
우주의 사물을 공으로 보면서 동시에 자신이 도를 닦았다는 어떠한 상
(相)도 없다는 뜻이다. 그러한 모든 상(相)을 초월하였을 때에 비로소
절대적 무심의 경지에 이르고 진실한 선의 경지와 열반의 세계가 눈 앞
에 펼쳐진다고 말할 수 있다. 수초스님이 마지막 구절에 '나와 산은 서
로 잊으니(그것이야말로) 서로 한가함이 있구나!' 라고 노래한 것은 바
로 위에서 설명한 쌍망(雙忘)의 무심의 경지에서 맛볼 수 있는 도락(道
樂)과 물아일여(物我一如)의 즐거움을 나타낸 것이다. 다음의 시에서
도 스님은 바로 그러한 선경(禪境)을 노래하고 있다.

　② 산에 사는 자를 위한 노래(題林處士幽居)

　산에 몸을 담그고
　파초처럼 엎드려 살았더니
　때때로 사람들은
　도인이라고 불러준다.
　(때로) 술이 취한 가운데 읊은
　시는 더욱 오묘하게 바뀌고
　거문고 타는 소리가 더하면

홍취는 더욱 참다워지고
약을 캐러 이 산골
저 산골로 뚫고 다니며
꽃을 옮겨 심고서
이렇게 앉아 봄을 감상하니
이렇게 하여
늙음을 멈추게 하니
홍진(紅塵)에 나약해질
어떤 마음도 없네.

巴卜藏身處
時稱有道人
酒中詩轉妙
琴上興方眞
採藥行穿峽
移花坐賞春
因玆得終老
無意軟紅塵

【의미 풀이】
　위의 시문은 수초스님이 산 속 깊은 암자에 살고 있는 사람(林處士)을 위한 노래이면서 스님 스스로 직접 산거(山居)하며 살아갈 때에 느끼는 한가로움과 즐거움을 찬탄하고 있는 내용이다. 옛날 중국의 이백(李白)도 '산중문답(山中問答)'이라는 시에서 산에 사는 소박한 즐거움을 다음과 같이 노래하였다.

　왜 산에 사느냐기에
　그저 빙긋이 웃을 수밖에

복사꽃 띄워
물은 아득히…
분명히 여기는
별천지인 것을…

도시에 사는 사람들은 산에 외로이 사는 사람들을 볼 때마다 그들의
생각과 다르다고 하여 산에 사는 사람들을 이상하고 괴이하게 생각한
다. 그렇게 생각하고 이상하게 여기는 것은 옛날이나 지금이나 다를 바
가 없는 것 같다. 즉 산에 사는 사람의 마음을 그 곳에 살지 않은 사람
들에게 아무리 말해 보아도 결국에는 도로(徒勞)에 그칠 것에 틀림없기
에 그저 웃음으로 대답을 대신하고 있을 수밖에 없다.

그래서 홀로 다음과 같이 노래할 뿐이다. '산에 살지 않는 사람은 미
풍에 물 위로 살며시 떨어지는 복사꽃의 아름다움과 저기 아득히 흘러
가는 꽃잎에 감추어진 자연의 이치도 모를 것이다. 그러나 나 홀로 외
로이 사는 산 속이지만 분명히 여기가 별천지(別天地)의 무릉도원(武
陵桃源)이다. 왜 다들 그것을 모를까' 라고 독백할 뿐이다.

이백의 노래처럼 우리들은 서로간에 마음이 통하지 못할 때에는 크게
는 자연 운행의 도리에서 적게는 눈앞에 펼쳐지는 경치의 아름다움도
서로 나누지 못한다. 그래서 예로부터 진실은 항상 볼 수 있는 자에 의
해서 명백해지고 그들의 것으로 존속하였던 것이다.

여기 수초스님은 산 속 깊은 암자에 살아가고 있는 사람들과 자신을
임처사(林處士)라고 이름지어 은자(隱者)를 위하여 한 편의 노래를 부
르고 있다. 스님은 산 속에 사는 마음의 평화로움과 몸의 한가로움을
스스로의 경험을 통하여 노래하며 그 멋을 찬탄하고 있다.

노랫말에 스님께서 산 속에 파초처럼 말없이 묵묵히 엎드려 살았더니
세상사람들이 스님을 도인(道人) 또는 선인(仙人)이라고 부른다 라고
독백하고 있다. 그러나 산에 조용히 살고 있지만 때로는 곡차를 마시면

서 시를 쓸 때도 있고 또 그렇게 쓴 시가 더욱 묘하고 아름답게 표현됨을 볼 때에 더욱 큰 즐거움을 느낀다고 노래하고 있다. 또 가끔 그럴 때마다 거문고를 연주하면 되니 시흥(詩興)과 감흥이 더욱 무르익어 모든 흥취(興趣)가 더욱 깊어지는 듯하다고 노래하고 있다.

그러면서 때때로 약을 캐러 깊은 산골짜기를 다니면서 아름다운 들꽃을 보았을 때는 암자의 안뜰에 옮겨 심고 조용한 시간에 뜰 안에 앉아서 그 꽃으로 봄을 감상하게 되니 이것이야말로 바로 산 속에 사는 은자들만의 멋이고 즐거움이 아닌가 라고 찬탄하고 있다. 이와 같이 살아가노라면 세월이 멈춘 듯하고 늙음이 멈추어지는 듯 느껴지기에 더 이상 세속의 부귀영화가 부럽지 않다고 노래하고 있다. 즉 속세의 홍진(紅塵)에 나약해지지 않는 자신의 무심의 경지를 소박하게 그리고 있다. 수초스님은 산 속에서의 삶과 수행을 통하여 얻는 쌍망(雙忘)의 경지를 소박하게 나타내고 있다. 이것은 수초만의 선경(禪境)이라고 말할 수 있다.

불교학에서 살펴본 언어문학관

불교학에서 살펴본 언어문학관

여기서는 불교철학에서 세간의 언어문학을 어떻게 수용하고 있는가를 살펴보고자 한다. 결론부터 말하면 불교의 근본의(根本意)에서는 불교와 문학을 이원적 절연(絶緣)의 관계로 해석한 적이 없었다는 것을 발견하게 된다. 특히 용수의 중관철학과 용수 이후의 여러 학파에서 세간의 언어문학을 어떻게 수용하고 있는지를 살펴보면 불교와 문학을 이원적으로 인식하는 것이 오류임을 알 수 있다. 이러한 인식의 오류를 불식하고자 불교학의 여러 언어문학관을 소개한다.

남방불교를 제외한 북방불교에서는 예로부터 용수를 팔종(八宗)의 조사(祖師)라고 부르고 있다. 북방불교에서 그렇게 공통적으로 자신들의 종파의 연원(淵源)을 용수라고 표방한 것은, 용수의 중관철학이 불교의 어떤 종파적 종의(宗義)만을 나타내는 것이 아니라 불교의 근본핵심을 응축하고 있고 또 외도에 대한 차별로서 불교의 고유성 및 그 바탕을 분명하게 드러내어 주고 있기 때문이다.

그래서 오늘날 불교와 다른 종교, 학문, 사상을 구별하는 경우에도 중관철학의 분석을 통하여 살펴보면 불교의 가장 근본적 의미를 명확하

게 파악할 수 있다. 그런 점을 감안해서 불교에서 불교문학을 어떻게 수
용하고 인식하고 있는가를 중관철학을 통해서 살펴볼 수 있다. 즉 불교
의 공사상(空思想)을 통해서 불교문학의 본질을 고찰할 수 있고 더 나
아가서는 불교와 세간의 언어문학과의 관계성을 명확하게 정립할 수 있
다. 예컨대 이러한 고찰을 통하여 불교와 문학을 이원적으로 인식하는
종래의 불교문학관과 다른 오해를 해소할 수 있다.

(1) 용수의 언어문학관

중관철학은 교학적으로 《반야경(般若經)》에 뿌리를 두고 있으며 대
승불교철학의 근본교리의 기초와 핵심이다. 그 중관철학의 기초를 세
운 이가 바로 나가르쥬나(龍樹, Nāgārjuna)[230]이다. 그는 중관학파의
개조(開祖)로서 많은 저서를 남겼지만 그 중에서 공관(空觀)을 이론적
으로 설명하고 있는 《중론(中論, Madhyamakaśāstra)》이 가장 유명하
다. 그 외에 《대품반야경(大品般若經)》를 주석한 《대지도론(大智度
論)》과 《화엄경》의 〈십지품(十地品)〉을 주석한 《십주비바사론(十住毘
婆沙論)》, 《대승이십송론(大乘二十頌論)》 등도 있으나 그 모두가 이론
적으로 《중론》을 배경으로 하고 있기 때문에 《중론》을 그의 대표적 저서
라고 말할 수 있다.

용수는 《중론》에서 부처님의 근본 사상인 연기설(緣起說)을 공(空)
의 입장에서 해명하였다. 그런데 불교를 혹평하는 사람들은 중관철학
을 허무주의(虛無主義), 부정주의(否定主義), 상대주의(相對主義),

---

230) 고(故) Lamotte교수는 *Le Traité dela Grandevertude Sagesse de Nāgārjuna*
와 *l'Enseignement de vimalakīrti.* p.76 에 의하면, 용수가 생존한 시기는
서기 234~300년 무렵이라고 추정하고 있으나 학계에서는 보통 서기 150
~250년 무렵으로 보고 있다.

환영설(幻影說), 유명론자(唯名論者) 등이라고 말하기도 하였다. [231] 그 가운데 인도 불교계에서도 중관학파를 허무주의로 비판한 때도 있었다. 즉 부파불교(部派佛敎) 가운데서도 대표적인 설일체유부(說一切有部)는 중관학파를 '무론자(無論者)'라고 비판하였고 경량부(經量部)에서는 중관학파를 보고 모든 존재의 법체(法體)를 늘 부정하고 그 모두를 무(無)라고 집착하는 무리들이라고 비난하면서 중관학을 불교의 이단설(異端說)이라고 극언(極言)하기도 하였다. 그리고 대승불교에 속하는 유가유식학파(瑜伽唯識學派)에서도 중관학파를 공견(空見)에 빠져 있는 무리들이라고 비난하였다. [232] 특히 무상유식학파(無相唯識學派)의 안혜는 중관학파의 공관론(空觀論)을 외도들의 극단론(極端論)과 같다고 비난하기도 하였다. [233]

중관학파를 이렇게 무론(無論), 공견(空見)에 빠졌다고 비난하지만, 《중론》이라는 불리고 있는 용수의 《근본중론송(根本中論頌)》을 조금 살펴보면 그렇게 비평하는 그들이야말로 불교를 오해하고 있음을 알 수 있다. 왜냐하면 《중론》을 살펴보면 모든 사물의 본성은 공이기 때문에 현상의 세계가 성립되는 것이며, 제법(諸法)의 본성은 무자성(無自性), 공(空)이라고 설명하고 있다. 이러한 설명은 유부(有部)가 유자성(有自性)의 법에 의거하여 현상을 설명하는 것과 정면으로 대립되는

---

231) Th. Stcherbatsky, *The Conception of Buddhist Nirvana*, Penginbook, p.42.
   Dasgupta, *A History of Indian philosophy,* vol. 1, p.138.
   池田澄達, 《根本中論疏無畏論譯註》〈解說篇〉, 東洋文庫.

232) 玄奘 譯, 《阿毘達磨藏顯宗論》第26卷, 大正藏 卷29, p.910b, "都無論者 說一切法都無自性皆似空花". 大正藏 卷29, p.6c, "如是一類執有不可說補特伽羅 復有一類 總撥一切法體皆非".

233) 유상유식학파(有相唯識學派)의 호법(護法, Dharmapala)은 오히려 무상유식학파들을 비평하고 있다. (山口益, 《佛敎における有と無との對論》, 法藏館. 《般若思想史》, 法藏館.)

점이다. 이러한 공의 입장은 물질의 본성을 에너지와 운동으로 설명하는 근대과학에 가깝다. 즉 공은 존재와 현상의 실재를 부정하는 것이 아니고 또 허무(虛無)를 의미하는 것이 아니다. 오히려 만물은 에너지와 힘으로서는 실재하지만 특정의 고유성을 갖고 있지 않다는 의미이다. 또 물질적 혹은 정신적으로 모든 것이 무자성이기에 존재사이에 나타나는 힘의 결합 및 합성을 분석적으로 설명해주고 있으며, 또 그러한 형태로 다른 현상의 성립과 변화를 이해하고 설명하는 입장이다. 그리고 용수는 유무(有無)의 단견(斷見)을 모두 배척(排斥)하고 있으며[234] 또 제법(諸法: 모든 존재)를 부정하거나 존재 자체를 파괴하는 학설의 무론(無論)을 인정하지도 않고 있다. 즉 용수의 논리에 따르면 공(空)과 공관(空觀)은 단순한 무론을 의미하는 것이 아니며 제법의 묘유(妙有)를 직시하게 하는 논리적 설명이며 방편이었음을 알 수 있기 때문이다. 다시 설명하면 모든 현상계의 성립과 관계성을 분석적으로 설명해주고 나아가서 다시 그것들을 능동적으로 대처하게 하는 용어이기 때문이다. 그리고 대승의 자리이타(自利利他)의 보살행[235]도 바로 그러한 철저한 공관에 의해서 이루어지는 것임을 알 수 있기 때문이다. 예컨대 공(空)의 논리와 공관은 무론의 소극적 학설이 아니라 모든 존재의 본성을 설명해주는 것이며 또 모든 현상의 성립과 변화를 분석적으로 이해하는 입장이다. 나아가서 인간으로 하여금 현상성립을 철저하게 이해하게 하여 적극적, 능동적으로 대처하게 하는 적극적 현상 파악의 학설인 것이다. 즉 불교의 근본인 연기설을 다시 공의 입장에서 재조명하여 설명한 논리이다.

다른 시각에서 중관철학의 내용을 말하면 공성(空性)과 연기(緣起)의 간별성(簡別性)과 즉일성(卽一性)의 설명이라고 말할 수 있다. 간

---

234) 山口益, 《般若思想史》, pp. 126 ～ 151, pp. 160 ～ 167, 法藏館.
235) 山口益, 《大乘佛敎としての淨土》, 理想社. 山口益, 《空の世界》, 理想社.

별성은 연기와 공성을 어떻게 구분할 것인가의 설명이고 즉일성은 연기와 공성을 어떻게 통합적으로 해석할 것인가의 설명이다. 그런데 중관철학의 즉일성을 강조하면 불교를 '즉(卽)의 불도(佛道)'로 설명할 수 있다.[236] 아무튼 불교의 근본의(根本意)는 연기와 공성의 양면성을 어떻게 파악할 것인가에 의해서 명확하게 밝혀진다고 할 수 있다. 달리 말하면 연기와 공성의 간별성과 즉일성의 고찰을 통해서 불교의 근본적 의미를 알 수 있고, 또 다른 종교와 학문 사상 등을 불교와 구별할 수 있다. 그래서 중관철학의 고찰을 통해서 불교와 문학의 관계성을 밝히려 하는 것이다.

중관학은 부처의 깨달음 내용을 연기와 공성으로 설명하고 또 다시 연기와 공의 간별성과 즉일성으로 설명하여 모든 존재와 현상의 관계성을 직관적으로 자각하게 하고 있으며, 논리적으로 설명할 때는 진리를 승의제(勝義諦)와 세속제(世俗諦)의 두 가지로 나누어 세속에 대한 불교의 초월적인 의미를 강조하고 있다. 중관학의 이제설(二諦說)을 세밀하게 살펴보면 진리를 승의제와 세속제로 나누어 승속(僧俗)의 의미를 설명하고 있다. 즉 이제설은 불교적 진리관을 살펴볼 수 있는 논리구조라고 말할 수 있다. 그래서 이제설은 옛부터 인도와 중국불교에 있어서도 가장 중요한 교리의 하나로 연구되어 왔다. 그러한 예가 중국 삼론종(三論宗)인데 길장(吉藏)은 이 이제설을 불교의 모든 사리(事理)의 준거(準據)로 해석하여[237] 대승불교사상의 전체를 조감할 수 있다고 평가

---

236) 長尾雅人, 《中觀と唯識》, 岩波書店, pp. 29~33. 小川一乘, 《大乘佛敎의 原點》, 文榮社.

237) 吉藏撰, 《二諦義》卷上(大正藏, p. 78a~b)에서 길장은 "說二諦凡二十餘種勢或散或束或分章段或不分分時或開爲三段(p. 78)"이라고 소개하면서, 約理의 二諦(於諦: 諸佛의 설법의 준거가 되는 二諦)와 約敎의 二諦(敎諦: 중생을 위한 설법의 준거가 되는 二諦)로 분석하고 있다(pp. 78b~79c).

하고 있다. 따라서 이제설은 불교의 근본의미를 밝혀주는 동시에 불교
문학관 혹은 불교의 언어 문학관을 해명해 주는 논리라고 평가할 수 있
다. 또 불교적 진실과 언어표현과의 관계를 설명해 주는 교학이라고 평
가할 수 있다. 왜냐하면 이제설은 진리를 승의와 세속으로 나누어 진실
의와 세속의 상식과 언어 문제 등을 논의하고 있기 때문이다. 즉 불교적
진실을 형이상학적으로 설명하고, 세속의 상식과 언어를 형이하학적 문
제로 설명하여 승의제와 세속제를 논의하고 있다. 이제설은 이렇게 초
세간적 진실과 세간적 언어표현이라는 문제로 집약시켜 살펴볼 수 있으
며 더 나아가서 불교적 가치와 언어문학적 가치의 차이를 명확히 살펴
볼 수 있다. 그래서 용수의 중관학과 그의 후계자들 사이에서 활발히 논
의되었던 이제설의 해석을 통해서 불교계에서 진실의와 세속의 언어문
학의 표현 문제를 어떻게 수용하고 있는가를 살펴보려고 한다.

① 《중론》의 근본사상

용수의 《근본중론송》을 살펴보면, 공에 근거한 불생불멸(不生不
滅), 불상불단(不常不斷)의 입장에서 현실을 능동적으로 대처해가는
팔불(八不)의 중도(中道)를 설명하고 있다. 그래서 중관학파에서는
반야를 근본으로 하여 모든 집착과 분별의 계량을 벗어나 무소득의 정
관(正觀)을 지향하는 것을 중도라고 한다. 여하튼 《중론》의 내용을 보
면, 특히 〈관인연품(觀因緣品)〉에는 연기법은 생멸단상(生滅斷常),
일이거래(一異去來)의 여덟 가지의 잘못된 견해를 희론(戲論)으로 타
파하고 있다. 이렇게 모든 것을 공관(空觀)할 수 있는 경지는 모든 존
재의 있는 그대로의 모습을 볼 수 있는 세계이며, 그것은 어떤 언어로
도 표현할 수 없는 무분별의 적멸의 세계라고 설명하고 있다. 이와 같
이 연기설을 공의 입장에서 자세하게 해명한 점과 다시 이제중도(二諦
中道)를 설명한 점이 《중론》의 핵심이라고 말할 수 있다.

용수가 《중론》에서 불설(佛說)이라고 인정한 것은 '연기(緣起)',

'제행허망(諸行虛妄)', '유무견(有無見)의 부정' 뿐이다. 즉《근본중론송》[238]의 원문상으로 세존(世尊)이 일인칭(一人稱)으로 기술되어 있는 내용은 '연기', '제행허망', '유무견의 부정' 뿐이다. 예컨대 용수는 부처님께서 말씀하신 이 세 가지를 염두에 두고 자신의 생각을《근본중론송》에 정리하였던 것이다.

용수는 인도의 많은 설법자들 가운데서 자신이 부처님을 존경하고 그의 가르침에 귀의하게 된 연유를《중론》의 서두에 밝히고 있다. 즉《근본중론송》의 귀경게(歸敬偈)에서 먼저 '연기를 설하신 세존께 경례한다'라고 밝히고 있다. 이것은 그가 왜 불교에 귀의했는가를 밝히고 있는 것인데 그 내용이 첫째로 세존께서 연기법(緣起法)을 설하셨기 때문에 자신이 세존을 존경하고 또 그의 가르침에 귀의하게 되었다고 분명히 밝히고 있다. 간단히 말하면 용수가 부처님은 연기법을 깨달았기에 다른 어떤 분들보다 뛰어나시고, 또 연기법은 불교의 핵심이라고 명백하게 밝히고 있는 것이다.

연기법이란 모든 존재가 여러 조건(因緣)에 의해서 임시로 그러한 존재로서 성립되어 있고, 또 현상도 그렇게 발생하고 변화되어 가고 있기에 모든 존재는 독립적 존재성을 가지지 못하고 서로 의존해 있다는 세계관이다. 즉 모든 존재는 무시 이래로 인연에 의해서 끊임없이 연기하고 연성해 가면서 생멸하고 있다고 설명하는 학설이다. 간단히 말하면 모든 존재와 현상이 정신적인 것이든 물질적이든 어떤 인연에 의해서 연기한다는 것이다. 즉 모든 것은 어떤 다른 조건들에 따라서 생멸하며

---

238)《중론(中論)》을 보통《근본중론게(根本中論偈)》라고도 하는데 그 내용은 용수의 부처님에 대한 귀경게(歸敬偈)와 27장 448게로 되어 있기 때문이다. 본 논문에서는 三枝充悳의《中論偈頌總覽》을 기본 텍스트로 하여 인용한다. 여기에 인용하는《중론게송총람》은 산스크리트어, 티베트어, 한역 부분이 함께 대조되어 있어 해석의 차이를 비교할 수 있어 편리하다.

또 무수한 요인과 관계 속에서 발생되고 멸하여 가고 있다고 설명하는 이론이다. 그래서 연기법은 모든 존재의 성립을 부정하는 무론(無論)이 아니고 모든 존재의 실상을 분석적으로 살펴보게 하고 다시 진실을 직시하고 직관하게 하는 가르침이라고 할 수 있다.

그런데 연기법은 모든 존재가 어떠한 영원불변한 자성(自性)을 가지고 있지 않기에 항상 연생(緣生)과 연성된다고 설명하는 것이기에 바로 모든 존재가 독립적 존재성을 가지지 못한다는 공(空)의 존재성을 알려주는 가르침이기도 하다. 즉 연기론은 인과론적으로 존재의 생멸과 변화만을 해명하는 것이 아니라 그 이면을 분석하여 그 모든 것이 단독으로 있는 것이 아니고 무수, 무량한 관계성에 위해서 성립되고 변화하고 있다고 설명하는 논리이기도 하다.

다음 용수가 《근본중론송》에서 불설(佛說)이라고 설명하는 '연기', '제행허망', '유무견의 부정' 가운데서 먼저 '제행허망'을 설명하면 모든 존재와 모든 인위적, 작위적 행위들은 연생법(緣生法) 혹은 연이생법(緣已生法)으로서 그 자체로서는 그 어떤 영원불변한 자성(自性)과 실체성(實體性), 존재성을 갖고 있지 않다. 그렇기에 모든 것은 무상하고 허망하다고 말할 수 있다.

다시 '제행허망'에 대한 설명을 살펴보면 《근본중론송》의 제13장 '제행(諸行)의 고찰'의 첫 번째와 두 번째의 게송에 "가유(假有)의 성질을 갖는 것은 허망하다. 모든 인위적인 행은 임시로 있는 가유의 나타남이다. (그러기에) 제행은 허망하다고 세존은 말씀하셨다."[239]라고 설명하고 있다. 즉 용수는 모든 것이 연기하기에 영원한 것이 아니라 언젠가는 소멸하는 것으로 잠시 머무는 가유의 형태로 존재하며 제행도 역시 여러 조건들에 의해서 잠시 나타나는 것이기에 허망하다고 설명하고 있다. 《근본중론송》에서는 이러한 설명에 대해서 외도(外道)들이 말하

---

239) 三枝充悳, 《中論偈頌總覽》, 第三文明社, pp.366~368.

는 반론에 대하여 어떠한 견해(有見·無見)도 있을 수 없다고 강조하고 있다. 즉 유무견(有無見)을 부정하고 있다.

그러한 유무견의 부정에 대해서는 《근본중론송》의 제15장 '자성(自性)의 고찰'[240]에서 설명한 다음에 다시 "(katyayana에의 가르침에 있어서) 존재와 비존재(非存在)에 대해서 바르게 알고 계시는 세존에 의해서 있다(有) 없다(無)의 양 극단이 함께 부정되었다."[241] 라고 설명하고 있다. 여기서 용수는 부처님께서 직접 유무(有無)의 극단론을 배척하셨다고 밝히고 있다.

그 외 제23장의 제3게송[242]라 제24와 25게송[243]에서도 먼저 유견(有見)을 부정하고 그렇게 유견(有見)을 부정하는 것에 의해서 당연히 무견(無見)도 있을 수 없다고 설명하고 있다. 또 제5장 제6게송[244]과 제15장 제5게송[245]에서는 유무견(有無見)을 함께 부정하면서 사물의 항상성(常恒性)을 주장하는 상견(常見)과 사물의 단멸(斷滅)을 주장하는 단견(斷見)을 동시에 배척해야만 한다고 강조하고 있다. 그리고 《근본중론송》의 제24장의 제1게송과 제6게송[246]에서 위의 논의에 대하여 반대론자의 주장을 소개하면서 그들의 논리의 모순점을 분석하여 하나씩 논파하고 있다. 그 가운데 하나를 살펴보면 다음과 같다.

만약에 이 모든 것이 공(空)이라고 한다면 생기(生起)하는 것은 없고, 소멸(消滅)하는 것도 없는 것이 되리라. 그래서 너희들의 불법(佛法)에

---

240) 위의 책. pp.412~420.
241) 위의 책. p.414.
242) 위의 책. pp.684.
243) 위의 책. pp.726~728.
244) 위의 책. p.140.
245) 위의 책. p.410.
246) 위의 책. pp.732~742.

고집멸도(苦集滅道)의 사성제(四聖諦)라는 것도 없는 것이 되어버리고
만다(24.1).[247]

위의 글은 불교를 비판하는 반대론자들이 먼저 용수가 주장하는 것처
럼 모든 것을 공(空)이라고 한다면 세간에서 모든 사물들은 그 존재성
을 잃어버려 존재하지 않고 또 변화하지도 않는다는 뜻으로 오해하여
불교도들 너희가 공이라고 주장한다면 너희들 불교의 진리인 사성제도
존재할 수 없는 것이 아니냐고 반박하고 있는 문장이다. 바꾸어 말하면
반대론자는 공을 모든 존재의 부정으로 이해하여 불교도들이 공이라고
주장하면 불법(佛法)도 세상에 설시(說示)되는 것이 불가능하지 않느
냐고 반박하고 있는 것이다. 외도들의 이러한 의문은 불교의 연기법(緣
起法)과 공성(空性)을 존재의 부정 즉 허무의 의미로 착각한 데서 비롯
된다. 그래서 용수는 제7게송[248]에서 다음과 같이 설명한다.

모든 것이 연기하기에 오히려 모든 것은 생기(生起)하고 생성(生成)하
는 것이며, 그래서 불법은 이 세간에서 설시(說示)되어지고 있다. 여기
서 그것에 대해서 우리들은 말한다. 너희는 공성(空性)에 있어서의 공용
과 공의가 있음을 모르고 있다. 그러기 때문에 너희는 그렇게 스스로 혼
란해 하고 있는 것이다.

즉 용수는 반대론자들에게 공(空)을 모든 존재의 부정으로 이해해서
는 안 되고 공의 깊은 뜻을 잘 살펴야 한다고 설명하고 있다. 그러면서
공에는 공성(空性: 空의 진리성)과 공용(空用: 空의 動機와 目的)과 공
의(空義: 空의 가치와 의의)가 있음을 분명히 간별해야 한다고 설명하

---

247) 위의 책, p.732.
248) 위의 책, p.744.

고 있다. 또 이 세 가지의 뜻을 잘 모르면 공을 존재와 현상의 부정으로 또는 허무의 의미로 오해하기 쉽다고 설명하고 있다. 즉 공(空)은 진리를 나타내는 용어로서 그 깊은 뜻을 한순간에 전부 나타낼 수는 없지만 불교의 진리를 설명하는 방법과 상황에 따라서 어떤 때는 공성(空性)을 말하고 또 어떤 때는 공성의 효용(동기, 목적)과 의의(意義)로 설명할 수 있다고 말하고 있다. 예컨대 불교의 반대론자들은 공을 단순히 눈앞에 있는 사물이나 행위를 부정하는 뜻으로 오해하였고, 그들이 그렇게 인식하는 이유는 그들이 연기즉공(緣起卽空)과 공의 세 가지 의미를 몰랐기 때문에 그와 같이 주장한다고 설명하고 있다.

이러한 설명은 공성을 오해하여 허무주의로 생각하는 불교교단 내의 사람들에게도 경책을 주는 가르침이기도 하였다. 불교의 공성은 이렇게 깊은 뜻을 내포하고 있기에 극단적으로 존재의 무(無)로 해석해서는 안 된다. 그리고 불교의 공성은 세간의 성립과정과 그 유래(由來)를 설명하는 연기법을 동시에 내포하고 있음을 알 수 있다. 요컨대 공성과 연기법은 단순히 세간의 어떤 현상과 존재를 부정하는 것이 아니고 공성(空性)과 공용(空用)과 공의(空義)[249]의 세 가지 의미를 가리키는 것이며, 또 연기즉공(緣起卽空)을 나타내는 것임을 알 수 있다.

그래서 우리는 불교의 공을 잘못 이해하고 있는 사람들에게 다음과 같이 말할 수 있다. 불교가 모든 존재를 부정하고 사성제와 같은 교리도 부정하고 있는 것처럼 보이지만, 공성과 공용과 공의의 세 가지 의미를 알고 나면 불교는 결코 세간의 그 어떤 것도 부정하지 않으며 또 세간의 삶을 절연(絶緣)하게 하는 가르침이 아니라는 것을 알게 된다고 말할 수 있다. 오히려 세간의 모든 현상과 변화를 깊이 관찰하게 하여 알게 하고, 그렇게 모든 현상이 성립하고 변화하는 과정의 근거를 파악

---

249) 山口益, 《般若思想史》, pp.10~32. 小川一乘, 《空性の研究》, 文榮社, pp.356~369, pp.392~413.

하게 되면서 능동적으로 행동하게 되고 또 그 모든 것이 무량한 관계성을 가지고 있음을 자각하게 하여 우리들로 하여금 스스로 현실의 삶으로 나아가서 적극적으로 바른 관계를 세워 나가도록 일러주는 것이라고 말할 수 있다 .

그래서 불교의 연기즉공의 설명을 잘 이해하면 세간의 미물도 그 나름의 고유한 가치와 아름다움을 지니고 있음을 알 수 있게 된다. 또 모든 것이 찰나에 변화하기에 모든 순간이 더욱 더 소중한 것임을 알게 되고 또 헛되이 보낼 수가 없음을 자각하게 된다. 그래서 부처와 보살들이 깨달음을 얻은 후에는 적극적으로 세간 속에 들어가서 깨달은 진실을 널리 전하며 실천하였던 것이다. 진리를 깨달은 자들은 세상의 모든 존재와 현상의 진실인 연기와 공성을 살아있는 지혜로 다시 전환하기 위하여 중생을 구제했던 것이다. 즉 진리를 고정화해서 실체시(實體視)하는 모든 편견을 부수었다. 그런 의미에서 불교는 진리를 그대로 실행하는 가르침이라고 말할 수 있다. 그러기에 불교의 공관(空觀)은 결코 존재와 현상을 부정하거나 진리를 고정화해서 실체시하는 단상(斷常)의 견해와 유무(有無)와 같은 양극론을 논파하였던 것이다. 즉 공관론은 쉼없는 연기(緣起)의 진실을 철저하게 분석하여 보여주고 나타내는 설명이며 또 진리조차도 고정화해서 실체시하는 반론(反論)을 적극적으로 논파하는 파사(破邪)의 논리이다.

여기서 우리들은 중관철학을 세간의 허무주의나 쾌락주의라고 말할 수 없음을 알 수 있다. 공은 현상성립의 모든 근거를 능동적으로 해명하고 제시하는 용어이기 때문에 오히려 모든 존재의 진실한 모습을 바로 직시하게 하고 다시 그 진실을 바로 알게 하여 스스로 실천하게 하는 적극적인 사상이라는 것을 알 수 있다. 공성은 바로 그러한 지혜를 전해주는 가르침이다. 그래서 훗날 중관학파의 한사람인 월칭(月稱)은 그의 저서《정명구(淨明句, Prasannapadā)》에서 중관학과 허무론을 명확히 구별해야 한다고 주장하기도 하였다. [250]

② 이제설(二諦說)

현재 우리들이 생활하고 있는 세상은 하나이지만 종교학적으로 설명할 때는 세속의 세계와 승의의 세계가 있다고 말할 수 있다. 종교학적으로 보통 이것을 성(聖)과 속(俗)으로 표현한다.[251] 중관학에서는 이것을 승의(勝義)와 세속(世俗)으로 설명한다. 용수의 《근본중론송》에서도 공성을 설명할 때에 성과 속, 진실함과 허망함, 세속의 세계와 승의의 세계 등으로 대비적으로 설명하고 있다. 그래서 불경 등에서 흔히 세속은 허망하지만 불법(佛法)은 진실하다는 표현을 많이 하고 있다. 그런데 이러한 표현은 진실한 진리는 부처의 지혜와 안목에 의해서만 보여지는 것이라는 뜻을 강조한 것인데 보통 희론적멸(戲論寂滅), 무분별(無分別)의 경지라고 설명한다. 불교학에서는 세속의 논리와 상식의 인위성(人爲性)을 분석적으로 설명하여 그러한 것들이 갖가지의 인연에 의해 조립된 것으로 그 인연이 다하면 사라지는 것이기에 허망하다고 설명하고, 불교의 진리성은 그러한 것을 초월한 것이기에 승의성(勝義性)이 있다고 설명한다. 즉 불교학에서는 성과 속 또는 진실함과 허망함을 세속과 승의의 이제설로 설명하고 있다. 바꾸어 말하면 불교의 승의성을 이해시키기 위해서 세속제와 승의제를 구분하여 설명하고, 다시 이 두 진리를 초월하는 이제중도(二諦中道)의 교설(敎說)을 전개

---

250) 월칭(月稱, Candrakīrti)은 서기 600~650년 무렵의 티베트의 승려로서 불호(佛護)의 학설을 계승한 대표적인 중관철학자이다. 월칭의 〈정명구〉는 《중론》의 주석서 가운데 현재 유일하게 산스크리트 원전으로 남아 있다. 특히 《중론》가운데 제1장 〈緣의 고찰〉이 상세하게 논의되고 있으며, 프라상기파의 논법(상대방의 논리의 잘못된 점을 공격하는 방법)으로 용수의 중관사상을 확립하고 체계화하려고 노력하였다.

251) 石田慶和 & 蘭團坦, 《宗教學を學ぶ人のために》, 世界思想史, pp. 78~83.

하고 있는 것이다.

용수의 《근본중론송》의 제24장인 '성제(聖諦)의 고찰'에서 이제설을 자세히 설명하고 있다.

두 가지의 진리(二諦)에 의해서 제불(諸佛)의 법(法)이 설시(說示)되어 있다. 즉 세간(世間, loka-saṃvṛti)의 진리(世俗諦)와 최고의 의의(勝義, paramārtha)의 진리이다. (24.8)
이러한 두 가지 진리(二諦)의 구별을 모르는 그들은 불교에서의 심원한 진실의(眞實義)를 모른다. (24.9)[252]

이와 같이 용수는 제24장에서 세속제와 승의제를 명확하게 구분하여 설명하고 있다. 즉 제불(諸佛)의 설법이 이 두 가지 진리의 구분에 의해서 나타나게 되었음을 밝히고 있다. 또 이 이제설을 모르면 불교의 심원한 진리성을 모른다고 말하고 있다. 바꾸어 말하면 불교의 심오한 진실의를 바로 알기 위해서는 세속제와 승의제를 명확히 간별해야 하고, 만약 세속제와 승의제를 구별하지 못하면 불교의 진실도 모르는 것이며 세간의 진리도 제대로 알 수 없다고 설명하고 있다. 예컨대 이제(二諦)의 명확한 구별을 통해서만이 불교의 진실의와 세간의 실상도 바로 알 수 있다고 설명하고 있다.

이렇게 중요한 이제설을 자세히 살펴보기 위해서 먼저 그 어원(語源)을 살펴보도록 한다. 승의제는 범어(梵語)로 Paramārtha-Satya이다. 세속제는 Saṃvṛti-Satya이다. 먼저 세속제를 살펴보면 사트야(Satya)는 진리를 의미하기에 제(諦)로 번역하였지만 삼브리티(Saṃvṛti)는 어근(語根)을 어느 것으로 보느냐에 따라서 그 해석이 다르게 된다. 즉 Saṃvṛti는 우선 saṃ~과 ~vṛti로 나누어 생각해 볼 수 있다. 그리고 saṃ

---

252) 三枝充悳, 《中論偈頌總覽》, pp. 746~749.

은 '함께'라는 의미이고 √man은 생각한다는 뜻이다. 그래서 saṃ√ma
n(동의하다 혹은 함께 생각하다)라는 동사를 생각해 볼 수 있다. 이 의
미는 일반적으로 세상 사람들이 세간 안에서 옳고 바르다고 생각한 것
들 즉 사회적 상식과 규범, 관습, 인습을 의미하는 것이다. 다음으로
vṛti의 어근을 √vṛ(덮다, 감추다, 이화(異化)하다, 방해한다는 의미의 동
사)와 √vṛt(생기다, 존재한다는 의미의 동사)의 두 가지로 생각할 수 있
다. 여기서 먼저 삼브리티를 만약 √vṛ의 어근에서 파생되었다고 가정한
다면 세속제를 saṃvṛti로 추정할 수 있다. 또 √vṛt의 어근에서 파생되
었다고 가정한다면 세속제를 saṃvṛtti로 추정할 수 있다. 즉 세속의 의
미를 saṃvṛti와 saṃvṛtti의 두 가지로 해석할 수 있다. 우선 saṃvṛti로
해석하면 세속이란 그 어떤 진리를 덮어버리고 어둡게 하여 진리를 바
로 파악할 수 없게 방해하는 것으로 해석된다. 그리하여 본래의 뜻과는
다르게 만들어 버리는 속성을 지니는 것이라고 해석할 수 있다. 다음으
로 saṃvṛtti로 해석하면 세속이라는 것은 진리를 세상의 언어로 명확하
게 나타내는 것이라고 해석할 수 있다. 이렇게 세속의 어원을 saṃvṛti와
saṃvṛtti로 구분하느냐에 따라 전혀 다른 의미로 해석된다.

　세속을 saṃvṛti로 해석하면 일상적으로 세상의 상식이라고 생각하여
온 관습, 습관, 규범 등은 어떤 점에 있어서 사실은 진실을 어둡게 하
고 덮어버리는 장애이고 본래의 진실한 상태를 이화(異化)시켜 버리기
때문에 세속이라고 말할 수 있다. 이런 해석에서 보면 세속에서는 절대
적 진리를 깨우칠 수 없다. 그리고 우리들이 일상적으로 상식이라고 생
각하고 있는 것으로부터 벗어나야 혹은 초월해야만, 즉 출세간적(出世
間的)으로 되어야만 그 어떤 절대적 진리를 깨우칠 수 있다는 것을 암
시한다. 그래서 세속이란 어떤 우아함에 대한 일상적인 범속(凡俗)함
만을 나타내는 것이 아니라 절대적 진리를 어둡게 해버리고 덮어버리는
장애로 해석할 수 있다. 더 자세히 말하면 우리들이 일상적으로 상식이
라고 생각하는 모든 사회적 약속과 규범 그리고 사회에서 널리 이용하

고 있는 언어, 즉 언어적 세계만으로는 절대적 진리와 존재의 절대적 가치를 바로 파악할 수 없다는 것을 알 수 있다. 또 종교적 진리는 세간의 모든 것을 초월한 초세간적 진리라는 의미와 함께 언어는 인위적인 것이기에 절대적 진리를 완전히 나타낼 수 없다는 뜻도 전하고 있다. 바꾸어 말하면 모든 존재의 상태 또는 진실한 모습을 세간의 진리나 언어로는 완전히 전달할 수 없다는 점을 전하고 있다.

그런데 saṃvṛtti로 세속을 해석하면 오히려 세속의 논리와 언어적 표현으로 불법(佛法)의 진리를 적극적으로 나타내고 또 보다 더 명확하게 전달할 수 있다는 주장이 가능하다. 또는 세속의 진리와 초세간의 진리는 엄연히 다른 것이지만 세간의 대처해서 공, 연기 등의 불법의 진리를 적극적으로 해명한다는 점에서 세속제를 부분적으로 인정할 수 있다고 말할 수 있다. 이러한 해석은 주로 유식학 계통이나 스바탄트리카 (Svātantrika)라고 불려졌던 중관경량부파(中觀輕量部派)의 주장이다.[253] 중관학파들은 전통적으로 과오부수(過誤附隨, prasaṅga-vākya)의 논법을 구사하여 상대방의 주장의 잘못된 점을 집중적으로 격파하여 용수의 중관사상을 현양(顯揚)하고자 한다. 즉 반대론자들의 논리 가운데 모순점을 역으로 이용하여 그들의 논리의 잘못된 부분을 지적하여 파사현정(破邪顯正)을 하였지만 후기 중관학파나 유식학 계통에서는 반대론자들의 논리의 모순만을 지적하는 것이 아니고 자신들의 독자적 논리를 내세워서 파사현정을 하였다. 그러한 논리의 발전 가운데 하나가 공성(空性)을 바로 인간의 심식(心識)에 초점을 맞추어서 논의한 것이다. 그런데 인간의 심식과 인식은 기본적으로 인간들이 사용하는 언어를 중간매개로 하여 사고(思考)되는 것이다. 그러한 논리의 맥락에서 스바탄트리카와 유식학파 등에서 인식론을 체계화하여 가는 과정에 인간의 언어와 인식의 관계성도 같이 연구되었다. 그리하여 세속의

---

253) 山口益,《佛敎における有との對論》. 法藏館.

언어, 문자, 약속, 규범 등이 오히려 불법(佛法)의 진리를 적극적으로 현시해주고 명확하게 해주는 면이 있다는 해석과 절충적, 중간적인 입장이 널리 퍼진다. 이러한 논리에서 불교문학은 긍정적으로 해석할 수 있다.

다음으로 승의제(勝義諦, Paramārtha Satya)를 분석하여 보면 사트야(Satya)는 진리를 의미하고, Paramārtha는 다시 parama와 artha로 나누어 설명할 수 있다. parama는 최고, 최상의 뜻을 의미하고, artha는 의의(意義), 가치를 뜻한다. 그래서 Paramārtha는 최고, 최상의 의의와 가치가 있는 것 혹은 절대적이고 초속적(超俗的)인 가치라는 뜻으로 해석할 수 있다. 더 간단히 해석한다면 '뛰어난 가치와 의의(勝義)를 지닌'으로 표현할 수 있다. 또 승의는 세상의 모든 진리를 초월한 절대적인 진리라는 뜻으로 해석하여 부처의 세계와 부처의 진리인 법계(法界)를 뜻한다고 말할 수 있다. 그래서 승의제란 부처의 세계에서의 진리 혹은 부처님의 진실된 지혜에 의해서만 보여지는 절대적 진리라는 뜻으로 해석할 수 있다.

보통 불경에서 부처님의 가르침은 진실하지만 세속의 진리는 진실하지 못한 허망한 것이라고 말하는 것도 바로 이제설의 이러한 논리에서 나온 말이다. 이러한 뜻은 세속, 세간에서 진리라고 하는 논리와 상식과 관습은 자연의 본래 모습과 절대적 진리를 이화(異化)시키는 것이기 때문에 세간의 일상적 관습과 관념의 범주를 초월해야만 절대적 진리를 발견할 수 있다고 말하고 있는 것이다. 즉 불법(佛法)을 출세간의 승의제로서 최상의 가치가 있는 것으로 해석한 것도 바로 이러한 맥락에서 나온 말이다. 경전의 이러한 해석과 진리관은 승의제와 세속제로 나누어 설명한 이제설에서 나온 것이다.

이러한 고찰을 통해서 알 수 있는 것은 우리들이 항상 상식적·관습적으로 바르고 진실하다고 말하는 것들이 사실은 절대적 진리에서 바라보면 진실한 것이 아니고 어떤 인위적이고 상대적인 평가라는 것을 알 수 있다. 그래서 불교는 바로 세속적인 논리의 기준으로 상대적으로 판단한 것이 아니고 그 모든 것을 초월한 절대적 진리를 설명하고 밝혀주는 뜻에서 승의제라고 말할 수 있다. 그런 뜻에서 부처님의 가르침은 진실하고 세속의 진리는 허망하다고 말하는 것이다. 보통 불교학에서는 우주의 모든 것을 연기성(緣起性)과 공성(空性)으로 설명하는데 여기서 연기성과 공성을 절대적 진리라고 말할 수 있다. 그래서 출세간적 진리를 승의제 · 진제(眞諦) · 제일의제(第一義諦)라고 부르고, 세간에서 통용되고 있는 어떤 상식과 규범과 약속, 논리 및 인습 등을 세속제 · 속제(俗諦) · 세제(世諦)라고 부른다.

세간에서 보통 상식적이라고 말하는 지식과 갖가지 도리(道理) 등을 세속제라고 이름짓고, 초세간적(超世間的)인 진리를 승의제 · 제일제(第一諦) · 진제(眞諦)라고 설명하는 이제설은 세간의 상식과 인습에 대하여 종교적 출세간적 의미를 강조하기 위한 논리이다. 바꾸어 말하면 세간의 진리는 상대적이지만, 출세간의 진리는 그 모든 것을 초월한 것으로서 절대적이라는 뜻을 강조하는 것이다. 그 반면에 세속제는 세간에서의 진리이고 사회적 약속으로 통용되고 있는 논리이고 지식이기에 승의제는 세간에 통용되고 있는 논리의 체계를 초월한 절대적 진리라고 강조한다.

세간에서 통용되고 있는 논리의 바탕을 살펴보면 우리들이 각자의 의견 등을 말하고 전달할 때에 최소한의 도구가 언어임을 알 수 있다. 그리고 모든 종교의 교법도 언어와 문자로 표현됨으로써 그것을 통하여 사유되고 논의되어짐을 보게 된다. 또 종교적인 어떤 깨달음의 진실된 상황을 나타내려고 할 때에도 언제나 최소한의 언어로 표현됨을 보게 된다. 그러나 그 표현된 언어가 우리들이 바로 전달하고자 하는 진리 그 자체도 아니고 진실도 아님을 안다. 바꾸어 설명하면 세간의 모든 인식은 절대적인 것이 아니고 언어 문자처럼 상대적인 인식과 표현들인 것이다. 즉 세간에서 타당하다고 말하는 상식들은 세속적 논리에서 임시적으로 옳다고 주장한 것들이다. 다시 설명하면 세간의 논리는 언어기호의 상대성(相對性)을 빌려서 인식하고 다시 표현하고 전달한다. 즉 진리를 언어로 나타내고 상징하고 있다. 그리고 다시 진리를 나타낸 그 언어표현들을 통하여 사유(思惟)한 것이다. 그런데 많은 사람들은 그렇게 순환적으로 사용되고 있는 언어기호의 상징을 진리 그 자체이고 진실이라고 혼돈하고 있다. 그래서 불교의 공성(空性)을 절대적 진리, 제일의제로 부르면서 세간의 지식 언어로는 도달하지 못하는 진리라고 말하는 것(戱論寂滅)이다. 또 불전에서는 공성을 부처의 무분별(無分別)의 지혜라고 말하고 열반(涅槃)에 이르는 진리라고 표현하고 있다. 그래서 또 불전에서 세속은 허망하고 출세간적으로 절대적 진리를 나타내는 불교의 승의는 진실하다고 말하는 것이다. 간단히 말하면 임시 방편으로 각종의 인연이 결합하여 있는 것으로 세속은 거짓되고 허망하지만 부처의 세계는 그 모든 것을 초월하는 것이기에 진실하다고 설명되는 것이다. 또 범부가 옳다고 집착하는 세속제는 상대적이지만 부처님이 설하시는 승의제는 절대적으로 진실하다고 설명하는 것이 바로 이제설이다.

용수는 부처님의 가르침은 진실하고 세속의 진리는 허망하다는 명제(命題)의 논거를 먼저 "제행(諸行)은 가유(假有)의 속성(屬性)을 갖고 있는 것이기에 그것들은 허망하다."라는 불설로 설명하고 있다.

가유(假有)의 성질을 갖는 것은 허망하다. 모든 행위는 가유의 성질이 있는 것이기에 모든 행위는 허망하다고 세존은 말씀하였다.

(제13장의 제1과 제2의 게송)[254]

즉 세간의 제법의 실상은 각종 인연이 협력하여 있는 것으로서 본질

---

254) 三枝充悳, 《中論偈頌總覽》 第13章, 〈諸行の考察〉, pp. 366~368.

적으로 무자성공(無自性空)으로 가유적(假有的)이기에 세속을 허망하다고 밝히고 있다. 바꾸어 말하면 세간의 제법과 제행(諸行)은 가유성(假有性)으로 존재하는 것이기에 허망하다고 느끼게 되는 것이다.

여기서 가유적이란 모든 존재가 본질적으로 불변의 자성(自性)과 존재성이 있는 것이 아니라 무자성공(無自性空)이기에 변하고 언젠가 멸한다는 뜻이다. 즉 자연계의 무한한 연기(緣起)와 연성(緣成)의 현상은 바로 임시적 현상으로서 존재한다는 뜻이다. 그런데 그 가유성으로 인하여 모든 존재는 연생(緣生)하고 연멸(緣滅)하고 있으며, 자연계는 계속 생성되고 변화되고 있는 것이다. 간단히 말하면 모든 존재가 가유적인 존재이기에 자연계는 끊임없이 연기하고 있는 것이다. 이렇게 제법의 실상은 공성(空性)과 연기(緣起)로 설명되고 있다. 바꾸어 말하면 모든 것이 가유성(假有性)의 존재이기에 항상 생성소멸하는 것이다. 그것을 제법이 가유적이라고 말하는 것이다. 그래서 제법의 가유성을 명확히 살핌으로써 불교의 진리성(空性과 緣起의 不二性)의 깊은 뜻도 알 수 있고 또 불교가 왜 세간에서 언어문학으로 표현될 수 있으며 또 불교의 진리성을 전하고 있는가도 알 수 있다. 이처럼 맹목적으로 불교가 진실하다고 주장하는 것이 아니라 논리적으로 설명하는 것이 이제설이다. 여기서 세상의 모든 존재가 본질적으로 무자성 공이기에 가유적이고 예외없이 변화한다고 가르치는 불교는 절대적 진리로서 최고의 의의(勝義)가 있다고 말할 수 있다. 또 불교는 세속제를 초월한 절대적인 법리로서 진실하다고 말할 수 있다.

③ 중론의 언어문학관
용수는 《중론》의 제24장 제10게송에서 '승의제는 세속의 언어관습에 의하여 설시(說示)된다'고 밝히면서 세속의 언어표현에 의해서 무상도(無上道)의 깨우침도 나타낼 수 있다고 명확하게 밝히고 있다.

언어관습(言語慣習, vyavahāra)에 의하지 않고 최고의 의의(勝義)는
설시(說示)되지 않는다. 최고의 의의에 도달하지 않고서는 열반(涅槃)
도 증득될 수가 없다.[255]

세속법의 이론은 찰나에 변하는 무상한 존재와 현상들을 상대적 이원
론적으로 설명하고 논의하는 것이기에 허망하다고 말할 수 있다. 그렇
지만 위의 용수의 설명을 살펴보면 세속의 모든 논리와 진리의 가치를
전부 부정하는 것이 아님을 알 수 있다. 즉 부처의 깨달음을 포함하여
그 어떤 깨달음도 세속의 언어관습(vyavahāra)에 의하여 사유(思惟)하
고 설시(說示)되고 증득되는 것임을 명확하게 밝히고 있다. 바꾸어 말
하면 세속의 언어 문학에 의하여 불교가 표현되고 의식되고 전달되는
것임을 밝히고 있다.

세속제가 세간의 모든 인습과 사회적 약속과 합의된 형태 등을 나타
내어 주는 것이라면 승의제는 그러한 모든 것이 예외 없이 가유적(假有
的)인 공의 존재이기에 집착하지 말고 초월하도록 가르쳐 주는 것이다.
그런데 여기서 세속제와 승의제도 서로 상의적(相依的), 상대적(相待
的)인 관계를 갖고 있음을 알 수 있다. 예컨대 깨달음의 경지에서 다시
능동적으로 나타내어 현실에 대처할 때에 이제(二諦)의 입장이 가능하
고, 다시 이제 중도(二諦中道)의 교설이 설시된다고 밝히고 있다.

그래서 제24장 제8~9게송에서는 세속제와 승의제가 전혀 다른 것
이라고 설명하면서 먼저 양자의 간별성(簡別性)이 강조하고 있다. 즉
세속의 진리와 불도(佛道)에 관한 진리를 철저하게 구별하지 못하면 결
국 세속의 진리와 불도에 관한 진리를 혼동하게 된다고 알려주고 있다.
그러나 제10게송에서는 세속의 언설적(言說的) 설시(說示)에 의해서
불교의 깊은 진실성과 열반도 인식될 수도 있고 나타낼 수 있으며 또 증

---

255) 三枝充悳,《中論偈頌總覽》, p.750.

득될 수도 있다고 말하고 있다. 예컨대 용수가 제8~9게송에서는 세속제와 승의제의 간별성을 설명했다면 제10게송에서는 세속제와 승의제를 다시 초월하여 서로 상의적, 상대적 관계라는 것을 설명하고 있다.

세속제의 현시(顯示)와 언어표현에 의해서 불교의 진실은 세상에 알려지고 열반조차도 증득되어지는 것이라는 설명은 불교가 바로 불교문학으로 설시되고 나타냄으로 불교의 승의성이 전달되는 것이라고 알려주는 것이다.

또 세간의 모든 진리는 인위적 가설물(假設物)이고 가유적이기에 허망하고 거짓이라고 말할 수 있지만 그 세간 속에서 그러한 허망함을 알고 진실을 직시하고 초월하려는 노력이 바로 중도(中道)임을 제10게송에서 설명하고 있다고 생각된다. 왜냐하면 세간의 언어관습이 가유적이지만 그 가유성을 극복해야 하는 것을 먼저 알려주었으며, 또 불교의 승의는 언어 관습을 통하지 않고서는 설시(說示)되지 않는다는 것을 밝히고 있기 때문이다. 즉 세간의 언어습관에 의하지 않으면 불교의 승의조차도 설시될 수 없다는 설명은 불교가 세속의 현상을 전부 부정하는 것이 아니고, 있는 그대로의 진실을 직시하지 못하는 범부들의 무지를 경책하는 것이며, 이제(二諦)의 간별성을 각인시켜주는 것이다.

그리고 언어습관은 허망한 세속의 가유적 속성을 가장 잘 나타낸 것이지만, 그것을 통하지 않고는 그 어떤 제불(諸佛)의 승의도 설시될 수 없다는 것은 마치 진흙 속에서 깨끗한 연꽃을 피우듯이 불교의 승의도 세속에서 세속의 언어문학으로 전달되고 얻어진다고 말하고 있는 것이다. 또 불도에 있어서도 마찬가지로 최고의 수행방법과 가치도 바로 세속 한가운데서 찾으라는 뜻이기도 하다. 바꾸어 말하면 열반의 증득도 바로 세속의 언어습관을 통하여 이루어지는 것이라고 밝히는 것이다.

그래서 불교는 세속을 초월한다고 해서 이 세속으로부터 멀리 떨어진 구름 위에나 별세계(別世界)에 가야만 찾을 수 있는 것이 아니고, 또 불도(佛道)를 닦는다고 해서 특이한 방법으로 해야만 도달되는 것이 아니라 보통의 일상생활 속에서 세속의 가유성을 바로 분명히 직시하고 또 언어관습의 본질을 명확히 알면서 그것에 집착하지 않고 초월하여 언어관습을 잘 운용하여 불교의 승의를 잘 나타내고 구현하는 것이야말로 불교와 불도를 바르게 알고 실천하는 것이라고 말할 수 있다.

용수가 이제(二諦)의 간별성(簡別性)과 즉일성(卽一性)을 자세하게 설명한 것은 바로 그런 뜻을 전하기 위해서라고 생각된다. 바꾸어 말하면 승의제와 세속제의 즉일성을 통하여 불교가 바로 곧 문학임을 알 수 있고 세속 속에서 꽃피우는 불교의 언어문학성을 살펴볼 수 있었다. 즉 용수는 제8~9게송에서 이제의 간별을 설명하면서 불교의 초월성을 강조하였다면 제10게송에서는 세속제와 승의제의 상의상대성(相依相待性)과 연기상(緣起相)을 설명하였다고 본다. 용수는《근본중론송》제24장 18게송에서 그러한 내용들을 정리하여 한마디로 중도(中道)라고 설명한다.

흔히 연기(緣起)되는 것, 우리들은 그것을 공성(空性)이라고 말한다. 그것은 상대(相待)의 가설(假設)이며, 그것은 바로 중도(中道)인 것이다. [256]

용수는 모든 존재가 연기되고 있는 것이며 그리고 그것은 바로 공성이기에 가능한 것임을 설명한 다음에, 승의제와 세속제의 이제도 상대가설이라고 밝힘으로써 불법(佛法)을 설명하는 방법이 절대적이고 불변한 것이 아니라, 시공간(時空間)의 변화에 따라서 다양하게 표현될 수 있다는 가능성을 열어놓으면서 불교의 언어방편성을 암시하고 있다. 그리고 상대(相待)의 가설이 바로 중도라고 설명하고 있다. 즉 불교문학의 가설이 바로 중도인 것임을 밝히고 있는 것이다.

---

256) 三枝充悳, 앞의 책, p.766.

여기서 주목해야 하는 점은 용수가 공성이라는 것도 역시 상대(相待)의 가설이라고 설명한 점이다. 용수는《중론》에서 불설의 핵심은 연기와 공성이라고 설명해왔다. 그런데 제24장 18게에서 연기, 공성이라는 것도 상대적 가설이라고 밝히고 있다. 즉 제법의 실상이 연기와 공성이라고 말할 수 있듯이 이제설도 역시 불법의 진실성을 전하게 위한 상의상대의 가설이라고 밝히고 있다. 그러면서 그러한 모든 것을 간략하게 중도라고 말할 수 있다고 밝히고 있다. 즉 용수는 연기법의 상의상대성을 설명하면서 중도라는 것도 가설이라고 밝히고 있다.

그래서 불전에는 간혹 석가모니께서 당신께서 깨달은 진리는 당신 이전에도 있었고 이후에도 존속할 진리이라고 밝히면서 자신은 바로 그 진리를 발견하여 전한 것이라고 말씀하시고 있다. 그래서 그것을 설명하고 전달하는 교학은 시대의 흐름에 따라서 자연히 변한다고 밝히고 있다. 그런 의미에서 불법(佛法)을 전하는 각종 교학도 역시 예외 없이 상대적 가설이라고 말할 수 있으며, 또 세속의 언어표현에 의해서 승의제가 전달되는 것이며, 연기와 공성도 다양한 표현에 따라서 다양하게 전달 될 수 있다는 가능성을 열어놓고 있다.

보통 사람들도 세속의 모든 것은 변해도 불법은 영원한 것이라고 생각하기 쉽지만 불법을 전달하는 가설들과 설명방법 및 표현도 역시 예외 없이 상대적 가설이다. 용수는《근본중론송》제24장 제18게송에서 그것을 명확하게 밝히고 있는 것이다.

위 문제에 대해서 조금 더 설명하기 위하여 제16장 '결박과 해탈의 고찰'의 제10게송을 살펴보면 세속이란 실체적(實體的)인 발상에 의해서 만든 윤회에 지나지 않는다고 설명하였듯이 깨달음의 최종적 목표라고 말할 수 있는 열반에 대해서도 생멸의 분별심으로 생각해서는 안 된다고 명료하게 밝히고 있는 것이다.

열반을 생기게 함(增益하는 것)도 없고 윤회를 멸하게 하는 것(부정하는 것)도 없다. 그 곳에서 무엇이 윤회하며 무엇을 열반이라고 분별적으로 생각되겠는가!²⁵⁷⁾

승의제가 세속을 초월한 진리라고 말하였지만, 승의제와 세속제는 상의상대(相依相待)의 관계 속에서 서로를 의지하고 지탱하고 있는 것처럼 세속제가 허망한 세간의 논리이지만 세속의 진리로서 승의제를 설시하는 데에는 꼭 필요하다. 이것을 연기즉공(緣起卽空), 중도(中道), 즉(卽)의 불도(佛道)로 설명할 수 있다.

용수는 불교의 궁극적 목적인 열반에 대하여서도 생별과 윤회 등으로 분별하지 말라고 말하고 있다. 즉 열반이 있다고 생각하는 것도, 열반이 없다고 생각하는 것도 모두 분별심의 발상이고, 또 열반한다고 생각하는 것도 실체론적 발상이라고 경계하고 있다. 바꾸어 말하면 모든 것이 연기, 공인데 어찌해서 열반만을 실체론적으로 생각할 수 있겠느냐고 반문하고 있다. 예컨대 열반이라는 것도 상대적인 가설이라고 밝히고 있는 것이다

위 게송은 불도의 수행 중에 무심히 열반을 실체론적으로 생각하거나 또는 어떤 법리를 깨닫고 난 뒤에 얻는 심적인 평온함 등을 열반이나 해탈이라고 집착하거나 안주하기 쉬운 점을 경계하고 있다. 보통 수행 중에 번뇌의 윤회가 사라져버린 상태를 최상의 열반, 해탈이라고 생각하기 쉽지만, 여기서는 그것을 인식의 오류라고 지적하고 있다. 예컨대 모든 존재의 법성(法性)을 알고 깨달았다고 해서 혹은 열반을 얻었다고 해서 실체론적으로 특별한 해탈의 경지를 얻는 것이 아니라고 말하고 있는 것이다. 또 반대로 모든 존재는 무자성공(無自性空)이라고 해서 모든 것이 존재하지 않는다고 생각하거나 혹은 허무주의로 생각해서도 안 되는 것이다.

---

257) 三枝充悳, 앞의 책, pp. 444~445.

열반을 증득하였다고 해서 어떤 새로운 것이 생긴다거나 또 번뇌를 단절한다고 해서 우리들의 쉼없이 계속되고 있는 마음의 작용이 없어지는 것이 아니다. 열반이 새롭게 증익(增益)하는 것도 아니고, 해탈이 새롭게 생긴다거나 또는 윤회가 제거되는 것도 아닌데 무엇으로부터 윤회한다고 생각할 것이냐고 반문하고 있다. 또 해탈이 실제로 결박되어 있는 어떤 것을 풀어내는 것도 아니고, 단지 가유적 언어의 표현을 빌어서 말한 것 뿐이라고 설명하고 있다. 즉 열반과 해탈을 얻는다는 표현은 가설(假說)이라고 설명하고 있다. 예컨대 공성(空性)을 철저하게 이해하면 승의제만을 특별히 실체화(實體化)하는 그러한 인식의 오류를 극복할 수 있다.

그런데 보통 제법의 실상을 설명할 때에 모든 존재와 행위는 무자성공(無自性空)의 존재이기에 끊임없이 연기(緣起)하고 연성(緣成)하는 것이라고 이해한 후에도 생사(生死)와 열반(涅槃)이 실제로 있는 것처럼 실체적으로 생각해서 번뇌의 윤회를 멸하면 열반을 얻는다고 오해하기도 한다.

그래서 용수가 열반 그 자체에는 어떤 실체성이 있는 것이 아니고, 단지 가설일 뿐이라고 설명하였던 것이다. 즉 열반이 손감(損減)하거나 증익(增益)하는 것이 아니라고 설명하였다. 그리고 궁극적인 깨달음조차도 무자성공이기에 실체론적으로 생각해서는 안 된다고 설명하고 있는 것이다. 바꾸어 말하면 절대적 진리인 공성을 더 철저하게 관조하라고 강조하고 있는 것이다. 이러한 공관에 의해서만 번뇌즉보리(煩惱卽菩提), 생사즉열반(生死卽涅槃), 연기즉공(緣起卽空)의 즉일(卽一)을 깨달을 수 있고, 중도(中道)에도 도달할 수 있다는 것이다.

지금까지 용수는 승의제와 세속제의 간별성과 즉일성을 설명하여 중도를 밝혔다. 그리고 이제설과 연기즉공성(緣起卽空性)을 바로 알지 못하면 열반을 실체론적으로 인식하는 오류에 떨어진다고 설명하였다. 또 중도는 세간의 번뇌가 바로 초세간적인 지혜의 밑바탕이고 생사(生

死)의 윤회 가운데에 열반이 있음을 철저하게 인식하는 데서 나온다고
설명하였다. 그리하여 즉(卽)의 불도(佛道)는 그러한 자각과 인식을
바탕하여 현세에 진실을 실천하고 실행하는 것이다. 용수는 우리의 일
상 생활 속에서 연기즉공을 바로 지견해서 현재세(現在世)에 있어 열
반을 증득해야 한다고 보고 있는 것 같다. 그리고 또 인식되어진 것으로
서의 열반의 증득을 강조하고 있다고 생각된다. 즉 공성이 명확히 지견
되어진 것으로서의 열반에서 즉(卽)의 불도(佛道)가 가능하다고 보고
있는 것이다. 바꾸어 말하면 용수는 결코 번뇌심이나 윤회가 단멸되어
진 상태가 열반이라고 말하고 있지 않다. 그렇기 때문에 열반에는 그
어떤 증익도 손감도 없다고 강조하고 있는 것이다.

　여기서 승의제는 진실하고 세속제는 허망하다고 한《중론》의 내용을
다시 전체적으로 생각해 보면, 승의제는 바로 불교를 말한 것이며, 세
속제는 세간의 언어문학을 설명한 것임을 알 수 있다. 왜냐하면 언어가
사회 구성원간에 임의로 만들어서 하나의 사회적 약속으로 사용하고 있
는 기호이듯이, 세속제는 사회의 그러한 가유성을 나타내고 있다. 즉
승의제가 모든 존재의 본질성과 관계성을 설명하고 있는 종교적 진리라
면 세속제는 모든 존재의 현상적인 상(相)과 가유성을 사회의 약속된
언어적 논리로 논의하고 있다고 말할 수 있다. 또 세속제는 절대적 진
실보다는 사회의 규범과 상대적 논리로 논의하는 것이라고 말할 수 있
다. 바꾸어 말하면 세속제는 세간의 모든 존재의 현상적 확산을 언어적
으로 논의한 것이라면, 승의제는 모든 존재가 언어 분절적(分節的) 존
재 단위로서 존재하는 것이 아니고, 가유적(假有的) 존재이라고 밝히
면서 연기(緣起)와 공(空)이 절대적 진리라고 설명하는 것이다. 그래
서 용수는 승의제를 진실하다고 말하면서, 세속제를 희론(戲論)이라고
평가하였던 것이다.

　용수가 세속제를 희론이라고 부르며 부정한 것은 세간을 부정한 것이
아니라, 존재의 가유성(假有性)을 실유성(實有性)으로 오해하고 집착

하는 세간의 인습(因習)을 부정한 것이다. 희론은 언어의 분절적 작용과 확산으로 설명할 수 있다. 즉 사회적 인습의 고정화의 전형적 틀을 언어성으로 본 것이다. 조금 더 설명하면 언어는 존재와 대상을 언어기호로 나타내며 사용하는 도구인데, 우리들은 항상 습관적으로 눈앞에 보이는 모든 존재(諸法)와 언어적 개념을 일대 일로 대응시켜가면서, 언어와 대상물이 일치한다고 착각하고 있다. 그리하여 언어적 도구의 가유성(假有性)을 잊어버리고, 지시물을 풀이하고 상징하는 언어의 개념들을 대상물 혹은 그 자체라고 착각하고 또 모든 존재의 실체성을 의미하고 또 언어적 관념의 세계 속에서 실체적으로 영원히 존재한다고 오해한다. 그것은 존재의 본질성과 언어성을 구별하지 않고 인습적으로 생각하고 다시 언어적 개념만을 집착하여 그것을 존재의 본질이라고 착각하고 있다. 그래서 용수는 세간의 그러한 언어적 인습을 털어 내기 위해서 방법론적으로 세속제와 승의제를 나누어 세간의 언어적 개념으로 진리를 탐구하고자 하는 것은 희론이므로 언어적 가유성을 초월하여 존재의 본질을 보라고 강조하고 있는 것이다. 즉 모든 존재의 본질이 공이고 연기한다라고 강조한 것은 결코 모든 존재를 부정하거나 세속의 삶이 허무(虛無)라고 주장하는 것이 아니다. 그래서 공(空)은 사물의 존재성이나 현상의 공허함을 뜻하는 것이 아니며 그렇다고 해서 형이상학적 세계만을 편중되게 강조하는 것도 아니다. 즉 공이란 세간의 상대적 논리가 언어분절적 의미작용 속에서 고착화되고 다시 모든 존재의 가치마저 분절하고 있는 인식의 가상(假想)의 틀을 부수어 모든 존재와 자연현상이 쉼없이 연기하고 있는 모습과 있는 그대로의 실상을 직관적으로 보게 하는 것이다.

여기서 공성은 모든 존재의 실상(實相)을 설명한 것이며 또 한편으로는 의미 분절적 존재단위인 가유성을 직관적으로 표현한 것임을 알게 된다. 그리고 연기는 가유적 존재들의 생기(生起) 현상을 설명하고 있다고 말할 수 있다. 요컨대《중론》에서는 모든 존재의 실상인 공성을 밝혀나가면서, 모든 것이 공하기에 연기적 존재라고 설명하고 있는 것이다. 더 간단히 말하면 공성과 연기성의 즉일성(卽一性)과 간별성(簡別性)을 밝히고 있는 것이다. 불법(佛法)의 해석은 다양하지만, 그 핵심은 중관철학에 있다고 말할 수 있는 것은 바로 이러한 명쾌한 논리성에서 비롯된다. 불법의 핵심인 공성과 연기성은 바로 우주의 현상계에서 생멸하고 있는 모든 존재를 부정하는 것이 아니고, 상대적(相待的)인 법성(法性)과 법상(法相)의 면을 설명해주고 있는 것이다. 그래서 중관철학에서 밝히고 있는 즉(卽)의 불도(佛道), 번뇌즉보리(煩惱卽菩提), 생사즉열반(生死卽涅槃)이라는 인식은 세속의 이원적 관념론을 근본부터 부정하고 있는 것이다. 또 해탈과 열반이라는 것도 현재세로부터 동떨어진 별세계에서 존재하는 것이 아니라, 지금 여기 우리들의 삶 속에서 지견되고, 구현해야 하는 것으로서 우리에게 의미가 있다는 것을 알게된다. 즉 중관철학에 있어 주목해야 할 것은 바로 현재세(現在世)에 있어서 열반의 실현과 그 실천이다.

요컨대 용수는 이제설(二諦說)을 통하여 세속에서 세속을 초월하고 진실을 직시하고 실현하는 방법을 알려주고 있는 것이다. 중관철학에서 설명하는 희론(戱論)을 부정하는 것은 세속의 언어성을 부정하는 것이 아니고, 세속의 논쟁과 논리로 진리를 추구하고 그것이 옳다고 매달리는 집착심을 부정하는 것이며 또 그런 잘못된 인식을 부정하는 것이다. 즉 인간의 정신활동과 언어활동을 부정하는 것이 아니라, 가유적 존재성의 진실을 모르는 상태에서 빠지기 쉬운 인식의 오류를 가리키고 그것을 다시 극복하기 위한 변증법적 방법으로서의 부정인 것이다. 바꾸어 말하면 공관(空觀)이란 세속의 희론에 집착하는 분별심의 허구를 초월시키기 위한 변증법적 방법론이라고 설명할 수 있다. 또 승의제와 세속제의 불이성(不二性)은 세속제를 부정하는 것이 아니라, 승의제와 세속제는 서로 상대적(相待的) 관계라는 것을 알리기 위한 것임을 알 수 있다.

그런데 부처의 세계는 진실하고 그와 상반되는 중생의 세계는 거짓이라고 말하는 것은 과연 어떠한 뜻이란 말인가? 그것은 진실과 거짓의 세계는 대립적이지만, 서로 상대적(相待的) 관계라는 것이다. 바꾸어 말하면 승의(勝義)란 성인의 진실한 지혜에 의해서 지견(知見)되어지는 세계이며, 세속이란 어리석음(無明)에 덮여진 세계로서 진실이 보이지 않고 무엇에 의해서 가리워져 있는 상태라는 뜻이다. 그래서 앞에서 세속이라는 용어를 설명할 때에 세속이란 무명(無明)과 번뇌에 의해서 진실이 덮여져 있는 상태이며 그러한 상태에서는 진실이 진실답게 나타나지 못한다고 설명했다. 그래서 진실과 허망이라는 설명도 상대적(相待的)인 것이라는 것을 알 수 있다. 또 세속이라는 말은 우아함에 대한 범속(凡俗) 함만을 의미하는 것이 아니고 진실이 바르게 펼쳐지지 못하게 한 장애와 그러한 상태를 가리키는 것임을 알 수 있다. 그래서 불교학적으로 승의제와 세속제로 분류하여 설명하지만 사실은 하나의 진리를 시간적 공간적으로 나누어서 설명한다고 말할 수 있다. 즉 세속제는 진리를 깨닫는데 방해되는 모든 장애가 덮여있는 상태를 가리키는 것이며 그때는 오히려 승의(勝義)의 중요성을 암시적으로 나타내고 있는 것이다. 그래서 우리들 인간은 승의와 세속이라는 두 가지의 세계를 동시에 갖고 있다고 말할 수 있다. 그러나 진리를 깨달았을 때에는 생사즉열반(生死卽涅槃), 번뇌즉보리(煩惱卽菩提)라는 중관철학의 가르침으로 우리들은 승의와 세속이 본래 하나임을 알 수 있다. 그와 같은 인식으로 불교와 언어문학의 관계를 생각해보면 이원적으로 도식화(圖式化)하여 인식하는 종래의 주장들은 잘못된 것임을 알 수 있다.

승의(聖)=종교=불교=신적인 세계=천상(天上)=피안(彼岸) = 부처
⇕   ⇕   ⇕   ⇕   ⇕   ⇕   ⇕
세속(俗)=예술=문학=인간의 세상=지상(地上)=차안(此岸) = 중생

즉 불교의 진실을 깨달았을 때는 생사가 곧 열반이고 번뇌가 곧 지혜가 되는 즉일성(卽一性)을 알 수 있기 때문에, 세속의 현재세에 있어 불교적 진실을 인식되도록 알리고 전하는 것이 불교이고 불교문학이다. 예컨대 현세에서 불교적 진실을 언어문학으로 나타내어 불교적 진실을 자각하게 만드는 것이 불교이고 불교문학이다. 바꾸어 말하면 세속의 언어문학의 표현을 통해서 불교의 승의성을 인식하게 하고 다시 진리에 대한 인식의 통로를 열어주는 것이 바로 불교문학이다. 그래서 불교사의 긴 역사를 통하여 나타난 많은 논서와 시문학작품은 불교적 진리를 다양하게 표상화한 흔적들이라고 말할 수 있다. 즉 모든 존재의 실상과 진실을 때로는 논서(論書)로 또 때로는 시와 산문 등으로 나타낸 것이 불교인 동시에 바로 불교문학이었던 것이다. 후대의 사람들은 그것들을 통하여 불교적 진실을 깨닫고 다시 다른 사람에게 전달하였던 것이다. 이렇게 하여 불교의 승의는 오늘날까지도 지속적으로 알려지고 있는 것이다.

오늘의 우리들도 불교문학을 통하여 제불보살(諸佛菩薩)의 깨달음과 종교적 이상을 알 수 있으며 또 다시 오늘의 시대정신으로 문학적 이미지로 다시 다양하게 그려나가고 있다. 옛부터 불교도들도 그렇게 그려진 부처와 보살의 문학적 이미지를 통하여 신앙심을 굳게 하여 왔다. 이렇듯이 불교문학의 언어문학적 심상(心像)세계의 확산으로 불교는 항상 새로운 가르침의 세계를 열어가고 있는 것이다. 또 현재에 인식되어진 것으로서의 열반을 현재세에 있어 언어문학으로 나타낸 것이 불교문학이다. 바꾸어 말하면 불교문학은 인식되어진 열반과 그 실천이라고 말할 수 있다. 즉 열반에 대한 자각을 열어주는 새로운 가르침의 세계인 동시에 불교적 진실관을 언어문학으로 적극적으로 구현하여 가는 것이다. 중관철학에서 말하는 즉(卽)의 불도(佛道)를 언어문학으로 펼쳐 나가는 것이 불교문학이라고 말할 수 있다. 즉 불교문학이 바로 불교라고 말할 수 있다. 그러한 의미에서 불교는 불교문학 그 자체이고,

불교문학은 불교의 모든 장르와 함께 발전하여 왔다고 말할 수 있다.

(2) 중관학파의 언어문학관

용수의 중관학(中觀學)은 후세의 대승불교의 가초교리로 되면서 하나의 학파로 발전하게 된다. 용수의 뒤를 이은 제바(提婆, Āryadeva, A.D. 170~270)는 용수의 학설을 충실히 이어 받아 발전시킨다. 그는《사백론(四百論)》,《백론(百論)》등을 저술하면서 중관학을 파사현정의 논리로 더욱 체계화하였으나, 그의 과격한 파사현정(破邪顯正)의 논리는 많은 반대론자를 만들어 갔었다. 그 후에 인도에서《중론》을 중심으로 한 용수의 학설을 원조로 중관학파가 일어나 유가행파와 나란히 인도 대승불교의 두 기둥이 된다. 중관학파가 학파로서 명확한 형태를 갖기 시작한 것은 불호(佛護, Buddhapālita, A.D. 470~540년경)의 시대였다고 말할 수 있다. [258]

불호는 용수의《중론》을 주석하면서 자신의 독창적인 해석을 덧붙였다. 그런데 그 후에 청변(清辨, Bhāvaviveka, A.D. 490~570)은 불호의 주석서를 혹독하게 비판한다. 다시 불호의 학설을 잇고 있던 월칭(月稱, Candrakīrti, A.D. 600~650)은 불호의 학설을 비판한 청변의 주장을 다시 비판하였다.

이렇게 중관학파는 수 세기를 걸쳐 서로간에 다른 입장으로 다양하게 비판함으로써 자신들만의 해석과 학설을 체계화하여 갔다. 그러나 내부적으로는 그러한 비판으로 인하여 서로 분파(分派)하게 된다. 그래서 불호와 월칭의 학설을 동조하고 따르는 무리를 프라상기카(Prāsaṅgika)라고 부르고 청변의 학설을 수용하는 무리를 스바탄트리카(Svātantrika)라고 구분하기에 이르렀다. [259] 용수 이후의 중관학파

---

258) 梶山雄一·瓜生津隆眞 譯《大乘佛教(龍樹論集)》, 中央公論社.
259) 실제로 인도에서 중관학파가 분리되었지만 그 분파를 Prāsaṅgika,

는 많이 있지만 이 두 학파가 대표적이다. 이 두 파의 차이는 여러가지로 거론할 수 있으나 대개 용수의 공사상을 상대방에게 전달함에 있어서 자체의 논리와 논증을 세워서 설명하느냐에 있다.

프라상기카(Prāsaṅgika)의 특징은 반대론자의 주장의 모순을 논파함에 있어서 처음부터 끝까지 상대방의 주장 가운데 논리의 불일치와 모순점을 지적하고 논파하여 결론적으로 자신들의 논리가 바르다고 주장하는데 있다. 즉 자신들의 주장의 정당성을 상대방의 잘못을 지적하는 방법으로 간접적으로 증명하고 있다.[260] 반면에 스바탄트리카(Svātantrika)[261]는 상대방의 논리의 모순만을 집중적으로 지적하는 것

Svātantrika로 부르기 시작한 것은 티베트에서였다고 전한다. 왜냐하면 Prasaṅgika, Svātantrika라는 용어가 현재 인도문헌에서는 발견되지 않고 있으며 티베트 중관학파의 문헌에서 발견되기 때문이다(山口益,《佛教における有と無との對論》, 法藏館).

260) 논쟁을 할 때에 상대방의 논리의 모순점만을 지적하고 공격하여 자신들의 논리의 바름을 주장하는 논법을 산스크리트어로 프라상가(prasaṅga)라고 부르고 그러한 특성을 가진 무리를 프라상기카(Prasaṅgika)라고 한다. 즉 프라상기카는 상대방의 말하는 것 가운데에 불합리한 점을 집중적으로 반박하고 그 모순점을 지적하여 자신들이 옳음을 주장하는 논증의 방법이다. 바꾸어 말하면 자신들의 고유한 논리를 내세워서 자신들의 학설을 세우는 것이 아니라, 상대방의 잘못을 거론하여 자신들의 학설이 자명(自明)한 사실이고 진실이었음을 주장하거나 그러한 방법으로 대론(對論)이 진행되는 것을 가리킨다. 그래서 프라상기카라고 할 때는 이러한 귀류론법(歸謬論法)을 즐겨 사용하는 무리들이라는 뜻으로 귀류논증파(歸謬論證派), 필과성공파(必過性空派)라고 부른다. 즉 중관파에서 이 논법을 즐겨 사용하는 무리를 중관귀류파(中觀歸謬派)라고 한다.

261) 스바탄트라(svātantra)는 자신들의 학설을 주장할 때에 적절한 독립적 논리를 내세워서 자신들의 주장이 진실한 사실임을 주장하거나 혹은 그와 같은 방법으로 대론을 진행하는 것을 가리킨다. 그래서 스바탄트리카(Svātantrika)를 독립논증파(獨立論證派)·자재논증파(自在論證派)라고 부른다.

보다 자신들의 독창적인 논리와 논증식을 세워서 자신들의 주장이 옳다는 것을 적극적으로 설명하려는 점이 특징이다. 불교의 논리적 교리발달사의 면에서 보면 스바탄트리카 학파는 프라상기카 학파보다 논리학적으로 한 단계 발전하였다고 평가할 수 있다.

① 프라상기카 학파의 언어문학관
불호의 학설을 계승하고 있는 월칭(月稱)은 용수의 《중론》을 연구하면서 《입중론(入中論)》과 《정명구(淨明句, Prasannapadā)》를 저술하였다. 월칭은 스바탄트리카에서 내세우는 논증식이나 추론(推論)을 배척하고 상대방의 과오(過誤)를 끝까지 논파하여 그들의 논리와 주장이 잘못되었다고 부정하는 논법으로 중관학을 체계화한다. 이러한 그의 학설은 티베트불교계에 널리 퍼져나가면서 쫑카파(Tsoṅkhapa, 宗喀巴, A.D. 1357~1419)에 이르러 결실을 보게 된다. 즉 황모파(黃帽派)인 쫑카파는 티베트의 불교를 개혁하면서 월칭의 학설을 중심으로 중관학을 다시 크게 발전시킨다. 그리하여 쫑카파의 중관학은 오늘날까지도 티베트 불교의 중심적인 학풍으로 남아있다.
월칭의 《정명구》를 살펴보면, 《중론》의 제24장 제8게송[262]에 대해서 다음과 같이 설명하고 있다.

ⓐ 널리 덮고 있는 것을 세속이라 한다.
(samantad-varanam saṃvṛtiḥ)
ⓑ 서로 현시(顯示)하고 의존하고 있는 것이 세속이다.
(paraspara-sambhavanam va saṃvṛtiḥ)
ⓒ 관행적인 합의이며 세간의 언어적 표시이다.
(saṃvṛtiḥ samketo loka vyavahara ity arthaḥ)

---

262) 三枝充眞, 《中論偈頌總覽》, p.746.

위의 설명은 용수가 《중론》에서 불법(佛法)은 세속제와 승의제에 의해서 설시(說示)되고, 세속제는 세간(世間, loka-saṃvṛti)의 이해로서 진리이고, 승의제는 최고의 의의(意義)로서의 진리라고 설명한 것에 대한 주석이다. 월칭이 해석한 ⓐ의 뜻은 세속이란 진리를 널리 덮고 있는 무지, 무명(無明)에 의한 허위의 세계라는 뜻이다. 그리고 ⓑ는 세속의 모든 것은 실체(實體)가 없는 무자성공(無自性空)의 존재로서 서로 상대적(相待的)이고 또 서로 그러한 관계 속에서 서로 연기(緣起)하고 연성(緣成)하는 것이라고 설명하고 있다. ⓒ의 뜻은 세간에서 일상적으로 관습적으로 합의해서 사용하고 있는 언어, 문법, 명상(名相) 등을 세속으로 해석한 것이다. 위 세 가지 중에서 ⓒ의 해석이 가장 넓은 뜻이라고 말할 수 있다. ⓒ의 해석은 세간에 있어 인간의 언어적 표시와 그 외의 모든 시설(施設, prajñapti)의 유위(有爲) 세계를 세속이라고 본 것이다. 그러나 월칭은 주로 ⓐ의 뜻을 세간의 의미로 본 것 같다. 바꾸어 말하면, 월칭은 세간의 의미를 기본적으로 불교적 진리를 어둡게 하고 또 덮어 버리고 진실을 바로 보는 것을 장애하는 망상(moha, 愚癡)과 같은 것이라고 보고 있다.

그래서 월칭에 의하면 불교적 진실은 어떠한 언어로도 설명할 수도 없고 표출할 수가 없는 것이며 세간의 모든 언어적 논리는 절대적 진리를 나타낼 수 없다고 말할 수 있다. 바꾸어 말하면 월칭은 기본적으로 모든 존재는 진실한 상태로 있으나 우리들이 세속의 망상으로 분별하고 계산하여 존재를 자신의 망상으로 색칠하여 생각하기 때문에 진실을 바로 보지 못하고 있다. 그래서 세속이란 중생의 망상으로 이루어진 허구적 세계라고 해석하고 있다. 즉 월칭에게 있어서 세속제는 결코 승의제의 진실을 표현할 수 없다고 말할 수 있다. 또 중생은 어리석음과 망상 등으로 세간을 바로 보지 못하지만 불교를 통하여 우주의 만물을 있는 그대로 보고 그 실상을 알 수 있기에 불교의 승의제를 절대적 진리라고 말하고 있다. 그래서 월칭의 입장에서는 세간의 진리인 세속제는 종교적 진실의 세계와는 상반된 것이라고 말할 수 있다.

이러한 해석은 산스크리트어 sam√vṛ(samvṛti : 履障, 숨겨져 있는 상태, 異化, 障碍, 선택의 의미가 있다)에 근거해서 세속을 해석한 것이라고 말할 수 있다. 그래서 세속을 부정적으로 보고 세속은 불법(佛法)의 진리를 깨닫게 하는 것을 방해하고 장애를 주는 망상과 어리석음을 상징한다고 볼 수 있다. 요컨대 세속은 허망하고 불법은 진실하다는 명제는 바로 이러한 해석에서 나온 것이라고 설명할 수 있다.

그러나 ⓒ의 해석에서 세속제도 승의제의 절대적 진리를 현시하고 명확하게 하여 주는 언어적 시설(施設, prajñapti)로서의 면도 있다고 지적하고 있기 때문에 그도 불교의 진실을 전달함에 필연적으로 언어적 시설이 필요하고 중요하다고 보고 있는 것 같다. 즉 불교의 언어문학적 변용의 필연성을 인정하고 있다고 생각된다. 그래서 '세속은 허망하고 불교는 진실하다' 라는 명제(命題)는 불교문학을 부정하는 것이라고 확대 해석할 수 없다.

② 스바탄트리카 학파의 언어문학관

중관학파 가운데에 스바탄트리카로 불리는 대표적 인물이 청변(淸辨)이다. 청변은 용수의 《중론》을 주석하면서 《반야등론(般若燈論)》을 저술하였으며 《중관심론사택염(中觀心論思擇焰)》, 《대승장진론(大乘掌珍論)》을 저술하여 자신의 독자적인 논리체계를 내세운다. 동시에 중관학을 독자적인 학문의 경지로까지 발전시킨다. 즉 청변은 유식학파처럼 외계(外界)의 존재성을 조금 용인하는 경향이 있기 때문에 경량부중관파(經量部中觀派)라고도 불려졌다.[263] 그래서 그런지 청변은 세

---

263) 山口益, 《佛敎における有と無との對論》, 法藏館. 小川一乘, 《空性の硏究》, 文榮社, pp.392~413.

속제의 의미를 이중적으로 풀이하여 적극적으로 세속제를 설명하고 있
다. 즉 그는 세속제를 실세속(實世俗)과 사세속(邪世俗)으로 구분하
고, 승의제(勝義諦)에 대해서도 승의적(勝義的) 승의(勝義)와 언전적
(言詮的) 승의가 있다고 설명한다. 그리고 세속제 안에서 절대적인 진
리를 나타내고 불법(佛法)의 승의(勝義)를 나타내는 실세속(實世俗)
을 허망한 사세속(邪世俗)과 구분하여, 언어문학적으로 불교를 현시
(顯示)하고 전달하는 진실한 세속제라고 긍정적으로 해석하고 있다.
즉 세속을 전부 부정하는 것이 아니라 부분적으로 인정하고 있다. 이와
같은 해석을 정리하여 보면 다음과 같다.

승의제┌ 승의적 승의(勝義的 勝義)

세속제┌ 언전적 승의(言詮的 勝義. 즉 佛法)
　　　├ 실세속(實世俗)
　　　└ 사세속(邪世俗)

　위와 같은 해석은 프라상기카 학파의 세속제에 대한 부정적 시각보다
는 세속제를 실세속과 사세속으로 세분화하여 세속제의 복합성을 논리
적으로 설명하고 있다고 말할 수 있다. 프라상기카 학파는 세속제의 전
부가 진실하지 못하다고 보았지만 스바탄트리카 학파는 세속제에 언어
문학으로 전달되고 표현되는 불법(佛法)의 언전적(言詮的)인 면이 있
다고 보고 언어문학의 중요성을 명확하게 파악하고 있다. 즉 실세속(實
世俗)과 언전적(言詮的) 승의(勝義)를 별도로 설정하여, 세속제에서
도 불법을 표현하고 전하는 진실한 세속제가 있다는 것을 인정하고 있
다. 바꾸어 말하면 이와 같은 해석에 의거해서 우리들은 불교문학성의
가치를 적극적으로 설명할 수 있다.

　청변(淸辨)은 세속제의 의의(意義)와 진리의 현시(顯示)를 이렇게
적극적으로 설명하고 있다. 이러한 설명은 세속제가 아무리 승의제를
설시(說示)한다고 하더라도 세속은 제집(諦執)과 제유(諦有)에 불과

하기 때문에 허망하다고 해석한 것[264]과는 큰 차이가 난다. 즉 청변의
실세속과 월칭의 유세속 사이에는 엄청난 차이가 있다고 말할 수 있다.
왜냐하면 청변은 세속제를 실세속이라고 하여 부분적으로 인정하고 있
지만 월칭은 세속이란 어디까지나 허망한 세속일 뿐이고 세속제라고 하
더라도 세속의 허망함과 거짓의 속성을 벗어날 수 없다고 보고 있기 때
문이다.

월칭의 입장보다 청변의 해석에서 우리는 불교적 진리를 적극적으로
해명하고 전하는 불교문학의 존재 가치를 인정할 수 있는 논리적 근거
를 발견할 수 있다. 즉 청변의 논리에서 불교적 진리를 세속의 언어문
학으로 적극적으로 전하고 나타낼 수 있다는 논리적 근거를 찾을 수 있
다. 바로 청변이 말하는 실세속과 언전적 승의의 논리에서 불교문학론
을 논의할 수 있다.

청변의 입장은 불교를 비난하는 외도들의 논리를 파사현정(破邪顯
正) 할 때에 상대방의 논리의 모순점만을 찾아내고 다시 그것만을 비난
해서는 불교의 궁극적 진실의를 적극적으로 전할 수 없기 때문에 세속
의 논리 언어 등의 필요한 부분을 수용하여 불교 고유의 논리를 내세워
진리의 승의를 능동적으로 설명하자는 입장이다. 그리고 공(空)을 적
극적으로 설명하기 위해서도 중관학의 독자 논리가 필요하기에 언전적
승의와 실세속을 인정하지 않을 수 없다는 점을 분명히 표명하고 있다.
즉 용수의 후계자들 가운데에 스바탄트리카로 불리우는 무리들은 불교
의 궁극적 진실인 승의도 세간의 언어 문학을 통하지 않고는 현시(顯
示) 할 수도 없고, 능동적으로 진리를 전달할 수가 없기에 실세속을 수
용하여 승의를 언전적(言詮的)으로 나타내어 현시(顯示)하고 전달해

---

264) 월칭은 번뇌와 망상만을 집착하는 세속의(世俗義)와 세속은 단지 세속일
    뿐이라는 뜻의 유세속(唯世俗, saṃvṛti-mātra)이라는 용어를 사용하고 있
    다. 즉 세속을 단지 제집(諦執)과 제유(諦有)의 세계라고 부정하고 있다.

야 한다고 주장한다. 이렇게 스바탄트리카는 불교의 승의를 나타내는
데 최소한의 중간매체, 즉 시설(prajñapti)의 존재성과 가치성을 인정
하고 있다. 그러한 논리에서 그들은 세간의 언어문학을 부분적으로 인
정하고 있는 것이다. 바꾸어 말하면 스바탄트리카의 노력으로 불교적
고유의 논리가 구축되어 가는 과정에 불교문학을 불교의 언어문학적 시
설로 설명할 수 있는 논리적 근거를 제공받았다고 말할 수 있다.

(3) 유식학파의 언어문학관

일반적으로 용수의 중관학의 특징을 말할 때에 '즉(卽)의 불도(佛
道)'라고 부르는 경우가 있다.[265] 그러한 반면에 용수 이후의 유식학을
'전(轉)의 불도(佛道)'라고 부른다.[266] 그러나 유식사상도 기본적으로
중관사상의 핵심인 공성(空性)을 인간의 인식과 마음에 비추어 논의하
는 것이기 때문에 중관사상과 유식사상의 근본은 똑같다고 말할 수 있
다. 그래서 유식학에 있어서도 용수가 《근본중론송》에서 설명한 이제
설을 중요한 교의로 논의하고 있다. 즉 유식학의 삼성삼무자성설(三性
三無自性說)[267]과 '전식득지(轉識得智)'의 수행도(修行道)를 설명하
는 '전(轉)의 불도'의 교의(敎義)에서도 이제설(二諦說)을 논의하고
있다.

시대가 흘러갈수록 용수의 전통적 후계자들 사이에서도 유식학적 방
법론을 조금씩 받아들이는 경향이 나타나게 되는데, 후기 대승불교에
들어서는 전반적으로 '식전(識轉)의 불도(佛道)'가 주류를 이루어 간

---

265) 小川一乘, 《卽の佛道》, 日本佛教學會年報 第59號.
266) 山口益, 《佛教における有と無との對論》.
　　　長尾雅人, 《中觀と唯識》, 岩波書店. p.317.
267) 심식에 의타기성(依他起性)·변계소집성(遍計所執性)·원성실성(圓成實
　　　性)의 삼성(三性)이 있으나 이 삼성이 곧 공(空)이라고 설명한 학설.

다. 그래서 용수 이후에 '전(轉)의 불도(佛道)'가 주류가 되는 시대와 유식학파의 시대에는 진리와 언어와의 관계성을 어떻게 해석하고 있는가를 살펴보고자 한다.

보통 유식학에서는 제법의 공성(空性)을 심식(心識)의 무자성(無自性)으로 설명한다. 즉 심식(心識)의 작용을 삼성(三性)으로 거론하여 마음의 무자성공(無自性空)을 자세하게 설명하여 깨닫게 한다. 그리고 유가행파에 의한 전식득지(轉識得智)의 수습차제를 설명한다.

유가유식설에서 설명하고 있는 수행방법을 살펴보면 심식의 가유성(假有性)을 수행의 단계에 맞게 관찰하게 하여 심공성(心空性)을 체득하게 하고 있다. 그러한 수습을 통하여 언어기호의 가유성과 인식의 가유성도 이해하게 되고 또 불교의 승의(勝義)를 나타내고 전하는 언어적 시설로서의 세간의 언어문학의 중요성도 이해하게 된다. 바꾸어 말하면 유가유식설을 통하여 불교적 진리의 승의(勝義)를 나타내주는 언어적 시설(施設)로서의 불교문학을 인정하게 되고, 인간이란 본질적으로 사회적 존재이며 그 밑바탕에 가유(假有)의 인식성으로 연결되어 언어로 서로 연기하고 있다는 것을 이해하게 된다.

그래서 승의제의 절대적 진리를 현시(顯示)해 주는 언어적 시설과 그러한 유위(有爲)의 세계를 부분적으로 인정하고 있는 유식학파의 설명을 살펴보도록 한다. 안혜(安慧, Sthiramati, A.D. 470~550)의《중변분별론석소(中邊分別論釋疏)》의 해석을 보면 안혜는 다음과 같이 세속의(世俗義)를 세 가지로 해석하고 있다. [268]

ⓐ 시설(施設)로서의 세속(prajñapti-saṃvṛtti)
ⓑ 행위(行爲)로서의 세속(pratipatti-saṃvṛtti)
ⓒ 현현(顯現)으로서의 세속(udbhāvan-saṃvṛtti)

---

268) 長尾雅人,《中觀と唯識》, 岩波書店, p.309.

위의 ⓐ시설로서의 세속의 의미는 제법(諸法: 모든 존재)의 실상을 인식하고 표현하는데 필요한 최소한의 한계로서의 조건을 나타내는 것이다. 이것을 쉽게 설명하면, 세상의 모든 존재에는 영원불변한 자성(自性)이 실제로 없는, 곧 독자적 존재성이 없는데, 중생들은 눈에 보이는 모든 것을 실재한다고 말한다. 왜냐하면 모든 존재는 이미 언어문자로 명명(命名)되어 있으며 사회내에서는 그 이름과 개념으로 표현하고 상징하고 있기에 또 언어적 개념을 통하여 모든 존재를 생각하고 논의하고 있기 때문이다. 즉 우리는 이미 가유적인 언어로 사물을 사유(思惟)하고 전달하는 과정에서 언어적 개념을 사물의 본질이라고 착각하여 왔기 때문이다. 심지어 우리들 인간은 어떤 진리를 사고할 때와 존재를 논의할 때도 언어개념으로 인식하고 표현한다. 즉 우리들은 모든 존재의 실상을 언어 문자로 논의하고 사고하며 명명(命名)하는 과정에 가유적인 것을 실재한다고 착각하였던 것이다. 어떻게 보면 우리가 평소에 진리를 논의하는 것도 바로 언어 문자와 명명(命名)의 가유성을 수용하고 있는 것이다. 그러한 영향으로 언어적 가유성을 그대로 진리를 나타내는 것이라고 생각하고 있는 것이다.

그런데 중생들은 모든 존재에 대하여 언어로 잠시 명명(命名)한 것을 그 존재의 본질, 자성(自性)이라고 집착한다. 그래서 불교에서는 모든 존재의 실상은 가유적(假有的)인 것으로서 본질은 공성(空性)이라고 가르친다. 그리고 또 모든 존재는 쉼없이 연기(緣起)하고 있기에 우리들은 모든 존재를 명명(命名)한 언어문자의 가유성을 알면서 세상의 모든 존재를 논의하는 것이라고 가르친다. 즉 모든 존재를 사유하고 논의할 때에 우리들 자신의 내적 시설(施設)인 심식(心識)을 최소 단위로 해서, 또 사회적 약속인 언어적 시설로 표현하고 전달하여 불교적 진리 등을 자각하게 하는 것이다. 바꾸어 말하면 우리들의 내적 시설인 심식과 외적 시설인 언어문자를 통해서 모든 존재의 가유성(假有性)과 공성(空性)을 인식하게 하는 것이다. 그래서 언어문학이 사회적 약속으로 기호의 상징이지만 제법실상(諸法實相)의 진리를 알리기 위해서 필요한 최소한의 단위이고 시설(施設)로서 인정해야 하는 것이다. 여기서 불교문학을 불교의 언어문학적 시설이라고 설명할 수 있다. ⓐ의 이러한 시설로서의 세속의 의미는 인간이 모든 것을 언어로 논의하고 또 어떤 깨달음조차도 언어와 심식의 최소 단위를 통하지 않고는 불가능하다는 것을 알려주고 있다. 즉 언어와 심식 등의 속성은 허구적이지만 진리를 바로 전달해주고 깨닫게 해준다는 점에서 세속의(世俗義)를 시설(施設)로서의 세속이라고 해석할 수 있는 것이다.

ⓑ 행위로서의 세속의 의미는 다음과 같이 설명할 수 있다. 우리들이 행동하고 인식하는 모든 것은 다른 어떤 것에 연(緣)해서 일어나는 것이다. 이것이 불교학적으로 말하면 의타기(依他起), 연기(緣起, pratītyasamutpāda)이다. 즉 제법과 제행(諸行)의 본질은 공(空)이지만 그것의 변화하는 현상을 자세히 살펴보면 모든 것은 무량한 관계 속에서 항상 서로 의지하여 어떤 현상을 생기게 한다. 즉 제법과 제행은 항상 연기성(緣起性)에 의해서 생멸하고 있다고 말할 수 있다. 또 우리들이 행동하고 인식하였다고 말하는 모든 것도 항상 어떤 것과의 관계에 의해서 나타난 것이라고 말할 수 있다.

그래서 유식학에서는 세상의 모든 것은 본질적으로 실재하지 않는데, 무엇을 인식한 후에 생각한 무엇이 실재한다고 집착하는 것은 잘못된 것이라고 가르친다. 즉 만약 어떤 사람이 모든 존재와 자신의 심식이 영원히 실재한다고 집착한다면, 그것은 분별이고 망상이라고 설명한다. 또 세상의 모든 현상은 잠시 온갖 인연에 의한 관계성으로 생겨난 것으로 여기에 가립(假立)한 것으로 허구라고 가르친다. 그런데 바꾸어 생각해보면 인간의 행위와 인식은 모두 분별(vikalpa)에 의해서 일어난 연기(緣起)의 현상이라고 설명할 수 있다. 즉 인간의 행위와 인식은 연기와 의타기성(依他起性)을 바로 나타내는 현상이다. 그래서 세

간의 가립성(假立性)을 전면적으로 부정할 수 없는 것이며, 또 번뇌의
분별을 돌리면 바로 지혜로 변환시킬 수 있다는 것을 자각하게 된다.

ⓒ 현현(顯現)으로서의 세속의 의미는 절대적 진리인 승의제를 세속
의 언어문자로 나타낼 수 있다는 것을 암시하고 있다. 바꾸어 말하면
세속제를 통해서 진리와 존재의 다양한 현상을 나타내고 있다는 것을
암시하고 있다. 또 승의제가 세속의 분별을 초월한 절대적 진리이지만
동시에 세속 속에서 그 진리를 나타내거나 실천해야 한다는 뜻도 내포
되어 있다. 다르게 설명하면 현현(顯現)으로서의 세속의(世俗義)란
승의제가 절대적 진실로서 언어로 전부 형상화될 수 없는 점도 있지만
그 점을 극복하고 진리를 적극적으로 나타내어야 함을 강조한 것이라고
해석할 수 있다. 그래서 불교적 승의제는 세속을 버리거나 단절하는 별
세계에서 열반적정(涅槃寂靜)을 구하는 것이 아니라, 세속 한가운데서
세속을 초월하려는 노력에서 우러나오는 것이라고 말할 수 있다.

세속의 언어와 문자는 세간의 어떤 대상을 가리키고 상징하는 사회적
약속인 기호이기에 언어 문자의 기호만으로는 진리를 재창출할 수 없
다. 이러한 점을 항상 생각하면서 세속제를 수용해야 한다. 또 불교문
학은 세속제 가운데 불교적 진리와 열반에로 이끌어 주는 언어적 시설
임을 알아야 한다. 바꾸어 말하면 세속의 언어문학이 허구적이지만 동
시에 진리의 승의제를 현시(顯示)하는 중간적 시설임을 자각해야 한
다. 즉 세속제로 그 세속을 초월하는 절대의 진리를 나타내고 있으며
다시 깨달음으로 이끄는 것임을 알아야 한다. 바꾸어 말하면 안혜는 세
속을 전면적으로 부정하지 않고 세속제가 절대적인 진리를 현시해 주는
것이라고 보고 있다. 그래서 안혜는 세속의(世俗義)를 언어적 시설(施
設), 행위, 그리고 진리를 현시하는 것으로서 자세하게 분류하고 있는
것이다. 바꾸어 말하면 이렇게 해석한 세 가지 세속의(世俗義)는 세속
그 자체를 그대로 진실하다고 주장하는 것이 아니라, 세속의 현상을 세
밀하게 분석하여 논리적으로 해명한 것이다. 즉 안혜의 해석은 세간의

연기(緣起)와 연성(緣成)하는 실상을 언어, 행위, 표현 면에서 분석한
것이다.

이렇게 세속의(世俗義)를 고찰하는 가운데서 인시설(因施設)과 과
시설(果施設)로서의 불교문학성을 발견할 수 있다. 즉 불교문학은 불
법(佛法)의 진리성을 언어로 나타내어 전하면서 중생이 깨닫도록 인도
하는 양면이 있다. 여기서 우리는 불교의 진실의의 전달에 있어서 언어
적 시설로서 불교문학의 두 가지 기능을 발견할 수 있다. 그리고 불교
문학은 불법(佛法)의 승의(勝義)를 깨닫게 하는 최소한의 단위이면서
언어적 시설이라고 말할 수 있다. 그것은 마치 유식학이 심식(心識)의
삼상(三相)을 관찰하게 하여서 제법(諸法: 모든 존재)은 단지 가유(假
有)이며 무자성공(無自性空)임을 깨닫게 하는 것과 같다.

이처럼 최소한의 시설인 심식(心識)과 언어, 문학을 통해서 불교의
진리를 명확히 현시되고 있는 것이다. 이것이 바로 불교문학이다. 그
렇지만 심식과 언어는 본질적으로 가유적인 것이기에 진실을 전달하는
언어문학도 언어적 시설이라고 설명하는 것이다. 바꾸어 말하면 세간
의 모든 것은 가유적 현상들로서 불교의 진리를 간접적으로 유추할 수
있지만, 단숨에 이해할 수 없기 때문에 우주의 모든 존재, 현상, 운행
을 문학으로 나타내어 쉽게 전달하는 것이 바로 불교문학이다.

앞에서 청변(淸辨)도 세속을 진실한 세속(世俗)과 사악한 세속(世
俗)으로 나누어 세속제 가운데에 진리를 현현(顯現)하는 면도 있다고
인정했다. 안혜도 역시 불교의 진리가 언어문학적 시설을 통하여 전달
된다고 인정하면서 세속의(世俗義)를 설명하였다. 여기서 우리들은 실
세속(實世俗)이라는 개념과 심식(心識)과 언어문학의 최소한의 단위
를 인정하지 않을 수 없는 상황을 확인하게 된다. 또 불교는 종교적 진
리이지만 역시 세간의 언어로 현출(顯出), 현시(顯示)해야 하는 연기
(緣起)의 현상이라는 것을 알게 된다. 청변과 안혜는 이러한 의미의 세
속제를 설명하고 있다. 즉 바로 이러한 설명으로 현세에서 인식되어 지

는 것으로서의 열반과 세속에서의 불도(佛道)는 세간의 언어로 현시 (顯示)되는 불교문학, 불법(佛法)으로도 이해될 수 있는 것이다.

그리고 용수가《중론》에서 '세속은 허망하다'라고 표현한 것은 세간 의 모든 존재를 부정하는 것이 아니라 존재의 가유성(假有性)을 있는 그대로 직시하지 않는 점을 지적한 것이다. 즉 용수는 세속의 현상을 실 체성이 있다고 집착하는 중생심(衆生心)의 망상과 세간의 인습으로 진 리를 이해하려는 인식의 잘못된 점을 부정함으로써 진실에 자각하도록 한 것이다. 우리는 여기서 유식학이 중관학의 공성(空性)을 우리들 마 음에 초점을 맞추어 심식(心識)의 공성과 연기성을 설명하고 또 자각하 게 하여 본래의 청정한 마음으로 전환하게 하는 것임을 재확인하게 된 다. 그래서 유식학을 '식전(識轉)의 불도(佛道)'라고 하였던 것이다.

(4) 중국의 중관유식학파의 언어문학관

① 길장(吉藏)의 언어문학관

중국불교에서 중관유식학은 삼론종(三論宗)과 법상종(法相宗)에 의 하여 체계화 되었다. 삼론종은 고구려 승려인 승랑(僧朗, A.D. ?~519)이 삼론학[269]의 근간을 만들고 길장(吉藏, 549~623)이 종 파로 발전시킨 학파이다.

고구려인 승랑은 일찍부터 중국 대륙에 건너가서 북방에서 구마라습 (鳩摩羅什)에게 공사상(空思想)을 배웠고 그 후에 남쪽으로 내려가서 양(梁)의 수도인 금릉(金陵)의 섭산(攝山)에 위치한 서하사(棲霞寺) 에서 연(燕)나라 출신의 법도(法度)에게 반야학(般若學)을 배웠다.

---

269) 중국에서는 구마라습에 의해서 번역된 용수의《중론》,《십이문론(十二門 論)》과 제바의《백론(百論)》을 합해서 삼론(三論)이라고 불렀으며, 또 활 발하게 연구되면서 삼론학이 체계화되어 갔다.

그 후에 고삼론(古三論)을 배격하면서 새로운 삼론학을 확립했다고 알려지고 있다. 승랑의 제자로는 승전(僧詮)이 있었고, 승전의 제자가 법랑(法朗)이고, 법랑의 제자가 바로 길장(吉藏)이다. 길장에 이르러서 삼론학이 중요한 학파로서 번성하게 되고 체계화되었다고 말할 수 있다. 즉 A.D. 5~6세기에 중국에서 활약한 승랑은 삼론종의 제일조(第一祖)이자 개척자로 높이 평가받고 있다.

삼론학의 이제설(二諦說)을 고찰하면, 길장은 이제설을 어교이제(於敎二諦)로 설명하고 있다. 길장은 먼저《열반경》을 인용하면서 이제설을 통하여 불교의 모든 사리(事理)를 설명하고 있다.

중론의 가르침은 옳고 바르다. 세간이 전도(顚倒)했기 때문에, 세(속)제가 있다고 말하는 것이다. 그러나 성현(聖賢)들이 진실로 이러한 전도(顚倒)를 알고, 법성(法性)이 공(空)임을 아는 것이다. 이것을 제일의제(第一義諦)라고 한다. 그래서 진리에 있어서 이 두 가지는 서로 통한다고 말할 수 있다.[270]

여기서 길장은 약리(約理)의 이제(於諦 : 諸佛이 설법하는 準據가 되는 二諦)와 약교(約敎)의 이제(敎諦 : 중생을 위한 說法의 準據가 되는 二諦)로 분석하여 설명하고 있다.[271] 즉 보편적 진리를 가르치는 부처의 입장과 그 진리를 듣고 수용하는 중생의 입장에서 이제(二諦)를 설명하고 있다. 바꾸어 말하면 길장은 법리(法理)에 초점을 맞추어서 설명할 수 있는 약리(約理)의 이제와 중생을 위한 설법에 초점을 맞추어서 설명할 수 있는 약교(約敎)의 이제(二諦)가 있다고 본 것이다. 또 길장은 불교에서 설명하는 성속(聖俗), 진속(眞俗)의 개념은 절대적

---

270) 吉藏,《二諦義》卷上, 大正藏 卷45, p.79 b.
271) 吉藏, 위의 책, 大正藏 卷45, pp.78 b~79 c.

개념이 아니고 부처와 중생이라는 상대적 입장에 따라서 이제를 설명한
것이라고 보고 있다. 즉 진속의 이제를 법리적으로 해석할 수도 있고
그것을 다시 설법의 면에서 해명할 수 있다. 절대적인 입장에서 보면
승의제(第一義諦)가 되고, 중생의 근기에 적절하게 응용하여 설법하는
세속제도 있다고 보고 있다. 길장이 인용한《열반경》을 자세히 살펴보
면 다음과 같은 내용이 있다.

> 이 이제(二諦)는 모든 범부가 성인에 통한다.《열반경》에 문수(文殊)
> 가 세제(世諦 : 세속제) 가운데에 제일의가 있습니까 없습니까? 또 제일의
> (第一義) 가운데 세제가 있습니까 없습니까? 만약에 있는 것이라면 그것
> 은 일제(一諦)가 되고, 만약에 없는 것이라면 그야말로 여래께서 허망한
> 것을 말씀하신 것이 아닙니까! 라고 사뢰었다. 부처님께서 대답하시길
> 세제가 곧 제일의제(第一義諦)이다. 중생의 근기에 따라서 둘로 분별했
> 다 라고 말씀하셨다. 즉 세상 사람이 아는 것은 세제이고 출세간의 성인
> 이 아는 것은 제일의제라고 한다. 이것은 세간인과 출세간인에 의해서
> 이제를 분별한 것이라고 말씀하셨다.[272]

길장은《열반경》을 논거로 먼저 불설(佛說)에 이제설이 있는가, 없
는가에 대하여 고찰하였는데,《열반경》을 보면 이제설이란 단지 부처
와 중생을 차별해서 승의제와 세속제로 구분하였을 뿐이고 부처님께서
세속제가 곧 제일의제라고 말씀하셨다고 밝히고 있다. 바꾸어 말하면
불법(佛法) 그 자체에 성속(聖俗)의 차별이 있는 것이 아니고, 법을 배
우는 자의 근기에 맞추어 성속을 구별하여 승의제와 세속제로 설명하였
다고 밝히고 있다. 그리고 세간에서 통용되고 이해하는 방법으로 설명
한 것이 세속제이고, 출세간의 성인들이 이해하는 방법으로 설명한 것

---

272) 吉藏, 위의 책, 大正藏 卷45, p.79 b 13項～20項.

이 승의제라고 설명하고 있다. 예컨대 이제의 본질은 일제(一諦)로서
아무런 차별이 없다고 밝히고 있다.

또 진리에 성속과 승속의 차별이 있기에 승의제와 세속제로 분류한
것이 아니고 세간에서 다양한 근기(성품, 개성 등)의 중생을 가르칠 때
에 그들의 근기에 맞게 분류한 것뿐이었다고 설명하고 있다. 보통 이러
한 것을 대기설법(對機說法)이라고 말한다. 오늘날 전하는 팔만대장경
의 많은 법문(法門)은 바로 대기설법의 다양성을 보여 주는 것이다. 불
교의 진리의(眞理義)는 하나이지만, 대기설법으로 중생의 근기에 맞추
어 설법하다 보니까 팔만사천 가지의 법문이 되었던 것이다.

그래서 불교는 본질적으로 중생계(衆生界)의 다양성에 상응하여 형
상화된 종교이며, 불교문학을 통하여 불교적 진리를 전하고, 다시 중
생은 그 언어 문화적 시설을 통하여 불교의 진리를 깨우치게 되고, 그
러한 확산을 통하여 다른 중생에게 진리를 전하는 종교임을 알 수 있다.
그래서 불교는 어떤 점에서 불교문학의 확대와 확산을 통하여 중생을
구제하는 종교라고 말할 수 있다.

그리고 또 길장은 어제(於諦)를 본말(本末)로 나누어 설명하고 있
다. 즉 진리 그 자체는 부처님이 출현하기 이전에도 있었고, 그 이후에
도 존속하는 것이라고 설명하였다. 즉 무시이래(無始以來)의 진리에
의해서 부처가 깨달았고 설법한 것이며, 중생은 부처님의 설법을 듣고
이해하는 것이라 설명하고 있다. 예컨대 중생이 설법을 듣는 입장에서
진리를 설명하는 경우를 미교(迷敎)의 어제(於諦) 또는 끝 가지(末)라
고 설명하고 있다. 또 부처가 출현하기 이전에도 있었던 어제(於諦)를
소의(所依)의 어제(於諦) 또는 근본(本)이라고 설명하고 있다.

또 길장은 부처의 가르침이란 육진(六塵)의 경계에서 설하여진 교설
(敎說)이라고 설명하면서 세속에서 진공묘유(眞空妙有)로 설하는 것
이 가르침의 속제(俗諦)이고, 언어적 사량(思量)을 초월하는 무소득의
도리를 설하는 것이 가르침의 진제(眞諦)라고 설명하고 있다. 길장은

이와 같은 설명과 함께 본말(本末)의 이제와 가르침(敎)의 이제를 합해서 삼종(三種)의 이제(二諦)라고 불렀다.

② 자은[慈恩(窺)基]의 언어문학관

A.D. 7세기 중국에서 유식학설을 체계화한 학파는 자은규기[慈恩(窺)基]의 법상종(法相宗)이다. 자은규기는 현장의 제자로서 인도의 호법(護法)의 학설을 중심으로 유식학을 체계화 하였으며 법상종을 널리 알린다.

중국의 유식학에서 이제설을 어떻게 해석하였는가를 살펴보면 법상종의 《의림장(義林章)》 2권 등에서는 《유가론(瑜伽論)》 64권의 '사세속일진(四世俗一眞)'과 《성유식론(成唯識論)》 9권의 '사종승의설(四種勝義說)'을 종합하여 사진사속(四眞四俗), 즉 네 가지의 승의(勝義)와 네 가지의 세속의 사중이제설(四重二諦說)을 소개하고 있다.

중국에서는 당시에 유행하였던 비담(毘曇), 성실(成實), 대승(大乘: 地論·攝論)의 이제설(二諦說)를 합하여 사중이제설(四重二諦說)이라고도 부르는데, 비담과 성실과 대승 등의 이제설(二諦說)를 살펴보면 다음과 같다.

당시 중국에서 유행했던 비담론(毘曇論), 성실론(成實論), 지론(地論), 섭론(攝論) 등의 이제설은 매우 현학적이였으며 조금씩 다르게 연구하였고 또 그 해석도 달랐다.[273] 그런데 법상종에서는 다음과 같이 설명하고 있다.

이제에는 각각 사중(四重)의 뜻이 있다. 즉 명사(名事)의 이제, 사리(事理)의 이제, 천심(淺深)의 이제, 전지(詮旨)의 이제가 있다. 그런데 네 가지 세속제란 첫째, 세간세속제(世間世俗諦)로서, 이것은 또 무실제(無實諦)라고도 한다. 둘째, 도리세속제(道理世俗諦)는 수사차별제(隨事差別諦)라고도 한다. 셋째, 증득세속제(證得世俗諦)는 방편으로 진리를 설명하고 내세운 것이다. 넷째, 승의세속제(勝義世俗諦)는 결코 가명(假名)으로 진리를 내세우지 않는다는 뜻이다.[274]

위의 글을 살펴보면 자은규기는 먼저 이제설을 네 가지로 분류하고 있다. 즉 명사(名事), 사리(事理), 천심(淺深), 전지(詮旨)의 네 가지의 논점에서 이제설을 분석하고 있다. 바꾸어 말하면 세속제와 승의제를 사물의 명칭과 그 사물의 본질 및 도리와의 관계, 대상과 그 존재의 현상을 밝히는 이치, 그러한 논리의 얕음과 깊음, 말과 글에 의한 설명(詮)과 본래의 취지(趣旨)로 나누어 설명하고 있다.

위의 이제설을 조금 더 설명하면, 우리들이 인식하고 있는 모든 것과

273) 吉藏, 《二諦義》卷下, 大正藏 45.

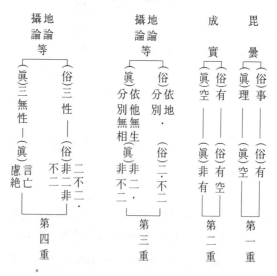

274) 慈恩(窺)基 撰, 《大乘法苑義林章》卷2, 〈二諦章〉, 大正藏 卷45, p.28
7 b~c.

나를 포함하여 무엇을 인식하고 있는 그 마음조차도 무자성공(無自性空)으로서 영원히 변함없는 자성(自性)과 실체(實體)가 없다. 그러나 그 사실을 모르는 중생들은 그 모든 것들이 실재한다고 착각하고 있다. 그리하여 세간에서는 모든 존재와 변화하는 현상을 세간의 언어와 인습의 논리와 상식으로 논의하고 표현하고 있다. 즉 세간의 사회적 약속인 말과 글로 모든 현상과 사물을 이름짓고 개념화시키고 있다. 이것을 세간세속제(世間世俗諦)라고 부른다.

세간의 온갖 것은 모두 인연에 의해서 화합(和合)하여 나타나고 존재하기 때문에 처음의 인연이 흩어지면 언젠가는 사라진다. 그러나 그러한 것은 진리를 깨달은 성인의 후득지(後得智)에 의해서 발견되고 설법되어 널리 알려지기 때문에 이것을 세간승의제(世間勝義諦)라고 설명한다. 이 세간승의제는 체(體)의 유무(有無)에 의해서 구별되기 때문에 이때의 이제를 명사(名事)의 이제라고도 부른다. 여기서 명(名)은 유명무실(有名無實)의 환화(幻化)와 같은 존재라는 뜻이고, 사(事)는 모든 존재가 유명유실(有名有實)의 현상이라는 뜻이다. 이것은 도리를 설명한 것이다.

또 불법(佛法)에서 설명하는 사제(四諦)의 도리는 무루지혜(無漏智慧)에서만 지견(知見)되는 것이기에, 도리승의제(道理勝義諦) 또는 증득세속제(證得世俗諦)라고 부른다. 이때에 이제를 사(事)와 리(理)로 나누어 설명하였기 때문에, 사리(事理)의 이제라고 부른 것이다. 즉 수련자로 하여금 항상 높은 단계의 깨달음에로 향하게 하기 위하여 불법의 사제(四諦)의 법리는 세간의 언설(言說)로 미오(迷悟)의 인과가 있다고 차별하여 가르친다. 이것은 잠시 방편을 써서 불법을 증득하게 한다는 뜻으로 증득세속제(證得世俗諦)라고도 부른다.

이 단계를 넘어서 아공(我空)·법공(法空)의 이공(二空)의 진실한 법리(法理)를 증득할 때를 증득승의제(證得勝義諦)라고 한다. 이때는 설명하는 도리의 깊이에 따라서 이제를 구별하기에 심천(深淺)의 이제

라고 부른다. 그런데 아공과 법공의 이공의 진리는 본래 모든 유위법
(有爲法)을 초월하는 설명이며 부처님의 경지에서 그 뜻을 알 수 있고
지견(知見)되는 것이다. 그리고 아공과 법공의 이공이라는 것도 잠시
언설(言說)을 빌어서 설명하는 것이기에 승의세속제(勝義世俗諦)라고
도 부른다.

그러나 진실한 법계(法界)는 어떠한 언어사려(言語思慮)를 넘어서
는 절대의 경지이며, 또 모든 것을 초월한 경계이기 때문에 법상종에서
는 진제(眞諦)란 그 어떠한 것을 빌어서 설명하지 않는다고 주장하면서
그것은 승의승의제(勝義勝義諦)이라고 말한다. 이렇게 진리를 언어로
표현하고 전달하는 것과 그러한 언어적 표현과 전달을 초월하는 것을
구별하여 설명하는 것을 전지(詮旨)의 이제라고 말한다.

법상종에서는 보통 위와 같은 이제설을 설명하였지만 진실과 언어의
관계를 어떻게 보고 있는가를 살펴보기 위해서, 자은규기의 세속제에
대한 해석을 살펴보면 그는 세속제를 은현제(隱顯諦)라고 다음과 같이
설명하고 있다.

호법(護法)이 해석하기를 세(世)란 덮어 숨겨 버림(隱履)을 말함이니,
본래의(義)를 손상시키고 파괴하는 것이다. 속(俗)이란 세간의 흐름에
따라서 나타냄을 말하는 것이니 이러한 진리를 은현제(隱顯諦)라고 부를
수 있다.[275]

즉 자은기는 무상유식설(無相唯識說)을 주장하는 안혜(安慧)보다
유상유식설(有相唯識說)을 주장하는 호법(護法)의 학설을 중심으로
세속의(世俗義)를 해석하고 있다. 즉 세(世)란 무언가를 덮어 가리는
것(隱履)이며 속(俗)이란 세간의 흐름에 따라서 표현하고 나타내는 것

---

275) 慈恩(窺)基 撰, 《大乘法苑義林章》卷2, 〈二諦章〉, 大正藏 卷45, p.287 c.

이기에 세속은 근본적으로 진실을 손상시키고 파괴하는 것으로 보았다. 그래서 세속제를 은현제(隱顯諦)라고 부를 수 있다고 설명하고 있다. 즉 세속제는 불교적 진실을 부분적으로 나타내지만 또 그 반면에 본래의 뜻과 의미를 덮어버리고 장애를 주는 면도 있다고 보고 있다.

그리고 세속제를 세간세속제(世間世俗諦, 無實諦)와, 수사차별제(隨事差別諦), 증득세속제(證得世俗諦: 방편으로 진리를 나타내는 것)와 승의세속제(勝義世俗諦: 假名으로 진리를 설명하거나 내세우지 않는 것)로 세분하여 설명하고 있다. 그래서 세속제란 기본적으로 불교 진리를 이해하는 데에 어둡게 하고 장애를 주는 세간세속제이며, 그렇지만 세간의 흐름에 따라서 진리를 현시(顯示)하는 면도 있다고 이중적으로 해석하고 있다. 그러면서 절대적 진리는 결코 가명(假名)으로 설명되거나 내세울 수 없다는 승의세속제의 의미와 함께 방편으로 진리를 설명하거나 내세울 수 있다는 증득세속제가 있다고 설명하고 있다. 즉 지금까지 살펴본 세속의를 모두 모아서 광범위하게 설명하고 있다. 결론적으로 말하면 자은기는 위의 네 가지의 뜻을 통합하여 세속제를 포괄적으로 은현제(隱顯諦)라고 불렀다. 즉 세간의 언어적 표상과 표시 등으로 나타나는 세속제는 바로 불법을 현현(顯現)하고 현시(顯示)해주는 현제(顯諦)인 동시에, 또 한편으로는 제법실상(諸法實相)의 공성(空性)을 이해하는데 오히려 장애를 주는 것이며 그 진실을 덮어 버리는 은제(隱諦)라고 보고 있다.

현제(顯諦)는 절대적인 진리를 세속에서 불교문학과 설법 등으로 나타낸다. 이것은 바로 세간의 언어문학을 통하여 불교적 진리관을 전달하고 있는 불교문학을 뜻한다고 말할 수 있다. 즉 불교문학을 현제(顯諦)로 해석할 수 있다. 그리고 또 제법실상(諸法實相)을 밝히는 공의(空義)와 승의(勝義)의 실천인 중생교화와 설법 등을 세속에서의 현제(顯諦)로 설명할 수 있다.

불교문학은 바로 이러한 현제(顯諦)의 논리로 이해할 수 있다. 즉 불교문학은 세속에서 승의제를 표현하고 전달하는 현제(顯諦)로서의 세속제 라고 설명할 수 있다. 또 현재로서 세속제인 불교문학은 넓게는 제법실상을 언어문학으로 밝혀주는 공의(空義)의 하나로 설명할 수 있고 좁게는 중생교화의 창도의 설법으로 설명할 수 있다. 불교문학은 이렇게 언전적 승의(言詮的 勝義)와 실세속(實世俗)으로 설명될 수 있다. 수행인이 전식득지(轉識得智)한 후에 청정세간지(淸淨世間智)를 정법계행(淨法界行)으로 전환되어 나타낸 중생교화의 설법이 바로 불교문학이라고 설명할 수 있다. 그래서 불교문학을 언전적 승의와 실세속으로 설명하는 것이다. 간단히 말하면 불교의 승의(勝義)는 세간의 언어문학으로 나타내어짐으로서 중생들에게 전해지는 것이다. 즉 불교문학에 의해서 불교의 승의는 세간에서 보다 쉽게 현시(顯示)되는 것이기에 불교문학을 불교의 기층이라고 말할 수 있다.

이와 같은 고찰로 불교문학은 세속의 언어를 통해서 불교의 승의제를 현시하는 세속제라고 설명할 수 있다. 즉 불교문학은 인간의 언어와 의식의 가립(假立), 가유(假有)의 허구성(虛構性)과 그 시설적 특성을 적극적으로 활용하여 불교의 승의(勝義)를 나타낸 것이라고 해석할 수 있다.

(5) 원효(元曉)의 언어문학관

원효의 《법화종요(法華宗要)》를 살펴보면, 원효는 불교의 진실과 언어방편에 대한 해석을 알기 쉽게 설명하고 있다. 원효는 불교의 진실의 이란 세속제를 통하여 알려지는 것이기 때문에 언어적 방편이야말로 진실 그 자체라고 설명한다. 또 불교의 진실의(眞實義)와 언어방편은 석가모니의 일승교(一乘敎)에서 비롯되었다고 보고 불교의 진실의와 불교의 모든 언어방편교(言語方便敎)를 일승교의(一乘敎義)라고 설명한다.[276)]

먼저 원효의 《법화종요》의 대의(大意)를 보면 진실의와 언어표현의 불이성(不二性)을 다음과 같이 명확하게 설명하고 있다.

글은 교묘하고 뜻은 깊고 깊어 묘하지 않음이 없고 지극하지 않음이 없다
말을 하여 널리 펼치니 이치가 크고 커서 법이 널리 베풀지 않음이 없다
글과 말이 교묘하게 널리 펼쳐짐은 꽃이 열매를 머금고 있는 것과 같고
뜻과 이치가 깊고 넓어서 진실이 본래 방편을 지니고 있음이니라.
文巧義深無妙不極
辭敷理泰無法不宜
文辭巧敷花而合實
義理深泰實而帶權[277]

원효는 승의제의 진실의(眞實義)와 세속제로서의 설법과 언어방편을 의리(義理)와 문사(文辭)로 표현하여, 불교의 진실한 의리(義理)와 언어문학의 방편은 연속적이라고 설명하면서 불교와 문학이 본래 즉일 (卽一)한다고 보고 있다. 원효는 불교의 승의와 세속에서의 중생구제 의 설법을 꽃과 열매와 같은 관계로 보고 진실의와 언어방편은 서로 불 이(不二)의 관계라고 설명하고 있다. 그래서 원효는 불교의 깊고 깊은 의리(義理: 勝義諦, 空性)는 세간의 말과 글을 통해서 불법(佛法)으로 서 널리 펼쳐지며, 그 말과 글은 진실의라는 꽃을 전달하고 현시(顯示) 하는 방편의 열매라고 노래하고 있다. 즉 불교의 진실의(眞實義)이라 는 꽃속에는 불교문학이라는 방편의 열매가 항상 있다는 것이다. 바꾸 어 말하면 원효는 불법의 깊고 깊은 법리에는 본질적으로 이미 언어문 학의 방편성이 내포되어 있다고 보고 있는 것이다. 또 어떠한 뛰어난

---

276) 拙稿, 〈元曉の法華宗要の研究〉, 《大谷大學大學院 研究紀要》12.
277) 元曉, 《法華宗要》, 大正藏 卷34, p.870 c.

법리도 항상 언어의 방편에 의해서 전달되어지는 것이기에 승의와 세속의 이제는 본래부터 불리불이(不離不二) 관계라고 보고 있다. 즉 불교의 깨달음과 중생교화는 본래 하나라고 보고 있다.

실제로 불생불멸(不生不滅)하고 언전불급(言詮不及)한 최고 최상의 종교철학의 이치와 절대적 진리는 세간의 말과 글을 통하지 않고서는 우리들에게 전하여지지 않는다. 그렇기에 진실을 사유하여 깨닫고 실천하고 실현하는 데에는 언제나 언어방편이 필요하다. 그래서 유식학에서는 불교의 진실의를 지각하고 나타내는데 필요한 최소한의 단위를 시설(施設, prajñapti)이라 보고 인간의 심식(心識)의 성향과 구조적 특징을 자세히 설명하고 있는 것이다. 그래서 불교의 진실의는 말과 글이라는 언어방편의 기능에 의해서 현시되어지고 전달되며 또 어떠한 언전불급(言詮不及)한 깨달음도 명확하게 설시(說示)되어지는 것이다. 바꾸어 말하면 진실의와 언어방편도 상의상대(相依相待)의 연기(緣起)의 관계로 세간에서 생성되고 나타나는 것이라고 설명할 수 있다.

불교의 승의제는 무시이래(無始以來)로 설시(說示)된 제불(諸佛)의 설법으로 전해져 왔고 또 그 설법들에 담겨진 진실의에 의해서 종교로서의 존재 가치를 인정받게 되었다. 불교는 절대적 진실의와 언어방편이라는 두 가지의 요소로 연기되어 성립된 종교이다. 그래서 불교의 승의인 진실의는 세간의 말과 글이라는 언어적 방편 등을 통하지 않고서는 전달할 수도 없으며 널리 현시할 수도 없다고 말하는 것이다. 또 불립문자(不立文字)를 표방하는 선종에 있어서도 말과 글로 불교의 진실의를 나타내고 전하고 있으며, 그 이외 다른 방편력을 동원해서라도 불교의 승의인 진실의를 전달하려고 노력하였던 것이다.

그러나 말과 글의 방편은 진실의 나타냄에는 필요조건이지만 말과 글 그 자체만으로 불교의 진실의를 충만하게 해주는 충분조건이 아니기 때문에 반드시 불교의 진실한 승의가 그 이면에 담겨 있어야 하는 것이다. 즉 불교의 진실의는 충분조건으로서 언어방편과 함께 있어야 하는 것이다. 그래서 언어방편의 표현력을 갖춘 진실의가 불교의 승법(勝法)으로서 인정되어지는 것이다. 즉 불교는 언제나 언어방편과 진실의를 필요충분조건으로 동시에 갖추고 있는 것이다. 진실의와 언설적 방편은 결코 어느 한쪽이 있어도 그만이고 없어도 그만인 것이 아니고 서로 꼭 필요한 불이(不二)하고 즉일(卽一)한 관계로 함께 전달되는 것이다.

예컨대 원효의 권실론(權實論)을 통해서 불교의 진실의과 언어문학적 방편은 본질적으로 하나이며, 불교의 형이상학적 승의와 법리는 불교문학으로 표현되고 현시됨으로써 본래의 깊은 뜻을 전하여지는 것임을 재확인할 수 있다. 그래서 원효는 꽃속에 열매를 머금고 있듯이 라는 표현으로 불교문학은 불교적 진리를 진리답게 현현(顯現)시켜주는 진리의 열매라고 비유하고 있다. 다르게 설명하면 진리의 꽃과 언어문학의 방편의 열매를 분리해서 생각할 수 없으며, 열매도 꽃이 있음으로써 존재한다는 것을 알 수 있다. 즉 진리의 꽃과 언어방편의 열매의 양자는 삼라만상의 제법이 그러하듯이 상의상대(相依相待)하고 있다.

원효는 이 두 가지를 연기(緣起)의 과(果)의 위치에서 설명했다고 보여진다. 그래서 불교적 승의를 중생구제로 나타내고, 불교문학을 바로 중생구제의 실천임을 강조한 것이다. 즉 승의를 세간의 언어로 현시한 것이 불교문학이라고 보고 불교문학으로 중생을 구제하기에 세속제라고 본 것이다.

그래서 원효는 부처의 모든 설법과 교화는 일승교(一乘敎)이고, 모든 중생은 일승교(一乘敎)에 의해서 성불(成佛)하였다고 설명하고 있는 것이다. [278] 원효는 이렇게 법화 일승사상의 연구를 통하여 불교와 불교문학의 연기관계를 명확하게 밝히고 있다.

원효가 설명한 이러한 권실론(權實論), 즉 진실의와 언어방편의 즉

---

278) 元曉,《法華宗要》, 大正藏 卷34, p.870 c.
　　拙稿,〈元曉の法華宗要の研究〉,《大谷大學大學院 研究紀要》12.

일론(卽一論)은 불교사상사에서의 어떠한 교학보다도 아주 쉽게 설명한 것이다. 이미 앞에서 살펴보았지만, 공성(空性)의 리(理)의 면만을 강조하고 있는 이주권종(理主權從)의 길장의 권실론(權實論)이나, 오성각별설(五性各別說)을 주장하는 자은기의 권실론에서는 세속의 언어문학의 방편은 어디까지나 방편에 지나지 않으며, 불교의 진실의를 완전히 나타내지 못하는 것으로 말해지고 있다. 그러나 원효의 권실론에서는 불교의 진실의는 본래 언어문학적 방편에 내포되어 있으며, 불교의 형이상학적 승의가 표출되고 현현(顯現)되는데 꼭 필요한 것이라고 말하고 있다. 즉 원효는 꽃속에 열매를 머금고 있듯이 불교문학은 불교의 승의제를 그대로 나타낸다고 말하고 있다. 달리 말하면 불교의 형이상학적 법리와 승의는 불교문학으로 전달되고 형상화된다고 보고 있는 것이다. 그래서 원효는 부처의 모든 설법은 일승교이며 모든 중생은 그러한 일승교에 의해서 성불(成佛)한다고 설명하며, 또 이러한 사실이 바로 불교의 승의와 언어방편의 불이(不二)의 관계를 보여주는 것이라고 말하고 있다.

즉 원효의 이사불이(理事不二)의 즉일(卽一)의 권실론은 인도의 중관학파와 유식학을 각각 체계화했다고 하는 중국의 길장과 자은기의 권실론을 모두 회통하고 있다고 말할 수 있다. 그리고 원효의 권실론은 앞에서 살펴본 인도의 각종 이제설(二諦說)을 불교의 근본의(根本意)로 회통하여 재해석하고 종합화하였다고 말할 수 있다.

《화엄경》을 살펴보면 석가모니가 보리수 밑에서 명상하실 때에 당신께서 깨달은 진리를 중생에게 설법해야 하는지를 두고 많은 갈등을 하였다고 서술되어 있다. 즉 부처님께서 자신의 자내증지(自內證智)를 언어방편으로 현시(顯示)해야 하는 문제를 고민하고 계실 때에 범천(梵天)이 나타나서 무지몽매한 중생을 위해서 당신의 깨달음을 설법으로 전환해야 한다면서 거듭 세 번을 청하는 이야기가 나온다. 바로 이 이야기는 불교라는 종교가 처음 출발할 때부터 바로 중생을 어떻게 교화시켜야 하는가, 또 깨달은 진리를 어떻게 전달하고, 설법문학을 어떻게 현시해야 하는가 등에 대하여 문제의식을 가지고 있었다는 것을 보여주는 경전적 근거라고 말할 수 있다. 즉 석가모니는 그러한 문제에 대한 당신의 내적 갈등을 극복하고 깨달은 진리를 언어방편의 설법으로 나타내어 전했기 때문에 불교라는 종교가 이 세상에 존재하였던 것이다. 달리 말하면 고타마 싯달타라는 한 개인의 깨달음이 보편적 진리로 전환하게 된 것은 바로 설법문학에 의한 것이다. 요컨대 불교가 고타마 싯달타라는 한 개인의 깨달음으로 끝나지 않고, 중생계에 전파되고 보편적 진리로 전환하게 된 것은 문학 때문이다. 그래서 불교의 근본의 (根本意)를 진리답게 해주는 것이 불교문학이라고 말할 수 있는 것이다. 즉 진리는 현실적으로 말과 문자의 힘을 빌리지 않고는 표출할 수 없기 때문에 불교는 불교문학을 통하여 현시(顯示)하였던 것이다. 그래서 원효는 그의 모든 저서를 통하여 그러한 불교적 진실관을 밝혔고 스스로 중생교화행을 하였던 것이다. 즉 원효는 불교의 진실의를 철학적, 종교적, 논리적으로 자세하게 밝힌 다음에 실제로 스스로 몸으로 실천하고 행동으로 구현하고 있었던 것이다.

보통 불법의 승의(勝義)는 어디까지나 말로 나타낼 수 없는 것이라고 말하면서도 그것을 말로 설명하고 나타낸 불전(佛典)의 수가 그야말로 무량한 것은 바로 부처의 가르침이 본래부터 세속의 언어문학에 의해서 전해졌고, 또 때와 장소에 따라서 또 듣는 사람에 맞추어서 다양하게 형상화하여 전해졌기 때문이다. 바꾸어 말하면 불교는 처음부터 교화문학(敎化文學)이었다는 것을 암시한다. 즉 팔만대장경 속의 부처의 많은 설법의 이야기는 바로 그러한 것을 역으로 증명하고 있다.

(6) 불교의 언어관

본장에서 동서(東西)의 철학을 비교하여 불교적 언어문학관을 정리하며 불교문학에 대한 논의를 마치고자 한다.

예로부터 동양문화의 중추적 역할을 하여 온 중국의 많은 사상과 그 사상적 조류 속에는 어떤 전통이 있었다. 그것은 언어(名)와 존재, 즉 지시(指示)의 대상인 실(實)에 관한 관심이었으며 그러한 관심들의 결론은 언어에 대한 불신(不信)이었다. 구체적인 예를 들어서 설명하면 노자(老子)는 "도는 항상 이름이 없으며,[279] 도는 무명(無名)으로 감추어져 있다."[280]라고 보았다. 여기서 무명(無名)이란 말과 글이 표현되기 이전의 존재가 언어적 분절(分節)이 이루어지기 전의 상황, 또는 절대적 무분절(無分節)의 상태를 뜻한다. 간단히 말하면 노자는 대도(大道)와 궁극적인 지도(至道)를 언어적으로 분별되거나 이원적으로 분리되기 이전의 상태 혹은 절대적 무분절의 상태 또는 무명(無名)의 상태라고 보았다. 그래서 궁극적인 도는 언어표현에 의한 그 어떤 가식적 표현과 개념과 이름(有名)에 의하지 않으며 또 존재하지 않고 바로 무명(無名)에 도가 있다고 보았던 것이다. 중국철학사상은 기본적으로 이렇게 언어 부정적 시각의 전통을 갖고 있었다.

그러나 서양의 종교철학의 근간인 성서(聖書)를 살펴보면 창세기의 서두에 "신빛이 있음이여! 말을 하면 빛이 있었다."라는 표현이 있다. 즉 기독교철학은 기본적으로 신이 곧 말씀이라고 해석하는 실재적(實在的)인 명실론(名實論)의 입장이다. 그래서 서양의 중세철학은 동양철학처럼 언어 부정적이지 않았고 오히려 언어 긍정적 전통으로 기독교를 말씀의 종교로 발전시켰다.

그런데 동서양의 한 가운데에 위치한 인도에서 발생한 불교는 철학적으로 실재적인 명실론도 아니고 언어 부정적 입장도 아닌 제3의 형태로 발전한다. 불교철학은 존재의 언어표현과 지시(名)와 진실(實)과의 관

---

279) 《老子》 제32장, '道常無名'.
280) 《老子》 제41장, '道隱無名'.

계를 어느 한편만을 부정하거나 긍정하는 것이 아니라, 양자의 관계를 변증법적으로 바라본다. 그리하여 불교학에서는 불교를 존재의 언어표현과 지시(名)와 진실의와의 관계를 무(無)이면서 유(有) 또 유(有)이면서 무(無)이라는 새로운 관점으로 해석하여 철학적으로 깊이와 넓이를 넓혀 나갔다.[281] 그래서 모든 존재는 본질적으로 무자성공하기에 연기한다 라고 설명하고 있으며 또 모든 상황을 가유(假有)의 중간적 존재라고 해석하고 있다. 이처럼 불교철학은 동양 전통의 언어 불신(不信)이라는 사상적 골격을 직관적으로 공(空)으로 해석할 수 있으며, 또 한편으로는 서양의 기독교철학의 실재적 명실론(名實論)을 연기론(緣起論)으로 설명해 낼 수 있는 것이다.

　보통 우리들은 사물을 보고 생각할 때에 일차적으로 언어의 의미와 개념 등으로 분절(分節)하여 분별하고 논의하기도 하는데, 중관철학에서는 일단 그러한 것을 희론(戲論)이라고 부정한다. 그러면서 동시에 인간의 말과 글의 분절적인 기능을 지각(知覺)의 환기(還起)작용으로 간주하고 있다. 그래서 불교철학은 언어 부정적 명실론을 변증법적으로 한 단계 위로 발전시켰다고 말할 수 있다. 즉 중관철학은 제법실상(諸法實相)을 공관(空觀)으로 설명하여 언어 부정적인 시각을 주지만 동시에 모든 것을 가유적(假有的) 형태로 연기(緣起)한다고 설명함으로써 언어적 확산을 인정하고 있어 실재적 명실론을 나타내고 있는 것이다. 그래서 불교철학은 동서양의 종교철학의 언어 부정적 면과 실재적 명실론을 변증법적으로 회통하였다고 말할 수 있다. 예컨대 동양사상의 언어 불신이라는 전통과 서양종교의 실재적 명실론을 직관적으로 공성(空性)으로 설명하고 다시 논리적 연기론(緣起論)으로 모두 설명하고 있는 것이다.

---

281) 중국의 천태지의는 공성(空性)을 공(空)·가(假)·중(中)의 삼단계(三段階)의 변증법적으로 설명하고 있다.

사상적으로 이러한 특성을 지닌 불교철학을 조금 살펴보면, 용수 이후의 유식학은 언어(名)와 존재(實)의 문제를 단순히 부정하거나 또는 긍정하는 것이 아니라 언어적 가유성을 인간의 인식의 문제로 비추어 설명하면서 인식의 가유성과 연기성을 설명하고 있다. 즉 유식학은 공관(空觀)을 인간의 마음에 비추어 모든 존재의 연기성(緣起性)을 추론하게 하고 있다. 유식학은 바로 무(無)이면서 유(有) 또 유(有)이면서 무(無)라는 가유성(假有性)을 적극적으로 해명하고 있다. 그러한 논리의 발달로 불교의 승의를 깨닫고 현시하기 위해서 언어와 인식을 적극적으로 해명하여야 한다고 보았던 것이다. 대승불교는 바로 그러한 흐름의 논리로 세속의 언어문학을 적극적으로 수용하여 불교를 문학적으로 크게 발전시켜 나간다.

대승불교기 이전에는 공(空)의 차견(遮遺)의 뜻을 사물의 유(有)와 존재의 유(有)를 부정하고 무화(無化)하는 것으로만 생각한 사람들이 있어 불교와 언어문학을 별개의 것으로 생각하고 불교는 세속문학와 세속의 모든 것을 절연(絶緣)해야 하는 것이라고 말하기도 하였다. 즉 대승불교기 이전의 일부 불교도들은 불교와 문학을 단절해야 하는 것으로 생각하였기 때문에, 그러한 과거에는 불교문학이 제대로 발전하지 못하였다. 바꾸어 말하면 중관철학의 공(空)이란 모든 존재를 공화(空化)하는 것이며 그렇게 공화하는 것이야말로 불교라고 생각했었다. 그리고 또 파사(破邪)만이 현정(顯正)이라고 집착하였다. 즉 불교도들도 공관을 잘못 이해했을 때에는 파사와 차견(遮遺)만을 내세우고 세속의 바른 언어표현을 통한 현정(顯正)을 등한시하여, 불교와 문학을 절연의 관계로 몰고 갔던 것이다. 그러나 바른 현정은 파사에 의해서만 되는 것이 아니고 실상(實相)을 적극적으로 말과 글로 나타내는 데서도 현시되어지는 것이다. 즉 연기의 실상론(實相論)을 적극적으로 설명하고 나타내었을 때에 중관(中觀)의 지혜가 열리고 전달되는 것이다. 그리고 또 그러한 중관에 의해서 불교의 근본의는 이원론(二元論)적인 것이 아니고 부처와 중생 또 성속(聖俗)이 본래 하나임을 강조하는데 있음을 알 수 있다. 또 그러한 인식에서 불교는 본래 불교문학이었다고 말할 수 있다.

그래서 여기 부록에서는 공성(空性)과 연기(緣起)의 즉일성(卽一性)과 간별성(簡別性)을 고찰하여 불교와 문학의 관계를 바로 알려주려고 했다. 그러한 내용을 간결하게 정리하여 보면, 중관학에서는 세속제와 승의제의 간별성과 즉일성을 설명함으로써 성속의 보편성과 차별성을 간단히 밝혔으나, 유식학에서는 그러한 보편성과 차별성을 구체적으로 인간의 마음에 비추어서 설명하면서 모든 것은 가유적 존재이고 현상임을 밝히고 있다. 즉 유식학은 인간 마음의 관찰을 통하여 공성즉연기(空性卽緣起)라는 진리를 쉽게 전해주면서 인간이란 바로 언어적 가유적 존재이며 그 언어의 생성과 표현과 전달의 과정도 필연적이라는 것을 설명해 주었다. 바꾸어 말하면 인간의 언어와 인식은 세상의 모든 가유성을 상징적으로 나타내는 것으로서 유식학은 그러한 예로 보편적 진리를 설명하고 있는 것이다. 즉 유식학에서는 공성을 삼성삼무자성(三性三無自性)으로 설명하였고 현상계의 사물을 인식하고 구분하고 분별하는 마음을 분별심,[282] 변계소집성(遍計所執性) 등으로 설명하였고 끝으로 전식득지(轉識得智)하여 법계청정행(法界淸淨行)을 꼭 하여야 한다고 강조하였지만, 그렇다고 해서 모든 존재와 현상 그 자체를 부정하지 않았다. 왜냐하면 모든 존재는 인간의 인식에 의해서 자각되기 때문에 세간에서 가유적으로 현성(顯成)되어지고 있는 모든 연기적 현상을 중간적 존재로서 인정하였던 것이다. 또 전식득지에 의한 법계청정행도 바로 불교의 가유적 중간적 현상으로서 해석할 수기 때문이다. 그래서 우리는 유식학을 통하여 인간이야말로 언어적 존재로서 모든 존재의 가유성을 상징하는 하나의 예라는 것을 확인하게

---

282) 한역(漢譯)에서는 분별심을 망상(妄想)으로 번역하고 있다.

된다. 즉 유식학에 마련해준 중간적 가유성(假有性)의 공간인 심식(心識)이 바로 언어적 시설(施設)이었음을 알게 된다. 그래서 유식학에서는 중관학보다 언어(名)와 존재(色)의 관계를 세밀하게 분석하고 있으며, 또 언어와 존재의 관계를 일방적으로 긍정하거나 또 한편으로 부정하는 것이 아니라 연속적 변증법적으로 연기하는 모습과 그 관계성을 정확하게 해명하고 있다. 그러한 것을 고찰함으로써 우리는 불교를 불교문학이라고 말하는 것이다. 즉 불교문학은 불교적 진실을 전달하는 문학작품인 동시에 인간의 끊임없는 인식의 오류를 교정시켜 주는 중간적 가유적 장치라고 말할 수 있다.

　중관학에서도 언어와 존재의 관계를 설명하고 있으나 유식학처럼 인간의 인식성을 자세히 분석하지 않고 있다. 그리고 또 진실을 언어표현으로 고정화하는 세간의 경향을 희론(戱論)이라고 배척하다 보니까 세간의 언어문학을 부정하는 것처럼 보였지만, 사실은 공성(空性)에는 세 가지의 깊은 뜻이 있어 공성(空性)의 의미 등을 전달하는 공의(空義)와 공용(空用)이 있기 때문에 중관학이 세속의 언어문학을 부정하는 것이 아니라 불교의 제일의(第一義)를 3차원으로 발전시키는 것임을 알게 된다. 즉, 공(空)에 철저하게 나아간 세계는 모든 존재를 있는 그대로 모습을 긍정하는 세계라는 것을 알게 되기 때문이다. 그래서 사실은 모든 존재의 실상을 불교문학의 형태로 전달하고 있음을 알게 된다. 예컨대 불교의 불교문학은 무(無)이면서 유(有) 또 유(有)이면서 무(無)라는 가유(假有)의 중간적 형태로 모든 존재의 실상을 있는 그대로 그려주고 보여주며 전하고 있다. 그러나 인간의 인식을 통하여 인간의 가유의 중간자적 존재성을 적극적으로 설명하는 유식학을 통해서 불교문학의 가치를 더 명확하게 알 수 있다. 그래서 불교는 불교문학을 통하여 인간의 본질을 보여주고 깨닫게 하여서 인간에 대한 넓은 이해를 이끄는 설법문학이라고 말할 수 있다.

　불교를 불교문학이라고 부를 때에는 보다 적극적이고 능동적인 실천적 의미가 포함되어 있다. 왜냐하면 불교문학은 희론적멸(戲論寂滅)의 세계로부터 나아가서 현실세계에 대처하였기 때문에, 즉 세간의 연기적 생성(生成)의 실상을 언어문학으로 그대로 나타내어 주기 때문이다. 그래서 불교의 팔만사천 가지의 법문은 불교도들의 정신적 적극성과 그 연기적(緣起的) 실상을 그대로 보여주는 것이며 불교의 근본의대로 중생을 교화하는 그 실상을 담고 있는 보고(寶庫)이다. 그래서 예로부터 모든 설법을 부처의 깨달음으로 이끄는 가르침이고 일승교(一乘教)라고 말하였던 것이다. 즉 불교문학은 세속에서 중생을 깨우쳐주기 위한 불교의 승의를 나타내고 있는 결정체이다. 예컨대 불교문학은 불교의 승의를 적극적으로 밝히고 전하는 가유의 중간자인 동시에 불교 그 자체이다.

끝으로 각국의 불교문학에 대해서 부연하면 각국의 불교문학은 불교의 폭과 깊이를 넓히고 있으며, 또 각국의 불전 번역 등은 불교문학을 다양하게 변용시키고 있다고 말할 수 있다. 즉 각국의 불교문학은 불교의 근본 승의가 지역과 민족과 시대에 따라서 어떻게 변용되어 있는가를 살펴볼 수 있는 좋은 자료가 되고있다. 예를 들어보면 한역경전과 중국의 불교설화는 불교의 승의가 중국적 풍토에서 어떻게 변용되어 발전하고 있는가를 살펴볼 수 있는 좋은 자료이다. 이렇게 시대에 따라 나라에 따라 앞으로 불교문학의 중간적 가유의 형태는 다양하게 나타날 것이기에 앞으로 불교연구는 불교문학의 다양한 변용을 주시해야 할 것이다.

후 기

　21세기를 새롭게 시작한 지금 우리들의 삶은 하루가 다르게 컴퓨터 관련 정보산업과 생명과학 발달의 빠른 흐름 속에서 가끔 무언가를 잊어버린 듯한 허전함과 함께 자기상실감을 느낄 때가 있다.

　그래서 그런지 요즘 사람들은 휴일이면 일상적 반복의 흐름으로부터 벗어나 근교의 산을 찾아서 등산을 하거나 인적이 드문 산사(山寺)에서 조용히 명상을 하면서 자신들만의 사색의 시간을 가지려고 한다. 즉 바로 그런 시간을 통해서 자신들만의 본래의 가치를 다시 되돌아 보려고 하고 있다. 또 그러한 사람들이 잠시동안 보고서 느낀 산중의 사찰(寺刹)에서 느끼는 독특한 분위기와 스님들의 생활 모습을 보고서 불교에 대하여 막연히 더 알고 싶다는 호기심으로 시중의 서점이나 대학의 도서관에서 불교에 대한 서적을 찾지만 현재 대부분의 불교서적들이 어려운 불교학 개론서나 불교사상사들뿐이어서 그들의 요구를 충족시켜 주지 못하고 있다. 그리고 어떤 분들은 한역의 불경을 바로 읽어서 불교를 이해하려고 하는 경우를 종종 본다. 이런 경우에는 대부분 한문 해독에만 만족하고 있는 경우가 많은데, 대개 불교의 근본 가르침을 바로 알지 못하고 막연한 종교적 신비주의·형식주의에 빠져 불교를 오해하는 경우가 많다. 이러한 모든 것이 지금까지 일반인에게 불교를 배우기에는 너무 어렵다는 인상을 심어 주어왔던 것이다. 그리고 다른 면에서 생각하면 불교에 대한 바른 이해를 이끄는 불교문학의 개론서 등이 충분하지 못해서 나타난 현상이라고도 생각된다.

그러나 여러 가지 이유로 세상 사람들은 보통 불교라는 종교는 세속을 부정하고 탈세속적(脫世俗的) 종교이고 불도(佛道)를 실천하는 삶이란 세속의 삶을 부정하고 세속으로부터 분리되고 단절된 별세계에서만 가능하다고 생각하고, 또 불교의 진리(勝義諦)를 언어로 설명하는 것이 불가능하다고 생각하고 있다.

그러나 불교는 세속의 삶을 분리시키고 단절된 별세계에서 얻어지는 것이 아니라 진리는 우리들의 일상의 삶 속에 있으며 그 진실을 직시하고 실현하라고 강조하고 있다. 그래서 용수(龍樹)는《중론(中論)》에서 공(空)에 대한 외도(外道)들의 인식오류를 지적해가면서 '불교는 세속 즉승의(世俗卽勝義)이며 바로 즉(卽)의 불도(佛道)'라고 강조하였던 것이다. 즉 무상공(無常空)이라는 불법(佛法)은 일상 속의 진리를 직시하지 못하는 범부의 무지와 인식의 오류를 논파하는 것이지 우리들의 삶 그 자체를 부정하는 것은 아니다.

그래서 보통 불교를 상징적으로 아름답고 깨끗한 연꽃으로 비유하곤 한다. 연꽃을 자세히 보면 연못 속의 진흙탕에 그 뿌리를 내리고 있다. 불교의 깊은 뜻도 더럽고 맑지 못한 진흙탕과 같은 사바세계 속에서 살면서도 연꽃과 같이 그 더러움에 물들지 말고 깨끗하게 진리의 밝음을 비추고 살아가라는 뜻이다. 불교학의 근본인 중관철학(中觀哲學)에서 강조하는 '세속즉승의와 즉의 불도'는 바로 그러한 의미이다. 그래서 수많은 불경에서 중생을 부처라고 가르치고 모두에게 불성(佛性)을 자각하라고 가르치고 있다. 더 간단히 말하자면 불교는 우리들에게 세속의 거센 물결의 흐름을 극복하고 세속의 한가운데서 출세간(出世間)의 깊은 뜻과 가치를 우리들 스스로가 구현해야 함을 알려주는 종교이다.

불교문학은 바로 그러한 가르침을 문학적으로 쉽게 전하여 주고 있는 것이다.

불교가 곧 불교문학이라고 말하는 근거는 오늘날까지도 전하는 팔만 사천 가지의 법문들이 바로 석가모니와 그 제자들에 의해서 2,500여 년 동안 불법(佛法)을 중생들의 다양한 근기에 맞추어 이야기하고 노래한 작품이고 많은 노력의 결과물이라는데 있다. 그리고 불교경전은 불교의 깊고 깊은 철학적 가르침을 중생과 때와 장소에 따라서 다르게 전해주었던 문학작품인 동시에 불교사의 역사적 산물이라고 말할 수 있다. 그래서 불교문학은 진리를 감동적으로 전하기 위하여 변용된 불교 그 자체라고 말할 수 있다.

또 무엇보다도 불교를 공부하면 할수록 불교 그 자체가 바로 불교문학이라는 것을 알게 된다. 왜냐하면 석가모니는 항상 불교를 알기 쉽고 명확하게 전달하기 위하여 '문학형식의 불교'를 설하였기 때문이다. 즉 불교라는 종교는 사실 그 발생 초기부터 언제나 가르침을 듣고 받는 사람의 근기에 맞게 전달되는 '문학형식의 종교'였다고 말할 수 있다. 그래서 불교경전에는 부처님께서 항상 중생의 근기를 살펴보시고 그 사람의 이해의 수준에 맞추어서 가르침을 이야기하거나 혹은 짧은 노래로 반복하여 전하고 있는 것이다.

이러한 여러 가지의 의미에서 불교에 대한 바른 이해로 이끌고 더불어 불교의 근본의(根本意)와 문학성을 파악할 수 있도록 불교경전의 문학과 사상을 간단히 소개하는 개설서를 엮어보았다.

설사 한문을 해독하는 실력을 지니고 있는 분들도 불경을 읽을 때에 먼저 불전의 문학과 사상을 간단히 소개하는 개설서를 통하여 불전의 문학적 사상적 특성과 불교의 가장 중요한 핵심을 파악하고 읽으면 더 빠른 이해를 할 수 있으리라고 생각됩니다. 예컨대 불교를 보다 알기 쉽게 전하는 방법으로 불교문학을 바르게 안내하는 개론서가 꼭 필요하다고 생각되었다.

또 현재 불교문학은 불교학과 국문학의 틈새의 학문으로서 불교학자와 국문학자간의 해석이 각각 다르고 그 개념의 정의와 분류도 명확하지 못한 상태이다. 그래서 불교문학에 대한 연구가 활발히 이루어지지 못하고 있으며 불교문학의 개론서도 부족한 실정이다. 그와 함께 나타나는 현상이 한국불교문학에 대한 불교학적 연구도 심도 있게 깊이 이루어지지 못하고 있는 실정이다. 그래서 필자가 학문적으로 많은 부족한 점이 있음을 알고도 우선 초보적 작업으로 불교문학에 대한 개론적 소개 및 한국불교문학의 감상편을 써 보았다.

이 책을 다음과 같이 구성하였다. 제1부에서는 불교예술과 불교문학의 개념 및 정의, 불교문학관의 경향과 문제점을 소개하였다. 가끔 불교문학이라는 테마가 주요 이슈가 되어 논의되는 세미나 등에 가보면 불교문학의 본질에 대하여 불교학적 깊은 연구 없이 일반문학론의 기준으로 '불교적~'이라는 형용사적 의미만을 토론하거나 혹은 불교인들의 창작문학에 대한 의미로 토론되는 경우, 또는 다른 상황적 조건의 문제가 불교문학의 과제라고 논의하는 경우를 많이 보았다. 필자는 그때마다 그러한 문제는 먼저 중관철학에서 강조하는 세속즉승의의 '즉의 불도'의 깊은 뜻을 파악하면 쉽게 해결된다고 생각하였다. 또 불교음악, 불교미술, 불교문학은 본래 불교를 창도(唱導)하는 과정에서 나온 장르로서 불교 그 자체로 이해되어야 한다고 말하고 싶었다. 그래서 최근까지 거론되고 있는 불교문학의 개념 정의 등을 소개하면서 불교문학론의 문제점을 분석하여 그러한 문제점에 대하여 불교학적 연구를 통하여 해결하려고 하였다. 즉 불교학에 나타난 언어문학관을 살펴본 부록은 제1부에서 제기된 현재까지의 불교문학론의 문제점을 해결하려고 시도한 연구논문이다. 이 연구논문에서 불교 그 자체에서 언어문학을 어떻게 이해하고 또 역사적으로 어떻게 수용하고 있는지를 고찰하였다. 현재까지의 불교문학에 대한 많은 논쟁과 문제점은 불교학에서 언어문학관을 어떻게 파악하고 있느냐 하는 문제를 탐구하지 않음으로써 발생하였다고 생각되어 불교학에서 언어문학의 본질성을 연구하였다. 그래서 불교철학의 근간이라고 말할 수 있는 용수의 중관철학과 세속의 언어문학에 대한 불교계의 여러 견해를 소개하였다. 즉 불교의 근본의를 불교사적으로 살펴보고 소개하여 불교문학에 대한 바른 이해를 이끌고자 하였다. 또 그 가운데 중관철학의 즉의 불도관을 통하여 불교즉문학(佛敎卽文學)이라는 일원적(一元的) 불교문학관을 설명하였다.

제2부에서는 인도의 고대문화와 고전문학에 대하여 개략적으로 살펴보았다. 제3부에서는 불교경전에 대한 개략적 소개와 그 문학성을 살펴보고 불교문학의 발달과 여러 장르를 분류하여 보았다. 제4부에서는 한국 불교문학 작품을 감상하고 그 해석을 엮어 보았다.

이 책을 읽을 때에 불교에 대한 이해와 지식의 정도에 따라서 다음과 같은 순서대로 읽어주었으면 한다. 먼저 제1부부터 읽어도 무방합니다만 불교를 처음 공부하는 일반인이나 학생들은 제2부, 제3부, 제4부를 먼저 읽고 난 다음에 제1부와 부록을 읽도록 하는 것이 이해하는데 효율적이라고 생각한다.

2002년
저자 서 영 애

지은이 **서영애**는

부산교육대학, 동아대학교 대학원을 졸업,
대만 사범대학 부설 국어연구소 연구생을 거쳐
일본 오오따니(大谷)대학 대학원 문학연구과에서
〈원효의 금감삼매경론 연구〉로 문학박사 학위를 취득하였다.
저서로《불교문학의 개설》《불전의 문학과 사상》등이 있다.

불교문학의 이해

2002년 10월 15일 초판 발행

지은이/서영애
펴낸이/김병무
펴낸곳/불교시대사
출판등록일 1991년 3월 20일, 제1-1188호
(우) 110-718 서울 종로구 관훈동 197-28 백상빌딩 13층
전화/ (02)730-2500
팩스/ (02)723-5961

값 18,000원
※잘못된 책은 바꾸어 드립니다.
ISBN 89-8002-082-1 03220
불교시대사